Cahiers de Doléances

des

Communautés en 1789

I.

Bailliages

de Boulay et de Bouzonville.

Publiés par

N. DORVAUX,   et   **P. LESPRAND,**
Directeur au Grand Séminaire de Metz   Professeur au Petit Séminaire de Montigny

---

Metz,
Librairie G. Scriba.
1908.

AVERTISSEMENT.

La publication des *Cahiers de doléances des communautés en 1789* est organisée d'une manière officielle en France depuis quelques années: le Comité spécial constitué à Nancy a fait paraître déjà un volume intéressant une partie de la Lorraine allemande (*Les Cahiers du bailliage de Vic* publiés par Charles Etienne, Nancy 1907). Cet exemple ne pouvait manquer d'entraîner la Société d'Histoire et d'Archéologie lorraine à rechercher de son côté, comme sources de notre histoire locale, la série de ces documents qui se trouvent aux Archives départementales à Metz; pour plus d'unité, le Comité de Nancy consentit même à confier à la Société messine la publication des cahiers du bailliage de Dieuze, qui sont aux Archives de Meurthe-et-Moselle.

Les élections de 1789, en effet, et la rédaction des cahiers devaient se faire selon la division administrative des provinces ou généralités en bailliages. Or, la Lorraine allemande d'aujourd'hui[1]) relevait alors de deux provinces, les Trois-Evêchés et la Lorraine, ou les généralités de Metz et de Nancy, comprenant chacune un certain nombre de bailliages. Les cahiers de communautés du plus grand nombre de ces circonscriptions ont malheureusement péri ou disparu. Il nous reste, pour les Trois-Evêchés, ceux des bailliages de Metz et de Thionville, mais non plus ceux du bailliage de Sarrelouis, qui nous eussent intéressés en partie, surtout pour les prévôtés de Phalsbourg et de Sarrebourg; ceux du bailliage de Vic sont déjà publiés, comme nous l'avons dit. Pour la Lorraine, il nous reste les cahiers des bailliages de Dieuze, de Boulay et de Bouzonville, mais point ceux de Sarreguemines, Château-Salins, Bitche, Lixheim, et Fénétrange, sans compter quelques communautés qui relevaient des bailliages de Bar, Pont-à-Mousson, Thiaucourt, Briey, et Villers-la-Montagne.

Nous publions ici les cahiers des bailliages lorrains de Boulay et de Bouzonville, et nous comptons continuer par ceux des bailliages de Dieuze, de Thionville, et enfin de Metz, afin de joindre à ce dernier groupe, le plus important, une appréciation d'ensemble de ces documents.

---

[1]) Si l'on ne tient pas compte de quelques communautés relevant de la province d'Alsace, notamment le comté de Dabo.

En attendant, voici les notions indispensables sur l'état de chaque groupe de documents et la manière dont nous en avons réglé la reproduction. Certaines pièces préliminaires ne méritaient pas cet honneur: elles furent du reste imprimées à l'époque pour être distribuées à toutes les communautés; ce sont l'ordonnance du bailli ou de son lieutenant général portant promulgation des lettres (24 janvier) et règlement (7 février) royaux pour la convocation des Etats généraux, et les exploits des huissiers chargés de signifier cette ordonnance au maire ou au syndic de chaque communauté, avec ordre de la faire publier au prône et de convoquer ensuite les habitants pour dresser leur cahier de doléances et nommer leurs députés; ces pièces ne peuvent nous fournir que quelques noms de lieux ou de personnes.

Tout autre est la valeur des *procès-verbaux des assemblées* elles-mêmes de communautés, où furent rédigés les cahiers et choisis les députés: aussi les résumons-nous en tête des cahiers. Ce résumé suffit, la rédaction du procès-verbal étant fournie aux communautés par un formulaire imprimé. Le *cahier de doléances* devrait être, lui, une œuvre éminemment originale; mais c'était une chose si nouvelle pour nos bons villageois, le temps pressait, les donneurs de conseils s'offraient de près et de loin, des gens plus ou moins intéressés présentaient même des rédactions toutes faites. De là un certain air de famille commun à la plupart des cahiers, une transcription parfois littérale et peu intelligente d'un même texte dans plusieurs cahiers; souvent encore une même écriture, un même papier, des expressions caractéristiques révèlent un groupe d'origine commune. Nous avons indiqué ces rapprochements quand ils ont une certaine étendue et nous en avons profité pour ne pas reproduire inutilement plusieurs fois une partie assez considérable de ces cahiers. D'autre part, nous n'avons point conservé, dans notre publication, l'orthographe par trop rudimentaire ou fantaisiste ni la ponctuation presque nulle des documents[1]); mais nous en avons toujours collationné avec soin les signatures, si difficile qu'en fût le déchiffrement: n'est-ce pas un élément curieux d'histoire villageoise, en même temps qu'une preuve d'authenticité?

Enfin le cahier de doléances est parfois, comme au bailliage de Boulay, complété par une déclaration des impositions royales que la communauté payait annuellement. Comme c'est là un objet principal des

---

[1]) A fortiori, lorsque nos documents sont rédigés en allemand, ce qui d'ailleurs est assez rare, il nous a paru nécessaire de rajeunir l'orthographe, sans modifier généralement la tournure de la phrase. Nous avons toutefois respecté l'écriture ancienne des noms propres de lieux et de personnes, l'orthographe officielle moderne ne servant qu'à régler l'ordre alphabétique de nos articles.

doléances de 1789, nous n'avons eu garde d'omettre ces déclarations, et même nous les résumons en avant du procès-verbal de l'assemblée comme un témoignage de la situation antérieure au mouvement de 1789[1]).

Tel est donc l'objet et l'ordre des documents que nous publions: un abrégé de la déclaration des impositions là où elle accompagne proprement le cahier de 1789, un résumé du procès-verbal d'assemblée de la communauté, le texte *in extenso* du cahier de doléances autant qu'il ne se confond pas avec un autre.

Ajoutons encore quelques lignes sur la composition de chacun de nos bailliages, composition parfois bizarre et qui aide singulièrement à comprendre bien des doléances de nos cahiers. On s'explique difficilement la persistance d'un tel état de choses, alors que cette organisation des bailliages était la base de toute l'administration; on avait bien cherché à y remédier à plusieurs reprises, mais insuffisamment, et d'ailleurs la frontière du royaume fut en transformation continuelle jusqu'à la veille de la Révolution par suite des échanges faits avec les princes voisins. On fit disparaître bien des enclaves et exclaves, mais que de villages encore restés indivis ou, comme l'on disait, mi-partis soit avec l'étranger soit entre plusieurs bailliages ou provinces du royaume!

Pour qu'on en juge plus facilement, nous joignons à ces explications des cartes[2]) indiquant la position de toutes les communautés de nos bailliages et des localités secondaires mentionnées dans les cahiers. Dans les villages mi-partis nous aurions pu le plus souvent marquer la ligne de partage, mais l'impression que fait cette organisation singulière en eût été diminuée et cela importe à l'intelligence des doléances de 1789.

---

[1]) Les chiffres mêmes de la déclaration se rapportent souvent aux années précédentes, parce que les feuilles d'impositions pour 1789 n'étaient pas encore distribuées partout au moment de la déclaration (mars-avril).

[2]) Elles ont été dressées par M. l'abbé Bourgeat, auquel nous en exprimons nos meilleurs remerciements.

I. BAILLIAGE DE BOULAY.

Durival, dans sa *Description de la Lorraine et du Barrois*, t. II (1779) p. 271-277, nous donne en détail la composition de ce bailliage tel qu'il avait été créé en 1751[1]), en y comprenant la prévôté-bailliagère seigneuriale de Faulquemont, et y ajoutant les lieux cédés à la France par l'Impératrice-reine de Hongrie en 1769. Il mentionne aussi en cet endroit, sans en donner le détail, «Carling et ce qui forme la baronnie d'Uberhern, cédé par le prince de Nassau-Sarbrick» en 1766, et nettement rattaché au bailliage de Boulay par les lettres patentes du mois d'août 1773[2]). Le cas est plus embarrassant pour une autre partie de cet échange, concernant l'abbaye de Wadgassen et ses possessions sur la rive gauche de la Sarre, cédées également à la France: celle-ci permit d'abord (août 1769) à l'abbaye de garder toute sa juridiction sous l'autorité immédiate de la cour souveraine de Nancy; plus tard (mai 1775) on rattacha une partie de ce petit territoire soit au bailliage de Bouzonville (Hostenbach) soit au bailliage de Boulay (Werbel et Spourck), le reste constituant toujours une juridiction particulière. Nous ne savons par quelle décision

---

[1]) L'édit de Stanislas (juin 1751) énumérait les localités attribuées au nouveau bailliage d'après leur appartenance aux ci-devant prévôtés de Boulay, Bouzonville, Amance et Saint-Avold.

[2]) Comment le bailliage de Bouzonville put-il interpréter différemment ces lettres? Il fit en effet, le 7 mars 1789, convoquer par son huissier D. Denis «les habitants d'Uberherrn et autres villages dépendants de la baronnie, avec ordre de les faire assembler à Uberherrn comme chef-lieu», et dans l'assemblée bailliagère du 11 mars, on prononça défaut contre eux. Plus tard le lieutenant général de Bouzonville prétendit que les droits de la France sur ces villages échangés étaient restés contestables, et qu'en les donnant au sieur Richard, on ne les avait attribués à aucune juridiction française: leurs députés étant venus se présenter à Bouzonville, le sieur Richard les aurait fait s'en retourner chez eux avant l'appel des députés (A. Brette, *Atlas des bailliages ou juridictions assimilées ayant formé unité électorale en 1789*, Paris, 1904, p. V). A Boulay, on n'avait eu aucune hésitation ni à faire citer ni à recevoir les députés des six communautés de la baronnie; on peut voir à L'Hôpital, partie d'Uberherrn, (p. 151) que son député, ne présentant pas une nomination assez explicite et bien signée, on y suppléa sur place. Pourtant, nous croyons qu'il y eut quelque confusion à Uberherrn même, puisque ce ne sont pas les députés nommés à l'élection du 9 mars (p. 220) qui comparurent à Boulay, mais deux autres membres de la communauté (Hans Gorg Hardt, Petter Decker): les premiers seraient-ils allés à Bouzonville?

ou règlement cette situation fut précisée en vue des élections de 1789 : toujours est-il que les religieux de Wadgassen, comme les communautés de Hostenbach, Schaffhausen et Virbelen, furent cités le 5 mars à comparaître au bailliage de Boulay et y comparurent réellement[1].

Ces juridictions particulières de Faulquemont, Uberherrn, Wadgassen, s'étendaient en temps ordinaire sur des localités que nous ne voyons point mentionnées spécialement en 1789 : c'est qu'elles n'avaient là pour objet que des biens sans sujets ou un si petit nombre de sujets qu'ils ne voulurent ou n'osèrent point former une assemblée. A L'Hôpital cependant, nous voyons deux fractions distinctes, bien qu'appartenant toutes deux au même bailliage. Ailleurs, à Roupeldange, les deux parties du village relèvent de deux bailliages distincts; ailleurs encore, malgré les échanges déjà faits avec les princes voisins, il reste des villages mi-partis avec l'Empire (Folschwiller et Métring) ou même formant enclave et relevant entièrement de l'Empire; d'autres bailliages français ont aussi quelques enclaves dans celui de Boulay et réciproquement.

Néanmoins les opérations électorales de ce bailliage en 1789 semblent avoir marché d'une façon très précise : nous en avons encore pour les assemblées du tiers état presque tous les documents dans un ensemble de 290 pièces cotées dès lors[2]). Une précipitation, bien compréhensible dans ce premier classement, a quelque peu brouillé l'ordre logique ou chronologique des documents; ce sont, n°s 1—8, les minutes assez informes des opérations de l'assemblée générale du tiers à Boulay, du 10 au 14 mars; puis (n° 9) l'ordonnance du bailli, du 28 février; n°s 10—92, les procès-verbaux des assemblées de communautés, du 6 au

---

[1]) L'abbé de Wadgassen est le président du clergé dans l'assemblée du bailliage de Boulay, et la liste des députés du tiers (plus complète que le procès-verbal que nous publions ici p. 210) rapporte deux députés aux quatre localités de «Vadgasse, Virbelen, Hostenbach, Chaffhausen : une seule mairerie».

[2]) Conservées aux Archives départementales, fonds du Parlement de Metz, liasse 5 (ancien n° 880). Il n'y manque probablement aucune des pièces cotées au début, mais quelques-unes ont perdu leur cote, inscrite sans doute sur un feuillet resté blanc et disparu ensuite. Ce qui rend le contrôle plus difficile, c'est qu'un même numéro a été donné parfois à tout un paquet de pièces : ainsi la cote 156 se trouve sur 34 significations adressées à autant de communautés; de plus le classement a été, croyons-nous, arrêté trop tôt, et certaines déclarations d'impositions sont peut-être arrivées à Boulay après l'inscription «290 et dernière». En effet une pièce non datée (cotée 262) comprend un «Etat des communautés qui n'ont pas encore envoyé à Boulay les états et déclarations des impositions qu'elles sont obligées de payer annuellement, suivant qu'il a été convenu en l'assemblée du tiers état de Boulay» : à côté de chaque nom, on a fait une croix, lorsque la pièce manquante est arrivée; pourtant quelques-unes de ces pièces n'ont pas reçu de cote.

9 mars; nᵒˢ 93—148, les significations faites par huissier au chef de chaque communauté pour la convocation de son assemblée, du 4 au 6 mars; nᵒˢ 152—224, les cahiers de doléances des communautés¹); enfin nᵒˢ 225—290, les déclarations des impositions payées par les communautés. On le voit, on formait des groupes de pièces semblables²), et il est facile de reconnaître quels groupes nous avons à publier; les autres nous servent, par leur concordance, à constater plus sûrement le chiffre ou la composition de nos communautés: ainsi nous avons 87 lettres de convocation ou significations d'huissiers, parmi lesquelles 5 ne concernent qu'une annexe ou fraction de communauté; 83 procès-verbaux d'assemblée représentent autant de communautés, à une exception près (Rosbrück, qui faisait communauté avec Théding); nous n'avons pourtant que 73 cahiers de doléances, en y comprenant celui de Rosbrück: mais à cause de Wilhelmsbronn et des trois annexes de Varize, qui ne firent qu'adopter un autre cahier, cela ne représente que six lacunes; ces six cahiers ont-ils existé? Ils n'ont du moins pas reçu de cotes au moment où l'on enregistrait toutes nos pièces, puisque leur absence ne laisse pas de vides dans la suite des numéros existants³). Enfin mentionnons simplement la présence de 69 déclarations d'imposition, dont 6 n'ont pas été cotées⁴).

Un dernier document, à rapprocher de tous ceux-là comme contrôle suprême, consiste dans la liste des communautés et de leurs députés à l'assemblée générale du bailliage: pour le nombre des commu-

---

¹) La date du cahier ne cadre pas toujours avec celle du procès-verbal, mais il est bien compréhensible qu'un peu de fièvre électorale ait troublé la marche des choses ou du moins la plume des greffiers.

²) Quelques pièces se sont égarées hors de leur groupe: les nᵒˢ 111, 112, 114, 149—151, sont des convocations de gens du clergé ou de la noblesse, ne concernant donc pas le tiers état; le nᵒ 156 devrait se joindre au groupe des significations; le nᵒ 259 est un cahier de doléances; le nᵒ 283 (liste des communautés et chiffre de leurs députés) concerne l'assemblée générale du bailliage.

³) Il est facile d'imaginer qu'à Carling, Schaffhausen, on n'aura pas rédigé de cahier; celui d'Uberherrn (p. 220) n'a peut-être pas été porté à Boulay: on semble l'affirmer pour celui de Longeville (p. 154, note); Brouck aura pu, quoique la chose ne soit pas dite explicitement, imiter les autres annexes de Varize. Reste Boulay, dont le cas nous paraît plus inexplicable, à moins d'admettre que le cahier particulier du chef-lieu du bailliage aura servi de base immédiate au cahier général du tiers état.

⁴) Differten et Fouligny ont chacun deux feuilles de déclaration, cotées distinctement; au contraire, Host et Marienthal ont fait leurs déclarations sur les feuilles de Maxstadt et de Lixing. Il n'y eut aucune déclaration, du moins enregistrée dans notre dossier, pour Boulay, Bannay, Brecklange, Guenkirchen, Ham, Roupeldange, Saint-Avold, Théding-Rosbrück, et toute la baronnie d'Uberherrn (Carling excepté).

nautés, l'accord est parfait, cette liste énumérant les 82 communautés que mentionnent tous nos documents[1]); pour le nombre des députés de chaque communauté, il y a divergence pour six cas, la liste attribuant à cinq communautés un chiffre moindre que nos procès-verbaux d'assemblée, à une autre un chiffre plus élevé[2]); mais n'y a-t-il pas là une simple constatation de fait (la présence des députés à Boulay)? ou, s'il s'agit du droit de représentation, il est bien possible que la révision des pouvoirs conférés par les assemblées primaires ait modifié le nombre de leurs mandataires. Quant aux noms de ceux-ci, la comparaison aboutit aussi à un parfait accord[3]), si ce n'est pour quelques prénoms et pour les députés d'Überherrn : ceux que nous marque pour cette communauté le procès-verbal d'assemblée et d'élection ne paraissent pas à Boulay, mais bien deux autres habitants.

Le bailliage, en fournissant aux opérations de 1789 le cadre nécessaire, n'y contribua guère par l'influence de ses magistrats[4]), si ce n'est le lieutenant général. Le bailli, en effet, était plutôt un personnage représentatif : à cette dignité avait été nommé par lettres du roi du 21 février 1784[5]) Jean-Pierre, comte de Lambertye, chevalier, seigneur de Saint-Sornin, Les Chaises, La Faurie et Les Héribeaux, devenu seigneur de

---

[1]) Mais elle ajoute le nom de Kleindhal à celui de Longeville.

[2]) Soit un seul député à Brecklange, Brouck, Chémery, Wahl, et deux seulement à Théding-Rosbrück ; Halling, au contraire, est représenté par deux députés. Il nous paraît évident que Brecklange et Théding-Rosbrück dépassaient le chiffre de députés permis par la loi ; Halling, avec ses 20 feux, avait réellement droit à deux députés et son maire, Pierre Louis, comparut à Boulay avec Dom. Bettinger (p. 112) ; Rosbrück n'y fut représenté que par J. Klein (p. 202), Brouck par Clet (p. 19), Chémery par N. Messart (p. 24), et Wahl par J. Türck (p. 221).

[3]) Du moins pour les 144 députés qui signent le cahier du bailliage, car il y manque 8 signatures : on n'en trouve aucune pour Brecklange et Narbéfontaine. Seul, un député de Hargarten (p. 116) n'appose que sa marque : H. M., expliqué par « marque de Jean Pierre Mayer député ».

[4]) Les huissiers paraissent dans la distribution des lettres de convocation : ce sont Jean-Michel Herman ou Herman le jeune, Pierre Laurent, Pierre-François Humbert, Jean-François Bedin le jeune, Claude-Marguerite Vilmenot, et Joseph Herman. Dans leurs exploits, en intimant la publication à faire au prône, plusieurs ajoutent le nom du curé de la paroisse ; mais cette désignation personnelle manque trop souvent dans nos documents, et encore bien plus dans ceux du bailliage de Bouzonville.

[5]) L'office de bailli était vacant par la démission du vicomte de Ligniville ; M. de Lambertye prit procession le 7 juin 1784. Il était né à Saint-Sornin (canton de Montrond, arrond. d'Angoulême) le 26 févr. 1734 ; blessé à Rosbach et reçu chevalier de Saint-Louis (18 mai 1770), il se distingua par ses services militaires et mourut à Metz le 27 mars 1816.

Coume, Birring et Bettling par son mariage en 1776 avec Catherine-Antoinette-Thérèse de Beccary; il était depuis 1781 (brevet du 13 mai) lieutenant pour le roi, commandant au gouvernement de Sarrelouis; et, cumulant les dignités et les profits, il devint bailli de Sarrelouis[1]), en même temps qu'il l'était de Boulay. Son lieutenant général au bailliage de Boulay nous intéresse davantage: Francois-Paul-Nicolas Anthoine était né, non à Boulay comme on le dit généralement, mais à Nancy, paroisse de St-Epvre, le 17 mars 1758. Il était avocat en parlement (reçu le 7 mai 1781), résidant à Nancy, quand il fut pourvu le 20 octobre 1784 de l'office de conseiller lieutenant général civil et criminel au bailliage de Boulay[2]). Il eut une grande influence sur le mouvement révolutionnaire dans notre pays, influence regrettable plus tard, mais qui n'inspirait aucune défiance en 1789, quand toute une série de communautés prirent pour base de leurs cahiers de doléances une brochure qu'il venait de publier[3]) sous le titre d'*Essai sur les assemblées de communautés, de bailliages et d'arrondissements de la Lorraine, destinées à procéder tant aux élections qu'à la rédaction des cahiers pour les Etats généraux, présenté par un citoyen,* in-8º de 16 pages, Paris 1789.

---

[1]) Lettres du roi du 10 mai 1785, enregistrées au parlement de Metz le 23 juin 1786; peu auparavant (lettres patentes du 28 septembre 1785, enregistrées au parlement le 19 juin 1786) il avait obtenu une pension de 1200 livres assignée sur les domaines de la généralité de Metz, motivée sur ce que «son prédécesseur jouissait d'un traitement de 8 à 9000 livres, tandis qu'il est réduit maintenant à 5000, et que cependant il est chargé d'une nombreuse famille par la mort de son frère, décédé aux îles, commandant le régiment de Port-au-Prince».

[2]) Son prédécesseur, Hyacinthe Thomas, avait donné (17 sept.) sa démission en sa faveur. Ses provisions contenaient dispense des quelques mois qui lui manquaient pour avoir 27 ans accomplis. Il fut reçu et prêta serment comme lieutenant général devant le parlement de Nancy le 11 déc. 1784.

[3]) Voir le cahier de Saint-Avold p. 206; et pour le nom de l'auteur, voir *Annuaire de la Soc. d'Hist. et d'Archéol. lorraine* 1906 p. 167.

II. BAILLIAGE DE BOUZONVILLE.

Le dossier des assemblées du tiers état en 1789 (Archives départementales, fonds du Parlement, liasse 1984a) est moins facile à contrôler en ce bailliage, les pièces n'ayant pas été cotées au début [1]). Pourtant nous y trouvons, presque au complet, après l'ordonnance du lieutenant général du 28 février, les convocations signifiées par huissier aux communautés [2]), les procès-verbaux d'assemblée en assez grand nombre [3]), les cahiers presque sans aucune exception, et puis la liste des députés réprésentant chaque communauté. On ne demanda pas, comme à Boulay, une déclaration spéciale des impositions; de plus, faute d'avoir ménagé un espace suffisant dans le formulaire imprimé d'avance pour le procès-verbal d'assemblée, il y a rarement une liste des comparants, qui aurait pu faciliter le déchiffrement des signatures. Tout naturellement, avec des communautés très récemment unies à la France, il y a ici un plus grand nombre de documents rédigés en allemand.

La composition du bailliage ressort de nos documents avec une précision très sûre, si ce n'est sur un point ou deux: nous avons indiqué plus haut le cas d'Uberherrn; Hostenbach ne paraissant en aucune façon dans nos documents, il faut qu'il ait été clairement rattaché au bailliage de Boulay. Ce nom est donc à retrancher de la liste des communautés fournie par Durival dans sa *Description de la Lorraine*, t. II p. 282 et ss.[4]); mais il faut y ajouter ceux de Büren, Dreisbach et Rehlingen,

---

[1]) Il semble qu'on ait voulu s'occuper de ce dossier un peu plus tard, car on trouve inscrite au dos de huit pièces une mention de canton: canton de Relling, de Bérus (v. p. 370 note), de Freistroff, de Niedaltroff...

[2]) Une le 5, les autres le 6 ou le 7 mars. Les huissiers sont Charles-Gaspard Jacques, Ferdinand Weber, Nicolas Boisteaux, Pierre Chéry, André Graff, Charles Hartenstein, Jean-Pierre Gonnhaut, et Dominique Denis.

[3]) Bien des assemblées n'ont pas vu l'utilité de cette pièce et se sont contentées de marquer, dans leur cahier, les noms de leurs députés à l'assemblée du bailliage: nous y perdons l'indication du lieu de l'assemblée, le nombre des feux et une première série de signatures. — Le formulaire imprimé pour ces procès-verbaux porte un n° 9, qui le rattachait à une série dont nous ignorons les autres termes.

[4]) C'est l'énumération que l'on trouve dans l'édit de Stanislas de juin 1751, mais où les localités sont groupées selon leur appartenance aux ci-devant prévôtés de Bouzonville, Siersberg, et Boulay; l'édit comprend donc aussi les lieux qui

XIV   Bailliage de Bouzonville.

que mentionnait déjà l'édit de 1751. Le bailliage s'était accru de onze communautés lors du partage du pays de Merzig et Saargau, mais en avait cédé six de son ancienne circonscription au bailliage de Schambourg[1]) (lettres patentes de juin 1780); mais ces six communautés lui firent retour, et l'on y joignit encore la mairie de Castel, lors de la suppression du bailliage de Schambourg (édit de décembre 1788, enregistré à la chambre des comptes de Nancy le 18 février 1789). Cela donne un chiffre d'environ 128 communautés, qui paraissent toutes régulièrement dans nos documents de 1789, non pas toutefois dans chacune de nos séries. Ainsi dans les 136 lettres de convocation, dont treize s'adressent à de simples annexes et une à Überherrn, il ne s'en trouve point pour 6 communautés (Bouzonville, Bizing, Flatten, Grindorff, Holling, Rémeldorff); la série trop incomplète des procès-verbaux (68) ne permet aucun contrôle; mais les cahiers, au nombre de 119, si l'on tient compte des cahiers communs à plusieurs communautés[2]), nous prouvent qu'il n'en manque qu'un seul, celui de Kirf-Beuren; de même la liste des députés, constituant (sans Überherrn) 126 représentations[3]), alors qu'Oberdorff est uni à Tromborn et Zeurange à Betting-Gongelfang, confirme parfaitement notre état du bailliage. Toutefois certains changements étaient encore trop récents pour avoir déjà pénétré dans la routine administra-

---

cessèrent en 1769 d'appartenir à la France par suite d'échange. Durival réunit à tort dans une même communauté Bockange, Piblange et Drogny; Gongelfang, Betting, et Zeurange. Mais il distingue avec raison en deux communautés Bellemacher et Kitzing.

[1]) Durival donne *ibid.* p. 288 une liste des communautés du Sargaw lorrain, où plusieurs noms ne représentent pas de vraies communautés complètes; il indique les communautés cédées au bailliage de Schambourg t. IV, p. 122. — Le partage du Saargau se fit par une convention avec l'Electeur de Trèves du 1 juillet 1778, ratifiée le 19 septembre: les gens de Keuchingen se trompaient un peu sur cette date (p. 203).

[2]) Il faut souligner la note finale du cahier de Nieder-Limberg (p. 418), spécialement pour le nom de Kerling: cette communauté, convoquée dans la personne de son maire Nic. Adam, nomma pour députés Simon Adam et Nic. Hart. De même, sans que nous ayons ni procès-verbal d'assemblée ni cahier, nous connaissons par la liste de l'assemblée du bailliage, les deux députés de Kirf-Beuren: Guill. Benin et Jean Schmid; la convocation était adressée à Mathis Ternesse, maire de Kirf, et à Jean Chemitten, syndic de Beuren.

[3]) Il y a quelques difficultés de détail insignifiantes sur les noms ou prénoms des députés; leur nombre aussi, hormis deux cas, correspond bien à ce que disent nos procès-verbaux ou les cahiers, quand ceux-ci permettent une comparaison (voir p. ex. Colmen p. 307). La liste n'attribue que 3 députés à Freistroff et annexes, mais elle porte à 6 le chiffre des députés de Bouzonville: nous ne comprenons pas ce dernier chiffre.

tive, et c'est ainsi que les règlements de 1789 parlent encore du bailliage de Schambourg, et que des cartes même modernes[1]) étendent les limites de la France en 1789 au delà de ce que les derniers échanges lui assignaient. Sans doute il restait à la France quelques exclaves en Empire (mairie de Castel, Geisweilerhof, une partie de Kirf-Beuren), et réciproquement une enclave (Mandern) restait à l'Empire; de même quelques communautés étaient séparées de l'ensemble du bailliage, et le bailliage de Thionville comptait deux communautés (Fremersdorf, Siersdorf) au confluent de la Nied avec la Sarre; mais ces quelques irrégularités sont peu de chose en comparaison de celles qui existaient vingt ans plus tôt.

Le bailliage avait à sa tête en 1789 Remi-Charles, marquis de Toustain de Viray, chevalier, seigneur de Canapville (en Normandie), Abaucourt, etc., lieutenant général des armées du roi; mais[2]) l'homme d'affaires était là aussi le lieutenant général Jean-Pierre Couturier, né à Porcelette le 17 novembre 1741, avocat en parlement, nommé lieutenant général le 10 novembre 1779; il réussit à se faire nommer député du bailliage de Bouzonville, mais échoua à l'assemblée de réduction à Sarreguemines, «ce qui a surpris bien du monde,» écrit-il lui-même au garde des sceaux. Il devait réussir plus tard aux élections pour l'assemblée législative, pour la Convention, pour le conseil des Cinq-Cents; s'il ne vota pas la mort du roi, c'est qu'il était alors en mission dans les départements de la Moselle et du Bas-Rhin: il fut, du reste, le défenseur de Jourdan *Coupe-têtes* et de Carrier. Il mourut à Issy près Paris le 5 octobre 1818.

---

[1]) La planche 23 de l'Atlas de Brette est très fautive à cet égard et son texte même est inexact sur quelques points.

[2]) Le bailli n'était pas même présent à Bouzonville lors des opérations de 1789. Un de ses frères, Joseph-Maurice, comte de Toustain de Viray, grand bailli d'épée de Darney, fut élu député à la Constituante par le bailliage de Mirecourt.

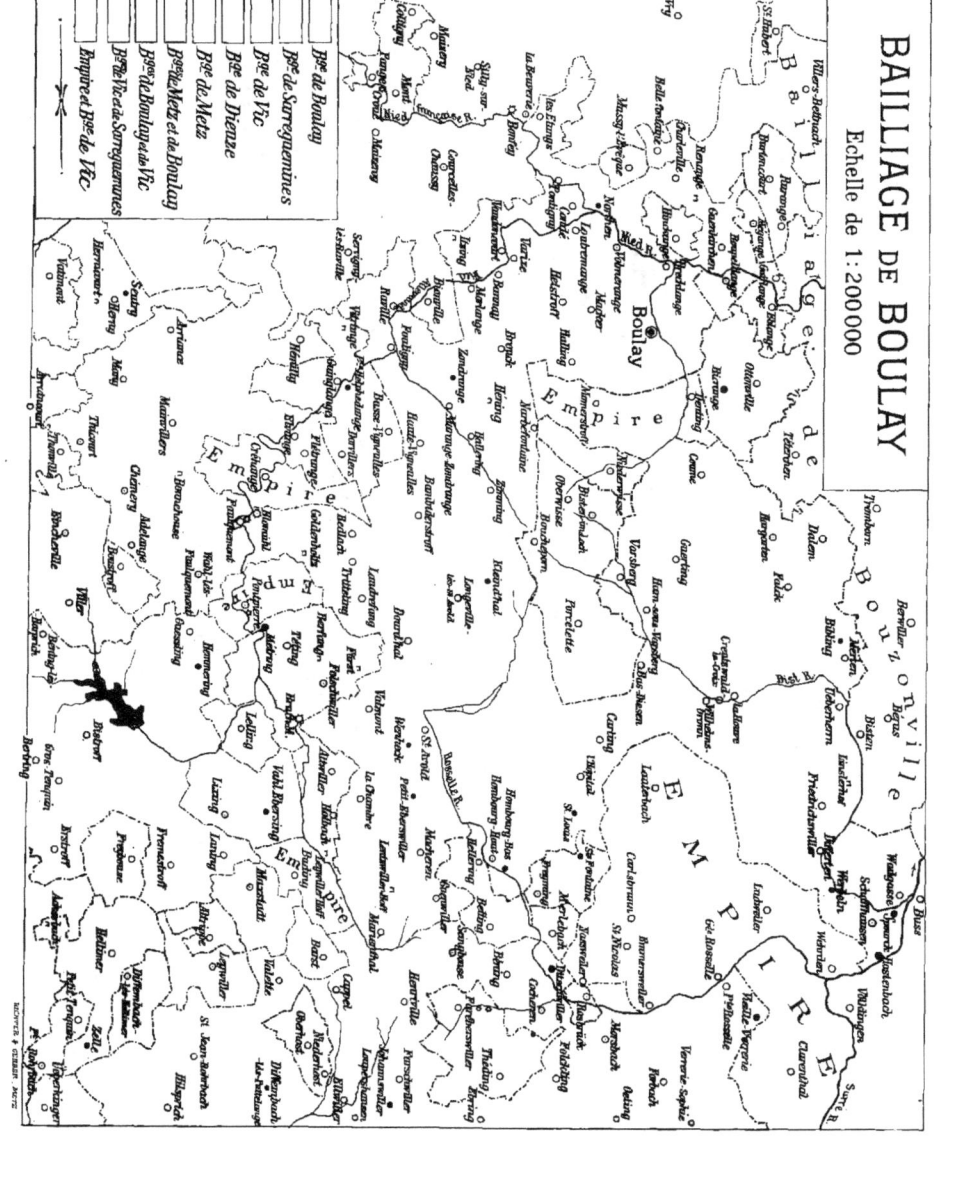

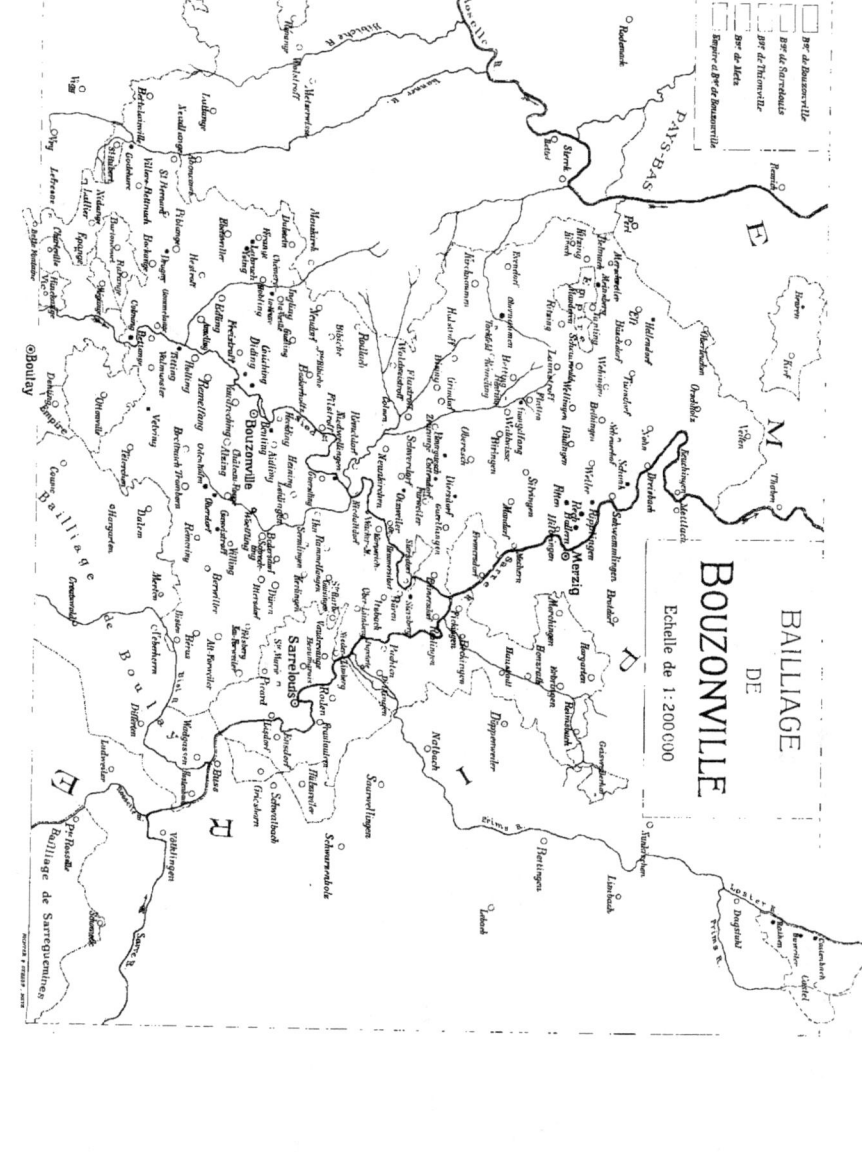

BAILLIAGE
DE
BOULAY.

ADELANGE.

Impositions: 1. Subvention, ponts et chaussées et autres impositions 1650 l.
            2. Les abonnements . . . . 876 l. 16 s. 9 d.
            3. Les deniers des troupes de St-Avold . . . . . 286 l. 16 s.
            4. Les deniers des routes [1] . . . . 276 l. 19 s. 9 d.

Assemblée du 8 mars 1789 par-devant le maire; publication au prône le 8 mars par Michel Tabary, curé de Boustroff, «n'ayant aucun curé ni vicaire audit lieu».

87 feux, dans lesquels 13 veuves, beaucoup d'insolvables et 2 soldats provinciaux, «n'ayant au plus que 8 ou 10 personnes sachant le français». — Pas de liste des comparants; 6 signatures [2]).

Député: Jean Blanchard, maire, sans profession, âgé de 39 ans; paye pour la subvention, ponts et chaussées . . . 27 l. 12 s. 6 d., pour l'abonnement 11 l. 3 d.

Cahier de plaintes et doléances.

ART. 1. Remontrer que les remontrants sont proches des salines: que, par la distribution d'un grand nombre de bois, nous sommes attenus à payer les bois au double; et nous payons le sel 6 s. 3 d. la livre. C'est ce qui occasionne que l'on ne peut faire des nourris de bêtes; que, s'il était au prix commun comme les étrangers le payent, tous les sujets pourraient vivre et nourrir des bestiaux pour les soulager.

ART. 2. Il en est de même au sujet des tabacs qui sont d'un prix exorbitant et que les pauvres sujets ne sont point en état à pouvoir soutenir, étant grande populace presque dans tous les villages; il s'y trouve des brigades d'employés et qui par leurs appointements emportent des

---

[1]) Pour les deux derniers articles, on donne les chiffres de 1788, « n'en ayant encore aucune ordonnance » pour 1789; les numéros précédents s'élevaient alors à 1675 l. (en 1787 seulement 1575 l.) et 874 l. 11 s. 9 d. « le tout, cours de France ».

[2]) Ce sont celles des membres de l'assemblée municipale: on les retrouve en tête des signataires du cahier. Celui-ci est écrit de la même main que les cahiers de Laudrefang et de Tritteling, et leur ressemble beaucoup quant au fond.

sommes exorbitantes : au lieu que, si l'on mettait des impôts sur chacune personne qui font usage de tabac, Sa Majesté serait en assurance à percevoir les impôts et ne serait attenue à aucun appointement à tant d'employés non nécessaires.

Art. 3. Il en est de même au sujet des acquits. Nous avons deux villages enclavés dans la Lorraine, qui sont Créhange et Pontpierre, terres d'Empire. Ainsi en chargeant en Lorraine et déchargeant en Lorraine, sans aller sur aucun territoire que de celui de Lorraine, cependant par rapport que les villages d'Empire sont du côté que l'on veut aller décharger, [bien] que les villages d'Empire sont à côté des territoires de Lorraine, cela n'empêche point qu'on nous force à nous faire prendre des acquits à caution.

Ce qui est de plus: en manquant un jour de rapporter les dits acquits au jour nommé, l'on est en contravention pour telle somme que les capitaine ou contrôleur ou buraliste le trouvent à propos. Si c'est un effet de Sa Majesté à faire cesser ces sortes d'abus, ce ne pourrait être que pour le bien de Sa Majesté et de ses sujets.

Art. 4. Autre article en remontrance sur les deniers déposés à la maîtrise des eaux et forêts. Les pauvres sujets ayant dans leurs bois des bois houppis ou chablis ou morts-bois par la rigueur des grands vents, les ventes qui s'en font, les deniers en provenants sont transportés dans les maîtrises, et les pauvres sujets font souvent beaucoup de démarches et dépenses pour toucher leur dû. Jamais ils n'en perçoivent ce qui leur y advient; et même en les percevant, ils en sont obligés à en faire le double en démarches et dépenses; au lieu que, si ces sortes de deniers restaient entre les mains des syndics, au bout de leur année ils sont attenus à rendre compte de leur gestion: ainsi ils en feraient de même des deniers déposés dans les maîtrises au profit des communautés.

Art. 5. Autre remontrance au sujet des inventaires que l'on fait par les officiers tutélaires dans nos cantons. Un homme ou une femme venant l'un ou l'autre à décéder et qu'ils délaissent des enfants mineurs, et même quand le dernier mineur aurait atteint l'âge de vingt-quatre années et six mois, l'on vient tout de suite procéder à un inventaire des meubles et effets délaissés par le décédé. L'on demande, le lendemain après l'inventaire, si le survivant n'est pas fort le maître, s'il le juge à propos, à faire la vente des dits meubles inventoriés. Et même au bout de quinze jours, un mois, deux mois ou dans six mois, le survivant viendrait aussi à décéder, l'on reviendrait faire un double inventaire sur les mêmes meubles et effets: ce qui ferait deux inventaires sur les mêmes meubles et effets.

L'on ne trouverait pas en male part le dit inventaire dans le cas que le survivant, soit le mari ou la femme, viendrait à se remarier, qu'il soit tenu à un inventaire quelques jours avant la célébration de son mariage, pour que les enfants nés ne soient point privés envers les enfants à naître.

D'un autre côté, si l'homme et la femme venaient à décéder tous deux, l'inventaire serait utile, par la raison qu'il faudrait procéder à l'élection de tuteur et curateur.

Art. 6. Ce qui est de plus surprenant: depuis environ cinq, six années, il y a un nommé Claude Cretailles, priseur juré, demeurant à Saint-Avold, qui se rend dans plusieurs endroits aux inventaires et qui tire des vacations exorbitantes. En outre il a le droit, ou donc ses commis, à faire la vente des meubles que l'on vend, qui perçoit plusieurs vacations par chacun jour, dont ses vacations sont de trois livres l'une; en outre vingt sols par lieue de voyage, non compris ses procès-verbal et papier; en outre les contrôle et centième denier, de façon qu'après les ventes finies, la plus faible partie reste pour les personnes à qui les meubles appartiennent.

Art. 7. Et même, ce qui est plus surprenant, un habitant ou une veuve vivants, qui voudrait faire la vente de ses propres meubles, il est aussi obligé à passer par les mains du priseur juré: c'est ce qui est un abus exorbitant, et dont Sa Majesté ne peut recevoir beaucoup de profit et qui fait une grande perte.

Art. 8. Autre remontrance. Dans le temps du défunt Me Jacques Dornel, il y a beaucoup de messes de fondation, il n'a jamais manqué à les recommander le dimanche avant qu'elles soient dites. Aujourd'hui, du depuis, nous avons Me Michel Thabery qui est notre curé depuis 26e année; il ne veut point en annoncer et n'en annonce aucune: c'est ce qui fait un désordre à la paroisse. Il en perçoit les deniers annuels des mains des échevins synodaux. Ne sachant si les dites messes sont dites ou non, nous espérons que Sa Majesté voudra bien en ordonner que le curé sera obligé à annoncer les dites messes de fondation, dont il en perçoit toutes les années les deniers.

Art. 9. D'un autre côté, il nous fait payer toutes les années, après la quinzaine de Pâques, quand il va au synode, il nous fait payer pour la paroisse six livres de France: c'est pour les onctions. Savoir si les paroissiens y sont attenus ou non, d'autant qu'il a la dîme tant de terres que de toutes autres denrées, et même la menue dîme, en outre les terres du bouverot. Enfin, pour dire le vrai, l'on ne connaît plus leurs statuts. Ils se font payer tant pour mariages que pour enterrements, funérailles, tout au delà des années passées. Si Sa Majesté voulait bien faire rendre justice à cet égard! Que du moins les pauvres sujets puissent pouvoir soutenir et savoir à quelles fins ils doivent payer.

Art. 10. Enfin les pauvres sujets ont à remontrer au sujet des cuirs qui sont d'un prix exorbitant par la raison des marques des cuirs: que, par cette raison, il n'est plus dans le possible aux pauvres sujets à pouvoir s'en procurer pour leurs besoins.

Art. 11. Autre article en remontrance: que les pauvres sujets sont attenus à payer, savoir [tant] pour les subvention, ponts et chaussées, et gages des officiers du parlement de Nancy, que pour les abonnements, que des deniers pour les troupes de Saint-Avold, en outre pour les travaux des routes, le tout à une somme de 3090 livres 12 sols, cours de France.

Art. 12. En outre, le ban et finage du dit Adlange est chargé d'un cens annuel de 52 quartes 1 bichet 1 foural 1 messienne[1]) de blé et 45 quartes 1 bichet 1 foural 1 messienne d'avoine, mesure de Faulquemont, et en outre 100 francs barrois en argent, payés par les propriétaires toutes les années au jour de Saint-Martin de chacune année: payé la plus forte part à Madame la comtesse de Choiseul.

Art. 13. En outre, tous les habitants, à l'exception du maire et du sergent, sont attenus à scier une journée en moisson à ma dite dame ou à ses représentants; en outre, tous les laboureurs à lui voiturer deux voitures de bois de chauffage, que de même à payer pour droit de grasse pâture de chaque pièce de porc, glandée ou non glandée, 1 sol 6 deniers par chacune pièce et les laboureurs, par chacune charrue, une quarte de blé et autant d'avoine, pour droit de charrue.

Art. 14. Une autre remontrance bien singulière. L'on force les habitants aux moulins de ma dite dame construits à Faulquemont et Blauborn; l'on force les habitants à être attenus aux dits moulins pour moulins banaux, et n'ont l'un ni l'autre aucuns chevaux ni charrettes, [de sorte] que tous habitants, laboureurs et manœuvres, sont tenus à faire la conduite de leurs grains; et la plus forte partie de l'année les moulins ne sont point en état à desservir seulement la moitié des habitants banaux.

Art. 15. Observation aux articles 13 et 14: qu'il est bien surprenant qu'il n'a jamais été représenté aux habitants aucun titre des droits y énoncés; c'est à cet égard qu'ils ont l'honneur d'apporter à Sa Majesté leurs plaintes. Les officiers de Madame se contentent aux plaids annaux d'énoncer les dites obligations, et jamais l'on ne leur y a fait voir aucun titre que par les recettes des plaids annaux, que l'on force les maire et gens de justice à les souscrire, et par là ils s'en font des droits et titres.

---

[1]) Le mot allemand *Mäßchen*, petite mesure.

Art. 16. Observation. Il y a plusieurs années, environ quinze ou seize années, les habitants en partie ont refusé de travailler à moisson; ils ont été assignés. L'on aurait demandé de voir les titres qui énoncent ces sortes de droits: ce qui leur y a été refusé. Les pauvres habitants ont été obligés à payer les dépens et à travailler; par la raison que les officiers et juges tutélaires dépendent de Madame, il n'y aurait eu pour les pauvres habitants aucun droit à prétendre. Les remontrants ont espérance que Sa Majesté ordonnera que Madame sera tenue à représenter ses titres pour ce qui est énoncé aux articles 13, 14 et 15; et sera justice.

Art. 17. Les pauvres habitants ont l'honneur d'observer qu'ils se trouvent de toute part fort, et plus qu'au double, surchargés, et même que les plus aînés du lieu ont connaissance que leurs pères et pères-grands leur y ont dit maintes fois que la communauté d'Adlange ne payait pour toute somme que 600 livres de Lorraine. Et aujourd'hui, après tous autres impôts, ils sont attenus à une somme, comme il est dit à l'article 11e, de 3090 livres 12 sols de France.

Enfin il n'est plus possible à pouvoir résister à toutes ces sortes de charges, et les laboureurs sont [si réduits] depuis deux années par le décès et la translation de domicile des laboureurs qui en sont sortis, qu'une forte partie du ban deviendra inculte de jour en jour.

L'assemblée et membres de la municipalité d'Adlange demandent si, comme ils sont attenus à tout moment à négliger leurs ouvrages et perdre leur temps, si Sa Majesté ne voudra pas leur y accorder leurs peines et salaires: qui sont toutes les plaintes et remontrances qu'ils ont l'honneur à produire. Et avons remis le tout à Jean Blanchard, député, et lui avons donné pouvoir à souscrire tout ce qui lui sera représenté à l'assemblée à Boulay, dont il a promis de s'y rendre le 10e du présent mois et muni d'une copie du procès-verbal, et l'autre déposée au greffe municipal du dit Adlange.

Jean Blanchard, maire; Paul Thiss, syndic; Pierre Schram, élu; Nicolas Tarrillon, élu; Nicolas Blumiser, élu; F. Jacquemin, greffier municipal; Jean Lanfant; Nicolas Lenfant; Nicolas This; Nicolas This; Claude Blanchard, greffier; Nicolas Thounlier; Jean Guert; Nicolas Césard; Joh. Adam Blanchard; Pierre Tarrillon; Casbar Schmitt; Pierre Claude; Jean This; Jean Blanchard; Claude Schram; François Tarrillon; Nicolas Tarrillon; Paul Lanfant; Jean Hess; Nicolas This; F. Becker; Nicolas Thunlier; Nicolas Hes; Pierre Guertt; Nicolas This; Pierre Lanfant.

ARRIANCE.

Impositions: 1. Subvention . . . . 768 l. 8 s.
2. Ponts et chaussées et impositions accessoires . 704 l. 8 s. 3 d.
3. Abonnement et gages des officiers du parlement 694 l. 14 s. 9 d.
4. Dépenses pour les troupes de Saint-Avold . . 156 l. 1 s. 3 d.[1])
5. Corvée représentative pour les travaux des routes 237 l. 1 s. 10 d.

Assemblée du 7 mars (sic!) *1789 par-devant les président et officiers composant l'assemblée municipale; publication au prône le 8 mars par M. Bettinger, vicaire résident.*
90 feux. — 22 comparants[2])*; les députés seuls signent le procès-verbal.*
Députés: Étienne Dosda, laboureur, et Jean-François Lamotte, menuisier.

Cahier des remontrances, plaintes et doléances faites à Sa Majesté par les habitants et communauté d'Arriance.

Cejourd'hui, 8 mars 1789, les officiers municipaux avec les habitants et communauté d'Arriance faisant partie du ressort du bailliage royal de Boulay, pour obéir aux ordres de Sa Majesté, portés par ses lettres données à Versailles le 7 février 1789 pour la convocation et tenue des Etats généraux de ce royaume, et satisfaire aux dispositions du règlement y annexé, ainsi qu'à l'ordonnance de M. le bailli du bailliage royal de Boulay, dont ils ont eu une parfaite connaissance tant par la lecture qui vient de leur être donnée que par la publication faite au prône de la messe paroissiale d'Arriance; les officiers municipaux du dit lieu conjointement avec les habitants de la communauté, après avoir été convoqués au son de la cloche et s'être assemblés en la manière accoutumée au lieu qui leur a été indiqué par les dits officiers, ont procédé à la rédaction du cahier de remontrances, plaintes et doléances faites à Sa Majesté, joint aux moyens de pourvoir et subvenir aux besoins de l'Etat et à tout ce qui peut intéresser la prospérité des sujets du royaume[3]). Tout vu et mûrement examiné, les dits habitants ont dressé

---

[1]) Somme payée en 1788; en 1787, 232 l. 4 s. 6 d.

[2]) Au lieu d'une liste des comparants, ce sont en réalité des signatures : on les retrouve à la suite du cahier; mais les maire et gens de justice ne se révèlent que sur l'état des impositions: Jean Dosda maire, Jean Dosda maître-échevin, Jos. Lamotte greffier.

[3]) Bien des cahiers ont semblable préambule; nous l'omettrons désormais, à moins qu'il ne s'y touve mêlé quelque détail intéressant.

leur cahier contenant les articles de remontrances, plaintes et doléances qu'ils ont l'honneur de présenter à Sa Majesté pour ce qui concerne le bien général de l'État et la prospérité singulière de ses sujets, selon la forme et teneur qui s'ensuit.

ARTICLE DE REMONTRANCES. — Remontrent très humblement à Sa Majesté les habitants et communauté d'Arriance que, pour faciliter l'avantage des sujets du royaume et assurer la prospérité de l'État, ils désireraient voir la suppression des fermiers généraux, la liberté du sel et du tabac, la suppression des acquits dans l'intérieur du royaume, l'extinction des charges de la maîtrise des eaux et forêts, et celle des priseurs jurés des ventes.

1º. La suppression des fermiers généraux. En supprimant les fermes générales, on rend la vie à l'Etat, et l'on soulage nécessairement les sujets. En effet quelles dépenses énormes ne font pas les fermiers généraux pour l'entretien de ce nombre infini d'officiers et d'employés des fermes? et malgré ces dépenses, quels avantages, quel prodigieux profit ne leur reste-t-il pas? Et c'est le peuple, ce sont les sujets qui payent ces dépenses et qui assurent les avantages de ces fermiers. Cela est démontré. Nous voyons avec douleur l'étranger ne payer que le tiers, de la même quantité de sel que nous sommes obligés de payer au triple; il en est de même des tabacs et de tant d'autres objets qui, en épuisant les sujets, font le profit de quelques particuliers. Il n'y a point de domicilié, quelque pauvre qu'il soit, qui ne verserait volontiers 6 livres chaque année au trésor royal, pour jouir de la liberté des deux objets énoncés: avantages assurés pour l'Etat et pour le sujet.

2º. La suppression des acquits. En supprimant les acquits, on rend la vigueur au commerce, et on détruit absolument les entraves et difficultés dont il est continuellement environné. Un commerçant, un négociant, par la multiplication des bureaux d'acquits, est sans cesse dans l'inquiétude et la perplexité: il craint de faire un pas sans encourir la contravention; souvent et trop souvent il est la victime de sa bonne foi; sans le savoir, sans le vouloir, il se trouve tout à coup saisi, confisqué et obligé aux dommages et intérêts pour le profit de la ferme. Au lieu qu'en détruisant ces impôts onéreux, ces bureaux d'acquits, le commerçant est tranquille, il marche librement dans le royaume, il négocie sans crainte; le sujet achète à meilleur prix les marchandises dont il a besoin; le débit devient plus considérable, et le commerce fleurit.

3º. La suppression des charges de la maîtrise des eaux et forêts. En supprimant ces charges, on épargne nécessairement bien des frais et des dépens que les propriétaires sont obligés de supporter, lorsqu'il s'agit des coupes et récolements de leurs bois. C'est se faire illusion que de croire que, depuis la création des officiers de la maîtrise, les bois en sont mieux conservés: le contraire est démontré. On a remarqué que, lorsque les justices ordinaires des lieux étaient à la tête de ces affaires, les bois et forêts étaient pour le moins en aussi bon état et tout aussi bien ordonnés, et toujours à bien moins de frais. En admettant la suppression de ces charges de maîtrise, les frais diminuant, les bois en sont à meilleur compte, et les sujets y trouvent leur avantage.

4º. Enfin l'existence des charges des priseurs jurés nuit encore au bonheur des sujets, attendu que l'honoraire de ces préposés emporte une partie des deniers de la vente des meubles, qui devrait naturellement appartenir aux propriétaires des dits meubles.

ARTICLE DE PLAINTES. — Les plaintes que les habitants et communauté d'Arriance osent porter aux pieds du trône de Sa Majesté ne sont que trop justes et trop réelles. N'est-il pas bien dur pour une pauvre communauté d'être obligée seule à la construction, entretien et décoration d'une église dans sa totalité, d'être obligée seule à la construction, entretien et réparation d'un presbytère, sans recevoir le moindre secours des seigneurs et décimateurs, qui tirent la graisse de la terre et l'avantage le plus clair des biens du lieu? Faut-il donc que pour quelques chétives portions, quelques légers émoluments communaux, de pauvres habitants soient forcés à de semblables charges et à bien d'autres auxquelles ils sont obligés de satisfaire? Nous ne voulons point parler ici des tailles et impositions royales: elles sont justes, et nous les payons volontiers; mais nous parlons de ces impositions arbitraires qui sortent des bureaux d'intendance et de subdélégation, auxquelles Sa Majesté n'a aucune part et que le peuple est obligé de payer en gémissant. Nous parlons de ces exactions, de ces tyrannies qu'on exerce envers les pauvres gens de la campagne. Nous nous plaignons de ces monopoles connus, de ces exportations de denrées faites pour l'étranger et favorisées par ceux mêmes qui devraient par état être les pères et les soutiens du peuple. Nous nous plaignons de ces levées considérables de blé qui se sont faites dans la province pour accabler le pauvre et enrichir quelques particuliers. Voilà ce qui cause le prix exorbitant des denrées de première nécessité, et voilà en même temps ce qui excite les plaintes et les cris du pauvre. Soulageons nos voisins, nos compatriotes, rien de plus juste; mais nous verrons toujours avec la plus grande indignation les avares et les monopoleurs profiter des misères publiques pour grossir leur trésor et satisfaire leurs passions.

ARTICLE DE DOLÉANCES. — Le défaut de ressources augmente nécessairement la misère du pauvre. Arriance est un des villages de la Lorraine les plus dénués de secours. Il y a très peu de propriétaires dans le lieu. Le quart des biens qui croissent sur le ban, voilà tout l'avantage du lieu; une autre partie est cultivée et exploitée par des propriétaires étrangers; le reste, qui forme l'autre moitié, est affermé aux laboureurs du lieu, qui transportent leurs canons à des propriétaires externes. Il ne demeure à Arriance ni seigneur ni décimateur; il n'y a ni commerce ni trafic ni négoce dans ce village. Le pauvre est donc absolument réduit à lui-même; sans secours, sans ressource, il n'est redevable qu'à ses sueurs et à ses peines du pain dur dont il se nourrit. De quatre-vingt-dix habitants qui composent cette communauté, ôtez-en trente: le surplus se trouve plongé dans la plus grande indigence, et la plupart de ces infortunés sont-ils encore chargés de famille. Ces circonstances sont bien dignes de considération, et nous osons espérer des bontés de notre monarque les soulagements nécessaires à nos peines. En daignant agréer les très humbles remontrances, plaintes et doléances que nous osons porter avec confiance aux pieds de son auguste trône, puisse notre bon roi connaître l'ardeur et la sincérité des vœux que nous et nos enfants adressons continuellement au ciel pour Sa Majesté et la prospérité de son royaume.

 J. Bettinger, vicaire résidant à Arriance, président l'assemblée municipale; Henry Vosgins, élu; Humbert Bernardin, élu; Nicolas Cognel, élu; Etienne Dosda, syndic; Jacques Vosgien, greffier; Joseph Peltier; Jean-François Seichepine; Claude Vogien; Jean-François Morainville; Michel Peltier; Jean-François Vosgien; Claude Vosgin; Jean-Baptiste Le Sourd; C. Baillon; Claude Peltie; Jean-Pierre Reitter; Joseph Thiry; Nicolas Vecho; Dominique Margott; Dominique Peltie; Louis Vogin; Jean Moitrier; Jean-Baptiste Moué; Jean Dosda; Jean Dosda; François Peupion; Jean Moitrier; Jean Chabaux; Jean Lallement; Claude Marichaux; Joseph Lamotte; Jean Christophe; François Vexo; François Christophe; Georges Spiler; N. Barthélemy; Humbert Sesard; J. F. Lamotte; Jean Barbey; Jean Bonneherbe; François Bel.

BAMBIDERSTROFF.

Impositions: voir la pièce qui suit le cahier de doléances.

Assemblée du 9 mars par-devant les maire et syndic; publication au prône le 8 mars par le curé.

153 feux. — Pas de liste de comparants; 73 signatures[1]).
Députés: Nicolas Varis, maire, et Nicolas Klein.

Cahier des articles de plaintes, doléances et remontrances que font les habitants et communauté de Baumbidersdorff à Sa Majesté le roi très chrétien, en conséquence de sa lettre du 24 janvier dernier et en exécution de l'ordonnance de M. le bailli du bailliage de Boulay du 28 février aussi dernier.

Les maire, syndic, habitants et communauté de Baumbidersdorff ont l'honneur de remontrer très respectueusement à Sa Majesté sur les objets ci-après.

1º. Celui du sel, qui est le plus important, surtout aux pauvres gens de la campagne, qui est d'une cherté exorbitante, de manière que les pauvres gens n'ont plus le moyen de s'en procurer, et porte un préjudice notable à la gabelle de Sa Majesté, en ce que les gens aisés ne s'en procurent que pour préparer leur nourriture; et s'il était à moindre prix, ils en consommeraient le double et le triple, en faisant des nourris de bestiaux. Et la grande quantité de sel qui passe à l'étranger à grands frais, est donnée pour peu de chose; le débit s'en fait dans l'étranger à raison de deux sols et demi et trois sols de Lorraine la livre. Et dans le cas que Sa Majesté jugerait à propos de diminuer le prix du sel, elle y trouverait un triple avantage en ce que la consommation serait doublée et triplée, et à ce moyen elle ne serait pas obligée, pour en avoir le débit, à le faire passer à l'étranger. Et d'ailleurs le mal que cela a causé dans la province est irréparable; les bois tant des environs des salines qu'à proximité d'icelles sont totalement ruinés et consommés, de sorte que les sujets lorrains ne trouvent plus de bois à acheter qu'à un prix qui passe de beaucoup ses facultés. Les pauvres journaliers de la campagne sont obligés de sacrifier leurs salaires au moins de trois jours pour se procurer deux livres de sel; indépendamment de cela, sa femme et ses enfants n'ont pas de pain.

2º. Le tabac est encore un objet des plus importants à cause du prix exorbitant. Combien de gens ne s'exposent-ils pas de se procurer le tabac défendu? au lieu que, s'il était à un prix moindre, ils ne s'exposeraient pas au danger qu'ils courent journellement. Tantôt ils sont

---

[1]) Cinq ne se retrouvent pas parmi les signatures du cahier: Albrecht; Johannes ... (?); Johannes Adam Grutsch; François Richard; Petter Vissing. Une autre qui se lit ici Nicolas Boyrr ne présente plus là-bas que les lettres Nicola Barr: preuve frappante, entre beaucoup d'autres, de la difficulté qu'il y a à déchiffrer ces signatures.

pris par les employés et condamnés à des amendes ; tantôt, en voulant se sauver ou se sauvant et voulant s'échapper, combien n'y en a-t-il pas qui ont perdu la vie et ont laissé leurs pauvres femmes et enfants à la dernière misère ? au lieu que, si ce tabac était à moindre prix, il n'y aurait point tant de familles réduites à la disette, et la consommation serait plus grande à Sa Majesté.

3°. Un coup bien frappant pour tout le royaume, c'est la création des priseurs jurés. Ces offices ont eu et ont encore journellement des suites bien funestes et entraînent la ruine non seulement des gens médiocres, mais encore des pauvres veuves et orphelins. Cela est bien démontré. Un père et mère venant à décéder, laissant quatre ou cinq enfants et une succession de trois cents livres, le juge tutélaire ne peut procéder à l'inventaire des chétifs meubles délaissés par les père et mère sans l'assistance de ce priseur juré, qui emporte plus que le juge et le greffier, pour l'appréciation des mêmes meubles, à la vente desquels il procède quelques jours après ; et dans la supposition que cette vente produise trois cents livres, le priseur juré fait le sixième héritier pour ses salaires. Et un grand abus qui s'y est encore glissé : ces Messieurs font un protocole de leurs ventes et en délivrent des expéditions aux intéressés ; dans la moindre [vente] supposée de trois cents livres, il exigera pour cette expédition six livres de France, pour son assistance à l'inventaire pareille somme, indépendamment de ses salaires de la vente. Et dans le cas que ces offices devraient subsister (ce que les suppliants n'espèrent pas), la présence de ces priseurs jurés est autant nécessaire aux inventaires qu'une cinquième roue dans un chariot, d'autant que cette évaluation est fort inutile, puisque la vente des meubles en fixe le prix.

Un laboureur, voulant se défaire de son train pour se libérer de ses dettes, en est détourné par les grands frais qu'il faut payer à ce vendeur de meubles, de même que d'autres personnes qui sont obligées, pour acquitter leurs dettes, d'en faire autant. Il en résulte un dommage bien sensible en ce que, pour éviter ces frais, il vend à différents particuliers à grande perte, au lieu que, s'il était son maître de faire ce qu'il voudrait, il ferait un profit considérable.

4°. Les acquits dans l'intérieur du royaume sont encore un objet de la dernière importance et une gêne pour les sujets qui font le moindre commerce, par rapport qu'il leur faut lever des acquits pour aller d'un endroit à l'autre, et quelquefois repris par les employés, quoique bien des fois innocemment, ne sachant pas les rubriques auxquelles les déforains les obligent, cependant ordinairement condamnés à des amendes qui ne sont pas petites. Les suppliants espèrent que Sa Majesté voudra bien leur accorder pleine liberté de commercer dans l'intérieur de son royaume et transférer les barrières sur les frontières de l'étranger.

5º. A l'égard de la marque de fer, les mêmes raisons militent.

6º. La régie de la marque de cuir est encore un objet de l'attention de Sa Majesté, qui est encore une grande charge pour le public et n'augmente aucunement les revenus du royaume, au contraire les diminue. Avant cette régie, la paire de souliers coûtait aux pauvres gens de campagne trois livres dix sols; actuellement elle est à cinq livres, et il n'en résulte aucun profit à Sa Majesté. Dans les villes où il y a quantité de tanneurs, et par conséquent le produit de la dite régie devrait procurer quelques émoluments, il n'est pas de beaucoup suffisant pour payer les officiers de cette régie. Tout cela est notoire et de la connaissance notamment des dits tanneurs, qu'il a fallu ajouter au produit de cette régie des sommes assez fortes, pour procurer aux régisseurs l'entier payement de leurs gages. Cette régie est donc une grande charge pour le public et d'aucune utilité pour Sa Majesté. Les suppliants osent donc espérer qu'il lui plaira la supprimer.

7º. La châtrerie est encore de la dernière conséquence pour les gens de campagne. Avant la réunion de la Lorraine à la France, le fermier de cette partie n'en payait que huit cents francs barrois et actuellement elle est portée à treize, à quatorze mille livres de France: conséquemment leurs droits sont considérablement augmentés. Dans ces temps on payait une somme modique pour cocher une truie, de même que pour couper un roncin; mais actuellement on paye par truie 20 sols et pour un cheval entier 4 livres; et quelquefois par l'impéritie de ces fermiers, les bêtes viennent à crever, et les propriétaires de ces mêmes bêtes ne savent à qui s'adresser pour en être payés, et bien des fois n'ont pas les moyens de faire aucune poursuite contre ces gens: et quand ils les auraient, ils n'ont pas le cœur de les faire valoir, attendu qu'il n'y a aucune loi certaine pour la garantie des dites bêtes; et [ces gens] attribuent ordinairement cette faute aux propriétaires, quoique ces bêtes fussent crevées par leur faute. Dans tout le royaume les gens de campagne ont pleine et entière liberté de couper tant les porcs qu'autres bêtes, sans être tenus d'appeler les dits fermiers; et les opérations qu'ils ne peuvent faire, ils conviennent avec le châtreur pour un certain prix pour les faire. Ils espèrent donc que Sa Majesté les fera jouir des mêmes privilèges, ainsi que les sujets français jouissent; en conséquence supprimer cette partie de régie.

Fait et arrêté à Baumbidersdorff, le 8 mars 1789; et avons signé Görg Köller; Michel Wirtzler; Jean-Adam Wirszler; Michel Wariss; Michel Puttas; Frantz Puttas; A. Beitz; Christian Schneider; Hans Puttass; Jacob Schneider; Simon Penra; Hantz Ney; Peter Wissing; Hans Adam Welsch; François Ferquelle; André Kiehn; Hantz Adam Schneider; Paulus Lorentz; Michel Schneider; Hantz Stechler (?); Dominique Klein; Peter Lorrentz; Henricus Köller; Glad Klote; Johannes Albert; Frantz Bartelmi; Nicolas Schmitt; Matz (?) Schneider; Simon Harter; Nicola Barr; Christian Penra; Michel Dassinio (?); Nicolas Finniquel; Michel Bundt (?); Peter Gasner; Johannes Schneider; Michel André; Paulo; Peter Lorrentz; Niclas Sixt (?); Nicolas Faber; Joh. Kl (?); Leonart Kretein; Paulus Schneider; Hantz Ermann (?); Peter Boyrr; Simon Teitsch; Adam Richart; Jakob Puttas; Joh. Vallaster; Nicolas Lintz; Nicolas Kremmer; Frantz Rischar; Johannes Schneider; Nicolas Losson; Paul Schneider; Johannes Schneider; Michel Diescht; Peter Schneider; Michel Oberting; Johannes Albert; Nicolas Schock; Teobalt Altmeyers Hentzien; Nicolas Miller; Peter Oberting; P. Richard, syndic; Nicolas Varis, maire; Nicklas Klein.

Supplément au cahier de doléances, plaintes et remontrances par les maire, gens de justice et communauté de Baumbidersdorff à Sa Majesté très chrétienne.

N'ayant pas réfléchi au moment de la rédaction du cahier de plaintes et remontrances à Sa Majesté que les impositions royales en formaient un sujet de la dernière importance, afin de mettre sous les yeux de Sa Majesté les charges auxquelles le tiers ordre est tenu, dont le détail suit:

1º. La communauté paye à Sa Majesté pour la présente année pour la subvention 1369 livres, bien dit 1357 livres 10 sols 6 deniers.

Les dénommés ci-dessus ont l'honneur d'observer que le ban de Baumbidersdorff est très montagneux, le village situé dans une colline, pénible à cultiver, des ravins impraticables dont les eaux de pluie ont enlevé la bonne terre, de sorte qu'il n'y reste plus que des pierres et de la mauvaise terre. Le fourrage y est extrêmement rare, le peu de prairies qu'il y a sont fort sèches, de façon que les habitants sont obligés d'aller chercher leurs fourrages aux environs à grand prix, de même que les grains nécessaires pour leur subsistance pour la plus forte partie, le ban ne suffisant point et ne produit pas assez de grains pour eux, le village étant chargé d'habitants par rapport aux franchises et immunités dont ils jouissaient auparavant leur échange.

2º. Ils payent en outre pour l'entretien de la chaussée le sixième de la dite somme de 1357 livres 10 s. 6 d.

3º. Pour les vingtièmes, par an, 237 livres 12 sols 6 deniers.

Le village de Baumbidersdorf a été cédé au roi très chrétien par l'impératrice-reine de Hongrie et de Bohème par échange du 16 mai 1769. Et avant cet échange les habitants et communauté ne payaient à Sa Majesté impériale que la somme de 265 florins 19 sols 9 deniers par an, faisant argent de France 424 livres 16 sols, ainsi qu'il appert par des ordonnances ci-jointes[1]), et jouissaient de différents privilèges et immunités, ayant toujours été des terres franches. Les suppliants espèrent que Sa Majesté très chrétienne les y maintiendra.

4º. La communauté a payé en 1787 une imposition extraordinaire pour la dépense militaire des troupes en quartier à Saint-Avold, 253 livres 19 sols 8 deniers de France, et en 1788 la somme de 171 livres 8 s. 3 d. pour le même objet; en avant les dites années, elle a payé près de 20 louis d'or pour la fourniture des lits à l'hôpital militaire au même lieu.

5º. La communauté paye et délivre en outre aux seigneurs du lieu les rentes suivantes, savoir:

Aux religieux bénédictins de Longeville 25 paires de quartes, moitié blé et moitié avoine, y compris 3 paires pour le *Lehngouth*; en outre 4 quartes d'avoine pour le banvin, 10 livres pour poules, et chaque laboureur 23 sols en argent pour droit de charrue, et ce annuellement;

6º. Au comte de Créhange, seigneur voué pour un tiers d'Helfedange et pour un sixième de ce qui concerne Raville, 19 paires de quartes, moitié blé et moitié avoine, une quarte d'avoine pour le banvin. Chaque habitant doit une demi-quarte d'avoine à trille pour droit de cheminée et une poule, dont le dit sieur comte en a la moitié;

7º. A l'abbé de Wadgasse six paires et demie de quartes, aussi moitié avoine et moitié blé, comme seigneur voué de ce lieu pour un sixième, et tire aussi le sixième des droits de cheminée avec le tiers d'une quarte d'avoine pour le banvin;

8º. A madame de Gallonier, seigneur de Varize et seigneur voué de ce lieu pour un tiers, treize paires de quartes et le tiers des dits droits de cheminée, et deux tiers d'une quarte d'avoine pour le banvin.

---

[1]) Par ces deux ordonnances du même jour, 10 novembre 1764, il est enjoint aux habitants de la seigneurie de Bamhidersdorff de payer: 1º. 39 florins 18 sols 9 deniers pour l'entretien de la Cour de Son Altesse royale, 2º. 226 florins 1 sol par forme de subside. — On trouvera, à l'article Raville, la même plainte réitérée dans l'assemblée du bailliage par les députés de tous les villages compris dans l'échange de 1769.

9°. Chaque habitant paye à l'abbé de Longeville, seigneur haut justicier de ce lieu, 13 sols de Lorraine pour être exempt des corvées seigneuriales.

Les soussignés ont l'honneur de remontrer très respectueusement à Sa Majesté que de tout temps leur maître d'école instruisait les deux sexes. Il y a trois ans que le sieur curé du dit lieu de Baumbidersdorff a donné requête à Mgr l'intendant aux fins d'obliger les habitants d'établir une maîtresse d'école pour l'instruction des filles: sentant qu'ils n'avaient aucuns moyens pour cet établissement, et sachant très bien l'avantage qui en résulterait, mais faute de moyens, ils s'y sont opposés; et malgré leurs moyens déduits par une délibération générale en communauté, ils ont été déboutés de leur opposition, et par une ordonnance émanée de Mgr l'intendant, ils ont été condamnés à former l'établissement de maîtresse d'école dont s'agit, et par la même ordonnance les gages de cette fille ont été fixés à 68 livres, cours de France. Indépendamment de cette somme, cette maîtresse d'école tire dans les biens communaux comme un autre habitant logé franc, et chaque enfant lui paye 15 sols de France. Cet établissement est une chose inouïe dans toute la Lorraine; aucune communauté n'est chargée d'une maîtresse d'école. Il y en a d'établies, il est vrai, dans les villages et bourgs; mais elles ont été fondées par des seigneurs hauts justiciers des lieux et quelques curés, comme, par exemple, [à] Faulquemont par Madame la comtesse de Choiseul, [à] Morhange par M. le comte d'Helmstatt, etc. Cette fille est une charge très considérable à cette communauté et d'ailleurs une nouveauté. Les suppliants ont lieu d'espérer qu'il plaira à Sa Majesté de les en décharger et ordonner qu'elles seront instruites par le maître d'école, comme d'ancienneté, qui est d'ailleurs chargé à avoir un aide en cas de besoin; et on pourra séparer les filles des garçons, ayant des salles assez spacieuses pour cela. Ce n'est pas seulement les 68 livres que la maîtresse d'école coûte à la communauté: cet établissement lui a encore coûté 66 livres de frais, que le sieur Thomas, leur subdélégué, leur a exigées.

Fait à Baumbidersdorff, le 30 mars 1789.

Nicolas Varis, maire; Johannes Schneider, échevin; Michel Albert; Jacob Puttas, maître échevin; P. Richard, greffier.

BANNAY.

Impositions: manquent.

Assemblée du 8 mars par-devant le syndic; publication au prône le 8 mars par M. Boulanger, curé de Warize.
60 feux. — 19 comparants[1]*).*
Députés: Jean-Pierre Jeune, maire, et Pierre Nicolas.

Signatures: Pier Kreme; Antoine Altmeyer; Jean Altmeyer; Nicolas Collin; Jean André; Nicolas Joly; Jean-Batiste Basin; Joseph Mangeot; Jacque Chloup; Pierre Jean; Jean Hanry; Pierre Birre; M. Nicolas; Jean-Pierre Spickerr; Jean Altmeyer; Nicolas Kremer; Nicolas Basin; Nicolas Jolly; François Basin; Joseph Jolly; Joseph Nicolas, greffier; Louis Nicolas, not. royal; Pierre Steff, Jean-Pierre Jeune, député; Pierre Nicolas, député.

Cahier de doléances. — [Commun pour Warize, Vaudoncourt, Bannay et Loutremange, il n'est signé que des membres composant la municipalité de chaque communauté.]

BOULAY.

Impositions: manquent.

Assemblée du 8 mars en la salle de l'auditoire; publication au prône le 8 mars par M. Albrecht, curé.
450 feux. — 65 comparants[2]*).*
Députés: Félix Grillot, Joseph Larchez, Nicolas Mayer et Nicolas Jeunhomme.

---

[1]) L'énumération est interrompue, puisque le procès-verbal lui-même est signé d'un plus grand nombre; et cependant certains comparants n'ont pas signé: Charles Schloup, Jean André le jeune. Il va sans dire que nous ne garantissons pas le déchiffrement de toutes les signatures.

[2]) La liste des comparants remplit tout l'espace qui lui était réservé dans le formulaire imprimé, et de même les signatures; mais il y a 9 signataires qui ne sont pas mentionnés parmi les comparants (même le député Guillot) et réciproquement 8 de ceux-ci n'ont pas signé: Jean Püblinger, Nicolas Schreiner, Jean Püblinger, François Zecht, Henri Schneider, Jacques Bouchy, Claude Veber, Nicolas Albert l'aîné.

Signatures: Nic. Jeunhomme; J. Joseph Weber; Jean Erman; Nicolas Mayer; Etienne Gérin; Jacob Cabé; Jean Koch; Jean Bettinger; Etienne Weber; Nicolas Hallinger; Frantz Becker; C. B.; Jacob Weber; J. Nicolas Ritz; Christophe Reinert; Michel Hoffman; Peter Schmit; Jean Goutveniger; Adam Bettinger; Nicolas Larchez; Clade Gutweniger; Nicolas Müller; Johannes Kiffer; Nicolas Gousse; Jean Bœm; J. N. Böffort; Steffen Klein; Dominique Charlet; Jean Bour; Etienne Cordier; Jean Cordier; Jean George Bettinger; Pierre Jung; Tinus (Henri); Albert (Hippolyte, avocat); ...(?); Jacob Rech; Jean Cabé; J. N. Brecher; Michael Rapp; Flosse (Ferdinand); Johannes Meyer; André Goutveniger; J. M. Hensienne; Jean Bouché; Jean Klein; Jean Lovenbruck; Hans P. Mueller; François Rimmel; Jean Koun; André Koun; Jean Weber; Michel Bettinger; Nicolas Schreiner; Estienne Metzinger; J. P. Job; N. B.; Joseph Larchez; Nicolas Hesse; Frantz Cuntzler; Grillot; Jean Pierre Bettinger; Simon Gouss; Nicolas Weber; Anthoine (François-Paul-Nicolas).

Le cahier de doléances manque.

BRECKLANGE.

Impositions : manquent.

Assemblée du 8 mars; publication au prône le 8 mars par M. Schuller, administrateur.
15 feux. — 9 comparants; 7 signent le procès-verbal[1]).
Députés: Jean Antoine, maire; Nicolas Antoine et Jean Leclerc[2]).

Cahier de plaintes et de remontrances que les habitants de la communauté ont l'honneur de représenter à Sa Majesté Louis XVI pour la tenue des Etats généraux, savoir:

---

[1]) Cette fois on indiquait aussi les non-comparants: Jacq. Antoine, Théodore Rhim, Jacq. Dalstein; et pourtant celui-ci signera le cahier, tandis que l'on ne trouve ni marque ni signature de Jacq. Hurlin et Jean Antoine (distinct du maire). Philippe Dorr signe le procès-verbal et non le cahier.

[2]) Pourquoi trois députés? Le premier « porteur des présentes » ne sait écrire.

1º. L'on désirerait que la noblesse, ainsi que le clergé, paye la subvention et toute imposition, ainsi que toute personne qui tire des bénéfices, tant de la noblesse que du clergé, comme le tiers état, et dans toutes les communautés où sont situés les biens.

2º. Demandons la suppression des enclos, parce que, depuis que les enclos ont été permis, les bestiaux sont diminués des deux tiers, et la viande est augmentée de double, et les prairies rapportent moins qu'avant qu'il ne soit clos, et les voisins de ces clôtures en souffrent du dommage beaucoup, et il gêne tout le monde.

3º. Demandons que le sel et le tabac nous soient livrés aux prix que [payent] les étrangers qui le tirent de nos salines; ainsi que les acquits soient déboutés dans le royaume, attendu que nous n'avons affaire qu'à un souverain.

4º. Demandons que la ferme générale soit mise à bas, attendu qu'elle fait en grande partie la ruine de l'Etat.

5º. Demandons la suppression des employés qui sont à charge à tout le peuple de l'Etat par des recherches qu'ils font continuellement dans tout le royaume, et font perdre le temps aux gens de justice, qu'ils sont obligés de prendre avec eux pour faire leurs recherches, sans leur payer aucune rétribution, et si on refuse, ils dresseront procès-verbal contre nous et nous font payer l'amende.

6º. Demandons la suppression des inventaires qui se font à la mort du premier mourant et après la mort du second. Que ce soit la justice de la communauté qui soit autorisée de faire les fonctions d'inventaire comme en France, et que les huissiers priseurs soient supprimés, attendu qu'ils consomment un tiers de l'héritage des mineurs, qui sont obligés de passer par leurs mains, ainsi que des ventes volontaires, et qu'ils ne veulent se charger de faire rentrer aucuns deniers des ventes qu'ils font, sans double emploi.

7º. Demandons la suppression de la nation juive, qui soit évoquée hors du royaume, parce qu'ils ruinent nos cultivateurs et la plus grande partie du peuple par la fourniture des chevaux, bœufs et vaches, et argent, qu'ils prêtent à des intérêts de 30 et 40 livres par cent.

8º. Demandons la suppression des eaux et forêts (*sic*), parce qu'ils ruinent les peuples de l'Etat par la cherté des bois, qu'ils nous vendent à un prix exorbitant, ainsi que par les amendes qu'ils font payer aux habitants des communautés qui ont droit par privilège dans les forêts du roi, et désirons que la corde de bois soit taxée à six francs dans les forêts.

9º. Demandons la suppression des intendants et subdélégués, attendu que les assemblées provinciales se chargent de faire agréer les affaires des communautés.

10º. Demandons que les grains du royaume ne sortent pas hors de la France, parce qu'il est trop cher et l'argent trop rare.

11º. Demandons que la Lorraine jouisse des anciens droits, et suivant l'ancienne coutume, titre et privilège.

Fait et arrêté à Brecklange par les habitants, qui ont signé, ce 9 mars 1789.

Jean Leclerc; Jean Laurent; Nicolas Antoine; Louis Lamare; Nicolas Cuisinnier; Jacques Dalstein; marque de Jean Antoine, député et porteur du cahier.

BROUCK.

Impositions: 1. Subvention . . . . 487 l. 3 s. 6 d.
              2. Vingtième . . . . 134 l. 3 s.
              3. Prestation des corvées . . . . 80 l. 5 s.

Assemblée du 6 mars en la maison du maire par-devant Jean-Baptiste-Nicolas Flosse, avocat en parlement en exercice au bailliage royal de Boulay, y résidant, bailli du comté de Héning, juge de la terre et seigneurie de Brouck, agissant en cette dernière qualité; pas de publication au prône.

43 feux. — Pas de liste de comparants.

Députés: Jean-Baptiste-Nicolas Flosse, juge susdit, et Jean Clet, syndic de la municipalité et greffier de la dite terre et seigneurie.

Signatures: Jean Mallom; Jean Bor; Dominique Mangin; Görg Ober; Pierre Sirga; Nicolas Oster; Pierre André; Philipe Gougon; Pierre Mallome; Jean Puquin; Nicolas Claron; P. M. Pallez; F. Birc; André Sengri; Philip Pauslet; Pfilip Mallom; ...(?); J. N. Louis; Flosse le cadet; Clet; Nicaulas Nasoy.

Le cahier manque.

CARLING.

Impositions: manquent.

Assemblée du 8 mars; aucune mention de publication au prône.
28 feux. — Liste des habitants, mais non des comparants[1]*).*
Députés: Georg Stablo et Frantz André.
    Signatures: Georg Friedrich Herrnschmidt, sendik; Nicolaus Burg; Frantz Hari; Matz Ernest; Petter Willig; Lui Schmitt; Petter Gillet; Nickel Ortner; Niclas Jung; Petter Burg; Nicolas Dreymi; Nicolas Miller; Gaspard; Joseph Jacob; Johans Bosman; Johannes Schug. — Marques: Nikel Burg; Anreas Burg; Johans Hoffmann; Bartel Himber; Michel Tridemy; Peter Edel; Georg Schwindt.

La communauté ne rédigea sans doute pas de cahier de doléances: il est probable que personne au village n'aurait pu le faire en français. Le procès-verbal, lui-même rédigé en allemand, se contente de dire qu'on donna aux députés « die Vollmacht in unserm Namen zu reden und zu antworten wegen unserer gemeinen Rechte und Beschwerden die wir haben ».

CHARLEVILLE.

Impositions: 1. Subvention . . . . 298 l. 7 s.
            2. Ponts et chaussées . . . . 272 l. 18 s.
            3. Vingtièmes . . . . 231 l. 11 s. 6 d.
            4. Pour la corvée . . . . 91 l. 14 s.
    Le buraliste des acquits déclare qu'il débourse tous les ans environ 100 livres au contrôleur des ambulances de la foraine.

---

[1]) 28 noms d'habitants, dont 2 veuves; ceux dont on ne voit ni signature ni marque sont Georg Stablo ackermann, Johannes Willig taglöhner, Frantz André waldförster. La liste indique, en effet, la profession de chacun: wirt, ackermann, scharon, schreiner, leineweber, melitz. La signature Nic. Dreymi doit répondre à cette mention de la liste Nickel Tridemy taglöhner.

Charleville.

Assemblée du 8 mars par-devant Jean-Louis Caillou de Valmont, ancien lieutenant-colonel d'infanterie, résidant au dit Charleville[1]*); publication au prône le 8 mars par Nicolas Pifer, curé.*
36 feux. — 31 comparants; 16 signatures[2]).
Députés: Jean Sallerin, maire, et François Stock, lieutenant de maire.

Cahier des remontrances, plaintes et doléances du village de Charleville pour être présenté à l'assemblée générale du bailliage de Boulay, tenue en la dite ville, suivant les ordres de M. le comte de Lambertye, grand bailli d'épée du dit bailliage, savoir:

1°. Le village de Charleville, dépendant du bailliage et subdélégation de Boulay, ce village étant entremêlé dans la multitude des villages français, ce qui fait qu'ils ne peuvent presque aller d'un village à l'autre sans s'approvisionner d'acquits; la plus grande partie, des pauvres habitants n'ayant pas le sol: pour porter un peu de fil qu'il a pour faire un petit bout de toile chez un tisserand, tâche d'échapper; il se trouve surpris, des employés lui saisissent sa petite marchandise et lui font des dépens plus que sa marchandise ne vaut. Et ainsi de tous autres petits commerces.

2°. Nous payons le sel à six sols un liard de France la livre, tandis que l'étranger l'enlève à vil prix: ce qui fait que le bois pour la fourniture des salines rend le bois d'une cherté considérable dans ces cantons-ci, et ce qui fait presque la ruine de tout le peuple.

3°. La ferme nous contraint à débiter le tabac dans notre communauté: ce que nous faisons à tour de rôle: dont la plupart des habitants, n'ayant de l'argent que pour une livre, sont obligés d'aller à Saint-Avold à six lieues de Charleville, pour prendre leur livre de tabac. On lui alloue huit sols de profit pour la livre, et il est pesé à poids d'or. Il est vrai qu'on lui en donne 17 onces pour la livre; mais le tabac étant désséché en chemin, il n'en trouve plus que 14 ou 15 onces: ce qui fait que c'est une charge très considérable pour la communauté, à cause encore qu'il doit débiter le dit tabac par quart et par demi-

---

[1]) Le même préside l'assemblée du village voisin Mussy-l'Evêque, dont le cahier (Ch. Etienne, *Cahiers du bailliage de Vic*, Nancy 1907, p. 539) présente naturellement de grandes ressemblances avec celui de Charleville.

[2]) Plusieurs ne se retrouvent pas à la fin du cahier: Jean Stock, Nic. Stock, Nic. Bouvier, Gabriel Goujon. La déclaration des impositions présente encore la signature de Franç. Renaut. Les autres comparants mentionnés sont: Franç. Dorveaux, Philippe Dorveaux, Jacq. Conrard, Claude Dory, Michel Luia. Michel Humbert, Nic. Houillion, Joseph Pallé, Charles Halté, Franç. Poinsignon, Franç. Bombardier, Nic. Evratt, Jean Cornet.

once : dont il paye sa livre de tabac trois livres douze sols à Saint-Avold et a grande peine de retirer ses deniers.

4°. Les marques de cuirs sont si fortes que cela rend le cuir d'une cherté très considérable : ce qui fait la ruine de tout le peuple.

5°. Si les habitants veulent aller chercher de la marchandise pour leur usage dans les pays étrangers, soit comme de la houille ou du fer, il coûte des droits très considérables : ce qui est très mal, voyant que c'est pour épargner son bois et pour son usage; ainsi que les marques de fer, qui sont très considérables : ce qui enchérit très fort les ouvrages en fer, parce que les droits sont trop forts pour les entrer dans le pays.

6°. Par les ordonnances du souverain, pour assurer dans les successions le bien des mineurs, il est voulu que le procureur du roi, avec greffier et huissier priseur, se transporte à la maison mortuaire, pour vaquer à la confection des inventaires. Cette sage attention est supportable sans doute dans les opulentes successions; mais comme le pauvre laboureur et manœuvre des campagnes ne sont point exemptés de la loi, le plus souvent toute la succession de ces derniers ne suffit pas ou à peine pour satisfaire aux vacations des officiers; et les enfants mineurs sont dépouillés des guenilles ou plumons que le père leur avait laissés à sa mort; s'il y a plus, il est mangé en frais. S'il arrive qu'après ces inventaires il faut faire une vente pour mettre le produit à rente au profit des mineurs, ces ventes, de même celles qui sont volontaires pour acquitter des dettes, doivent être faites par des huissiers priseurs à peine de nullité et de contravention. Le plus beau et le plus comptant de ces ventes est donc emporté au profit du priseur. Ne pourrait-on pas venir au-devant de ces abus ruineux, en ordonnant que les maires et greffiers des lieux, sous les yeux des curés, fissent le mémoire des effets d'une succession délaissée par les habitants des villages, et déposer un exemplaire de ce mémoire au greffe du lieu et un second entre les mains du tuteur choisi sans frais dans la famille du défunt ? On dit que ce mémoire serait fait gratis, parce qu'il devient un service de confraternité qu'ils se rendraient réciproquement l'un à l'autre dans les occasions.

7°. La manière de rendre les comptes de communauté par-devant MM. les subdélégués est un abus ruineux pour notre communauté, attendu que nous n'avons rien du tout à rendre compte, parce qu'il faut tout prendre de la poche, n'ayant point de biens communaux. Pour les arrérages de six comptes, qu'on nous a forcés par les cavaliers de la maréchaussée, il nous a coûté 70 livres. Ne pourrait-on pas rendre ces comptes de syndic devant quatre auditeurs élus, qui en donneraient une décharge au syndic sans frais ?

8º. En outre le recouvrement des tailles versées dans les caisses des receveurs est encore un sujet de plainte. Ce versement doit se faire par les collecteurs sans frais; mais un huissier vient plusieurs fois pendant le cours de l'année: ce qui occasionne encore une dépense pour la communauté.

9º. Les enclos sont encore un sujet de plainte. Car depuis qu'on a permis d'enclore les prés, il y a la moitié à peu près d'habitants qui ne peuvent plus nourrir de vaches: ce qui fait que les bestiaux sont d'une cherté terrible.

10º. Les colombiers sont encore un sujet de plainte, parce que, quand le semeur sème son champ à un bout, les pigeons sont à l'autre bout, qui ramassent la semence, soit blé, ou chanvre, et toutes autres denrées en général.

Fait et arrêté à Charleville, ce 8 mars 1789.

J.-L. Caillou de Walmen, chevalier de l'ordre militaire de Saint-Louis, ancien commandant de bataillon au régiment de Nassau, lieutenant-colonel d'infanterie; Georges Tresse; François Stocq; Nicolas Comuneaux, syndic; Jean Salrin; Nicolas Guerart; Nicolas Bonnestraine; Nicolas Dory; François Germain; Nicolas Dorvaux; Charles Moyriaux; Jean Bouvier; Jean Dory; Jean-Jacques Tailleur; Louis Mangeot; Sébastien Cornet, greffier.

Supplément. — Les levées des blés sont encore un sujet de plainte. Il se trouve qu'on enlève le blé en gros pour le conduire de pays à autre: ce qui enchérit le peu qui reste dans le pays très considérablement: dont la disette pourrait très bien avoir lieu si l'on ne défend pas ces dites levées.

Il est à observer que les grains universellement se dîment à la septième gerbe, dîme très considérable, et les pommes de terre à l'onzième.

CHÉMERY.

Impositions: 1. Subvention . . . . 220 l. 3 s. [1]
             2. Ponts et chaussées, maréchaussée, gages des officiers du Parlement de Nancy . . . . 227 l. 16 s.

[1] « Non compris 4 l. de diminution pour perte de bestiaux ». De même, au 2ᵈ article, s'ajoutent « 30 l. pour menus dépens » et l'on additionne spécialement (comme en beaucoup d'autres communautés) ces deux articles en un total de 481 l. 19 s.

3. Vingtièmes . . . . 216 l. 5 s. 6 d.
4. Prestation des corvées . . . . 73 l. 19 s. 10 d.

Assemblée du 6 mars; la publication au prône n'est pas mentionnée.
36 feux. — Pas de liste de comparants; 24 signatures, dont 3 de femmes:
Anne Chaty, Catherine Messard, Marie Barbe Poirie[1]*).*
Députés: Nicolas Messard et Nicolas Chaty.

Cahier de la communauté de Chemery.

Cejourd'hui, 8ᵉ jour du mois de mars 1789, en l'assemblée convoquée au son de la cloche en la manière accoutumée, sont comparus tous les habitants de Chemery nés Français ou naturalisés, âgés de 25 ans, domiciliés et compris aux rôles des impositions, pour délibérer et procéder à la rédaction du cahier de plaintes, doléances et remontrances, que la dite communauté a l'honneur d'adresser à Sa Majesté, concernant les charges, redevances et la pauvre situation que la dite communauté se trouve actuellement.

Remontrant que c'est la mauvaise situation des terres composant le ban et finage de la dite communauté qui occasionne la plus grande partie de sa pauvreté; lesquelles sont de mauvais produit, très mal situées presque toutes en hauteurs et ravelins, assujetties aux inondations, dont les récoltes en souffrent chaque année.

Il y a un très petit nombre de prés: ce qui cause que les cultivateurs ne peuvent entretenir des bestiaux suffisamment pour cultiver les dites terres, lesquelles sont très mauvaises à cultiver, dont en provient la ruine des dits cultivateurs-fermiers, très pauvrement attelés tant en mauvais chevaux, bœufs et vaches.

Le dit ban est un acensement très considérable, selon qu'il n'est composé que de 754 jours, dans lesquels il y a 146 jours qui se dîment à la septième gerbe et le reste du dit ban à la dixième gerbe; et encore est affecté de 25 quartes de blé, autant d'avoine, et une quarte aussi de blé, autant d'avoine, par chaque charrue qui exploite sur le dit ban, le tout mesure de Faulquemont; en outre 100 livres en argent de rentes seigneuriales annuellement: ce qui accable beaucoup les pauvres habitants de la dite communauté.

Elle se trouve chargée de dettes, consistant en 240 livres, cours de France, qu'elle a été contrainte d'emprunter à différentes fois, pour assister aux réparations urgentes qui ont été faites aussi à différentes

---

[1]) La signature qui dénote la main la plus exercée manque à la suite du cahier: Portanseigne.

fois à l'église du lieu, après trois années que la dite église avait été interdite. Une partie de la dite somme a été aussi appliquée aux réparations les plus urgentes de leurs fontaines et abreuvoirs.

En outre la dite communauté a aussi été contrainte d'emprunter 59 livres, même cours, pour payer les frais d'une requête que la dite communauté avait présentée pour obtenir le défrichement de 30 arpents de bois, consistant en clairs chênes épars, dont le dit défrichement elle n'a point obtenue: par laquelle voie la dite communauté se proposait de payer et acquitter les réparations de leurs dites église et fontaines: ce qui cause un tort très sensible aux pauvres habitants, étant déjà assez chargés de leur propre indigence, et encore être attenus aux dettes communales, sans avoir aucunes ressources pour pouvoir les éteindre.

En considération de toutes ces charges et redevances communales et autres grandes pauvretés, lesquelles sont inexprimables, que la dite communauté se trouve aujourd'hui, devraient être observées quant aux impositions de subvention et ponts et chaussées, comme étant la plus accablée de toutes celles de ces arrondissements.

La dite communauté n'a aucun bois d'affouage, comme plusieurs autres communautés, qui retirent des portions pour leur usage.

Elle remarque un grand abus pour le prix du sel et du tabac, notamment concernant le dit sel, comme se trouvant à la proximité des salines qui causent une grande cherté dans les bois: ce qui est très nuisible et préjudiciable aux habitants, attendu qu'ils payent le dit sel et les bois d'une cherté exorbitante.

Elle déclare aussi trouver un abus concernant la traite foraine, les acquits que l'on est obligé de prendre dans l'intérieur du même royaume.

La dite communauté désire qu'à l'avenir on ne puisse établir ni proroger aucun impôt que du consentement de la nation.

Elle trouve de même très nuisible la création des jurés priseurs, ainsi que l'impôt de la marque des cuirs.

Elle se trouve dans l'esclavage de la banalité des moulins, qui leur cause une ruine inexprimable.

Depuis quelques années le dit village de Chemery était presque tous propriétaires concernant les terres du ban et finage, au lieu qu'aujourd'hui il y a au moins la moitié appartenant à des particuliers de hors de la dite communauté. Elle est aussi moins en nombre d'habitants que des années antérieures. La cause est provenante du mauvais produit des terres du dit ban: dont les dits propriétaires ont été contraints de vendre leurs terres. Quant au nombre des dits habitants, c'est le départ de plusieurs habitants pour la Hongrie, dont en provient la cause qu'il est appauvri.

Fait et achevé le présent cahier à l'assemblée avant dite, arrêté et signé par ceux des dits habitants qui savent signer, et par nous après l'avoir coté par première et dernière page.

François Brogard, maire; Nicolas Albrecht; Nicolas Chaty; C.-E. Poirier; Ferdinand Guep; Jean François; Jacob Albrecht; Jean-Christophe Chaty; Charles George; Joseph Jacquemin; Claude Poirier; Jean Muth; Dominique Chaty; François Filliatre; Claude Girnon; Clément George; André Feuillatre; Louis Jacquemain; C.C.; François Chaty; C. Guerin; Jean Jacquemin; N. Messard, greffier; Dominique Jacquemin, syndic.

COLLIGNY.

Impositions: 1. Subvention . . . . 382 l. 10 s.
           2. Ponts et chaussées . . . . 349 l. 17 s. 6 d.
           3. Vingtième . . . . 124 l. 14 s.
           4. Pour la corvée . . . . 121 l. 1 s. 3 d.

Assemblée du 8 mars; publication au prône le 8 mars par M. Colchen, curé de Pange.
38 feux. — 18 comparants, qui signent tous procès-verbal et cahier.
Députés: François Sallerin et François Thomas.

Le cahier de Colligny ressemble absolument à celui de Pange, chef-lieu de la paroisse: nous renvoyons donc à la publication de celui-ci, où nous indiquerons les quelques différences de rédaction qu'offre celui de Colligny. Il est signé de

Fr. Sallerin, élu; Jean Mettelin; François Noël; Claude Remy; Jean Girardin; Etienne Le Goullon[1]); Nicolas Georgin; Pierre Sallerin; Jean Terminaux; J. Le Goullon; Barth. Hermand; Etienne Richet; Jean Chtebel; Pierre Maguin; François Thomas; François Caye; Jean Dosdat; Nicolas Petitmangin.

---

[1]) Le procès-verbal le dit «syndic», et il signe l'état des impositions comme «maire» avec Fr. Thomas, échevin.

CONDÉ-NORTHEN.

Impositions: 1. Subvention . . . . 588 l. 4 s.
2. Ponts et chaussées, et impositions accessoires. . 650 l. 15 s. 3 d.
3. Pour l'abonnement des vingtièmes . . . . . . 750 l. 14 s. 3 d.
4. Pour les domaines du roi . . . . 50 l.

Assemblée du 8 mars en la maison du maire; publication au prône le 8 mars par le curé du lieu.
85 feux. — 32 comparants; 31 signatures[1]).
Députés: Jean-Louis Cordier et Jacques Albert.

Cahier de la communauté de Condé-Northen [2]).

L'an 1789, le 9ᵉ jour du mois de mars, par-devant nous Jean-Louis Cordier, maire de Condé-Northen, comparurent en leur personne les habitants du dit lieu, lesquels, suivant le mandement à eux donné par le roi, publié en l'auditoire de Boulay, comme aussi au prône, le 8ᵉ du présent mois, en l'église de Condé-Northen et à la porte de la dite église après la messe paroissiale suivant la commission à eux adressée par M. le comte de Lambertye, bailli de Boulay, ont élu, pour y satisfaire, Jean-Louis Cordier, leur maire, et Jacques Albert, habitant de Northen, auxquels ils ont donné pouvoir et puissance de comparaître en l'assemblée qui se fera à Boulay le 10 du présent mois et d'y déclarer conformément aux instructions et pouvoirs ci-après:

Que les dits habitants ne sont accablés d'impôts que parce que les ministres et leurs agents tant dans l'administration que dans la

---

[1]) L'un des deux députés, Jacq. Albert, ne paraît ni parmi les comparants ni parmi les signataires; ceux-ci sont, en outre des signataires du cahier, Jean-Pierre Dorvaux, Phil. Nicolas, Charles Servais, Franç. Jacot, Jean Michaux, Germain Mick, Claude Hesse, Franç. Touvenin, Germain Micq, Germain Servais, Augustin Willaume, Germain Nicolas, Pierre Ambroise, Toussaint André, Philippe Micq, Jean Duvaux, Nicolas Siengner, François Mick, Claude Dory, Nic. Lagarde, Joseph Henry, Nicolas Henry. — Cités comme comparants, sans avoir signé: Louis Schire, Henri Lezerd, Franç. Boulanger, Michel Williaume.

[2]) Le texte de ce cahier se retrouve, à part quelques variantes d'orthographe, dans les cahiers de Volmerange (écrit de la même main) et de Warize; de plus, avec une modification d'un article ou de deux, dans ceux de Pontigny et des Etangs. Nous empruntons au cahier de Pontigny la numérotation des articles, qui ailleurs est assez incohérente.

finance, sans égard aux lois du royaume, qui veulent que les Français ne puissent être taxés que de leur consentement, ont insensiblement écarté ou renversé tous les obstacles et augmenté jusqu'à l'excès par l'effet de leur seule volonté la charge du peuple, dont ils ont dissipé le produit.

Que, pour s'assurer à l'avenir la jouissance de leurs biens, ils veulent et entendent:

1°. Qu'aucune partie de leurs propriétés ne puisse leur être enlevée par des impôts, s'ils n'ont été préalablement consentis par les Etats généraux du royaume, composés, ainsi que le veulent la raison et la loi, des députés librement élus par tous les cantons sans aucune exception et chargés de leurs pouvoirs.

2°. Que suivant les instructions du roi, manifestées dans le résultat de son conseil du 27 décembre 1788, les ministres soient à l'avenir responsables de l'emploi de toutes les sommes levées sur le peuple.

3°. Qu'attendu que les impôts non consentis n'ont été payés jusqu'ici que par la crainte des emprisonnements arbitraires, qui ont arrêté toutes les réclamations, les dits habitants veulent et entendent que personne ne puisse être emprisonné et détenu pour aucun motif qu'en vertu des lois du royaume.

4°. Seront tenus les dits députés de faire inscrire la dite déclaration des volontés des dits habitants dans le cahier du bailliage de Boulay, et chargent spécialement les dits habitants ceux qui seront élus par l'assemblée du dit bailliage de Boulay de la faire valoir aux Etats généraux et de ne consentir à la levée ou prorogation d'aucun subside, avant que la dite déclaration ait été adoptée par eux et solennellement proclamée.

Leur donnent néanmoins pouvoir sous la condition ci-dessus, et non autrement, de consentir à l'établissement ou prorogation des subsides que les Etats généraux jugeront indispensablement nécessaires aux besoins de l'Etat, toutes dépenses inutiles préalablement retranchées, pourvu toutefois que les impôts qui distinguent les ordres soient supprimés et remplacés par des subsides également répartis entre tous les citoyens sans distinction ni privilège, à raison seulement de leurs propriétés.

Chargent en outre les dits habitants les dits députés de représenter à l'assemblée du bailliage de Boulay:

5°. Qu'ils ne désirent rien tant que l'établissement des Etats provinciaux en Lorraine, comme dans les autres provinces du royaume qui déjà les ont obtenus.

6°. Que les dits Etats soient chargés de toute l'administration ci-devant confiée aux intendants, dans la persuasion que les affaires seront expédiées avec plus de promptitude, d'après des avis mieux réfléchis et plus lumineux que ne sont souvent ceux d'un seul homme, et à coup sûr à moins de frais qu'en entraîne nécessairement la marche lente et embarrassée des subdélégués et commis de l'intendant: ce dont tout chacun se plaint.

7°. Que le vœu général est que, comme il a déjà si souvent été annoncé, il fût travaillé à une réformation des formes judiciaires, propre à mettre le peuple à l'abri des frayeuses procédures, des vexations criantes et du brigandage qu'exercent journellement les différentes classes d'officiers de justice, qui deviennent trop à la lettre les fléaux du peuple des villes et des campagnes, auquel ils ne laissent souvent que les yeux pour pleurer le malheur qu'il a eu d'écouter leurs pernicieux avis et d'avoir servi à les engraisser.

8°. Que les gens de justice ou les municipaux de chaque communauté, le seigneur ou le curé du lieu à leur tête, soient chargés de procéder, sans autres frais que ceux de l'écriture et du papier du greffier, à la confection des inventaires et à l'estimation des meubles et effets délaissés par les personnes qui meurent: lesquelles opérations sont faites aujourd'hui, au grand regret des peuples, par les officiers des bailliages et par des jurés priseurs à si grands frais qu'il arrive souvent qu'ils emportent la moitié ou le quart de la pauvre succession. Pourquoi, aujourd'hui comme autrefois, les intérêts des mineurs et des absents ne seraient-ils pas aussi bien assurés par les premiers que par les derniers?

9°. Les dits habitants chargent les dits députés de demander la suppression du fatal édit des clôtures, dont la date est l'époque de la ruine du peuple de leur canton. Pour faire l'avantage d'un seigneur ou d'un riche propriétaire d'une communauté, cet édit enlève au reste de ses individus une ressource dont la perte est irréparable et fait avec raison le sujet de leurs plus vives et justes réclamations. Nourrir des bestiaux, vivre de leur laitage et de leur laine, vendre des élèves, voilà la source de bien et d'aisance du peuple dans nos campagnes. Or, cette source est tarie depuis l'édit dont s'agit. Tel homme qui avait jusqu'à trois et quatre vaches et en tirait sa subsistance et celle de sa famille, tel autre qui avait autant de brebis qu'il pouvait en loger, et qui s'habillait de leur laine et ses enfants amplement, depuis l'édit des clôtures, l'un n'a plus qu'une vache avec peine, et cette vache, qu'avant le dit édit il aurait achetée pour 12 ou 14 (*al.* 10 ou 12) écus, si elle vient à lui périr, il ne peut la remplacer par une autre qu'en l'achetant 34 jusqu'à 40 écus et plus, à cause de la rareté des bêtes occasionnée par la rareté de la pâture causée par les clôtures. Ce qui pis est, ce n'est souvent pas dans le canton qu'on trouve cette vache à acheter; il faut aller chez l'étranger, qui, par son commerce soutenu et encouragé par son prince, nous vend très chèrement et attire tout notre argent, que nous ne voyons plus. L'autre ne peut plus avoir que trois ou quatre brebis, dont le produit, comme l'on sait, est si peu de chose qu'il ne mérite pas d'être compté.

Les clôtures étant supprimées, on verrait les troupeaux de toute espèce, qui sont diminués de plus de moitié, se remettre sur pied et devenir bien plus nombreux qu'ils n'étaient ci-devant, surtout si, pour engager le peuple à faire des élèves, le gouvernement établissait des foires dans le chef-lieu de chaque arrondissement de district et qui auraient lieu en différents temps de l'année, et s'il était accordé des privilèges et franchises à ceux qui y conduiraient leurs bestiaux à vendre. L'aisance et ses heureuses suites renaîtraient infailliblement par les avantages inappréciables qu'on aurait de pouvoir se passer de ses voisins qu'on enrichissait, de faire circuler notre argent chez nous, de manger à quatre sols la livre de viande que nous payons huit sols et plus, d'amasser le double plus d'engrais, améliorer et fertiliser nos champs, et, ce qui de plus est, de voir nos prairies, qui depuis les clôtures donnent un bon tiers d'herbe de moins qu'autrefois, se remettre et rendre au double, de voir cesser les procès sans fin et ruineux, occasionnés par les clôtures entre les communautés et les particuliers et, ce qui est bien à observer, de voir les champs des particuliers labourés à meilleur compte. Avant l'édit des clôtures, le manœuvre ou l'artisan payait aux laboureurs six livres pour les trois labours du jour de ses terres, et depuis les clôtures ce prix est monté successivement jusqu'à neuf à dix livres, où il est maintenant.

10º. [Demander] la suppression de la traite foraine, de la marque des cuirs, du fer, etc., avec offre de remplacer par une imposition ce qui en rentre net dans les coffres du roi;

11º. la suppression de la banalité des moulins et des pressoirs, celle du droit de péage, à charge de traiter avec les seigneurs pour s'en rédimer.

12º. Les dits habitants chargent en outre les dits députés de représenter à l'assemblée du dit bailliage:

Que, pour prévenir l'excessive cherté des blés, qui réduit le peuple à de si fâcheuses extrémités, il serait à souhaiter qu'il fût établi un magasin dans le chef-lieu de chaque arrondissement, suffisant pour sa subsistance, et que l'exportation des blés ne soit jamais permise que quand les dits magasins seraient suffisamment pourvus et remplis.

13°. Que le prix du bois est doublé dans leur canton depuis 15 (*al.* 18) à 20 ans; que la cherté de cette précieuse denrée n'est occasionnée que par la multiplicité des usines à feu et par la consommation énorme qu'en font les salines de Dieuze, Moyenvic et Château-Salins, dont un cri général doit demander la suppression, attendu que rien n'est plus aisé à la province que de s'approvisionner de sel de mer.

Cette cherté peut encore avoir sa source dans une défectueuse administration des forêts, qu'il est important de corriger par une exacte et fidèle réforme des abus qui y règnent et sur lesquels on pourra s'étendre davantage dans la correspondance que la province ou ses commissaires auront avec ses députés aux Etats généraux.

14°. Qu'il est bien à désirer que le règlement fait en Alsace en 1784 concernant les juifs soit rendu commun en Lorraine, et qu'il y fût pris de nouvelles précautions contre les manœuvres usuraires de ce peuple avide de gain; que le commerce des subsistances et de tout comestible lui fût interdit, son avidité étant si grande que, pour s'enrichir, il affamerait un pays entier. Notre canton naguère allait en offrir la fâcheuse preuve, si heureusement et par un coup de providence, la perverse intention des juifs, couverte du masque de la bienfaisance, n'eût été déconcertée en même temps qu'elle a été découverte. Le fait est public et vérifié par une commission juridique, de sorte qu'on doit regarder cette nation hébraïque comme un torrent capable d'envahir et désoler tout ce qu'il rencontre, si le gouvernement ne lui oppose par des lois sages une digue forte pour l'arrêter et la maintenir dans de justes bornes.

15°. Enfin les dits habitants chargent les dits députés de représenter en la dite assemblée de Boulay qu'un des plus sensibles préjudices qu'ils souffrent et contre lequel ils réclament depuis longtemps avec tous leurs semblables, c'est celui que leur cause l'obligation où ils sont de déposer dans la caisse des domaines et bois les sommes provenant de la vente ordinaire ou extraordinaire de leurs bois. Cet argent, qui leur appartient, est ainsi mort pour eux pendant nombre d'années, tandis que, s'il était déposé dans le coffre de leur municipalité, il pourrait être mis à profit et valoir beaucoup, le tout sous l'inspection et de l'avis des bureaux de district, avec l'autorisation des Etats de la province ou de leur commission intermédiaire. Outre l'avantage de pouvoir acquitter les charges de la communauté ou partie d'icelles avec les rentes de cet argent bien placé, il en résulterait celui de pouvoir obliger les communautés voisines qui n'auraient pas la même ressource, en le leur prêtant à modique intérêt, si l'on veut, dans les cas de besoin où elles sont obligées d'en emprunter à intérêts qui les ruinent, et ce pour autant de temps que des besoins n'obligeraient pas à en exiger le remboursement. Dieu veuille ouvrir les yeux du gouvernement sur cet important objet!

16°. Chargent les dits députés de demander que la Lorraine jouisse des mêmes droits et privilèges dont elle jouissait anciennement.

Les dits habitants, à qui le temps manque pour faire de plus amples remontrances qui pourront avoir lieu et être représentées par la voie de la correspondance dont a été question ci-dessus, donnent aux dits Jean-Louis Cordier et Jacques Albert pouvoir et puissance de présenter et faire valoir les articles ci-dessus et autres qu'ils jugeront bons être par raison, et même d'élire telles personnes suffisantes et capables avec les autres paroisses et juridictions dépendant du bailliage de Boulay et autres, pour assister aux dits Etats généraux du royaume de France, qui se tiendront en la ville de Versailles le 27 du mois d'avril prochain.

Fait sous les seings de nous, maire, municipaux et greffier, les jour et an que dessus.

Avant signer, il est à observer que les colombiers sont très nuisibles à cause de la trop grande quantité qui sont dans nos cantons, qui commencent à dévorer le blé en le semant.

Jean-Louis Cordier, élu et maire; Jacques Albert; Michel Henry, syndic; Michel-Georges Villemin, lieutenant de maire; Nicolas Boulanger, élu; Augustin Henry, élu; P. Isidore Henry, élu; François Servais, sergent; L. Le Moine; J. Deprette, greffier.

COUME.

Impositions: 1. Subvention, ponts et chaussées, y compris les frais du maire pour la confection des rôles . . . . 2025 l.
2. Vingtième . . . . 987 l. 16 s. 9 d.

Assemblée du 5 mars (sic); *publication au prône le 8 mars par M. Streff, curé.*
110 feux. — Pas de liste de comparants, mais 44 signatures ou marques de « la plus saine partie et notables de ce lieu » [1]).
Députés: Pierre Jager et Léopold Weber.

[1]) On les trouvera à la suite du cahier, excepté la signature de Dominique Boulanger et la marque E. K. (ou F. K.).

Plaintes et doléances.

Les habitants de la communauté de Coume se sont assemblés pour prendre connaissance de toute l'étendue des bontés paternelles dont l'auguste roi cherche à combler ses sujets, vont s'efforcer à y répondre par la franchise et la simplicité de leurs doléances, observations et demandes.

En conséquence, ils ont l'honneur de remontrer très respectueusement à Sa Majesté que les habitants de la communauté de Coume sont écrasés par les impositions royales, qui se montent à la somme de 2025 livres, tant pour subvention que ponts et chaussées; de plus 187 livres 16 sols 9 deniers; de plus une somme de 987 l. 16 s. 9 d., vingtièmes [1]; pour celle des corvées annuelles 350 l.; pour notre affouage ordinaire 213 l.; pour gages du chantre et régent d'école 180 l.; pour des rentes de l'argent emprunté 200 l.

En outre chaque particulier de la dite communauté est chargé de payer annuellement un droit de poule au seigneur domanial du dit lieu, 22 s. 6 d. de Lorraine.

En outre chaque laboureur pour le four banal paye annuellement 43 s. et chaque manœuvre 26 s. au dit seigneur.

De plus, payables annuellement au même seigneur, 20 l. 5 s., le tout argent de Lorraine, qui se payent au marc la livre pour droit de chapons.

De plus aux seigneurs 18 l. de Lorraine, nommées Schaftgeld: faisant une somme ensemble de 4215 l. 4 s. 8 d.

En outre les propriétaires payent annuellement aux dits seigneurs 97 quartes et demie de blé, 121 quartes d'avoine, y compris un bichet de chacun qui sème sur le dit ban de Coume.

Les remontrants ont l'honneur d'observer à Sa Majesté que le tiers de notre ban appartient à des nobles, [des] ecclésiastiques et à d'autres étrangers, qui ne contribuent à aucune décharge des impositions, excepté quelques vingtièmes.

Les habitants supplient Sa Majesté à cet effet d'écouter favorablement leurs très respectueuses demandes:

1°. Que la province soit mise en pays d'Etats;

2°. Qu'il y ait un district dans leur bailliage, qui se trouve avoir une étendue et une population considérables, afin de procurer aux peuples la facilité de traiter de leurs intérêts et sans perdre plusieurs journées, bien précieux pour eux.

---

[1] Cette somme est indiquée dans une surcharge et l'on aura oublié de biffer la précédente (187 l...) qui manque d'objet: déjà, dans la déclaration spéciale des impositions, le chiffre 987 l. est visiblement une correction.

3º. Le prix des bois est extrêmement cher, seulement de[puis] plusieurs années, et c'est à cause des grandes consommations qu'il se fait par les forges, verreries et salines, et que les officiers de la maîtrise laissent sur pied de trop anciennes et vieilles écorces, et qu'ils défendent aux communautés d'en laisser de jeunes brèmes, qui seraient très utiles pour la population des forêts.

4º. Les bois sont dévastés dans notre pays à cause que les bêtes vont nuit et jour dans les jeunes taillis, et faute de non-veillance de nos forestiers.

5º. De plus les remontrants représentent que la maîtrise excède des très grands droits de martelage de notre portion affouagère, à raison de 3 livres 10 sols par arpent, et ils nous défendent de façonner le bois à quatre pieds: cependant cela cause un dommage considérable, voyant l'impossibilité de pouvoir fendre plusieurs arbres et bois de hayes à six pieds. Cependant il y a quelques-uns qui le façonnent à quatre pieds, pour quoi [ceux de] la maîtrise font des rapports sur la communauté, et ils nous condamnent à de grosses amendes, dommages et intérêts, et même confiscation des bois: ce que les remontrants trouvent injuste, attendu que c'est leur propre bien. Ils nous défendent au surplus la grasse pâture dans les coupes au-dessous de huit ans. C'est, bien au contraire, profitable pour les rejets qui se trouvent enterrés: comme il est approuvé et permis dans les coupes en France. En outre ils nous rendent responsables de notre coupe en usance, de 50 verges de distance: ce qui nous occasionne d'année à autre des rapports, condamnations, des amendes, dommages et intérêts considérables, quoique la communauté est innocente et le délit se cause quelquefois par des étrangers circonvoisins. De plus ils nous obligent de faire recevoir les serments des forestiers communaux par eux annuellement: et, pour éviter ces frais, ils peuvent être sermentés par-devant MM. les curé, maire ou officiers municipaux de chaque lieu.

6º. Les remontrants se plaignent en outre que les officiers de la maîtrise se sont emparés injustement d'un petit bois contenant 70 arpents; le dit bois appartenait à la dite communauté par acensement perpétuel de l'année 1602, dont les habitants ont eu une coupe affouagère déjà dans le même dit bois environ 60 ans et en ont eu la jouissance de vaine et grasse pâture, de même les chablis, excepté 5 à 6 ans, et ils payent encore l'acensement aujourd'hui au domaine de Boulay sans diminution d'aucun denier.

7º. La communauté a l'honneur de remontrer très respectueusement que ses habitants demeurent sur un des domaines de Sa Majesté et qu'ils sont sujets à son moulin banal, qui est une charge pour eux aussi onéreuse qu'inhumaine. Les habitants de la communauté de Coume supplient Sa Majesté de vouloir bien les affranchir de la banalité, attendu que, dans la moindre stérilité, il n'est capable de moudre dans les 24 heures que 2 à 3 quartes: qui ne fait pas le tiers des moulants. Cependant à cause de la banalité, les propriétaires [des moulins] les laissent à bail à très grand prix: ce qui occasionne les bailleux [*lisez:* preneurs] à une infidélité envers les moulants pour cette raison: pour pouvoir récupérer leur canon et vivre; ce qui oblige les moulants de se hasarder d'aller moudre dans d'autres moulins; et souvent ils seront repris, ce qui cause des procès et des grandes sommes, tant dépens que dommages-intérêts.

8°. Les remontrants ont l'honneur d'observer que [ce] serait le plus grand avantage, que les prés pour les regains soient mis en embannie tous en général, et d'abolir toutes les clôtures, pour éviter beaucoup de procès et frais à ce sujet, et chaque propriétaire faucher ses prés à lui appartenants, tant en l'endroit de sa résidence qu'ailleurs, pour le regain comme pour le haut poil. Les raisons sont que les foins sont souvent inondés par les eaux ou mauvais temps, et que les propiétaires ne profitent rien de leurs propres prés; et cependant ils sont obligés de payer les impositions du roi; et ceux qui profitent des regains, ne payent aucune redevance des dits prés au roi; et par conséquence [c'est] une injustice pour le propriétaire. Pourquoi il est nécessaire que le propriétaire fauche ses prés en regain pour subvenir au secours des fourrages secs, et par ces moyens les bêtes seront nourries dans les écuries, où ils produiront des amendements si nécessaires pour entretenir l'agriculture, au lieu que, si on les fourrage en vert, les dits amendements gâtent les regains; que par ces raisons dans 8 ou 15 jours tout est consommé et gâté mal à propos. Et le regain sec évitera encore baucoup de maladies, comme on a les expériences en les fourrageant vert. Et au lieu qu'en 8 ou 15 jours les regains verts sont consommés sans profit, on nourrira ses bestiaux 5 à 6 mois, et par ces moyens on élèvera et nourrira beaucoup plus de bestiaux, d'où la viande et laitage plus communs, et les cuirs à plus juste prix, et beaucoup d'autres grands profits.

9°. La marque de cuir, reconnaissent les remontrants qu'elle est plus dommageable à Sa Majesté que profitable, attendu qu'il en paye lui-même les droits dessus les grandes quantités qui lui sont nécessaires.

10°. Les remontrants se trouvent surpris qu'étant Lorraine, conduisant leurs marchandises en Lorraine et en traversant des terres étrangères enclavées dans la Lorraine, cependant les étrangers n'exigent aucuns droits : et nous sommes forcés de prendre des acquits, et de payer les droits de même, en prenant tant foins que grains de leur propre crû venant de France en Lorraine, et de Lorraine en Lorraine en traversant la France ; et c'est seulement depuis peu d'années.

11º. Les remontrants connaissent que, si dans un cas de besoin ils se trouvent obligés de vendre et d'acheter quelques maisons, places ou autres choses nécessaires soit pour maison d'école ou pâtre, on les charge d'un droit d'amortissement et lettres patentes : ce qu'ils croient qu'ils pourraient être déchargés avec raison d'en être exempts.

12º. Les marques des fers doivent être supprimées.

13º. Que les fermes générales, en quoi elles puissent consister, soient supprimées.

14º. La dite communauté demande que le vide que ces suppressions feraient au trésor et aux besoins de l'Etat, soit porté dans des proportions égales pour sa quote-part déjà indiquée.

15º. Elle doit également observer que les privilèges exclusifs sont très onéreux aux sujets du roi.

16º. Que les barrières soient reculées sur les frontières, et liberté générale dans le royaume.

17º. Que le sel si précieux aux humains et aux animaux soit un commerce libre dans le royaume : ce serait la fortune du peuple à cause des élèves des bestiaux et autres profits.

18º. Qu'il soit établi un ordre fixe dans l'administration de la justice avec moins de formes, moins de frais et moins de longueurs.

19º. Qu'il soit ordonné que les juridiciables ne puissent être traduits ailleurs que devant leurs juges naturels.

20º. Que toutes justices ou tribunaux d'exception ou d'attribution soient supprimés et réunis au bailliage.

21º. Que la vénalité des charges de judicature et de police soit également supprimée.

22º. Que ces offices ne soient confiés qu'au mérite et au talent reconnus ; que ceux qui voudront en être pourvus soient obligés d'en faire preuve devant une commission nommée à cet effet dans chaque parlement, dont la réputation des membres serait avérée.

23º. Pour parvenir à ce but salutaire, que les provinces soient chargées du remboursement des dits offices, à proportion de leur extinction ou mutation.

24º. Que les bailliages dont le ressort est assez étendu et la population considérable, soient conservés tels qu'ils sont, afin que les sujets du roi soient plus à portée de leurs affaires et de leurs juges.

25°. Que la forme onéreuse et préjudiciable établie en Lorraine pour les inventaires, soit changée. Que les gens de justice de chaque village etc., assistés, autant que faire se pourra, des curé et notables de chaque lieu, seront obligés de faire les inventaires, à moins que les parties intéressées ne veulent appeler des notaires ou des gens de loi.

26°. Que dans chaque village les maire et gens de justice, curé, ou notables soient tenus, aussitôt le décès, d'apposer les scellés, si le cas le requiert, et, à ce défaut, de faire un inventaire.

27°. Les justices de chaque lieu seront tenues de déposer dans leur greffe une copie en forme de leurs opérations, signée d'eux, et le tout sous une modique rétribution.

28°. Que les huissiers priseurs et autres privilégiés à cet égard soient supprimés, leurs fonctions étant abusives et onéreuses aux peuples.

29°. Que les ordonnances de la police champêtre soient renouvelées, et y joindre un règlement de Sa Majesté qui charge personnellement les préposés de les faire exécuter à peine d'en répondre.

30°. Ils observent que la sûreté publique et l'intérêt des sujets du roi mériteraient qu'il y eût un dépôt, dans chaque commune considérable, d'une pompe à eau et des crochets pour arrêter les progrès des incendies, et qu'il fût ordonné à tous les habitants, dès la première émeute sonnée, de courir au secours sous peine de punition exemplaire, comme le carcan, que la justice du lieu pourrait prononcer sur le témoignage public contre ceux qui contreviendraient à l'ordre établi.

31°. Ils observent également qu'il serait de la plus grande importance qu'il y eût dans chaque bailliage ou chef-lieu un grenier d'abondance, afin de prévenir non seulement les disettes, mais encore les non-semailles, qui résultent des années non abondantes.

32°. Que les juifs soient renvoyés de la province, étant les auteurs de la ruine des peuples et des laboureurs, et qu'ils enlèvent aux chrétiens toutes les ressources de pouvoir gagner leur vie.

33°. Ils ont également l'honneur de remontrer que les laboureurs de la communauté de Coume étaient obligés dans les anciens temps où les souverains seigneurs habitaient leur comté de Boulay, de leur fournir des corvées pour l'usage et service de leur château.

34°. Que ce droit de corvée sur les laboureurs est resté à leur charge, nonobstant que les dits souverains seigneurs en aient abandonné le séjour.

35°. Ce droit est passé aujourd'hui aux fermiers du domaine, qui en tirent de grands avantages au détriment des peuples, en les employant à la facilité de leur commerce.

36°. Ce droit de corvée est si onéreux aux laboureurs de Coume qu'il pèse lourd généralement tant sur l'Etat que sur les peuples, puisqu'ils sont obligés d'abandonner souvent leur culture pour aller en corvée dans des temps très précieux.

37°. Les habitants de la communauté de Coume supplient Sa Majesté de leur faire grâce du droit de corvée sur les laboureurs dû au château de Boulay, en l'abolissant.

38°. La communauté de Coume ose observer très respectueusement à Sa Majesté qu'il serait du plus grand intérêt pour ses sujets, pour ses finances, pour l'allégement des impositions, que ses domaines fussent divisés et confiés à des possesseurs de fonds dans chaque province et canton sous des cens modérés, payés et portés sans frais à la recette de chaque district. Le calcul de tous ces cens par chaque province excéderait sûrement celui qui résulte net de l'administration ou ferme générale.

39°. Ce premier avantage est suivi d'une infinité d'autres inappréciables qui tourneraient tous à l'avantage du roi, de ses finances et de ses sujets, comme culture plus avantageuse, bonification, entretien, élèves en tout genre, etc., sans compter les impositions qui seraient applicables.

40°. La communauté demande qu'il plût à Sa Majesté de faire don et remise à la communauté de Coume, laquelle est dans ses domaines, du tiers denier qu'il perçoit sur la vente des quarts en réserve et biens communs, pour subvenir au payement de 4000 livres empruntées, laquelle somme provient d'un arrêt rendu envers la dite communauté d'un bien communal que les ancêtres ont négligé, dont la communauté aujourd'hui tient tous titres nécessaires pour prouver que le dit terrain nous appartient.

41°. La communauté estime que le tirage des soldats provinciaux est inutile pour le moment, attendu que le suprême Être nous fait la grâce d'une paix si favorable, et nous nous soumettons de donner en cas de besoin non seulement nos garçons, mais encore notre corps et dernier sang. Les tirages des soldats provinciaux n'occasionnent rien que de grands frais et troubles dans le royaume. En outre personne ne doit en être franc qu'un garçon de famille d'un bon vieux père et mère, de quelle qualité ils puissent être, attendu qu'un bon artisan vaut bien pour le moins un domestique d'un laboureur, qu'on peut trouver partout, mais pas toujours un homme savant de son métier.

42°. Que les habitants de notre communauté sont appauvris: ce n'est pas sans cause, considérant les impositions du roi, celles des seigneurs, la cherté des denrées de plusieurs années, et surtout des impositions de la ferme, de la maîtrise et de la banalité, qui sont infinies.

43º. Les lettres de poste surchargées.

44º. Les représentants sont fondés de se plaindre de l'administration [tant] des intendants que des subdélégués, à cause des grands frais qu'ils obligent les communautés de faire pour la rédaction des comptes, revision, contre-comptes du régi des maires et syndics, et pour le tirage des soldats provinciaux.

45º. La communauté se plaint que le roi, en qualité de souverain, a tiré le tiers d'un bois défriché environ 70 ans, en nature de bois, qui subsiste encore aujourd'hui, appelé le bois Gressée. La communauté désire de savoir si Sa Majesté a le droit de tirer le tiers en fond.

46º. En outre la communauté désire de savoir si ce sont les intentions de Sa Majesté, si un seigneur censitaire peut jouir, et au nom de Sa Majesté, d'un tiers-fond d'un défrichement d'un canton de bois communaux converti en terre arable, ce qui s'est trouvé sur notre ban, composé de 150 arpents, dont Sa Majesté a tiré le tiers denier par son receveur. Au surplus, ce serait un grand bénéfice pour les pauvres habitants, s'ils pouvaient jouir des dits 50 arpents, qui font le tiers du dit défrichement, laissés à vain prix à un seigneur qui pourrait vivre sans ça; car, ou même si faire ne se peut autrement, les remontrants en donneront les mêmes cens et canon dont le dit canton est chargé.

47º. N'est-il pas à désirer qu'à l'avenir l'on demande à Sa Majesté de pouvoir saisir et confisquer au profit du roi tous les chevaux qui se trouveront entre les mains des juifs et maquignons de chevaux, qui seront burinés ou contremarqués par leurs fausses marques: ce qui fait un grand tort considérable aux pauvres laboureurs.

48º. Les habitants de la communauté de Coume, aussi fidèles sujets que respectueux et attachés aux volontés entières de leur prince, s'en rapportent avec une confiance aveugle dans les bontés paternelles de Sa Majesté sur l'établissement qu'elle fera pour l'administration de son royaume en général et de ses provinces en particulier, et ils osent espérer que la bienveillance dont elle honore ses sujets lui fera recevoir avec bonté les plaintes, réclamations et observations qu'ils ont pris la liberté d'après ses ordres de lui adresser avec respect le plus profond.

Fait et arrêté à Coume en l'assemblée générale des habitants composant le tiers état de la communauté, le 8 mars 1789, et ont signé et marqué, lecture faite.

Streff, prêtre, curé de la paroisse de Coume; Jean Koch; Jean Theobalt; Petrus Jager; Hans-Adam Hallinger, (lieutenant de maire); Jean-Jacob Veisse, maire; P. K.; Johannes Veber; Jean Veber; Alexander Dulieu; Jean Closter; Jean Koppe; Jean Guilliaume; Jacob Doby;

Philippe Weber; Nicolas Albert; Johannes Schmitt; Peter Pinder (?); Johannes Dory; Pierre Grebe; Dominique Thibaut; Jacob Veber; Jacob Dullieu; Jean Garnier; ...... (?); Johannes Hoffmann; Pier Landur (?); François Gouvion; Jacob Jeck (?); Joseph Gouwjon; Jean Veber; P. H.; Simon Brode; Nicolas Schmitt; Mathis Linden; G. C.; Johannes Schneyder; George Koune; Léopold Weber; Johannes Peter Dulieu; Jacob Borgnio(?); † † (marques de Nicolas Borgnions et de Jean Borgnions); I. Γ (marque de Jean Brasser); Pierre Guillaume; Nicolas Chaudron, greffier.

CREUTZWALD-LA-CROIX.

Impositions [1]: 1. Subvention . . . . 244 l. 16 s.
    2. Ponts et chaussées et autres impositions accessoires . . . . 278 l. 6 s. 9 d.
    3. Abonnement . . . . 265 l. 17 s.
    4. Entretien et confection des routes. . . . . . 96 l. 8 s. 2 d.
    5. Pour le service des troupes en quartier à Saint-Avold en 1787 (la cote de 1788 a été restituée): 92 l. 16 s. 4 d.

Assemblée du 9 mars au domicile de Pierre Bor, syndic; publication au prône le 8 mars par M. Neuman, administrateur.
70 feux. — Liste de 33 comparants, terminée par « etc. » ; 14 signatures, comme à la suite du cahier [2]).
Députés: Jean-Georges Renauld et Louis Walterthum.

Cahier de plaintes et remontrances de la communauté de Creutzvald-la-Croix [3]).

---

[1]) La déclaration, datée du 26 mars 1789, a été dressée « suivant les derniers rôles de 1788 », mais la même main a mis en marge le montant des deux premiers articles « pour la présente année 1789 » : nous reproduisons ces derniers chiffres (au lieu de 301 l. et 277 l. 9 s. en 1788).

[2]) Les autres comparants sont Jean Butter, Jean Engler, Pierre Schmitt, Henri Braun, Henri Weisgerber, Gaspard Franck, Jean Kastel, Jacob Boerard, Jean Georges Braun, Nic. Engler, Jean Haman, Jos. Guldner, Pierre Kenné, Jean Braun l'aîné, J. Braun le jeune, Phil. Demmer, Jean Fourmy, Pierre Becker, Franç. Rospert Pierre Robert.

[3]) Le cahier de Porcelette (Ch. Etienne, *Cahiers du bailliage de Vic*, Nancy 1907, p. 601) semble emprunté, en bonne partie, à celui-ci.

Cejourd'hui, 9 mars 1789, 8 heures du matin, la généralité des habitants de la communauté de Creutzvald-la-Croix, assemblée au son de la cloche en la manière ordinaire en exécution des ordres du roi des 24 janvier et 7 février derniers et de l'ordonnance de M. le bailli du grand bailliage de Boulay du 24 même mois, au domicile de Pierre Bor, leur syndic, pour délibérer sur les vœux qu'ils sont dans le cas de former dans la circonstance présente pour la régénération prochaine de la monarchie française, ont arrêté qu'ils demanderont tant à Sa Majesté qu'aux Etats généraux:

1º. Une constitution nationale fixe et invariable, telle qu'elle assure à tout sujet français la liberté de sa personne et de sa conscience et la jouissance de ses propriétés; telle que personne ne puisse être exclu des dignités tant civiles qu'ecclésiastiques et militaires que par son incapacité; telle qu'à l'avenir la noblesse, devenue le prix du mérite, ne puisse plus aller en ascendant, au contraire en descendant, c'est-à-dire que l'on ne pourra plus l'accorder que pour une ou deux générations au plus, qu'en motif d'émulation, pour ne pas dégénérer: l'on ne verra plus les enfants des nobles, affectant une vaine hauteur, faire consister toute leur étude en celle de leurs plaisirs; telle enfin qu'aucun impôt ne pourra être établi sans le consentement de la nation représentée par les Etats généraux, auxquels seuls appartiendra le droit de faire des lois avec la sanction du souverain.

2º. Une justice plus prompte et moins dispendieuse, fondée sur des lois sages, fixes, uniformes et universelles pour tout le royaume, abrogeant toutes coutumes particulières, dont la plupart ont des dispositions iniques, telle entre autres que celle de Picardie qui attribue toute la succession à l'aîné des familles. Tous enfants d'un même père, composant une même famille, animés d'un même esprit, nous devons être gouvernés par les mêmes lois, les mêmes usages, n'avoir qu'un même poids, même aune, même mesure, même argent ou monnaie.

3º. La suppression particulière des huissiers priseurs qui, sous le spécieux prétexte d'assurer aux orphelins leur succession, commencent par leur en enlever une partie considérable, et toujours le plus clair et le plus net; et l'abolition générale de la vénalité abusive de tous les offices de judicature. Quoi? parce que tel a 40 ou 50 000 livres, il acquerra, le plus souvent sans science ni talents, quelquefois même sans probité, le droit délicat et bien important de juger de la vie et de la fortune de ses semblables?

Il est étonnant qu'un abus de cette espèce ait pu subsister jusqu'à présent chez une nation aussi éclairée qu'est la française. Ne serait-il pas mieux ordonné que ces sortes d'offices se donnassent gratuitement au mérite: que, pour être conseiller ou président soit au parlement soit aux bailliages, il fallût avoir exercé avec distinction pendant plusieurs années les fonctions de substitut, et que, pour remplacer ceux-ci, il fallût avoir exercé de même celles d'avocat pendant un certain nombre d'années; qu'un conseiller ait au moins trente ans, un président quarante?

4°. La suppression des maîtrises des eaux et forêts. Il est constant que ces tribunaux, qui sont la ruine des pauvres communautés, ne subsistent qu'à la faveur des amendes et dépens auxquels ils condamnent eux-mêmes ceux qui ont été repris, et dont partie à leur profit: vice remarquable et dangereux de leur institution. Ne deviennent-ils pas par là en quelque sorte juges en leur propre cause, et ne serait-ce point là la raison pour laquelle on affecte, pour ainsi dire, de n'y admettre pour gardes-forêts que des gens sans foi ni loi ni probité, dont ceux-là paraissent les plus accueillis qui font le plus de reprises justes ou injustes? ils ont toujours raison, surtout parce qu'ils font venir l'eau au moulin. Le public et l'Etat gagneraient, ce semble, infiniment, si l'on attribuait aux bailliages du ressort la justice contentieuse des maîtrises, et l'administration des bois à certains membres des Etats provinciaux, chargés de l'inspection et de l'entretien des routes.

5°. La suppression de la juridiction de MM. les intendants. Ces MM. qui ont un pouvoir trop étendu, rendent des ordonnances vagues, auxquelles ils n'ont souvent d'autre part que d'y avoir apposé leur signature. Ces ordonnances, d'autant plus dangereuses que l'on ne peut en appeler qu'au Conseil, donnent lieu à une infinité de contraventions dont les pauvres sujets, surtout des frontières, sont toujours les victimes, souvent même très innocentes; car la plupart du temps, ces ordonnances ne sont pas, ou du moins insuffisamment, promulguées. L'on n'ignore point d'ailleurs ces menées sourdes, ces injustices, actes abusifs d'autorité, exécutions, qui sont la suite de cette grande extension de pouvoir, et notamment sur le fait du tirage de la milice: rien d'extraordinaire de voir tel qui n'avait aucun motif légal d'exemption, en être dispensé par la faveur, et tel autre, affranchi par la loi même, être contraint de subir le sort.

6°. La suppression, à une époque certaine, de tous les impôts généralement quelconques actuellement existants, et la substitution en leur lieu et place d'un seul impôt appelé national, dont personne ne sera exempt; riche, pauvre, ecclésiastique séculier et régulier, noble, roturier, homme, femme, garçon ou fille, tout le monde sera obligé d'y contribuer au prorata du moyen terme de ses revenus nets, en quoi ils puissent consister, et d'où ils puissent provenir, soit de l'exploitation des terres, de l'industrie ou des capitaux placés à intérêt, à raison de quoi chacun sera tenu d'en donner une déclaration juste et exacte signée de lui, à peine, en cas de recel justifié, d'être déclaré infâme.

Cet impôt national sera fixé tant pour la paix que pour le temps de guerre, et en supposant que la surcharge pour le temps de guerre soit de deux cents millions, la nation assemblée accordera cette surcharge par supposition pour dix années, au bout desquelles la dette de l'Etat se trouvera soldée, fût-elle de deux milliards.

7°. L'érection de toutes les provinces du royaume en Etats provinciaux, dont une des principales fonctions sera la juste répartition de sa cote d'imposition nationale sur tous les contribuables de leurs provinces respectives, et le versement franc et net par quartier au trésor royal du montant de la dite imposition.

8°. Le reculement des barrières aux extrémités du royaume. Tout ce qui les aura franchies, aura acquitté ou sera censé avoir acquitté les droits qui seront réglés et dont le tableau sera imprimé et rendu public. De là plus d'entraves quelconques dans l'intérieur du royaume, plus d'acquits d'aucune espèce, plus de visites de paquets ni de voitures, pleine et entière liberté du commerce, même du sel et du tabac, dont la plantation sera permise, et surtout plus de ferme générale, dont la simple idée est en horreur à tous ceux qui n'y sont pas intéressés. Et ce n'est pas sans raison; il en est de l'administration des finances d'un grand royaume comme d'un bien particulier: personne n'ignore qu'en l'affermant, c'est donner le bénéfice au fermier. Mais ce bénéfice considérable que l'on donne aux fermiers généraux de la France, quel est-il? C'est la substance du pauvre, c'est le prix de ses sueurs mêlées de sang, qui le composent. Ce prix, dont la légitime destination doit être le maintien du trône et des forces de l'Etat, sera-t-il permis d'en enrichir des fermiers généraux, devenus son tyran par leur cupide rapacité, afin qu'ils puissent couler leurs jours dans le luxe et la mollesse aux dépens de l'Etat?

9°. L'encouragement du commerce et de l'agriculture, qui l'un et l'autre seront permis à la noblesse sans dérogation. Cela devient infiniment juste dès lors qu'ils offrent généreusement de partager toutes les charges de l'Etat.

10°. La réduction de tous les ordres religieux au nombre de quatre, dont chacun aura une destination particulière, et celle de leurs revenus à cent pistoles par tête. Le surplus des maisons riches, qui se trouveront en avoir bien plus, sera employé à doter, jusqu'à concurrence de 600 livres ou environ par chaque individu, tous les religieux mendiants, qui par là ne seront plus à la charge du pauvre peuple.

11º. Le retour périodique, toutes les cinq années au moins, des Etats généraux, qui, sans convocation, seront tenus de s'assembler à un jour certain qui sera indiqué et fixé à la prochaine assemblée, pour laquelle, ainsi que pour les suivantes, nulle autre manière de voter ne pourra être adoptée que par tête, à raison de deux députés au moins du tiers état pour un de la noblesse et un du clergé. Et tout membre du tiers qui sera convaincu de s'être laissé gagner par des présents ou promesses pour trahir son sentiment ou celui de son ordre, sera déclaré infâme et traître à la patrie.

12º. La comptabilité des ministres et la justification de l'emploi des deniers, qui se fera chaque année à jour et lieu certains par une commission nommée nationale et qui sera composée d'une députation organisée de même que pour les Etats généraux de chaque province ou généralité du royaume; lesquelles députations se réuniront au jour et lieu indiqués, sans manquer et sans qu'il soit besoin d'invitation quelconque, pour procéder à l'audition des comptes des ministres, qui seront ceux de la nation, et les juger et punir selon les lois en cas de malversation ou déprédation prouvée de leur part, sans que Sa Majesté puisse les en exempter ou commuer les peines qu'ils auront encourues.

Tels sont les vœux généraux des habitants de Creutzvald, auxquels ils n'ajouteront plus que quelques vœux particuliers.

13º. La jouissance de leurs droits d'affouage et de parcours dans les parties de la forêt de Warnet qui ont passé sous la domination de la France par l'échange de 1768, fait avec le prince de Nassau; lesquels droits leur ont été concédés et confirmés par MM. les comte et prince de Nassau par traité du 22 janvier 1712 et décret du 6 novembre 1763, et se trouvent amplement détaillés dans la requête qu'ils auront l'honneur d'adresser à Sa Majesté et à Nosseigneurs de son conseil à cet égard.

Et enfin l'extinction des fourneaux de Creutzvald, appartenant à Madame de Hayange: gouffres affreux où ont été se fondre annuellement depuis une trentaine d'années 7 à 8 mille cordes de bois, sur la majeure partie desquelles nombre de pauvres communautés avaient les droits les plus sacrés et à la faveur desquelles ils auraient pu subsister encore bien des siècles. Aujourd'hui plus de bois et, pour comble de malheur, pour ainsi dire plus de parcours; car la plupart des forêts voisines étant exploitées et même ruinées, elles sont toutes en taillis et en défense.

Peut-être même ce fourneau par ses exhalaisons sulfureuses et malfaisantes est-il le principe des épidémies qui ont souvent exercé leurs ravages dans le lieu de Creutzvald et de l'insalubrité continuelle de l'air qui y règne et abrège la carrière des habitants.

L'on pourrait en dire autant de la verrerie avec une différence du plus au moins.

Ils déclarent au surplus adopter le vœu général de la province, et béniront à jamais le bon père du peuple, Louis XVI, qui daigne leur préparer tous ces avantages.

Fait en l'assemblée du dit Creutzvald les an, jour et heure avant dits. Johannes Bles, maire; Louy Walterthum; Joseph Zängerle; J. G. Renauld; André Reyland; Peter Bor, syndic; Louis Hacspil; Nicolas Schmitt; Peter Wagner; H. Daniel; Johannes Bummersbach; Mattias Festor; Hans Wilhelm Labach; M. Hirchauer.

CREUTZWALD-LA-HOUVE.

Impositions:
1. Au domaine royal pour cens affectés sur terres et prés . . . . 1100 fr. barrois.
2. Subvention et accessoires, argent de France . . 403 l. 12 s. 3 d.
3. Vingtièmes » » » . . 188 l. 11 s. 3 d.
4. Ponts et chaussées » » » . . 72 l.
5. Pour les lits militaires de Saint-Avold. en 1789 . 37 l. 11 s. 3 d.

Assemblée du 8 mars au domicile de la dame veuve Mayer; publication au prône le 8 mars par M. Neuman, administrateur.
30 feux. — 20 comparants¹); 19 signatures.
Députés: Pierre Mayer, propriétaire de la verrerie de Creutzwald, et Jean-Pierre Schreiner, maire du lieu.

Doléances de la communauté de Creutzwalt-la-Houve.

Les maire, syndic et tous les habitants de la communauté de Creutzwalt-la-Houve, témoignant avec une profonde soumission leur sensibilité aux bontés du roi d'avoir convoqué, au désir général de son royaume, les Etats généraux, voient enfin éclore le jour heureux où leurs doléances parviendront sans obstacle aux pieds du trône, s'empressent avec une franchise loyale d'exprimer leurs vœux d'allégresse au seigneur

---

¹) «Qui ont tous signé les présentes, à l'exception de Fr. Noé, Pierre Steyer, Jacques Weisgerber, qui n'ont l'usage d'écrire».

roi et lui demandent, ainsi que proposent aux Etats généraux, les objets qui suivent:

1º. Un impôt proportionnel, eu égard au sol, sur l'universalité des biens du royaume.

2º. Une cotisation juste et équitable entre les trois ordres qui constituent l'Etat, pour toutes les contributions et charges quelconques.

3º La suppression des compagnies fiscales comme odieuses au peuple, laissant une image de l'ancien esclavage, que tout Français abhorre avec justice; le commerce du sel libre, pour, outre la consommation nécessaire à l'homme, pouvoir s'en servir à l'entretien du bétail et suppléer au défaut des foins aigres que les prés environnés de sables arides font croître.

4º. Oter aux maîtrises des eaux et forêts la juridiction contentieuse, les considérant comme la ruine du peuple par les frais immenses qui sont employés et mis en œuvre pour faire le recouvrement de l'amende et des dommages-intérêts, qui ont ruiné les meilleurs habitants de cet endroit. Que l'on fixe le jour du règlement des contraventions; le délinquant, averti par le forestier, comparaîtra et soutiendra en sa présence sa cause sans frais, et le juge ordinaire, avec sa balance d'équité, pèsera les moyens et aura tel égard que de raison.

5º. La réunion des bailliages en présidiaux, qui seront remplis de juges éclairés et intègres, et dont les emplois se donneront au concours pour ne point exclure le mérite, qui souvent ne peut financer; et les affaires se jugeront en dernier ressort jusqu'à la concurrence de 600 livres.

6º. La suppression des hautes justices, sièges de tous les abus, où les juges sont quelquefois éloignés de 4 à 5 lieues et ne se rendent point pour l'affaire du malheureux.

7º. La suppression des charges des huissiers priseurs, lesquels, avec d'autres, absorbent en frais la subsistance des pauvres orphelins des campagnes.

8º. La suppression des religieux mendiants comme onéreux au peuple, et la réunion des maisons rentées et rendues plus utiles au public.

En foi de quoi avons signé les présentes demandes et doléances à Creuzwalt-la-Houve, le 8 mars 1789, après lecture par interprétation, et remis entre les mains du sieur Mayer, propriétaire de la verrerie de Creuzwalt, et de Jean-Pierre Schreinner, maire, députés choisis pour les porter où il appartiendra avec tous pouvoirs requis et nécessaires.

Jeaque Mayer, syndic; Johann Joerg Engler; Johannes Schuller; Heinrich Dreystat; Nicolas Eiselé; Jacob Engler; Martin Friedrich;

Johannes Sackstetter; Johannes Freymuth; Johannes Engler; Nicolas Sauder; L. M. Hennuig; Peter Meichelbeck; Frantz Hartt: Andreas Schumacher; Nicolas Zimmer; Humbert Mayer; Hans Peter Schreiner, député; P. Mayer; Pierre Mayer, greffier.

Le présent cahier contenant deux feuillets, l'un rempli et écrit, l'autre en blanc, a été coté et paraphé par nous *ne varietur*. Jeaque Mayer, syndic.

DALEM.

Impositions: 1. Subvention . . . . 408 l.
             2. Ponts et chaussées, et impositions accessoires . 373 l. 4 s.
             3. Contribution des routes . . . . 114 l. 2 s. 9 d.
             4. Vingtièmes (pour la communauté et la seigneurie) 1246 l. 17 s.

Assemblée du 8 mars par devant Bernard Marchal, syndic; publication au prône le 8 mars par M. Steiner, curé.
75 feux. — 31 comparants; 25 signatures [1]).
Députés: Pierre Becker et Christophe Müller.

Plaintes et remontrances de la communauté de Dalem, pour correspondre aux bonnes intentions de notre monarque, manifestées par sa lettre pour la convocation des Etats généraux, donnée à Versailles le 24 janvier 1789.

Plaintes. — Il nous paraît que nous sommes de beaucoup surchargés en subvention et autres impôts. Notre village, un des plus pauvres de la Lorraine, consistant en 75 ménages, dont 50 sont de vrais pauvres, et entre les autres il n'y en a pas un qui peut vivre que par la sueur de son corps, paye néanmoins au roi en subvention 781 l., qui est une somme bien au-dessus de nos forces, et les autres contributions à proportion. Ceux qui ont un petit bien sont obligés de donner la moitié de ce qu'ils tirent pour satisfaire à leur quote-part des contributions annuelles.

2º. Il se trouve continuellement des maladies dans notre village: ce qui provient des mauvaises habitations, nourriture et manque de sel, si nécessaire à la digestion, dont les pauvres sont contraints de s'en passer à cause de la cherté.

---

[1]) Le cahier est signé de tous les comparants, à l'exception peut-être de Jean Becker, à la place duquel nous trouvons Jean Boutter, et plus loin Nic. Becker.

3º. Le roi nous a donné le bois d'affouage; mais, contre ses intentions, nous payons presque le prix en rapports faits par les forestiers du roi contre la communauté, responsable des délits faits au dit bois, délits qui ne sont pas dans son pouvoir de les empêcher. Le bois est distant de notre village de trois quarts de lieue; les forestiers de la communauté n'ont point de gages, ils ne peuvent pas faire leur résidence au dit bois pour le garder jour et nuit. Les propres intérêts des communautés les portent d'en avoir soin selon leur possible, sans qu'il soit nécessaire pour cela de les rendre responsables des délits y commis.

REMONTRANCES. — Accoutumés uniquement à manier nos charrues, pioches, nous ne sommes guère capables de trouver des moyens contre les maux qui accablent les sujets du roi; néanmoins, comme notre gracieux roi a la bonté de permettre à chacun de dire ses sentiments, voilà ce que nous pensons:

1º. Que la Lorraine soit érigée en province d'Etats.

2º. Que, selon l'ancien ordre du royaume, ni les tailles ni le nombre des impôts ne soient augmentés qu'avec l'octroi des Etats: contre quel ordre on a seulement commencé à agir sous le règne de François Ier à la persuasion du chancelier Duprat.

3º. Sous le même règne, les charges de judicature ont été rendues vénales: ce qui a produit et produit encore des maux sans nombre. Il nous paraît qu'il est à souhaiter que l'illustre assemblée générale prie notre monarque de défendre la vente à l'avenir, et de les donner selon les mérites, s'il est possible de trouver les moyens de rembourser ceux qui les ont achetées.

4º. La ferme, qui enrichit quelques-uns aux dépens du public, devrait bien être supprimée.

5º. Comme la multiplicité des acquits, même dans le royaume, met des entraves au commerce, est une occasion de plusieurs vexations, cause des batailles sans un grand profit au roi, il est à souhaiter qu'il n'y ait d'obligation d'en prendre qu'aux sorties et entrées du royaume.

6º. La marque de cuir et fer [est] encore cause de plusieurs vexations, sans profit pour le roi; si on compte les frais faits pour cette manœuvre, en ajoutant que le roi lui-même est obligé de payer cet impôt en fournissant aux troupes et à la marine les cuirs et fers nécessaires, il nous paraît raisonnable que ces impôts soient supprimés.

7º. Le sel est une des choses les plus nécessaires pour la vie, la conservation des forces et santé du corps humain; et comme la nature nous [le] fournit en Lorraine en abondance, le prix devrait être bien modéré, afin que tout le monde puisse s'en servir selon sa nécessité.

Néanmoins nous voyons avec surprise que les étrangers l'ont à un prix modique, tandis que nous, qui avons un droit particulier sur ce sel, sommes obligés de le payer à un prix si excessif (non comptés les frais de port) que les pauvres, dont le nombre est grand, sont obligés de s'en passer, de manger sans un grain de sel leurs légumes grossiers, insipides et malsains.

Rien aussi ne serait plus avantageux aux sujets du roi que si le prix était tel qu'on pût en donner aux bestiaux, qui seraient alors mieux portants, la viande d'un meilleur goût et plus saine; on pourrait aussi alors [en] entretenir un plus grand nombre. Car nous avons en Lorraine beaucoup de fourrage aigre et mauvais qu'on pourrait améliorer en usant du sel. L'utile et le nécessaire exigent que le prix en soit diminué.

8º. Il est à désirer que la vente du sel, tabac et autres marchandises, soit libre en toute la Lorraine; et les sujets du roi pourraient alors payer annuellement six livres de plus par tête, et encore avec moins de peine que ce qu'ils payent actuellement.

9º. Une partie des biens des abbayes doit, selon l'intention des fondateurs, être employée au soulagement des pauvres: ce qui arriverait en faisant des provinces les abbés commendataires, qui les emploieraient au payement des contributions publiques, si on ne juge pas à propos de les donner aux hôpitaux; ou qu'on les emploie pour ériger des écoles pour l'instruction de la jeunesse: ils seraient alors employés selon leur institution.

10º. Tous les sujets du roi, ecclésiastiques et moines, nobles et roturiers, sont des concitoyens, des frères, des membres du même corps, qui doivent par conséquent s'intéresser au bonheur mutuel; il est donc juste que chacun sans exception aide à supporter les charges pécuniaires selon ses facultés. Il n'est pas raisonnable que ceux qui, supportant le poids et la chaleur du jour, mènent une vie pénible et laborieuse, supportent encore seuls les charges publiques, tandis que d'autres, vivant dans l'abondance et le repos, sont exempts.

11º. Il est à désirer que, pour le soulagement des sujets du roi, plusieurs charges très coûteuses, inutiles au bien public, soient supprimées; les honoraires de plusieurs, modérés; les pensions accordées à plusieurs, diminuées: car il n'est pas équitable que quelques sujets du roi soient des heureux de la dépouille de plusieurs malheureux.

12º. Les enclos des prairies, qui ne sont qu'au profit des riches et à la perte des pauvres, qui sont le plus grand nombre, doivent selon notre jugement être défendus.

13º. Les priseurs ajoutent afflictions aux afflictions des parents désolés de la mort de leurs défunts, par les frais d'inventaire qu'ils augmentent: ce qui doit affecter la tendresse du roi, l'exciter à supprimer ces charges onéreuses à ses sujets sans utilité pour eux.

14º. Il nous paraît nuisible au bien public qu'un seul richard entreprenne plusieurs grosses fermes à bail: ce qui le rend maître d'une grande quantité de grains, du prix d'icelle. Une loi qui prescrirait des bornes à pareils commerçants nous paraît très utile. Nous portons le même jugement de ceux qui seuls entreprennent les coupes des bois d'un voisinage entier.

Plaise au ciel que ces plaintes et remontrances, faites avec respect et par un sincère désir du bien public, soient dignes des attentions de l'illustre assemblée générale et de l'approbation du roi.

Fait à Dalem le 8 mars après midi 1789, à la maison du maître d'école du dit lieu, et ont signé, lecture et interprétation en langue allemande faites.

François-Xavier Steinfeld; Jacob Becker; Ph. Becker; Jacob Sirrin; Nicolas Vasseur; Johannes Lindo; Peter Engler; J. Boutter; Nicolas Schmit; Nicklas Demmerlé; Johannes Muller; Michel Becker; Joseph Engler; Beierle; Joseph Müller; Nicolas Foltz; Petter Emmo; Nicolas Engler; Jean Lombard; Hermann Sirriu; P. Butter; Peter Becker; J. B. Burger; Jacob Engler; Carl Becker; Fritz Müller; Bernard Marchal; Christuffel Mueller; Lorentz Triedemy; Johannes Engler; P. Boutter.

Le tout fait et signé, nous nous sommes souvenus encore de deux plaintes, que nous croyons être fondés de faire:

1º. Six villages de notre voisinage sont en possession de la vaine et grasse pâture [sur notre ban]: ce qui, outre le dommage que nous souffrons, est une occasion de plusieurs querelles et quelquefois de petites batailles entre les pâtres et garçons qui gardent les chevaux de ces différentes communautés, avec ceux de la nôtre. L'un et l'autre serait empêché, si on trouvait juste de confiner chaque communauté sur son ban.

2º. L'an 1775, notre communauté et celles de Merten, Hargarten, Trombourn, Falt, Creutzvald, Hamme, Gerting, ont eu un arrêt du conseil du roi, par lequel elles ont été maintenues dans la possession et jouissance de leur ancien droit de marnage, affouage, grasse et vaine pâture dans la forêt royale de Huve. Mrs Soler et de Hayange, maîtres de la forge de Creutzvald, avaient affermé du roi le dit bois; pour les empêcher de faire de nouvelles coupes dans la portion du bois adjugée aux dites communautés, l'arrêt leur a été signifié de la part des dites communautés. Nonobstant ils ont encore fait une coupe estimée à 1350 cordes (la corde a été estimée à six livres au cours de France), dans le bois appartenant à la communauté de Tromborn et la nôtre. Elles ont fait saisir le bois; la saisie ne les a pas empêchés de l'emmener au Creutzvald. L'affaire a été portée de la part des dites communautés au conseil du roi, sans qu'il ait été possible d'obtenir justice.

Fait à Dalem le 9 mars 1789, et signé après lecture et interprétation en langue allemande faites.

[Suivent de nouveau 25 des signatures données ci-dessus, plus celle de Nicolas Becker.]

DIESEN-BAS.

Impositions: manquent.

Assemblée du 9 mars; publication en l'assemblée de la généralité des habitants.
19 feux. — 16 comparants; 12 signatures [1]*).*
Députés: Jean Nimsgern et Jean-Adolphe Molitor.

Plaintes et doléances.

L'an 1789, le 9 mars, en assemblée de la communauté du Bas-Diesen, il a été délibéré sur la lettre de Sa Majesté, règlement et ordonnance rendus en conséquence, et a fourni pour les plaintes et doléances les objets suivants.

Cette communauté, dépendant de la baronnie d'Uberhern, fut, par la convention d'échange convenue entre Sa Majesté de France et Son Excellence Monsieur le prince de Nassau-Sarrebrück arrivée en 1769, privée des avantages qu'elle avait dans les bois du prince, de prendre tous les arbres chablis, mort bois et bois mort, suivant le canton attribué à chacune communauté en particulier; elle fut privée de l'usage des sels et tabacs de la vente Nassau, dont le sel ne leur venait qu'à deux sols un liard la livre, et le tabac à six sols la livre; elle fut aussi privée d'un usage simple dans les procès, inventaires et ventes des meubles, malgré qu'il était porté dans le contrat d'échange que les sujets échangés seraient maintenus dans l'ancienne coutume. Il lui a été conservé les

---

[1]) Sans compter celle du syndic; n'ont pas signé André Cornet, Louis Lobsenger, Pierre Muller, Louis Mick. D'après la liste, certaines signatures qu'on trouve à la suite du cahier, devraient se lire Georges Maurer, N. Evert, Jos. Vaillant.

droits qu'avait M. le prince, les forts droits seigneuriaux qui étaient appelés frohngeld, qui signifient par leur nom propre argent de corvée: de chacun laboureur cinq florins, cours d'Empire, qui fait onze livres cinq sols de France, et moitié par manœuvre ou artisan; un autre droit de quinze sols par chacune cheminée indistinctement; celui des dîmes, grosse et menue, laquelle se perçoit à la dixième au profit du seigneur; celui de fournir par la communauté le taureau de la herde; et celui de payer par chaque habitant à M. le curé de Porcelette pour la desserte cinq livres de France par chacun laboureur et par leurs veuves, quarante sols par manœuvre et quinze sols par leurs veuves.

Il lui a été imposé sur ses terres l'impôt des vingtièmes, subvention et capitation, comme aux autres sujets du royaume.

Le vœu et souhait de cette communauté serait que Sa Majesté fût suppliée de supprimer la ferme générale en toutes ses parties, d'abolir toutes les charges financées, particulièrement comme les jurés priseurs, châtreurs, riffleurs, de simplifier l'administration de la justice dans les procès, de supprimer les maîtrises et autres sièges inutiles dans le royaume, d'abolir partie des forges et fonderies qui consument presque tous les bois, ainsi que partie des verreries.

Les délibérants offrent de leur part de contribuer, pour suppléer les revenus qu'elle aurait sur ces différentes parties qu'elle aurait abolies, conjointement avec les trois états, à des impôts qui pourraient être affectés sur leurs propriétés, comme vingtième ou impôt territorial, et à un autre, comme une capitation qui serait répartie sur des fortunes connues et apparentes, au moyen de laisser jouir les délibérants d'une liberté parfaite au commerce en tout l'intérieur du royaume, de leur laisser jouir du bon marché des sels et tabacs, de les faire jouir d'une administration de justice la plus brève et simple qu'elle pourrait être faite.

Fait et délibéré au dit Bas-Diesen, lecture faite par interprétation, les an et jour avant dits.

J. Nimsgern, syndic; Johannes Adolf Molitor; Samuel Gerber; Jacob Bur; Johannes Kierchman; Gerg Mauer; Michel Blank; Hans Ringenberg; Christofel Mick; Nicolas Ebert; Joseb Walian; Görg Mick; Hans Petter Burgart.

DIFFERTEN.

Impositions [1]: 1. Pour la subvention seulement . . . . 717 l. 2 s.
             2. Pour les routes et chaussées. . . . . 119 l. 3 s. 8 d.
             3. Pour les vingtièmes . . . . 333 l.
             4. Pour les logements militaires à Saint-Avold . . 80 l. 12 s. 6 d.

Assemblée du 7 mars par-devant les maire, syndic et gens de justice; publication au prône le 7 mars (sic) par M. Janser, desservant.
80 feux. — Pas de liste de comparants; 10 signatures, les mêmes qu'à la suite du cahier.
Députés: Nicolas Augustin, maire, et Joseph Renckes, notable.

Cahier de doléances, remontrances et plaintes de la communauté de Differten . . . .

1º. Ce lieu a à se plaindre de ce que l'abbaye de Wadgasse, seigneur pour moitié avec le roi et le baron d'Uberhern, collateur exclusif, y établit un prêtre de son abbaye amovible à son gré; il est aisé de sentir les obstacles que cet arrangement présente, outre les causes canoniques qui requièrent un prêtre à résidence dans ce lieu à la charge de cette abbaye, jouissant seule de la grosse et menue dîme, d'un droit domanial de dix quartes de seigle, d'une d'avoine, mesure de Nassau, de 18 livres en argent, du droit de gabelle, des amendes champêtres, de passé mille arpents de bois: ces objets, non compris le bois, se montent annuellement à 1500 livres; et au par delà, d'un bouverot curial de 200 livres.

Que le service divin est réduit à une messe basse de quinzaine à autre; que les malades meurent fréquemment sans administration de sacrements; que les vieillards, femmes enceintes et enfants capables d'instruction souffrent, comme les nouveaux-nés qui souvent sont privés du baptême par ce défaut de résidence permanente d'un desservant sur les lieux, de l'éloignement de ce lieu à la mère-église d'Oberkirchen de passé une lieue, d'où les inconvénients de mort de ces nouveaux-nés sont sensibles.

---

[1] Il y en a une double déclaration: nous copions celle qui fut signée le 11 mars 1789, intitulée «Etat des deniers royaux... de l'année 1788»; l'autre ne porte aucune date et les chiffres sont légèrement différents: Subvention 368 l. 18 s.; ponts et chaussées et autres impositions accessoires 337 l. 8 s. 9 d.; abonnement 303 l. 3 d.; cens 80 l. 12 s. 9 d.; pour les chaussées 119 l. 3 s. 8 d. Les chiffres montrent qu'en 1788 l'article «pour la subvention seulement» comprend les ponts et chaussées avec la subvention.

Le fléau de ce village en éprouve un, à raison de la surcharge du troupeau de bêtes blanches d'environ mille pièces que l'abbaye fait pâturer pendant trois et quatre jours chaque semaine sur son ban, d'où il résulte que le général du bétail de cette communauté est privé de pâture, périt ou est sans valeur, le ban n'étant que d'une étendue d'environ 1500 jours et ne produisant, l'un par l'autre, que près de deux quartes de seigle, orge ou avoine, l'aridité du sol, le manque d'engrais, celui de la chaux, dont on est forcé de se servir, ne permettant pas de cultiver d'autres espèces de grains. A ces considérations se joint un sol ingrat en prés et produisant un foin très aigre et de peu de produit, occasionné par les fréquents débordements, ce qui oblige les particuliers, pour la nourriture des bestiaux, de se procurer, au delà de ce que ces prés rendent, en totalité par an environ cinquante milliers de foin.

Cette communauté observe aussi qu'elle est très surchargée en ce qu'elle est obligée d'acquitter annuellement au domaine de Berus 80 quartes d'avoine, 5 de seigle, mesure de Nassau, 18 livres en argent, et par chaque ménage un coq, et un quart dans les amendes champêtres, évalué annuellement à 10 livres.

Qu'elle est obligée de payer au baron d'Uberhern cinq quartes de seigle, une demie d'avoine, même mesure, 9 livres en argent, et 10 livres pour son quart d'amendes champêtres.

Toutes charges acquittées, elle se trouve en arrière du produit de son ban de passé 450 quartes en espèces de grains, soit seigle, orge ou avoine.

Un surcroît de malheur pour cette communauté est de ce que, pour la petite portion de bois communal délivrée pour affouage, d'environ quarante cordes, [si] les particuliers y domiciliés ou forains commettent des délits dans ce bois, cette même communauté, par les sentences de condamnation, supporte ces peines: ce qui est une dépense annuelle de passé 100 livres.

Il n'est peut-être point de maux qui touchent plus à l'agriculture que celui qu'entraîne l'usage du sel permis en France. Ce sel coûte 6 sols 3 deniers la livre, tandis que celui que l'on usage à l'étranger ne coûte que 2 sols 3 deniers la livre, et dont la salaison est infiniment supérieure à celui de France. Que l'on compare les bestiaux de nos voisins d'un demi-quart de lieue, étrangers, on remarquera la supériorité en espèces, et conséquemment l'engrais qu'ils produisent. Combien d'habitants, par an, sont perdus à l'Etat, mis aux galères, pourrissant dans les cachots ou sacrifiés par les employés de la ferme? Combien de soldats ne désertent-ils pas et éprouvent le même sort? Et il n'est point à douter que toutes les doléances de France ne portent sur le même objet.

Tous ces motifs font espérer aux dits représentants que l'auguste assemblée prochaine y aura égard et décidera les susdits objets de représentation.

Le présent cahier de doléances arrêté par nous, maire, syndic, échevins et députés choisis dans l'assemblée générale de cejourd'hui, 7 mars 1789, et achevé environ 3 heures de relevée, après lecture et interprétation faites.

Nicolas Augustin, maire; Johannes Lorsong, échevin; Johannes Zang; Mathias Dreystadt; Johannes Ahr, syndic; Michael Schmit; Johanes Köss; Josep Renckes, notable; Gressé, greffier; F. J. M. Janser, curé d'Oberkirch.

DOURD'HAL

Impositions:
1. Subvention . . . . 384 l. 4 s.
2. Ponts et chaussées . . . . 351 l. 8 s. 6 d.
3. Pour les routes [1] . . . . 126 l. 6 s. 8 d.
4. Pour les dépenses militaires de Saint-Avold . . 87 l. 19 s. 3 d.

Assemblée du 8 mars dans la maison du syndic Gilles Verju; publication au prône le 8 mars par N. Schmitt, vicaire résident.
34 feux. — Au lieu d'une liste de comparants, 27 signatures et 6 marques[2].
Député: Antoine Arrl.

Cahier de plaintes, doléances et remontrances de la communauté de Dourdhal, paroisse de Longeville, diocèse de Metz, terre lorraine, bailliage de Boulay. — Ce cahier est composé de huit feuillets, dont sept sont paraphés par premier et dernier.

Comme notre roi bien-aimé, ce bon père de ses enfants, a bien voulu permettre à ses enfants de faire leurs plaintes, doléances et remontrances, nous espérons qu'il aura cette même bonté de pardonner

[1] Bien que la déclaration soit intitulée «Impositions royales... pour l'année 1789», elle ne porte, pour les articles 3 et 4, que les chiffres de 1787 (134 l. 17 s. 6 d. et 128 l. 18 s. 8 d.) et ceux de 1788, que nous donnons dans le texte.

[2] Outre les noms qu'on trouvera à la suite de ce cahier, on reconnaît ici ceux de Pierre Petitjean, Joseph Klam, Jean Hermann, Johannes Haug, Michel Glasser, Martin Changeur, Joh. Thomaz Bour, Matheiss Hotter (?), Joannes Schiltz, Phillip Huilie, Hans Adam Kirschwenck, Michel Dor, Hans Hönn, Jacob Schmit, Michel Schmit, Jean Adam Roch, N. S., P. A., et les marques de Pierre Lanz, Pierre Berviller, N. Wagner, Jean Ackerman, Nic. Welsch, Jean Bermel.

en cas s'ils diront une chose qui pourra offenser ce bon père. Nous avons l'honneur de parler à un père, que le Dieu de science a instruit; il nous permettra de parler le langage des enfants, assez mal instruits de lui parler, mais assez instruits pour connaître les maux qui nous affligent et que ce bon père pourra mitiger et même totalement guérir. Nous disons donc:

Art. 1. [1º.] Notre communauté est taxée pour la subvention et ponts et chaussées à 750 livres passées, et nous ne sommes que 40 contribuables, y compris les veuves de ces 40. Les deux tiers sont exposés d'aller mendier leur pain, comme de fait nous comptons quinze qui vont mendier. Surtout cette année, la misère est inexprimable dans ce village. 2º. En outre notre ban est situé et entouré des montagnes; ainsi le soleil, ou mieux la chaleur est absolument requise pour nous procurer un succès dans nos grains. 3º. Les deux tiers de notre ban appartiennent aux étrangers. 4º. Les prés ne produisent que des herbes aigres, bien malsaines pour nourrir les bestiaux, et les bêtes à cornes et chevaux sont exposés à toutes sortes de maladies à cause du foin aigre. Si nous pouvions corriger le foin avec du sel, ce serait un remède préservatif de toutes les maladies régnant dans notre village. 5º. Depuis 30 ans, nous pouvons compter au moins 30 jours de terre et pré ruinés par l'eau.

Art. 2. Nous sommes paroissiens de la paroisse de Longeville, et nous avons un vicaire résidant chez nous, une église et un presbytère, et qui sont à la charge de la communauté; et comme paroissiens de Longeville, nous sommes obligés de contribuer à toutes les charges des constructions et des réparations de la maison curiale, tour des cloches et murs du cimetière. Depuis quatre ans, nous étions obligés de contribuer pour notre part 1000 livres passées, que nous devons encore et dont nous sommes obligés de payer les rentes. Pour acquitter ces dettes, nous avons vendu un quart en réserve; l'argent est déposé au greffe de la gruerie de Bouzonville, et nous avons déjà fait deux placets pour toucher cet argent, mais inutilement. Ainsi nous sommes obligés de payer les rentes de l'argent emprunté et d'acquitter les rentes pour la déposition de l'argent au greffe. Nous ne pouvons pas subsister, si nous ne sommes pas exaucés.

Réflexions. 1. Si nous pouvions être séparés de la paroisse de Longeville, ce serait une grâce particulière pour nous; toutes les charges ci-devant dites tomberaient d'elles-mêmes, et nous serions plus en état d'entretenir notre église et presbytère.

2. Si la communauté était autorisée de faire rentrer l'argent de son

bois, qui, par une loi de Sa Majesté, annuellement, dans tous les cas échéants, doit être mis dans le greffe de gruerie et qui se fond entre les mains de ces MM. de la maîtrise, et le mettre dans le coffre de la communauté, nous ne serions pas si pauvres que nous sommes, parce que 1º. l'argent se fond au greffe, comme nous avons dit; 2º. pour toucher cet argent, la communauté est obligée de faire faire des voyages et des placets qui quelquefois ruinent la moitié de la somme déposée. Nous concluons que les maîtrises sont très nuisibles pour les communautés; vous nous exempterez d'un détail plus ample.

Art. 3. Les asseyeurs de la subvention et des ponts et chaussées sont ordinairement très à plaindre; tout le monde crie contre eux; ils ne sont jamais en état de faire la distribution si juste qu'il n'y ait des mal contents. Pour éviter une chose si désagréable aux asseyeurs et exposant les mal contents à des péchés énormes, nous souhaitons que chaque particulier soit taxé de la part de nosseigneurs de la chambre des comptes, ou mieux par l'assemblée d'arrondissement, après que la communauté aura donné annuellement une exacte déclaration des biens, forces et facultés par chaque particulier.

Art. 4. Une très grande charge pour les communautés est le tirage des soldats provinciaux, parce que la communauté, jusqu'ici, était toujours responsable des visites que les chirurgiens ont faites pour connaître les défauts des infirmes. Pour la visite de chaque infirme (qui étaient plusieurs fois des infirmes feints), la communauté était obligée de payer 3 livres de France, et cette visite, pour le même, était faite tous les ans, même pour ceux qu'on avait visités les années passées. Ne comptons que quatre dans chaque village: cela fait déjà la somme de 12 livres pour la communauté. Comptons après les frais que chaque particulier fait pour ses enfants pour les mener à deux, quelquefois à six lieues: vous trouverez des dépenses criantes pour les familles. Ne serait-il pas mieux si les gens de justice ou l'assemblée municipale, qui doivent connaître les forts et les faibles de ses garçons, faisait cette visite, et même pour épargner les frais, de faire tirer les garçons en état et de ne faire marcher qu'un ou deux qui tireront après au sort avec les autres de l'arrondissement: ce sera épargner beaucoup de frais.

Art. 5. Les inventaires qui se font après la mort d'un mari ou d'une femme à la survivance d'une partie, sont très nuisibles et inutiles:

1º. nuisibles, parce qu'ils n'ont d'autres effets que l'argent que la partie survivante doit payer aux parties publiques; et depuis que la charge d'estimer les meubles des orphelins est financée, les frais sont insupportables: en cas de besoin, nous nous offrons de faire la preuve.

2°. inutiles, parce que le ou la survivante reste toujours maître ou maîtresse de dépenser ces mêmes meubles comme bon lui semblera: ainsi inutiles.

3°. Mais en cas du décès de pères et mères, très utiles, si on peut éviter les frais si énormes, comme on fait chez nos voisins: les maires et gens de justice font de pareils inventaires pour 30 sols de France par jour.

Art. 6. Les procès sont la ruine de toutes les communautés. Nous n'entendons pas condamner la justice, mais au contraire nous honorons la justice comme une chose sainte et provenant de Dieu; même le bon Dieu de justice a bien voulu lui-même prescrire les lois pour rendre la justice. Mais nous disons seulement:

1°. Que les formalités d'une procédure sont trop multipliées; par exemple, si nous voulons procéder, nous devons commencer dans notre prévôté, de là aux bailliages, des bailliages à Nancy, de Nancy à Paris. Quels frais! Nous ne demandons, pour éviter les frais, qu'une justice qui décidera définitivement, bien entendu pour des sommes légères.

2°. Aujourd'hui on ne voit pas la fin d'un procès. Pour finir un procès, on doit subir trois, quatre, et quelquefois six audiences. Nous avons vu des procès qui ont duré dix ans et même vingt ans. Comptez les frais des parties!

Art. 7. La ville de Saint-Avold nous a fait contribuer au payement des logements des troupes qui étaient en garnison à la dite ville, et nous avons payé, étant forcés.

Art. 8. Notre province de Lorraine est fournie de tous vivres; nous pouvons vivre sans nos voisins. Nous n'avons pas besoin de faire un détail: notre bon père en est assez instruit. Mais malheureusement pour nous, nos voisins en sont nourris.

1°. Le sel, que le bon Dieu a bien voulu donner à cette province, se vend chez [nos] voisins, après déduction faite de tous les frais, à 2 sols 1 liard de France la livre, et nous devons payer 6 sols 1 liard la livre, même argent; et comme l'argent est si rare parmi les pauvres, nous voyons des misérables qui sont quelquefois quinze jours sans manger la soupe faute de sel. La cherté du sel empêche les particuliers d'élever des bestiaux en plus.

2°. Nos voisins vendent le tabac à raison de 12 sols la livre; nous sommes obligés de payer 3 livres 12 sols la livre.

3°. Les transportations des grains appauvrissent le pays.

4°. On dit que Sa Majesté, pour empêcher les contrebandes, paye journellement cent mille livres aux employés. Ne serait-il pas à souhaiter que chaque particulier payât 3 livres par tête, les employés congédiés et le commerce libre?

ART. 9 et dernier. Les marques des cuirs et fers sont un objet bien désagréable dans les yeux des sujets du royaume.

Fait et arrêté à Dourd'hal, le 9 mars 1789, et avons signé.

Gillo Weriu, syndic; N. Streiff, greffier.

La communauté de Dourgdalle a oublié de dire sur leur cahier de plaintes[1]):

ART. 1. Que les officiers municipaux de la ville de Saint-Avold se sont emparés d'un bois, appelé bois bourgeois, qu'ils ont fait exploiter à leur profit, qui contient 7338 verges, ou, pour mieux dire, 29 arpents et demi, moins 37 verges, disant être autorisés de Mgr l'intendant sans nous le faire signifier, et ont ajouté que cela était au profit du domaine, et après ils ont vendu le fond du terrain au sieur Robin, duquel ils ont touché le prix principal ainsi que celui des bois et fagots : ce qui fait un tort considérable à la communauté, qui est si pauvre et ne peut se pourvoir à la justice pour se faire restituer,

ART. 2. qui demande à être maintenue à continuer leur ancien droit de louer à gages leur maître d'école, que la communauté est obligée de payer, et non le sieur curé, qui cherche à avoir seul le privilège.

Fait et arrêté à Boulay, le 11 mars 1789, par moi, élu soussigné de la communauté de Dourgdalle. Anton Arrl.

Plaintes particulières de la communauté de Dourdhal[2]).

ART. 1. La communauté de Dourdhal donne [pour] dîme de tous les prés la dixième verge au bout.

RÉFLEXION. Cela empêche les particuliers de pâturer les bestiaux dans ces prés, et qu'il faut nécessairement pâturer pour différentes raisons : [1°.] parce que les particuliers ont besoin de pâturer ces bêtes dans ces prés pendant le printemps faute de foin, et 2°. que l'herbe viendra si dure dans les sucs. Le produit sera mieux, si les prés sont pâturés par les bêtes; mais les dîmes que nous devons empêchent le tout.

ART. 2. La communauté doit payer la dîme des pommes de terre, et nos voisins ne [la] donnent pas.

ART. 3. La communauté donne les septièmes gerbes de dîme de notre ban, c'est-à-dire environ de la quatrième partie de notre ban.

ART. 4. Nous donnons aussi la dîme des chanvre et lin dans les jardins, et plusieurs villages ne la donnent pas.

ART. 5. Il y a un bois sur notre ban appartenant aux dames religieuses de Saint-Avold, et la communauté a eu droit de vain pâturage

---

[1]) Feuillet ajouté par le député pendant l'assemblée bailliagère à Boulay.
[2]) Sur la même feuille que la déclaration des impositions.

dans ce bois; mais actuellement la communauté est privée de ce droit. Par la pauvreté, la communauté ne peut pas chercher ce droit. Et le bois est fait en coupes pour la seconde fois, et on ne donne pas ouverte aucune coupe libre à nous pour y pâturer nos bêtes.

Art. 6. Le châtrer en Lorraine est financé, et pas en France dans la généralité de Metz; et les particuliers sont obligés de payer de leurs bêtes pour ces ouvrages qu'ils pourraient faire de même; et on souffre beaucoup des dommages en nos bêtes, parce que le châtreur ne vient que deux fois par an, et [il] faut nécessairement qu'il vienne plusieurs fois.

Art. 7. Fait et arrêté à Dourdhal, ce 21 mars 1789.

George Mentzir, maire; Frantz Bour, maître-échevin; Gillo Weriu, syndic; Anton Arrl; M. W.; Hautz Petter Clam; I. K.

EBLANGE.

Impositions: 1. Subvention . . . . 238 l.
           2. Ponts et chaussées . . . . 252 l.
           3. Vingtièmes . . . . 320 l. 1 s. 6 d.
           4. Pour la chaussée . . . . 84 l.

Charges: La communauté paye annuellement au domaine 15 quartes d'avoine, mesure de Sarrelouis; à raison de 4 l. 15 s. la quarte, la somme totale se monte à 71 l. 5 s. La communauté est obligée de livrer ces grains à Sarrelouis.

Assemblée du 8 mars par-devant M. Pierre Piblinger, curé d'Eblange, président de la municipalité du lieu; publication au prône le 8 mars. 30 feux. — 29 comparants; 22 signent avec le curé et le greffier[1]) *procès-verbal et cahier.*
Députés: Nicolas Lang et Jean Bettinger.

Cahier des remontrances de la communauté d'Eblange[2]) contenant huit pages, a été coté et parafé par première et dernière page et au bas d'icelles par nous, curé d'Eblange, président de la municipalité. . . .

---

[1]) Ne signent pas Jean Bassompierre, J. Saccarias, Nic. Veis, J. Georges Cadet, Philippe Veis, Pierre Bour, Michel Louis. La liste appelle Henry et Vüser ceux qui signent Harry et Vieser.

[2]) Ce texte se retrouve identique, à part quelques mots et quelques ajoutages à la fin, dans le cahier de Guirlange, qui est du reste écrit de la même main: nous le reproduisons ici à cause de l'importance relative des localités, bien que le texte ait peut-être là-bas quelque chose de plus primitif.

1º. La communauté d'Eblange a l'honneur de remontrer à Sa Majesté qu'il est indispensablement nécessaire d'abréger les longueurs et les frais des procédures civiles, criminelles, etc., pour des raisons pleinement connues à Sa Majesté.

2º. Que la multiplicité des tribunaux étant trop coûteuse, Sa Majesté pourra avec fondement en diminuer le nombre selon le plan qu'elle a déjà formé.

3º. Que la trop grande proximité des tribunaux supérieurs est très nuisible à cause de la vivacité des esprits plaideurs et susceptibles de tous conseils.

4º. Que, pour un très grand bien, Sa Majesté pourra confier aux maire [et] gens de justice ou à la municipalité la décision de beaucoup d'affaires d'une petite importance, lesquelles dégénèrent ordinairement en affaires d'une grande et ruineuse conséquence, lorsqu'elles sont portées d'un tribunal à l'autre.

5º. Que les frais causés par l'office de l'huissier priseur sont exorbitants. A l'égard des ventes libres (al. volontaires), Sa Majesté pourra ordonner qu'elles se fassent par le greffier et le sergent du lieu; à l'égard des ventes forcées, Sa Majesté pourra ordonner qu'elles se fassent par un huissier du ressort.

6º. Que les frais occasionnés au sujet des inventaires sont trop considérables pour un veuf chargé et surchargé de famille, et une veuve désolée; il est aisé à Sa Majesté de trouver le vrai moyen de remédier à une si grande dépense, en confiant les inventaires aux maire et gens de justice ou à la municipalité. Sa Majesté pourra agir de même à l'égard des plaids annaux, d'autant plus que les amendes pour chaque délit sont spécifiées, taxées et réglées par ses ordonnances.

7º. Que les frais de la part de la gruerie pourraient être modérés et diminués de beaucoup selon le grand désir de tous les sujets et la disposition de Sa Majesté.

8º. Un des plus essentiels objets et qui concerne un chacun, est le sel, dont le prix est de 6 sous 3 deniers de France la livre pour la Lorraine, et 7 sous 9 deniers la livre pour la France[1]). On s'empresse de remontrer à Sa Majesté combien il importe de réformer le dit prix, en rendant les enfants du royaume égaux aux étrangers ou du moins de peu plus inférieurs, d'autant plus que les étrangers voisins tirent leur sel de notre royaume, qui fournit tout le bois nécessaire aux salines. Cela occasionne aussi visiblement la grande cherté du bois. Les

---

[1]) Au lieu de ces chiffres, on se contente, à Guirlange, du mot: «dont le prix est extraordinaire».

maux affligeants qui résultent de la trop grande cherté du sel ne sont pas à exprimer, vu que cette cherté occasionne indubitablement, selon le sentiment des plus habiles médecins, toutes sortes de maladies dangereuses entre les hommes et les bestiaux.

9º. Que la même cherté existe aussi à l'égard du tabac, qui est très souvent gâté et non à profiter (*al.* gâté et nuisible).

10º. Que les impôts sur le cuir et sur le fer sont trop fréquents et trop exorbitants, ainsi que les frais d'acquits pour le transport des voitures de bois, moellons, pierres et matériaux nécessaires à un chacun pour construire et bâtir des maisons, etc.[1].

11º. Un inconvénient commun et très coûteux est le suivant: il arrive fréquemment qu'on est arrêté par les employés en chemin faisant, sans connaissance et publication des ordonnances qu'ils prétendent être en vigueur; en cette circonstance, il faut convenir avec eux, si on veut aller plus loin.

12º. La communauté remontre enfin à Sa Majesté que les privilèges et exemptions accordés à la noblesse sont trop excessifs, tandis que cette noblesse, possédant des biens immenses et jouissant de revenus surabondants, devrait aider davantage à supporter les charges et impositions du tiers état.

13º. La même communauté a encore l'honneur de remontrer que les frais causés par les droits de châtrerie sont aussi fort considérables. Sa Majesté pourra accorder à ses sujets lorrains la même liberté et la même franchise qu'ont les sujets français: qu'un chacun puisse faire ou faire faire cet ouvrage par qui il voudra[2].

Hans Gorg Lang; André Bettinger; Nicolas Bettinger; Jacques Bour; Petter Guir; Simon Guire; Jean Bassompierre; Hans Willem Harry; Jacob Clam; Jean-Pierre Dorveaux; Jean Koppe; Michel Boucher; Mathias Stablo; Nicolas Vieser; Jacob Schumacher; Michel Gousse; Niclas Fisné; Augustin Bour; Nicolas Lang; Jean Bettinger; Jean-Pierre Dorveaux; Piblinger, curé d'Eblange; Simon Guire, syndic; J.-P. Poncelet, greffier de la municipalité.

---

[1] Le cahier de Guirlange ajoute: « surtout pour les communautés lorraines et françaises entremêlées, qui devraient respectivement être libres à cet égard, étant toutes sujettes à la même Majesté ».

[2] A Guirlange, l'ordre des art. 12 et 13 est interverti, et la rédaction de celui-ci un peu différente: « Les frais de la châtrerie des bestiaux sont aussi très grands .... leur permettre de faire faire cet ouvrage par qui ils voudront; sans parler des inconvénients qui arrivent souvent de la part des dits châtreurs, qui mettent les particuliers en contravention mal à propos ».

ELVANGE.

Impositions en 1788 : 1. Subvention . . . . 632 l. 8 s.
                     2. Ponts et chaussées . . . . 590 l. 18 s.[1])
                     3. Abonnement et vingtièmes . . . . . . 536 l. 15 s. 6 d.
                     4. Prestation des corvées. . . . . 202 l. 18 s. 8 d.
                     5. Dépenses militaires de Saint-Avold . . . 124 l.

Ainsi le total d'un pauvre village se monte à 2056 l. 12 s. 2 d. (*sic*), outre les contraintes et courses des maréchaussées et huissiers, les entretiens d'église et chapelle, maître d'école et pâtre, outre les menus frais et corvées communes, entretien des ponts et autres chemins communaux.

Assemblée du 8 mars dans la grande salle du château par-devant les maire et assemblée municipale; publication au prône le 8 mars par Jean Albrecht, curé de Flétrange et Elvange.
70 feux, dont 10 veuves; une partie insolvable; 12 ou 13 personnes sachant le français. — Pas de liste de comparants; 7 signatures[2]).
Députés: Jean Jager, aubergiste, et Pierre Hartard, potier de terre.

Cahier des doléances, plaintes et remontrances [3]).

. . . Ont dit que la misère extrême à laquelle la plus nombreuse partie des habitants de leur village est réduite, dont le village est composé

---

[1]) « Compris 12 l. 13 s. 6 d. pour gages des officiers du parlement de Nancy ».

[2]) Non content de remplir le formulaire imprimé pour servir de procès-verbal d'assemblée, le greffier d'Elvange a transcrit, en tête du cahier de doléances, toute cette formule en y intercalant, à titre de comparants, tous les habitants de la communauté au nombre de 65, sans compter les 10 veuves. Le formulaire imprimé n'est signé que des municipaux (syndic, les deux maires, les trois élus et le greffier). Les deux députés signent nettement Jaiyer et Harter. N'ont pas signé J. Aubertin, Nic. Simmerman, J. Nic. Stuvenot, Mathis Weber, J. Stremler, Michel Schouller, Pierre Schneider, Pierre Mercier, François Schneider, Jacq. Meaux, Nic. Bourgeois, Mathis Fouste, Nic. Hauser, François Sidot, Pierre Crauser, François Bourgeois, J. Meaux, J. Deutch, Jacq. Bosre, Nic. Rana, Nic. Jacob le jeune, Jos. Zadler, Louis Brun, Henri Mercier, Georges Almand, Pierre Zimmerman, Nic. Lapaille, J. Brune, Domin. Schneider, J. Perin, François Zimmerman, Nic. Weise, Nic. Brune, J. Carm.

[3]) Ce cahier, identique dans son ensemble à celui de Hémilly, est identique aussi pour certaines parties à ceux de Faulquemont et de Vahl; il a, de plus, bien des rapprochements textuels avec le cahier de Condé-Northen, qui représente tout un groupe. Mais le greffier d'Elvange, pour fondre ensemble le procès-verbal d'assemblée et le cahier, a sacrifié le début de celui-ci; il y arrive par cette transition maladroite: « lesdits Députés se sont chargés du Cahier des doléances, plaintes et remontrances, et de fait y ont vaqué et ont dit que la misère... » Cette première plainte forme aussi le début des cahiers de Basse-Vigneulle, Dorwiller, Guinglange, localités voisines, mais du bailliage de Vic.

de plus de trente mendiants, est l'effet de l'accroissement subit et de la multiplicité des impôts directs et indirects dont ils sont accablés sous les dénominations de vingtièmes, subvention, ponts et chaussées, gages du parlement, prestation de corvées, dépense militaire pour la ville de Saint-Avold [1]), frais de milice, audition des comptes communaux à la subdélégation, placets, renvois, révision, autorisation, permission de l'intendance; courses de contraintes pour les impôts publics assis sur l'enregistrement des cours souveraines; courses de maréchaussée décernées par l'intendance ou la subdélégation pour la perception des impôts sourds assis arbitrairement [2]) par leurs ordres ou de ceux qui leur ont été accordés par lettres des ministres de la guerre ou des finances sans sanction légale ni publicité quelconque: courses payées au moment même et souvent suivies de l'emprisonnement au caprice des porteurs d'ordres.

Que cette misère s'est accrue par l'avidité des agents de la finance, par les formes bursales, par les inventions fiscales, par les entraves des régies, traites foraines, prix excessif du sel, entrepôt de cette denrée fixé à deux lieues et demie de distance, tandis qu'on pourrait l'avoir au bureau de Faulquemont qui n'est qu'à une petite lieue [3]); par la multiplication prodigieuse des brigades des employés des fermes, qui sont réparties dans ce canton de lieue en lieue, au nombre de six à huit par brigade et par chaque poste, dévastant les bois où ils sont jour et nuit, usant quelquefois furtivement des avantages communaux, quoiqu'ils n'entrent en aucune manière dans les charges (communales). Nous avons aux environs cinquante de ces employés, pour garder un village d'Empire, à une demi-lieue de distance, qui coûtent plus de soixante louis par mois, et nous présumons beaucoup que Sa Majesté n'en tire pas le dixième de profit [4]).

Que cette misère s'augmente journellement par la complication des actes judiciaires, par la multiplication des lois contradictoires ou équivoques dans leurs expressions, par les lenteurs des décisions des juges;

---

[1]) Hémilly est plus précis: « payement des casernes de Saint-Avold ».

[2]) Il s'agit ici, en opposition aux impôts publics, de charges particulières imposées à la région (voir le cahier de Faulquemont), mais que cela est mal exprimé ici! Hémilly n'est pas plus clair en écrivant: pour la perception des impôts sour des avis arbitraires . . .

[3]) Le cahier de Hémilly remplace les lignes précédentes par: « prix excessif du sel aux environs des salines, qui néanmoins n'est que la dernière qualité: privation des sources salées que la nature nous a données dans les environs ».

[4]) A Hémilly, au lieu de cette dernière phrase, on complète la précédente ainsi: « dévastant les bois où ils sont jour et nuit, quelques-uns d'eux insultant les passants, traitant quelquefois indignement des personnes du sexe ».

.par les détours ruineux que la chicane invente, que l'on tolère sous le nom spécieux de formes; par les nombreux tribunaux inférieurs qui ne décident rien, multiplient les agents en sous-ordre, facilitent les vexations et rendent les moindres contestations interminables.

Qu'à ces maux l'on doit ajouter la dilapidation du seul fonds communal de ce village, de ses bois, des poiriers champêtres, consentie habituellement sous les noms de règlement des eaux et forêts, permissions de greffe, courses nécessaires de maîtrise; par le dépôt mort des deniers communaux dans des caisses dont on paye même l'inactivité pour les communautés [1]).

Qu'on doit y joindre les privilèges exclusifs accordés sous le nom de jurés priseurs, qui, dans les moindres inventaires et ventes, emportent au delà du double des frais de la justice ordinaire et sont un accroissement de perte pour les mineurs, pour les débiteurs discutés et pour leurs créanciers; sous le nom de brevets de brandviniers, qui ôtent aux habitants de ce village la faculté de trouver dans leurs fruits champêtres la ressource et le profit d'industrie qu'ils en tiraient avant cet établissement, et qui était pour eux la seule branche de commerce qu'ils eussent au delà de celui du blé qu'ils ne peuvent faire qu'en se restreignant à vivre de seigle et d'orge, qu'ils sont forcés de substituer à l'avoine au détriment de leurs chevaux et de la culture.

Que, pour s'assurer la jouissance de leur liberté individuelle et de leurs propriétés, ils veulent et entendent qu'à l'avenir

1º. Aucun ordre arbitraire ne pourra leur ôter la liberté; qu'ils ne pourront être emprisonnés ou détenus qu'en vertu d'une loi publique et consentie.

2º. Qu'aucune imposition, sous quelle dénomination ce puisse être, ne pourra grever leurs propriétés foncières ou d'industrie, qu'elle n'ait été consentie, d'après la connaissance exacte des besoins du royaume, par les Etats généraux composés de députés élus librement par des électeurs choisis dans tous les cantons des provinces et chargés de leurs pouvoirs.

3º. Que la perception de ces impôts, fixée à un temps très limité, qui ne pourra être prolongé que par l'assemblée de nouveaux Etats généraux, cessera au jour même de l'expiration du terme donné, sans qu'en aucun cas aucun ordre que celui des nouveaux Etats généraux convoqués puisse en décider même provisoirement.

---

[1]) Ce paragraphe est une addition locale, absente des autres cahiers du groupe, et bien mal rédigée; il semble que la fin se rattache grammaticalement au paragraphe précédent: la misère s'augmente par..., par le dépôt mort...

4°. Que les ministres seront responsables de l'emploi de toutes les sommes levées sur le peuple; qu'ils le justifieront par un compte public.

5°. Qu'il n'y aura qu'un seul impôt, qui sera général et sans distinction d'ordres, mais proportionné dans sa répartition au produit net des propriétés de fonds et d'industrie.

6°. Que pour les besoins particuliers de la province ou du village, on ne pourra faire aucune espèce de levées qu'en vertu d'un acquiescement des Etats annuels de la province dont tous les membres auront été élus librement et à temps limité par les représentants des communautés, assemblés dans la forme qui aura été adoptée par la province, et que l'emploi de ces deniers sera connu par comptes imprimés soumis à chaque communauté.

7°. Qu'en fait d'administration intérieure de la province, les peuples ne seront soumis qu'à leurs Etats provinciaux, qui seront aussi seuls porteurs des ordres des Etats généraux.

8°. Que les intendances, subdélégations, (jurés priseurs), fermes et toutes les entraves de cette espèce seront abolies.

9°. Que la répartition des tribunaux de judicature, les formes de leurs opérations, les frais de leurs jugements seront restreints, simplifiés par les Etats généraux, de manière que les frais et les délais n'occasionnent plus la ruine du peuple.

10°. Que tous les tribunaux, dégagés de tous les objets d'administration, chargés seulement de juger des différends et des délits, puissent, d'après les ordres des Etats généraux et réquisition des Etats provinciaux, veiller au maintien des lois de simple administration prononcées par l'une ou l'autre de ces assemblées nationales, sans qu'ils puissent les étendre ou les restreindre, sous quel prétexte ce puisse être.

11°. Que les enclos et clôtures de nos environs sont les plus grands abus pour les pauvres; car, pendant que le riche tient ses prés et paquis clos, il assiste à manger celui du pauvre qui n'a pas les moyens de clore, et par ce moyen il a les siens de reste: il n'en est déjà pas plus chargé dans les impositions pour cela.

Et de leur part, les dits députés se sont présentement chargés du cahier de doléances de la dite communauté d'Elvange et ont promis de le porter à la dite assemblée, de faire insérer la dite déclaration des volontés des dits habitants dans le cahier du bailliage de Boulay et de se conformer à tout ce qui est prescrit et ordonné par les lettres du roi du 27 avril (sic) 1789, et règlement y annexé et ordonnance susdatée; desquelles nomination de députés, remise des cahiers, pouvoirs et déclaration, nous avons à tous les susdits comparants donné acte, et avons signé avec ceux des dits habitants qui savent signer, et avec les dits députés, notre présent procès-verbal, ainsi que le duplicata que nous avons présentement remis aux dits députés, pour constater leurs pouvoirs: et le présent sera déposé dans le coffre communal de la dite communauté; les dits jour et an avant dits. Et avons tous signé.

Jean Charon, syndic; Jacque Perrin, maire; Jean Marcus, maire; Jean Jaiyer, élu, député; Pierre Harter, député; François Becquer; Joseph Jager; Joseph Dory, élu; Nicolas Schneider; Nicolas Meaux; Etienne Lapaque, le jeune; Nicolas Jacob, élu; Etienne Lapaque; François Meaux; Pier Jager; Philipuss Zimmerman; Dominique Vever; Jean-Nicolas Zimmerman; Anton Deutsch; Jean-Nicolas Harter; Jean Schneider; Charle Becquer; George Sadler; Nicollas Weber; Claud Simeon; Claude Zimmerman; Jean-Nicolas Klein; J. Weber; Jean Zimmerman; Barthelemy Hacquart.

Expédié par moi, greffier soussigné, le dit jour. Michel Baré.

FALCK.

Impositions:
1. Subvention . . . . 435 l. 4 s.
2. Ponts et chaussées et autres impositions . . . 398 l. 1 s. 6 d.
3. Abonnement. . . . . 261 l. 7 s.
4. Entretien et confection des routes [1] . . . . . 137 l. 19 s. 10 d.
5. Dépenses militaires de Saint-Avold . . . . . 85 l. 2 s. 4 d.
6. Rentes seigneuriales. . . . . 100 l.
7. Luminaire de l'église paroissiale . . . . . . 50 l.

Assemblée du 8 mars dans la maison du maire; publication au prône le 8 mars par Jean Albert, vicaire.
69 feux. — Pas de liste de comparants; 7 signatures[2]*) comme au cahier.*
Députés: Jean-Adam Gross, maire, et Georges Gaudiron.

Cahier de doléances pour la communauté de Falt.

Le village de Falck est situé, pour dire, intermédiairement entre les villes de Saarlouis et Boulay, dans la Lorraine allemande.

Le baron de Warsberg y est seigneur haut justicier. Falck est régi par la coutume de la ville de Nancy et du pays lorrain. Il y a une mairie. C'est M. de Warsberg qui a seul la nomination de ces

---
[1] On avait d'abord écrit 138 l. comme dans le cahier.
[2] La déclaration des impositions est signée d'autres noms, Frantz Ritz et P. G. (Pierre Grutz). Le procès-verbal appelle les deux députés Grasse et Gaudron.

officiers, qui sont d'ordinaire le maire et deux échevins. Les appels se portent au bailliage et siège présidial, et de là au parlement de Nancy.

La communauté de Falck est composée de 61 habitants et 15 veuves, 69 feux, et de 200 communiants. Il y a sept laboureurs, dont quatre ne peuvent subsister faute des terres qui manquent; et notre ban est très petit.

La communauté de Falt avait autrefois environ cent jours de terre dans la forêt royale de la Hoffe de Merten, sur une rente qu'elle payait au domaine de Berus. Les dites terres ont été pour mettre avec la dite forêt; les terres restent stériles et ne produisent rien; et la communauté désire ravoir les dites terres, pour qu'elle puisse subsister.

Dans tous nos habitants de notre lieu, il y [en] a quatre qui peuvent avoir [assez] de grains pour leur subsistance d'une année; le reste des habitants sont tout pauvres.

La communauté de Falck est cotisée pour subvention et accessoires à la somme de 833 l. 5 s. 6 d.; vingtième 261 l. 7 s.; entretien de chaussées 138 l. 17 s. 7 d.; rentes seigneuriales 100 l.; pour le luminaire de l'église 50 l.; dépense militaire de Saint-Avold 85 l. 2 s. 4 d.; [total]: 1468 l. 12 s. 5 d.

Dans ce total ne sont point comprises les rentes seigneuriales qui se livrent en nature, consistant en 39 quartes et 3 bichets de seigle, 15 quartes 2 bichets d'avoine, et chaque ménage donne trois poules: le tout se livre au château de Warsberg. En outre les laboureurs font trois corvées à charrue, et chaque habitant, compris les laboureurs, fait deux corvées à mains: le tout se fait annuellement pour la seigneurie de Warsberg.

La seigneurie de Warsberg a les dîmes sur notre finage, et la communauté fournit le taureau, qui coûte environ par année 3 louis d'or pour l'entretenir.

Il n'y est point compris non plus les frais de martelage de la coupe affouagère, qui se payent à la maîtrise des eaux et forêts de Bouzonville à raison de 72 livres.

Du temps passé on donnait 5 sols de Lorraine par porc pour la grasse pâture; actuellement on donne 20 sols par porc à la maîtrise des eaux et forêts de Bouzonville.

Depuis 40 ans, les impôts sont augmentés pour la communauté de Falck [de] passé les deux tiers.

Les sommes rapportées ci-dessus, [étant] donné le nombre des contribuables, l'évidence fournit que ceux-ci sont excédés dans leurs forces et facultés, et l'exorbitance est palpable: ce qu'il y a de vrai et de certain, s'il n'est un remède prompt, ils se verront réduits au néant.

Les demandes de la communauté de Falck consistent:

1º. que la traite foraine soit supprimée dans tout l'intérieur du royaume, de même que les employés de la ferme, qui vexent le public et jettent le tabac de tous propriétaires, même pour 6 deniers ou 1 sou, de leur usage.

2º. qu'il lui soit permis de choisir son sel dans telle saline du royaume qu'il lui plaira, moyennant le prix modique qu'en payera l'étranger; cette faculté mettra à même de faire du bétail, qui en souffre pour la cherté.

3º. Supprimer également toutes banalités dans les moulins à farine, qui gênent la liberté.

4º. Supprimer les maîtrises des eaux et forêts, accorder la manutention des bois aux officiers de justice des lieux pour éviter toute vexation et les frais exorbitants dont les officiers des eaux et forêts se font payer pour leurs vacations, qui absorbent, pour ainsi dire, la valeur de l'affouage.

5º. Supprimer la marque sur les cuirs, sauf à fixer une eau [impôt?] aux tanneurs à raison d'une certaine somme fixe qu'ils délivreront dans les coffres du roi: par ce moyen on évitera les frais de régie et les gages d'un tas de commis qui vexent le public.

6º. Supprimer également la ferme générale et ses employés, qui sont odieux dans les yeux du public et très coûteux à l'Etat; laisser un commerce libre sans impôt dans l'intérieur du royaume.

7º. Reprendre le tiers des abbayes en commende, conférées la plupart à des gens qui n'ont jamais été d'aucune utilité à l'Etat, et qui même en font un mauvais usage.

8º. Faire contribuer le clergé et la noblesse avec le tiers état au maintien du royaume, et ce au prorata de leurs forces et facultés, et réduire tous subsides à une seule contribution, l'arrêter invariablement, sans pouvoir l'augmenter sans le gré et consentement de la nation.

9º. Accorder à chaque province l'administration confiée aux intendants.

10º. Obvier par tous les moyens possibles à la longueur des procès qui ruine les parties et les met hors d'état de concourir au soutien de l'Etat.

11º. Supprimer les huissiers priseurs qui absorbent les successions, charger la justice du lieu de faire les inventaires pour éviter les frais.

12º. Il est à désirer que toute prévarication de gens en place soit punie comme celles de gens du commun.

13º. Il est également à désirer que les vols causés dans les jardins soient punis exemplairement par le carcan ou par la prison; le plus souvent ceux qui sont repris n'ont rien pour payer l'amende pécuniaire qu'on leur donne.

14°. Désirons la vaine pâture pour les bestiaux dans les coupes en forêt, où ils ne font plus de dommage, de laquelle nous sommes privés.

15°. Il est à désirer qu'on défende aux forestiers de faire des rapports contre les communautés; ils les doivent faire à ceux qui ont fait le dommage.

Voilà à peu près les griefs dont la communauté de Falt a à se plaindre: elle demande la réduction de ses impositions dont l'exorbitance et l'énormité est palpable. Elle sait qu'elle est dans le cas de concourir au soutien de l'Etat; mais elle est excédée, eu égard à ses forces et facultés qui diminuent de jour en jour. Le ban est très petit, et les terres sont sable, qui ne produisent que peu de seigle, seulement pour trois mois de vivres pour les particuliers. Elle est dans le cas d'implorer la protection de Sa Majesté, qui seule peut la faire revivre, en lui accordant ses demandes. Rédigé en assemblée de la communauté de Falck, le 8 mars 1789. Le double a été déposé au greffe du lieu. Signé: Johan Henrich Rin, syndic; Hans Adam Gross, maire; Görig Gaudiron; Johannes Decker; Nicolas Danner; Johanes Schmitt; J. V. Jacob, greffier.

FARÉBERSWILLER.

Impositions: voir ci-dessous le cahier supplémentaire du 22 mars.

Assemblée du 8 mars par-devant le syndic; publication au prône le 8 mars par M. Fotré, vicaire résident.
80 feux. — Pas de liste de comparants; 31 signatures [1]*).*
Députés: Jean-Nicolas Gaysler et Jean Scheno.

Cahier de doléances, plaintes et remontrances dressé par les habitants de la communauté du village de Fahrebersviller.

1°. La communauté est très peuplée, mais grande partie des pauvres gens.

2°. Le ban, très petit, grande partie des montagnes pierreuses, roches et carrières, d'un petit produit, [à] cause que les eaux ont emmené le meilleur terrain des montagnes; grande partie reste en friche à jamais.

---

[1]) 13 de ces signatures ne sont pas au cahier: Peter Remiot, Nic. Tines, Michel Schuiltz, Johannes Schefman, Johannes Zawa, Joh. Weiss, Gorg Metzinger, Johannes Kyfer, Nicklas Matz, Johann Schmiezer, Hantzeman (?) Schoeno, Petter Sager, Martin Zawar.

3º. Tous les prés secs, d'un petit produit: cause que les habitants ne peuvent nourrir les bestiaux nécessaires à cultiver leurs terres.

4º. Il y a bien quarante ménages en ce lieu qui n'ont ni vaches ni aucuns bestiaux, faute de fourrage.

5º. Tous les laboureurs sont censiers des terres appartenant aux habitants des villes et villages circonvoisins.

6º. Les bois de ce ban appartiennent au roi, excepté deux petites forêts, d'environ 37 arpents ensemble, appartenant à la communauté. La communauté avait droit de la vaine et grasse pâture dans les forêts royales de ce ban, et des bois morts et bois blancs. Mais à présent tous les bois sont taillis; et les habitants cependant encore chargés d'un cens annuel au domaine pour les dits droits de pâture, et la communauté ne tire plus les bois morts ni les bois blancs suivant son ancien droit.

7º. Les habitants n'ont aucune douceur ni ressource à nourrir leurs bestiaux. Le sel serait très utile pour les bestiaux; mais il est impossible d'en donner aux bestiaux, [à] cause qu'il est extrêmement cher, bien le double plus cher qu'il a été du temps passé.

8º. Les étrangers ont le sel encore à bon marché et le conduisent hors du royaume: cause cependant une grande cherté du bois.

9º. Le sel a déjà causé beaucoup de malheurs aux sujets du royaume, les galères, mort et ruine de beaucoup de gens.

10º. L'on se plaint amèrement au sujet des inventaires, que les messieurs des bailliages font des frais considérables: bien triste pour les parties qui restent, mineurs.

11º. Les inventaires sont encore surchargés par les huissiers priseurs, dont l'emploi paraît être inutile par [la] raison que l'on pourrait prendre des hommes dans les villages pour experts des meubles.

12º. L'on se plaint des longueurs et frais exorbitants de la justice qui entraînent la ruine de bien des familles.

13º. La communauté, payant pour la présente année pour la subvention et ponts et chaussées 1299 l. 8 s. 6 d., se plaint d'être surchargée en comparaison des villages voisins.

14º. Et pour vingtièmes 519 livres.

15º. L'on se plaint des nouveaux droits très onéreux aux habitants, comme la marque des cuirs, fers; péages, hauts conduits, acquits à caution presque d'un village à l'autre.

Fait à Fahrebersviller, ce 8 mars 1789; signé par les habitants sachant écrire.

Bartel Egloff, syndic; Christoffel Steinmetz, maire; Johannes Scheno, échevin; Nicolas Schmitt, greffier; Johannes Rund, hammeyer; Görg

Schmitt; Johannes Lins; Jacob Feyt; Jean Cheffmen (?); Casbar Zawahr; Johannes Mathis, maire; Nieckel Hiesser (?); Hannes Adam Hulle; Peter Kop; Johannes Metzinger; Leonart Kieffer; Hans Nickell Mertz; Christoffell Rintt; Hans Fillip Hulle; Gerrig Vessang; Christoffell Martin; Nickell Hulle; Johannes Adamy; Görg Ollivier; Matias Schmitt; Johannes Dofing; Johann Nickel Gaeissler; Nickelas Steinmetz; Christoffell Scheffman.

Cahier de doléances, plaintes et remontrances dressé par les habitants de la communauté du village de Fahrebersviller.

1º. La communauté de Fahrebersviller est composée de 80 habitants, mais grande partie pauvres, partie au nombre des insolvables. Le ban petit, d'un petit produit; tous de mauvais prés secs, d'un petit produit.

2º. La communauté est taxée pour la subvention de la présente année à 668 l. 2 s.

3º. Et pour les ponts et chaussées et autres impositions accessoires à 631 l. 6 s. 6 d., suivant le mandement de la chambre des comptes.

4º. Pour le vingtième de la présente année 518 l. 19 s. 3 d.

5º. La communauté était obligée de payer quelques années à Saint-Avold à M. Bidaut pour les dépenses militaires sur les ordres de Mgr l'intendant: en 1788, 152 l. 7 s. 6 d.

Rentes que les habitants de ce lieu sont obligés de payer annuellement au domaine:

1º. Chaque laboureur est obligé de payer annuellement au dit domaine 1 livre pour les corvées du breuil de Téting, Altviller, et autres corvées du dit domaine.

2º. Et chaque manœuvre 4 sols pour les dites corvées du domaine.

3º. Chaque laboureur est encore obligé de payer annuellement au dit domaine 3 gros, et deux manœuvres payent autant qu'un laboureur: c'est pour vaine et grasse pâture, droit de four banal et voitures de vin.

4º. Le domaine tire les rentes pour la vaine pâture et en profite encore lui-même la pâture par son troupeau de brebis à part sur ce ban.

5º. La communauté est encore obligée de payer annuellement 40 chapons au domaine, ou 20 sols de France par chapon.

6º. En outre au dit domaine 24 livres par an, cours de Lorraine, affectées sur le ban pour le blanc [les bêtes blanches?].

7º. Chaque ménage est obligé de payer annuellement au dit domaine 2 poules, mais les veuves n'en payent qu'une, ou 10 sols de France par poule.

8°. Les habitants sont encore chargés d'une rente annuelle au domaine de onze paires de quartes, moitié blé et moitié avoine.

9°. En outre cinq paires de quartes, moitié blé et moitié avoine, annuellement, partie aux religieuses de Saint-Avold et au comte de Créange et Putlange.

10°. Il y a deux moulins sur ce ban, qui sont obligés de payer annuellement au domaine 40 quartes de blé froment et 27 livres en argent, cours de Lorraine, le tout suivant leur acensement.

11°. Les habitants se plaignent qu'il y a déjà sept ans qu'ils ont commencé un procès, après avoir été autorisés par Mgr l'intendant, et il y a six années que leurs pièces sont au parlement de Nancy, pour ériger leur village en cure, mais n'ont pas encore eu audience: ce qui leur a déjà causé beaucoup de démarches et frais.

12°. Et les habitants de ce lieu sont toujours chargés et obligés de contribuer aux réparations que l'on fait tous les ans dans la paroisse nommée Béning après les cloches, clocher, murs du cimetière, autels, maison du presbytère, et autres charges.

13°. Et les habitants de ce lieu ont été obligés de bâtir leur église à leurs frais, comme aussi leur maison d'école, [et] le tout à leur charge d'entretien, comme aussi leurs clocher et cloches et maison du vicaire résidant en ce lieu.

14°. Les habitants sont encore chargés d'un supplément de 10 quartes de blé froment par an au vicaire résident.

15°. En outre 16 quartes de blé froment pour gages au maître d'école, et il est d'usage dans plusieurs endroits que les maitres d'école soient payés de la dîme.

16°. Le domaine possède sur notre ban 125 journaux de terres labourables, que la veuve de M. le comte de Stralenheim fait valoir par ses domestiques en sa qualité de fermière du domaine, francs de tout impôt, le village cependant chargé du ban.

17°. Les habitants des villages voisins Théding, Cochern et Sengbousse, possèdent sur notre ban dans les meilleurs cantons 106 jours de terres à eux appartenants, qu'ils cultivent eux-mêmes, et emmènent le produit en gerbes chez eux sans payer denier sauf simplement le vingtième.

18°. Tous les laboureurs de ce lieu sont censiers et obligés de payer canon annuellement aux villes et villages voisins, savoir 158 paires de quartes, moitié blé et moitié avoine.

19°. Les révérends pères bénédictins de l'abbaye de Saint-Avold tirent pour les deux tiers de la dîme de ce ban annuellement 900 livres de France.

20°. Le chapitre de Hombourg et le sieur curé de Béning tirent, pour l'autre tiers de la dîme de ce ban, 600 livres de France par an.

21°. Il y a 500 arpents de bois royal sur ce ban, où les habitants avaient toujours droit de la grasse et vaine pâture et du bois mort et mort bois; à présent tout [est] taillis, et la communauté [reste] chargée de payer au domaine annuellement, quand il y a entière paisson, 8 deniers par porc, et quand il n'y a que demi-paisson, 4 deniers par porc. Les dits cinq cents arpents de bois ont été livrés à la communauté en 1608 par Henry, duc de Lorraine, avec jouissance des vaine et grasse pâtures, bois mort et mort bois, les titres déposés autrefois dans les archives de la chambre des comptes de Nancy. Et la maîtrise a vendu par adjudication ces taillis tous les ans depuis 1751 jusqu'à présent au profit du roi. Et les habitants avaient le bois de chauffage dans la dite forêt depuis 1608 jusqu'à 1751 à 30 sols de Lorraine la corde.

22°. Il y avait un chemin par un coin de la dite forêt qui conduisait à Johansviller et prairies du ban; elle nous a pris ce chemin avec le taillis et fait déjà des rapports aux habitants, de sorte qu'il leur a coûté grandes amendes.

23°. Il appartient à la communauté deux petits bois, nommés Brouch Beches et Engelbech, contenant ensemble 24 arpents ou environ, remplis d'épines. Il y a environ 20 ans qu'ils ont été coupés. La communauté aurait déjà demandé de couper les épines et quelques grands arbres, mais, craignant les grands frais, demande que l'assemblée municipale ou les maire, syndic et gens de justice soient autorisés de faire leur visite et d'ordonner ce qu'il serait bon et nécessaire de couper.

24°. La communauté était obligée de payer en 1788, pour frais des grandes routes à faire, suivant l'ordonnance, 193 livres de France.

25°. Les pauvres habitants se plaignent totalement qu'ils ne peuvent plus avoir du grain dans le pays pour leur pain. Les grains sont sur les gros monceaux dans les couvents et abbayes et grosses maisons. La quarte de blé se vend à 18 livres de Lorraine, mesure de Saarguemine.

26°. Les habitants disent totalement que les topinambours sont la meilleure nourriture des hommes et bestiaux; que [ceux que] l'on plante dans les versaines soient francs de la dîme.

27°. Les habitants, plantant du trèfle sur le ban pour avoir du fourrage et pouvoir nourrir leurs bestiaux, demandent que le trèfle soit défensable comme les prés du ban.

Fait au dit Fahrebersviller et signé par nous, membres de l'assemblée et maire, syndic et gens de justice du lieu, ce 22 mars 1789.

Christoffel Steinmetz, maire; Bartel Egloff, syndic; Nickelas Steinmetz, élu; Christoffell Rintt, élu; Johannes Scheno, échevin; Johannes Rund, hammeyer; Johann Nickel Gaeissler.

FAULQUEMONT.

Impositions: 1. Subvention, ponts et chaussées. . . . . . . 2667 l. 14 s. 9 d.
            2. Vingtièmes . . . . 2566 l. 9 s. 9 d.
            3. Prestation de corvées . . . . 424 l. 6 s.
            4. Industrie . . . . 15 l.
            5. Pour le casernement de Saint-Avold. . . . . 496 l. 2 s. 6 d.
            6. Fourniture de lits à l'hôpital de Saint-Avold . . 168 l.[1]

Dans cette somme ne sont pas encore compris les frais que le receveur de Boulay fait faire par un huissier qu'il envoie avec les contraintes, non plus que 30 à 36 livres de France pour le greffier du seigneur, qui fait les expéditions du rôle de la subvention: ce qui est ordonné par décret de la chambre des comptes; c'est ce qui occasionne double dépense à la communauté, qui a son greffier particulier à gages, qui n'ose plus faire ces expéditions depuis environ une dizaine d'années seulement, et lorsqu'il les faisait, il en coûtait annuellement 30 à 36 l. de moins à la communauté.

Au seigneur pour droit de blé de bourgeoisie, four banal, corvée, etc., passé 1500 l., outre le tiers dans les ventes communales.

La construction du pavé, à l'intérieur de la ville, de la route de Sarlouis à Nancy a coûté 1200 l. de France; son entretien coûte annuellement passé 6 louis d'or à 24 l. de France l'un.

Assemblée du 8 mars par-devant Nicolas-Antoine Liebaut, avocat en parlement, prévôt, gruyer, chef de police, juge civil et criminel de la prévôté bailliagère du marquisat de Faulquemont; publication au prône le 8 mars par M. Lambert, curé.
189 *feux.* — 86 *comparants;* 98 *signatures*[2]).
Députés: Jean-Jacques Matton et Nicolas Altmeyer, bourgeois.

---

[1] La déclaration de ces impositions royales est dite faite en exécution des ordres de M. Anthoine, lieutenant général au bailliage, en date du 4 mars. A propos des vingtièmes, on remarque qu' «il y a 1806 l. 15 s. à la charge du seigneur».

[2] Liste et signatures remplissent tout l'espace blanc que fournissait le formulaire, ne sont donc pas complètes; le cahier porte les mêmes signatures, à part celles de Jean Richa et Jean Richar. La signature au procès-verbal d'Et. Granjeand devient au cahier Et. Jeangrand.

Cahier de doléances, plaintes, remontrances et demandes, que fournit la communauté de Faulquemont, pour par leurs députés être remis à l'assemblée qui se tiendra le dix du présent mois devant M. le grand bailli du bailliage royal de Boulay, et ce pour obéir aux ordres de Sa Majesté, portés par lettres données à Versailles le 24 janvier 1789 pour la convocation des Etats généraux de ce royaume, et satisfaire aux dispositions du règlement y annexé, ainsi qu'à l'ordonnance de mon dit sieur le grand bailli du 28 février dernier, comme s'ensuit[1]:

Que la misère extrême à laquelle la plus nombreuse partie des habitants de leur communauté est réduite, est l'effet de l'accroissement subit et de la multiplicité des impôts directs et indirects (*al.* impôts et droits) dont ils sont accablés sous les dénominations de vingtième, subvention, ponts et chaussées, industrie, gages du parlement, prestation de corvées, frais de milice, audition des comptes communaux à la subdélégation, placets, renvois, révisions, autorisation, permission de l'intendance, courses de contraintes pour les impôts publics, courses de maréchaussée décernées par l'intendance ou la subdélégation pour la perception des impôts pour les écuries et fourniture de lits des cavaliers en quartier à Saint-Avold.

Que cette misère s'est accrue par les opérations des agents de la finance, par les formes bursales, par les inventions fiscales, par les entraves des régies, traites foraines, prix excessif du sel et du tabac, par la multiplication prodigieuse des brigades des employés des fermes, qui, répartis dans ce canton de lieue en lieue au nombre de 6 ou 8 par chaque poste, dévastent les bois où ils sont jour et nuit, usent même quelquefois furtivement des avantages communaux, quoiqu'ils n'entrent en aucune manière dans les charges.

Qu'on doit y joindre les privilèges exclusifs accordés sous le nom de jurés priseurs, qui, dans les moindres inventaires et ventes, emportent le triple des frais ordinaires et sont un accroissement de perte pour les mineurs, pour les débiteurs discutés et pour leurs créanciers ; sous le nom de brevets de brandeviniers, qui ôtent aux habitants de cette ville la faculté de trouver dans leurs fruits champêtres la ressource et le profit d'industrie qu'ils en tiraient avant cet établissement[2]), et qui était pour eux la seule branche de commerce qu'ils eussent au delà de celle des blés qu'ils ne peuvent faire qu'en se restreignant à vivre de seigle

---

[1]) Nous donnons le texte complet de ce cahier, bien qu'il ait des parties communes avec celui d'Elvange et autres : on jugera mieux des divergences de détail, qui nous font croire que ce cahier lui-même n'est pas une rédaction primitive.

[2]) Pourtant il y avait bien longtemps que la Lorraine connaissait ces offices de distillateurs brevetés (édits de 1700, 1739).

et d'orge, qu'ils sont forcés de substituer à l'avoine au détriment de leurs chevaux et de la culture. Il en est de même de l'établissement des droits de faciente et encavage des bières.

C'est pourquoi les soussignés demandent:

1º. Qu'il n'y ait qu'un seul impôt général, et imposé non seulement sur le tiers ordre, mais encore sur le clergé et la noblesse sans distinction.

2º. Que le sel, ainsi que le tabac, n'ait qu'un même prix pour la Lorraine, l'Alsace et les Trois-Evêchés: par ce moyen on pourrait repousser les employés sur la frontière, où ils seraient beaucoup plus utiles que dans ces environs.

3º. Que toutes les espèces d'acquits soient supprimées ou établies sur la frontière des dites trois provinces.

4º. Que les offices des priseurs jurés soient supprimés.

5º. Que, comme il y a dans la Lorraine allemande une quantité d'usines, comme salines, forges, verreries, etc., qui par leur consommation épuisent les bois au point que dans peu on n'en trouvera plus pour de l'argent, les soussignés demandent qu'une partie d'icelles soient supprimées, ou du moins les propriétaires obligés de se servir de houille.

6º. Que le droit de marque sur les cuirs soit aboli et supprimé; les frais de régie absorbent la moitié du produit.

7º. Que le droit sur les brandviniers, la faciente et encavage sur les bières soient également abolis et supprimés.

8º. Qu'ils soient déchargés des gages du parlement, ainsi que de l'imposition de la fourniture des lits aux troupes en quartier à Saint-Avold.

9º. Ils demandent également à ce qu'il soit fixé un délai court pendant lequel les juges de chaque tribunal seront obligés de juger les affaires portées par-devant eux, afin que le retard des décisions ne multiplie les frais et n'occasionne la ruine des familles.

10º. Observant qu'outre les impositions royales, les soussignés se trouvent encore dans le cas de payer annuellement au seigneur tant en corvées, [que] droit de bourgeoisie, droit de four banal, passé 1500 livres, et au par delà le tiers dans les ventes des fruits communaux.

11º. Les soussignés sont imposés pour la prestation de corvée; ils sont en outre chargés de la reconstruction et entretien du pavé, dans la traverse de cette ville, de la route de Sarlouis à Nancy. Rien ne paraît plus juste que cette charge devrait être supportée par toute la province, étant assez considérable, ayant coûté 1200 livres de France pour la reconstruction, et passé 6 louis d'or pour l'entretien annuel.

12°. Il est bon de fixer ici le total de ce que paye annuellement cette communauté en impositions royales, en subvention, vingtième, ponts et chaussées, prestation de corvées, industrie, fourniture de lits et casernement de Saint-Avold, qui se montent ensemble à la somme de 4654 l. 4 s. au cours de France; outre laquelle elle paye encore annuellement au seigneur, comme on l'a déjà observé, en différents droits pour au moins 1500 l., ce qui fait un total de 6154 l. 4 s., non compris les cens et rentes, et non compris l'entretien de deux maisons d'école, celle curiale, puits et ponts.

13°. Les soussignés croient devoir rapporter ici que leur communauté se trouve appauvrie depuis huit ans. La cause en est qu'elle a soutenu un procès contre le seigneur pour un droit appelé blé de bourgeoisie, qui consiste en une demi-quarte de blé et trois poules, que chacun bourgeois est obligé de délivrer annuellement, les veuves moitié, les laboureurs une quarte et aussi chacun trois poules. Ils ont succombé au parlement de Nancy; s'étant ensuite pourvus au conseil de Sa Majesté, se trouvant trop endettés par les emprunts qu'ils ont été obligés de faire, ils ont été forcés de se déporter et se soumettre de continuer le payement et de payer les dépens. Ils doivent aujourd'hui à raison de ce procès passé 6000 l. de France, pour partie desquelles ils sont poursuivis déjà depuis plus de six mois. Ils n'ont aucun moyen de pouvoir s'en libérer, à moins de ruiner les deux tiers des bourgeois, ou à moins qu'ils fussent autorisés à engager leurs biens communaux: pour quoi ils se sont pourvus déjà depuis quelque temps.

Fait et arrêté double en pleine assemblée de communauté à l'hôtel de ville à Faulquemont le 8 mars 1789, après lecture et interprétation faites.

Claude Bravelet; Jean-Pierre Tarrillon; Jean Grandjean; Jean Lecler; Jean Tarrillon, échevin; Pitoys La Baume; Jean Tarrillon; Meunier; J. François Piguet; Louis Bravlé; Jean-George Richard; N. Koune; Christophe Zimmerman; G. Gouget; Jean-Jacque Matton; Plecy; Louis Legrand; Schmitt; Piguet; J. Klein; François Kirch; A. B. Coster; Jean-Georges Ney; C. Bravelet; Jacob Ney; Jean-Baptiste Guillot; Nicolas Aug; Michel Zimerman; Thomas Henry; J. Weber; Pierre Coster; Boussendorff; Jean Crepeaux; Jean Loraein; Nicolas Altmeyer; Nicolas Aug; Charl Klein; Burger; Clement Jacquemin; Nicolas Schneider; Nicola . . .(?); Nic. Schmitt; N. Richard; N. Reignier; Pierre Sibil; Michel Laviar; J. Zimmermann; F. Jeanpierre; Mathis; Grandjean; Dominique Portenseigne; D. Villemin; Louis Odelot; N. Kirche; Jean-Nicolas Precheur; N. Schmitte; N. Aug; Jean Schram; Fr. Cosserat; C. Caballiot; D. Portenseigne; Jean Moré; Jean-Pier Rein; Nicolas Bitsch; Filip Deschu;

Nicolas Odelot; Dominique Odnal; Weber; Christophe Reinier; Pierre Cordier; André Zimer; Nicolas Verchem; Antoine Paulus; Mathis Dassier; Jean Huppert; Pierre Cordier; Etienne Pilhinger; Jean Reneaux; Simon Chaty; Etienne Jeangrand; Nicolas Bravlet; Nicolas Solver; Reigner; Jean Houin; Claude Klein; Nicolas Vetzler; Nicolas Huppert; Johannes Richert; Piere Louis; Jean Kirch; François Cosserat; J. Albrecht; Jacque Rein; Peter Crauser, maire; N. Grandjean.

Fait et achevé en la chambre de l'auditoire en pleine assemblée de communauté, à Faulquemont ce 8 mars 1789, et a le dit greffier signé avec nous. Liebault; Aug, greffier.

FLÉTRANGE.

Impositions:
1. Subvention . . . . 367 l. 4 s.
2. Ponts et chaussées et autres impositions [1]) . . . 376 l. 6 s. 3 d.
3. Le sixième de ces deux impositions pour les routes 123 l. 18 s. 4 d.
4. Vingtièmes . . . . 198 l. 16 s.

Assemblée du 8 mars par-devant Jean Albrecht, prêtre, curé du dit lieu; publication au prône le 8 mars par le curé.
45 feux. — 32 comparants; 19 signatures[2]) *comme au cahier.*
Députés: Jean-Nicolas Weber, maire, et Nicolas Becker, ancien laboureur.

Cahier des plaintes, doléances et très respectueuses remontrances que font la municipalité, habitants et communauté de Flétrange[3]), dépendant du bailliage de Boulay, au roi, notre souverain monarque en France, à présenter à l'assemblée des trois états le 10 du présent mois de mars 1789, en exécution de l'ordonnance de M. le grand bailli du dit bailliage en date du 28 février dernier.

1º. Ils auront l'honneur d'observer d'abord que le ban de Flétrange

---
[1]) Compris 8 l. 1 s. 6 d. pour les gages des officiers du parlement de Nancy.

[2]) Ceux qui n'ont pas signé sont Nic. Derier, Dominique Vebert, Jean Becker, Jean Bertolle, Nic. Klein, Henri le Comte, Jacq. Vilmin, Bernard Klein, Pierre Klein, Jean Thil, Michel Veisse, Phil. Gravenstein, Alexandre Bernier, Nic. Villemin, un second Dominique le Gendre; mais la liste ne mentionne pas Carl Odet. On met au premier rang, comme membres de la municipalité, Nic. Jaco, J. Jullet et Ch. Odet.

[3]) Si l'on excepte les deux premiers articles, ce cahier ressemble le plus souvent littéralement à ceux de Basse-Vigneulles, Dorwiller et Guinglange, localités voisines, mais du bailliage de Vic (Etienne, *Cahiers du bailliage de Vic*).

n'est composé dans sa totalité que de 630 jours de terres labourables dans les trois saisons, à raison de 320 verges, mesure de Lorraine, le journal; en 88 fauchées de prés, à 120 verges l'une de la dite mesure. Il dépend de cette quantité de terres 74 jours et 4 fauchées de prés, appartenant au domaine de Sa Majesté; 50 jours de terres, 6 fauchées un quart de prés, formant le beuvrot de la cure du dit Flétrange: formant ensemble 124 jours de terres, 10 fauchées un quart de prés, qui ont toujours été affranchis des deniers royaux jusqu'à présent. Ainsi il ne reste plus pour les particuliers propriétaires que 506 jours de terres et 70 fauchées trois quarts de prés, composant tout le ban de Flétrange. Et quoique le dit ban soit d'un sol fort ingrat pour sa production, étant situé sur un côteau et à des revers pierreux, dont, dans les temps d'orages et grandes pluies, la terre est entraînée par les eaux dans les vallons, ne restant le plus souvent que les pierres, comme ils l'ont déjà observé plusieurs fois, les prairies étant également d'une faible production qui ne suffit pas à la moitié pour la culture des dites terres, bien loin de pouvoir faire des nourris de bestiaux, les laboureurs étant obligés d'acheter à l'étranger le surplus de leurs fourrages et à grand prix. Cependant, malgré leurs remontrances, ils sont actuellement cotisés pour la subvention et impositions jointes à une somme de 743 l. 10 s. de France et 198 l. 16 s. de vingtièmes, ce qui est exorbitant, au lieu qu'il y a environ cinquante et quelques années ils ne payaient pour toutes impositions que 400 l. de Lorraine. Le ban n'est cependant pas augmenté; au contraire il était d'une meilleure production dans ces temps reculés qu'à présent. Par ces considérations ils espèrent une réduction proportionnée des dites impositions, ainsi que pour les travaux des routes.

2º. Il appartient à la communauté du dit Flétrange un petit bois en futaie et en souille, de la consistance de 75 jours, mesure de Lorraine. Il y a environ cinquante-huit ans que la dite communauté avait elle-même un marteau avec lequel ils marquaient annuellement leur affouage; mais depuis cette époque, MM. les officiers de la maîtrise de Bouzonville ont eu la discipline et police de ce bois et viennent tous les deux ans leur marquer 4 journaux pour le dit affouage, auxquels ils sont obligés de payer 3 l. 10 s. par chacun pour leurs vacations, ce qui réduit ce petit bois en 39 coupes, et pendant cet intervalle la souille qui y croît dépérit en séchant pour la plupart et [est] ensuite volée: ce qui fait une perte considérable pour la communauté; au lieu que, si ce bois était réduit en 20 coupes réglées, la souille serait dans sa plus belle venue et sa plus grande vigueur. Dans cette circonstance, ils espèrent qu'il sera ainsi ordonné pour le bien de la communauté et l'utilité du bois.

3º. Ils ont à se plaindre de la cherté exorbitante du sel et du tabac, ainsi que des droits établis pour les acquits, pour l'exportation et l'importation des denrées de la première nécessité.

A l'égard du sel, ils sont obligés de payer 12 s. 6 d. de France pour les 2 livres que l'on nomme un pot, et qu'ils sont obligés d'aller quérir au magasin à une lieue de l'endroit. Les étrangers, comme dans le pays de Trèves et ailleurs, le tirent dans les mêmes salines, mais ne le payent tout au plus que 5 s. rendu chez eux: ce qui leur facilite le moyen de faire de gros nourris de bestiaux de toutes espèces par le moyen de la salaison qu'ils font de leurs fourrages. Ceux d'ici, qui n'ont pas le même avantage, sont obligés de s'en priver, et ne pouvant faire les mêmes nourris que ces étrangers, sont obligés d'aller acheter chez eux les bestiaux dont ils ont besoin pour la culture des terres, et par ce moyen ils leur portent l'argent qui resterait en France. Que, s'il plaisait à Sa Majesté leur permettre de s'approvisionner de leur sel en gros en le tirant directement des salines et [qu'ils] l'eussent au même prix que l'étranger, il en résulterait deux grands biens, l'un pour l'Etat et l'autre pour les sujets: le premier, parce que la consommation du sel serait plus considérable, le débit en serait plus grand dans les salines, et le profit par conséquent augmenté pour l'Etat, au lieu qu'au taux où il est actuellement, ces sujets sont obligés de s'en passer le plus souvent et de vivre comme ils peuvent; le second serait que les habitants de la campagne pourraient faire, comme ceux du pays de Trèves, des nourris et engrais de bestiaux de toutes espèces en salant leurs fourrages, ce qui augmenterait le nombre des laboureurs; par ce moyen les terres seraient mieux cultivées, seraient fumées et amendées, les productions seraient doublées, les récoltes plus abondantes, le peuple vivrait content et se trouverait en état de payer avec joie les impositions royales.

A l'égard du tabac, comme il est à un prix excessif, le débit en doit être bien mince. Que si le roi permettait aux sujets de cette province d'en faire la plantation, comme on fait dans le comté de Créhange, qui y est enclavé, chaque propriétaire ferait comme eux la plantation soit d'un jour de terrain, ou plus ou moins, ce qui leur ferait un profit plus considérable qu'en le semant d'autres grains; que le commerce en soit libre, que Sa Majesté impose sur chaque jour de terre planté un petit écu, et sur chaque habitant qui en userait ou trafiquerait 20 sols: ce qui ferait plus d'un million dans la France, outre qu'elle mettrait 100.000 livres dans ses coffres tous les jours pour les appointements des employés qui deviendraient inutiles, sans compter le profit que la ferme générale en tire. L'Etat y trouverait un avantage considérable, les cultivateurs leur petit profit, et ceux qui le commerceraient, le leur; et des pauvres malheureux qui en vont quelquefois chercher une once chez l'étranger, étant rencontrés des employés, en sont arrêtés et obligés de composer avec eux à leur volonté, ne seraient plus vexés.

Pour ce qui concerne les acquits, il s'est introduit un grand abus, qu'il serait nécessaire de réformer: c'est que, lorsque ceux des habitants du lieu et du voisinage, qui ont besoin de vin pour leur consommation ou pour en vendre, le vont chercher à la ville de Metz et aux environs en passant par Bionville, où il y a un bureau, le buraliste leur fait payer tant par mesure: ce qui paraît raisonnable, le droit étant établi pour l'exportation; mais pour l'importation des futailles d'où ils les ont tirées, il leur fait payer le même droit que si elles étaient remplies: ce qui est une injustice des plus criantes.

4º. Ils ont encore à se plaindre bien amèrement sur la création des jurés priseurs en ce que, lorsqu'il s'agit de faire des inventaires chez les veuves et de pauvres mineurs, l'on est obligé d'avertir ces MM., qui se transportent sur les lieux; éloignés de Flétrange de 3 lieues, ils se taxent d'abord 40 sols de France par chacune pour le voyage, ce qui fait 6 livres, [ensuite] par chaque vacation 3 livres, n'employant le matin que quatre heures et l'après-midi autant, outre 6 sols par chaque rôle d'écriture; mais ils savent si bien rôler qu'ils ne mettent le plus souvent que quelques syllabes, un point, une virgule dans chaque ligne, de façon qu'avec les 4 deniers pour livre, qu'ils font payer du prix des ventes, outre le contrôle et leurs expéditions, qui sont faites dans le même goût, ils enlèvent aux pauvres mineurs plus d'un tiers de leur mobilier, outre le malheur qu'ils ont déjà eu de perdre leurs pères et mères. Quelle misère! Ne serait-il donc pas possible de réformer et proscrire un tel abus?

5º. Enfin il y a encore un abus à réprimer: ce serait de supprimer les enclos permis par Sa Majesté et qui sont très préjudiciables au bien public. En effet ceux des propriétaires, et principalement les seigneurs, qui ont des prairies considérables et les moyens, en ont formé, en conséquence jouissent seuls du produit des regains et de la pâture, qui était auparavant commune avec les autres habitants. Indépendamment de ce bénéfice, ils partagent encore avec eux la pâture des prairies non closes en les faisant pâturer avec leurs bestiaux ou en profitant de leurs portions dans les regains, lorsque l'on en peut faire: ce qui leur procure un double avantage au détriment de ceux qui n'ont pas le moyen ni des terrains assez grands pour les clore, et sont la cause que l'on ne peut faire de nourris de bêtes à cornes, ce qui est un tort considérable et doit exciter la suppression de ces enclos.

Le présent cahier, contenant 4 feuilles cotées et paraphées par première et dernière, a été ainsi arrêté au dit Flétrange en assemblée de la communauté dûment convoquée et des membres de la municipalité soussignés, le 8 mars 1789.

Jean-Nicolas Weber, maire; N. Becker; Niclas Jaco; Jean Julle; Scharel Odet; Domnic Le Gendre, syndic; Jean Albrecht, curé de Flétrange; Carl Odet; Jacque Becquer; Frantz Barba; Philippe Becker; Vallentin Becker; Domnic Jule; Johannes Jaco; Michel Harter; Petter Jaco; Michel Charon; Jean Pierre; Louis Le Comte, greffier.

FOLSCHWILLER ET METRING.

Impositions: voir ci-dessous le cahier supplémentaire.

Assemblée du 8 mars chez Jean Merten, syndic; publication au prône le 8 mars par M. Becker, vicaire.

34 feux. — 32 signatures, qui forment en même temps la liste des comparants[1]*).*

Députés: Jean Merten, syndic, et Jean Lorrain.

Cahier de plaintes.

Cejourd'hui, le 7 mars 1789, l'assemblée et la communauté de Folscheviller et Mettring[2]) étant assemblées au son de la cloche au lieu accoutumé dans la maison du sieur Jean Martin pour faire la rédaction du cahier des plaintes, suivant l'ordre et le procès-verbal qu'on nous a envoyés, et pour faire l'élection à la pluralité des suffrages, exposent le cahier des plaintes, suivant les ordres du roi, suivant savoir:

1º. Les huissiers priseurs, en vendant les meubles des enfants mineurs, on ne sait leur payement, pour dire; il se passe un grand tort aux dits mineurs; et ils forcent ceux qui sont majeurs, aussi bien que les autres, de vendre leurs meubles, et ils font quasi tout en frais.

---

[1]) Voici les signatures qu'on ne trouve pas à la suite du cahier: Anttoine Rinel, Michell Bur, Hans Petter Martin, Johanes Streiff, Hans Mertten, Hantz Michel König, Jean Morel, Hans Peter Ehlsen, Niclass Forster, Philip Verschneider, Nickell Kirch, Nicklas Bur, Nic. Schanck, Hantz Nickell Gutfrent, Nicklas Gasper, Petter Wagner, Filiph Gaspart, Johannes Becker, Philip Gutfreind, Michel Berleyt, Nic. This, Joannes Gutfrind, Denis Fremy, Petter Schonhtt(?), Johanes Lohrren(?), Hantzen Bur.

[2]) Il ne s'agit ici que de la partie lorraine de ces villages: la partie française élut un député le 15 mars et rédigea son cahier publié par Ch. Etienne, *Cahiers du bailliage de Vic* p. 243, mais la rédaction n'a presque rien de commun avec celui-ci.

2º. Toutes personnes se plaignent contre l'emploi du sel. On fait du sel tout proche et dans le pays, et il nous fallait le payer si cher; et ceux qui sont dans un pays étranger et si éloigné, l'ont à bon marché. Et si la bonne grâce [du roi] nous faisait la charité et la bonté de nous le donner comme nous l'avions anciennement, il ferait une grande décharge au public, parce que le pays est si pauvre qu'on ne peut quasi plus vivre.

3º. Et pour le tabac, si nous jouissions de l'ancien droit, tout le monde pourrait encore vivre; et de cet objet quelqu'un fait[-il] de la contrebande et il sera pris, on prend son peu qu'il a: alors ça donne des voleurs et ça fait une grande misère au pays.

4º. Et le monde est si chargé à cause de la marque des fers et marque des cuirs et pour les acquits. On est obligé de prendre acquit, quand on mène seulement une charge de bois, et ça fait encore une grande folie.

5º. Il y a environ 40 ans, nous jouissions des bois de la seigneurie de Saint-Avold, et on nous a pris notre droit du dit bois.

6º. Nous interprétons[1]) aussi que nous sommes chargés des impositions, savoir la subvention et capitation, sur la partie de France: c'est environ 14 ans; et si nous pouvions avoir les dites impositions sur notre partie de Lorraine. Nonobstant nous n'avons payé la capitation que l'année passée.

7º. Et les juifs font beaucoup de pauvres gens dans notre pays.

8º. Il y a un moulin entre Pompiere et Metring sur les terres d'Empire qui barre l'eau et qui fait un si grand dommage qu'on ne peut pas considérer. Les dommages ne tombent pas sur nous seuls; il y a encore plusieurs villages dont il gâte les prés, et nous avons déjà envoyé des plaintes en justice, et on ne nous a pas exemptés; et nous espérons présentement d'avoir lieu.

9º. De plus il y a une grande tromperie par rapport à la mesure et aux aunes dans les villages circonvoisins. Chaque village a quasi sa mesure changée, et ça serait bien avantageux au public, si une prévôté taxait une même mesure et un même argent et une même aune.

10º. Et les seigneurs nous mettent des troupeaux de brebis sur notre ban et ils gâtent nos prairies, et ils nous font un grand dommage sur notre territoire.

11º. Messieurs, nous ne pouvons pas vous déclarer toutes nos plaintes et charges, parce que nous les avons expédiées et envoyées dans le district intermédiaire. Et surtout pour certifier l'exposé ci-dessus, nous l'avons signé et marqué.

---

[1]) Sans doute pour: Nous déclarons. Bien que le supplément revienne encore sur cet article, on ne voit pas bien clairement quel est le désir exprimé, sinon qu'il n'y ait plus deux cotes des mêmes impositions à acquitter en deux communautés différentes.

Johanes Merten, syndic; Hans Michel Schang, élu; Pierre Thill, élu; Johannes Becker, élu; Georges Potier, greffier.

Supplément au cahier. — Cejourd'hui, le 17 mars 1789, nous, maire, syndic et élus de l'assemblée de Folscheviller et Mettring, sommes assemblés dans la maison de Jean Merten, syndic de notre dite assemblée, pour faire l'expédition des plaintes de notre dite communauté à vous adressées, suivant savoir:

1º. Nous vous déclarons nos charges de notre dite communauté: nous payons pour l'imposition la somme de 322 l. 4 s. 9 d.

2º. La subvention, les ponts et chaussées et autres impositions accessoires montent pour la dite communauté en la présente année, suivant le contrôle communiqué par la chambre des comptes de Lorraine, à la somme de ..., ci pour les travaux des routes, 91 l. 7 s. 4 d.

3º. Nous payons dans notre communauté pour le vingtième la somme de 337 l. 19 s. 6 d. pour la présente année.

Notre communauté, Folscheviller et Mettring, sont, en quantité, de 34 feux et sont obligées de payer les dites sommes ci-dessus mentionnées,

Et encore 36 l. pour les logements des troupes de Saint-Avold.

Les chargés de la communauté de Folschviller, partie de Lorraine, payent encore sur la partie de France pour la subvention la somme de 237 l. 13 s.

De plus ils payent encore le sixième de la dite somme pour les travaux des routes, qui fait la somme de 39 l. 12 s. 2 d.

La dite partie de France nous a fait payer la capitation l'année précédente, qui n'a jamais été d'usage sur notre dite partie de Lorraine; elle fait la somme de 77 l. 8 s.

Et encore de plus nous payons encore le vingtième, qui fait la somme de 127 l. 8 s.

Et nous payons annuellement pour rentes, compris la partie de France, 62 paires [de quartes] et demie, qui sont payées en plusieurs seigneuries, et 5 sols par chaque paire, qui sont payés aux mêmes seigneuries; et aux mêmes seigneurs sont encore payés annuellement 31 chapons, ou 30 sols par chaque chapon.

De plus nous avons des jardins qui payent annuellement de petites rentes, quelques-uns en argent et en poules, en chapons et en avoine.

Et le petit village de Mettring paye annuellement 10 paires [de quartes] aux religieuses de Saint-Avold et à M. le comte de Henning. Et le dit sieur comte de Henning tire encore par chaque habitant un bichet d'avoine et une poule. Et il y a plusieurs jardins qui payent encore 10 chapons au même seigneur.

Et le dit village de Mettring se plaint contre le moulin qui est posé au-dessus de Pompierre, terre d'Empire, qui fait un si grand dommage dans leurs prés et dans les prés de tous les villages circonvoisins, à cause qu'il barre l'eau; et nous avons déjà rédigé plusieurs plaintes contre le dit moulin, et nous n'avons pas encore eu justice, et nous espérons que notre déposition sera exécutée.

Aussi la dite communauté de Folsviller se trouve bien chargée à cause de la corvée, qu'ils sont obligés de faire annuellement pour les bénédictins de Saint-Avold; il leur fallait labourer et faire corvée pendant trois jours, par chaque laboureur, avec leur charrue, et chaque laboureur est encore obligé d'emmener une voiture de foin au domicile de M. l'abbé à Saint-Avold par chaque année.

Et nous sommes chargés de deux troupeaux de brebis qui nous font un si grand dommage dans nos prés et sur notre territoire qu'on ne peut considérer, savoir: les dits bénédictins de Saint-Avold nous mettent tous les trois jours un troupeau sur notre dit ban, et Mme Colignie de Fuirst nous charge tous les jours avec un troupeau qu'elle met sur notre ban.

De plus, si nous vendions quelque revenu de la communauté pour payer quelques charges, nous étions encore obligés de payer aux seigneurs le tiers des dits deniers.

Et la dite Mme Colignie ci-dessus mentionnée tire le sixième de la dîme de notre finage et tire double portion dans les profits de notre dite communauté.

De plus nous entretenons notre église en tous frais, et nous sommes encore obligés d'assister en la paroisse et à la mère-église, de faire toutes les réparations locatives; et, pour vous dire, nous sommes une annexe. Et nous serions assez chargés d'entretenir notre dite église, si on nous exemptait de celle de la mère-église.

Et nous ferons l'interprétation, partie de Lorraine, que nous sommes cotisés à la partie de France aux impositions, et nous vous prions, si ça se pouvait faire, d'y payer les dites impositions sur notre partie de Lorraine: vous nous éviteriez un grand trouble et une grande irrégularité.

Fait à Folscheviller les dits jour, an et mois comme ci-dessus, et ont signé

Johanes Merten, syndic; Hans Michel Schang, élu; Johannes Lorrin, échevin; Johannes Becker, élu; Pierre Thill, élu; Georges Potier, greffier.

FOULIGNY.

Impositions: 1. Subvention et ponts et chaussées. . . . . . . 598 l. 6 s. 9 d.
            2. Prestation des corvées. . . . . 69 l.   4 d.

Assemblée du 7 mars en la maison du maire; pas de mention de publication au prône.
34 feux. — Pas de liste de comparants; 10 signatures[1]).
Députés: Jean Massons et Pierre Perolle.

Cahier de plaintes et doléances.

Cejourd'hui, 6 mars 1789, en exécution des lettres patentes du roi du 24 janvier dernier et de l'ordonnance de M. le comte de Lambertye, grand bailli du bailliage royal de Boulay, du 28 février dernier, et de l'assignation donnée par l'huissier Hermann, en date du 5 mars présent mois, au syndic de la municipalité, la communauté de Fouligny a l'honneur de faire représenter son cahier de plaintes et doléances à l'assemblée du bailliage royal de Boulay par les députés dénommés au procès-verbal du même jour.

Art. 1. Le sentiment de la dite communauté est que le souverain ne puisse établir aucun nouvel impôt que du consentement de la nation ou de ceux qui pourraient avoir le droit de la représenter, et que le conseil du roi ne l'eût enregistré avec promesse de le retirer aussitôt que les dettes de l'Etat seraient éteintes.

2. Que l'administration des intendants et celle de leurs subdélégués sont nuisibles et désavantageuses à la province. Si un sujet se trouve dans le cas d'être introduit devant le tribunal de M. l'intendant, il est bien souvent jugé sur l'avis de son subdélégué: et quiconque dépend du caprice d'un seul homme, est bien souvent dans le cas, avec le plus grand droit, d'en devenir la victime.

3. Le prix des bois [tant] de bâtiment que chauffage est depuis quelques années devenu exorbitant, par les dépenses énormes des salines et usines à feu qui ont été construites dans cette province, et les forêts étant dévastées et mal exploitées; si le souverain était dans le cas d'avoir besoin de bois pour la marine, il ne trouverait pas dans les forêts ce qui lui serait utile.

---

[1]) Une seule ne reparaît pas au cahier: Claude Petry. Mais on ne trouve nulle part la signature du second député.

4. Les communautés sont vexées par la gruerie: si une communauté a quelques bois, il leur en coûte autant de martelage que le bois vaut. Ne serait-il point juste que la justice ordinaire fasse cette opération et que les rapports soient jugés par les juges des lieux ou royaux?

5. La dite communauté a été vexée particulièrement. Dans l'espace de douze années, il a été construit deux nouvelles chaussées sur leur ban et un canal, qui a emporté un terrain considérable et la plus grande partie en prés. Cette dernière année, l'ingénieur du département a séduit la dite communauté de faire les réparations du grand pont sur la Nied allemande, leur ayant promis que, s'ils exécutaient cette charge, ils seraient exempts des corvées personnelles pour trois ans: ce qui n'a pas été exécuté.

6. Les inventaires font de grands frais bien mal à propos; surtout [c'est] une nouvelle surcharge que la tyrannie d'un huissier priseur, qui coûte bien souvent aux parties autant que la moitié du meuble vaut, et cherche à prolonger le temps et [à] s'enrichir aux dépens du peuple.

7. La province est vexée par l'impôt ou charge de la foraine; n'est-il pas des plus injustes qu'étant tous sujets du même souverain, et malgré [cela], ils soient obligés de prendre des acquits pour la moindre traversée d'un ban français? Ne serait-il point de la plus grande justice de passer dans l'intérieur du royaume francs et de reculer les barrières aux entrées du royaume, étant bien souvent maltraités de la part des receveurs avec le plus grand droit?

8. Au grand préjudice de la province et de ses sujets, les salines font une dépense énorme de bois, et malgré ce grand préjudice, les sels sont d'un prix exorbitant, et sont la seule cause du peu de nourris de bétail dans la province: ce qui fait la rareté de l'argent, étant obligés de sortir hors de la province pour acheter du bétail pour l'agriculture, et même hors de l'Etat; par conséquent il serait de la plus grande justice que le commerce des sel et tabac soit libre dans le royaume, et que l'on ne soit pas dans le cas d'être vexé de la part des employés.

9. Si le menu peuple ne vivait avec la plus grande économie, et surtout cette communauté, comment serait-il possible qu'une communauté, composée de 34 feux, puisse être en état de payer et tirer d'un finage si médiocre, tant pour les deniers royaux que rentes affectées sur icelle, une somme grosse de 3376 livres: ce qui a fait appauvrir depuis 30 ans la dite communauté d'une moitié.

10. L'impôt de la marque des cuirs n'est-il pas au grand désavantage du souverain, ainsi que de ses sujets, par les grandes dépenses

des cuirs dont le roi a besoin pour toutes ses troupes? Après tout considéré, cette grande surcharge retombe toujours sur les sujets.

11. La dite communauté a été vexée et surchargée d'une somme de 171 livres 5 sols pour les réparations des logements militaires de la ville de Saint-Avold, et ce par ordre du ministre, approuvé par M. l'intendant, et ce depuis deux ans seulement; et plusieurs communautés voisines n'ont point été imposées, et cette imposition n'a été détaillée que par le sieur subdélégué du département.

12. Il est de la plus grande équité que les corvées des grandes routes se payent par toute la nation, tant noblesse que clergé, chacun profitant de cette commodité, et [dans la] mesure que [ils] sont imposés dans les autres impositions royales, pour soulager le menu peuple et éteindre les dettes de l'Etat.

13. Il est de la plus grande importance que les revenus des abbayes et prieurés retournent à l'Etat, après une pension honnête suivant leur état à chacun [titulaire] d'iceux et les dettes de leurs communautés payées.

14. Que l'abolissement des clôtures soit ordonné, d'autant plus qu'elles ne sont que préjudiciables à toutes les communautés par les procès qui s'élèvent journellement entre les particuliers qui profitent de ces prérogatives et les communautés: ce qui fait que le menu peuple ne peut faire de nourris, qui est la seule ressource pour faire quelque argent et payer les tributs au souverain.

15. Autre surcharge dans cette province, le droit ou ferme de châtrerie, que plusieurs provinces n'ont point: ce qu'un chacun du menu peuple peut faire soi-même ou par un voisin réciproquement.

16. N'est-il point juste que toute la nation soit jugée pour toutes les difficultés qui peuvent leur survenir, par des juges royaux et par appel au parlement et à la chambre des comptes pour ce qui peut être de leur compétence?

Fait et clos à l'assemblée ordinaire de la dite communauté et remis aux sieurs Jean Maçon et Pierre Perolle, députés, avec injonction à eux faite de procéder en âme et conscience sans aucune vue particulière à l'élection des députés qui devront se rendre au bailliage principal pour aller de là aux Etats généraux, et d'insister à ce qu'il ne soit consenti à aucun impôt avant que le conseil du roi n'ait rendu l'arrêt portant le rétablissement des Etats de notre province, le tout à peine de désaveu. Et ont signé les jour et an avant dits, et ont signé de même que sur le double des présentes, qui est resté au greffe du dit lieu [1]).

---

[1]) Quelques mots presque illisibles ajoutés ici semblent se rapporter au tabac,

J. Toussaint, maître-échevin; J. Massons; Pierre Micque; J. Schneider, maire et syndic; P. B.; Michel Petry; L. Durant; Nicolas Varise; Michel Masons; P. Cernier, greffier.

Représentations et plaintes particulières de la communauté de Fouligny, pour être remises à MM. les députés pour les Etats généraux, les priant instamment de bien vouloir faire valoir leurs plaintes et réclamations qui sont ci-après détaillées.

Les propriétaires de la dite communauté ont souffert une perte considérable par la nouvelle construction de deux grand'routes et d'un canal, savoir la grand'route de Metz à Francfort et la route qui fait l'embranchement de Fouligny à Faulquemont, qui leur a enlevé une grande partie de leurs prés et plus beaux héritages. Comme la bonté paternelle du souverain pour ses sujets ne demande point que les propriétaires souffrent une perte particulière, il a été demandé une expertise du dommage dont il s'agit: ce qui a été exécuté, le tout suivant l'ordre, et ce par des experts non suspects, et remis à l'ingénieur du département, puis à M. l'ingénieur en chef pour être par lui vérifié. Mais depuis cette époque, [ils] n'ont pu avoir ni obtenir justice ni décision, quoique M. l'ingénieur en chef ait promis aux plaignants, et ce en présence de Mgr l'intendant, qu'aussitôt qu'il y aurait de l'argent en caisse, le dommage dont s'agit serait payé, et ce sur un mandat de Sa Grandeur. Les suppliants ayant jusqu'à ce moment fait plusieurs démarches et présenté plusieurs requêtes à se sujet, n'ayant cependant pu obtenir aucune satisfaction, comme la perte est d'une grande conséquence et a appauvri les particuliers, la plainte est de droit.

Il plaise donc à MM. les députés aux Etats généraux de faire valoir la réclamation et plainte particulière de la dite communauté, faite et arrêtée à l'assemblée de la dite communauté, ce 18 mars 1789[1]).

C. Gondreville; J. Schneider, maire; J. Toussaint, maître-échevin; Nicolas Chir, échevin; F. Mique, asseyeur; Jean Mick; J. Massons; Michel Masons; Michel Petry; Philip Vingert; marque de Simon Vetzler; P. Cernier, greffier.

---

[1]) C'est la date de la déclaration des impositions.

FREYBOUSE.

Impositions: voir ci-dessous le supplément au cahier.

Assemblée du 6 mars (sic) *par-devant les maire, échevins et municipalité; publication au prône le 8 mars par M. Herman, vicaire*[1]).
59 feux. — Pas de liste de comparants; 9 signatures.
Députés: Michel Kirch, laboureur, et Pierre Clemang, rentier.

Cahier de Freybouse.

L'an 1789, le 8 mars, la communauté de Freybouse, assemblée dans la maison d'école à l'issue des vêpres à l'effet par elle de procéder à la rédaction du cahier de plaintes, doléances et remontrances qu'elle entend faire à Sa Majesté et présenter les moyens de pourvoir et subvenir aux besoins de l'Etat, ainsi qu'à tout ce qui peut intéresser la prospérité du royaume et celle de tous et de chacun les sujets de Sa Majesté, de charger les députés, du nombre des plus notables habitants, choisis par elle le 6 du courant, de porter le dit cahier, le 10 présent mois, à l'assemblée générale du bailliage royal de Boulay, la dite communauté présidée par les maire, syndic [et] élus, a dressé son cahier comme s'ensuit, l'a remis entre les mains de Michel Kirch, laboureur, et Pierre Clément, rentier, ses députés, [déposé] le double au greffe de ce lieu, en leur enjoignant de s'acquitter fidèlement du pouvoir et de la procuration à eux donnés par ces présentes aux fins de présenter à l'assemblée générale le présent cahier, faire les plaintes, remontrances et réponses qu'il conviendra de faire au nom de toute la communauté, satisfaire en tout à la lettre du roi, à son règlement et à l'ordonnance de Messire le comte de Lambertye, et ont signé le présent cahier tous les habitants qui ont l'usage d'écrire.

CHAPITRE I. ETAT DES FINANCES. — Qu'il soit changé en supprimant la ferme, et en diminuant les impositions, et en abolissant quantité des salines et usines en Lorraine, enfin en révoquant tant de droits sur le public.

Suppression de la ferme en lui substituant des receveurs bailliagers, provinciaux, et un receveur général ou trésorier général.

---

[1]) Ce vicaire, qui signe le cahier et la déclaration des impositions, rédigée dans sa propre maison, nous paraît être le metteur en scène de tout ceci. De plus, le cahier de Laning (Etienne, *Cahiers du bailliage de Vic* p. 462) n'est apparemment qu'une copie de celui-ci.

Diminution des impositions en les prenant sur le superflu des gros bénéficiers des abbayes, des abbés commendataires, ou sur la masse totale jusqu'à l'extinction du corps entier, qui serait inutile à l'Etat; sur les pensions improportionnées aux mérites de ceux qui les perçoivent, pendant que le peuple gémit; sur l'opulente donation qu'ont faite nosseigneurs les ducs de Lorraine à la noblesse et aux abbayes, qu'ont faite nos rois du depuis; sur les dîmes généralement que perçoivent les gros bénéficiers séculiers, et sur celles que payent tous les sujets du roi; sur l'économie de la cour; sur le luxe et le faste de tous les sujets. Les séquestres ou commissaires établis à cet effet rendront compte de leur recette aux receveurs bailliagers, ceux-ci aux provinciaux, et ceux-là au général, le dernier au roi.

Abolissement des salines, qui ne servent qu'à enrichir le fermier, le commis et l'étranger, qu'à appauvrir le sujet du roi. Le profit du fermier et de ses adjoints est clair. L'étranger s'engraisse et ses bestiaux de la graisse du pauvre Lorrain; il fait en conséquence un commerce retrogratif (*sic*) chez le sujet du roi et lui emporte à bon prix son argent, en lui vendant ses bêtes grasses, qu'il a engraissées moyennant le sel que le sujet du roi lui a passé pour rien. Le sujet du roi, depuis la première jusqu'à la moyenne et dernière classe, en souffre considérablement jusqu'à la dernière misère. Il se passe de soupe et de légumes à cause de la cherté du sel ou faute de moyens d'en acheter. Que mange-t-il donc? Des pommes de terre sèches, sans pain et sans sel, avec du gros lait ou du petit lait. Ce fait est constant dans la plus grande partie de la Lorraine allemande. Qu'arrive-t-il?

Le riche est surpris dans la contrebande, et sa fortune est diminuée; le moyen et le pauvre, faisant la contrebande, sont pris et ensuite privés des moyens pour la subsistance de leur famille. Des batailles entre contrebandiers et employés de la ferme, des massacres de part et d'autre, la ruine totale des familles, et quelquefois infamie pour toute la postérité.

Cherté du bois de chauffage jusqu'au prix de 18 livres la corde, plus ou moins, dans les environs des salines et dans l'étendue de la Lorraine.

Cessation du commerce en Lorraine. Les bestiaux sont privés du sel, qui contribue à bonifier le fourrage et autre nourriture; ils restent sans appétit, sans augmentation et sans prix. Les amendements des mêmes bestiaux sont moins gras, les terres moins fertiles.

L'homme, ainsi privé de sel et de nourriture salée, est moins robuste, languissant, moins portant, sujet à toutes sortes de maladies, vient ainsi, plus tôt qu'il ne doit, à la fin de sa carrière. Pour se soustraire à tant de misère et d'incommodité, il devient traître à sa patrie, il vole, il pille, il a son refuge dans l'émigration.

Moyens [d'y remédier. — Ils]consistent: en laissant subsister une partie des salines pour fournir le sel aux sujets du roi, en en privant l'étranger, laisser le sel marchand et à bon prix, ainsi que le tabac, et prendre le profit qu'a le roi sur ces deux objets, dans les impositions ordinaires; ou, en abolissant toutes les salines, rendre le sel de la mer navigable et commerçant par le Rhin, la Sarre et la Nied et d'autres rivières: il sera encore moins coûtant.

Abolissement des usines en laissant subsister l'une d'entre elles. Celle de M. Diedrich dans les montagnes de l'Alsace suffirait, ayant les mines et les bois de Hannau, de Bousviller, Litzelstein, de l'abbaye de Stirtzelbron. Le roi, en remplaçant des villages, serait récompensé par les impositions et le prix du bois, qui est, dans l'état actuel, laissé aux usines à raison de 16 sols de Lorraine la corde. Ainsi les sujets lorrains auraient le bois à meilleur compte.

Il [en] est de même avec les verreries et la transportation des bois en Hollande. Tous ces objets ne font qu'enrichir quelques particuliers au dommage du public, les marchandises passant pour la plupart à l'étranger.

Suppression de tant de droits sur les marchandises, sorties et entrées et passages. Le commerce libre fait vivre les sujets. Il est à voir comme tous les autres royaumes sont florissants, et ce par le commerce. Qu'il n'y ait point de droits, d'impôts dans l'intérieur, mais sur les frontières seulement pour l'entrée et la sortie: les grands commerçants porteront pour la plus grande partie les charges du médiocre et du pauvre. Le commerce libre les récompensera d'ailleurs. Par ce moyen le roi n'aura besoin que de faire garder les frontières, et cela par les invalides et autres pensionnés du roi. La charge de solder cent mille hommes, sans compter les supérieurs, diminuera de beaucoup; on pense que le roi en sera totalement récompensé.

CHAPITRE II. REMÈDES AUX MAUX DE L'ÉTAT ET AUX ABUS A RÉFORMER. — 1. Etablir des fabriques dans l'intérieur du royaume pour fournir à l'indigent et au journalier de quoi travailler et nourrir sa famille. Point de mendiant où il y a fabrique, comme il est à voir en Empire et en Prusse et ailleurs.

2. Faire revivre l'occupation à l'agriculture, qui est beaucoup négligée en Lorraine.

3. Contraindre les fainéants d'apprendre et de faire apprendre à leurs enfants des métiers de tout genre.

4. Les contraindre à la bienséance, éducation, science, aux arts et à la religion: sans quoi point de vrais sujets, et inutiles à tout état.

En conséquence, 1) accorder des privilèges aux maîtres de métiers et d'arts qui s'établiront dans le royaume et surtout à la campagne.

2) Etablir des maîtres et régents d'école, éprouvés pendant un certain temps dans une espèce de séminaire ou de collège, ensuite approuvés et maintenus par un commissaire établi *ad hoc*, qui visitera les écoles qui lui auront été confiées. Il n'y aura plus d'abus, plus de contestations ni procès par rapport aux maîtres d'école; mais aussi que les gages soient suffisants et proportionnés à leurs peines et capacités. — Etablir de même des filles à la campagne comme dans les villes, qui soient capables d'apprendre aux filles ce qui convient pour leur sexe et leur établissement. Moyens: c'est de partager les sujets et les revenus attachés aux maisons de filles situées dans les villes.

5. Empêcher les courses importunes des couvents mendiants, qui emportent la crème des pauvres sujets, jusqu'au nombre de 12 à 15, pendant l'année quatre à cinq fois. Ils emportent bien le tiers des impositions ordinaires; le superflu est envoyé à leurs collègues en Empire ou en d'autres provinces. — Moyens: c'est de leur confier les collèges et les obliger au subside des paroisses en cas de nécessité, et leur ôter toute occasion de vaguer; les employer aux missions étrangères, enfin les rendre utiles à tout. Subsistance à prendre dans les revenus des abbayes et dans ceux des jésuites et dans leurs propres fondations. Employer une autre partie dans les hôpitaux.

6. Arrêter le plus efficacement le cours infâme du monopole et du prêt à usure excédant l'intérêt à cinq pour cent permis par l'usage et les lois. Ces deux objets sont une peste de la république et la ruine totale à la campagne. Ils s'exercent particulièrement entre les commerçants de grains et de bêtes à cornes et de tirage, et plus particulièrement par les juifs.

Remèdes: 1) faire une taxe des grains proportionnée à chaque année et à chaque saison de l'année; forcer d'ouvrir les greniers par des commissaires départis dans la province.

2) Etablir dans chaque juridiction un trésor composé de tous les prêts à intérêt, à cinq pour cent et non autrement, en donnant une sécurité du capital au déposant, et prendre une même sécurité du prenant; un officier de la justice en sera le commissaire; — ou, devant le même commissaire, on prêtera et on recevra les promesses: les contrats se passeront cependant par-devant notaire.

3) Forcer les juifs à apprendre des métiers et les reléguer dans une île inculte pour s'occuper à l'agriculture.

4) Il sera ainsi des baux et contrats: toute fraude, crainte et in-

justice cessera, le commerce revivra ainsi que chez l'étranger, où cette belle pratique est en usage.

CHAPITRE III. ABUS DANS L'ADMINISTRATION DE LA JUSTICE. — 1. Les huissiers priseurs sont à charge du public et des huissiers du bailliage; du public: parce qu'il doit [avoir de] l'intérêt pour son propre bien, qu'il est libre de vendre ou de garder; c'est empêcher les sujets de s'établir dans une autre province ou paroisse et de ne point tirer profit de son bien; — des huissiers du bailliage: parce qu'ils ont financé *ad hoc* et *pro hoc*, et c'est leur faire injustice manifeste. — Remède: il faut rembourser les finances de ces charges nuisibles, celles des huissiers étant [seules] nécessaires.

2. Les inventaires répétés pour les deux chefs de famille dans la prévôté de Saint-Avold, et à la tête un commissaire, sont très coûteux et même à la ruine des familles et des pupilles. Ils devraient être faits par le procureur du roi et le greffier seuls sans priseur, ainsi que d'ancien usage universellement pratiqué dans toute la province, les sujets de cette prévôté ne devant être d'une condition pire que ceux des autres juridictions. L'estimation des meubles pourra se faire d'ailleurs par un élu de la communauté, pourvu toutefois que le mobilier soit en sûreté, et en cas de vente il est estimé par la vente même.

3. Les formalités de la justice et l'éloignement des bailliages portent un très grand préjudice au public. Manquée la moindre formalité, le pauvre homme en est pour sa vache; si vous devez 6 livres, bientôt vous êtes condamné pour 100 francs.

Remèdes: 1) Ayant égard au fond de l'affaire, que les formalités soient pour les membres de la justice, et qu'ils soient punis s'ils manquent, et non le pauvre ignorant sujet.

2) Retrancher les formalités dispendieuses, garder les plus essentielles.

3) Etablir une espèce de justice dans chaque communauté, où les affaires claires se détermineront sans appel et où les délits seront punis provisionnellement et sans délai. Les punir avec tant de frais, c'est d'une sorte les maintenir: la partie lésée se révolte à faire une démarche coûteuse et trop pénible pour le coupable.

4. Que les affaires de conséquence et de droit passent au bailliage, n'est que juste.

5. La perte qu'aurait le bailliage pourra être récompensée par une pension viagère à percevoir sur le domaine du roi, par une portion de bois de chauffage sur les coupes des bois du même domaine.

4. La maîtrise est un tribunal superflu dans le royaume; les officiers du bailliage pourront remplir les mêmes fonctions, ainsi qu'il

se pratiquait dans les anciennes prévôtés, à la réserve que la justice municipale marquera les pieds et fera le récolement: rien n'empêche; les affaires contentieuses passeront au bailliage. Que ce siège soit dispendieux au public, est hors de doute. La procédure de ce siège n'est aucunement conforme aux déclarations des communautés ni proportionnée aux besoins du public.

1) Besoin est que les coupes en nature reviennent au profit des communautés, et que l'argent ne soit pas déposé au greffe pour y faire des jeunes. Qu'on n'allègue pas: cette réserve est pour subvenir aux besoins des communautés! Les vingtièmes qu'elles payent des coupes causent un double dommage; ils devraient au moins se prendre dans ce dépôt, en outre payer rente au profit des communautés.

2) Que la communauté ne tire rien ou fort peu, par forme de tirer, des rapports des délits qui se commettent dans leurs bois.

3) Que les forestiers transigent avec les délinquants, ne faisant point de rapports des dommages causés dans les bois communaux.

5. Subdélégation. La milice peut se lever, et le tirage d'icelle se faire par un officier retiré, pensionné du roi, pour ne faire un double emploi sur le public.

CHAPITRE IV. DU BON ORDRE ET DE LA POLICE. — Ces deux objets ne contribuent pas peu à rendre le peuple plus heureux. Ils empêcheront bien des malheurs et procureront un grand soulagement à son besoin. En sorte,

Que l'entrée dans le royaume soit fermée aux gens sans aveu, sans bon certificat constaté de la magistrature et renouvelé dans leur dernière demeure.

Que point d'inconnus sans de pareils certificats ne soient logés particulièrement chez les particuliers, sans être préalablement à ce autorisés par la justice locale, qui recevra les noms, qualités et demeures de tous ceux qui pourront se loger ou fixer leur demeure dans les communautés.

Que dans chaque communauté soit établie une garde de nuit pour veiller sur les accidents du feu, sur le passage et déguisement des voleurs. Il conviendrait de constater ces veilles par le son du cornet à chaque heure de la nuit, en avertir les gardes de cabarets et autres, le syndic en cas de désordre et de vol.

Que dans chaque village il y ait des instruments propres à éteindre le feu avec plus d'adresse et de promptitude. Que chacun soit pourvu avant la nuit d'une lanterne en forme, d'un cuveau et d'un seau d'eau remplis, toutes les cheminées bien garanties; qu'en conséquence les visites soient faites tous les jours par des gardes surveillants subalternes.

Qu'en conséquence il soit défendu de payer à boire et à manger aux cavaliers de la maréchaussée, afin que, dans le cours de leurs visites, ils n'aient aucune condescendance.

Que les ordonnances relativement à la fréquentation des cabarets pour y boire et s'associer au jeu et [par]tout ailleurs, soient mieux observées; sans quoi il y a toujours rébellion entre père et mère, entre père et mère et enfants: par conséquent mauvais sujets pour l'État, perte de temps et ruine des familles.

Que les délits, vols, dommages commis dans les jardins, champs et autres lieux, particulièrement les nocturnes, même les fortes suspicions, même les apparences, soient punis sur le champ, même corporellement, le cas échéant: les délais jusqu'aux plaids annaux, et les peines médiocres qu'on y décerne, les excuses qu'on y reçoit, autorisent le crime. Qu'en conséquence les maires des communautés soient stables et établis en qualité de juges. Il n'y a que la variation des gens en place qui fait que les principaux devoirs et le bon ordre sont négligés. Que pour ses peines il ait quelque droit à percevoir des délinquants, jouisse de quelque droit et privilège dans les biens et charges de la communauté.

Soit au moins établie une prison dans chaque village, lieu pour punir et garder toutes sortes de délinquants.

Soient les jugements et actions des maires ou prévôts approuvés ou désapprouvés par un commissaire du canton ou d'un juge ou prévôt supérior; de là appel au grand siège pour affaires de conséquence et de droit seulement, ainsi qu'en Empire, où la justice se rend à moins de frais.

Que les affaires des communautés et les procès des communautés soient traités et déterminés *gratis pro Deo* et avant toutes les autres, comme pour les pauvres et les plus indigents. Un seigneur puissant, une abbaye, un bénéficier riche sont quelquefois cause de la ruine totale d'une communauté.

Que les annexes, les églises succursales soient dorénavant déchargées de toutes les contributions à la paroisse, puisqu'elles ont leurs propres églises et leurs propres charges. Dans le fait elles sont paroisses; les dispositions du roi les y maintiennent. Il serait à souhaiter que les évêques s'y soumettent en leur accordant des prêtres inamovibles; ils pourraient, dans ces temps de calme et de paix, un peu se relâcher du droit du despotisme et entrer dans les sentiments du vrai patriotisme, qui veut donner un état à chacun et n'exclure aucun. Qu'il serait consolant pour les vicaires de voir et d'apprendre, dans ces temps heureux, qu'ils sont admis dans la classe des plus malheureux sujets du royaume, pour exposer aussi leur malheur! Jusqu'ici ils en sont exclus, et qui du clergé parlera pour eux? Ils dépendent de chacun, et chacun a son intérêt de n'en rien dire.

Et qu'est-ce qui empêche que les maîtres d'école n'aient leur état fixe et stable jusqu'à la mort? Dans leurs infirmités, ils pourraient se servir d'un aide, aussi capable et approuvé comme eux. Qu'ils ne dépendent plus dans aucunes de leurs fonctions d'un esprit bizarre, mal éduqué, chicaneur et intéressé, mais de supérieurs établis *ad hoc*. Il ne résulte point d'inconvénient de cet établissement en Alsace et en Empire.

Que dans tous cantons, de trois lieues ou quatre lieues à autres, soient établis des médecins et chirurgiens, comprenant une même personne bien expérimentée et reçue par le corps de l'art de la médecine et chirurgie, non pas à prix d'argent, mais au prix de ses mérites, sauf aux examinateurs de répondre des malversations qui proviennent de l'incapacité des approuvés mal à propos. Cet établissement, si longtemps désiré en Lorraine, pourvoira aux besoins et aux soulagements d'un chacun, du riche et du pauvre. Pour les soulager à peu de frais et gratuitement, il faudrait annexer une pension, quand elle ne serait que de 200 livres de France, et cette pension pourrait se prendre sur les impositions de chaque canton et dans les coffres du roi. Mais il faudrait aussi empêcher le cours des charlatans, ventouseurs, apothicaires non reçus, des filles connues sous le nom de maîtresses à la campagne, qui se mêlent de donner et de distribuer des médecines, à la destruction du genre humain.

Les accoucheurs et sages-femmes expérimentés et dûment examinés et reçus sont encore d'une plus grande nécessité. Que les mêmes médecins et chirurgiens, en même temps, soient aussi accoucheurs, et qu'ils aient à instruire une femme, ou fille sage, qu'on appellerait femme ou fille de charité, et aient l'inspection sur elles. La population si désirée aurait son plein effet, et bien des malheurs n'arriveraient plus.

MALHEURS COMMUNS EN LORRAINE. — Les biens des familles sont partagés entre les descendants, de façon qu'il n'y a plus de ressource d'en récupérer. Par malheur, par abus, la plupart des biens consistent en fermes, en droits, biens ecclésiastiques et seigneuriaux. Le sujet est pour ainsi dire esclave, réduit sous la dure nécessité de mendier ou de voler ou d'émigrer; un chacun ayant ses créatures, ses domestiques, le pauvre et le journalier ne trouvent plus de journées. Il n'y a qu'une guerre ou un nouvel établissement qui puissent les en retirer.

Fait et arrêté au dit Freybouse, lu, publié, interprété, coté et paraphé par première et dernière par le greffier, contenant sept feuillets, les blancs à la marge de la gauche approuvés, en présence du syndic, des élus et de tous les habitants de la communauté, les an et jour avant dits.

Johannes Bur, syndic; A. Herman, vicaire; Johannes Michel; Peter Albrech; Peter Becker; Nicolaus Marx; Marx Borschenberger, maire; Johannes Renier; Alt; Johanes Peter Kiffer; Johannes Streiff; Caspard Mouth; Nicla Zimer; Peter Michel; Jean Fabre; Hans Adam Streiff; Gerig Becker; Schang; Stoffel Marx; Nickolas Zech; Michel Schmid; Nicolas Masson; Hans Michell Glad; Hans Nicola Bur; Caspar Streiff; François Zech; Peter Marx; Philip Serier; Nicola Müller; Johannes Borschenberger; Peter Clemang; Michel Kirch.

L'an 1789, le 18 mars, à une heure de relevée, l'assemblée municipale de Freybouse réunie en la maison vicariale, après avoir fait les délibérations accoutumées, fournit le présent mémoire à l'effet de le représenter par le syndic à la députation de l'assemblée du grand bailliage de Boulay.

1. Paye la communauté de Freybouse pour subvention la somme de 552 livres 18 sous.

2. Pour ponts et chaussées et autres impositions accessoires la somme de 576 l. 13 s. 9 d.

3. Au domaine du roi annuellement la somme de 500 l., cours de Lorraine, fait celle de France 376 l.

4. Pour vingtième la somme de 566 l. 4 s.

5. Au même domaine 20 quartes d'avoine pour la sauvegarde, livrables à Dieuze, estimées à 80 livres, cours de France.

6. Le même domaine a le droit de tirer le second mobilier après le décès du chef de chaque famille.

7. Le même domaine a le droit d'avoir un troupeau à part sur le ban du dit Freybouse.

8. Le même domaine jouit du droit de partage dans l'usufruit et propriété du ban, ainsi que les autres seigneurs.

9. Le roi, à cause de son domaine, est bas et haut justicier à Freybouse.

10. Le même domaine a le droit de chasse, cédé et relaissé à M. le comte de Helmestatt avec les droits honorifiques.

Remarque. Freybouse étant ban joignant à la seigneurie de M. le comte de Helmestatt, cette chasse cause un tort considérable aux habitants, tandis que la chasse du dit seigneur en général contient un nombre infini de cerfs, qui ravagent tous les cantons où ils passent: les plaintes sont générales à cet égard.

11. Les habitants de Freybouse compris dans les rôles des impositions sont au nombre de 59.

Fait et arrêté au dit Freybouse, les an et jour avant dits, et ont signé les membres de la municipalité, le double déposé au greffe.

Marx Borschenberger, maire; Lorentz Schmit, échevin; A. Herman, vicaire; Peter Albrech; Johannes Bur, syndic; Peter Becker; Johannes Michel; J. M. Lauer, greffier.

FRIEDRICHWEILER.

Impositions: manquent; mais le cahier y supplée.

Assemblée du 8 mars par-devant le syndic à défaut du juge local ou d'officier public; publication au prône le 8 mars par le curé.
12 feux. — 12 comparants, dont deux veuves; 6 signatures et 6 marques[1]).
Députés: Jean Burg et Gaspard Louis.

Cahier des doléances, plaintes et remontrances de la communauté de Friedrichveiller, disant [qu'elle a été], par la convention d'échange conclue en 1766 entre Sa Majesté et le prince de Nassau de Sarbrück, privée de la jouissance de ses droits et privilèges, et est non seulement demeurée grevée des subsides et charges nassauviennes, mais il lui a encore été enjoint toutes les impositions exigibles en France, montant à la somme grosse de 422 l. 14 s. 3 d.

Enumération des avantages [dont elle a été] privée: 1º. Par l'échange les habitants furent privés par la maison de Nassau du bois de chauffage, de bâtiment, et généralement de tous les bois nécessaires pour les clôtures des jardins, dont ils jouissaient ci-devant gratuitement; et aujourd'hui ils ne peuvent se les procurer qu'à prix d'argent.

---

[1]) Signatures de J. Burg, Michel Remarck, Jacob Remarck, Petter Burg, Bernard Wolff, H. K. (Hary Klein); marques de Gaspard Louis, Michel Remarck, Bernard Lourson, Martin Lourson, veuve Georges Wolff, veuve Bernard Lourson. Quel est le syndic?

2º. Ils étaient usagers d'envoyer leurs bestiaux en pâture, ainsi que leurs porcs à la faîne et à la glandée, dans le bois de Varn, qui a sept lieues de circonférence, sans aucune rétribution.

3º. Les habitants sont chargés des mêmes subsides à payer à leur seigneur, M. le baron de Richard, que ci-devant à la maison de Nassau, à raison de 5 florins par chaque laboureur, et 2 et demi par chaque manœuvre, le florin évalué à 44 sols, sous le nom de prestation de corvées, tandis qu'ils sont déjà imposés pour la même prestation en France, et sont contribués pour la châtrerie des porcs, dont ils étaient affranchis auparavant, comme aussi des grande et petite dîmes; et que le sieur baron de Richard doit payer annuellement [*lisez*: au sieur . . . doit être payée] la somme de 100 l. 6 s. 6 d., laquelle somme nous était inconnue toutes les années.

4º. Les habitants sont subjugués aux ordres du seigneur de se trouver à la chasse sous peine d'amende arbitraire.

5º. La communauté est aujourd'hui sous la domination du roi et contribue respectivement aux impositions dont ils sont cotisés comme sujets français: ne peuvent tenir (*lisez*: être tenus) à acquitter les anciennes charges nassauviennes et celles de France y jointes, comme il s'ensuit. Premièrement ils payent au roi par an: vingtièmes 236 l. 15 s.; capitation, 161 l. 8 s.; ponts et chaussées, 24 l. 11 s. 3 d.: total 422 l. 14 s. 3 d. Les habitants ont donc lieu d'espérer d'être déclarés exempts d'acquitter les nassauviennes, vu qu'ils sont privés des prérogatives dont ils jouissaient avant la convention d'échange entre Sa Majesté et le prince de Nassau, portant qu'ils continueraient de jouir de leurs droits et privilèges, ainsi qu'ils en ont joui quatre ans après la convention d'échange.

6º. Un des plus grands avantages dont nous avons été privés, c'est le sel, dont le pot ne leur coûtait que 4 s. 6 d., et aujourd'hui nous le payons 12 s. 6 d. Par l'usage du sel on trouverait à suppléer à la pénurie du fourrage et à qualifier la mauvaise qualité. Tous impôts sont onéreux: c'est celui du sel qui pèse le plus au peuple. Si le prix en était modéré, l'on pourrait faire des élèves de toutes espèces de bestiaux, et l'on ne serait pas dans le cas d'avoir recours aux pays étrangers pour s'approprier des bêtes grasses. Dans un pays qui manque de fourrage, c'est avec le merveilleux et vertueux effet du sel de la France et de la Lorraine qu'ils trouvent à suppléer à la pénurie des fourrages et nous vendre les bêtes grasses, tandis qu'en France et en Lorraine les bestiaux gâtent le double de fourrage qu'il n'en faut pour engraisser en Allemagne, et faute de sel aux premières à cause de l'exorbitance du prix. Si le prix en était modéré, à peine nos salines en pourraient fournir pour la consommation, parce que l'usage en deviendrait démesuré aux plus grands profit et utilité publics.

Si Sa Majesté abolissait la ferme, elle rendrait son peuple heureux, qui ne refuserait point à contribuer aux besoins de l'Etat par la voie d'une autre administration.

Fait et rédigé à Friedrichveiller le 9 avril[1]) 1789.
Johannes Burg; H. K. (marque de Hary Klein).

GUENKIRCHEN.

Impositions : manquent.

Assemblée du 9 mars par-devant le syndic; publication au prône le 8 mars par J.-L. Dannecker, curé.
80 feux. — Au lieu de la liste des comparants, 5 signatures: celles des syndic, élus et greffier.
Députés: Jean Boulanger et Pierre Bassompierre, tous deux laboureurs et élus de la municipalité.

Cejourd'hui, 9 mars 1789, 8 heures du matin, la communauté de Guenkirchen, assemblée à la manière ordinaire pour former leur cahier de doléances, ils ont cru n'avoir point [de] doléance plus pressante à fournir devant le trône de Sa Majesté que la misère dans laquelle se trouve non seulement leur communauté, mais tout le voisinage par rapport à la rareté des bois, qui met les pauvres dans des embarras infiniment plus grands que le pain; que les bois sont extraordinairement négligés; que les coupes qu'on a faites il y a 15 ans, ne sont pas en meilleur état, pour ne pas dire de plus, que l'année qu'on les a faites; qu'on ne remplace jamais les vides par des baliveaux, et que les bestiaux ravagent, mangent annuellement les nouveaux rejetons.

Que les habitants souhaitent qu'on puisse supprimer, pour diminuer le prix excessif du bois, les salines de la Lorraine; qu'ils croient qu'on pourrait tirer à peu de frais le sel dont on aurait besoin, des côtes de Bretagne, d'Aunis, de Languedoc et de la Provence.

---

[1]) Cette date n'est pas une méprise, croyons-nous; ce cahier n'a dû arriver au bailliage qu'avec les déclarations plus tardives d'impositions, parmi lesquelles il a été coté.

Que, si on ne peut pas supprimer les verreries et forges, qui sont principalement cause de cette cherté, on pourrait au moins [les] réduire à une certaine consommation; que le sel, malgré les salines en Lorraine, est au prix que bien des pauvres furent souvent obligés de le retrancher dans leurs comestibles: ce qui fut cause, selon les sentiments de bien des personnes, de beaucoup de maladies.

Que les habitants se trouvent gênés, étant enclavés dans la France, par rapport aux acquits qu'ils sont obligés de prendre pour aller d'un endroit à l'autre; et que les cuirs sont extraordinairement chers par rapport à la marque d'iceux.

Qu'il serait à souhaiter qu'il y ait une réforme dans la justice; que, quand les pauvres sont dans la dure nécessité de commencer un procès, ils ont de la peine d'avoir la fin.

Que, lorsque les pauvres gens viennent à décéder, leur succession est souvent absorbée par les huissiers priseurs et par les Messieurs qui viennent faire leurs inventaires, surtout les pauvres mineurs.

Que les habitants croiraient être beaucoup soulagés, s'ils n'étaient plus chargés du droit de banalité des moulins, qui excite des plaintes journalières.

Pour le tabac, nous sommes obligés de le payer à 5 sols l'once, ce qui fait 4 livres la livre, tandis que, quand on le pourra planter dans notre pays, on le pourra avoir à 5 sols la livre.

Les nobles et les curés ont presque tous de grands colombiers, de sorte qu'ils ont des volées de pigeons, jusqu'à des trois et quatre cents. Quand les gens ont semé leurs terres, les dits pigeons viennent ramasser les dites semences; et quand les grains viendront à leur maturité, les dits pigeons viendront et mangeront encore une grande partie des dits grains; et ils [les nobles et les curés] feront du commerce avec.

Nous sommes obligés de payer annuellement les ponts et chaussées et autres impositions accessoires, outre la subvention, et le payement des corvées et l'abonnement: ce qui nous forme un capital considérable.

Fait et arrêté l'an et jour avant dits: les dits habitants ont signé et vérifié le présent cahier de doléances, qui est parafé par premier et dernier suivant l'ordonnance.

Pierre Bassompierre; Jean Boulanger; Claude Kieffer; Petter Klein, syndic; Jean Hamentien; Goerg Oster; Pierre Sauvage; Nicolas Steile; Simon Jager; Nicolas Feil; Pierre Bassompier; Jean Boucher; F. Boucher, greffier.

GUENVILLER.

Impositions: 1. Subvention . . . . 387 l. 12 s.
2. Ponts et chaussées . . . . 359 l. 19 s. 6 d.
3. Vingtièmes . . . . 401 l. 16 s. 6 d.
4. Travaux des routes . . . . 126 l. 19 s. 10 d.
5. Dépenses militaires à Saint-Avold. . . . . . 122 l.

Assemblée du 8 mars; publication au prône le 8 mars par Philippe Hourdt, administrateur de la paroisse.
45 feux. — Pas de liste de comparants[1]); 21 signatures, parmi lesquelles celle de l'administrateur.
Député: Antoine Fridericy, admodiateur de Madame de Choiseul, élu par 12 voix sur 29.

Cahier des plaintes et doléances que les habitants ont déclarées dans l'assemblée générale de la communauté de Guenviller.

1º. Le sel est trop cher: nous sommes obligés de payer la livre 6 sols 3 deniers de France, et les étrangers payent 9 deniers au plus haut. Et, par conséquent, les pauvres gens ne sont pas en état de nourrir leurs bêtes et de faire grasses leurs bêtes, pas autrement qu'avec les fruits que les gens ont nécessaires pour nourrir leurs enfants.

2º. Le bois est trop cher: cela vient des salines et forges qui sont dans notre canton pour faire du fer, qui sort toujours hors de notre pays.

3º. La marque du fer et des cuirs se monte si haut que les gens ne sont plus en état d'[en] acheter pour faire des souliers.

4º. Le tabac est si cher qu'on est obligé de payer 3 livres 12 sols; et s'il était permis d'en planter, tout le monde pourrait planter pour son usage.

5º. Il est impossible pour les pauvres gens desagir [agir = handeln? commercer] dans notre canton à cause des acquits qu'on [est] obligé de prendre dans plusieurs lieux.

---
[1]) Au lieu de cette liste, on donne le nombre de voix obtenu par divers candidats à la députation: Jean-Pierre Martin 10, Jean Kolsong 6, Ant. Fridericy 12, Jean Weiss 1. Les trois premiers faisaient partie de la municipalité avec Hans Petter Kiser, syndic, et Hans Jeorg Pop, maire. Autres signatures: Philip Richard, Henrich Degertt, Michell Fridrich, André Fleich, Frantz Jacob Benin(?), Johanes Adam, Nic. Kieffer, Andreas Martting, Hans Peter Hen, Frantz Breyer, Hans Michel Kop, Michel Brun, Pierre Fredericy, Nickel Schuk, Nic. Marck.

6º. On se plaint à cause des bois communaux et de l'argent qui vient hors des dits bois par rapport aux bois chablis: il restera entre les mains de Messieurs de [la] gruerie; [pour l'avoir], les gens sont obligées de faire autant de frais comme se monte le capital.

7º. Les impositions de toutes les sortes [sont telles] que les pauvres gens ne peuvent plus vivre dans notre canton. A cette cause sont déjà plusieurs gens partis en Hongrie.

Philippe Hourdt, prêtre et administrateur de Guenviller; Anttonius Frideritzi, admodiateur; Jean Georges Martin, greffier de l'assemblée.

GUERTING.

Impositions: 1. Subvention . . . . 368 l. 1 s.
           2. Ponts et chaussées. . . . . 375 l. 10 s. 6 d.
           3. Abonnement . . . . 166 l. 8 s. 3 d.
           4. Pour les chaussées. . . . . 120 l.
           5. Cens au domaine du roi . . . . 30 l. de Lorraine.

Assemblée du 6 mars (sic) *au greffe par-devant Mathis Job, syndic; publication au prône le 8 mars par M. Heully, curé.*
39 feux. — 32 comparants; 24 signatures[1]).
Députés: Gaspard Francisquet, greffier, et Joseph Veber, charron.

Cahier des plaintes, doléances et remontrances de la communauté de Guerting, paraphé par premier et dernier par nous, greffier de la dite communauté, ce 6 mars 1789. (*signé*) G. Francisquet.

En conséquence des ordres de Sa Majesté et de la liberté si gracieusement par elle accordée à ses sujets à l'effet de faire leurs plaintes, doléances et remontrances, elle a l'honneur de représenter ce qui suit:

Sur les compagnies fiscales. — 1. Que le prix du sel est excessif pour ses pauvres sujets; que plusieurs, pour ces causes, en sont privés; que de là il résulte beaucoup de maladies, comme fièvres putrides et malignes, parce que, faute de sel, les pauvres sont obligés de prendre des nourritures fades et non assaisonnées; que leurs bestiaux en souffrent

---

[1]) N'ont pas signé Pierre Veber, Gaspard Jager, Mathis Hestroffer, Michel Guber, Pierre Simone, Pierre Albreg vieux, Nic. Aser, Pierre Jager, Pierre Albreg le jeune, Franç. Barbary, Jean Jung, André Jager.

également sans exception: ce qui porte un préjudice irréparable au laboureur et au manœuvre, et intercepte le commerce.

2. Que la marque des cuirs est aussi une charge extrême, vu que par là les cuirs augmentent singulièrement en prix, et le pauvre se voit réduit à marcher nu-pieds, même par les saisons les plus rudes.

3. Que les acquits et traites foraines leur mettent de terribles entraves; qu'à peine un village peut communiquer avec l'autre; qu'ils augmentent le prix des denrées, voitures, généralement de toutes marchandises quelconques, même de la dernière nécessité.

4. *Contre la maîtrise des eaux et forêts.* Que leurs offices pourraient être possédés par les officiers des bailliages; que les frais en sont exorbitants; qu'on n'assigne pas assez régulièrement les coupes réputées défensables: ce qui est un filet pour le pauvre laboureur; qu'on est trop facile pour assigner, donner des contraintes sans préalable avertissement; qu'on fait trop facilement des rapports sur des communautés entières pour des délits commis par des particuliers: ce qui fait pâtir l'innocent pour le coupable; que les forestiers royaux n'ont pas assez de gages: ce qui donne lieu à bien des coquineries et malversations.

5. *Contre les procédures.* Que les procédures traînent trop en longueur et sont absolument ruineuses; qu'on devrait les simplifier. Que les charges d'huissiers priseurs sont à la ruine des pauvres veuves et orphelins, qui voient toujours une grande partie de leurs pauvres successions absorbée par ces frais inutiles.

6. *Contre les receveurs des deniers royaux.* Que les receveurs des deniers royaux sont inutiles; qu'on pourrait sans frais transporter les deniers dans une caisse provinciale, de laquelle ils pourraient être versés dans le trésor, intacts sans diminution.

7. *Contre les subdélégués et ingénieurs.* Que les communautés, autorisées par l'assemblée provinciale, pourraient faire leurs réparations et autres ouvrages par économie et experts jurés, sans ces visites et adjudications ruineuses, qui souvent arrêtent jusqu'à la dernière extrémité et sont cause du dépérissement total de certains ouvrages qu'on aurait réparés à peu de frais, mais qu'on laisse plutôt périmer dans la crainte des visites et adjudications.

8. *De la subvention.* La dite communauté croit pouvoir avec justice remontrer qu'à proportion de ses biens et revenus, elle est plus qu'aucune autre chargée dans cette partie. Tandis que les bans et terres des autres s'améliorent annuellement, le sien dépérit totalement; ayant le malheur de n'avoir que collines et vallons, les eaux entraînent les terres des collines et inondent de sable le peu de bonnes terres

qu'elle possède dans les vallons, de sorte que tous les coteaux ne sont plus que rochers et restent absolument incultes, et leurs vallons, coupés de fossés et rigoles; et par là, en grande partie, ces terres sont emportées ou considérablement endommagées. Elle demanderait donc humblement, autant que faire se peut, une proportion juste.

9. Que le clergé et la noblesse, ces deux états si respectables, leurs pères et leurs chefs, contribuent un peu plus abondamment à la splendeur de l'Etat; ce sont eux qui possèdent la plus grande partie des biens: nous leur vouons nos services, nous demandons leurs secours.

10. Que les revenus des différentes abbayes en commende restent pour le bien de la province et de l'Etat. Toute la sueur du malheureux se verse, et après il ne lui reste aucune ressource.

11. *Contre les enclos.* Que les enclos sont toujours au préjudice du pauvre: il n'y a que les riches qui les peuvent faire; les pauvres se voient donc resserrés, souvent barricadés; et pas moins les maîtres des enclos profitent partout ailleurs des pâtures et excluent tout le monde du leur.

12. *Contre les forges.* Que les forges et fonderies font dans nos cantons des dommages irréparables; elles consomment le peu de bois qui reste, et laisseront le peuple pour cet objet dans la dernière nécessité. La communauté réclame aussi contre les directeurs des forges du Creitzvald le droit de pâture qu'elle avait sur différents cantons nonbois dans cette forêt et dont on l'a privée.

13. *Contre les droits seigneuriaux.* Que les seigneurs soient obligés de lire de temps en temps leurs titres à leurs vassaux, afin qu'ils n'en ignorent: ce qui les met souvent dans le cas de faire de mauvaises démarches. La même communauté demande et sollicite du secours à l'occasion de différents droits et usages que l'on a introduits chez elle et dont elle se croit libre, comme banalité du moulin, corvées; elle ne refuse pas ce qu'elle doit, elle désirerait de voir les titres de sa sujétion. La même communauté réclame un droit, qu'elle avait toujours, de pâture dans le bois dit Espen et dont elle se voit exclue: ce qui est d'un très grand détriment; elle croit même qu'elle paye annuellement en avoine une redevance au seigneur pour la dite pâture, et elle a la douleur de s'en voir privée.

La susdite communauté réclame l'autorité et la bonté de Sa Majesté sur ces différents objets, et offre pour sa gloire et la splendeur de son Etat et son sang et sa fortune.

Fait et arrêté dans la communauté de Guerting, ce 8 mars 1789, et ont signé, lecture et interprétation faites.

Jorg Jager, échevin et élu; Hans Ierg Rösling, élu; Joerg Roessling; Jacque Doyen; J. M. (Jacob Muller, maire); Job, syndic; Nickolas Herrich; Joseph Veber, élu; Gerg Jager; Hans Jerg Weber; Johanes Güldener; J.-N. Wieser; Hans Joerg Resling; Johanes Jager; Johanes Herig, sergent; Claudius Heess; Andreas Kob; Diedrich Rolless; Niclas Kob; Mattis Berwick; Jacob Berwick; Nicola Buest; Piere Beker; Jacob Resling; J. Francisquet.

GUIRLANGE.

Impositions:
1. Subvention . . . . 127 l. 10 s.
2. Ponts et chaussées . . . . 118 l. 3 s.
3. Vingtièmes ou abonnement . . . . 186 l. 10 s. 3 d.
4. Corvées de la chaussée. . . . . 40 l. 19 s. [1]

Assemblée du 8 mars par-devant le maire; publication au prône le 8 mars par M. Maritus, curé.
15 feux. — 15 comparants; 11 signatures [2]).
Députés: Henry Has et Jean-Pierre Laurent.

Cahier des remontrances de la communauté de Guirlange, contenant huit pages, a été coté et paraphé par première et dernière pages et au bas d'icelles, par nous Jean Carme, maire du dit lieu, président de la municipalité du même Guirlange, le 8 mars 1789. (*signé*) Joannes Carme.

Voir le texte au cahier d'Eblange p. 60.

Fait et arrêté en assemblée à Guirlange, les an et jour avant dits.

14º. Avant de signer, la même communauté a en outre l'honneur de remontrer que plusieurs portériens étrangers désireraient venir faucher

---

[1] La déclaration, qui est du 11 mars, ajoute: « Nous payons au domaine du roi 25 francs barrois, et la troisième année 27 fr.; et à son entrepreneur, double lot dans les profits communaux quand il [demeure] dans notre lieu: et nous avons fort peu de biens communaux. — Nous payons annuellement 2 fourals de grains, moitié froment et moitié avoine, à l'abbaye de Villers [pour] deux tiers et l'autre tiers à Becking: et les versaines paient aussi bien que les terrains emblavés ». Et tout cela pèse sur 15 habitants, qui n'ont que le tiers du terrain en propriété, « les deux autres tiers appartiennent aux villages voisins ».

[2] N'ont pas signé Simon Englinger, Laurent Eplèt, Christian Bouzendorffer, Martin Vingtans.

le second poil de leurs prés sur notre ban: ce qui n'a jamais été en usage dans la Lorraine. Si cela était, les remontrants seraient, pour ainsi dire, réduits à beaucoup de misère, de même que toutes les communautés de nos environs. En conséquence Sa Majesté pourra ordonner que l'ancien usage de Lorraine continuera à être observé quant à ce point.

Suivent les signatures: Matis Bettinger, syndic; Jean Kieffer; Nicolas Dalstein; Simmone Vieser; Petter Weiss, lieutenant de maire; Jacob Finnichel; Anton Jungman; Henrich Has; Jean-Pierre Laurent; Joannes Carme, maire; Jacques Viser, greffier.

HALLERING.

Impositions: 1. Subvention . . . . 262 l. 13 s.
           2. Ponts et chaussées . . . . 240 l. 4 s. 9 d.
              Non compris la quittance de 4 l. 5 s. ni d'autres frais.
           3. Abonnement . . . . 122 l. 19 s. 6 d.

Assemblée du 8 mars; publication au prône par M. Vasmer, vicaire, sans date. 30 feux. — Au lieu d'une liste de comparants, 10 signatures[1])*; à la fin du procès-verbal, signent seulement les deux députés et le syndic, « dont notre assemblée n'a l'usage d'écrire ».*
Députés: Pierre Bouché et Jean-François Rolland.

Cahier de doléances de la communauté de Hallering.

Cejourd'hui, 8 mars 1789, la communauté de Hallering, bailliage de Boulay, ayant été assemblée à la manière ordinaire, conformément à l'article 24 du règlement du roi et au 5e de l'ordonnance de M. le bailli d'épée du dit [Boulay], pour procéder à la rédaction de leur cahier de doléances, il a été jugé à propos de proposer ce qui suit:

1. Il serait convenable de donner aux municipalités de chaque communauté [le droit] de juger en première instance dans le cas de contestations de peu de conséquence, le bon sens et l'amitié que se portent les hommes d'une même condition, étant plus propres pour décider ces sortes de questions qu'un esprit de (*sic*) et avide du bien d'autrui.

---

[1]) Pierre Bouché, Michel Vingert, Nic. Wingert syndic, Johannes Ficher, Jean Leonard échevin, Johannes Wetzel, Matis Vaner, Claude Tille, Petter Frintz maire, Petter Lorch. La feuille des impositions porte aussi la marque de Pierre Leonard, maître-échevin.

2. En conséquence de ce premier établissement, suppression des justices seigneuriales, qui ne sont que pour augmenter les frais, vu que, généralement parlant, il y a appel de leurs sentences. — Cette suppression supposée,

3. il serait à souhaiter qu'on attribue aux municipalités de chaque communauté le droit et pouvoir de faire les inventaires et de constituer des tuteurs et curateurs, le cas le requérant. On obvierait par ce moyen à des frais exorbitants qui écrasent une famille, d'ailleurs déjà désolée. Les priseurs sont d'ailleurs à la charge du public sans la moindre utilité.

4. Réduction des sièges bailliagers au nombre de 8 en cette province, comme cela était ci-devant, et érection de prévôtés royales dans chaque endroit où il y avait un bailliage, pourvu que le ressort trop petit des bailliages supprimés n'exige pas une réunion à une autre prévôté qui serait de même d'un ressort peu étendu.

5. Suppression des officiers de la maîtrise des eaux et forêts et grueries, et réunion de ces offices à ceux des bailliages ou prévôtés, et que l'on cède aux officiers des municipalités le droit d'exploiter leurs bois par eux-mêmes, vu que ceux-ci connaissent les coupes en totalité et la manière de ces exploitations, et de mettre dans leur seule autorité leurs sures[1]) au nombre qui leur paraîtra le plus convenable; et qu'ils soient en droit de mettre en leur caisse de communauté les deniers qu'il fallait porter dans celle de la maîtrise, où ils étaient absorbés en bonne partie par les frais qu'on était obligé de faire pour les retirer.

6. Etablissement d'une manière plus simple et moins chargée de formalités pour administrer la justice, vu que l'ancienne administration d'icelle absorbait, par la longueur des procès et la chicane multipliée, la fortune de beaucoup de familles, et cela quelquefois pour des objets de peu de conséquence. Remboursement en outre des finances de tous les offices dans les provinces, au moins graduel, et de suite réduction des offices trop multipliés.

7. Suppression des états-majors, au moins dans les petites villes et bourgs, qui occasionnent une charge insupportable aux communautés de la campagne par des contributions aux dits objets, auxquelles elles sont assujetties.

8[2]). Suppression des intendants des provinces et, encore plus, de leurs subdélégués, qui sont très à charge aux gens de la campagne, [et] qui s'arrogent des droits désespérants, durs et insupportables.

---

[1]) Encore un mot que le copiste n'aura pu lire: probablement forestiers.
[2]) Ce chiffre a été omis, d'où une erreur dans la numérotation de cet article et des suivants.

9. Suppression des usines, des verreries, forges et salines, à l'exception de celles nécessaires aux besoins de la province; et le sel marchand. Ces usines ont rendu la province pauvre en bois, de riche qu'elle était; la continuation d'icelles la priverait en peu d'une denrée aussi nécessaire au public. La liberté de planter le tabac, qui serait également marchand.

10. Suppression de la ferme générale et de tous ses officiers et employés, et mettre tout en régie. Suppression de la marque des fers et cuirs, et circulation libre de tout généralement ce qui n'est pas contrebande. Suppression par conséquent des bureaux d'acquits et de foraines.

11. Point d'aliénation du domaine du roi, mais une administration d'icelui, et établissement d'un seul receveur général pour toute la province.

12. Suppression des abbés commendataires et prieurs. L'Etat étant dans le besoin, il est juste que ce qui en a été démembré y retourne pour lui donner une nouvelle consistance, attendu que l'emploi des revenus des dites abbayes et prieurés en commende ne se fait plus selon sa première affectation : ce que nos pauvres éprouvent, triste expérience.

13. Des précautions à prendre contre les usures sans nombre et exorbitantes des juifs, qui sont la ruine d'un grand nombre de familles de la campagne. Un moyen simple d'obvier à cet inconvénient serait celui-ci: on tiendrait dans chaque communauté un registre coté et paraphé dans lequel, sous les yeux des officiers de la municipalité, le juif créancier serait obligé de faire insérer et inscrire ses créances, et il ne pourrait à l'avenir vendre chose quelconque ni prêter somme quelconque sans faire insérer la dite somme ou le prix de la vente.

14. Il serait à désirer que l'Etat, [afin] de les prévenir, cherche un moyen d'établir des caisses de prêt¹) à cinq pour cent pour ne point laisser les particuliers sans ressources, tandis que celui de recourir aux juifs, qui était si dispendieux, doit tomber: si mieux n'aiment le roi et ses sujets de la ²), d'un consentement mutuel, convenir de laisser la liberté à chaque individu de tirer cinq pour cent sur un simple prêt, comme cela se pratique dans la plus grande partie de l'Allemagne.

15. Etablissement de fabriques des productions de la ³), comme laine, lin et chanvre, qui occuperaient nos gens de campagne.

16. La liberté entière à accorder à chaque propriétaire de jouir de ses prés, où ils puissent être situés, tant pour la seconde coupe que

---

¹) Nous substituons ces mots à ceux du texte gâté par une rature, et dont une surcharge peu lisible semble avoir fait « des moyens de prêter ».

²) Un mot omis, doit désigner l'assemblée, les Etats généraux.

³) Un mot comme fermière.

pour la première, vu la disette des fourrages et le mauvais usage que l'on fait ordinairement de la dite seconde coupe ou regain.

17. Que l'on ôte les banalités des moulins, fours: on obvierait par ce moyen à bien des difficultés et mauvaises occasions. On croit en même temps être en droit de se plaindre de l'admodiation de la châtrerie, vu que chacun pourrait faire cette opération.

18. Que l'on ôte les enclos des prairies, et qu'on donne la jouissance des prairies, comme il est dit dans l'article 16.

Nicolas Wingert, syndic; J. F. Rolland, greffier; Petter Frintz, maire.

HALLING.

Impositions : 1. Subvention . . . . 107 l. 2 s.
2. Ponts et chaussées et autres impositions accessoires   129 l. 1 s. 3 d.
3. Vingtièmes . . . . 138 l. 9 s. 6 d.
4. Entretien des routes . . . . 41 l.

Assemblée du 9 mars; publication au prône le 8 mars par M. Boulanger, curé de Varize.
20 feux. — Pas de liste de comparants; 7 signatures et 4 marques[1]*).*
Député: Dominique Bettinger.

Plaintes que la communauté de Halling porte en leur cahier de doléances.

La dite communauté a l'honneur de faire la remontrance, suivant qu'il plaît à Sa Majesté par lettres du 7 février 1789, disant que leur village n'est composé que de 20 feux; tous ensemble ne possèdent sur leur ban que 196 arpents de terres labourables, même des moindres qualités, dont le canon, s'ils étaient affermés, ne suffirait point pour payer toutes les impositions royales. Le restant des dites terres appartient à des particuliers des communautés circonvoisines, formant environ 630 à 640 arpents: tout en général des terres très ingrates, remplies de rocs. L'arpent ne produit en médiocre récolte que 250 livres pesant de blé; ainsi la moitié en marsage. Tous les prés sur leur ban produisent au plus de 5 à 6 milliers de foin; point de pâture pour pouvoir nourrir

---

[1]) Les mêmes qu'à la fin du cahier, si ce n'est la signature N. K. et des marques distinctes d'un second Pierre Chatelé et de Jans Perete.

des bestiaux, qu'à peine pour une nourriture très pénible, seulement pour leur subsistance frugale. Et de plus leurs troupeaux sont sans bêtes mâles, que M. le curé de Warize, comme seul décimateur, néglige de leur fournir, quoique les décimateurs généralement, en tous les domaines, y sont obligés, même les fermiers des domaines du roi. Notre communauté est trop faible en moyens pour intenter procès pour y faire obliger le dit sieur le curé, qui est le nôtre, qui sommes de ses paroissiens à la distance d'une grande lieue; et notre communauté ne possède aucun bien communal.

En outre, pour nous procurer nos bois de chauffage, nous sommes obligés de les acheter, quelquefois à 3 lieues de loin, d'une cherté énorme, que nous cause le superflu des usines à feu en nos environs, de même que les salines, qui fabriquent [du sel] pour les étrangers, même le meilleur, et à nous du royaume le mauvais, si exorbitamment cher qu'à peine nous pouvons nous en procurer pour notre subsistance. Comment donc en donner à nos bestiaux? [ce] qui serait très avantageux pour leur nourriture, surtout que nous n'avons qu'un peu de paille à leur donner; nos foins, nous sommes obligés de les acheter à une lieue de loin et plus.

Notre village est ban joignant d'un village enclavé en Lorraine, qui est Momerstroff, du comté de Créange, terre d'Empire. Au sujet d'icelui, les employés nous menacent que nous ne traversions ce terrain ou de prendre des acquits de foraine, en venant d'un endroit lorrain à chez nous, comme si nous le devions en le traversant: doléance très injuste! Ne serait-il pas mieux de faire imposer sur toute la population sous un seul nom toutes les contributions nécessaires pour les caisses du roi, sacrifice que nous ferions avec agrément envers un si digne monarque qui est porté totalement pour ses sujets, que d'entretenir une multitude d'employés à des ouvrages inutiles, lesquels gagneraient leur vie en travaillant en des fabriques, comme en plusieurs autres pays.

Les inventaires par les procureurs du roi et autres officiers, ainsi que les huissiers priseurs, emportent pour leurs honoraires tant de frais, quelquefois le quart de leur héritage, à des mineurs, à qui est laissé à peine pour les nourrir, et à d'autres prêts à mendier leur pain.

Aussi envers les subdélégués: nous sommes, sous leur justice, très chargés tant pour les tirages de la milice ou autres circonstances, comptes des syndics des communautés; envers lesquels on n'a nulle audience pour se défendre: ils sont les maîtres, pour ainsi dire, seuls, en sachant tourner les faits à leur avantage.

Les suppliants ont l'honneur de s'en rapporter, en tout ce qui les concerne, aux remontrances que la bourgeoisie de la ville de Boulay a l'honneur d'exposer[1]) moyennant qu'ils dépendent du ressort et assemblée d'icelle.

Fait et arrêté en notre assemblée à Haling, le 9 mars 1789.

Johannes Gill; François Richon; Jean Perrette, greffier; Pierre Diesch; Niclas Louis; Jacqes Luy; P. W.; Dominique Bettinger, syndic; Pierre Louis, maire; marques de Dominique Chetle, Pierre Chetle, Jean Weber et Jean Paquin.

HAM.

Impositions: manquent.

Assemblée du 9 mars par-devant les officiers de la municipalité; publication au prône le 8 mars par le curé Jean-Jacques Hanus.
80 feux. — 31 comparants; 29 signatures[2]).
Députés: Jean Cavelius et Jean Albrecht, tous deux notables.

Doléances de la communauté de Ham.

Le village de Ham dépend de la baronnie de Warsberg, à laquelle ils doivent cens et rentes annuels, outre les corvées seigneuriales à faire par les laboureurs avec leurs attelages et par les artisans à journées: ce droit paraît être très ancien, quoiqu'il ne reste aucun vestige de son établissement.

Les habitants de ce lieu (c'est-à-dire les cotisables suivant les anciennes lois) sont cotisés, on peut le dire, au delà de leurs facultés à la subvention et autres deniers royaux.

Indépendamment de la stérilité du petit ban qui forme toute la fortune des dits habitants, et de la mauvaise qualité des fourrages que produisent leurs prairies en petit nombre, ces pauvres habitants ressentent avec douleur les dégâts que font dans les campagnes sablonneuses et arides une multitude d'insectes nommés vers à hannetons, qui cette année, stérile par elle-même, a désolé leur ban.

---

[1]) Malheureusement le cahier de Boulay nous manque.
[2]) Celles qu'on ne trouve pas à la suite du cahier sont de (Jean Michel) Privé, Henri Spitz, Peter Weber, Hans Nicolas Filler, Johannes Filler, Gorg Robiné, Hans Jacob Felder.

A ces calamités annuelles est survenu, dans la nuit du 14 au 15 décembre 1786, un incendie considérable, qui a consumé plus de la moitié de leur village.

Ces habitants, opprimés comme le reste de la province par les commis et préposés des fermes, régies de marque des cuirs, traites foraines, contrôle, droits de sceau, et ruinés par les rapports des maîtrises et enfin par tous les différents officiers et gens en charge qui ont usurpé et surpris de la religion du ministère des privilèges qui répugnent au droit de la nation et des gens, se joignent au reste de la province, et en conséquence,

La généralité des habitants de la communauté de Ham, assemblés au son de la cloche dans la maison de leur syndic, cejourd'hui, 9 mars 1789, en exécution des ordres du roi en date du 24 janvier et 7 février derniers, et de l'ordonnance de M. de Lambertye, bailli du bailliage royal de Boulay, après une mûre délibération, ont arrêté et arrêtent par les présentes de faire demander par leurs députés à l'assemblée du dit bailliage de Boulay à ce qu'il plaise à Sa Majesté leur accorder les grâces particulières ci-après détaillées:

1º. La suppression de la ferme générale et de tous les droits onéreux qui en font partie.

2º. La liberté du commerce pour les sels et tabacs.

3º. La réformation des acquits, hauts conduits, etc., des marchandises qui passent d'une province à l'autre dans l'intérieur du royaume duquel ils sont sujets et ne peuvent être réputés comme étrangers, pays conquis, ni autrement dénommés que sujets du roi.

4º. Une entière réformation dans les maîtrises des eaux et forêts, et un code raccourci et facile à l'effet de procéder en ces tribunaux, si toutefois il ne plaît à Sa Majesté d'en attribuer la connaissance aux juges locaux.

5º. La suppression des huissiers priseurs, intrus dans le royaume d'une manière et avec des privilèges inconcevables, qui ruinent la veuve et l'orphelin et relâchent le pauvre père de famille des soins et de la vigilance qu'il doit naturellement à l'accroissement de sa fortune.

Déclarant adopter pour les cas non prévus dans les présentes le vœu général et commun de la province, et notamment de la capitale; faisant très respectueusement les mêmes offres que les dites province et capitale, et joignant leurs vœux à ceux de tout le royaume pour l'heureuse continuation du plus heureux règne de Sa Majesté.

De ce faire donnons pouvoir et procuration à nos députés, les sieurs Jean Albrecht l'aîné et Jean Cavélius, habitants du même lieu.

Fait et arrêté à Ham, les dits jour et an, 9 mars 1789, et ont les uns signé et les autres marqué, après lecture et interprétation faites. Jean Bir; P. Albrecht; Johannes St. Germain; Glod Lauer (?); Nicolaus Mayer; J. B. (Jean Biber); Stefannus Schenwoh; Peter Harter; Caspar Weber; Petter Lorentz; Andres Biet; Peter Tenes; Jorg Rast; Carolus Mitsch; J. Tenes; Michel Torbüesch; Johannes Vilt; Hans Peter Birgi; Vinzent Mitsch; Johannes Ker (?); Nicolas Spitz; Hensien (?); marques de Jean Bärthol, François Albrecht, Pierre Frey, Jean-Jacques Mueller, Benoît Robiné, Martin Spitz, Philippe Albrecht, et Michel Barthol; Steffen Hennes; N. Privé; Anton Louis; Ni. Ro. (Nicolas Rosenberger); P. A. (Pierre Albrecht); J. Cavelius; J. Albrecht.

HARGARTEN-AUX-MINES.

Impositions[1]): 1. Subvention . . . . 674 l. 1 s.
2. Ponts et chaussées et autres impositions . . . 627 l. 8 s.
3. Abonnement . . . . 338 l. 10 s.
4. Entretien et confection des routes . . . . 220 l. 8 s.
5. Dépenses militaires de Saint-Avold, en 1788 . 140 l. 6 s. 6 d.

Assemblée du 8 mars par-devant les maire, élus et syndic; publication au prône le 8 mars par M. Henry, curé.
104 feux. — Pas de liste de comparants, mais le nom des cinq membres de la municipalité; signatures des députés, du maire et du greffier. Députés: Jean Kieffer, tailleur d'habits, et Jean-Pierre Mayer, manœuvre.

Cahier des doléances, plaintes et remontrances de la communauté de Hargarten-aux-Mines, assemblée ce 8 mars 1789 à une heure après midi dans la maison du syndic du lieu, et signé par ceux qui savent écrire, étant tous compris dans le rôle des impositions.

---

[1]) Il y a une double déclaration d'impositions, l'une du 8 mars et l'autre du 27. La première, plus restreinte, spécifiait à l'art. 2 «compris une somme de 13 l. 9 s. pour les gages des officiers du parlement de Nancy» et portait l'art. 3 à 363 l. 5 s. à cause d'une somme de 25 l. 11 s. «qu'on paye égal une comme l'autre, le restant se paye à proportion du bien»; en 1787 on avait payé «pour l'entretien et logement des soldats logés chez les bourgeois dans la ville de Saint-Avold» 216 l. 18 s. Mais, en dehors de cela, il n'était question que d'une somme de 5 l. payée annuellement au domaine. Cette mention disparaît le 27 mars, pour faire place à une double mention «pour droit seigneurial 54 l., et en outre 62 l.; pour droit de marquage, annuellement à la maîtrise de Bouzonville 152 l.»

Art. 1. Les habitants, étant la plus grande partie très pauvres, soupirent depuis longtemps sur le prix exorbitant du sel: ce qui les oblige de s'en passer bien des jours avec du pain sec et quelquefois avec un peu de pommes de terre, sans qu'ils puissent préparer aucuns légumes ni soupes; et les bestiaux mêmes ne peuvent être nourris faute de sel, n'ayant presque que des prés bourbeux et marécageux. Ce village étant composé de 104 ménages, il n'y en a que 10 qui ont leur pain pour l'année.

Art. 2. Les habitants ne souffrent pas peu à raison des impositions annuelles dont ils se trouvent chargés, n'ayant presque que des terres montagneuses fort difficiles à améliorer; le reste, des terres sableuses, qui souffrent bien des dommages à raison des eaux, dont elles sont souventefois ravagées.

Art. 3. Les pauvres manœuvres se trouvent en grande partie hors d'état de pouvoir nourrir une vache faute de fourrage, quelques particuliers ayant mis des prés en clos pour y profiter du second poil, prenant en même temps, sur le peu qui reste, portion avec les autres communables.

Art. 4. La dite communauté se trouve annuellement chargée de la somme de 150 livres, cours de France, payables à la maîtrise, pour droit de martelage de leur coupe qui se monte à 54 arpents environ par année: on pourrait remettre cet office aux officiers des lieux.

Art. 5. Les forestiers des villages leur occasionnent par chacune année une foule de rapports, faisant sur-le-champ, lorsqu'ils trouvent un délit dans les bois, le rapport sur la communauté, tandis qu'il n'y a qu'un ou deux particuliers délinquants. Il serait à souhaiter qu'ils ne fassent ces rapports qu'après avoir prévenu le syndic du lieu, afin de découvrir le délinquant et faire le rapport contre lui.

Art. 6. La marque du cuir, qui le fait monter à un prix qui empêche les pauvres de se chausser, devrait être abolie; plutôt mettre un impôt aux tanneurs.

Art. 7. On demande le commerce libre dans les provinces du royaume; même on trouve très étrange qu'on soit obligé de prendre des acquits pour passer d'un village de France en Lorraine, et de la Lorraine en France, tandis qu'on reste toujours sur les terres du roi.

Art. 8. Les employés de la ferme doivent être congédiés, étant odieux à tout le monde, et dont l'entretien et payement ne servent qu'à diminuer le coffre du roi.

Art. 9. Pour sermenter, les forestiers de la communauté sont toujours obligés de se rendre annuellement devant la maîtrise, pour y faire leur serment: ce qui donne tous les ans une somme de 10 livres pour les frais aux assermentés; et pour épargner les dits frais, les forestiers pourront faire leur serment devant le sieur maire ou bien aux plaids annaux.

Art. 10. Outre les impositions que la communauté paye au roi, elle est chargée de payer annuellement une rente d'une quantité de 15 quartes de blé, 40 quartes de seigle et 34 quartes d'avoine, payables au sous-fermier de Madame la comtesse de Choiseul, provenant du ban de ce lieu.

Fait à Hargarten le 8 mars 1789, et fut signé de tous ceux qui savaient signer.

Etienne Fery, syndic; Etienne Becker, Johanes Kieffer, Léopold Berwiller, (membres de l'assemblée municipale); Luis Masson, maire; Nicolas Haass, échevin; Henrich Weingertner, échevin; Jean Vermeister; Domnic Berwiller; Petter Grass; Johannes Mayer; R. B.; Peter Allard; Jacob Rinck; Luy Zeger; F. S.; Joseph Zeger; Pier Giron(?); Hans Adam Zeger; Steffen Mayer; Nicolas Brem; Mathies Poncele; Nicolas Bruch; L. C.; D. Schmit; Jean-Piere Lete (?); I. W.; Johannes .... (?); Petter Albert; Peter Job; Joseph Coney(?); Ch. A.; Jean Allard; Johannes Dor; Johanes Berwiller; Henrich Mayer; Nicolas Schmit; N. Has; Simon Grass; Jean Fery, greffier.

HELSTROFF.

Impositions: 1. Subvention . . . . 460 l. 14 s.
            2. Ponts et chaussées et autres impositions[1]) . . 426 l. 16 s. 9 d.
            3. Vingtième . . . . 460 l. 4 s.
            4. Prestations représentatives de la corvée, en 1788 135 l. 5 s. 10 d.

Assemblée du 8 mars par-devant les maire et syndic; publication au prône le 8 mars par Jean-Nicolas Girard.
45 feux. — 39 comparants; 32 signatures[2]).
Députés: Philippe Albert, laboureur, et Nicolas Hartard, laboureur.

---

[1]) Compris 9 l. 3 s. pour les gages des officiers du parlement de Nancy.

[2]) Les cinq membres de la municipalité s'appellent ici députés, et parmi eux Nic. Hartard est maire. Les comparants qui n'ont pas signé sont Nic. Helstroffer, Nic. Charons, Pierre Luxenburger, Jacq. Hallinger, Pierre Rederchtler, Pierre Boulanger. La liste porte les noms de Dominique Jean et Jean Thuillier, alors que les signatures sont D. Cana ou Lana, et J. Thulluey.

Cahier des plaintes rapportées par les habitants de la communauté de Helstroffe, du 8 mars 1789, pour nous conformer à l'ordonnance du roi du 27 avril 1788 (*sic*).

1º. Tout le monde désire d'être libre pour tous commerces suivant la liberté dont les Lorrains ont joui en l'ancienneté.

2º. Les habitants se plaignent en grand nombre à cause de la grande cherté du sel, disant que les pays étrangers usent le meilleur sel qui se fait sur les salines et ne payent qu'un tiers de ce que nous payons, en le conduisant à 30, 40, 50 lieues de distance de notre province. Et d'ailleurs les salines font une cherté du bois dans notre province considérable; au lieu que l'on pourrait avoir le sel sur la mer qui ne coûte rien que les voitures, et dans ce cas-ci l'on épargnerait le bois, qui ne serait plus la moitié si cher.

3º. Observation. Les verreries font aussi des dégradations du bois dans notre province qu'il n'est pas à dire, qui ne font guère de profit au pays, mais aux pays étrangers, en conduisant leurs verres dans ces pays-là : ce qui fait beaucoup de tort à la province.

4º. La marque du cuir, marque du fer, fait une si grande cherté en notre province que la plus grande partie des pauvres gens sont obligés de marcher à pieds nus à cause de la grande cherté; car souventefois les pauvres gens gagneraient leur vie, s'ils avaient des souliers.

5º. Nous n'avons qu'un roi en France et en Lorraine : et pour la moindre marchandise que l'on transporte en l'un ou l'autre lieu, l'on est obligé de prendre un acquit, qui fait un objet terrible en notre province.

6º. Remontrance. Les employés des fermes du roi tirent une somme considérable de Sa Majesté : mal inutile; si on les remerciait et qu'ils fussent cotisés en la subvention et ponts et chaussées comme nous autres sujets, Sa Majesté aurait le double de revenus, au lieu de les nourrir en punissant ses autres sujets. Quand ils vont prendre une once de tabac ou du sel pour une soupe aux faux magasins, quelquefois on leur en donne par charité. En outre les pauvres gens ne sont plus en état d'acheter du tabac ni du sel à cause de la cherté; ils se hasardent, ils vont aux faux magasins, pour prendre du sel et du tabac pour aider à nourrir leurs enfants; en étant en chemin, les employés les attrappent, on les met quelquefois en prison : [ce] qui cause quelquefois que leurs femmes et enfants meurent de faim, s'ils n'ont pas de quoi pour payer leurs amendes; et quelquefois on les met aux galères, et bien des fois ils se tuent l'un ou l'autre, et souventefois, si les pauvres gens ont quelques biens-fonds, ils sont obligés de les vendre pour se défaire de leur prise.

7º. Il est à observer que les nobles, les religieux, les curés, ont la plus grande partie des biens, dîmes et autres revenus, mais ne payent aucune contribution que leurs dons gratuits, et nous autres sujets du roi sommes obligés d'acquitter toutes les impositions des dits biens.

8º. Il y a un grand abus envers les bailliages et hautes justices de la Lorraine. Lorsque l'un ou l'autre sujet du roi se présente pardevant eux pour une grande ou petite affaire ou pour une affaire de la valeur de 3 ou 4 livres, les avocats et procureurs prennent huitaine et quinzaine jusqu'à ce que l'affaire se traîne 10, 12 et 15 années, enfin jusqu'à ce que l'un et l'autre est ruiné ou mort: dont nous avons vu l'expérience.

9º. Il est à observer que nous sommes surchargés en la subvention et ponts et chaussées; mais on n'a pas sitôt reçu les ordres de Sa Majesté, tout de suite une contrainte de 7 à 8 livres, et même on nous envoie quelquefois des avertissements avec les ordres du roi: ça coûte au moins 24 livres tous les ans à notre communauté bien mal à propos.

10º. Observation contre les subdélégués. Ils font coûter beaucoup d'argent aux communautés au sujet du tirage de la milice et pour les comptes des syndics.

11º. Observation contre la gruerie. Lorsqu'il se trouve des bois prêts à couper à l'âge de vingt ou vingt-quatre ans, au lieu qu'on les puisse couper à l'âge de dix ans, comme en France, ces Messieurs n'accordent aucune grâce, jusqu'à ce que les vingt-cinq ans sont expirés. De même ils acceptent des rapports qui n'ont aucun lieu; surtout, s'il y a un rapport d'une branche de la grosseur de trois pouces, l'amende est de 20 ou 30 francs, outre les soumissions. De surplus, ils ont des forestiers des bois qui ne sont pas des capucins; ils font souventefois des rapports, lorsqu'ils trouvent du bois chez l'un ou l'autre sujet, quand même on a acheté le dit bois. Ils font des rapports, et ils sont toujours bien reçus: voilà la ruine des pauvres gens. Et les dits forestiers font des dégradations terribles dans les bois du roi, en vendant des arbres de côté et d'autre, et lorsque les communautés ont quelque chose à tirer dans la gruerie des bois vendus ou des rapports, il est inutile de faire des remontrances: il faut avoir des amis.

12º. Observation des clôtures. La communauté de Helstroffe a fort peu de prairies sur leur ban, mais une bonne partie sur la Nied, desquelles ils ne tirent guère de profit; lorsque la Nied déborde, ils n'auront point de foin, et lorsque le foin est une fois dehors, c'est fini pour l'année. Et les admodiateurs des lieux et la plus grande partie des particuliers font des clôtures et font du regain; et les autres sujets payent le vingtième et autres impositions des dits biens, et les autres en tirent le profit. Il est à souhaiter que chacun profite de ses prés deux fois.

13°. Observation des châtreurs. Tout chacun devrait pouvoir châtrer ses porcs; car on dit ordinairement: Celui qui peut faire son ouvrage lui-même n'a pas besoin de serviteurs.

14°. Observation des juifs. Les juifs sont la ruine de beaucoup de monde en prêtant de l'argent auprès d'eux; ils se laissent donner des 24 livres et plus, autant qu'ils pourront avoir, par an. Et il y a de certains juifs qui font de doubles promesses: lorsque la première est payée, ils font une seconde demande. En outre ils font passer des contrats par-devant notaire pour de certaines sommes qu'ils n'ont pas remboursées. C'est une chose qui doit être défendue; ne prêter de l'argent qu'à 10 livres par cent et faire passer toutes les promesses par-devant notaire.

Fait et arrêté l'an et jour avant dits, et ont les parties signé.

Philippe Albert, syndic et député; Jacques Bar, député; François Bor, député; Nicolas Hartard, député; Christian Bettinger, député; Michel Boulanger; Jean Léonard; Philipe Becquer; Jean Allexendre; Simon Bettinger; Michel Tour[cher]; Nicolas Hartard; Philippe Marcus; Nicolas Petit; Pierre Kieffer; Christianne Berche; Pierre Becker; Jean Marcus; Phili Kine; Bennedic Reinnart; Jean Marcus; J. L. (Jacques Lagrange); N. Oster; Jean Helstroffer; Jacob Crause; Domnik Cana; Nicolas Marcus; Jean Thuelluey; Christoffel Schmitt; Pierre Marcus; Nicolas Jager; Nicolas Schinder. Pour expédition F. Maurice Matthieu, greffier.

HÉMILLY.

Impositions: 1. Subventions, ponts et chaussées, autres impositions accessoires . . . . 743 l. 16 s. 3 d.
2. Abonnement . . . . 192 l. 5 s. 9 d.
3. Pour le service des troupes en quartier à Saint-
Avold, en 1788 . . . . 123 l. 3 s.[1])
4. Prestations de la corvée . . . . 113 l. 13 s. 7 d.

Assemblée du 8 mars par-devant les maire et gens de justice; publication au prône le 8 mars par le vicaire.

---

[1]) Les gages des officiers du parlement de Nancy sont indiqués deux fois (sans chiffre spécial) comme compris dans chacun des deux premiers articles; le troisième est annoncé ainsi: «Les années dernières la communauté a payé chaque année . . .»

Bailliage de Boulay.

71 feux. — 42 comparants; 27 signatures [1]).
Députés: Jean Fossé le jeune et Louis Rollin.

Plaintes, doléances et demandes des habitants de la communauté de Hémilly [2]).

Aujourd'hui, 8 mars 1789, en assemblée au son de la cloche en la manière accoutumée, sont comparus par-devant nous Jean Henry, maire de ce lieu, les habitants du dit lieu, tous nés Lorrains et Français, lesquels ont fait leur cahier de plaintes, doléances et demandes, savoir:

Que la misère extrême à laquelle presque tous les habitants de ce village sont réduits, est l'effet... (*Voir la suite p. 64.*)

[Qu'on doit y joindre] les privilèges...; — la cherté excessive des blés, qui provient du manquement de récolte de deux années de suite et du renchérissement des fermes, du monopole souvent exercé par des marchands de blé: le laboureur [est] ainsi obligé d'augmenter [ses prix] pour la culture des terres des manœuvres; ceux-ci, ne tirant point un produit suffisant pour compenser cette cherté de la culture, les laissent incultes; — les enclos des prés: le riche enferme ses prés, pâture ceux du pauvre.

Et eux, habitants dudit village, pour s'assurer [la jouissance] de leur liberté et de leurs propriétés et industrie, désireraient qu'il soit ordonné que....

Fait et arrêté par les habitants de ce lieu assemblés à la manière accoutumée au son de la cloche, et ont signé ceux des dits habitants qui savaient signer, les an et jour avant dits.

Jean Henry; Jean Fossé le jeune, élu; Louis Rollin; Nicolas Rolin; Jean Rollin; N. Sido; François Rollin, sergent; André Pitavin; Nicolas Bœem; Clément Doyen; Matieu Gober; Jean Rollin; D. Langard; Nicolas Houzelle; Jean Lapaque; François Pitavin; M. Houzelle; J. L. Sido; Jean Houzelle; B. Houzelle; Louis Fossé; Louis Dory; Jean Lapaque; J. N. Cholle; N. L. J.; Claude Villier, lieutenant de maire; Etienne Villier, greffier.

Pour expédition pareille à la minute déposée au greffe de la municipalité, Etienne Villier, greffier.

---

[1]) Au lieu de remplir le formulaire imprimé, on en a fait une copie; les signatures sont les mêmes et dans le même ordre au procès-verbal qu'au cahier.

[2]) Nous avons indiqué l'unité de rédaction de l'ensemble de ce cahier avec celui d'Elvange; nous ne répéterons pas ici les parties communes. Le reste ne comprend, avec un en-tête régulier, qu'un paragraphe spécial de plaintes: celui-ci se substitue à ce qu'on disait là-bas des brevets de brandviniers, après omission déjà de la dilapidation du fonds communal. On ne trouve non plus ici la 11e demande, et la conclusion est simplifiée.

HOMBOURG HAUT ET BAS.

Impositions: voir le cahier, art. 14.

Assemblée du 9 mars par-devant les curé et membres de la municipalité; publication au prône le 8 mars par le curé fr. Petronius Graz.
192 feux. — Pas de liste de comparants; signatures des cinq membres de la municipalité [1]*), du curé et des deux députés.*
Députés: Jean-Pierre Steinmetz et Charles Gaspard.

Etat des plaintes que fournissent les habitants et communauté de Hombourg Haut et Bas, sur la mauvaise administration, les impositions et les vexations outrées que l'on exerce journellement sur eux.

1º. Il est constant qu'il est à désirer qu'on ne puisse à l'avenir établir ni proroger aucun impôt, de quelle nature il soit, que du consentement de la nation.

2º. Qu'il serait de l'utilité pour les sujets de Sa Majesté que les intendants de province et leurs subdélégués soient supprimés comme étant une charge onéreuse à l'Etat, et que l'administration qui leur est confiée soit remise à chaque province: 1) Sa Majesté éviterait et épargnerait annuellement une somme de 60 000 livres, qu'elle paye à chaque intendant; 2) en ce que les sujets du roi seraient beaucoup soulagés: car lorsqu'il est question de faire autoriser une communauté, soit pour intenter une action, soit en défendant, elle peut être six mois et même plus avant d'y parvenir, malgré les différents placets et voyages qu'elle est obligée de faire faire, qui lui deviennent très coûteux. Est-ce en défendant? elle est obligée de demander des huit à dix remises avant de parvenir à être autorisée, tandis que, s'il lui était permis de faire consulter le cas par deux ou trois avocats, ceux-ci, la trouvant fondée, pourraient l'autoriser: ce qui serait beaucoup moins coûteux.

3º. Bien loin de se louer de la conduite des subdélégués, l'on ne peut que s'en plaindre très amèrement, notamment de leurs vexations outrées. S'agit-il de quelques réparations à faire soit à un presbytère, église ou cimetière? ce subdélégué y envoie premièrement l'inspecteur des ponts et chaussées pour en faire la visite, reconnaissance et un état estimatif: cette opération, quoique très inutile, coûte néanmoins

---

[1]) Jean Gorman, syndic, Pierre Lorentz, maire, et les trois élus Jean Nimsgern, Jean Schmitt, et Jean Friedrich; Christ. Höen, greffier.

des 20, 30, 40, 50 livres, et même plus quelquefois. Ensuite ce subdélégué s'y transporte avec son secrétaire, en fait l'adjudication et perçoit pour ses honoraires une somme exorbitante, outre les droits de son secrétaire, et ce pour trois à quatre heures de travail.

Les syndics de chaque communauté sont attenus de rendre compte de leur gestion et administration à la fin de l'année de leur syndicat. Ce subdélégué, au lieu d'allouer les dépenses légitimement faites par ce syndic comptable, les contrarie, les raye, de sorte que, quand ce syndic serait légitimement créancier de la communauté, il en devient son débiteur; et [il] prend pour son calcul des 12, 15 et 18 livres, outre les expéditions de ce compte, qu'il se fait encore payer à part. Ce syndic se plaint-il de cette taxe énorme? refuse-t-il de payer? il l'envoie prendre par un ou deux cavaliers de maréchaussée et se fait payer forcément, outre les frais de courses. Ce n'est point le tout: ce subdélégué, après avoir auditionné tous les comptes de son département, 10, 15 et 20 années après se les fera représenter de nouveau, les revérifiera encore et se fera payer de nouveau les frais de calcul fort chers, tandis qu'un compte une fois auditionné et apuré doit suffire.

4°. Le prix des bois est excessif; et pourquoi? La chose est sensible: il y a à Hombourg Haut et Bas une forge considérable; à Sainte-Fontaine, à une demi-lieue de distance, il y a encore une forge; et à Saint-Charles, tout près de Sainte-Fontaine, il y a encore une platinerie. Ces trois usines consument une quantité prodigieuse de bois qui appartenaient, il y a environ 40 ans, à la communauté du dit Hombourg, à la ville de Saint-Avold, Lixing, Ebersing, L'Hôpital, Valmont, et à la Petite-Ebersvillers, à titre d'acensement et par titres, que feu le sieur de Hayange leur a enlevés en vertu d'un arrêt du conseil, de sorte que ces habitants et communautés ont non seulement perdu le fond, mais encore la vaine et grasse pâture; et quoiqu'il y ait des coupes qui, depuis un temps immémorial, ne produisent rien que de la fougère, et d'autres très peu de pâture, quoiqu'elles aient des 20 à 30 ans d'âge, conséquemment très défensables, encore la maîtrise des eaux et forêts de Dieuze leur y refuse-t-elle la vaine pâture, au point que, si un habitant ou laboureur y faisait vainpâturer ses bestiaux, il serait écrasé tant par les amendes, dommages-intérêts, que frais de poursuite: ce qui est déjà arrivé maintes fois.

5°. Cette communauté possédait encore environ 90 fauchées de pré, situées sur son ban, à elle données par le seigneur feu François de Grimaldy, prince de Lixheim; le sieur de Hayange les lui a encore enlevées.

Elle possédait encore une autre prairie, qui a été presque totalement comprise dans la nouvelle route qui conduit de Saint-Avold à Francfort, de sorte qu'il ne lui reste plus de pâture pour leurs bestiaux, et conséquemment très peu de fourrage, eu égard encore que Hombourg-la-Ville est situé sur une hauteur et que tout ce qui l'environne est roc et montagne.

6°. Les forêts sont totalement dévastées, comme il vient d'être dit, par la consommation [de bois] que font annuellement ces forges, et c'est ce qui le rend si cher.

7°. Il serait d'une utilité indispensable pour le bien des sujets du roi de supprimer les maîtrises, qui ne contribuent pas peu à la ruine des sujets par la perception des droits exorbitants qu'elles tirent soit pour le martelage des bois, soit enfin pour la vente d'iceux. La communauté du dit Hombourg, composée de 192 feux, possède un bois communal, dans lequel elle a annuellement 22 arpents de bois d'affouage; et le dit Hombourg-le-Haut et Hombourg-le-Bas possèdent ensemble 28 arpents aussi annuellement, qui ensemble peuvent produire environ une demi-corde à chaque habitant, et pour le martelage desquels ils payent aussi à la dite maîtrise une somme de 168 livres de France, outre les frais de quittance et autres faux frais. Il serait bien plus avantageux pour la dite communauté que l'administration de leurs bois fût déférée aux officiers du bailliage; les frais seraient beaucoup moins considérables.

Une autre circonstance encore pas moins frappante est que, si une communauté est nécessitée de faire vendre une coupe de bois communal soit pour acquitter une dette urgente, soit pour la reconstruction d'un bâtiment communal, etc., la maîtrise contraint l'adjudicataire de cette coupe de payer [à sa caisse] le prix de son adjudication, qui y étant une fois versé, il faut en consommer le quart au moins avant de pouvoir toucher les trois autres quarts; pendant ce laps de temps l'adjudicataire des dits ouvrages écrase cette communauté en frais pour être payé: voilà l'utilité et l'avantage de ces maîtrises.

Cette maîtrise, sous le spécieux prétexte que la communauté de Hombourg-le-Haut et Bas a trop de bois pour son chauffage, procède tous les trois ans, et ce depuis neuf ans, au martelage et à la vente d'une coupe de bois qui doit nécessairement être pour leur affouage, en fait verser le prix en sa caisse, dont les deux tiers reviennent, dit-elle, à la dite communauté, et l'autre tiers au roi. La dite communauté, qui n'a, comme il vient d'être dit, qu'une demi-corde ou environ de bois pour chaque habitant de Hombourg Haut et Bas, supplie très humblement Sa Majesté de faire défenses à la dite maîtrise de faire à l'avenir aucune vente de ses bois communaux qu'au préalable elle ne le demande[1]).

8º. La dite communauté n'a aucune plainte à porter contre l'administration de la justice; mais, quant aux inventaires à faire, ils pourraient l'être par un notaire et deux témoins qui apprécieront le mobilier: ce qui serait beaucoup moins coûteux.

9º. La création des jurés priseurs est très nuisible au peuple, d'autant qu'il perçoit 3 livres de France par chaque vacation, outre son voyage, et qu'en cas de vente, il perçoit encore les mêmes droits, outre son procès-verbal et l'expédition d'icelui, à raison de 6 livres par rôle pour l'un et l'autre, outre le quart denier.

10º. Hombourg-le-Haut et Bas est éloigné de cinq lieues de la ville de Boulay: il ne s'en plaint pas.

11º. La traite foraine est très nuisible à l'Etat. Il paraît même que les employés d'icelle s'appliquent avec cœur à vexer le pauvre peuple, et il n'y a pas de doute que les acquits qu'ils forcent à prendre pour peu de chose ne soient à charge.

12º. Que, s'il était possible d'obtenir des grâces du roi la réformation des salines et le pouvoir de faire venir soit par eau ou par voitures les sels de la mer, il est certain que, devenant marchand, le peuple l'aurait au moins au même prix que les étrangers le payent aux dites salines: ce qui ferait un soulagement considérable pour le pauvre peuple. Il en est de même pour le tabac, qui, s'il était libre et marchand, serait beaucoup meilleur et à plus bas prix. Et quant aux employés des fermes, il n'y a vexations ni exactions qu'ils n'aient exercées et n'exercent journellement sur le pauvre peuple: les preuves en sont fréquentes et existantes, et il est vrai de dire qu'en supprimant cette ferme générale, laissant le commerce libre dans l'intérieur du royaume, on le verrait tôt fleurir et s'enrichir, et par là en état de pouvoir soutenir la couronne.

13º. L'impôt des cuirs, poudre, amidon, papier et carton, la marque d'or et d'argent, est une charge très onéreuse au pauvre peuple, qui à peine peut parvenir à se faire chausser pour la cherté des cuirs.

14º. La communauté de Hombourg-le-Haut et Bas paye pour subvention et ponts et chaussées 1868 l. 17 s.; pour vingtième 1100 l.; pour

---

[1]) Cette plainte est reproduite, en bonne partie textuellement, dans une requête «à messieurs de l'Assemblée provinciale à Nancy» jointe ici: toutefois le droit de martelage est porté là à 178 l. de France; la communauté a 16 l. de bon dans la caisse de la maîtrise et un grand quart de réserve vieille et défaillissante, où la maîtrise pourrait faire une coupe, si la communauté avait besoin d'argent.

la chaussée 215 l.; imposition ministérielle pour le logement des troupes à Saint-Avold 216 l., et entretien des magasins de fourrages pour les dites troupes; et 21 l. pour droits dus au domaine affectés sur un canton de terres: ce qui fait un total de 3420 l. 17 s.[1]), non compris 168 l. de France portées par l'art. 7 [ci-dessus].

La communauté aura l'honneur d'observer que le ban de Hombourg Haut et Bas est montagneux, d'un sable léger, qui ne produit que du seigle, des topinambours; que, les frais de culture [et] les semences payés et retirés, le sciage, engrangement, battage payés ou prélevés, il ne reste aux cultivateurs, au nombre de 22, que pour quatre à cinq mois de vivres; et il est constant que tous autres propriétaires n'en ont pas tant. Il y a au moins le quart de cette communauté qui mendie son pain, de sorte que, par ce peu de rapport qui reste après tout payé, il est évident que les habitants de la dite communauté payent au moins un tiers au delà du produit de leurs revenus, et, ce qui les appauvrit encore plus, c'est le défaut de fourrage et la cherté du sel et [le défaut] de pâture dans leurs bois, qui les met hors d'état d'élever des nourris, qui devraient servir tant à la culture des terres que pour leur nourriture.

15º. La dite communauté ne consent à aucun impôt avant que le conseil du roi ait rendu l'arrêt portant rétablissement des Etats de notre province et qu'on soit en mesure pour réformer les plus principaux abus, qu'on ait décidé et fixé le retour périodique des Etats généraux.

Fr. Petr. Graz, administrateur d'Hombourg-l'Evêque; Charles Gaspar, élu; Johns German, syndic; marque de Pierre Steinmetz, élu.

HOST HAUT ET BAS.

Impositions: sont comprises dans celles de Maxstadt.

Assemblée du 8 mars dans la maison d'école par-devant les maire et syndic; publication au prône le 8 mars par M. Decker, curé.
52 feux. — 26 comparants; 24 signatures et 2 marques.

---

[1]) Il est curieux qu'une déclaration spéciale de ces impositions, datée du 10 avril 1789, porte pour vingtième 1045 l. 17 s. 9 d., ce qui n'empêche pas de maintenir le total de 3420 l. 17 s. On indique aussi pour le droit de martelage la somme de 186 l. 5 s. à raison d'une demi-corde de bois à chaque habitant, le même droit se payant pour la vente d'une coupe tous les trois ans sans tirer le bois.

Député: Jean-Pierre Kieffer, habitant de Host-le-Bas, maître tailleur d'habits, membre de l'assemblée municipale de Host.

Plaintes, doléances et remontrances.

L'an 1789, le 8e de mars, la communauté de Host, pour obéir aux ordres de Sa Majesté très chrétienne, après avoir reçu ses lettres pour la convocation et tenue des Etats généraux du royaume, le règlement y joint, l'ordonnance de M. le comte de Lambertye, bailli d'épée au grand bailliage royal de Boulay, après les publications faites, s'assembla dans la maison d'école, son lieu ordinaire, pour procéder à la rédaction du cahier de plaintes, doléances et remontrances que la dite communauté entend faire à Sa Majesté et présenter les moyens de pourvoir et subvenir aux besoins de l'Etat ainsi qu'à tout ce qui peut intéresser la prospérité du royaume, ainsi que celle de tous et de chacun les sujets de Sa Majesté.

La communauté de Host a l'honneur de représenter à Sa Majesté très chrétienne les plaintes, doléances et remontrances comme suivent:

1º. Le sel est trop cher: un empêchement très considérable à nos compatriotes de nourrir, d'engraisser des bestiaux et d'améliorer nos fourrages, tandis que les forains ont le sel pour un prix bien inférieur. En conséquence on n'est pas en état de nourrir un nombre suffisant de chevaux pour labourer une terre si forte comme elle est chez nous.

2º. Que les troupeaux à part du domaine, souvent trop multipliés, absorbent la nourriture nécessaire aux troupeaux de la communauté: une incommodité évidente pour la communauté.

3º. Que les inventaires des mineurs sont trop coûteux et à la ruine des mineurs, et qu'il serait à souhaiter que les officiers municipaux les fassent dans chacun endroit.

4º. Que, pour faire des petites réparations dans une maison de cure, d'école, et autres bâtiments à la charge de la communauté, les frais de l'ingénieur et des autres coûtent fort souvent autant que les réparations mêmes: une charge très onéreuse pour une communauté.

5º. Que M. le subdélégué du bailliage leur a fait des frais exorbitants pour la reddition des comptes, tandis qu'il n'y a pas de revenus.

6º. Qu'en conséquence elle se plaint d'être forcée de payer annuellement pour les réparations et entretien, pour la fourniture des lits des casernes de Saint-Avold: charge bien onéreuse.

7º. Que la maîtrise de Dieuze fait souvent vendre les bois communaux, la communauté en ayant besoin elle-même; que le tiers de la somme des dits bois vendus appartenait au roi, les deux autres tiers à la communauté, laquelle est souvent obligée de dépenser une bonne partie pour des fréquents voyages pour pouvoir toucher ses deniers en cas de besoin.

8º. Que la maîtrise de Dieuze fasse faire des rapports aux propriétaires qui font enter leurs arbres sauvages: ce qui ferait une utilité évidente pour la nourriture de l'homme.

9º. Que, par la cherté du sel et du tabac, il arrive journellement des accidents bien tristes et des malheurs, qui cesseraient, si le prix de l'un et de l'autre était diminué.

10º. Que la marque du cuir coûtait trop.

11º. Que les impositions fréquentes et grandes dont le peuple est chargé, le mettraient hors d'état de les pouvoir payer.

12º. Que les forestiers des maîtrises accableraient par des rapports multipliés et souvent faits mal à propos les communautés; que les communautés sont fort gênées, leur étant défendu de paître dans les taillis souvent fort anciens: cause de beaucoup de rapports pendant le temps de disette des fourrages.

13º. Que la multitude des acquits chargerait beaucoup le peuple.

14º. Que les édits des clôtures céderaient au détriment de la plupart des habitants, de sorte qu'il serait à souhaiter ou que les clôtures cessent, ou que sans clôture chaque propriétaire puisse jouir de ses prés.

Fait l'an et jour comme ci-dessus, et ont signé les habitants de Host qui savent écrire; les autres ont déclaré ne savoir écrire, de ce interpellés, et ont fait leurs marques.

Hans Jörg Spannagel, maire; Nickel Til; Christoffell Marting, syndic; Bastian Bendell; Jacob Flüry; Hans Peter Kiffer; Nicolas Grimmer; Nicola Didiot; Christoffel Filib; Theobald Klein; Nickel Nortz; Hans Petter Jacque; Johannes Grimmer; Nicola Liebgott; Moritz Bendel; Georg Schmit; Johannes Riss; Christoffell Bur; Hans Nickel Jacque; Peter Gernió; Frantz Lentz; Johanes Schmidt; marques de Jean Odoa et de Lambert Conreux; Christoffell Kirch; Johannes Lang, greffier.

LACHAMBRE.

Impositions: 1. Subvention et ponts et chaussées . . . . . . 666 l. 9 s. 6 d.
            2. Abonnement annuel . . . . 416 l. 6 s. 6 d.
            3. Travaux des routes [1]) . . . . 114 l. 5 s. 8 d.
            4. Dépenses militaires de Saint-Avold . . . . . 73 l. 2 s. 6 d.

¹) La déclaration, du 9 avril, donne pour les art. 3 et 4 les chiffres de 1788, mais elle rappelle les chiffres de l'année précédente: subvention en 1788, 697 l. 8 s.;

Assemblée du 8 mars; publication au prône par Etienne Grandidier, curé, sans date.
48 feux. — *La liste des comparants est remplacée par 28 signatures et 1 marque*[1]).
Député: Pierre Henrion, *syndic municipal, qui signe* Petter Hariung.

Remontrances.

Les notables de l'assemblée municipale de Lachambre représentent à Sa Majesté les remontrances telles qu'elles suivent, savoir:

Art. 1. A l'égard du sel, qui se paye 12 sols et demi de France le pot: ce qui fait que le pauvre peuple a de la peine d'en avoir.

2. A l'égard de nos bois, qui se partagent entre trois villages qui sont Macheren, Lachambre et Ebersviller: nous payons par chaque année, à la quantité d'environ 3000 arpents, le village de Lachambre payant annuellement quarante quartes d'avoine de sa part. Mais nous trouvons que notre village est trop chargé; nous prétendons que le seigneur fasse partager la dite avoine dans les trois villages, un comme l'autre, que les bois ou fagots soient partagés un comme l'autre; car les trois villages payent annuellement au domaine 82 quartes d'avoine de cens [pour les bois] que nous avons par acensement suivant nos titres pour le bois blanc et mort bois et pour la grasse et vaine pâture; desquels le sieur d'Hayange en a 2300 arpents, qu'il a retirés des dites communautés, à la réserve qu'elles peuvent obtenir du bois de bâtiment dans tous les dits bois, quoique les dites communautés payent les cens de 3000 arpents pour le bois blanc et mort bois; desquels les dites communautés n'ont que 783 arpents trois quarts dont elles obtiennent le bois blanc et les épines, que nous sommes obligés de nettoyer de chaque coupe à cette fin que la maîtrise de Dieuze puisse vendre la haute futaye, qui se vend, par chaque coupe, environ 450 livres, argent de Lorraine. Quoique les dites communautés payent 115 livres, cours de France, pour le marquage des dits bois qui se vendent par la dite maîtrise, les dites communautés ne tirent aucun denier des adjudications des dites coupes, qui se vendent au profit du roi. Les dits bois, qui sont pour la plus grande part en réserve, et ceux qui sont ouverts, la

---

routes en 1787, 113 l. 6 s. 3 d., dépenses militaires 108 l. 6 s. 9 d. Elle est signée du syndic et de Johannes Fickeler en l'absence du maire.

[1]) Petter Verschneider, Jacob Hariung, Gerg Hariung, P. K., Franç. Schaller, Petter Busser, Jacob Hencker (?), Frantz Hary, Andres Buhr, Josef Frommegiser marque de Gaspar Doucher, Goerg Schaller, Johannes Pier, Georg Schaller le jeune,, Nic. Grass, Simon Hamman, Gerg Duchscher, Nic. Schirra, Matz Hariung, J. Niclles, Joerg Schaller, Hantz Michell Thill.

maîtrise ne nous veut point donner de passages pour profiter des dites pâtures.

3. A l'égard de la pâture du ban de ce lieu: nous sommes surchargés par de trop grandes quantités de moutons que le fermier du domaine a droit d'y faire pâturer; ce qui occasionne que les habitants ne peuvent presque point entretenir de bestiaux, ce qui fait un grand tort aux dits habitants.

4. A l'égard des impôts du cuir, qui se paye à 55 sols la livre, et la livre de cuir de veau 3 livres 2 sols de Lorraine: ce qui fait que le pauvre peuple a de la peine d'en avoir.

5. A l'égard des acquits: nous sommes obligés, pour aller charger une voiture de bois ou de pierres et autres choses à un quart de lieue de distance, de prendre un acquit.

6. A l'égard d'un autre droit, qui appartient au domaine, qui surcharge fort les habitants, savoir: quand un homme vient à mourir, le fermier du domaine a droit de prendre une pièce de meuble à son choix[1]); de plus les officiers se transportent sur les lieux pour faire les inventaires: ce qui fait de très grands frais pour les veuves et les orphelins.

7. A l'égard des enclos des prairies, nous trouvons qu'il serait meilleur et plus profitable aux propriétaires qu'ils soient de nulle valeur; autrement qu'elles soient toutes en général closes depuis la Notre-Dame de mars jusqu'à la Saint-Michel. La plus grande partie des prairies des particuliers de notre communauté sont situées sur le ban de Macheren, qui les met en enclos pour profiter des regains, ce qui fait tort au propriétaire, vu que ses prés sont fauchés deux fois: ce qui fait que le propriétaire retire beaucoup moins de foin. Cependant le propriétaire en paye les vingtième et subvention, tandis qu'un étranger en tire le bénéfice.

Fait à Lachambre ce 8 mars 1789, et soussigné véritable.

Grandidier, curé de Lachambre; Hans Nickell Bur; Thill Busser; Jacob Diris, élu; Petter Hariung, syndic; Philippe Verschneider, greffier.

---

[1]) La déclaration des impositions revient là-dessus et précise qu'il s'agit du «second meuble: cheval, bœuf, vache, ou le second meuble dans la maison; c'est un mauvais droit».

LAUDREFANG.

Impositions: 1. Subvention et ponts et chaussées. . . . . . 990 l. 17 s.
           2. Vingtièmes . . . . 346 l. 17 s. 3 d.
           3. Travaux des routes . . . . 159 l. 15 s. 8 d.
           4. Dépenses militaires du quartier de Saint-Avold . 103 l. 12 s. 10 d.

Assemblée du 5 mars[1]) *par-devant le maire, commissaire de l'assemblée municipale; publication au prône le 8 mars par Jean Ritz, curé.*
52 feux, savoir 8 veuves, dont 4 insolvables, et 44 ménages tant de laboureurs que de manœuvres, parmi lesquels un invalide et un soldat provincial; plusieurs insolvables. Deux ou trois habitants seulement savent un peu de français. — Pas de liste de comparants; énumération et signatures des maire, syndic, élus et greffier.
Député: Nicolas Denus, maire, 63 ans, sans profession, payant pour la subvention et les ponts et chaussées 21 l. 9 s. et pour l'abonnement 9 l. 5 s. 3 d.

Cahier des plaintes, doléances et remontrances[2]).

Art. 1. Nous avons l'honneur de porter en remontrance l'étendue de notre ban et finage: le ban et finage est composé de trois saisons, contenant, le tout ensemble, 1000 jours de terres labourables, et seulement environ 100 fauchées de prés.

Art. 2. A l'égard des terres labourables: un tiers, médiocre, et un tiers montagne et vallon, et l'autre tiers, mauvaises terres blanches de très peu de rapport. Il faut observer qu'il y a toutes les années un tiers en la saison des versaines, qui est toutes les années sans aucun rapport.

Art. 3. A l'égard des prairies, elles sont de très peu de rapport

---

[1]) Une maladroite répétition du procès-verbal, mise en tête du cahier et que nous supprimons, semble expliquer cette date comme celle d'une première réunion de l'assemblée municipale chez le syndic «pour prendre communication des ordonnances à nous envoyées par Pierre Laurent, huissier au bailliage royal de Boulay, qui nous les a signifiées le dit jour». On aura peut-être traité les affaires davantage ce jour-là entre officiers municipaux, mais la conclusion du cahier est du huit mars, comme il est facile de le reconnaître sous une correction maladroite.

[2]) Les cahiers d'Adelange, de Laudrefang et de Tritteling sont écrits de la même main et procèdent d'une inspiration commune; certains articles sont exprimés presque dans les mêmes termes.

la plus forte partie; prairies sèches la plus forte partie, [en sorte] que l'on peut charger 7 à 8 fauchées sur une voiture et que, si elles n'étaient point amendées, l'on en chargerait encore bien 10 fauchées sur une voiture, de façon que les habitants sont attenus à en acheter toutes les années au mois pour 600 livres de France.

Art. 4. M. l'abbé commendataire de l'abbaye de Longeville est seigneur haut, moyen et bas justicier au dit lieu de Laudrefang, et MM. les religieux de Longeville et les dames bénédictines de Saint-Avold sont seigneurs voués.

Art. 5. Le ban et finage du dit Laudrefang est chargé de 31 quartes 2 bichets de blé et autant d'avoine, et 9 chapons emplumés et 21 poules aussi emplumées, et 36 sols en argent. Et pour le cens du bois dont ils tirent leur affouage, ils payent pour droit de grasse pâture 24 francs barrois.

Art. 6. Pour les dits cens et rentes, droits seigneuriaux, les révérends Pères bénédictins perçoivent annuellement la quantité de 17 quartes et 2 bichets de blé et autant d'avoine, 4 chapons et 21 poules, et 22 sols 6 deniers en argent, en outre 24 francs barrois pour le cens de la grasse pâture des bois et forêts, dits bois de Laudrefang.

Art. 7. Les dames bénédictines de Saint-Avold perçoivent annuellement 14 quartes de blé et autant d'avoine et 5 chapons et 14 sols en argent.

Art. 8. Le ban et finage du dit Laudrefang dans toute l'étendue du ban se dîme à la dixième gerbe; toutes autres dîmes, comme le chanvre, aussi à la dixième poignée; de même les porcs et agneaux de lait se dîment aussi à la dixième. De ces sortes de dîmes les révérends Pères bénédictins de Longeville en emportent la moitié, et l'autre moitié le sieur curé de Triteling dont nous sommes paroissiens.

Art. 9. Il faut observer que, par le transport de ces sortes de dîmes, toutes les pailles se transportent toutes les années hors du lieu, et que les pailles [sont] dans le lieu toutes les années d'une grande rareté, et même que, par le transport qui occasionne et amaigrit le ban, la plus forte partie des habitants [est] assujettie à en acheter dans les villages circonvoisins, et qu'au contraire, si ces sortes de pailles de dîmes restaient dans le lieu, les habitants et le ban en seraient de beaucoup plus de valeur.

Art. 10. Porte en remontrance [sur] les sieurs curés: avec [cela] qu'ils emportent totalement les dîmes grosses et menues dîmes, ils ont encore des terres et autres prairies, qui se nomment les biens du bouverot. L'on entend de la part des plus aînés que depuis leur connaissance l'on était encore traité raisonnablement pour les payements soit pour les mariages soit pour les enterrements, anniversaires, que pour les baptêmes. Aujourd'hui l'on ne peut plus se conformer à leurs statuts. Chaque curé a toujours des nouvelles [taxes] de payement, différant à l'un et à l'autre, de façon que les habitants ne sont plus en état de supporter toutes les charges.

1º. Pour les mariages le sieur curé de Triteling perçoit, tant pour lui que le maître d'école, y compris la messe du lendemain, il perçoit 6 livres de France. [2º.] Pour un enterrement avec une messe, 6 livres de France; pour le maître d'école 40 sols. [3º.] Et pour les services des défunts, autant de messes, autant de 3 livres pour le curé, non compris les droits du maître d'école. En outre, les luminaires qui restent sur les autels, [ainsi] que ceux sur la bière, le curé les retient aussi; en outre, si quelque particulier veut que l'on aille à l'offrande, le sieur curé les fournit pour le prix de 20 sols.

Une autre observation: si, après les services faits, la veuve ou les héritiers du moribond voulaient faire dire des messes avant le bout de l'an écoulé, il n'en veut dire aucune autrement que 3 livres par chacune messe, non compris les droits du maître d'école, de façon qu'il n'est plus possible à pouvoir les contenter.

En baptisant, si les trengueltes[1]) ne sont point favorables, l'on en est longtemps regardé de travers. Enfin l'on est obligé à payer de toute part: quand il n'en resterait qu'autant pour lui[2]), il ne quitte personne, soit riche, soit pauvre.

ART. 11. Il faut faire aussi les remontrances au sujet des inventaires que l'on fait dans nos cantons. Si un homme ou une femme viennent à mourir et qu'ils délaissent des mineurs, quand bien même le dernier mineur aurait atteint l'âge de 24 années 6 mois, les officiers tutélaires ne laisseraient point de venir faire un inventaire. A quelles fins peuvent être utiles ces sortes d'inventaires? Aujourd'hui l'inventaire fait, le lendemain le survivant est toujours le maître de vendre les meubles et effets inventoriés; c'est donc faire supporter des frais mal à propos, [par] la raison que, le survivant, soit le père ou la mère, qui viendrait encore à décéder pendant le courant de l'année, l'on reviendrait de nouveau faire un second inventaire sur les mêmes meubles et effets.

L'on peut avouer que les inventaires seraient utiles, si le survivant venait à se remarier; que l'on pourrait être en droit de faire un in-

---

[1]) Trinkgeld.
[2]) Autant (*écrit*: au temps) doit signifier: peu de chose, un rien.

ventaire huit jours avant la célébration de son second mariage; que de même, si père et mère venaient à décéder, l'inventaire serait utile par la raison pour l'établissement de tuteurs et curateurs pour les mineurs.

Art. 12. Autre article en remontrance sur le même objet. Depuis environ six années, il s'est élevé une loi contraire et différente des années ci-devant. Il y a dans notre étendue un juré priseur qui va aux inventaires dans plusieurs villages, nommé Claude Craitaille, résidant à Saint-Avold, qui emporte des vacations exorbitantes à cet égard. D'un autre côté, l'on ne peut faire aucune vente de meubles et effets que par ses mains ou par un de ses commis, dont les vacations — il en fait deux par chacun jour, d'environ deux ou trois heures de travail par chacune vacation — à 3 livres de France par chacune vacation, ce qui fait 6 livres par jour; en outre 20 sols par lieue de distance, non compris le procès-verbal, affiche et papier timbré, qui se payent encore à part; en outre le centième denier et contrôle, de sorte qu'il se trouve des ventes qui ne méritent pas, [parce] qu'ils en emportent la plus grande partie des prix des ventes.

D'un autre côté, un homme ou veuve, qui voudraient faire la vente de leurs propres meubles, ne peuvent la faire que par le ministère de ce juré priseur ou par ses commis: c'est ce qui porte un préjudice considérable. Auparavant l'on pouvait faire des ventes par des huissiers à juste prix et pour seulement les personnes décédées; et pour les habitants vivants, [nous] étions fort les maîtres de prendre un homme capable de faire ces sortes de ventes, sans qu'ils eussent besoin d'être obligés à aucun huissier; et les frais ne revenaient point à un tiers d'aujourd'hui. L'on devrait donc bien faire cesser ces sortes de charges pour le bien des pauvres sujets de Sa Majesté.

Art. 13. Remontrance sur les sels, les salines, qui nous sont à la portée et qui nous deviennent assez pénibles par la raison qu'elles font la consommation d'une forte partie des bois: que nous sommes obligés de payer les bois de chauffage un prix exorbitant, et nous sommes obligés de payer la livre de sel 6 sols 3 deniers l'une, et qui est encore le moindre sel. Nous apprenons depuis un long temps que plus loin que l'on conduit le sel, à meilleur marché il devient, et là on ne souffre aucune cherté sur les bois.

Art. 14. Autre remontrance au sujet des cuirs qui augmentent [de prix] de jour en jour par la raison des marques des cuirs, de façon que nous payons aujourd'hui la livre de cuir à 3 livres et le cuir de veau encore au delà, de façon que l'on n'a plus, la plus forte partie, les moyens de se procurer des souliers pour ses besoins.

Art. 15. Remontrance au sujet des acquits. Nous avons deux villages qui sont Créhange et Pontpierre, terres d'Empire, enclavés dans la Lorraine, dont Triteling, notre paroisse, est ban joignant à Pontpierre; et nous qui sommes obligés d'acheter des fourrages, en allant seulement à Triteling, ne sortant pas de la Lorraine, en achetant seulement 20 bottes, l'on nous force à prendre des acquits à caution, cependant ne sortant point du territoire de Lorraine. Il en est de même de plusieurs autres villages: c'est ce qui porte un grand préjudice.

Art. 16. Autre remontrance au sujet des tabacs, qui sont en grande augmentation depuis plusieurs années; que les tabacs sont d'une cherté exorbitante. Si Sa Majesté jugeait à propos de faire une taxe sur les habitants qui font usage de tabac et que l'on soit en liberté, ce serait le moyen de soulager ses sujets, et moins coûteux et sans aucun danger d'aller à la contrebande.

Art. 17. La pauvre communauté, comme n'ayant que peu de terres labourables et presque point de prairies, [de sorte] qu'ils sont tenus toutes les années à acheter la plus forte partie; cependant ils ont été pour la présente année attenus tant pour les subvention, ponts et chaussées, et gages des officiers du parlement de Nancy, que pour abonnement et pour les troupes de Saint-Avold et que pour les travaux des routes, à payer, le tout ensemble, la somme de 1656 l. 17 s. 6 d., le tout cours de France.¹) Les remontrants ont encore des rôles pour la subvention, qu'ils ont trouvés dans leur communauté, du temps de leurs ancêtres, qui ne payaient pour toute somme que 500 livres, cours de Lorraine. Et aujourd'hui être tenus de payer des sommes pareilles! et les denrées d'une cherté exorbitante! de façon que le pauvre peuple n'est plus en état de pouvoir soutenir ni non plus de supporter les charges dont il est chargé.

Art. 18. Les remontrants ont sur leur ban un bois appelé le bois de Laudrefang, dans lequel il se trouve la quantité de 169 arpents et demi, qui est mise en quart de réserve; dans laquelle forêt les remontrants ont, dans les temps que les bois ne sont point en taillis, le droit de grasse et vaine pâture, moyennant le cens qu'ils en payent annuellement; et dans le restant de l'étendue de la dite forêt, ils en perçoivent le tiers des coupes pour leur affouage; et dans le quart de réserve, M. l'abbé de Longeville y fait des coupes. Et même quand il s'y trouve des bois chablis et houppis par suite de la rigueur des grands vents, les

---

¹) Ce chiffre se rapporte sans doute à l'année précédente, car la déclaration du 19 mars 1789 ne fournit qu'un total de 1601 l. 1 s. 9 d.

ventes que l'on fait de ces sortes de bois sont totalement, de même que les coupes dans le quart de réserve, au profit de M. l'abbé, et les communautés en sont privées. Les remontrants croient, comme ils sont en droit tant pour la grasse et vaine pâture que pour leur affouage, comme en payant le cens, qu'ils devraient donc être aussi participants aux ventes des bois houppis et chablis, abattus par les grands vents, à leur profit pour un tiers des dites ventes.

On fait le même usage des arbres champêtres qui viennent à tomber par la rigueur des grands vents, que des arbres dépérissants qui tombent. Les officiers de l'abbaye de Longeville en font les ventes dans leur greffe depuis plusieurs années, et les remontrants en sont toujours privés: c'est ce qui leur porte un préjudice d'année à autre aux remontrants.

Art. 19. En remontrance au sujet des distillateurs d'eau-de-vie. Il se trouve dans leur communauté deux habitants qui ont chacun un chaudron à cet effet. Ils se trouvent fort surchargés par les impôts qu'on leur fait payer à cet égard, savoir: l'année de leur commencement on fait payer à chacun des distillateurs 30 livres de France, et les années suivantes 15 livres par chacune année. C'est ce qui fait des impôts [tels] que le pauvre habitant ne peut en faire usage, parce que les impôts emportent la plus forte partie des profits.

Art. 20. Les membres de la municipalité ont tous été choisis par les voix au 22e juin de l'année 1788. Et dans leur communauté n'ayant et ne possédant point la langue française, l'on voit, seulement par le choix des députés, qu'ils ont été obligés encore de donner les voix au maire, qui est commissaire de l'assemblée, n'ayant ni curé ni non plus de vicaire dans leur communauté, de même aucun autre habitant pour lui avoir donné des voix pour député, qu'ainsi l'on a été obligé de donner les voix au sieur Nicolas Denus, maire. Ainsi tant lui que les membres de l'assemblée de leur communauté sont attenus à perdre une infinité de [temps en] démarches et à négliger leurs ouvrages, et comme ils sont attenus à toutes les charges, ils demandent s'ils ne seront point payés à ce sujet.

Qui sont toutes les remontrances qui sont venues dans ce moment à leur connaissance des communauté et habitants du dit Laudrefang, qu'ils ont remises en mains de Nicolas Denus, leur député, qui a donc accepté la dite charge et a promis de l'exécuter fidèlement. Nous lui avons en outre remis une copie du procès-verbal d'assemblée, et l'autre copie déposée au greffe municipal, et avons signé le tout, à Laudrefang, le 8 (corrigé en 5) mars 1789, après lecture faite.

Nicolas Denus, maire et député; Nicolas Pierrard, élu; Hantz Gerg Lemell, syndic; Jean Legandre, élu; Johanes Lemel, élu; J. Thomas;

F. Jacquemin, greffier municipal; Simon Schneiter; Nicolas Lutz(?); Frantz Lemmel; Nicolas Pierrard; Nicolas Legandre; Frantz Legandre; Claude Vilm; Jean Vilm; Joseph Würtzler; Hantz Lerl; François Pierrard; Jean Filib Hauvirt; P. Laurent.

LES ETANGS.

Impositions: 1. Subvention . . . . 300 l. 18 s.
      2. Ponts et chaussées . . . . 301 l. 13 s. 3 d.
      3. Vingtièmes . . . . 74 l. 3 s. 3 d.
      4. Corvées . . . . 100 l. 14 s.

Assemblée du 8 mars en la maison du maire; publication au prône le 8 mars par M. Dupont, curé.
40 feux. — 33 comparants; 24 signatures [1]).
Députés: Jean Joxé, maître de la poste aux chevaux, et Jean Renaux, syndic.

Cahier de la communauté des Etangs.
[Voir le texte au cahier de Condé-Northen: il manque toutefois le second alinéa du n° 13 et le n° 15; mais on ajoute à la fin:]

Il se trouve dans notre canton une quantité de colombiers remplis d'une multitude de pigeons; que, malgré la loi sage établie par notre souverain à cet égard, les seigneurs ou leurs préposés en passent les bornes et en mésusent en laissant voltiger parmi les campagnes dans le temps des semailles et récoltes leurs pigeons qui devraient être enfermés, dévorent les grains qui devraient être les fruits des travaux du pauvre mercenaire.

Il se trouve dans notre village le maître de poste qui jouit des franchises de la subvention et ponts et chaussées et autres impositions: ce qui surcharge les autres habitants de la communauté. Cette franchise leur a été accordée dans le moment de leur création par rapport qu'il n'y avait point de routes, les chemins étaient en très mauvais état; mais

---

[1]) Ne paraissent pas au cahier: Jean Gallois, Jacq. Joxé, Charles Bastard, Jean Thuillier, Jean Bastard, Pierre Germain, Dominique Simon, Pierre Pilon, Nic. Renaut, Jean Kleine, Claude Hurbain, Jean Bouzonville, Simon Renauld, Pierre Lavalle. — N'ont pas signé: Simon Michaut, Jean Rousset, Louis Renaux, Claude Louvaut, Jacq. Thiry, Gabriel Girard, Pierre Gallois, Pierre Gaillot, Joseph Paquin.

à présent que les routes sont entretenues par les habitants des communautés, ceux de cette communauté demandent qu'il soit imposé suivant ses propriétés, forces et facultés, indistinctement comme tous autres contribuables.

Fait sous le seing de nous, maire et gens de justice et municipalité et greffier, les jour et an avant dits.

Simon Humbert, maire; Jean-Philippe André, échevin de justice; M. Panon; Michel Humbert, sergent; D. Marsal; Louis Lefranc; M. Marcus; J. Joxé; Jean Renaux, syndic; J. Penigot, greffier.

LEYWILLER.

Impositions: 1. Subvention . . . . 748 l.
             2. Ponts et chaussées . . . . 690 l. 8 s. 3 d.
             3. Vingtièmes . . . . 660 l. 16 s. 3 d.

Assemblée du 6 mars [1]) *par-devant les syndic et assemblée municipale; publication au prône le 8 mars par M. Kroner, curé.*
63 feux. — Pas de liste de comparants; 42 signatures [2]).
Députés: Mathias Rogival, greffier, et Pierre Koscher, syndic de la municipalité.

Cahier des plaintes, doléances et remontrances faites par les habitants de la communauté de Layviller.

Cejourd'hui, 7 mars 1789, en exécution des lettres du roi en date du 24 janvier 1789, et de l'assignation à la requête de M. l'avocat du roi, il a été fait choix, à la pluralité des voix, pour choisir deux députés, lesquels sont les sieurs Mathias Rogival et Pierre Koger (*sic*), que la communauté de Layviller a choisis afin de remettre le présent cahier des plaintes, doléances et remontrances ci-après détaillées, à l'assemblée générale qui se tiendra le 10 du courant mois à Boulay; lesquelles sont comme suivent, savoir:

---

[1]) Ce chiffre est une correction: il semble qu'on avait écrit d'abord cinq; le cahier porte deux fois le sept mars.

[2]) N'ont pas signé le cahier: Michel Potie, élu; Theodor Marck, échevin; Jean Liebgott, Jean Lame, Caspar Halscheitt, Johannes Mark, Johannes Zingraff, Johannes Schang, Hanss Jerg Marck, Johannes Gabriel, Theodorus Koscher, Theodor Thiriung.

1. Les habitants de la communauté de Layviller demandent à Sa Majesté l'abolissement des fermes qui concernent le débit du sel, tabac, acquits dans l'intérieur du royaume, et la marque des cuirs, etc.

2. Ils demandent la réformation des maîtrises des eaux et forêts, afin que cette partie soit gérée par une voie à moins de frais, et qui pourra être aussi bien exécutée, et mieux que par les maîtrises.

3. Les salines, les forges: une grande partie d'icelles supprimée, attendu qu'elles consomment plus en bois, ce qui est la ruine de nos forêts, qu'elles ne rapportent de bénéfice au roi.

4. La justice: dans les petites affaires, il conviendrait qu'elle soit administrée par une voie plus brève et avec moins de frais; — comme les inventaires, [qui] par les frais d'iceux absorbent une grande partie des successions délaissées aux mineurs, [de sorte] que quelquefois il arrive que les frais d'inventaires excèdent le montant des sommes des petites successions; — comme aussi les huissiers priseurs, qui par leurs frais et deniers pour livre enlèvent les restants et derniers deniers qui pourraient rester à de pauvres mineurs par les ventes de leurs meubles, qu'il faut absolument qu'elles passent par leurs mains: de même des ventes forcées des pauvres habitants obérés.

5. Suppression de la ferme de la châtrerie en Lorraine.

Après la réformation des dites fermes, maîtrises et huissiers priseurs, les habitants de ce lieu s'offrent avec promesse de payer à Sa Majesté les sommes qui lui sont payées annuellement par les dites fermes, de même que le remboursement des finances des places qui pourraient être supprimées, outre celles dont Sa Majesté a besoin pour l'entretien de ses Etats, chacun proportionnément à ses forces et facultés, comme toutes autres impositions.

Remontrances.[1]

[1.] Le désir des sujets de Sa Majesté de ce lieu est porté que le sel ne soit dorénavant plus contrebande et qu'il leur soit délivré pour un prix juste et raisonnable, tel qu'il a été anciennement délivré et payé par les sujets de cette province.

OBSERVATION. La plus grande partie des aliments du peuple en ce lieu et aux environs sont les légumes, et pour l'assaisonnement d'iceux, il est nécessaire une grande quantité de sel, lequel est à un prix exor-

---

[1] Les cinq demandes précédentes sont comme le cadre des développements qui suivent; il s'y mêlera toutefois de nouvelles réclamations. Il est visible que le cahier était préparé et écrit d'avance, avec des blancs ménagés pour les additions qu'on pourrait faire en séance.

bitant, et le peuple pauvre, faute d'argent, se trouve obligé de ménager le sel et ne peut suffisamment saler ses potages: ce qui cause souvent aux pauvres habitants des maladies; et au contraire, le sel étant délivré et vendu à un prix raisonnable, le peuple jouirait d'un doux et grand avantage dans sa misère et pourrait [d'au]tant mieux avec plus de facilité subvenir aux nécessités de sa famille.

En second lieu, le sel est aussi d'une grande utilité pour le bon entretien et nourri des bestiaux, notamment pour les bêtes blanches et bêtes à cornes. Où les fourrages sont d'une mauvaise qualité, avec l'emploi du sel, si mauvais que soient les fourrages, on peut élever et se procurer de beaux et robustes bestiaux: ce qui est le plus grand avantage des gens de la campagne.

Le sel qui est vendu et délivré aux sujets du roi, est de la plus mauvaise qualité: il n'est point cuit; lorsque le temps est humide, il fond en eau. Une chose chère et mauvaise: ce qui fait un double mal.

Le sel à gros grains, bien cuit et d'une bonne qualité, on le fait passer à l'étranger, lequel nous est contrebandé au delà du Rhin à 30 lieues d'ici. Cette bonne qualité de sel se vend la livre 4 kriches, ce qui fait 3 sous de notre argent. Et les sujets du roi, auxquels on consomme leurs bois pour la fabrication de cette marchandise, on leur délivre la plus mauvaise, et de plus ils sont obligés de payer la livre à 6 sous 3 deniers de France: jugez de la différence.

La libre plantation du tabac produirait aux cultivateurs un grand bénéfice; en outre cela emploierait bien du monde à gagner leur vie.

La marque des cuirs a été un nouveau gagnage pour la ferme, dont le peuple supporte le double de ce qui en peut résulter de bénéfice à Sa Majesté; sur elle-même rejaillit cet objet pour la fourniture de ses troupes.

Les droits d'acquits pour le transport des denrées, marchandises, d'une province, ville et village, à un autre dans l'intérieur du royaume, ne sont que des entraves pour les sujets de Sa Majesté. La chose est toute naturelle que, comme également sujets du roi, l'un comme l'autre, nous nous devons communiquer nos marchandises les uns aux autres, sans en payer le moinde tribut au souverain.

[2.] En ce qui concerne la suppression des salines et forges, si les bois pris dans les forêts de Sa Majesté étaient vendus au prix courant par une commission établie à cette fin, il rentrerait le double ou, pour le moins, plus de fonds que ne rapportent les forges et salines au roi.

[3.] Les maîtrises des eaux et forêts, tant pour le droit de martelage des coupes des communautés, à 3 livres 10 sous l'arpent, que pour la vente des coupes, arbres épars, quarts de réserve, etc.: les adjudicataires sont obligés de payer passé 2 sous pour livre du montant de la somme de leur adjudication: ce qui fait des sommes considérables, lesquelles tombent en pure perte pour les communautés. En outre les sommes provenant des dites adjudications sont versées dans les caisses des dites maîtrises, et les communautés sont encore obligées de faire de nouveaux frais pour parvenir à avoir les deniers leur appartenants, pour les employer aux besoins nécessaires de la communauté. Les dites maîtrises emploient tous moyens pour obliger les communautés à faire des ventes de leurs bois, quoiqu'elles en aient plus besoin pour leur chauffage que d'avoir des deniers en leurs caisses; mais guidées par l'intérêt, celles-ci ne cherchent que leur bien, et non celui des communautés.

Les rapports de bois soit contre les personnes ou des bêtes: nous sommes obligés, pour faire les soumissions, de nous transporter au château de Warsberg, lieu de notre gruerie; si l'affaire regarde la maîtrise, à Bouzonville: l'un à 5, l'autre à 9 lieues de distance; quelquefois arrivant que la partie délinquante soit assignée soit pour se voir condamner à l'amende ou au payement d'icelle, de sorte que, [si] l'affaire [est] un peu mal versée vers le réfractaire, faute d'être en état de pouvoir payer dans les délais prescrits, le voilà écrasé par les frais, enfin voilà un sujet réduit à la dernière extrémité.

[Qu'il y ait] une règle générale établie pour la délivrance des affouages aux communautés, de même que pour le martelage des arbres épars et autres bois, exécutée par un seul officier moyennant un prix et salaire modique; les amendes taxées à un prix fixe; les rapports enregistrés soit dans un greffe établi à cet effet, ou bien en celui du lieu local où le délit a été commis; enfin soit établi en la manière la plus convenable pour obvier aux frais et dépenses nuisibles au bien public.

En ce qui concerne les clôtures des prés, les fossés causent une perte considérable au propriétaire, sans compter la dépense et l'entretien d'iceux; [pour] les clôtures faites en palissades, les bois sont d'un prix exorbitant, ce qui devient aussi bien coûteux; les vives haies causent aussi de la perte de terrain, de sorte que, pour le bien du peuple, il conviendrait que les prés soient fauchés deux fois par année, c'est-à-dire de pouvoir jouir et profiter chacun de ses prés depuis le 25 du mois de mars jusqu'au premier d'octobre suivant, sans être obligé à faire des clôtures quelconques.

[4.] Au sujet de l'administration de la justice, un créancier auquel il est dû 6 livres, si son débiteur est éloigné de 3 ou 4 lieues du tribunal où il est obligé de l'attaquer, se trouve obligé d'employer au moins 18 livres de frais pour s'en procurer 6, qui lui sont légitimement dues. Il en est de même dans les petites affaires contradictoires, comme sont les démêlés de peu de conséquence et de petite valeur, comme aussi pour les querelles, insultes, petites batailles. Des assignations lancées, voilà un procès intenté, des frais faits: nulle partie ne les veut payer. Une affaire de rien devient considérable; elle passe de la haute justice au bailliage, de là à la cour; enfin l'affaire définitivement jugée, après la chose bien arrangée, voilà deux médiocres sujets ruinés.

En pareille circonstance et pour obvier à de si mauvaises suites d'affaires, il conviendrait que dans chaque lieu et communauté il soit établi un juge et sergent local, qui seraient en droit de juger les petites affaires définitivement, environ à la concurrence de 10 livres, de même pour les dits autres démêlés, de sorte que par ce moyen il serait arrêté le cours à bien des mauvaises affaires; et même en supposant qu'elles seraient mal jugées par un maire ou gens de justice du lieu, qui pourraient être établis à cette fin, il vaut cependant mieux être mal jugé à peu de frais que d'être bien jugé à sa ruine totale.

Pour le payement des petites dettes à la concurrence de 10 écus, par le sergent local il sera signifié la promesse ou autre titre, reconnaissance, etc., avec sommation de satisfaire par le créancier (*sic*) au payement requis en tel délai, pour la première fois; une seconde fois de même; enfin, la troisième, il sera fait saisie, ensuite la vente des effets sur procès-verbal, la dette acquittée: ce qui se pourrait faire par un sergent à 20 ou à 30 sous de frais.

[5.] Remontrance sur les rapports de mésus champêtres.

Dans ces cas, il arrive qu'un père de famille laboureur [ait] ses enfants malavisés et libertins, cependant il est obligé de leur confier la conduite de ses bestiaux pour les faire pâturer dans la campagne; il en est de même du mauvais domestique. Par leur male conduite, il n'arrive que des rapports l'un sur l'autre, des échappées multipliées par des abandonnées; et, garde faite, un garde surveillant, lequel est actif à son devoir, auquel le seigneur du lieu paye le tiers des amendes pour l'engager à bien faire ses fonctions, n'échappe rien, tant pour son profit que pour celui de son maître. La tenue des plaids annaux arrive: voici des rapports sans fin, des dommages à payer; enfin il s'est déjà trouvé des laboureurs en ce lieu qui ont été condamnés à payer jusqu'à des 50 et 60 livres d'amende: ce qui aurait été suffisant pour payer les deniers du roi; auquel cas il serait aussi nécessaire de remédier.

Les moyens à prendre sur cet objet: il conviendrait et il serait même nécessaire que les personnes reprises, notamment les enfants, soient punies personnellement par des voies raisonnables, comme être mis au carcan, en prison, etc.: ce qui leur inspirerait plus d'exactitude et leur ferait plus d'impression, d'être corrigés personnellement que par la bourse de leurs pères ou celle de leurs maîtres.

[6.] Remontrance sur l'objet des notaires royaux.

Cette administration est une des mieux établies; mais ses droits augmentent journellement soit par le contrôle, droit, sceau, et amortissement, et parchemin, etc. Pour la bonne administration de cet état, il conviendrait de fixer pour le contrat d'une telle somme, d'en payer au notaire telle somme; et suivant les sommes d'acquisition, fixer le prix du contrat et en modérer les droits et même en supprimer une partie, s'il ne convient pas de l'être tous.

Notre communauté se multiplie journellement d'habitants; les héritages de biens se déchirent et sont divisés sur notre ban à des demis, quarts et huitièmes de jour de terre. La fortune de l'un varie, les autres entrent et sortent du lieu: ce qui enfin occasionne journellement des ventes, acquisitions et partages considérables.

[7.] Plainte particulière. Le ban du lieu est chargé d'une rente et acensement, payable annuellement au seigneur du lieu, 72 quartes de blé froment et 12 quartes d'avoine à lui délivrer en son château de Warsberg, cinq lieues de distance. Dans les ventes à bail de nos biens communaux et celles de nos bois, il en exige le tiers denier. En outre, un canton de bois vendu et défriché de 30 arpents, après avoir perçu le tiers denier de la dite vente, il s'est aussi emparé et a emborné le tiers du dit bien et, du depuis, il y a environ 30 ans, il en jouit comme de son bien propre. Cependant nous continuons à lui payer la dite rente, qui est affectée sur toutes les terres, prés, bois de notre dit ban, duquel la quatrième partie est en bois. Et le cas échéant que tous les dits bois soient défrichés, et le seigneur se rendant maître du tiers, il deviendrait propriétaire de la douzième partie de notre ban, et sans doute, comme il a déjà fait, il exigerait la continuation de lui payer la dite rente.

La chose est toute claire et ne doit point souffrir de difficulté. Un bien relaissé par le seigneur, soit à bail, et soit un ban chargé d'une rente ou acensement, le seigneur se doit contenter de sa rente, telle qu'il a été convenu lors des arrangements faits, portés par les titres, tels que sont ceux de ce lieu. Enfin de vouloir prétendre aux tiers deniers des ventes des émoluments communaux, et même au tiers des biens défrichés, et de continuer à percevoir les rentes affectées sur le ban, c'est véritablement un double emploi: contre quoi la communauté demande à être acceptée de se pourvoir par requête au conseil de Sa Majesté.

Une autre plainte particulière. La communauté de ce lieu est chargée de fournir elle-même les bêtes mâles des troupeaux communaux de bêtes à cornes: laquelle charge doit être au seigneur du lieu, de fournir les bêtes mâles au troupeau communal de ce lieu, attendu que c'est un ancien droit qui ne souffre point de difficulté et qui est attaché et annexé à la grosse et menue dîme, qui appartient au dit seigneur [pour] la moitié, et l'autre au curé du lieu, pour laquelle il fournit à la dite communauté les porcs mâles. Conséquemment le seigneur doit aussi, en sa qualité de décimateur, fournir les mâles des bêtes à cornes: pour [la]quelle raison il y a eu procès entre la communauté et le dit seigneur. La communauté, négligeant d'aller à la suite de ses affaires, et par l'ignorance et impéritie de ses habitants, a été condamnée au grand bailliage d'Allemagne à Sarreguemines, ensuite à la cour souveraine de Nancy par défaut: de tout quoi il y a environ 40 ans.

La communauté espère de profiter du moment heureux, que, par la grâce et la justice de Sa Majesté, il plaira d'être ordonné que les titres de la communauté [*correction: il y avait d'abord* titres du seigneur] du lieu de Layviller, district de Boulay, qui concernent les droits et payement de rentes que la communauté lui doit payer annuellement, de même que les pièces, sentences et arrêt de la dite cour, seront représentés, et d'après les éclaircissements donnés par les deux parties, qu'enfin il en soit jugé par son conseil ce qui sera de droit, et sera grâce et justice.

Plainte particulière pour ce lieu. En ce lieu il n'y a jamais eu de troupeau à part de bêtes blanches, appartenant au seigneur. L'année dernière le seigneur a relaissé à bail le droit de pâture au nommé André Gribling, lequel actuellement a un troupeau de bêtes blanches sur notre ban. La communauté croit être fondée de procéder contre cette nouveauté de droit, de même qu'il est susdit, et la pâture relaissée des troupeaux sur le ban: ce qui vexe le laboureur et lui enlève sa pâture.

[8]. Plainte contre la reddition des comptes de gestion des syndics de cette communauté: lesquels ont été obligés de payer les révisions, copies des dits comptes, de même que pour les adjudications faites des reconstructions, réparations faites aux ponts, maisons à la charge de la communauté, à M. Thomas, subdélégué à Boulay; de même que pour les plans et devis faits par les ingénieurs des ouvrages susdits.

Les habitants du lieu demandent la suppression et abolissement des intendants.

En 1771, la communauté a été obligée de reconstruire sa maison d'école: tant pour le sieur Robin, ingénieur, au sujet du plan et devis, que pour M. Thomas, pour frais d'affiches et adjudication, qui a été de la somme de 1800 livres; dont il a été payé au dit sieur la somme de 100 livres pour frais d'adjudication.

Le 24 octobre 1781, il a été fait adjudication des réparations à faire à la tour paroissiale du lieu pour la somme de 650 livres. [Pour] les frais de cette adjudication, tant que pour ceux des plan et devis, [il] a été payé au dit subdélégué la somme de 96 livres; en outre payé au dit sieur Robin pour réception des dits ouvrages 18 francs de France.

En 1784, réparations faites au presbytère du lieu pour la somme de 1204 livres: les frais de plan, devis et d'adjudication, à 124 livres, en outre encore payé à M. Robin 12 livres.

Pour les trois dites adjudications, tant pour les frais d'icelles que pour ceux des plans et devis, réception des dits ouvrages, le tout ensemble se monte à la somme de 365 livres.

Etat des sommes lesquelles ont été payées à M. Thomas, subdélégué, pour la révision des comptes des syndics de cette communauté en 1771, 1773, 1774, 1776, 1777, 1779, et 1780, 1781, 1782, 1783, 1784, 1785: ce qui ensemble, depuis 1771 jusqu'à 1785, faisait 12 comptes, lesquels ont été provisionnellement revisés par M. Thomas; desquels comptes, avec leurs copies, ont été remis au nommé Jean Libgott, syndic en 1786, 8 d'iceux, pour lesquels il a été obligé de payer au piéton de la subdélégation 126 livres 9 sous. En outre les 4 autres comptes, après avoir été aussi revisés et approuvés de même que les 8 autres, ont été remis par le piéton de la dite subdélégation au nommé Nicolas Peiffer, syndic en 1788, pour lesquels comptes il a encore été obligé de payer au dit piéton la somme de 34 livres: lesquelles sommes ensemble font celle de 160 livres.

[9.] Plainte contre la ferme des châtreurs: qu'elle soit supprimée! Cette ferme [est] relaissée à différents châtreurs, lesquels, suivant leur bail, sont obligés par année de faire différentes tournées pour s'acquitter de leurs fonctions. Il est payé pour un petit cochon de lait châtré 5 sous; pour cocher une truie qui n'a pas porté, 10 sous, et pour celles qui ont fait des jeunes, 20 sous; et pour un cheval entier, 3 livres. Comme on est obligé, sous peine d'amende considérable, de faire châtrer chacun ses bestiaux par l'entrepreneur ou les commis de cette ferme, et qu'il arrive souvent que c'est des personnes peu expérimentées dans cette partie, il en résulte aux habitants des pertes considérables par la mort de leurs bestiaux. Quoi faire? un procès? La chose n'en vaut pas la peine; cependant la perte est réelle. D'une autre part, si cette ferme était supprimée, et libre à chacun châtreur d'exercer sa profession où bon lui semble, les habitants auraient aussi la préférence de se choisir celui le mieux perfectionné, et en quel temps; et |chacun| conviendrait du prix qu'il jugerait lui être convenable pour faire faire son ouvrage.

[10.] Remontrance qui concerne le clergé. Que tous les lieux qui ont des chapelles, églises, avec suffisamment d'habitants pour être desservis, et les lieux érigés en cures, il conviendrait d'y établir des curés, afin que ces lieux soient desservis en cette qualité, sans être obligés de contribuer aux réparations et reconstructions des maisons et |aux| charges paroissiales, qui sont des doubles charges et dépenses à des lieux et communautés. En outre chacun obligé de payer la dîme |à celui| pour lequel, dans le principe, elle a été établie, pour chacun |lieu| être desservi en qualité de cure, et non par un seul curé qui possède un bénéfice considérable pour desservir plusieurs lieux; qu'au contraire, étant divisés et desservis par plusieurs prêtres, sans doute le ministère serait mieux exécuté.

Plaintes, doléances et remontrances faites ci-devant, ensuite rappelées.

1. Les fermes du sel, tabac, marque des cuirs, les acquits dans l'intérieur du royaume, abolis; la libre plantation du tabac, le commerce libre avec ces dites marchandises dans tout le royaume.

2. La réformation des maîtrises des eaux et forêts; établir une régie moins coûteuse aux communautés et sujets du roi, et pour être plus profitable dans les forêts de Sa Majesté.

3. Supprimer les salines et les forges, lesquelles causent la rareté et cherté des bois dans notre province; les ventes faites d'iceux |bois| au prix courant rapporteraient le double à Sa Majesté |de ce| que lui procurent les salines et forges.

4. Etablir une autre règle et forme pour les inventaires, lesquels soient faits à moins de frais, et seulement lors d'un second mariage ou après la mort du dernier survivant; supprimer les huissiers priseurs, et que les ventes des meubles seront faites librement par les sergents des lieux ou huissiers, comme a été fait anciennement.

5. Que les propriétaires, fermiers, jouissent chacun des prés à eux appartenants depuis le 25 mars jusqu'au 1er octobre de chacune année, sans être obligés de faire |des| clôtures.

6. |En| ce qui concerne les rapports des mésus champêtres, que les réfractaires, notamment les enfants, soient punis personnellement soit par le carcan, prison, ou autres peines corporelles; ce qui fera plus d'effet, notamment aux jeunes gens, que par l'argent.

7. Pour les rapports des bois, établir des greffes pour y faire les

rapports et fixer les amendes; ordonner qu'elles soient payées à peu de frais, comme il en est fait pour le recouvrement des deniers du roi.

8. Pour l'administration de la justice, établir en chacun lieu une justice en forme de police, soit le maire et les échevins, ou par l'assemblée municipale; que les petites affaires, payements de dettes à la concurrence de 10 livres, comme démêlés, querelles, etc., [y] soient définitivement jugées, pour obvier à de longues procédures.

9. Pour obvier à la surprise qu'exercent les juifs par leurs promesses, qu'elles ne soient valables que faites et signées en présence de deux témoins, lesquels aient l'usage d'écrire et lire et [soient] dignes de foi.

10. Que la ferme des châtreurs soit abolie en Lorraine; qu'il soit libre à chacun de châtrer et faire châtrer par qui bon lui semblera.

11. Modérer les frais des actes notariaux et fixer un prix aux notaires pour la rédaction de leurs actes.

12. Que les intendants soient supprimés, et établir une autre forme pour vider les affaires des communautés qu'il n'a été fait anciennement; qu'elles ne soient plus obligées de payer aucun denier pour la révision de leurs comptes aux subdélégués, tel qu'il a été payé pour les dits comptes ci-devant détaillés.

Nous soussignés habitants de la communauté de Layviller, après leur avoir été fait lecture des grâces et bontés du roi, portées par ses lettres du 24 janvier 1789, et de l'assemblée ordonnée, qui se tiendra le 10 du courant mois de mars, à laquelle assemblée il sera présenté le présent cahier de nos plaintes et remontrances, comme ci-devant détaillées, que nous espérons qu'elles seront acceptées, notamment celles de la suppression, abolissement des fermes, réformation des maîtrises, des huissiers priseurs et de la ferme de châtrerie en Lorraine, etc.; nous nous soumettons aux bonnes attentions et grâces du roi, promettons à Sa Majesté de lui payer suivant nos forces et facultés et de contribuer notre quote-part aux sommes qui lui sont payées pour les fermes, de même que pour rembourser les prix des charges qui ont été financées, à ceux dont les charges tomberaient en suppression, outre ce dont Sa Majesté a besoin pour l'entretien de ses Etats.

Après lecture et interprétation faites en notre langue germanique, nous avons unanimement signé le 7 mars 1789.

Peter Koscher, syndic; André Liebgott, élu; Caspar Hay, élu; Johannes Klein; Sébastien Manginot; H. Schalo; Gorg Hey, maire; Nicolas Nicolay; Michel Klein; Nicolas Klein; Johannes Doub; Nicolas Simon; Michell Gleser; J. Landfriet; Johanes Nicolay; Jean Schang; Petter

Ismert; Didrich Thiriung; Peter Gietman; Anton Klein; Hans Goutkint; N. Schmitt; Nicolaus Pfeiffer; Christoffell Thiriung; Johannes Jacob Hey; Christoffel Schang; Christoffel Potie; Peter Dour; J. Karp; Josö Peting; Johannes Klein; Mathiss Brilart; Joseph Ziugraff; Petter Batto; Michell Gettman; Nicola Pottie; Nicolas Heimes; Mathias Rogival, greffier.

L'HÔPITAL, partie lorraine.

Impositions[1]: 1. Subvention . . . . 221 l. 5 s.
           2. Ponts et chaussées . . . . 196 l. 17 s.
           3. Corvée . . . . 69 l. 13 s. 8 d.
           4. Vingtième . . . . 127 l. 17 s. 6 d.
           5. Dépenses militaires de Saint-Avold . . . . . 77 l.
           6. Droits prétendus par le fermier des domaines du roi   72 l.

Assemblée du 8 mars par-devant les maire et échevins; publication au prône le 8 mars par M. Graff, vicaire.
36 feux. — 21 comparants; 22 signatures[2].
Député: Pierre Gillet, habitant notable.

Représentations de la communauté de L'Hopital[3].

Cejourd'hui, 7 mars 1789, le tiers état de la communauté de

---

[1] La déclaration, sans date, porte ce qu'on a dû payer pour l'année 1788, ce qui peut expliquer la différence des chiffres à l'art. 12 du cahier. De plus, elle joint aux impositions royales: 75 l. pour la cire, l'encens nécessaires au service divin, «outre que la communauté a l'église à entretenir, seule, pour ce qui regarde le bâtiment aussi bien que pour la fourniture des ornements et vases sacrés»; enfin 60 l. pour la confection des rôles, serment des gens de justice, port des lettres et ordonnances, et autres frais absolument nécessaires.

[2] Ces signatures nous ont permis de rectifier quelques-uns des noms qu'on trouvera à la suite du cahier: le greffier les transcrivit là d'après la prononciation courante, p. ex. Nic. Tentquin signe en réalité N. Tenchien. Le député lui-même signe, non pas Gillet, mais Peter Gille, syndic; Jean Hœrner est maire.

[3] Les gens de L'Hôpital, comme ceux de Lixing, n'ont fait que transcrire assez naïvement le cahier de Saint-Avold: qu'on admire ces expressions «le tiers état de la communauté de L'Hôpital .., les communautés en deçà de L'Hôpital...» et tout l'art. 13. Nous laisserons donc à Saint-Avold l'honneur de la reproduction complète du cahier: les additions ou modifications spéciales à L'Hôpital ou à Lixing sont peu de chose; mais par suite de l'omission des art. 7, 16 et 17, 19—23, les numéros des articles suivants sont à modifier ainsi pour L'Hôpital: 7—14 au lieu de 8—15, 15 au lieu de 18; à Lixing, on omet un article de plus.

L'Hopital, convoqué chez le maire, après avoir eu communication de la lettre du roi... [*Voir le texte plus loin au cahier de Saint-Avold, modifié dans les articles suivants:*]

4. [*omet les mots:* au préjudice de la bourgeoisie... cette concession].

5. ... La dite communauté a en outre l'honneur d'observer que, contrairement [*lisez:* conformément] à l'ordonnance du roi, les coupes devraient être ouvertes après sept années d'exploitation: ce qui n'arrive pas, et on ne les ouvre seulement qu'après 17, 18 et 20 ans: ce qui leur fait un tort considérable par la raison que la communauté est entourée de bois, sans prairies, ou du moins de très peu de mauvaises, avec un petit ban sablonneux. Leurs bestiaux, sortant de chez eux, se trouvent dans les mêmes bois malgré eux: ce qui leur occasionne des rapports, des amendes continuels de la part de la maîtrise et leur ôte en même temps la faculté de nourrir des bestiaux.

12. Que la subvention et ponts et chaussées, y compris les frais de rôle, etc., de la dite communauté se portent à la somme de 418 l. 2 s. 9 d. de France; celle de répartition des corvées à 74 l.; les vingtièmes à celle de 111 l. 9 s. 9 d.; la dîme [monte à] 700 l., indépendamment de 72 l. de cens au domaine sur les mêmes terres assujetties à la dite dîme; outre 76 l., à laquelle [somme] la communauté a été taxée pour subvenir à la dépense militaire du quartier de Saint-Avold, en sorte que la proportion de toutes ces sommes et charges excède, pour ainsi dire, le revenu de la plupart des individus. Il est encore à observer que la moitié du ban de L'Hopital donne la dixième gerbe pour dîme, l'autre moitié la septième. Il est encore à considérer que le ban de L'Hopital est lisière des bois de M. le prince de Nassau, et par cette raison son gibier, qui est en très grande abondance, fait un tort irréparable aux terres ensemencées et plantées de la dite communauté.

13. Que la communauté s'est appauvrie depuis plusieurs années... [*comme à Saint-Avold art. 14!*]

15. Qu'enfin ils pensent ne devoir consentir à aucun impôt même provisoire, que Sa Majesté n'ait auparavant assuré la nation [de] l'exécution de sa parole sacrée, en accordant avant tout les anciens Etats de la province, ou réformant les abus les plus nuisibles et les plus connus: se réservant au surplus les délibérants de faire valoir, lors de la convocation de l'assemblée générale de la province et celle des Etats, les doléances, remontrances et observations locales et particulières, pour y être pourvu ainsi qu'il appartiendra.

Fait et arrêté en communauté à L'Hopital, le 8 mars 1789, et [ont] les dits habitants signé à la minute, déposée au greffe de la communauté

Signé: Nicolas Höne; Pierre Weis; François Blaise; Pierre Gillet; Michel Kieffer; Jean Hörner; Pierre Ortner; Michel Moyi, voiturier; Madlin; Jacques Hoerner; François Hackling; Herment; Azambre; Nicolas Tentquin; Dominique Demmemark; Jean Nusbaum; François Senzler; Nicolas Müller; Nicolas Becker; Gaspar Müller; Simon Tredemy; Nicolas Holt; Nicolas Ortner.

Pour copie par le greffier de la communauté soussigné, Michel Kieffer, greffier.

L'HÔPITAL, partie d'Uberherrn.

Impositions: voir le cahier.

Le procès-verbal ferait croire à une assemblée du 10 mars, après publication au prône le 8 mars par M. le vicaire; mais il est dit à la fin que « les habitants n'ayant signé par erreur que leur cahier de doléances », le procès-verbal a été signé par le député et par M. le lieutenant général « qui a approuvé sa députation ». L'écriture montre que le tout a été fait à Boulay le 10 mars; signé Michel Fridrich, Anthoine, contresigné Neuman fils.

4 feux. — Député: Michel Fridrich.

Plaintes et doléances.

Cense de L'Hopital, partie de la baronnie; ce n'est pas une communauté, car ils [ne] sont qu'à 4 feux.

Et pour avoir l'honneur d'être obéissants à l'assignation donnée par le sieur Bedin, huissier, le 5e jour de mars dernier, d'[avoir] à présenter nos observations:

1. Tous les articles que la communauté de L'Hopital (Lorraine) vous a présentés et présente, ce sont toutes nos réponses; car nous prétendons et espérons à l'avenir d'être une communauté [avec elle] en général, comme nous [avons] demandé toutes ces années par requêtes par nous présentées, parce que nous quatre pauvres habitants, il fallait recevoir toutes les années autant d'ordres pour nous que pour un grand village et communauté, [de sorte] que nous ne savions où prendre des deniers pour les payer, et nous n'avions aucuns biens communaux; et de même pour payer tous autres droits, comme s'ensuit, savoir:

2. Nous payions [de] subvention [la somme de] 36 livres.

3. [De] capitation celle de 18 livres.

4. Il fallait payer à notre baron de Überherre pour Frohngeld 50 livres.

5. Pour les travaux des routes et chaussées 20 livres; faisant une somme ensemble de 124 livres.

Et dans tous ces payements nous sommes en retard de payer depuis deux années à cause [de] notre pauvreté, et nous [ne] pourrons jamais payer cette somme. C'est pourquoi nous demandons de nous remettre dans la communauté de L'Hopital (Lorraine), ou il nous faudra, à nous malheureux habitants, quitter l'endroit et ce lieu, s'il n'est pas autrement ordonné. [Vu] toutes ces considérations, [nous] espérons que Sa Majesté ordonnera de nous mettre, nous pauvres quatre habitants, dans la communauté de L'Hôpital (Lorraine), parce que nous sommes un village, un ban, une herde, un pâtre, une pâture, un laux [lot ? pour] le tout en général. C'est pourquoi nous vous prions de recevoir tous les articles des réponses de la partie de L'Hôpital (Lorraine) comme pour notre réponse, et avons signé la présente sincère et véritable.

Fait à la cense de L'Hôpital, partie de la baronnie d'Überherre, ce 9 mars 1789.

H. N. M.; Michel Fridrich; Frantz Weber (?); Hans Michel Ritter.

LIXING ET EBERSING.

Impositions [1]: 1. Vingtièmes. . . . . 1428 l. 2 s. 3 d.
2. Subvention . . . . 1707 l. 15 s. 6 d.
3. Ponts et chaussées . . . . 262 l. 17 s. 6 d.
4. Entretien militaire. . . . . 305 l. 2 s. 6 d.

Assemblée du 8 mars; publication au prône le 8 mars par M. Hœn, curé. 140 feux. — 45 comparants; 27 signatures[2]).
Députés: Christophe Schang et Jean Duscher, notables.

---

[1]) Le cahier indique des sommes différentes pour les trois premiers articles: la déclaration qui en est faite ici se rapporte sans doute à 1788. Elle est inscrite sur une même feuille avec la déclaration de Marienthal, qui donne aussi les chiffres de 1788, mais en y ajoutant ceux de 1789. Mathias Kontzler, syndic, signe la déclaration pour Lixing.

[2]) Même observation qu'à L'Hôpital (p. 149) sur ces signatures et la copie des signatures à la suite du cahier; on ne retrouve pas ici les signatures, pourtant très nettes, de Johanes Adam et Johanes Gro; le greffier appelle Kop et Bouvil ceux qui signent Hannes Petter Keib et M. Bugi.

Représentations de la communauté de Lixing et Ebersing.

Cejourd'hui, 7 mars 1789, le tiers état de la communauté de Lixing et Ebersing, convoqué au son de la cloche, assemblé chez leur maire, après avoir eu communication de la lettre du roi ... | *Voir le texte au cahier de Saint-Avold modifié sur les points suivants*[1]):|

4. [*omet les mots :* au préjudice de la bourgeoisie... cette concession|.

5. ... par l'impétuosité des vents. En outre les forestiers s'en rendent absolument les maîtres et les mangent eux-mêmes sans que personne ose s'opposer à leur manigance. La communauté se plaint encore que, quoiqu'ils aient des bois à eux propres, on ne leur donne simplement que la souille, le surplus [est] vendu par la maîtrise ; et quand il est question d'en tirer les deniers, il leur [en] coûte pour ainsi dire autant pour les frais que le prix principal de la vente.

10. ... prix excessif du sel et du tabac, et il est certain que bien des pauvres malheureux ont déjà péri faute de nourriture légitime à cause de la cherté du sel ; et c'est là aussi le sujet....

12. Que la subvention et ponts et chaussées, y compris les rôles, etc., se portent à la somme de 1762 l. de France, celle de répartition des corvées à 300 l., les vingtièmes à 1300 l., la dîme à 1400 l., en sorte que la proportion de ces différentes sommes et charges excède, pour ainsi dire, les revenus de la plupart des individus.

13. Que la communauté s'est appauvrie depuis plusieurs années ... |*comme à l'art. 14 de Saint-Avold!*]

Fait et arrêté au dit Lixing les an et jour avant dits, et ont les habitants de la dite communauté signé à la minute des présentes, qui restera déposée au greffe de la communauté, pour y avoir recours le cas échéant.

Signé : Nicolas Schmitt ; Jean-Pierre Keib ; Philippe Busch ; Michel Peiffer ; Nicolas Bouvil ; Jean Bousch ; Nicolas Schmitt ; Jean-Claude Solver ; Jean-Michel Streiff ; Jean-Michel Thiell ; Christoph Becker ; Pierre Roch ; Michel Bugi ; Michel Gro ; Nicolas Kannapell ; Jean Nibell ; Jean Streiff ; Nicolas Peiffer ; Michel Becker ; Pierre Keib ; Nicolas Schmit ; Jean Scheck ; Christoph Paque ; Jean-Georges Schang ; François Streiff ; Christophe Streif ; Christoph Schang, François Gerval ; Christophe Schang ; Michel Jamais ; Michel Scheck ; Michel Streif ; Christophe Roschbach ; Georges Mutz ; Jean Schang ; Pierre Maron ; Georges Schang ; Leonard Lauer ; Pierre Schang ; Nicolas Magra ; Jean André ; Pierre Mutz ; Michel

---

[1]) Il y aurait un terme de comparaison plus immédiat dans le cahier de L'Hôpital (p. 149 n. 3) ; pourtant celui de Lixing omet, en plus, l'art. 15 de Saint-Avold, ainsi que la réserve finale des doléances locales à faire valoir encore.

Scheck; Guillaume Busch; Nicolas Schang; Pierre Quetche; Pierre Schang; Theodore Schang; Nicolas Bach; Pierre Schang; Jean Schang; Pierre Bousch; Nicolas Keip; André Keip; Nicolas Becker; Pierre Streif·

Pour copie par les notables soussignés, Christophe Schang; Johannes Duscher.

LONGEVILLE-LÈS-SAINT-AVOLD.

Impositions : 1) Subvention . . . . 1734 l.
           2) Ponts et chaussées . . . . 1607 l. 17 s. 3 d.
              Droit de quittance . . . . 2 l. 5 s.
           3) Vingtième . . . . 1043 l. 4 s.
              Droit de quittance . . . . 4 l. 10 s.
           4) Pour l'industrie . . . . 14 l. 15 s.
           5) Pour l'entretien des routes . . . . 556 l. 19 s. 6 d.
                                                                 4963 l. 10 s. 9 d.

Bien que la communauté ait eu de la cavalerie en quartier, on lui a fait payer, pour les dépenses militaires de Saint-Avold, en 1787 566 l., en 1788 383 l. 6 s. 8 d., et comme ces sommes ne furent pas payées aux jours dits, on envoya, pour contraindre la communauté à s'exécuter, les cavaliers de la maréchaussée de Saint-Avold, qui, pour deux courses, exigèrent 30 livres.

Assemblée du 8 mars par-devant la municipalité; publication au prône le 8 mars par Jean-Georges Lœrsch, curé.
256 feux. — Pas de liste de comparants; les signatures doivent représenter les maire, syndic, échevins de justice et élus de l'assemblée municipale, seuls mentionnés.
Députés: Jean Hegay, greffier, Nicolas Fuserus et Nicolas Decker.
Signatures: François Mangin, maire; Hanry Mangin, maître-échevin; Frantz Losung, échevin; Frantz Raus, échevin; Nicola Fuserus; Jean Jaytener; Jean Kerne; Robert; Henry Leonard; Nicolas Decker; P. N.; J. Hegay.

Le cahier manque[1].

---

[1] La déclaration des impositions manque aussi sous la forme ordinaire; ce que nous en disons est emprunté à une lettre adressée de Longeville le 8 avril par le syndic Robert «à M. Anthoine, lieutenant général ... et député des Etats de la Lorraine aux Etats généraux», commençant ainsi: J'ay eu l'honneur de vous envoyer par M. l'Avocat du Roy à Sarguemind le cahier de plaintes, dans lequel est porté tout ce que nous payons d'impositions. De crainte que vous ne l'ayez point reçu ...

LOUTREMANGE.

Impositions: voir la pièce ci-dessous qui n'est qu'un supplément au cahier de doléances.

Assemblée du 8 mars par-devant les syndic et maire; publication au prône le 8 mars par M. Boulanger, curé de Varize.
30 feux. — 14 comparants: ils ont tous signé à l'original.
Députés: Jacques Bar, maire, et Jean Germain, greffier.
Signatures: Louis Monet, Pierre Labarre, Philippe Hartard, Charle Michaux, Nicolas Bor, Jean Berche, Jacque Siterlin, Philippe Bertrand, Nicolas Andrée, Philippe Michaux, Nicolas Telertier, François Géromme, Jean Fousse, Jean Pierre Tailleur, Jean Dorveau, Simon Helstroffer. Pour copie conforme . . . Jean Germain, greffier.

[Le cahier est commun pour Varize, Bannay, Loutremange et Vaudoncourt. (*Voir à Varize.*)

Supplément au cahier de doléances.] — Cejourd'hui, 11 mars 1789, les députés, avec la justice, accompagnée des municipaux de Loutremange, étant assemblés au greffe ordinaire de la dite communauté pour représenter à combien la dite communauté est chargée d'impositions royales pour l'année 1789:

La somme de 450 livres, cours de France, pour subvention et ponts et chaussées;

Outre le sixième pour frais de prestation de corvées: ce qui nous fait un total de 523 l. 6 s. 8 d.

Pour 4 contraintes que fait ordinairement l'huissier Herment de la part du receveur des finances du roi, lesquelles montent, suivant l'addition du collecteur de 1789, à la somme de 17 l. 16 s.

Pour le vingtième, 203 l. 8 s. 6 d.; non compris les droits de mainmorte dus par l'hôpital de Bon-Secours de Metz, le beuverot de Varize, et autres biens engagés dans des confréries et anniversaires.

Les seigneurs de Varize et Loutremange exigent annuellement une rente de 30 quartes, et quelquefois de 27 quartes, moitié blé et moitié avoine, six poules et 30 gros, sans savoir ce que l'on leur doit, faute qu'ils ne produisent point leurs titres.

Sont en outre les dits habitants chargés chacun de 2 chapons par année, sans savoir s'ils les doivent.

Les laboureurs doivent trois attelées aux seigneurs annuellement, savoir: l'une au marsage, et deux pour la semaille d'automne. Les habitants et propriétaires doivent faucher, sécher et mener au château de Varize un breuil consistant environ [en] 12 fauchées, sans savoir s'ils y sont obligés, le tout faute de titres, et qu'aucune justice ni particulier n'en ont vu.

La communauté a été chargée, et ce déjà pour la 18e fois, de recevoir un détachement de cavalerie, dragons, hussards, carabiniers, et ce pendant l'espace de 25, 35, 40 jours, pour prendre le vert et manger les prés de nos seigneurs: ce qui cause aux pauvres habitants un dommage coûteux par la fourniture du bois, denrée si rare et chère, lits, draps de lit, chandelle, et autres embarras par eux occasionnés.

Les détachements sont si nombreux que les pauvres hommes qui payent 6 livres dans les impositions, sont obligés de loger un homme, et ainsi à proportion, sans que les dits habitants en aient jamais reçu la moindre modération ni salaire.

Fait ainsi et délibéré au dit Loutremange les an et jour avant dits, et ont les dits [gens] de justice signé avec les municipaux.

Signé à l'original: Jacque Bar, maire; Jean Richon, échevin de justice et municipal; Phillippe Hartard, échevin de justice; Simon Helstroffer, municipal; Pierre Labarre, municipal; et Jean Germain, greffier.

Pour extrait des liasses et copie conforme ... Jean Germain, greffier.

MACHEREN ET PETIT-EBERSWILLER.

Impositions: 1. Subvention. . . . . 1458 l. 1 s. 3 d.
    2. Les deux vingtièmes et gages du parlement
                  pour Eberswiller-la-Petite.   416 l. 10 s. 9 d.
                  pour Macheren. . . . .   670 l. 13 s. 6 d.
    3. Prestation représentative de la corvée, en 1788   267 l. 2 s. 10 d.
    4. Entretien militaire. . . . . 304 l. 19 s. 4 d.

Les dites communautés ont amèrement à se plaindre de cette dernière répartition, d'autant plus injuste qu'elle n'est aucunement employée pour cet objet et que la ville de Saint-Avold se trouve sans troupes.

Assemblée du 8 mars par-devant Dominique Kellen, curé d'Eberswiller-la-Petite, commissaire de la municipalité; Dom F. Massias, rel. bén. de

l'abbaye de Saint-Avold; Pierre Carbach, chan. prémontré, vicaire desservant de Macheren, et les autres membres de la municipalité. Publication au prône le 8 mars par le curé et le vicaire.
94 feux. — Pas de liste de comparants; 46 signatures[1]).
Député: Pierre Kinnel, admodiateur de la cense de Lentzwiller.

Plainte de la communauté de Macheren et Ebersviller-la-Petite.

Art. 1. Le sel, qui est de première nécessité, est une chose dont nous sommes absolument privés dans les campagnes à raison de la trop grande cherté: ce qui autorise la contrebande. qui ruine toutes les habitations par les prises qui sont trop fréquentes pour cette denrée absolument nécessaire pour l'homme et le bétail, qui se ruine dans les campagnes faute de bon pâturage, qu'on corrigerait par le moyen d'un peu de sel; en outre l'homme s'énerve faute de soutien de nourriture alimentée par le sel. Les salines sont la ruine des forêts.

Art. 2. Il est à souhaiter que le monarque veuille confier la rentrée des deniers à percevoir dans les communautés par elles-mêmes, et non par les intendants et subdélégués.

Art. 3. On a à se plaindre dans les communautés des intendants et de leurs subdélégués: MM. les intendants ne permettaient de rien faire faire, même pour les plus petits objets, qu'après visites ordonnées, qui se faisaient à frais excessifs, occasionnés par eux, qui se transportaient pour une réparation, quelquefois de 6 francs, sur les lieux, avec des inspecteurs, qui demandaient le double des réparations pour leurs honoraires.

Art. 4. Les jurés priseurs sont la ruine des pauvres orphelins, et il arrive souvent que les frais d'inventaire absorbent la totalité du fonds.

Art. 5. Le tabac, qui serait une chose de nécessité pour la campagne, devient une charge intolérable à raison des gardes qui sont comme un ennemi toléré dans le pays. On ne peut, et on ne sait le moyen de s'en garantir: le plus honnête homme et qui croit dormir chez lui, se trouve éveillé par la surprise de ces gens qui, sous mauvaise information, croiront devoir fouiller chez lui sous prétexte de contrebande.

Art. 6. Les villages de Macheren et Ebersviller-la-Petite, formant communauté, payent annuellement pour leur part de cotisation pour

---

[1]) Aux 38 qu'on retrouve à la fin du cahier, s'ajoutent celles des 3 prêtres mentionnés et celles de Jean Thiery, Johanes Schemel, Petter Ving (?), Bernard Thill, Goerg Zolwer.

l'entretien du magasin de Saint-Avold et pour fourniture de lits pour la troupe en quartier dans cette ville, la somme de 419 livres pour l'année 1787, et la somme de 205 l. 3 s. 3 d. pour 1788. Cette communauté se trouve lésée de ce payement, parce qu'elle n'a aucune fourniture à faire pour cette troupe, qui puisse l'indemniser: 1º elle n'en a point en foin, n'ayant pas même assez de prés pour la fourniture de son propre bétail; 2º elle n'en a point en grains d'aucune sorte: des récoltes, après payement fait soit des propriétaires soit du domaine, elle peut prouver qu'il ne lui reste que juste pour son entretien.

Elle se plaint en outre que, lorsque le payement de l'entretien du magasin et de la fourniture des lits arrivait, on lui donnait si peu de temps à se pourvoir qu'il arrivait presque tous les ans que M. Bidault, receveur de cette rente, les y contraignait au moment par une course ordonnée par la maréchaussée, qui leur faisait une contrainte de 9 livres de France, qu'il leur [en] a coûté pour n'avoir pu satisfaire.

ART. 7. Suivant les ordonnances royales, [il] est dit que les maîtrises des eaux et forêts permettront le pâturage dans les taillis défensables. Il arrive que les communautés n'aient d'autres moyens de soutenir les bestiaux faute de récolte de foin et regain. Les dites maîtrises ne veulent [pas] permettre des parcours dans les taillis même de 24 ans, défensables par eux-mêmes, et pour lesquels pâturages les dites communautés payent au domaine pour droit de pâture 82 quartes d'avoine.

[Signé] P. Kinnel, député; Hantz Michell Schemell.

Les communautés de Macheren et Ebersviller-la-Petite se plaignent contre les abus qui se commettent dans les communautés concernant les troupeaux de brebis et moutons qui périssent [= font périr] les prés et pâtures réservés pour les bêtes tirantes. Les habitants souhaitent, s'il n'y a pas moyen d'empêchement, de les mettre pour toujours hors des prés: les dits habitants, étant privés de la pâture des dites prairies, se voyant dans l'impossibilité de cultiver leurs terres, attendu que le troupeau du domaine ne formait qu'un troupeau par autrefois, et aujourd'hui il s'en trouve un dans chaque village.

P. Kinnel, député; Jörg Hoff, syndic; Philipp Schäck, Caspar Buser, Hantz Michell Schemell (membres de la municipalité); Caspar Schniider; Matis Bigell; Christophel Busser der jung; C. Martin Landour; Peter Klein; Lui Welsch; Johannes Eylff (?); Petter Haffner; Nicolas Haman; Jean Fücher, maire; Johannes Mager; Charel Leonard; Kasper Nus; Jean Grandadam; Johanes Welsch; Hans Nickel Magra; Johanes Streiff; Chaspar Ssänner (?); Jean Heip; Hantz Petter Welsch; Michell Thiry; Johannes Braun der jung; Johannes Busser; Georg Bohm; Hans

Nickel Kieffer; Christoff Busser; Frantz Hoff; Franz Hoff; Nickel Kop; Petter Orter; Hans Michel Fin (?); Simon Hœn; Lorentz Glad; Michel Kop; Nicola Zolwer; J. Verschneider, greffier.

MACKER.

Impositions : 1. Subvention. . . . . 236 l. 6 s.
      2. Ponts et chaussées et autres impositions accessoires[1]) 216 l. 2 s. 6 d.
      3. Abonnement . . . . 296 l. 5 s. 6 d.
      4. La communauté paye de district [corvées?]. . . 82 l. 1 s. 2 d.
    Chaque laboureur de Macker faisant charrue, doit annuellement au domaine de Boulay 4 voitures de bois de chauffage à 3 lieues de distance, et 4 attelées de charrue, une au marsage et 3 pour la semaille en blé, aux terres du dit domaine de Boulay: ce qui vaut en argent 3 l. de France par charrue et autant par voiture. donc 24 l. pour chaque laboureur.

Assemblée du 8 mars à 4 h. du soir par-devant les maire et syndic; publication au prône le 8 mars à 10 h. par Jean-Nicolas Girard.
42 feux. — 25 comparants[2]*); 5 signatures des syndic, maire, greffier, et sans doute deux élus.*
Député: Nicolaus Kesler.

    Des plaintes faites par les habitants et communauté de Macher[3]), conformément aux ordonnances du roi du 27 avril 1788 (*sic*).
    1º. Les habitants du dit Macher se plaignent: ils désirent que [la] Lorraine doit être comme dans l'ancienneté.
    2º. Les dits habitants se plaignent en foule que le sel est [de] la plus grande cherté, dont nous payons le pot à 12 s. 6 d. de France, et que les étrangers ne payent que le tiers.
    3º. Il y a une cherté du bois dans notre pays à cause des salines. La corde de bois nous coûte 18 l. de France. Si la saline n'était pas, nous l'aurions à meilleur marché, et nous ne souffririons pas si fort.

---

    [1]) Y compris la comme de 4 l. 12 s. 9 d. pour les gages des officiers du parlement de Nancy.
    [2]) Ce sont, outre le député et les signataires du cahier, Etienne Ambroise, Jacq. Hochar, Michel Philippe, Jacq. Frisse, Georges Konne, Franç. Marcus, Franç. Villiaume, Dominique Hochar, Louis Baratte, Pierre Brand, Jacq. Schreder, Nic. Quisinier.
    [3]) Ce cahier ressemble beaucoup à celui de Helstroff; rarement la copie est littérale.

4°. Les habitants se plaignent aussi à cause des impôts de la marque du cuir, marque du fer, acquits.

5°. Il est à remarquer que les employés tirent une somme considérable de Sa Majesté: mal inutile! S'ils étaient cotisés à la subvention et ponts et chaussées, Sa Majesté aurait beaucoup plus de revenus. Les pauvres gens ne sont plus en état d'acheter du tabac de Lorraine, [à] cause qu'il est trop cher: on vend l'once 5 sols de France. Les pauvres gens se hasardent et vont aux faux magasins pour prendre du sel et tabac pour la nourriture de leurs enfants. Etant en chemin, les employés les attrapent; s'ils n'ont pas de quoi payer, on les met en prison ou aux galères; et si les pauvres gens ont encore quelques biens, ils sont obligés de les vendre pour s'acquitter de leur prise: ce qui cause que leurs femmes et enfants meurent de faim; et quelquefois les hommes perdent souventefois leur vie.

6°. Il est à observer que les nobles, les religieux, les curés ont la plus grande partie des biens, dîmes et autres revenus, dont ils ne payent aucune contribution que leur don gratuit. Nous autres sommes obligés de payer subvention, vingtième, rentes, cens et autres impositions des dits biens.

7°. Il [est] aussi à observer que les verreries font aussi une grande cherté du bois, et la plus grande partie du verre se transporte dans les pays étrangers.

8°. Il y a aussi un grand abus envers les bailliages et prévôtés de la Lorraine. Lorsque l'un ou l'autre sujet du roi se présente pardevant iceux pour l'un ou l'autre objet, il se trouve ordinairement pour une affaire de 3 ou 4 livres de valeur, les avocats et procureurs traînent et prennent des huitaines et quinzaines jusqu'à [ce] que les affaires se traînent à 10 ou 12 ans, enfin jusqu'à [ce que] l'un et l'autre est ruiné, [avant] que de faire une définition.

Fait à Macher, ce 8 mars 1789, à la manière accoutumée.

Il est aussi à observer que Boulay est notre marché voisin, et qu'ils nous défendent d'acheter des grains, soit de quelles espèces d'iceux, et encore le beurre: cela nous fait quelquefois souffrir, [à] cause qu'on ne trouve pas si bon marché sur les greniers.

Fait au dit lieu le dit jour et l'an susdit.

Jacob Cort, syndic; Jean Peret, maire; Nicolas Hochar; S. H. (Simon Haligner); Simon Philippe, greffier; Jean Bertrand; Jacque Landur; Nico. Brend; Jean-Nicolas Prince; Jean Philippe; F. M. (Franç. Marsent); P. H. (Phil. Helstroffer); N. B. (Nic. Baratte).

MAINVILLERS.

Impositions : 1. Subvention . . . . 665 l. 11 s.
            2. Ponts et chaussées . . . . 608 l. 15 s. 6 d.
            3. Vingtièmes . . . . 709 l. 11 s. 3 d.
            4. Frais militaires à Saint-Avold . . . . 132 l.
            5. Pour les chaussées . . . . 207 l. 4 s.

Assemblée du 8 mars par-devant la municipalité; publication au prône le 8 mars par M. Noël, curé.
70 feux. — Pas de liste de comparants; 50 signatures.
Députés: Nicolas Guerber et Nicolas Caré, laboureurs.

Plaintes, remontrances et réclamations faites des habitants de la communauté de Mainviller.

1. Il est fort à désirer qu'à l'avenir on ne puisse établir ni proroger aucun impôt que du consentement de la nation, et que chaque province soit chargée de l'administration ci-devant confiée aux intendants.

2. On se plaint sur l'administration des intendants et de leurs subdélégués en ce que, quand un syndic rend ses comptes, le moindre article qu'il porte en sa dépense [pour le]quel il n'y a [pas] eu des autorisations, on lui raye: ce qui fait que les ouvrages que les communautés ont à faire sont négligés, à cause que, pour peu de chose qu'on pourrait les faire, il faut recourir à des autorisations, des assemblées de communauté, dont les ouvrages de peu de conséquence viennent à la suite très coûteux. La municipalité pourrait autoriser le syndic pour ces sortes d'ouvrages.

3. Les bois sont extrêmement chers à cause que nous ne sommes éloignés des salines que de 4 à 5 lieues. Les directeurs viennent acheter des bois qui sont en vente des seigneurs jusqu'auprès de ce lieu, ayant les forces de les payer plus cher que le pauvre habitant: ce qui fait que le pauvre est obligé par force de s'en passer.

4. Les habitants n'ont d'autres plaintes contre la justice que pour les inventaires, qui leur sont extrêmement à charge. Il y vient, pour les faire, les sieurs prévôt, procureur d'office, le greffier, pour faire les dits inventaires, et cela coûte fort cher. Ensuite vient avec eux le juré priseur, auquel il faut payer son voyage bien cher et lequel a 20 sous

par heure pour l'estimation des meubles: ce qui coûte fort cher. L'inventaire étant fait, il faut une seconde fois courir au dit juré priseur pour faire la vente des meubles appartenant aux mineurs, lequel prend toujours 20 sous par heure pour salaire, outre les 4 deniers par livre, voyages, copies des ventes: ce qui fait, quand tout est payé, qu'il ne reste presque plus rien aux mineurs délaissés, et même aux particuliers, qui ne peuvent vendre le moindre meuble pour leur nécessité sans le juré priseur.

6 (sic). Tous les habitants se plaignent d'une voix unanime contre la traite foraine, étant enclavés entre la France et le comté de Créhange, ne pouvant sortir dans aucun endroit sans être obligés de prendre des acquits soit de sortie, d'entrée, ou des acquits à caution pour le transport d'un lieu à autre dans les états de Lorraine: ce qui fait que quelquefois on vient à perdre un acquit, dont le pauvre homme est très misérable, et principalement pour les denrées qu'on ne veut prendre aucun conseing, et cela gêne infiniment le commerce pour la Lorraine. Les Français ne perdent pas tant; car ceux-là ne sont obligés que de consigner ce que les Lorrains sont obligés de payer. On veut même obliger les habitants passant sur territoire lorrain sans le quitter, de prendre des acquits à caution, à cause que nous sommes limitrophes au comté de Créhange.

7. Le sel est si cher qu'on ne peut exprimer la misère. Les habitants souffrent de cette cherté; il se trouve des habitants qui sont 15 jours et 3 semaines sans manger de la soupe à cause de cette cherté, jointe à celle du blé: ce qui fait que le pauvre ne peut presque plus vivre.

8. Le tabac est si cher que les habitants n'ont plus le moyen d'en prendre au bureau, car un homme qui en dépense un peu est obligé de mettre la moitié de son salaire en tabac par jour; comment donc peut-il entretenir sa famille de l'autre moitié? ce qui force les habitants d'aller dans les faux magasins, pour quelquefois un sou ou deux sous de tabac faire trois quarts de lieue; en arrivant, se trouvent les employés des fermes aux frontières, leur prennent leur tabac, accablent les personnes de coups de fusil, dont il y a des habitants qui ressentent les coups le reste de leur vie.

9. Les employés sont encore très à charge à la communauté, étant obligée de les loger par force, mêmement qu'on a voulu faire sortir hors du village un des plus anciens habitants. Les moindres raisons qu'ils ont avec un habitant ou étranger, ils prennent leurs fusils, pistolets en main contre lui, et même dans les maisons.

10. La communauté paye 2100 livres de subvention, ponts et chaussées, et vingtième pour environ 400 jours à la saison[1]), que leur ban contient, et très peu de prés, sans compter 94 quartes de blé de rentes et 14 quartes d'avoine.

11. Le village est beaucoup appauvri depuis quelques années. Les denrées étant chères, tout ce qu'on a besoin pour la vie est devenu cher: les habillements, le cuir à cause de la marque. Les enclos sont très préjudiciables, le public ne pouvant plus faire de nourris, n'y ayant que les riches, qui ont des parties de prés ensemble, qui peuvent former les dits enclos, dont les autres sont obligés de se passer; et ceux-là aident à détruire les prés des autres, et font profit des leurs en particulier, et encore causent plusieurs fois des procès considérables entre les habitants.

12. La communauté se plaint encore amèrement de ce qu'étant obligée de payer tous les ans beaucoup pour frais militaires pour la ville de Saint-Avold, ayant été obligée de payer en 1787 192 livres et en 1788 132 livres, argent de France, n'y ayant que le bailliage de Boulay qui est compris dans cette dépense, le bailliage de Dieuze, ou les villages qui en dépendent, ont plus de relations avec la dite ville de Saint-Avold que notre communauté. Il se trouve même des villages du même bailliage de Boulay qui en sont quittes.

Fait double à Mainviller, le 8 mars 1789, et ont signé.

N. Mercier, syndic; Pierre Volff, maire; François Grégoire, élu; J. Peltier, élu; Philippe Volf, élu; Christophe Feisthamel, maître-échevin; N. Klotz; F. Peltier; François Bride; Christophe Volff; N. Volff; Nicolas Horytt; Pierre Meinsler; Claude Lagarde; J. Fossé; François Handling; Nicolas Chaxelle; V. Peltier; Nicolas Jacquemin; J. Grégoire; P. Volff; Claude Moitrier; Nicolas Boulangé; Estienne Fillion; Claude Choumert; Jean Cordonnier; D. Picard; Lallemant; Jean Grandjean; Jean Volff; Nicolas Har; Johannes Finnickel; F. Rekemon; Christoffel Finickel; Matis Brittnacher; Nicolas Berth; D. Peltier; Dominique Schouller; F. Grandjean; François Picard; Nicolas Deny; Nicolas Picard; Pierre Fillio; Joseph Peltier; Clade Guerbert; Pierre Sequet; Joseph Brigard; Nicolas Guerber, député et acceptant; N. Caré, député et acceptant; N. Hory, greffier.

---

[1]) La déclaration des impositions dit 388 jours à la saison.

MANY.

Impositions: 1. Subvention . . . . 629 l. 12 s. 6 d.
2. Ponts et chaussées . . . . 560 l. 6 s. 6 d.
3. Abonnement ou vingtièmes . . . . 779 l. 12 s. 6 d.
4. Entretien des routes . . . . 198 l. 6 s. 6 d.
5. Dépenses militaires de Saint-Avold . . . . . 118 l.[1])

Assemblée du 8 mars par-devant le maire; publication au prône le 8 mars par M. Clément, curé.
50 feux. — Pas de liste de comparants; 28 signatures.
Députés: Jean-Claude Nicolas, laboureur, et Claude Piguet, trafiquant.

Remontrances des habitants de la communauté de Many, bailliage de Boulay, assemblés en la manière ordinaire et accoutumée chez Christophe Choumert, leur syndic, pour être présentées par leurs députés, choisis le même jour à la pluralité des voix, à l'assemblée des trois ordres, ordonnée par Sa Majesté et fixée au 10 du courant par ordonnance de M. le grand bailli du bailliage de Boulay, signifiée le 6 du courant par Herman le jeune, huissier au dit siège.

Cejourd'hui, 8 mars 1789, les habitants, assemblés chez Christophe Choumert, leur syndic, pour choisir 2 d'entre eux pour députés à l'assemblée des trois ordres de Boulay et pour dresser les remontrances qu'ils croient essentiel de faire connaître à la dite assemblée, ont déclaré ce qui suit:

1º. En conséquence de la connaissance qu'on nous a donnée de la déprédation des finances et du déficit exorbitant qui y existe, nous désirons que Sa Majesté soit suppliée de vouloir établir notre province en Etats provinciaux qui nous gouvernent toujours sous l'obéissance aux ordres de Sa Majesté; que les dits Etats soient chargés de la répartition des impôts, ainsi que de leur recouvrement et de leur transport direct dans les coffres du roi: ce qui s'opérerait à bien moindres frais que par le moyen des receveurs et fermiers généraux; ce qui

---

[1]) Suivant l'ordonnance de Mgr l'Intendant du 4 mai 1788: du reste toute cette déclaration se rapporte aux impositions de 1788. Elle est signée (16 mars 1789) par les maire et gens de justice, dont Jean Fleur, maître-échevin (?), et J.-B. Lucie, greffier, ne signent pas les autres pièces.

ferait tourner au profit de l'Etat les sommes immenses qui sont absorbées par ces derniers.

2º. Que dans la suite on ne puisse établir aucuns nouveaux impôts ni en proroger des anciens sans le consentement de la nation représentée par les Etats de chaque province.

3º. Que les dits Etats tiennent lieu dans notre province des intendants pour tout ce qui concerne l'administration de nos biens, surtout de ceux des communautés, et pour l'entretien des anciennes routes ou la confection des nouvelles.

4º. Que les biens des communautés soient aussi régis par les Etats provinciaux, attendu que la lenteur dans les décisions de l'intendance y a apporté jusqu'aujourd'hui un préjudice notable, et que les comptes des communautés ont été une source de dépenses, qui a tourné uniquement au profit des subdélégués; que les entraves qui ont été mises sur l'administration des dits biens, surtout pour des objets d'entretien d'une petite conséquence, pour lesquels on a toujours exigé des visites d'experts, dont les frais des honoraires, des devis, d'adjudication et de réception, surpassaient souvent la dépense des réparations: ce qui était cause [que], pour les éviter, on négligeait les premières dégradations, qui devenaient ensuite très considérables et ruineuses aux communautés.

5º. Le prix du bois est devenu excessif depuis 15 à 18 ans. Sa progression est de 4 à 16 livres, malgré que nous sommes environnés de forêts immenses. La cause de cette cherté est la consommation exorbitante qu'en font les salines qui nous avoisinent. Il serait à désirer que ces salines soient abolies: elles sont pour notre province une surcharge effrayante par le prix exorbitant des sels qu'elles nous fournissent, et par la cherté des bois qu'elles occasionnent, vu l'énorme consommation qu'elles en font, non seulement pour la cuisson des sels qu'elles nous fournissent, mais aussi pour ceux qu'elles fournissent aux étrangers à un prix moindre de trois quarts que celui que nous en payons. Les forêts sont absolument dégradées par les coupes forcées et le peu de réserve qu'en ont fait les officiers soit seigneuriaux soit royaux, en sorte qu'elles ne sont plus peuplées que de très petits arbres qui, dans la révolution de 25 à 30 ans, ne produiront que très peu de bois.

6º. Il serait à désirer que la justice se rendît d'une manière moins dispendieuse et moins lente. Pour ce, il faudrait que les charges ne soient pas vénales, et qu'il y ait des juges locaux pour terminer toutes difficultés locales. Mais comme il paraît impraticable que chaque communauté renferme dans son enceinte un juge uniquement fait pour elle, il serait bon que le maire avec les deux plus intelligents des habitants, qu'il choisirait, aient le droit de terminer les difficultés à raison d'anticipations d'héritages, divisions et partages de terrains, des délits champêtres, de batailles ou d'injures, et tant d'autres de peu de conséquence, qui néanmoins deviennent des procès ruineux aux deux parties, lorsqu'elles sont portées par-devant la justice ordinaire. Les inventaires sont encore une surcharge, d'autant qu'ils sont trop multipliés et très dispendieux par les honoraires attribués aux procureurs royaux ou seigneuriaux, par l'augmentation des jurés priseurs: l'établissement desquels devient une imposition exorbitante sur tout le peuple à raison des lenteurs qu'ils mettent à faire les inventaires, par la cherté de leurs droits, en outre des 4 deniers pour livre du prix de la vente des effets.

7°. Le prix du tabac est encore excessif; il serait essentiel de détruire le monopole qui existe dans cette partie et qui tourne uniquement au profit des fermiers généraux sans soulager l'Etat, monopole qui entretient environ cent mille employés, qui commettent souvent des vexations par leur avidité et leur peu de délicatesse.

8°. La foraine, quoique peu coûteuse en elle-même, lorsque les droits en sont perçus suivant les ordonnances, n'est pas moins une entrave pour notre province. On est continuellement exposé à des reprises que l'on ne prévoit pas et que l'on ne peut prévoir. Il arrive que ce droit devient cher par les acquits à caution qu'il faut prendre et que l'on ne peut renvoyer à cause de l'éloignement, acquits à caution qui sont ceux dont on fait le plus d'usage parce qu'ils sont les plus lucratifs aux préposés de la ferme et à la ferme elle-même.

9°. Les impositions réparties sur tous les habitants de notre communauté absorbent le revenu de leurs biens. Il peut y avoir en propriété environ 250 jours de terres appartenant aux habitants, et la somme totale des impositions que les habitants sont obligés de payer, se porte à une somme de 2050 livres tant en subvention que ponts et chaussées et vingtièmes. En outre de cette somme, la marque des cuirs est encore une imposition bien réelle, puisqu'elle a fait augmenter d'un tiers en sus le prix de cette denrée. La cherté du bois, occasionnée par la consommation des salines, est encore une autre espèce d'imposition; [de même] la marque des fers, et tant d'autres objets, en sorte que, bien calculées, les impositions dans les villages surpassent les biens en propre des habitants des campagnes: ce qui cause la ruine des laboureurs et la plus grande misère parmi les manœuvres, de façon que chaque année on s'aperçoit que la misère et la pauvreté augmentent.

Sommant les dits habitants leurs députés de faire insérer dans le cahier général les principaux objets renfermés dans les présentes, faites en l'assemblée générale des habitants, ce 8 mars 1789, et ont les habitants qui ont coutume de signer, signé les présentes.

Jean Nicolas, maire; F. Piguet; Christophe Choumert; C. Piguet; Jean Jacquemin; F. Piguet; P. Grégoire; J. C. Nicolas; Girard Marchal; Augustin Guerin; Joseph Thona; Clément Aubriau; Jean Klotz; François Adam; Claude Antoine; Louis Christophe; Jean-Pierre Tribout, échevin; J. B. Thonas; Estienne Michelot, sergent; Louis Chrisment; Nicolas Thorelle; Charle Simon; Christophe Payot; D. N. Poinsignon; François Noel; Gaspar Poinsignon; Dominique Wolff; Jean-François Bonherbe; Etienne Fille.

MARANGE, ZONDRANGE ET HÉNING.

Impositions : 1. Subvention . . . . 739 l. 10 s.
2. Ponts et chaussées . . . . 676 l. 8 s. 6 d.
3. Dépenses et frais communaux [1] . . . . . . 71 l. 11 s. 6 d.
4. Abonnement et gages du parlement de Nancy . 1041 l. 14 s. 6 d.
5. Entretien des chaussées (le sixième des impositions royales) . . . . 236 l.
6. Dépenses militaires de Saint-Avold en 1787 et en 1788 [2]) . . . . 388 l.

Assemblée du 8 mars par-devant les maire, syndic et gens de justice; publication au prône le 8 mars par Nicolas Vasmer, vicaire.
51 feux. — Pas de liste de comparants; 15 signatures [3]).
Députés: Nicolas Léonard l'aîné et Nicolas Léonard le jeune.

[1]) On énumère « comptes des syndics, rédaction des rôles, voyages des collecteurs, quittances des receveurs..., et même pour l'abonnement M. le receveur a annuellement exigé pour droit de quittance 40 sols sans autorisation de la chambre des comptes ». Un article distinct, mais sans chiffre, porte que « les frais de tirage de la milice ont été payés annuellement par ordre de M. l'intendant ».

[2]) Cet article est précédé de celui-ci: En l'année 1785 pour le loyer de 3 lits fournis aux cavaliers qui ont été en garnison à Saint-Avold, 141 l. de Lorraine sans les frais pour la levée d'icelles.

[3]) Ce sont, outre les membres de la municipalité comme au cahier, François François, Nic. Bach, Nic. Petit, Pierre Léonard, J. Thill, Pierre Hoff, Pierre Oster, Martin Doyen, et deux noms illisibles. Nic. Léonard, syndic, a signé l'état des impositions.

Cahier de plaintes et doléances de la communauté de Marange, Sondrange et la cense de Hening.

Cejourd'hui, 8 mars 1789, la communauté de Marange, Sondrange et la cense de Hening, bailliage de Boulay, ayant été assemblée à la manière ordinaire, conformément aux ordonnance et règlement du roi et à celle de M. le bailli d'épée du dit bailliage, pour procéder à la rédaction de leur cahier, il a été trouvé à propos de proposer ce qui suit:

1. On déclare que les impositions royales de notre communauté, qui sont si fortes et rudes, dont plusieurs fermiers qui entreprennent des fermes de nobles ou [du] clergé, se ruinent souvent par de mauvaises récoltes, comment peut-on subsister de payer pour subvention, ponts et chaussées et autres impositions la somme de 1419 livres, sans les frais communaux, et pour l'abonnement la somme de 1400 (*sic*) livres? En outre nous avons payé en l'année 1787 et en l'année 1788 la somme de 388 livres, cours du royaume: encore en l'année 1785, nous avons payé 141 livres, cours de Lorraine, sans les frais que notre communauté a payés, à la ville de Saint-Avold pour dépenses militaires et fourniture des lits pour les cavaliers en garnison en la dite ville, [bien] qu'ils nous aient tirés de leur arrondissement, tandis que ceux qui ont été dans l'arrondissement de la dite ville ont joui et jouissent encore actuellement d'un droit qui se nomme droit de Geleit et vaine et grasse pâture; que nous apprenons que nos ancêtres n'ont jamais payé pareils payements, auxquels nous avons été contraints par ordre de M. l'intendant.

2. Il serait à souhaiter qu'on attribuât aux officiers de la municipalité de chaque communauté le droit et pouvoir de faire les inventaires nécessaires et constituer des tuteurs et curateurs. Par ce moyen on évitera les frais à une famille déjà assez désolée, parce que les officiers des hautes justices et bailliages ont trop de démarches et voyages à faire pour aller sur les lieux où ils ont les inventaires à faire, et ils ne s'occupaient quelquefois guère pendant le temps de l'été; lesquels ne travaillent quelquefois que trois heures avant midi et trois heures après midi, afin de prolonger leur ouvrage pour faire coûter beaucoup de frais aux pauvres mineurs.

3. Et de même les priseurs jurés sont inutiles; car il se trouve toujours des gens de bonne conscience sur les lieux, qui peuvent faire les dites fonctions pour un petit salaire, et pareille[ment] pour faire les ventes.

4. On trouve que les droits de banalité des moulins sont fort inutiles, parce que tous les gens de la campagne, où il y a de ces

moulins, pleurent et gémissent [pour] que ces droits soient supprimés. En un mot, un honnête meunier qui fait son devoir, n'a besoin ni [de] droit de banalité ni [de] poids ni balance pour s'attirer des moulants.

5. Il y a longtemps que les pauvres sujets du roi pleurent et gémissent [pour] que les fermes générales et tous leurs officiers et employés soient supprimés dans l'intérieur, les marques des fers et cuirs, les acquits, et tout généralement.

6. Les pauvres sujets de Sa Majesté se trouvent durement chargés de payer le sel à un si haut prix, au lieu que les étrangers ne le payent pas la moitié du prix comme nous, sujets de Sa Majesté, et le sel étranger vaut le tiers plus que celui dont nous faisons usage.

7. En outre on désire que la châtrerie soit supprimée, parce que tout chacun pourra faire cette opération.

8. On désire qu'il soit accordé à chaque propriétaire de jouir de ses prés, où ils puissent être situés, tant pour les regains que comme pour les foins, attendu que les enclos ne font que des difficultés et procès dans les communautés; et ceci sera un bien et une abondance de fourrage dans toute la province.

9. Ce sera un bien pour le peuple que les bailliages soient réduits à moindre nombre en cette province, à cause qu'il y a trop d'officiers, avocats, procureurs et huissiers, occupés en cette affaire, et les frais de ce siège sont trop forts pour le pauvre peuple.

10. [*N'est que la répétition de 9.*]

11. Le peuple désire que les officiers de la maîtrise des eaux et forêts soient supprimés dans les bois communaux à cause des longs voyages et grandes vacations. Les officiers de la municipalité des communautés pourront faire les exploitations, pour soulager les communautés, dont nos ancêtres ont fait ces fonctions, et qu'on le trouverait mieux qu'actuellement.

12. On désire que les caisses des maîtrises soient supprimées pour l'argent des communautés, vu que les communautés peuvent conserver leurs deniers elles-mêmes dans leurs caisses.

13. Ce serait un bien de supprimer les abbés commendataires, parce qu'ils délaissent leurs bénéfices à des fermiers ou admodiateurs qui, trafiquant avec les grains et autres denrées, font toujours plus et plus cher à vivre; et les pauvres n'auront pas le moindre soulagement par des aumônes.

14. On demande qu'il n'y ait qu'un seul impôt général, non seulement sur le tiers état, mais encore sur le clergé et la noblesse sans distinction.

15. On demande un seul receveur pour déposer les impositions royales.

16. On demande que les juifs soient supprimés dans la province à cause de l'usure; au lieu de 5 pour 100, ils prennent jusqu'à 25 et au delà.

17. Plainte contre les pigeons de la noblesse et du clergé, qui les lâchent dans les temps des semailles et des récoltes, qui font un dommage considérable.

Fait et arrêté en l'assemblée à Marange, le 8 mars 1789, et ont signé les maire et gens de justice et élus de la municipalité de notre dite communauté, après lecture faite.

Nicolas Vagner, maire; Charle Haman, m^e-échevin; Carel Brittnacher, élu; François Chneider, élu; Jean Oster, membre (ou élu).

MARIENTHAL.

Impositions: voir le cahier [1]).

Assemblée du 8 mars dans la maison du syndic; publication au prône le 8 mars par M. Brizet, administrateur.
13 feux. — 13 comparants [2]); 10 signatures, parmi lesquelles celle de l'administrateur.
Député: Jacques Lambert, manœuvre.

Plaintes et remontrances.

Cejourd'hui, 8 mars 1789, en l'assemblée convoquée au son de la cloche en la maison de Nicolas Bourgignon, syndic, en la manière accoutumée, sont comparus les habitants de Mariendal pour délibérer et

---

[1]) Une feuille spéciale (v. p. 152 n. 1) donnait en même temps ces indications pour 1788: Vingtième 63 l. 2 s. 9 d.; Subvention 125 l.; Ponts et chaussées 111 l. 12 s.; Entretien militaire 23 l. 4 s.; Entretien de routes 39 l. 5 s. Ces derniers chiffres figurent au cahier, sans doute parce qu'on n'avait pas encore les cotes pour 1789.

[2]) N'ont pas signé Jean Schmit, Jacob Adamy, Mathias Adamy, Mary Jenne Bohm. Le nom de Bourgino répond dans la liste à deux signatures faciles à reconnaître. Tout le cahier est écrit de la main de l'administrateur.

rédiger leur cahier de doléances, plaintes et remontrances, et ont délibéré et rédigé ce qui suit, savoir:

1. La communauté déclare que leur ban contient en tout 300 jours de terres aux environs: ce qui fait 100 jours par saison. Le jour ne produit que 5 bichets, mesure de Saint-Avold. Il contient 50 fauchées de prés d'une mauvaise nature: il faut 5 à 6 fauchées pour une voiture de foin.

2. Tout le ban, tant terres que prés, est un acensement fait en partie avec M. le comte de Bussy, marquis de Faulquemont, et avec M. le comte de Puttelange, pour lequel la communauté paye par chacune année 19 paires de quartes et 3 fourailles de paires de blé, c'est-à-dire 19 quartes 3 fourailles de blé froment, et autant d'avoine. Plus: chaque feu donne une poule et un chapon et 8 francs et 10 sols chaque année au seigneur pour le susdit acensement de M. le comte de Bussy, et 54 livres aux seigneurs de Puttelange pour le susdit acensement.

3. Le ban ne produit que 5 bichets de blé, mesure de Saint-Avold, par chaque jour, année commune: ce qui ne fait que la moitié de l'année le pain des habitants.

4. La communauté donne en vingtième . . . . 57 l. 7 s. 3 d.
pour subvention et ponts et chaussées . . . 234 l. 7 s. 3 d.
pour l'entretien des routes . . . . 39 l. 5 s.
Item on leur fait payer [pour] le logement des soldats qui sont en garnison à Saint-Avold et logent chez le bourgeois   23 l. 5 s.

Ce qui fait en tout une somme de . . . . . . 354 l. 4 s. 6 d.

Il n'y a aucuns biens communaux; les habitants sont obligés de supporter toutes les charges d'entretien des puits, du châtreur, etc., sans aucun émolument.

5. Les habitants ont l'honneur de représenter que, si le sel était à plus juste prix, ils pourraient en prendre en plus grande quantité pour élever des bestiaux; par là ils feraient plus d'engrais et pourraient par ce moyen améliorer les terres et en avoir plus de produits.

Le village, [qui] se trouve avoisiné de villages français, se plaint d'être obligé d'aller à une lieue de loin pour se pourvoir d'acquits chaque fois qu'ils ont des voitures à faire soit pour le bois soit pour autre chose nécessaire.

6. La communauté a l'honneur de représenter qu'ils ont eu pendant l'année de grosses pertes par la maladie des bêtes à cornes.

La présente rédaction du présent cahier a été faite en pleine assemblée de la communauté et a été signée par ceux des habitants qui savent signer, après lecture et interprétation faites, et contient 4 pages, coté et paraphé par nous administrateur de Mariendal par 1e et 4e et dernière feuille.

G. Brizet, adm. de Mariendal; Antdon Ruprich, maire; Nickell Burgiinung, syndic; Johanes Abt; Mathias Kopp; Johanes Launbert; Johannes Burginung; Nicolas Carlé; Johannes Bernard; J. Lambert.

MAXSTADT.

Impositions pour Maxstadt et Host [1]).
 1. Subvention . . . .   997 l. 18 s.
 2. Ponts et chaussées . . . .   947 l. 15 s. 6 d.
 3. Entretien des magasins des troupes de Saint-
  Avold [2]) . . . .   330 l. 1 s. 6 d.
 4. Entretien des routes . . . .   324 l. 5 s. 7 d.
 5. Vingtièmes . . . .   1425 l. 8 s. 6 d.
 6. Au roi comme seigneur haut et bas justicier et
  foncier . . . .   1045 l. 3 s.

Assemblée du 8 mars par-devant les maire et syndic; publication au prône le 8 mars par Nassoy, curé.
Le nombre des feux n'est pas indiqué. — Pas de liste de comparants; 7 signatures [3]).
Députés: Nicolas Schang, laboureur, et Georges Erman, chapelier.

Plaintes, réclamations et doléances.

L'an 1789, le 8 mars, Sa Majesté le roi, par la bonté de son cœur, voulant écouter les plaintes, les réclamations et doléances de ses peuples, nous habitants de la communauté de Maxstat, assemblés le 8 en la salle d'école, avons trouvé à propos par nos présentes de représenter en l'assemblée de Boulay, indiquée pour le 10 du présent mois, les articles suivants:

1. La gruerie, on ne sait sous quel prétexte, vend souvent les coupes de bois qui appartiennent aux communautés et qui devraient être

---

 [1]) Le syndic de Host signe la déclaration après les maire et syndic de Maxstadt.
 [2]) On ajoute que c'est « le sixième de la somme de la subvention et des ponts et chaussées » : cette proportion est plus exacte à l'article suivant.
 [3]) Ce sont les membres de la municipalité avec Hans Nickell Kieffer, hanmeyer.

pour leur chauffage et autres nécessités. C'est ce qui fait que les membres des communautés souffrent un préjudice notable; cela est très dur, surtout pour la classe la plus indigente, qui n'est pas en état de se procurer le bois nécessaire et qui est par là réduite ou à souffrir beaucoup du froid ou à se procurer du bois en gâtant ou à dégrader les arbres dans les champs. Cette observation doit particulièrement toucher pour la communauté de Maxstatt, parce que leur bois est un bois que la communauté de Maxstatt tient à cens de l'abbaye de Sainte-Glossinde de Metz et qui est d'un petit produit.

2. Ce qui rend les bois fort chers dans tous ces cantons, est la forge de Hombourg-l'Evêque d'un côté, et de l'autre côté la saline de Dieuze, Moyenvic, Château-Salins, et d'autres qui en dépendent. En supprimant les forges, le roi pourrait tirer environ les deux tiers de plus, en vendant les coupes annuelles, qu'il n'en tire aujourd'hui, et les peuples seraient soulagés; d'autant que ces forges ne rendent pas les fers à meilleur marché: le prix au contraire augmente tous les jours.

3. Les seigneurs ou leurs fermiers vendent le droit de pâturage du troupeau à part à d'autres, ce qui est formellement contre l'art. 31 du titre 11 de la coutume de Lorraine, qui porte: Le seigneur ayant droit de tenir troupeau à part le peut admodier avec sa terre, mais ne peut vendre [le] vain pâturage pour y mettre autre troupeau que le sien propre ou celui de son admodiateur, sous peine de la satisfaction de l'intérêt aux communautés.

4. Les inventaires sont aujourd'hui extrêmement coûteux. Il y a toujours lieutenant général ou commissaire, procureur du roi, greffier du bailliage, priseur juré. Ce dernier vient deux fois: 1º pour priser les meubles, et 2º pour les vendre, en sorte que ce qui est établi en faveur des mineurs, tourne à leur désavantage et absorbe une bonne partie de leurs successions.

5. Quand il y a des réparations à faire aux bâtiments à la charge des communautés, les frais sont toujours très considérables. Il faut que les subdélégués se rendent sur les lieux avec un architecte, secrétaire. Il y a plusieurs réparations dont on pourrait faire faire l'estimation et devis par les ouvriers experts sur les lieux ou du voisinage.

6. Lorsque les communautés font des ventes d'une partie de leurs biens pour la construction ou réparations à leur charge ou autres nécessités, les seigneurs ou leurs fermiers tirent le tiers de ces ventes, au lieu que, d'ancienneté, les seigneurs ne tiraient que le tiers de ce qui restait après les charges des communautés payées. Il y a là-dessus un arrêt du parlement de Nancy du 8 mars 1700.

7. La communauté de Maxstatt, comme plusieurs autres, est obligée de payer deux piétons, l'un de la part de la subdélégation de Boulay, et l'autre de l'assemblée de Sarreguemines, et quelquefois un troisième, lorsqu'elles reçoivent des ordres du bailliage de Boulay : ce qui multiplie les frais.

8. La communauté de Maxstatt est obligée de payer la sixième partie de la subvention pour entretien des casernes de Saint-Avold : ce qui ne se fait pas dans d'autres bailliages; outre un sixième de la subvention pour l'entretien des routes. Cette prévôté est doublement chargée.

9. Sur le ban de Maxstatt il y a deux étangs, qui causent un dommage considérable à cause des brouillards qui se lèvent et qui sont la cause que toutes les terres d'alentour ne grainent pas, outre que, dans le débordement, les eaux creusent dans les terres et élargissent l'étang, de sorte que les arbres qui étaient dans les champs sont aujourd'hui dans l'étang, et plusieurs déjà renversés.

10. Le sel, qui est d'une si grande nécessité pour la vie de l'homme, est à un prix si exorbitant que le commun ne peut pas se procurer du sel; les fermiers le vendent dans le pays plus de 6 sols la livre, tandis qu'ils ne l'envoient aux étrangers qu'à 2 sols et demi la livre, lorsqu'il est conduit à 12 ou 15 lieues. Encore le sel qu'on envoie aux étrangers est d'une qualité bien meilleure que celui qu'on débite dans le pays, joint à cela que les débitants le logent ordinairement dans des endroits humides, ce qui lui ôte beaucoup de [sa] qualité, ce qui est une vexation de la part des fermiers. De plus, si on avait le sel au [même] prix que les étrangers, ce serait un avantage pour le nourri des bestiaux, surtout dans les endroits où le fourrage n'est pas d'une bonne qualité : ce qui est aujourd'hui presque l'unique ressource des gens des campagnes.

11. La marque des cuirs a fait monter les cuirs à un prix [si] exorbitant qu'on n'en peut presque plus acheter soit pour la chaussure soit pour les harnais des laboureurs.

12. L'argent, provenant de la vente des bois et déposé à la gruerie, n'est remboursé pour les nécessités des communautés qu'après beaucoup de délais et à grands frais.

13. La prévôté de Saint-Avold est enclavée des villages français, de sorte qu'on ne peut pas sortir ni entrer avec aucune marchandise sans être garni [garanti] par des acquits tout pour qui coûte et pour l'incommodité d'autres villages[1]), surtout pour les bois qu'on est obligé

---

[1]) Y a-t-il une omission de mots ou une confusion avec ce qui suit ? On se plaint, croyons-nous, des acquits tant pour ce qu'ils coûtent que pour l'incommodité d'avoir à les chercher dans d'autres villages.

[d'aller] chercher dans d'autres villages, et pour mener les grains aux moulins.

Fait en l'assemblée d'icelle le jour susdit, et avons tous signé, après lecture faite.

Peter Mauss, élu; C. Kirch, élu; François Collignon; Michael Nicolay; Petrus Helringer, syndic; Christophel Thiel; Jean Reder; Nicolas Winrich; Jean Räder; Johannes Thiriung; Johannes Killman (?); Johannes Kirch; Stoffel Haas; Johannes Thiel; Johannes Rallin; Hans Nick. Branle; marque de Jean Omenhover; Michel Schmitt; Nicolas Bollender; Johannes Klein; Nicolaus Fix; Johannes Pet. Nicolay; Christofel Fix; Hans Peter Kiffer; Johannes Streiff; Hans Michel Friss; Antenis Schmitt; Johanes Schvartz, maire; Michel Kirch, élu; Johans Bollender; Nicola Kannapell; Johanes Mauss; Christoffel Schlesser; Niclas Schang; Hans Michael Thiell; Christofell Mayer; Pettrus Klein; Michel Becker; Görg Tiell; Johannes Becker; Christoffel Jacob; George Ehrman; J. P. Boman, greffier.

MERLEBACH.

Impositions pour 1788 :
1. Subvention . . . . 395 l. 14 s. 9 d.
2. Ponts et chaussées . . . . 364 l. 13 s.
3. Vingtièmes . . . . 175 l. 10 s.
4. Pour la chaussée . . . . 120 l. 16 s. 6 d.
5. Pour la caserne . . . . 82 l. 5 s.

Assemblée du 8 mars par-devant le syndic; publication au prône le 8 mars, on ne dit pas par qui.
48 feux. — Pas de liste de comparants.
Députés: Nicolas Huage[1], maître-boulanger, et Etienne Becker, syndic.
Signatures: Steffen Becker, syndic; Jerg Bunnum, maître-échevin et élu; Johannes Engler, élu et échevin; Peter Gestell, élu; Nicolas Hauge; Johanes Scherer; Joseph Hag; Nicklas Dalbes; Johannes Schmit; Bernard Lapierre.

L'assemblée des habitants de la communauté de Merlebach.

Cahier de doléances, plaintes et remontrances présenté par Nicolas Hager, maître-boulanger et élu pour notre député, à lui plein pouvoir donné, savoir:

---

[1] Ainsi signé, mais le texte l'appelle toujours Hagen.

Entretien des bâtiments. La communauté est chargée de l'entretien et réparation du clocher de l'église, du mur pour le tour du cimetière, estimé par année pour la dépense à la somme de 30 livres.

Mais celle annuellement à faire aux dits édifices tirés hors de ligne sur la première marge [1]), estimée à la somme de 80 livres.

Entretien de l'église. Et la communauté [est] chargée pour la cire et luminaire paroissial, pour la dépense à la somme par année de 96 livres.

Pour les ornements de deux petits autels, en linge, y compris les livres de l'église, à la somme de 36 livres.

Pour le blanchissage, les balais et encens, somme par année de 30 l. 10 s.

Pour le vin servant au sacrifice divin, 24 l.

Pour les messes à M. le curé, arrangement fait par les anciens, annuellement à la somme de 27 l.; au maître d'école pour sa part, à la somme de 3 l. 11 s.

Droits seigneuriaux. La communauté est chargée de livrer annuellement à Madame de Choiseul par année la quantité de 50 paires de quartes, moitié seigle et moitié avoine, à la Saint-Martin d'hiver: estimée chaque paire d'année à autre à 9 livres, fait ci 450 l.

Egalement dus pour droits de seigneur par chaque habitant un chapon, une poule et 7 sols et demi de Lorraine; la poule et le chapon estimés à 30 sols, avec les 7 sols et demi faisant 36 sols (*sic*): fait pour 44 habitants la somme de 79 l. 4 s.

Pour le régent d'école la communauté est obligée de livrer pour son salaire 20 quartes de seigle par année: estimé par quarte 6 livres, fait 120 l.

Entretien pour la maison du pâtre. La communauté est obligée à la somme de 20 livres, et celle annuellement à y faire estimée à celle de 40 l.

Tenue des bêtes mâles. Est enfin chargée de la fourniture et entretien annuellement, estimés à la somme de 150 l.

Privation de bénéfices en comparaison d'autres communautés. Le passage de la grand'route de Saint-Avold à Forbach rapportait beaucoup à cette communauté par la communication, pour le logement et rafraîchissements qui s'y faisaient. Cette communauté a été privée de 20 jours de terres labourables et de 2 jours de prés par la nouvelle route qui en a été faite, qui a donné un autre cours: lesquels biens-fonds ont été estimés à la somme de 400 livres, dont la communauté n'a point été indemnisée de la valeur, ni du fond ni des deniers royaux et seigneuriaux y affectés.

---

[1]) Les mots « Entretien des bâtiments » sont écrits à la marge; mais quelle opposition veut-on mettre entre ces deux alinéas ?

Vacation. Cette communauté est obligée d'employer une somme de 200 livres servant à faire rehausser un chemin communal qui communique des villages voisins et des prés au village de Merlebach, pour être praticable, à pouvoir passer à la nouvelle route : à rehausser de 4 pieds de hauteur sur 30 verges de longueur et 1 (?) de largeur : dépense occasionnée par la nouvelle route.

Grandeur du ban, qui consiste en 680 jours de terres labourables, terres de sable, entrecoupées de deux routes, par différentes collines et rochers : ce qui fait une déduction de 70 jours ; et petit produit : du jour emblavé annuellement 6 bichets de seigle, et l'autre partie se plante en pommes de terre et autres marsages.

Les prairies consistent en 80 fauchées totalement marécageuses, qui occasionnent une dépense pour faire des fossés.

Une perte que fait cette communauté sur son ban en faveur des grands gibiers qui sortent des bois de Nassau, sans savoir à qui s'adresser pour récupérer la perte qui se fait.

Les bois que n'a point cette communauté à pouvoir se reprendre pour pouvoir s'assister comme d'autres communautés pour suppléer à la bourse des sujets, à la construction de tout effet ; ni avantage de grasse et moyenne pâture. Ni aucun bois pour leur chauffage que celui qu'ils achètent, éloigné de leur demeure, d'un prix exorbitant et assujetti au droit des acquits.

Chargés d'un recouvrement pour les corps de casernes de 84 l. de France.

La dîme aux seigneurs est des deux quarts.

Pour l'intelligence de ce qui vient d'être dit, MM. les procureurs syndics remarqueront les grandes charges et entretiens des bâtiments mentionnés ci-devant, suivant les articles y portés, lesquels montent annuellement à la somme de 1700 livres 5 sols, outre les impositions royales que cette communauté est obligée d'acquitter, qui n'a aucune ressource, soit biens communaux à laisser, soit fruits champêtres ou regain à vendre, soit bois de chauffage : en un mot, elle n'a d'autres reprises pour le payement des dits objets que le seul produit d'un pauvre ban qui n'est point d'un grand produit.

Fait et délibéré à Merlebach, le dit jour 8 mars 1789, par l'assemblée de Merlebach et soussigné pour notre soumission au bas du présent et au procès-verbal.

[*On a oublié de signer.*]

MERTEN ET BIBLING.

Impositions:
1. Subvention et impositions accessoires, argent de France . . . . 506 l. 0 s. 3 d.
2. Vingtièmes . . . . 543 l. 11 s. 9 d.
3. Ponts et chaussées . . . . 88 l. 16 s. 6 d.
4. Pour construction d'un pont et réparation de deux autres sur le chemin de communication pour la chaussée de Sarrelouis, à la place de l'imposition pour les lits militaires de Saint-Avold . . . . 500 l.
5. Au domaine un cens appelé Fleischkühegeld . 50 francs barrois.
6. Le canton Pititgelend paye au domaine royal 93 francs barrois.
   Le canton Vayerloch . . . . 300 l. de Lorr.
   Le canton Spanischloch . . . . 36 l.
7. Au domaine royal pour acensement affecté sur environ 37 fauchées de prés, 20 sols par fauchée, argent de Lorraine . . . . 37 l.
8. Un cens de François Bauvais . . . . . . 60 l. de France

En outre quelques grains affectés sur quelques terres au profit de quelques seigneurs.

Assemblée du 8 mars par-devant la municipalité; publication au prône le 6 mars par Jean-Antoine Müller, curé.
50 feux. — 17 comparants[1]); 5 signatures de 2 élus, du syndic et du curé.
Députés: Michel Fischer et Jean Humbert (Himber).

Doléances et propositions.

Le présent cahier contenant 12 feuillets pour servir à la rédaction des doléances et propositions à faire par les habitants de Merten et Bibling, a été par nous, syndic de la dite communauté, coté et paraphé, à Merten, le 6 mars 1789. [Signé] Caspar Keff der junge, syndic.

Art. 1. Suivant les ordonnances publiées le 6 mars l'an 1789 après la messe paroissiale, nous avons commencé à faire le cahier de doléances

---

[1]) Un Jean Schmit et François Schmit ne sont pas mentionnés au cahier; en revanche Jacq. Schutz et Jean Himber lui-même ne sont pas parmi les comparants: le curé non plus, bien qu'il signe le procès-verbal. Les élus et députés sont: Paul Keff, Michel Fischer et Mathieu Humbert; celui-ci ne signe pas la déclaration des impositions, écrite de la main du curé et signée de lui comme s'il était député de la communauté.

et propositions, et fut présent Gaspar Keff, le jeune, syndic, disant que les sujets du roi souffrent beaucoup par rapport à la cherté du sel et du tabac, considérant la pauvreté d'une grande partie des habitants, qui sont hors d'état de s'en procurer. La même cherté du sel met nos bêtes dans un pitoyable état, faute de ne les pouvoir saler [lisez: saler leur nourriture]; le défaut de sel les rend moins vigoureuses, de façon que le laboureur en souffre. La nécessité met le sujet bien souvent dans le triste cas de chercher son sel hors du royaume, et par cela il s'expose d'avoir des affaires avec la ferme, qui le ruinent totalement. Il a observé en même temps une vexation qui arrive de la part de la ferme envers les gens qui portent un panier au marché de la ville de Sarrelouis et [à qui] on demande des acquits.

La communauté a labouré [jadis] un canton que M. de Hayange a acensé depuis: elle a payé le septième de toutes les plantations; le dit sieur de Hayange a fait des enclos qui ne sont pas éloignés de notre village de plus de 100 verges environ. De là il suit que, considérant la trop étroite étendue de notre ban, nous manquons de la nourriture nécessaire à notre troupeau, dont nous avons profité les autres fois. Elle [la communauté] s'offre de payer quelque chose de plus que M. de Hayange.

La communauté a perdu par des chicanes le droit de labourer un canton, dit Veyerloch, ainsi que les terres du domaine situées sur notre ban: si cela est possible de rentrer dans nos droits, nous offrons de payer ce qui est de droit.

J'observe en outre que, n'ayant que deux saisons, qui sont plantées tous les ans, un sol aride, terres sablonneuses, nous manquons de la pâture suffisante à nos bêtes. Il serait nécessaire de nous ouvrir les forêts; mais jusqu'à présent, il nous a été impossible d'obtenir des officiers de la maîtrise les taillis de 20 ans. Les mêmes officiers de la maîtrise taxent les amendes exorbitamment, de façon qu'il serait plus utile de les faire taxer par les officiers du bailliage.

Les frais pour faire les inventaires après la mort du père ou de la mère sont si excessifs que les officiers tirent une grande partie de la succession des enfants. Ainsi a signé Caspar Keff der junge, syndic.

Art. 2. Est comparu Nicolas Schmit, maire du village, et confirme les propositions faites précédentes. A signé Nicolas Schmitt, maire.

Art. 3. Est comparu Jean Humbert, a fait sa plainte, et déclare: Il y a environ 15 jours de terre et 7 fauchées de prés; ça est tombé au compte du roi, et j'offre de payer quelque chose de plus que ceux qui en profitent, si ça peut rester au village. Il y a encore un pré sur le ban de Merten dans le canton du Veyerviesse, qui tient 84 fauchées, et ça tient tout au domaine; et nous offrons de payer quelque chose de plus, si ça peut rester au village. A signé Johannes Himber.

Art. 4. Est comparu Michel Ficher, a fait sa plainte, et déclare: Il y a environ 100 jours de terres labourables que Sa Majesté nous a données pour un bois et que la maitrise ne veut pas que la communauté plante. Au canton Neuland, il y a environ 100 jours de bois; entre le dit Neuland et notre ban, environ 60 verges, éloignées du village de Bibling, et le dit bois, ce n'est que du marais. La dite communauté demande si Sa Majesté voudrait bien avoir la bonté de nous laisser passer le dit bois pour faire un terrain labourable pour la communauté, et la dite communauté promet de payer l'acensement. A signé Michell Fischer.

Art. 5. Est comparu Mathieu Humbert, et déclare que notre ban est petit. Si Sa Majesté voulait bien nous accepter [donner?] le dit bois par rapport à la cherté de notre village sur la plainte du sieur d'Hayange (?); si nous pouvons avoir le dit bois, nous pourrons mieux payer les deniers du roi. A signé Matis Himber.

Art. 6. Est comparu Paul Keff, [a fait] sa plainte, et déclare que les étrangers tirent le meilleur profit de notre village et ban dans les terres labourables et prés; lesquels font des enclos. Sitôt les enclos faits, la communauté tout [au] plus [ne] profite que du dommage; et les enclos sont fermés avec des perches et avec des fossés, lesquels sont seulement pour détruire nos bestiaux; car ils sont très mal nourris. A signé Paulus Keff.

Art. 7. Est comparu Jean Rennert, a fait sa plainte, et déclare que notre ban est fort d'environ 787 [jours], et le tiers appartient aux étrangers: les chanoines prémontrés de Vadgassen, et M. Scharff, de Sarrelouis, et Pierre Maire, de Critzwald, et M. de Louisendalle; et tout cela va hors du village. A signé Johanes Renertt.

Art. 8. Est comparu Jean Keff, a fait sa plainte, et déclare que M. d'Hayange nous a ôté un terrain d'environ 22 jours, et le dit terrain appartenait [en] propre à notre communauté. Signé Johanes Keff.

Art. 9. Est comparu Jacques Schutz, a fait sa plainte, et déclare que les baptistins [anabaptistes] ont entrepris les fermes dans notre pays, [en sorte] que les chrétiens [ne] pourront plus vivre. Signé + [une simple croix].

Art. 10. Est comparu Pierre Knaffe, a fait sa plainte, et [déclare] que les juifs sont les maîtres dans le pays par rapport au pauvre paysan, qui ne peut pas résister l'un à l'autre; il faut qu'il s'adresse aux juifs pour avoir du secours, et au bout du temps fixé, les pauvres paysans, il faut qu'ils se réunissent [*lisez*: se ruinent] pour payer l'intérêt du juif. A signé Petter Knaff.

Art. 11. Est comparu Jean Schmit, a fait sa plainte, et déclare que M. d'Hayanges nous a ôté en terres labourables et prés environ 900 [quoi?] par chicane; que M. d'Hayange a dit que vous n'avez rien à risquer, qu'il ne demande rien que du bois et que du marais; et après il a pris les terres labourables et le bois. Les hommes qui ont signé, [l'ont fait] quelques-uns à bonne volonté, et les autres étaient forcés; et le dit sieur d'Hayange leur a dit que ça [ne] leur portait point préjudice. A signé Johannes Schmitt.

Art. 12. Est comparu Quirin Brisbois, a fait sa plainte, et déclare que la régie est si fort augmentée avec le cuir par rapport à la marque, que le pauvre homme n'en peut point avoir par rapport qu'il est trop cher. A signé Kirinn Brisbois.

Art. 13. Est comparu Mathieu Bauer, a fait sa plainte, et déclare que le grain est si cher que le pauvre homme n'en peut point avoir, parce qu'il va hors du royaume. Nous payons le seigle et l'orge 9 livres, et le froment jusqu'à 11 et 12. Ce considéré, Monsieur, nos plaintes (*sic*). A signé Matis Bauer.

[Ont mis ou répété leurs signatures à la fin sans autre formule] Matis Bauer; Johannes Lar; Adam Seits; Kirinn Brisbois; Michel Remack; Johannes Schutz.

MONT.

Impositions: manquent.

Assemblée du 8 mars par-devant le maire; publication au prône le 8 mars par le curé.
25 feux. — 16 comparants; 13 signatures[1]).
Députés: Pierre Marsalle, syndic, et Jean-Nicolas Tolleret.

Remontrances, plaintes et doléances.

[Les cahiers de Colligny, de Mont et de Pange, reproduisent un même texte que nous réservons pour l'article Pange, bien que la transcription en soit parfois meilleure à Mont; nous indiquerons alors les variantes sérieuses. Voici la conclusion.]

---

[1]) Ne signent d'aucune façon Claude Collignon, Pierre Le Franc le jeune, Clément Maillot. La signature de Claude Le Franc ne reparaît pas au cahier.

Fait et arrêté en assemblée de communauté le 8 mars de l'année 1789. P. F. Beauchot; P. Lefranc; Jean Termineaux; Nicolas Le Franc.

Avant de signer, nous observons que les seigneurs de ces lieux nous font faucher un breuil et faner le tout et mener à [une] distance de trois lieues du pays, au moment que les ouvrages pressent le plus, etc.

Pierre Gaillard; Pierre Marsalle, syndic et député; Michel Louyat; Christophe Bazin; Jean Simon; Claude Caye; Nicolas Hurlin; Jean Termineaux; Jean-N. Tolleret, député.

MORLANGE.

Impositions: 1. Subvention . . . . 237 l. 3 s.
2. Ponts et chaussées et autres impositions accessoires 216 l. 18 s. 6 d.
3. Abonnement et gages du parlement de Nancy . 238 l. 5 s.
4. Prestation représentative de la corvée . . . . 78 l. 6 s. 6 d.

Assemblée du 7 mars (sic) par-devant les maire et syndic; publication au prône le 8 mars par M. Sornet, curé de Morlange (sic).
28 feux. — 26 comparants; 13 signatures [1]).
Députés: Nicolas Bernard, syndic, et Pierre Bir.

Cahier de la communauté de Morlange.

Cejourd'hui, 7[2]) mars 1789, en l'assemblée convoquée au son de la cloche en la manière accoutumée, ont comparu les habitants de la communauté de Morlange par-devant Joseph Marque, maire, et Nicolas Bernard, syndic, pour procéder au cahier des plaintes, doléances et remontrances que la dite communauté entend faire à Sa Majesté, et présenter les moyens de pourvoir et subvenir aux besoins de l'Etat, ainsi qu'à tout ce qui peut intéresser la prospérité du royaume et celle de tous et chacun les sujets de Sa Majesté.

---

[1]) N'ont pas signé le cahier François Pauseler, Humbert Phiffer, Nic. Remlinger, Claude Remlinger, Charles Daré, François Altemayer, Pierre Job, Jean Lagard, Phil. Vatier, Ant. Cherre, François Daré, François Vider, et Jean Magin ou Jean Marque (selon qu'on interprétera les initiales I. M.).

[2]) Ce chiffre est une correction: on avait d'abord inscrit 8; la fin du cahier porte la date du 9, les opérations ayant probablement duré ces trois jours.

Doléances.

1. — La communauté de Morlange est remplie de forains qui ont presque tous les biens du ban, et les impositions ne sont point levées sur ces étrangers dans le dit lieu de Morlange, distinctement les chevaliers de Malte et révérends carmes de Metz et autres.

2. — Les seigneurs voisins qui possèdent nos prairies en ont formé des clos et nous privent du droit de grasse pâture : ce qui empêche les pauvres habitants de faire des nourris.

3. — Autrefois on achetait en Lorraine le sel aux salines royales ; on l'avait à très bon compte : la livre de sel revenait à peu près à 3 sols de France. Aujourd'hui nous payons la livre aux fermiers 6 sols ; nous sommes obligés d'aller chercher le sel dans des bureaux éloignés de 3 lieues : ce qui est une grosse charge pour le peuple qui, n'ayant que pour acheter une demi-livre de sel, est encore obligé de vivre, le jour qu'il va chercher le sel, à ses dépens, sans pouvoir gagner un sol.

4. — Au sujet du tabac, on l'avait autrefois à un prix modéré ; aujourd'hui on le paye 3 livres 12 sols la livre. La ferme oblige un membre de la communauté à se constituer le débitant, sans savoir s'il peut exercer cette fonction : ce qui nous a occasionné un procès où on nous a vexés de plus d'une manière.

Remontrances et moyens.

On voudrait que les impositions soient levées dans l'endroit même où on possède des biens et que tous y fussent assujettis.

L'on demande que les clos soient rompus pour le bien public.

Nous demandons que le sel soit vendu aux salines au prix qu'on le vend à l'étranger, au marchand qui voudra se charger de ce petit commerce, nous proposant de payer au roi un dédommagement quelconque qu'il exigera ; et cela épargnera les frais des bureaux de ferme et autres, qui nous dévorent ; — ou de permettre que la communauté le prenne en gros dans les salines comme anciennement.

Nous estimons que le bien du public et le bénéfice du roi seraient, dans ce régime, de lui payer tout simplement de raisonnables impositions, qui soient versées dans ses coffres le plus directement possible, et ne point donner dans le pays des Français et Lorrains tout l'avantage à des fermiers qui écrasent le peuple au nom de Sa Majesté, [de sorte] enfin que le pauvre peuple ne peut plus supporter les impôts de la ferme.

5. — Nous sommes Lorrains de nation et enclavés dans les Français. Mais aujourd'hui nous sommes tous sous la même domination; nous ne composons qu'un peuple; nous avons tous le même souverain, et malgré cela nous sommes toujours maltraités par la ferme. Nous ne pouvons faire aucun commerce dans les villes, bourgs et villages français, sans payer des droits et acquits. Les droits s'étendent même sur les gens de métiers et laboureurs dans toutes les choses qui concernent leurs professions, et nous trouvons ce fardeau un peu lourd.

Nous demandons donc que le commerce entre les Lorrains et Français soit libre, et qu'on dédommage entre nous les choses publiques.

6. Eaux et forêts. — Nous nous trouvons sous deux juridictions: celle de Fauquemont et celle de Bouzonville. Ce régime nous cause des retards, et nos bois dépérissent. On nous a mis des bois en quart de réserve, malgré que nous n'ayons pas assez de bois pour avoir un quart de réserve selon les ordonnances, et l'on nous fait payer doubles droits.

Nous demanderions que le marteau soit dans le coffre de la communauté, et que la justice ait, comme autrefois, le droit de marquer, quand on avait accordé des coupes.

7. Administration de l'intendance. — Nous aurions des plaintes à faire des fausses démarches, conseils et sentences que nous avons essuyés de cette administration. Aujourd'hui on a établi des municipalités et des assemblées de district et provinciales; mais tout cela ne fait que ralentir la marche des affaires: on ne peut labourer avec des charrues grosses comme des maisons; elles sont trop lourdes à manier, et les sillons seraient trop profonds.

Nous demandons que les affaires journalières, les comptes des syndics, puissent être terminés, après l'examen et le rapport de la municipalité, par le bureau intermédiaire du district, et ce sans appel, et qu'on ne soit obligé de recourir à la décision de M. l'intendant que pour les affaires de conséquence, telles que les constructions d'ouvrages publics, ou procès considérables: ce qui ferait alors qu'on pourrait se passer de subdélégués qui ne feront qu'embrouiller les affaires pour faire

8. Justice. — D'autrefois on ne pouvait assigner un homme pour dette qu'il ne l'ait été par la justice du lieu, et cette justice lui donnait un délai raisonnable; mais aujourd'hui il est actionné tout de suite impitoyablement par-devant la justice des bailliages voisins, et le pauvre est souvent accablé de frais avant de savoir pourquoi on les lui fait.

Doléance grave. — En outre nous avons perdu quelques procès: et la communauté [se] trouve-t-elle sans ressources, on assigne les meilleurs habitants d'un village, on vend tout chez eux pour être payé, à charge à eux d'avoir recours sur les autres habitants, ce qui met la dissension entre eux, cause de nouveaux débats, et perpétuellement des procès de génération en génération. Sire, ce moyen est le plus sûr qu'on puisse employer pour ne plus avoir que des gueux et des misérables dans notre classe: ce qui sûrement est contre vos intentions. Les plus aisés d'une communauté sont les laboureurs: on les ruine par cette loi. Cependant, si le laboureur n'avait [à] payer que sa part comme tous les autres, puisqu'il ne retire dans les biens communaux que comme les pauvres, et qu'il consentit à payer les charges dans la proportion de sa fortune, il rejeter l'ordre que Sa Majesté voulait établir dans les provinces et pour contrarier les décisions des municipalités, quand il y aura quelques gens de mauvaise foi ou mécontents.

Nous demandons que la justice du lieu rentre dans son ancien droit, et qu'on ne puisse assigner un homme par-devant vos tribunaux qu'au préalable il n'ait été assigné par-devant la justice du lieu et que cette justice ne lui ait accordé un délai que vous fixerez par vos ordonnances.

Remontrance grave. — Nous demandons que, lorsqu'une communauté aura perdu une cause quelconque et sera hors d'état de satisfaire faute de biens communaux, on distribue la somme exigée entre tous les habitants également, ou au marc la livre, suivant l'échéant des cas, et que tous les habitants soient contraints aux payements, comme ils seraient pour une imposition royale.

semble alors que la loi serait plus égale.

[9]. Police champêtre. — Les seigneurs retirent le tiers des émoluments communaux qu'on vend au profit de la communauté. Ainsi nous avons fait construire un pont dans notre village; Sa Majesté a bien voulu nous accorder une coupe de poiriers épars sur le ban, pour satisfaire à cette dépense: et malgré que la somme soit insuffisante, il faut cependant en donner le tiers au seigneur.

[10]. — Dans les mauvaises années on ne veille pas assez sur les monopolants, et la police des provinces ne veille pas assez à la subsistance des peuples.

[11]. Eglise. — La communauté de Morlange est assujettie à deux paroisses à une demi-lieue de distance de part et d'autre, dont deux ans à Warize, un an à Bionville: ce qui fait que les pasteurs ne connaissent pas les paroissiens. C'est une grande gêne. Nous avons une église munie de tous les ornements; on [y] a de tout temps baptisé, marié et enterré. Elle a quelques revenus qui pourraient suffire à son entretien: cela nous exempterait de l'entretien des églises de nos deux paroisses alternatives.

[12]. — Au sujet des châtreurs, nous sommes obligés d'attendre ceux qui ont l'entreprise des fermiers, de trois mois en trois, pour faire l'opération par le châtreur qui a l'entreprise, et à des prix exorbitants.

Nous demandons que, lorsque les communautés vendront quelques biens ou revenus pour dettes ou charges publiques à l'avenir, qui soient légitimement contractées ou reconnues telles par le seigneur même, nous soyons dispensés de lui donner le tiers. Car qui tire plus d'avantages des bâtiments publics et autres que lui ou ses agents?

Nous demandons que dans ces années les blés soient taxés afin d'arrêter l'avarice de ceux qui espèrent les vendre plus cher, ne les vendant pas à temps.

Nous demandons un vicaire résident, que les décimateurs payeraient.

Nous demandons que tout chacun soit libre, comme anciennement on l'était dans la Lorraine, de faire ou de faire faire par qui bon lui semblera.

[13]. — Nous portons plainte qu'il y a des colombiers remplis de pigeons nombreux qui font de grands dommages dans les finages, [de sorte] que beaucoup d'habitants sont obligés de resemer les terres, et cela porte un grand préjudice.

Nous demandons qu'il soit défendu de les lâcher dans les temps des moissons et semailles: c'est ce que les seigneurs n'observent pas et qui occasionne de grands dommages.

Doléance. — Le village de Morlange est si pauvre que les maisons tombent toutes en ruines; ils ne sont plus capables de les rétablir. Et le ban est tout confondu par les eaux, [de sorte] qu'il ne rapporte plus qu'à moitié: il n'y reste plus que des ruisseaux et pâquis.

Fait et arrêté, le 9 mars, après lecture et interprétation faites, l'an 1789, et ont signé.

Nicolas Conrard; Alexandre Bloce, élu; Françoit Gaillot, élu; Christian Malin; I. M.; François Arnould; Nicola Til; Antoinne Amant; Dominique Bir (?); Josephe Marque, maire; Pierre Bir, élu; Nicoleas Berneard, syndic; François Remlinger, greffier.

NARBÉFONTAINE.

Impositions: 1. Subvention . . . . 357 l.
    2. Ponts et chaussées et autres impositions accessoires 354 l. 10 s. 9 d.
    3. Vingtièmes . . . . 90 l. 1 s. 3 d.

Assemblée du 8 mars par-devant la municipalité; publication au prône le 8 mars par M. Schmitt, vicaire résident.

38 feux. — 27 comparants; 12 signatures[1]*): les autres habitants ne savent pas signer et ont donné leur consentement.*

Députés: Nicolas Weber et Nicolas Brittnacher.

[1]) Les mêmes qu'à la suite du cahier; n'ont pas signé Jean Petry cordonnier, J. Petry laboureur, Mathis Weber, J. Frisch, Nic. Becker, J. Wagner, Nic. Brittnacher, Jacq. Schneider, J. Wagner, Pierre Schier, Clément Mertz, Mathias Godart, Claude Petry, Pierre Wingert, Mathis Brun. La déclaration des impositions n'est signée que de Schmitt, greffier.

Cahier des plaintes et doléances de la communauté de Nerbéfontaine, assemblée à la manière ordinaire le 8 mars 1789.

La communauté désirerait: 1º. qu'à l'avenir on ne puisse établir ni proroger aucun impôt que du consentement de la province et de la nation.

2º. Que la province soit chargée de l'administration ci-devant confiée aux intendants, vu que chaque année la communauté souffrait beaucoup de la part des subdélégués, surtout les syndics dans la reddition de leurs comptes de la communauté.

3º. La communauté se plaint de ce que le bois est excessivement cher, et cela à cause des salines qui dévastent tous les bois. Et à cause de cette cherté du bois, beaucoup de pauvres particuliers, qui n'ont pas le moyen d'acheter du bois, ruinent les bois de la communauté, les arbres poiriers dans les champs et même dans les jardins, et ils ne sont pas assez punis.

4º. Elle se plaint de ce que, par l'administration de la justice qui se rend aux plaids annaux, les vols des fruits des jardins et des champs ne sont pas empêchés, que les amendes pécuniaires ne faisaient qu'enrichir les seigneurs ou les fermiers, et que les particuliers n'étaient nullement indemnisés; qu'il vaudrait mieux dresser un carcan, ou autres peines afflictives, qui arrêteraient sûrement plutôt ces sortes de vols et de pillages.

5º. Elle a de fortes plaintes à faire pour la création des huissiers jurés priseurs. Cette charge est extrêmement nuisible aux pupilles; ces Messieurs sont véritablement les héritiers, vu qu'ils ne cherchent que leurs propres intérêts, et non celui des pupilles. La forme actuelle des inventaires est aussi très onéreuse et très coûteuse; la justice du lieu, c'est-à-dire le maire, syndic, et l'assemblée municipale, serait plutôt en état de faire ces inventaires, et ils ont bien plus de connaissances.

6º. Elle se plaint de [la] justice: que les familles sont toujours ruinées, qui malheureusement sont obligées de commencer un procès; car ces Messieurs ne terminent jamais une affaire qu'après des frais immenses.

7º. Elle se plaint que les bureaux des gabelles sont trop augmentés, que, pour des riens, il faut presque dans chaque endroit un acquit, même que le commerce est empêché par là, et que notre communauté est voisine des villages d'Empire et, à cause des acquits, nous ne pouvons pas même prendre les gerbes de nos propres terres que nous avons sur les bans des villages d'Empire.

8º. Elle se plaint du haut prix du sel et du tabac. Elle voudrait l'avoir en gros comme autrefois. Faute de sel, il y a beaucoup de maladies; car grand nombre de pauvres citoyens sont obligés de manger leur soupe et autres nourritures sans sel, à cause de sa cherté. Aussi on ne peut pas nourrir les bestiaux pour faire les ouvrages des laboureurs faute de foin à cause de la cherté du sel. Et le sel de la province est toujours le plus mauvais. D'ailleurs les employés de la ferme ruinent souvent grand nombre de pauvres sujets qui ont pour quelques sols du sel et du tabac de contrebande, et ces gens sont véritablement la ruine de beaucoup de familles.

9º. Elle se plaint extrêmement à cause de l'impôt sur les cuirs; car il y a beaucoup de pères de famille qui n'ont plus le moyen de fournir des souliers pour leurs enfants, [de sorte] qu'on les voit souvent sans souliers pendant le gros de l'hiver.

10º. Elle se plaint des permissions données pour les clôtures dans les prairies et les champs; que les riches ont toujours l'unique profit, et les pauvres portent tout le dommage.

11º. De la permission accordée d'avoir des colombiers; car ces gens laissent les pigeons toujours sortir, aussi pendant le temps prohibé, et ils font grand dommage sur les champs et jardins.

12º. Elle se plaint des adjudications qui se font par ordre des intendants et subdélégués, de ce que les communautés sont toujours obligées d'être autorisées pour faire les ouvrages des communautés, et qu'on pourrait faire cela à moindres frais; de ce que le tirage des soldats provinciaux est si onéreux et coûteux, et encore plus le droit de châtrerie; que les pauvres sujets payent à proportion presque plus d'impositions au roi et au seigneur qu'ils n'ont de revenus, et ils sont d'année en année toujours plus augmentés; qu'ils n'ont presque plus le moyen de se nourrir et de s'habiller honnêtement.

13º. Elle se plaint des juifs qui ruinent le pays. On devrait les obliger de faire passer tous les billets des prêts par-devant notaire et les faire renouveler toutes les 4 ou 5 années.

Glad Schneyder; Nicola Weber; Nicola Lang; Johannes Weber; Frantz Pittry; Johannes Breh; Steffen Wagner; Simon Veber; Johannes Schneider; Michel Veber; Simon Tetdinger; Michel Wagner.

Les autres habitants ne savent pas signer et ont donné leur consentement.

PANGE.

Impositions: 1. Subvention et ponts et chaussées . . . . . . 780 l. 16 s. 9 d.
            2. Vingtième . . . . 780 l. 6 s.
            3. Corvées . . . . 124 l.

Assemblée du 9 mars par-devant le syndic; publication au prône le 8 mars par M. Colchen, curé.
38 feux. — 16 comparants; 16 signatures[1]*): Humbert Dauphin, greffier du seigneur, ajoute à sa signature la restriction sans nuire ni préjudicier aux droits du seigneur.*
Députés: François Chatel, maire, et Michel Aubertin, l'un des élus de la municipalité.

Remontrances, plaintes et doléances des habitants et communauté du village de Pange[2]).

A Messieurs les députés aux Etats généraux, avec prière de les faire prospérer et accueillir favorablement des bontés et de la justice du roi.

1º. Demande la dite communauté les Etats provinciaux: attendu la confiance que nous avons de Nosseigneurs de la chambre des comptes de Nancy, nous invoquons l'existence de ces Messieurs chargés depuis tant de siècles de l'administration des impositions, vu la juste répartition qu'ils en ont toujours faite.

2º. La suppression des fermiers généraux (les sangsues du pauvre peuple), qui journellement mettent en contribution les pays par les nouveaux droits qu'ils établissent de jour en jour.

3º. La cassation des droits de toutes espèces d'acquits dans tout l'intérieur de la Lorraine et de la France, droits des plus affreux, et surtout par la position de notre village enclavé et environné de la France, qui exposent à toute heure les plus indigents aux contraventions pour gagner leur vie; comme, par exemple, un pauvre tisserand, venant et

---

[1]) Celles de H. Dauphin, J. Petitjean, et J. Parant, ne se voient pas à la fin du cahier, dont 6 signataires ne sont pas mentionnés parmi les comparants (J. Collignon, Renaux, J. Hergalland, Et. Borny, Dom. Reneaux, et Pierre Michaut). On désigne comme « élus » M. Aubertin, P. Beauchat et Dom. Gugnon.

[2]) Le texte de ce cahier est le même pour Pange et ses annexes Colligny et Mont: la copie en est moins soignée à Pange pour l'orthographe et même pour l'ordre des articles (le 10º se trouve renvoyé au nº 16).

allant de Lorraine en France, de France en Lorraine, pour porter ses pannées de toile et en recevoir son salaire ; une pauvre fileuse pareillement avec du chanvre ou sa filasse ; le malheureux coquetier, qui, jour et nuit, est surchargé de maux et de fatigues, est exposé dans toutes ses marchandises aux mêmes contraventions ; le vigneron, ainsi que le propriétaire, pour la sortie et la vente de ses vins en France : objet considérable, de 20 à 22 sols par hotte ; le transport des meubles pour le changement d'habitation ; les matériaux de toutes espèces pour les bâtiments, que nous sommes obligés d'aller chercher chez nos voisins en France, sujets aux acquits : objet de grande conséquence pour les bâtissants, tandis que Messieurs de la chambre des comptes de Nancy font une remise dans les impositions à tous ceux qui augmentent ou qui bâtissent à neuf, ainsi que le porte le mandement par l'art. 49 ; enfin généralement toute espèce de marchandises et de consommation, sinon les grains.

4°. La liberté pour les sels et tabacs, objets aussi très coûteux, et qui seraient immanquablement moins chers et de meilleure qualité, éloignerait aussi de nous ces hommes inutiles qui, journellement et à chaque instant, font obstacle, troublent le repos public, et qui le révoltent au premier aperçu, comme des étrangers ennemis.

5°. Que l'administration de la justice dans toutes les juridictions se fasse le plus promptement et désintéressément, en sorte que, dans l'espace d'une année au plus, un procès soit jugé définitivement, à défaut de quoi les juges soient déchus de leurs épices, les avocats, procureurs, huissiers et tous autres, privés de tous honoraires et salaires quelconques : ce qui évitera la chute de bien des familles. Que ces mêmes avocats, procureurs et huissiers soient enjoints de réformer les abus qu'ils pratiquent à chaque instant et qui empêchent et retardent l'exécution des jugements par les incidents innombrables qu'ils font et qu'ils font faire aux parties dans leurs causes. Réformer principalement le grand abus des défauts de formalités, qu'ils saisissent avec la plus grande subtilité et exactitude, et par ces moyens font retomber le plus souvent les frais sur les plus innocents. Il faudrait, dans ce siècle, pour éviter tous ces pièges, que non seulement l'on sache la pratique, mais encore être toujours sur ses gardes, comme pour parer à des ennemis : motifs qui aujourd'hui font perdre dans les cœurs de bien des gens cette bonne foi qui régnait entre nos ancêtres et nos aïeux.

6°. Supprimer les huissiers priseurs, droit onéreux, qui vient d'être établi il y a quelques années sur les ventes des meubles, sur lesquelles ils tirent les 4 deniers pour livre, non compris le papier, qui ne s'écrit pas à moitié, ce qui forme des rôles à l'infini; en outre les vacations et le reste: ce qui ruine en frais, et le plus souvent la veuve et l'orphelin.

7º. Abolir les droits de banalité en général, droits odieux qui constituent sur les sujets des servitudes contraires à la liberté publique: ce qui préjudicie considérablement tantôt par le défaut de moudre ou mal moudre, tantôt par des pressoirs fort coûteux aux banaux et en insuffisance ou mal en règle, et qui par là exposent et mettent les propriétaires dans le cas de perdre annuellement leurs récoltes, en se corrompant et s'échauffant dans les cuves: ce qui s'est éprouvé et ne s'éprouve que trop souvent dans notre communauté.

8º. Qu'à l'égard des biens communaux, les seigneurs soient réduits à la double portion d'un habitant: ce qui n'est point dans notre communauté, puisqu'il possède un tiers partout, malgré que l'ordonnance du roi du 13 juin de l'année 1724 ne lui accorde qu'une double portion.

9º. Que l'édit des clôtures soit nul, et que les choses soient remises comme auparavant, puisqu'il est si préjudiciable et nuisible aux pauvres habitants, manœuvres sans propriétés, même à la plus grande partie des propriétaires qui, par la position de leurs biens épars, ou par la difficulté de clore, ou parce que les clôtures absorbent le profit qu'on en retirerait, ne jouissent point de l'édit. Ce n'est donc que les seigneurs ou leurs fermiers et les forts propriétaires qui, par la quantité de biens de toute espèce qu'ils réunissent, jouissent de cet avantage et n'en payent pas pour cela presque davantage au roi.

10º. Observe néanmoins la dite communauté qu'en cas que l'édit des clôtures s'annule, il soit permis, en cas de défaut de récoltes causé par les inondations ou la sécheresse, [que] les prés soient en réserve à qui ils appartiennent, sans clôtures, afin d'éviter une disette de fourrages.

11º. Qu'il soit permis aux vassaux de s'acquitter envers les seigneurs des servitudes qui sont affectées sur leurs biens, qu'ils payent annuellement, comme cens et rentes, en en remboursant le principal à cinq pour cent suivant le taux de l'ordonnance: ce qui évitera quantité de procès qui se font très souvent, en ce que les grandes divisions de biens qui arrivent par successions ou autrement, et par la longueur des temps, mettent obstacle à s'y reconnaître, comme aussi en ce que les recettes sont des plus négligées et mal en règle.

12º. Un abus qui est des plus préjudiciables aux habitants de la campagne est celui du droit de colombier qu'ont les seigneurs, et par très grande quantité, qui renferment des milliers de pigeons, animaux voraces qui enlèvent derrière le semeur le grain qu'il jette en terre (grain aujourd'hui si précieux, et dans tous les temps, puisqu'il fait la subsistance et la nourriture des hommes et celle des bestiaux). L'ordonnance du souverain est très sage à ce sujet[1]), mais bien méprisée par tous ceux qui en abusent. La communauté de Pange fait de grandes réclamations, vu que le fruit de ses travaux est exposé tout le long de l'année au grand dommage que font ces sortes d'animaux sur toutes sortes de denrées.

13º. Un autre abus aussi est celui des droits de revêture qu'ont les seigneurs. L'usage qui s'en fait dans notre village est de percevoir de la part de la justice, à qui le seigneur abandonne ce droit, 7 chopines de vin par chaque pièce, petite ou grosse, qu'un propriétaire débite du vin de son crû en détail, et encore le droit de 8 pots de vin et pour 5 sols de pain sur chaque héritier et à chaque mutation de biens: droits considérables et coûteux par la répétition qui s'en fait tous les jours dans notre communauté.

14º. Que les seigneurs et tous autres ayant l'autorité pour l'exécution des ordonnances de police fassent surveiller exactement à ce qu'elles s'observent le plus fidèlement possible; c'est le grand moyen de maintenir les sujets dans l'obéissance qu'ils doivent à leur souverain, le respect dû aux supérieurs: ce qui fera régner le bon ordre, la paix et la tranquillité, et surtout empêcher par ce moyen la corruption des mœurs, vice affreux aujourd'hui si commun.

15º. Que les corvées royales soient rétablies suivant l'ancien usage, avec liberté aux communautés de marchander elles-mêmes à faire faire à prix d'argent chacune leur part et portion, si elles le jugent à propos.

16º. Que l'établissement n'ait lieu pour les haras, puisqu'il n'a produit aucun bon effet, mais des contraventions sans nombre aux laboureurs et autres ayant chevaux, lorsqu'ils envoient leurs jeunes poulains entiers à la pâture. La cherté des chevaux dans ce moment ne peut attendre que l'augmentation du prix par leur rareté, en ce que l'on est obligé de mener saillir les juments à des distances très éloignées, où l'entier ou le haras avait déjà fait plusieurs sauts; d'un autre côté les juments avaient perdu leur chaleur, par conséquent n'engendraient point, tel que l'ont éprouvé presque tous les laboureurs. Le labourage en souffre inévitablement.

17º. Et à l'égard de la milice, qu'il soit libre de fournir un homme entre ceux qui sont pour subir le sort; qu'il en soit de même pour celui à qui le sort est tombé, sans qu'il soit besoin que ce soit un fuyard. C'est le moyen de conserver à un père ou à une mère un fils

---

[1]) Les cahiers de Colligny et de Mont n'ont pas la fin de cet article.

qui est le soutien d'une famille, fils qui très souvent fait un mauvais soldat, lorsqu'il y est forcé.

18°. Déclarent tous les habitants de la dite communauté avoir à cœur la dette commune de l'Etat. Elle est dans la plus grande confiance que les députés donneront les moyens efficaces pour y remédier, n'ayant point par devers elle les lumières nécessaires à ce sujet. Elle ose espérer cependant qu'au moyen de la soumission que font les deux premiers ordres de contribuer avec nous à l'acquitter (cela est très juste), mais encore (*sic*) en attendre un bon effet pour la prospérité du royaume et le soulagement des pauvres peuples. Ces deux premiers ordres sentiront sans doute leur dédommagement avec plaisir, lorsqu'ils voudront bien se ressouvenir qu'ils sont les possesseurs des plus grands biens et revenus du royaume[1]).

19°. Que les actes de baptême soient registrés gratuitement, ainsi que les enterrements, par tous les prêtres et curés.

20°. Que les constructions, reconstructions et bâtiments des églises[2]), ainsi que leur entretien, soient et demeurent à la charge des décimateurs et fabriciens, et non à celle des communautés, attendu que ces dernières sont obligées, outre les corvées royales, à l'entretien des chemins de leur ban, des ponts, puits et abreuvoirs de leur communauté: ce qui n'est encore qu'une partie de leurs frais.

Fait et arrêté en pleine assemblée de communauté le dit jour 9 mars 1789.

François Lorrain, syndic; Pierre Beauchat, échevin; M. Aubertin, élu de la municipalité; Dominique Gugnon, échevin de justice; J. Fr. Sallerin; Etienne Godfrin; Jean Le Goullon; Jean Collignon; Nicolas Jusselle; Renaux; Nicolas Faulin; Jean Hergalland; P. Caye; François Fournier; Etienne Borny; Dominique Reneaux; M. Bernard; Pierre Michaut; Fr. Chatel, maire.

---

[1]) Le cahier de Mont porte ici cette addition écrite d'une autre main: La dîme des pommes de terre abolie.

[2]) Dans l'annexe de Colligny, cet article débute un peu différemment: Que les décimateurs, à raison du revenu qu'ils ont des grosses et menues dîmes, soient attenus à construire des églises dans les annexes éloignées de plus d'une demi-lieue de leur paroisse, ainsi qu'à la construction et reconstruction des églises paroissiales, et que ces objets ne soient plus à la charge des paroissiens, attendu que ces derniers sont obligés . . . .

PONTIGNY.

Impositions: 1. Impositions pour 1789 . . . . 344 l. 9 s. 3 d.
  Dans laquelle somme est comprise celle de
  59 l. accordée pour perte de bestiaux [1])
2. Vingtièmes . . . . 450 l. 12 s. 9 d.

Assemblée du 8 mars en la maison du maire Dominique Marcus; publication au prône le 8 mars par M. Gergone, curé.
13 feux. — 13 comparants; 13 signatures[2]).
Députés: Nicolas Marcus, élu de la municipalité, et Jean Dosse, habitant du lieu.

Cahier de la communauté de Pontigny.

[Le texte est le même qu'au cahier de Condé-Northen (ci-dessus p. 27), avec une numérotation plus logique, les changements de noms qui s'imposaient dans le préambule («l'église de Condé-Northen la mère-église»), des chiffres différents à l'art. 9º (10 ou 12 écus . . 36 à 40 écus . .). L'art. 11º est écourté, tout en ayant un détail de plus: «la banalité des moulins, des fours banaux, pressoirs, et celle du droit du péage»; ce mot de moins à l'art. 13º «la multiplicité des usines à feu», un adjectif de plus à l'adresse des Juifs (art. 14) «peuple avide de gain sordide: que le commerce de subsistances et de tout combustible lui fût interdit». La principale modification est dans l'art. 15, qui revient sur une plainte déjà formulée, et dans la conclusion.]

15º. Les dits habitants chargent les dits députés de démontrer et faire connaître que le village de Pontigny, depuis l'édit des clôtures, est devenu le plus malheureux des environs par les enclos que l'on a faits. On leur a enlevé presque la totalité de leur pâture, outre qu'on leur a suscité différents procès au sujet du peu de vaine pâture qui leur restait, en conséquence des lettres patentes du roi qui permettent aux communautés de retirer leurs biens engagés: ce qui a achevé la ruine totale de la dite communauté; et pour comble de leur malheur, le seigneur du

---

[1]) Ceci n'est pas très clair, non plus que le résultat de l'addition des sommes indiquées qu'on porte à 800 l. 2 s.

[2]) Donc 6 de plus qu'au cahier: D. Richon, Germain Duvaux, Laurent Guenot, Jean Marcus, Dominique Humbert, Paul Krier, sergent. Ch.-Pierre Marcus se dit syndic lieutenant de maire, Nic. Marcus élu et greffier, J. Kleine échevin.

dit lieu a fait cultiver des friches sur le ban du dit lieu, qui servaient de vaine pâture à leurs bestiaux d'un temps immémorial et dont il ne leur reste qu'un faible débris.

Fait sous le seing de nous, maire, municipaux, et greffier, les jour et an que dessus, et avons signé.

Charles-Pierre Marcus, syndic; D. Marcus, élu de la municipalité; Nicolas Marcus; Jean Dosse, élu; Jean Kleine, élu de la municipalité; Michel Duvaux, greffier de la municipalité; Michel Marcus, président.

RAVILLE.

Impositions: 1. Subvention . . . . 433 l. 10 s.
2. Ponts et chaussées . . . . 396 l. 10 s. 6 d.
3. Vingtièmes . . . . 137 l. 17 s. 9 d.

Assemblée du 8 mars par-devant le maire-syndic; publication au prône le 8 mars par M. Frochard, curé.
70 feux. — Pas de liste de comparants; 31 signatures[1]).
Députés: Pierre Boulanger et Jean Barthelemy.

Cahier de doléances et plaintes des habitants de Raville, bailliage de Boulay.

Les habitants de la communauté de Raville, profitant de la liberté que veut bien leur donner leur auguste monarque de mettre sous ses yeux et ceux de la nation assemblée les maux qu'ils souffrent, ont l'honneur de lui représenter que la plupart d'[entre] eux gémissent dans la plus affreuse misère, que ceux mêmes qui possèdent quelques biens ont peine de subsister; ils vont indiquer les causes de cette misère et les moyens d'y remédier.

1°. La première cause de la misère sont les impôts qui ne sont pas proportionnés aux facultés et qui le seraient, si chacun payait à proportion de son moyen.

Remède. Obliger les ecclésiastiques, les nobles et les habitants des villes à payer à proportion de ce qu'ils possèdent, et suivant leurs commerce et revenus.

---

[1]) Il ne manque au cahier que celle de Jean Chnider.

2º. La seconde cause: les entraves que la ferme met à la circulation des denrées et marchandises. Nous sommes exactement enclavés dans la France, et nous ne pouvons en sortir ni entrer sans payer des droits exorbitants, et souvent nous sommes exposés à payer des amendes considérables par ignorance et par la surprise des employés.

Remède. Que la circulation soit libre dans toute l'étendue du royaume, attendu que le grand nombre de personnes employées dans la ferme occasionne une dépense considérable.

3º. La cherté du sel. Le sel est d'une nécessité indispensable; il est à un prix exorbitant. Il serait avantageux qu'il soit à bon prix, attendu que la fabrication se fait dans cette province, ce qui rend le bois d'une cherté considérable.

Remède. Rendre le sel à un prix médiocre, vu que l'étranger le paye modiquement et profite du bénéfice au préjudice des sujets du royaume; et qu'il soit permis aux communautés d'avoir une chambre à sel dans chaque paroisse, vu l'éloignement des bureaux de 2 à 3 lieues de distance.

4º. La quatrième cause est que Messeigneurs les intendants, ainsi que MM. leurs subdélégués soient supprimés, attendu que ces derniers font des dépenses considérables aux communautés.

Remède. Que les Etats généraux, ainsi que les assemblées provinciales, de district et municipales, aient lieu, sous l'espérance que la dépense deviendra moins coûteuse aux communautés.

5º. La cinquième cause est que les chaussées et la prestation en argent se montent d'année à autre toujours en augmentant à proportion des impositions royales, quoique l'ouvrage soit toujours le même.

Remède. La chose paraît juste, si l'imposition pour cet objet était toujours la même.

6º. La sixième cause est que les prairies, ou pour la plus grande partie, se trouvent closes et fermées. Comme les seigneurs possèdent la plus grande partie des prairies, [ils] ont soin d'en faire des clôtures: ce qui porte un préjudice considérable aux habitants, et qui les met dans l'impossibilité de nourrir aucuns bestiaux.

Remède. Si l'arrêt de Sa Majesté concernant les dites clôtures était révoqué et que les prairies restassent comme du temps passé, et qu'elles restent une partie pour la pâture des bestiaux, [ce] serait un avantage considérable aux habitants des communautés.

Le présent cahier fait, dressé et signé par les habitants de Raville dans l'assemblée de communauté convoquée au son de la cloche, le 8 mars 1789, à l'issue des vêpres.

N. Malaizé; Jean Chair; Joseph Henquin; Jean Poinsignon; Nicolas Joly; Jacque Chnider; Jean Daró; P. B. Macheté; Jean Haman; Jean Petrement; Pierre Chair; Jean Conrard; Claude Velvert; Jacque Velvert; Nicolas Velvert; N. Le Blanc; Pierre Girot; Francois Jolly; Dominique Grandgirard; J. G. Haman; Dominique Ladaigue; C. Pallez; Nicolas Caye; François Roux; Dominique Chnider; François Renier; Jean Velvert; C. H. Auburtin; Jean Barthelemy; P. Boulanger, syndic et maire.

[**Réclamation nouvelle** dressée pendant l'assemblée du bailliage.]
Cejourd'hui, onze mars 1789, sont comparus par devant MM. les commissaires députés par l'assemblée du bailliage royal de Boulai les députés des 7 villages échangés et annexés à la Lorraine par Sa Majesté impériale et royale, l'Impératrice Reine d'Hongrie et de Bohême, avec le Roi très Chrétien en 1768, [dans] lequel [échange] a été réservé que les villages échangés à Sa Majesté très Chrétienne, énoncés en l'échange ci-dessus dénommé, qu'ils seraient maintenus dans leurs anciens droits et privilèges: et à la prestation du serment de fidélité par-devant Messieurs les commissaires et députés de la part des deux puissances respectives, il a été promis auxdits villages échangés, dits Luxembourgeois, lesquels espèrent que Sa Majesté très Chrétienne voudra bien octroyer aux suppliants que les articles énoncés dans l'échange soient exécutés suivant leurs forme et teneur. Les villages ci-après dénommés sont Raville, Baumbiderstroffe, Hallerin, Brouck, Bannai, Vaudoncourt, Helstroffe, et hameaux y annexés, lesquels ne veulent pas faire dans ce moment une longue exprimation de toutes leurs autres prétentions, lesquels ayant été surpris par la force de Messieurs les fermiers généraux, [et] sachant que la bonne foi du souverain n'aurait point été contre les dispositions énoncées audit échange, si ce n'avait été la force de Messieurs les fermiers généraux, espèrent que Messieurs les commissaires députés en ce moment ne feront aucune difficulté d'insérer dans le cahier général, lesquels exprimeront des termes plus essentiels à cet égard.

Fait et rédigé par les députés des villages dessus énoncés et annexés à cette province. En foi de quoi les députés ont signé lesdits jour et an avant dits.

Albert, Jean Pierre jeune, Nicolas Varis, Pierre Bouché, Jean Barthelemy, J.-F. Rolland, Pierre Chop, Jean Gasner, P. Boulanger, Niklas Klein, Pierre Nicolas.

REDLACH.

Impositions [1]): 1. Subvention . . . . 287 l. 10 s.
2. Vingtième pour 1788 et 1789 ensemble . . . . . 452 l. 9 s.
3. Pour les travaux des routes, environ . . . . . 30 l.

Assemblée du 8 mars par-devant les syndic et maire; publication au prône le 8 mars par M. Mellinger, vicaire.
30 feux. — 24 comparants; 15 signatures et 5 marques[2])*: 3 habitants absents sont malades.*
Député: N. Robin, ingénieur des ponts et chaussées et principal propriétaire, tenant ménage et feu à Redlach. Attendu le petit nombre des habitants, ils ont jugé que lui seul suffit.

Représentations à faire aux Etats généraux.

1. Pauvreté des habitants et leurs biens communaux. — Que tous les habitants de ce lieu sont pauvres, la plupart obligés d'aller mendier pour pouvoir subsister, n'ayant pour tous biens communaux qu'un petit affouage de la valeur de 9 livres; encore les cens et rentes qu'ils payent au seigneur en excèdent le montant.

2. Nombre des laboureurs et surcharge d'impôts. — Point de laboureurs; le sieur Robin seulement fait valoir par lui-même environ les deux tiers du ban à lui appartenants; l'autre tiers est cultivé par des propriétaires des villages voisins, lesquels payent les impositions dans le lieu de leur demeure: ce qui cause une surcharge aux habitants de Redelach, qui, proportion gardée, payent le quadruple d'impôts des communautés voisines. Cet objet peut se vérifier aisément par les rôles.

3. Incendies et maladies épidémiques, causes de ne pouvoir payer l'impôt. — Les incendies multipliés, les maladies fréquentes et épidémiques ont enlevé le tiers des chefs, malgré les secours et argent que M. l'intendant leur a donnés: ce qui met le reste des habitants dans l'impossibilité de subvenir aux impôts trop forts pour des indigents; et il est si vrai que M. le receveur les a attendus pendant deux ans: encore a-t-il été obligé de les contraindre après ce laps de temps.

---

[1]) La même déclaration portait comme payé pour 1788: Subvention et le de Bits ville (?), 340 l.; pour le département de Saint-Avold 29 l. 9 s. 6 d.; aux travaux des routes 38 l. 1 s. 6 d. Mais cela ne concorde guère avec le supplément du cahier qui, écrit de la même main que ce dernier, n'est cependant ni daté ni signé.

[2]) Ni signature ni marque de François Hand, Jacq. Mangin, Jacq. Wilm, Louis Bigot.

4. Moyens de payer l'impôt. — Pour pouvoir payer, ils demandent que chaque habitant qui ne possède aucuns biens ne soit imposé qu'à raison de trois livres; que le surplus des impositions soit réparti sur les biens sans aucune distinction d'ordre et en proportion de leur valeur et industrie : alors le pauvre sera soulagé.

5. Perception de l'impôt en argent, non en nature. — Comme le ban est arpenté, la répartition et le cadastre peuvent se faire facilement et avec exactitude; mais il faut percevoir cet impôt en argent; car, en nature, ce serait la ruine de l'agriculture et dans peu l'on verrait la plus grande partie en friche. On a déjà beaucoup de peine de le cultiver maintenant à cause du droit de terrage qui se perçoit à la septième gerbe, et de ce que les habitants de Tritling exercent le droit de parcours sur le ban sans aucune réciprocité, [et] le ravagent, conservant le leur: cela empêche ceux de Redelach de faire des nourris.

6. Etre exempts de la banalité. — Les habitants sont sujets à la banalité des moulins de Faulquemont, éloignés d'une lieue du village. Ils demandent à en être exempts avec offre d'indemniser le seigneur du préjudice que cela pourrait lui causer, et en observant que ce serait un avantage pour eux: car pour faire moudre une demi-quarte de blé, ils perdent 3 ou 4 jours et sont souvent mal servis.

7. Suppression des acquits, etc. — Ils demandent la suppression des acquits, marque des cuirs, traite et foraine, et autres impôts qu'ils sont obligés de payer à cause du comté de Créhange (Empire) et des Trois-Evêchés.

8. Suppression des châtreurs. — La suppression des châtreurs; car les bestiaux périssent le plus souvent de leurs opérations, et il n'y a aucun répondant sûr.

9. Suppression des brevets pour distiller l'eau-de-vie. — La suppression des brevets pour distiller l'eau-de-vie des fruits champêtres: ce qui met empêchement au seul commerce qu'ils pourraient faire, vu la grande quantité d'arbres à noyaux qu'il y a dans le village.

10. Modérer les honoraires des notaires, qui sont exorbitants.

11. Inventaires et jurés priseurs. — La suppression des inventaires et jurés priseurs, qui sont la ruine des orphelins et mineurs.

12. Charbon de terre. — Obliger les usines de se servir de charbon de terre pour diminuer le prix des bois.

13. Une diminution dans le prix des sel et tabac: ce qui engagera les sujets de faire avec le sel beaucoup de nourris et les mettrait un peu à l'aise.

14. Il serait à désirer de mettre un frein aux vexations et chicanes que les praticiens exercent sur le pauvre malheureux, de même que

l'usure sordide des juifs, qui abondent et qui ruinent le pays. Les habitants de Redelach attendent tout de la bienfaisance du roi.

Fait double, la communauté assemblée: une expédition pour être remise aux députés de l'assemblée qui se tiendra le 10 du courant par-devant M. le grand bailli; l'autre sera déposée au greffe de ce lieu. Redelach, ce 8 mars 1789.

Marque de Georges Schissler, maire; Pierre Boudon, syndic; Frantz Schneider; François Gavard; Niclas Lorentz; marques d'Alexandre Marichal et de Nicolas Laurentz, le jeune; Jean Ferant; Jacque Perio; Bertrand; François Bourdon; Jean Pier Mercier; Joseph Mercier; F. H.; Louis Mangin; marques de François Petry et de Gaspardt Schwartz; Jacob; J. Grim; Robin; Pierre Roux, greffier; trois habitants absents sont malades.

Supplément aux représentations de la communauté de Redelach.
Etat des impositions que la communauté a payées en 1788.
1. Subvention, gages attribués aux officiers du parlement, ci   168 l. 12 s.   6 d.
2. Ponts et chaussées et autres impositions accessoires .   151 l.   2 s.   6 d.
    Pour frais imposés . . . .   18 l. 15 s.
3. Prestation des corvées . . . .   53 l.   5 s. 10 d.
4. Dépense militaire pour les troupes en quartier à Saint-Avold: le rôle de 1788 est égaré, mais celui de 1787 est ci-joint, monte à . . . .   43 l.   4 s.
      Total des impositions supportées par les pauvres habitants de Redelach . . . . 436 l. 19 s. 10 d.

En outre des autres impositions sur le sel, tabac, acquits, châtrerie, marque sur les cuirs.

En outre les vingtièmes de l'abonnement et gages du parlement, montant à 126 l. 4 s. 6 d.

La surcharge des habitants de Redelach est connue de MM. les députés des environs qui en peuvent rendre témoignage; ils sont suppliés de jeter un coup d'œil sur les rôles des lieux voisins et d'en faire la comparaison: on verra que ceux de Redelach paient 336 l. de trop, qu'ils ne devraient payer en tout au plus que 100 l., encore seraient-ils plus chargés que leurs voisins.

Dressé d'après les rôles des impositions à représenter.

ROSBRÜCK.

Impositions: manquent.

Assemblée du 8 mars par-devant Jacq. Spingler, lieutenant de maire; publication au prône le 8 mars par M. Margot, vicaire de Folckling, desservant Rosbrück.

24 feux. — 15 comparants «et autres qui, n'ayant pas l'usage d'écrire, n'ont pas signé»; néanmoins 17 signatures[1]).
Députés: Jean Muller et Jean Klein, tous deux laboureurs.

Plaintes, doléances et remontrances.

Aujourd'hui, ce 8 mars 1789, la communauté de Rosbruck s'étant assemblée dans la maison de leur lieutenant de maire pour délibérer et dresser leurs plaintes, doléances et remontrances, pour se conformer à l'ordonnance de M. le comte de Lambertye, bailli du bailliage de Boulay, en date du 28 février dernier, intimée le 6 du courant par un huissier du dit bailliage;

La communauté assemblée a délibéré et délibère qu'elle se trouve chargée d'un droit de péage, nommé Kleingeleute, qui se prend sur le bétail et toutes autres marchandises quelconques qui passent; ce sont les fermiers des domaines du roi qui le lèvent. Ce droit est très onéreux sans être lucratif pour le roi; il gêne le commerce et beaucoup les passagers. Il se levait originairement uniquement pour la confection, entretien des ponts et grands chemins et pour la sûreté des voyageurs; actuellement ce droit nous paraît être une exaction, puisque nous sommes obligés de payer une contribution particulière pour l'entretien des ponts et chaussées. Fondée sur ces raisons, la communauté demande l'abolition d'un pareil droit, d'autant plus que plusieurs villages des environs, chargés du même droit, demandent la même chose.

La communauté se plaint encore de la rigueur avec laquelle on leur exige de prendre des acquits à caution, quand même ils ne conduisent que quelques bottes de paille d'un endroit ou d'un ban à l'autre; et de même de la rigueur avec laquelle on leur exige des acquits tant de traite que de caution, quand ils passent sur le ban ou aux environs de quelques villages de la généralité de Metz, enclavés dans la Lorraine. La communauté demande d'être dispensée de cette gêne et de ces frais, et qu'on les laisse passer par ces endroits sans exiger d'autres droits que s'ils étaient lorrains. Elle est dans le même cas que tous les villages-frontières des Evêchés.

Pour ce qui regarde les autres plaintes que la communauté pourrait former, comme la diminution du sel, l'abolition de la charge de l'huissier priseur, l'exportation des bois, etc., la communauté est trop peu nombreuse pour vouloir y donner un avis, elle se repose sur les sentiments judicieux de MM. les députés de la province.

Ce présent cahier d'une feuille coté et paraphé par page 1e et dernière.

---

[1]) Ou du moins 16, car il semble qu'il y ait deux fois la même, celle de **Hans Nickell Muller**, qui ne signe pas le cahier. Ceux que la liste appelle Pierre Egloff et Pierre Houssard ne signent pas tout à fait ainsi.

Fait à Rosbrück en présence de toute la communauté, signé de ceux qui ont su signer, ainsi que le double, pour être conservé au greffe du lieu; fait les jour et an susdits.

Anton Bour; Jacob Spingler; Johannes Muller; Johannes Klein; Frantz Reb; P. Wagner; Lenart Lang; Johannes Schmitt; Bartel Schmitt; Peter Eilluff; Peter Spitz; Houchard; M. Bour; Melchior Schuller; Ph. Kremer.

ROUPELDANGE.

Impositions: voir le cahier.

Assemblée du 8 mars par-devant le syndic Jean Crauser; publication au prône le 8 mars par M. Hirschauer, vicaire.
36 feux. — 31 comparants[1]*); signatures du syndic, du député, et de Michel Bour.*
Député: Jean Isseler.

Cahier de doléances pour la communauté de Roupeldange[2]).

Le village de Roupeldange est situé intermédiairement des villes de Metz et de Sarrelouis à 5 lieues de chacune.

Le roi y est seigneur pour un tiers et M. l'abbé de Kœler pour les deux autres tiers. Ce village, ainsi que le ban, sont par indivis un tiers lorrain et deux tiers France. Roupeldange et son ban sont régis par la coutume de Metz. Il y a une haute justice: c'est M. l'abbé de

---

[1]) N'ont pas signé le cahier Jean Migon, Ant. Rœderier, Nic. Schneider, J.-Jacq. Kieffer, J.-Nic. Salmon, J.-Jacq. Tailleur, Pierre Rœderier, Pierre Harter, Nic. Buk, Simon Goby, Mathis Heninger, Nic. Rœderier, Claude Lenert, Et. Clam, J. Brun, Nic. Guir, Louis Jager, Simon Brun, J. Crauser. La liste des comparants ne mentionne pas E. Koppe. — Les mêmes noms, à très peu près, se retrouvent sur le cahier inséré au nom de Roupeldange, dans le bailliage de Metz.

[2]) Nous n'ajoutons pas: partie lorraine; car le même texte, à part les chiffres et un petit article, a servi aussi pour la partie évêchoise ou française (bailliage de Metz). Du reste, ce cahier n'est qu'une copie de celui d'Ottonville (également bailliage de Metz), qui est écrit de la même main: on a parfois oublié d'ajouter ici les chiffres qui ne pouvaient pas se copier simplement. Il y a pourtant ici addition de quelques développements et même de trois demandes (n°s 5, 18 et 19), contre suppression d'une demande et de la formule de conclusion. Le cahier de Falck, reproduit ci-dessus p. 67—70, a été composé de la même façon à l'aide de celui d'Ottonville: suppression de trois articles, addition de deux autres, et modifications là où elles s'imposaient le plus évidemment. Nous renverrons donc, pour les passages communs, à ce cahier de Falck.

Kœler qui a la nomination des officiers de justice qui sont d'ordinaire le maire et trois échevins du lieu, pour ses deux années, et les officiers du bailliage de Boulay pour la troisième année. Les appels se portent dans tous les temps au bailliage et siège présidial, et de là au parlement de Metz, et non ailleurs[1]).

La communauté de Roupeldange est composée de 36 habitants, 40 feux et communiants (sic). Il y avait autrefois 17 bons laboureurs propriétaires: ce nombre se trouve aujourd'hui réduit à 11 non-propriétaires, et dont plusieurs seront forcés dans peu d'abandonner le train faute de moyens à pouvoir subsister.

Dans ménages il y a mendiants (sic) et tous ensemble sont réduits et ne peuvent plus subsister dans la position actuelle des choses.

La communauté de Roupeldange est cotisée pour

subvention et les accessoires pour un tiers[2]) .	171 l. 5 s.
ponts et chaussées	153 l. 9 s.
entretien des chaussées	54 l.
vingtième	78 l. 7 s. 6 d.
cens, rentes en poules	180 l.
Total	637 l. 1 s. 6 d.

Dans ce total ne sont point comprises les rentes seigneuriales tant au domaine du roi qu'à M. l'abbé de Kœler, consistant en 47 quartes de blé froment et 36 et demie d'avoine, affectées sur le ban qui ne consiste qu'en 400 journaux environ de terres.

Depuis 40 ans, les impôts sont augmentés pour la mairie de Roupeldange de passé les deux tiers, et si l'on combine les sommes rapportées ci-dessus avec le petit nombre des contribuables, l'évidence fournit que ceux-ci sont excédés dans leurs forces et facultés, et l'exorbitance est palpable; et ce qu'il y a de vrai et certain, s'il n'est un remède prompt, ils se verront tous réduits au néant.

Les demandes de la communauté de Roupeldange consistent:

1º à ce que dorénavant il lui soit permis de pourvoir par ellemême à l'entretien de sa portion de chaussée, au moyen de quoi elle évitera la voie de l'imposition annuelle du prix qui est de (sic), toujours onéreuse dans son aspect.

---

[1]) Cette affirmation si catégorique doit être l'indice de la vérité; à Falck le copiste dépassait la mesure, en attribuant à Boulay « bailliage et *siège présidial* ».

[2]) Ces derniers mots, ajoutés après coup, indiquent qu'on a pris ici le tiers de la seigneurie pour calculer la part contributive de la partie lorraine dans les impositions, dont l'autre cahier de Roupeldange (bailliage de Metz) indique les chiffres d'ensemble: subvention 514 l., entretien des chaussées 164 l.

2° à ce qu'il lui soit permis de prendre et choisir son sel dans telle saline du royaume qu'il lui plaira, moyennant le prix modique qu'en payera l'étranger. Cette faculté la mettra à même [de faire] des nourris de bétail qui en souffre par la cherté.

3° Que la traite foraine soit supprimée dans tout l'intérieur du royaume, de même que les employés de la ferme qui vexent le public. Roupeldange se trouve enclavé dans la Lorraine, son ban est sans moellons, les plus prochains sont sur le ban de Boulay, lorrain; pour chaque voiture on les force à prendre un acquit: ce qui est non seulement des plus coûteux, mais gênant et vexatoire pour ceux qui sont obligés de bâtir.

4° [*Voir p. 69, 4°*].

5° Supprimer l'usage des clôtures qui occasionnent la ruine des gens de la campagne pour la nourrice du bétail commun.

6°, 7° [*Voir p. 69, 5° et 6°, mais en lisant:* sauf à fixer un taux aux tanneurs . . .].

8° Décharger les paroisses de la reconstruction des églises paroissiales et en charger les décimateurs, qui naturellement en sont attenus pour raison de la perception des dîmes.

9° Retirer les domaines du roi aliénés; les relaisser à qui plus, pour le soutien de l'Etat.

10° Retirer également les abbayes en commende . . . [*p. 69, 7°*].

11° Supprimer les recettes particulières, et n'en laisser subsister qu'une seule dans chacune ville capitale de chaque province.

12°, 13° [*comme p. 69, 8° et 9°*].

14° [*comme p. 69, 10° avec cette addition de seconde main:*] que tous les petits objets se décident dans les hautes justices des lieux sans appels aux autres tribunaux.

15°-17° [*comme p. 69, 11°-13°*].

18° Dispenser les communautés du tirage de la milice, qui est coûteux à l'Etat et au public, aux offres que l'on fait de payer, par chaque garçon miliciable en état de tirer, 3 livres de France aux coffres du roi.

19° Supprimer les péages sur les grand'routes; tandis que l'on paye les ponts et chaussées au roi, on oblige tous les passants à un droit au seigneur particulier.

Délibéré à Roupeldange, le 9 mars 1789, et le double déposé au greffe du dit lieu.

Jean Isseler; Jean Crauser; A. Bassompierre; E. Koppe; Niclas Schumacher; Johanness Hamman; Jean Pierre Tailleur; Jean Gobey; M. Bour; Jean Kieffer; Hans Jacob Griess; N. Bassompierre; Antone Bour.

SAINT-AVOLD.

Impositions: voir le cahier.

Assemblée du 7 mars[1]*), où comparaissent les notables en personne et les communautés d'arts et métiers par corporation et députés de leurs corps; publication au prône le 8 mars par M. Richard, curé.*
503 feux. — Pas de liste de comparants; unique signature du greffier Nicolaï.
Députés: François-Nicolas Spinga, échevin municipal; Nicolas-Luc Mangin, lieutenant du roi municipal; Jean-Georges Solver, ancien conseiller municipal, et Jean André, marchand.

Représentations du tiers état de la ville de Saint-Avold.

Cejourd'hui, 7 mars 1789, le tiers état de la ville de Saint-Avold, convoqué au son de la cloche et de la caisse, assemblé à l'hôtel commun, après avoir eu communication de la lettre du roi pour la convocation des Etats généraux, donnée à Versailles le 7 février dernier, ainsi que du règlement y joint, ensemble de l'ordonnance de M. le comte de Lambertye, du 28 du même mois, qui n'ont été notifiés et signifiés que le 5 du courant, après une mûre délibération et avoir également eu communication d'un *Plan à consulter d'instructions et de pouvoirs*, fait par M. le comte de Custine, maréchal des camps et armées du roi, ainsi que d'un *Essai sur les assemblées de communautés des bailliages et d'arrondissements de la Lorraine*, ont unanimement arrêté et résolu de charger leurs députés à choisir ci-après de faire valoir à l'assemblée du bailliage de Boulay les représentations qui s'ensuivent, savoir:

1. Qu'il est à désirer qu'à l'avenir on ne puisse établir ni proroger aucuns impôts que du consentement de la nation.

2. Que chaque province soit chargée de l'administration confiée jusqu'à présent aux intendants.

3. Qu'il s'en faut de beaucoup que l'on ait à se louer de l'administration des dits intendants et de leurs subdélégués par une multitude de raisons dont le détail serait trop long et qui sont de notoriété publique.

4. Qu'il n'est que trop vrai que le prix du bois augmente progressivement tous les jours par la raison qu'il subsiste particulièrement dans la Lorraine allemande trop d'usines à feu, au préjudice de la bourgeoisie de Saint-Avold, qui jouissait de temps immémorial de son

---

[1]) Le procès-verbal mentionne explicitement « la publication qui se fera au prône ... le jour de demain 8 du présent mois ».

affouage, moyennant 24 sols de France par corde: affouage sacrifié aux usines de M. de Hayange, contrairement aux titres constitutifs de cette concession; et que les forêts sont d'ailleurs mal administrées.

5. Que ces mêmes forêts renferment quantité de cantons vides; que l'on n'y réserve pas assez d'arbres, et qu'on affecte, pour ainsi dire, de n'y laisser que de petits brins, lesquels, par leur faiblesse, sont renversés par l'impétuosité des vents: ce qui arrive essentiellement dans les fonds sablonneux.

6. Qu'ils n'ont pas autrement à se plaindre de l'administration de la justice; mais que la confection des inventaires ne leur est que trop onéreuse en ce qu'elle est exercée par un juge et le procureur du roi dans les lieux du ressort de la coutume de l'Evêché de Metz, qui régit les villages lorrains, et qu'il serait intéressant que les inventaires fussent faits par les notaires ou greffiers, sauf leur clôture par-devant le juge tutélaire à la participation de la partie publique.

7. Qu'il n'est pas douteux que l'établissement des arts et métiers est aussi onéreux que ruineux à une multitude de pauvres malheureux ouvriers qui ne peuvent se distinguer par leurs talents faute de moyens pour se faire admettre aux maîtrises.

8. Qu'il n'est également pas douteux que les jurés priseurs ne soient à charge et onéreux au public par rapport à la taxe excessive qui leur est attribuée en leur remboursant leur finance[1]).

9. Qu'ils ont à se plaindre de leur éloignement du bailliage de Boulay, situé à l'extrémité de son centre, ce qui influe encore plus sensiblement sur les communautés situées au delà de Saint-Avold[2]), joint à ce qu'il en résulte une augmentation de frais soit pour les officiers en commission soit pour les huissiers pour leurs voyages en allant exploiter.

10. Que sans contredit la traite foraine est aussi nuisible qu'onéreuse en ce que l'on est forcé de prendre des acquits arbitrairement[3]): à propos de quoi les commis préposés à la perception de ces droits vexent impunément le public en faisant faire aux prétendus contrevenants des soumissions aussi fortes qu'ils peuvent.

---

[1]) Au lieu de ces derniers mots, les cahiers de L'Hôpital et de Lixing terminent cet article de meilleure façon: «... attribuée, de façon qu'après les frais d'inventaire payés, il ne reste bien des fois plus rien ou très peu aux mineurs» (L'Hôpital); « de sorte que ces frais, ainsi que ceux d'inventaire, absorbent la succession des pauvres mineurs, ce qui les met aujourd'hui ou demain hors d'état de contribuer aux charges publiques » (Lixing).

[2]) Ces mots deviennent « en deçà de Saint-Avold» dans la copie de Lixing, et « en deçà de L'Hôpital » dans l'autre!

[3]) On ajoute à Lixing « et, pour ainsi dire, de quart d'heure en quart d'heure, ainsi que Geleit »: à L'Hôpital de même, excepté pour le dernier mot.

11. Qu'il y a longtemps que l'on se plaint du prix excessif du sel et du tabac, et c'est là le sujet qui donne lieu aux contrebandes, qui arrachent les bras à une multitude immense d'individus qui prennent goût à ce métier, malgré qu'ils soient quelquefois repris. C'est aussi à ce sujet que les employés des fermes commettent des excès, des violences et des exactions journalières, qui opèrent la ruine des contrevenants; et ce qu'il y a de plus désastreux encore à propos des reprises que font les dits employés, c'est que l'on ajoute foi plénière à leurs procès-verbaux, que l'on pourrait la plupart du temps impugner de faux, en sorte qu'ils deviennent pour ainsi dire juges et parties.

12. Que le roi n'a fait un impôt sur les cuirs que dans la vue qu'il n'y en aurait que de bonne qualité; et les tanneurs, hors d'état de subvenir à une pareille charge, sont obligés, pour avoir de l'argent, de sortir les cuirs hors des fosses avant qu'ils ne soient passés, pour achever de les fabriquer, en sorte qu'ils ne peuvent avoir de bonne qualité. Donc l'impôt est onéreux et nuisible, de même que ceux établis sur les droits réunis.

13. Que la subvention et ponts et chaussées, y compris les frais de rôle, etc., se portent à 7246 l. 3 s. 3 d. de France, celle de la répartition des représentatifs des corvées à 1300 l., celle des vingtièmes à 2026 l. 13 s., industrie à celle de 120 l., la dîme à celle de 1400 l. environ, indépendamment de la charge du logement des gens de guerre, dépenses militaires, etc., que l'on ne peut évaluer, en sorte que la proportion de ces différentes sommes et charges excède pour ainsi dire le revenu de la plupart des individus.

14. Que la ville de Saint-Avold s'est appauvrie successivement depuis plusieurs années pour différentes causes, et notamment en conséquence de la suppression de son ancienne prévôté, de la gruerie, de la recette des finances, et de la dévastation des forêts.

15. Qu'il est essentiel et très intéressant qu'à l'avenir on ne puisse arrêter personne qu'en vertu d'un décret du juge.

16. Qu'il est à désirer que les prévarications des ministres et de tous les gens en place soient à l'avenir punies comme celles des gens du commun.

17. Qu'ils ne sont que trop vexés par les militaires pour leurs logements, qui s'emparent de leurs meilleures chambres et s'approprient les fournitures qui ne leur sont point dues, qu'ils cassent et détruisent sans en vouloir payer le prix; qu'il faut leur fournir la lumière; qu'ils exigent arbitrairement le bois qu'une infinité de malheureux vont chercher au loin dans la forêt, même deux fois par jour, en risquant les vexations des forestiers, les condamnations d'amendes et de dommages et intérêts, et en perdant un temps précieux si nécessaire pour subvenir à leur subsistance et à celle de leur famille, lequel se passe sans travail.

Bien entendu que la fourniture du couchage n'est pas moins assujettie à être déchirée et délabrée. D'un autre côté, c'est que le logement des officiers supérieurs absorbe non seulement la caisse de la ville, qui ne peut subvenir à ses propres charges, mais épuise au par delà la bourse du bourgeois pour subvenir à l'acquit de l'attache des chevaux.

18. Qu'enfin ils pensent ne devoir consentir à aucun impôt, même provisoire, que Sa Majesté n'ait auparavant assuré à la nation l'exécution de sa parole sacrée en accordant avant tout les Etats de la province et en réformant les abus nuisibles et les plus connus.

19. Qu'il se trouve à Saint-Avold plusieurs pensionnaires du roi qui absorbent, et au delà, par leurs pensions le montant de l'imposition de la subvention.

20. Qu'il n'est pas moins intéressant d'abolir le droit de parcours, ainsi que la liberté des clôtures, parce qu'on ne les entretient pas et que d'ailleurs on les vole et qu'en y faisant des fossés, on perd le tiers du terrain, qui se dessèche et s'appauvrit, surtout dans les terrains sablonneux.

21. Qu'il est essentiel pour la facilité du commerce que les routes de Puttelange, Sarrelouis et Sarrebruck, soient incessamment faites et achevées, parce qu'elles servent de communications pour l'entrée de l'Allemagne.

22. Qu'il serait encore intéressant de demander la suppression des officiers à finances des hôtels de ville, en en remboursant le prix, à l'effet de rendre aux villes et communautés le droit de choisir leurs officiers.

23. Qu'il résulterait un bien infini de la réunion des abbayes, prieurés et autres bénéfices sujets à la commende, à la province et de lui en attribuer les revenus annuels ou au roi pour le soulagement de ses peuples jusqu'à l'entière exstinction des dettes de l'Etat; se réservant au surplus les délibérants de faire valoir, lors de la convocation de l'assemblée générale de la province ou de celle des Etats, ses doléances, remontrances et observations locales et particulières, pour y être pourvu ainsi qu'il appartiendra.

Fait et arrêté à l'hôtel de ville de Saint-Avold les jour et an avant dits et avons autorisé le sieur Nicolay, secrétaire greffier de cette ville, à donner toute expédition requise du présent cahier, et ont tous les habitants présents sachant signer signé avec les députés des corps, et [donné] défaut contre les non comparants.

Signé: Jean-Pierre Metzinger; Nassoy; Dupin; P. Creutzer; François-Charles Becker; P. Pernet; Nicolas Becker; Jean Schmit; Jean Bour; Alexandre Spidel; Nicolas Welsche; Joseph Marcadier; Jean-Pierre Harter; Michel Bitlinger; Nicolas Lott; Jean Ehrman; Jean Tricquet; Schiltz; Louis Becker; Jacob Braun; Henry Berthol; Nicolas Ehrman; Nicolas Stucklaus; J. N. Reinstadler; Jean Scharinger; Jacob Zimmerman; Jean-

Nicolas Clam; Nabor Odenthal; Lucquin; V. Garnier; Bernaus; Ch. André; Olier; Bidault fils; J. André; J. Pech; P. Leonard; Jean Spacher; J. B. Pernet; N. Mercier; Solver; André; Bidault; Christman; Schmitt; Nayrod; Boisselier Cornette; N. L. Mengin; Marcus; Braun; Delesse; Plessy; Spinga; Cretaille; Delesse fils; Gerardy; Tounel; Gerardy; et Nicolai.

Pour copie collationnée conforme à l'original, expédiée par le secrétaire greffier soussigné, à Saint-Avold le dit jour. Nicolaï.

SCHAFFHAUSEN, HOSTENBACH ET WERBELN.

Impositions en 1788 [1]): 1. Subvention . . . . 124 l.
2. Rentes de la totalité de leurs bans à l'abbaye de Wadgasse 77 quartes de méteil, mesure de Nassau, la quarte pesant 127 livres.
3. Quote-part de l'adjudication des routes et chaussées . . . . 73 l. 0 s. 9 d.

Assemblée du 8 mars par-devant le syndic, «à défaut et pour l'absence du juge local ou officier public»; publication au prône le 8 mars par M. le curé d'Oberkirch.
45 feux. — 45 comparants [2]).
Députés: Philippe Tabellion et Pierre Renckes.
Signatures: Mathias Mang, syndic; Peter Schreiner; marques de Johanes Mang et Michael Muller; Nikel Eisvogell; Michel Renckes; Willem Scholler; Michel Reckes; Jörg Renkes; Michael Virtz; Peter Renckes; Peter Zang; marques de Görg Miller, Mathias Klein, Niclas Renckes, Jacob Kieffer, Guill. Virth et Peter Veber; Johanes Tabelion; Christofel Tabelion; Johanes Wagner; Johanes Tabelion; Johanes Reichrat; Joerg Mang; marque de Philib Tabelion.

Le cahier manque.

---

[1]) La déclaration porte le titre de la communauté de Hostenbach, Schaffhausen et Verbel; mais nous en croyons plutôt le procès-verbal qui met en tête le nom de Schaffhausen.

[2]) N'ont pas signé Pierre Eisvogel, Séverin Decker, Pierre Cheminel, Pierre Zang, Conrad Rinckes, Pierre Bourg, Michel Klein, Paul Mang, André Villier, Pierre Kieffer, Jacq. Fauste, J. Zang, Nic. Tabellion, Ant. Vagner, J. Roup, Mathias Schvander, Conrad Bolaye, Jacq. Ahre, Mathias Bonnenberg, Paul Danner.

THÉDING.

Impositions : manquent.

Assemblée du 8 mars; publication au prône le 8 mars par Valentin Lintz, curé[1]).
80 feux. — 50 comparants; 7 signatures comme à la fin du cahier[2]).
Député: Jean Muller, cabaretier à Théding, «Rosbrück fournira et nommera le sieur[3]), *n'étant pas comparu».*

Cahier des plaintes, doléances et remontrances de la communauté de Théding, faites dans l'assemblée municipale à Sa Majesté selon son désir.

1º. Que le commerce soit libre dans tout le royaume sans acquits, sans *gelaide*, sans bureaux, sans fermes. Ainsi Sa Majesté peut tenir dans son trésor tous les jours 150 000 livres, qui font un beau fonds. Si la ferme paye peut-être quelque chose de plus, les sujets payeront très volontiers le surplus dans leur subvention. La multitude des bureaux, des hauts conduits, des gelaides, écrasent les sujets ; car dans presque tous les villages il y a un bureau; on ne peut ni entrer ni sortir d'un village à l'autre sans payer des droits. A Théding, qui dépend des domaines, il faut à la ronde tout autour payer à des seigneurs inférieurs des gelaides.

2º. Ils demandent que le sel soit donné à un bas prix, comme on le donne et le mène à gros frais à l'étranger, afin que les sujets puissent faire des nourris comme du passé. Ainsi l'argent restera au pays; car les sujets sont obligés d'acheter chez l'étranger des chevaux, des bœufs, des vaches, des brebis, des moutons, des laines, qu'ils pour-

---

[1]) Il signera « président de l'assemblée », et pourtant celle-ci se tient « pardevant nous Nic. Lauer, maire du lieu ».

[2]) En dehors de ces membres de la municipalité, comparaissent André Baur, J. Nic. Everhard, Christ. Metzinger, J. Nic. Baur, J. Adam Baur, Christ. Metzinger, Georges Lang, J. Nic. Petry, Pierre Matte, J. Metzinger, J. Georges Lang, Georges Filip, J. Nic. Fey, Mich. Breyer, Ant. Wernet, J. Filip, J. Oberting, Pierre Arnold, Barthél. Metzinger, Georges Egloff, Nic. Chouller, J. Egloff, Pierre Hoffe, Pierre Filip, Nic. Clauss, J. Lang, J. Lang, J. Nic. Metzinger, J. Formery, J. Nic. Muller, Nic. Muller, Pierre Hulé, J. Mertz, J. Nic. Albert, J. Georges Muller, Christ. Albert, J. Adam Metzinger, Christ. Thil, Arnould Gab, Gabriel Queisse, Christ. Metzinger, Nic. Peiffer, J. Arnold, J. Wernet.

[3]) Sans doute « le sien », Rosbruck étant annexe de Théding; mais Rosbruck tenait à ce moment-là sa propre assemblée et nommait pour son compte deux députés.

raient avoir et nourrir dans la province, et avoir des foires de bestiaux dans la plupart des villes du pays comme du passé. Ainsi l'argent resterait et circulerait dans le pays.

3º. La gruerie a privé les sujets de la vaine pâture, de leur bois de chauffage, bois de bâtiments, et de la glandée, qu'ils avaient toujours dans les bois du roi, comme il est porté par notre titre qui est commun avec celui du roi. Malgré ces soustractions et privations, on nous a augmentés de plusieurs cents livres; on y a encore ajouté les deux vingtièmes, la prestation de l'argent représentatif [de la corvée] pour les chaussées, que nous payons déjà dans notre rôle.

4º. Des marque des fers, marque des cuirs, toutes sortes de nouvelles inventions, sont encore survenues: les châtreurs, les priseurs, les inventaires, qui ne sont pas nécessaires et que l'on ne demande pas; les notaires prennent aussi plus que leurs droits. La communauté demande aussi, pour soulagement à ses charges, de profiter chacun de ses propres prés en foin et regain, de même aussi de ses fruits champêtres qui sont sur ses terres, et un règlement au sujet du sainfoin qu'il a été alloué et permis de semer. Enfin que les procès soient terminés dans le cours d'un an, afin de terminer les querelles et injustices des parties plaidantes.

Fait et arrêté au presbytère, lieu de notre assemblée, cejourd'hui, 8 mars 1789. En foi de quoi nous avons tous signé.

Nickel Lauer, maire; Stoffell Metzinger, syndic; J. N. Greff, élu; P. Baur, élu; Valentin Lintz, président de l'assemblée pour le roi; Johannes Muller, élu; Jean-Nicolas Johann, greffier.

THICOURT.

Impositions [1]): 1. Subvention et ponts et chaussées . . . . . 1246 l. 2 s.
2. Vingtièmes . . . . 1705 l. 19 s. 3 d.
3. Pour les casernes de Saint-Avold, en 1788 . 131 l. 4 s. 3 d.
4. Pour les routes . . . . . . en 1788 . 208 l. 10 s. 9 d.

[1]) La déclaration remonte aux années précédentes, où les chiffres de ces quatre articles (les deux derniers fixés par ordonnance de M. Delaporte) étaient

en 1787 :   en 1788 :
1283 l. 18 s.   1281 l. 4 s. 6 d.
1706 l. 2 s. 6 d.   1705 l. 19 s. 3 d.
194 l. 8 s.   131 l. 4 s. 3 d.
197 l. 11 s. 9 d.   208 l. 10 s. 9 d.

Assemblée du 8 mars par-devant le maire; publication au prône le 8 mars par M. Keller, curé.
74 feux. — 38 comparants; 38 signatures [1]).
Députés: Nicolas Webeurt et Nicolas Mercier, bourgeois.

Plaintes, doléances et remontrances.

Le présent cahier contenant 6 feuillets pour inscrire les plaintes, doléances et remontrances des habitants de la communauté de Thicourt, a été coté et paraphé par moi Jean-Louis Croutsch, maire de Thicourt, ce 8 mars 1789. *Signé* Jean-Louis Croutsch, maire.

Cejourd'hui, 8 mars 1789, la communauté de Thicourt convoquée au son de la cloche en la manière ordinaire, les habitants y présents en la maison de Jean-Louis Croutsch, maire, après délibérations mûrement faites, ont jugé nécessaire d'envoyer à Sa Majesté les plaintes, doléances et remontrances suivantes:

Il est à désirer qu'aucun impôt même provisoire [ne] soit imposé ni prorogé sans le consentement de la nation, parce que la nation est plus à portée de connaître les facultés de chaque province.

D'où il résulte que l'administration confiée auparavant aux intendants, pour la plupart des étrangers, soit confiée aux assemblées provinciales.

Il en résulterait de même, si l'administration confiée anciennement aux intendants était confiée aux assemblées provinciales, [que] les subdélégués deviendraient inutiles.

Le bois est d'une cherté excessive pour nos cantons; les salines en sont la cause. Pour ainsi dire, aux portes des salines, nous payons le sel très cher. Nous avons peu de fourrage pour nourrir des bestiaux: le sel, au prix qu'on le vend aux étrangers ou au prix qu'on aurait le sel de mer, nous mettrait dans le cas de nourrir avec peu de fourrage notre bétail, qui est cependant la richesse d'une province. Nous perdons l'avantage de nourrir des bestiaux, et nous payons très cher le bois: les salines sont la cause.

La création des jurés priseurs est une grosse charge pour les communautés.

Les acquits nous sont beaucoup à charge. Dans nos environs à peine pouvons-nous sortir de l'endroit sans être entourés d'employés.

---

[1]) N'ont pas signé le procès-verbal J. Adrian, Jos.-Nic. Sornaite, J.-François Chevrier; mais ont signé, sans être cités dans la liste des comparants, François Blaize, J. Darras, Jacq. Bourguignon; n'ont pas signé le cahier J.-Charles Croutsch, Pierre Peltier, Christ. Chaty, Nic. Humbert, Hanry Daumant, Nic. Barbier, François Decoup, J. Payot, Nic. Mercier le jeune.

Nous payons en Lorraine la livre de sel 6 sols 3 deniers; les étrangers la payent 2 sols. Nos bois font cuire le sel, nos forêts sont dégradées, et nous payons le sel très cher.

Les employés de la ferme sont en très grand nombre dans nos environs; se fiant sur la protection de la ferme générale, [ils] ne craignent pas de commettre de temps en temps des excès très punissables. Nous payons du temps des princes de Lorraine 14 sols la livre de tabac; nous la payons sous la ferme 3 livres 12 sols, et 4 livres aux petits bureaux.

L'impôt des cuirs est très à charge; car la livre de cuir qui se vendait 20 à 24 sols avant l'impôt, se vend actuellement 48 sols à 3 livres.

Du temps des princes de Lorraine, la communauté payait 400 livres d'impositions, aujourd'hui nous payons 3356 livres 19 sols.

La pauvreté du village est que personne ne peut prendre d'ouvriers pour faire ses ouvrages, — les laboureurs font leurs ouvrages eux-mêmes à cause de la cherté des grains et de leurs fermes, — et que tous les meilleurs prés sont situés sur les bans voisins et qu'on n'a pas le droit de vaine pâture, et le nombre du troupeau de moutons qui est sur le ban affermé à des étrangers: c'est ce qui est cause que le menu peuple du village ne peut nourrir un mouton pour se soulager.

Que la banalité des moulins soit annulée.

Nous avons à nous plaindre de la justice des procureurs qui conduisent les procès en longueur; des huissiers, des priseurs viennent exécuter à 4 lieues: ils en comptent 6. Les marques de cuir, les marques de fer, les acquits, le tabac, les salines, les droits de foraine, droits de contrôle, droits de subvention, vingtième, ponts et chaussées, — et nous les faisons les chaussées, — les employés qui sont commis dans tous ces droits! Et si le peuple n'a pas l'argent, on les prend par corps, et si on ne paye pas, on les conduit en prison.

Fait et clos le jour ci-avant dit, et ont signé après lecture faite.

Jean-Louis Croutsch, maire; Nicolas Mercier, député; Nicolas Webeurt, député; Morcq, sergent; Schmit; Pierre Fournier; Jean-Pierre Butin, syndic; Philippe Portenseigne; Christophe Vatié; Nicolas Xardelle; Joseph Fournier; Jean Codet; Fr.-Hyacinthe Liégault; Jean-Pierre Nick; Jean Decoup; Nicolas Guerber; Claude Camu; Pierre Simmerman; Michel Girsh; Christophe Portenseigne; Nicolas Pichon; Jean-François Beurte; François Mercier; Nicolas Thiriet; Jacque Bourguignon; Jean Portenseigne; Fr. Hilaire.

[*Au verso de la page se trouve ajouté:*]

Thicourt. La dite communauté dit que de tout temps elle a craint le subdélégué: voilà pourquoi elle a omis les frais qu'a faits la brigade de maréchaussée de Saint-Avold pour des révisions de comptes depuis les années de 1757 jusqu'aux années 1771; que M. Thomas répète une somme de 1875 l. 16 s., et que tous les syndics ont leurs comptes dans toutes les règles, signés de M. de la Galisière, ci-devant intendant, et encore signés du subdélégué, et que la communauté n'a nullement fait aucune répétition. Le fait de l'exposé est si sûr et vrai, dont deux pièces ci-jointes. Une pareille vexation mérite etc. (*sic*). Fait au dit Boulay, le 10 mars 1789. Nicolas Mercier, député; Nicolas Webeurt, député.

TRITTELING.

Impositions: 1. Subvention . . . . 299 l. 4 s.
2. Ponts et chaussées . . . . 304 l. 15 s. 6 d.
Frais . . . . 21 l. 6 d.
3. Vingtièmes et gages du parlement . . . . . . 223 l. 5 s. 6 d.
4. Travaux des routes . . . . 98 l. 7 s. 6 d.
5. Dépense militaire . . . . 93 l. 3 s.

Assemblée du 8 mars par-devant le syndic et les membres de l'assemblée municipale; publication au prône le 8 mars par Jean Ritz, curé.
24 feux, dans lesquels 7 veuves et 4 hommes veufs et un invalide. — Pas de liste de comparants; 10 signatures.
Députés: Joseph Legendre, sans profession, 44 ans, payant pour la subvention et les ponts et chaussées 46 l. 17 s. 6 d., pour l'abonnement 14 l. 13 s. — et Claude Gondreville, maire du lieu, 51 ans, payant respectivement 20 l. 12 s. et 2 l. 5 s.

Cahier des plaintes et doléances[1]).

Cejourd'hui, 8ᵉ jour du mois de mars 1789, nous soussignés, maire, syndic et membres de l'assemblée municipale et autres habitants de la communauté de Treteling, où étant assemblés dans la maison de François Vebert, syndic du dit Treteling, pour prendre communication des ordonnances à nous envoyées concernant la nomination des députés, ensemble les deux procès-verbaux, [ainsi] que les lettres du roi concernant la

---

[1]) Nous avons dit p. 132 la ressemblance de ce cahier avec ceux de Laudrefang et d'Adelange.

convocation des Etats généraux à Versailles le 27 avril 1789 et règlement y annexé pour la Lorraine et Barrois; une autre lettre du roi pour la convocation des Etats généraux à Versailles le 27 avril 1789 et règlement y annexé; ainsi après ... [l'élection des députés], nous avons vaqué au présent mémoire en forme de remontrance.

Nous avons d'abord [procédé] à la rédaction du cahier des plaintes, doléances, qui règnent dans nos cantons, dont nous sommes depuis longtemps attenus, comme s'ensuit, savoir:

Sa Majesté voudra bien nous permettre d'en porter la teneur en différents articles suivants:

Art. 1. Le ban et finage du dit Treteling est d'un très petit nombre et [de] peu de rapport, et seulement un tiers de prairies pour la consommation des peuples. Cependant nous sommes attenus à un cens annuel envers le domaine de Madame la comtesse de Choiseul de la quantité de 40 quartes et 1 bichet de blé et autant d'avoine, et 1 chapon et 14 poules emplumées, et 11 francs barrois en argent.

Art. 2. En outre chacun laboureur est tenu à payer une quarte de blé et autant d'avoine pour droit de charrue; en outre deux voitures à conduire tous les ans au château de ma dite dame à Faulquemont. En outre tout habitant est attenu, laboureur et manœuvre, à un jour de sciage en moisson de chacune année: c'est ce qui s'entend des corvées.

Art. 3. L'on nous fait et contraint en outre [à être banaux] aux moulins de Madame construits à Faulquemont et Blauborne, sans que jamais il nous eût été représenté aucun titre. L'on nous annonce à chaque année aux plaids annaux les droits; et les maires, qui sont souventes fois d'année à autre faits maires, on les force à signer les dites recettes des plaids annaux: c'est ce dont l'on veut faire des titres. Les suppliants demandent à Sa Majesté si Madame ne serait point tenue à représenter ses titres, parce que, s'il s'y trouvait des titres qui attribuent des droits à Madame, assurément l'on trouverait aussi les droits des habitants assujettis à ces sortes de corvées, sinon, ne faisant pas valoir leurs titres tant pour les articles 1, 2 et 3 des clauses y énoncées[?]. Les habitants, en voyant ces titres, payeront d'un grand cœur; mais à défaut de titres, ils espèrent que Sa Majesté voudra bien révoquer ces sortes de corvées.

Art. 4. Ils ont l'honneur de représenter aussi les suites de la marche que l'on suit dans les inventaires que l'on fait depuis longtemps dans nos cantons. Un homme ou une femme venant à décéder et qui délaisse des enfants mineurs, quand bien même ils auraient atteint l'âge de 24 années et 6 mois, les officiers tutélaires de Madame se rendent dans la maison du moribond et procède à l'inventaire des meubles et effets du décédé. L'on trouve que c'est un abus à cet égard. La raison? Le survivant, le lendemain de l'inventaire fait, est fort le maître de faire la vente des dits meubles inventoriés; et même, supposant que le survivant viendrait à décéder 15 jours, 1 mois, 2, 6 mois après, ces MM. retourneraient faire un second inventaire sur les mêmes meubles et effets. C'est donc ainsi que les mêmes meubles sont dans le cas de souffrir deux inventaires: c'est ce qui fait des dépenses mal à propos.

Art. 5. On ne verrait aucune souffrance, dans le cas que le survivant viendrait à se remarier, de faire un inventaire huit jours avant son second mariage, pour que les enfants nés ou à naître ne souffrent aucun dommage. Que de même, si le mari ou la femme vient à décéder, l'inventaire est nécessaire par la raison qu'il faut établir tuteur et curateur: ces sortes d'inventaires sont de droit.

Art. 6. Observation en remontrance [sur ce] qui règne depuis plusieurs années dans nos cantons. Il se trouve le nommé Claude Craitailles, demeurant à Saint-Avold, juré priseur qui va dans plusieurs endroits aux inventaires, dont les vacations sont deux fois le double que si l'on se servait, comme d'ancienneté, des appréciateurs des lieux.

Il est encore bien plus pénible, que l'on ne peut plus faire aucune vente de meubles que par le juré priseur ou ses commis, qui exigent des vacations exorbitantes. Non compris leurs vacations, il se trouve leur procès-verbal, leurs voyages à 20 sols par lieue, [ainsi] que les contrôle et centième denier, de façon que la plus petite part des deniers des ventes est pour ceux qui font faire la vente des dits meubles.

Or, il y a encore bien plus: un habitant qui serait obéré et qui désirerait faire la vente de ses propres meubles, ne peut la faire que par le ministère du juré priseur ou par ses commis. Nous espérons que Sa Majesté fera cesser cet abus à cet égard.

Art. 7. Et à l'égard des deniers que l'on est obligé de déposer dans les maîtrises des eaux et forêts de chacun département, [provenant] des ventes des bois houppis ou chablis ou des arbres champêtres sur le ban [renversés] par la rigueur des grands vents; ces sortes de deniers qui doivent revenir les deux tiers aux communautés, jamais les pauvres communautés ne peuvent dans leurs besoins en récupérer le montant [par] la raison qu'elles sont attenues à faire une infinité de démarches et dépens, [de sorte] que cette raison occasionne les habitants à ne plus en faire de recherche. L'on pourrait fort bien déposer ces dits deniers entre les mains des syndics des communautés par la raison que l'on ne fait aucun syndic que de ceux tirés des hautes classes. Aussi ces dits syndics sont attenus de rendre compte après l'année de leur gestion;

ainsi ils seraient donc en état de rendre compte des dits deniers déposés à la maîtrise, et l'on serait exempt de ces sortes de démarches et frais, si c'était un effet des bontés de Sa Majesté d'en ordonner autrement.

Art. 8. Autre remontrance. Nous avons 2 villages enclavés au milieu de la Lorraine qui sont Créhange et Pontpierre, terres d'Empire, dont Pontpierre est ban voisin aux remontrants. C'est ce qui porte un grand préjudice pour la Lorraine. La raison? pour les acquits. Quand bien même l'on chargerait en Lorraine et ne sortant point des terres de Lorraine, l'on nous force à prendre des acquits à caution, par rapport que l'on nous dit que nous tournons du côté de l'Empire; et en manquant un jour trop tard annoncé sur les acquits, l'on nous met dans des contraventions et amendes, suivant que les buralistes ou MM. les capitaines ou contrôleurs le jugent à propos.

D'un autre côté nous avons des brigades d'employés presque dans tous les villages, d'employés qui par leur paye font des grandes sommes et que Sa Majesté pourrait [supprimer], si elle jugeait à propos de faire un impôt sur tous les habitants qui usent de tabac: cela mettrait les sujets de Sa Majesté en une grande tranquillité, et Sa Majesté en retirerait d'année à autre les impôts qu'elle aurait pu juger d'imposer.

Art. 9. D'un autre côté nous avons les salines qui sont à peu de distance, qui causent par la consommation des bois que les bois nous deviennent d'année à autre d'un prix exorbitant. Et nous sommes attenus à payer 6 sols 3 deniers de la livre de sel, et les étrangers qui ont le meilleur sel ne le payent qu'à un vil prix: c'est ce qui occasionne de grands dommages aux pauvres sujets de Sa Majesté.

D'un autre côté, si l'on avait le sel au prix de l'étranger, l'on pourrait faire des nourris de bestiaux à beaucoup moins de frais. Que les sujets dans nos cantons sont attenus à aller chercher des bestiaux à l'étranger, et cela fait que le transport des deniers du pays s'en va à l'étranger. Si c'était un effet des bontés de Sa Majesté d'en ordonner autrement, ce serait le moyen de donner des soulagements à ses sujets.

Art. 10. L'on nous impose de jour en jour de nouveaux impôts, jusque sur les cuirs, [de sorte] qu'aujourd'hui il n'est plus dans la capacité que les pauvres sujets ne peuvent plus avoir les moyens de se procurer des cuirs, pour avoir dans leur grand besoin des souliers, par l'augmentation des marques des cuirs qui en font augmenter le prix qui devient un prix exorbitant.

Art. 11. Remontrent les pauvres habitants que leur village se trouve surchargé de toute part ainsi, suivant qu'ils le vont démontrer tant pour subvention, ponts et chaussées et gages des officiers du parlement de Nancy, en outre l'abonnement, que les deniers tant pour les troupes de Saint-Avold, que pour les travaux des routes; le tout ensemble se trouve monter à la somme de 1037 l. 18 s. 6 d., le tout au cours de France.

Art. 12. Et les pauvres habitants, du temps de leurs prédécesseurs et de leurs ancêtres, ont entendu de la part de leurs pères et pères-grands qu'ils ne payaient que au plus 350 l., le tout cours de Lorraine.

Art. 13. Le ban et finage du dit Treteling se dîme à la dixième gerbe : tant grosse que menue dimes se payent à la dixième, dans lesquelles MM. les RR. PP. bénédictins de Longeville en emportent la moitié de la grosse dîme, et Me Jean Ritz, curé de la paroisse de Treteling, l'autre moitié de la grosse dîme; la menue dîme, le sieur curé la perçoit seul.

Art. 14. Observation. Cette sorte de grosse dîme que MM. les bénédictins de Longeville emportent, porte un préjudice aux habitants par la raison des transports des pailles qui s'en font toutes les années, [parce] que cela amaigrit le ban, et une forte partie des habitants qui sont dans le cas d'en acheter sont obligés d'aller à l'étranger pour s'en procurer; d'autant que, s'il était ordonné que ces MM. seraient tenus d'en faire les engrangements dans leur village, les pailles y seraient consommées, et ce serait le moyen que les terres ne seraient point amaigries de cette sorte.

Art. 15. L'on a l'honneur de remontrer, au sujet des tirages des soldats provinciaux, que les habitants y sont attenus d'année à autre. L'on trouve que M. le subdélégué se fait payer des sommes exorbitantes, ne sachant en quoi ou comment ces sortes de dépens deviennent ou pour quelles raisons les deniers qu'il s'en fait payer tant pour les tirages que petits équipements. Enfin les communautés sont de toute part la victime, de quel côté elles puissent se tourner.

Il en est de même au sujet des procédures pour des affaires qui ne méritent pas. Les pauvres sujets avec bon droit sont menés de porte en porte, et jamais aucune fin. C'est ce qui met totalement les sujets dans le plus grand embarras, ne pouvant parvenir à leur dû.

Qui sont toutes les remontrances qui nous sont parvenues aujourd'hui à notre connaissance, en nous offrant, s'il nous en parvient de plus au jour de l'assemblée, à les annoncer et à répondre sur les demandes qui pourront nous parvenir.

Fait et achevé au dit Treteling les jour et an avant dits, et avons remis le présent aux dits deux députés dénommés en tête de la présente [ainsi] que sur la copie du procès-verbal qui leur a été remise, le tout en mains, et l'autre copie du procès-verbal déposée au greffe municipal du dit lieu. Lesquels députés, fondés de tous pouvoirs qui pourront leur parvenir(?) à la dite assemblée, ont accepté la dite charge et ont promis de se rendre à l'assemblée qui se tiendra à Boulay le 10 du présent, 8 h. du matin, et avons signé au dit Treteling les jour et an avant dits.

François Veber, syndic; Pierre Vilmin; Georg Eberchwieller; Joseph Legandre; Glode Gondreville, maire; Johannes Wenner; François Gondreville; Peter Chveuss(?); Charles Le Jeunne; P. Laurent; Jean Becker, greffier.

UBERHERRN.

Impositions: manquent.

Assemblée du 9 mars par-devant les maire et syndic; publication au prône le 8 mars par M. Lauf, administrateur.
44 feux. — 44 comparants, non compris les veuves[1]).
Députés: Jacob Wallian, maire, et Pierre Berar, syndic, «qui se sont chargés du cahier des doléances d'Uberhern et Vilhelmsbron en un seul cahier».
Signatures: Jacob Wallian; Petter Berar, syndic; Merten Köff; Nicklas Rehm; Johannes Rosch; Christuffen Bulie; Nicolas Rolles; Peter Fettick; Hans Jerg Truntzler; Jerg Grasmick; Johannes Beffert; Niklas Fettik; Jacob Baldauff; Petter Decker; Matteis Fischer.

Le cahier manque.

---

[1]) N'ont pas signé J. Oelle, J. Hertz, Pierre Guldener l'aîné, Pierre Rolles, J. Muller, Didier Guldener, J. Bouillié, Ferdinand Demmer, J. Georges Martz, André Demmer, J. Creutzer, Jac. Rolles, Pierre Fischer, J. Lafontaine, Jos. Fischer, Guill. Rolles, Nic. Lafontaine, Didier Berard, Pierre Dorus, Pierre Everharte, Nic. Harte, Pierre Vaillant, Jos. Decker, J. Decker, J. Georges Harte, Louis Guldener, Didier Lafontaine, Claude Muller, Pierre Guldener le jeune, Mathias Fischer le jeune.

WAHL-LÈS-FAULQUEMONT.

Impositions:
1. Subvention . . . . 620 l.
2. Ponts et chaussées . . . . 551 l. 16 s.
    Frais . . . . 4 l. 15 s.
3. Vingtièmes . . . . 742 l. 0 s. 6 d.
    Frais d'huissier sans avertir . . . . 1 l. 16 s.
    Contrainte d'huissier . . . . 7 l. 8 s.
4. Pour les travaux [des routes] . . . . 192 l. 0 s. 11 d.
5. Fournitures des cavaliers en garnison à Saint-Avold en 1788 [1]) . . . . 139 l. 17 s. 6 d.
    Frais (le cavalier de la maréchaussée a refusé de donner sa quittance) . . . . 5 l.
6. Au piéton pour le port des ordres, par an . . 12 l.

Assemblée du 8 mars par-devant le syndic; publication au prône le 8 mars par M. Ganal, vicaire.
45 feux. — 41 comparants; 42 signatures[2]).
Députés: Jean Turck et Georges Encklé.

Cahier de doléances, plaintes, remontrances et demandes que fournit la communauté de Vahl ...

[La suite n'est qu'une transcription, avec quelques maladresses, du cahier de Faulquemont (ci-dessus p. 76); toutefois le 4e paragraphe est écourté, il n'est pas question des brandeviniers et la demande 7º à leur sujet est omise également. Il y a toutefois une rédaction différente pour

---

[1]) En 1787: 209 l. 4 s. 6 d. Les deux articles précédents semblent aussi se rapporter à l'année 1788, d'après les dates indiquées pour la quittance de l'huissier (11 nov. 1788) et celle des travaux (1er déc. 1788).

[2]) N'ont pas signé au cahier Johannes Türck, Pierre Bastien, Jean Karche, Goerg Porte, Peter Grad (d'après la liste, Pierre Grandjean), Nicolas Grangeand, François Receveur, Claude This, Michel Lallment, Nicolas Türck, Hans Steffen Turk, J.-B. Cordier, Nic. Richert, G. Picard, Michel Bardo, Jos. Villmy, Christoff Turck(?), François Blancard, Vincentius Ackerman, Pi. Ni. (Pierre Nicolas), Johann Hennick, Nicola Gragant, Martin Julle, Jacob Glaser, Bastian Oliyer, Sébastien Blanschar, Peter Albrech (n'est pas dans la liste des comparants), Bastian Portt, Hantz Gerig... (d'après la liste J. George Burtard), Carolus Bardo, Bernard Kannengisser, Johannes June, Mathis Tryens, Bernharth Matzenauer, Christoffel Türk, Antoine Turck.

quelques demandes et l'on substitue aux n°s 10 et 11 de Faulquemont ce que nous reproduisons ici.]

2º. Que le sel ainsi que le tabac soient communs et que nous les ayons comme les étrangers, c'est-à-dire au même prix, et cela ferait un grand avantage au public pour la nourriture des bestiaux.

6º. Que le droit de marque des fers et marque sur les cuirs soit aboli . . . .

9º. [Ils] demandent également qu'il soit défendu aux usuriers, c'est-à-dire aux juifs, de prendre plus de rente ou intérêt que les ordonnances du roi [ne] permettent. On peut faire la preuve qu'ils prennent 25 pour 100, et plusieurs fois au-dessus, selon que le pauvre homme est en cas de besoin.

10º. Les soussignés se plaignent qu'ils sont surchargés de la subvention, ponts et chaussées, sur les biens des propriétaires, et que les invalides possèdent le leur et n'entrent en aucun des dits impôts.

11º. Ils demandent que l'abus de la châtrerie soit supprimé, vu qu'il y en a qui l'entreprennent sans bon savoir et occasionnent de grandes pertes de bestiaux, et que plusieurs particuliers pourraient châtrer eux-mêmes.

12º. Ils supplient très humblement d'être délivrés de l'esclavage de la banalité des moulins : ce que nous reconnaissons pour une des grandes misères.

13º. Grande misère dans ces environs : le pauvre homme ne peut rien gagner ; les laboureurs sont forcés de faire leurs ouvrages eux-mêmes, parce qu'il faut payer leurs fermes plus qu'ils [ne] peuvent produire et qu'ils ne sont pas en état de payer leurs maîtres. Comment peut-on payer les deniers dus au roi ? Et la noblesse et [le] clergé veulent être exempts, qui est le contraire (*sic*).

14º. La cherté du sel et des tabacs occasionne que le pauvre homme s'expose à faire le contrebandier pour gagner un peu de sel ou de tabac, enfin que beaucoup sont pris par les employés et privés de tous leurs biens.

Fait et arrêté en l'assemblée de Vahl, le 8 mars 1789, et avons signé.

Stoffel Hennick, syndic ; Jean Türck, maire ; Johanes Ackermann ; Glad Morel ; Nicolaus Turck ; George Encklé, greffier de la municipalité.

VALMONT.

Impositions: 1. Vingtièmes . . . . 1568 l. 13 s.
              2. Chaussées . . . . 261 l. 14 s. [1]
              3. Dépenses militaires de Saint-Avold, en 1788. . 276 l. 14 s. 2 d.

Assemblée du 8 mars par-devant les maire, échevins et gens de justice; publication au prône le 8 mars par Jean Roth, vicaire.
110 feux. — 40 comparants [2]*); pas de signatures, mais «pour copie collationnée . . . par le greffier de la haute justice Jean Peiffer».*
Députés: Nicolas Becker et Jacob Richert.

Cahier de la communauté de Valmont.

Cejourd'hui, 8 mars 1789, la communauté de Valmont, convoquée au son de la cloche en la manière ordinaire et accoutumée, réunie en la maison seigneuriale de ce lieu, après avoir eu communication de la lettre du roi pour la convocation des Etats généraux, donnée à Versailles le 7 février dernier, ainsi que du règlement y joint, ensemble de l'ordonnance de M. le comte de Lambertye du 28 du même mois, qui n'ont été notifiés et signifiés que le 5 du courant, après une délibération générale, ont unanimement arrêté et résolu de charger leurs députés à choisir ci-après et de faire valoir leurs prétentions, ainsi qu'il suit, savoir:

1º. Que la dite communauté est surchargée et écrasée par les impositions publiques, demande avec instance d'être réintégrée et régie selon son ancienne constitution, observant qu'elle a amèrement à se plaindre que les rôles de subvention, vingtième, etc., sont annuellement augmentés, malgré les pertes qu'elle a subies par différents fléaux, tels que la grêle et les ouragans qui ont dévasté ses campagnes et englouti les récoltes de leurs prés, particulièrement en l'année 1788, le tout constaté par procès-verbaux dressés par parties connues et désintéressées non résidant sur les lieux.

2º. Que le bois est devenu excessivement cher à raison du grand [nombre] d'usines à feu qui se trouvent dans ces environs et qui ont obtenu l'usage des forêts à un prix modique aux dépens des privilèges de cette communauté et contrairement à leurs titres et à la concession qui leur en était faite, ainsi qu'à nombre d'autres communautés voisines. Le peu qui leur en reste est absolument dégradé par la mauvaise ad-

---

    [1]) En 1788, ces deux articles ne montaient qu'à 1395 l. 9 s. et 228 l. 14 s.
    [2]) La liste n'est qu'un relevé des signatures du cahier. La déclaration des impositions est signée de Jacob Richert, maire et syndic, et de Michel Kiffer, échevin.

ministration qui existe depuis nombre d'années. Malgré que ces bois soient communaux, elle n'est point la maîtresse de les améliorer ni de les rétablir : d'où il résulte que cette communauté se trouvera bientôt frustrée de son affouage et du peu de futaie qui lui reste, le tout occasionné par les ventes réitérées que l'on y fait sans son agrément et contre le gré des seigneurs, ainsi que le peu de réserve que l'on laisse dans les taillis, lorsqu'on les exploite.

3º. Le sel étant une des premières nécessités et d'une consommation absolument nécessaire, particulièrement pour les cultivateurs à cause de leurs bestiaux, [elle] demande à l'avoir sans aucune imposition et à pouvoir l'acheter où bon lui semblera.

4º. Que la perception des acquits que l'on nous force à prendre est tellement à charge que nous ne sommes pas les maîtres de sortir du lieu pour porter dans le voisinage les moindres denrées sans être contraints à nous munir d'un acquit, lequel absorbe le prix des plus modiques consommations. Cette vexation est poussée à un tel point que dans ces circonstances l'on force le pauvre particulier à faire une soumission onéreuse ou à abandonner sa chétive denrée, et en outre payer une prétendue contravention.

5º. Qu'il est de l'intérêt commun d'abolir le droit de parcours, ainsi que la liberté des clôtures, la dite communauté ayant à se plaindre de la grande quantité de bestiaux de la ville de Saint-Avold et de la cense de Wenheck qui, sous prétexte du droit de parcours réciproque, absorbent la pâture de leur ban. Il serait à désirer aussi que chaque propriétaire ait la liberté de faire la récolte du second poil de son pré ; et demande en outre la dite communauté que les bêtes blanches soient exclues en tout temps de toutes les prairies, eu égard aux dommages qu'elles y occasionnent.

6º. Qu'ils ont à se plaindre de l'établissement des jurés priseurs nouvellement établis dans ce canton, d'autant plus nuisibles qu'ils absorbent par leurs taxes et vacations le prix des ventes et inventaires, où ils [ont] grand soin de s'y trouver : ce qu'ils ne faisaient point précédemment.

7º. Qu'il serait bien plus avantageux pour la dite communauté et beaucoup moins dispendieux pour elle de voir le siège de sa juridiction établi à Saint-Avold, qui se trouve être au centre de cet arrondissement.

8º. Cette communauté se trouve grevée, en outre des impositions royales, d'une contribution pour la fourniture des lits militaires destinés aux logements de Saint-Avold, ainsi que d'une somme annuelle à laquelle elle est cotisée pour l'entretien des écuries destinées à la cavalerie de cette ville. Il paraît justice que dans cette circonstance cette communauté doit avoir au moins un représentant lors de cette répartition.

9º. Demande aussi la dite communauté que, si les Etats généraux fixent les Etats de cette province tels qu'elle le désire, elle puisse faire passer aux dits Etats leurs mémoires de plaintes, doléances et moyens d'amélioration, le temps ne lui ayant pas permis de rédiger ce cahier ainsi qu'elle le désire.

Fait et arrêté en la maison seigneuriale de Valmont, les jour et an avant dits, et avons autorisé le nommé Jean Peiffer, greffier de la haute justice de ce lieu, à donner toute expédition requise du présent cahier, et ont les notables et principaux habitants signé, et donné défaut contre les non-comparants.

Signé: Jean Schang; Jacob Richert; Pierre Becker; Christophe Becker; George Lintz; Jean Richert; Nicolas Krautt; Jean Grimmer; Michel Kieffer; Jacob Wagner; Jean Broucher; Jean Schlinck; Nicolas Matz; Michel Schlinck; Pierre Schlinck; Jean-Pierre Charpentier; Nicolas Tridemy; Nicolas Becker; Jean-Pierre Becker; Jean Becker; Michel Hörner; Michel Becker; Charles Wagner; Michel Matz; George Matz; Nicolas Hoen; Nicolas Kieffer; Nicolas Becker; François Henry; Jean Richert; Nicolas Richert; Jean-Pierre Becker; Nicolas Henry; Jean Colson; Christophe Richert; Claude Guettpratt; Jean-Pierre Krautt; Michel Steinmetz; Nicolas Lœwe; Dominique Pierrard.

Pour copie collationnée conforme à l'original délivrée par le greffier de la haute justice de Valmont, les an et jour avant dits. Jean Peiffer.

VARIZE.

Impositions: 1. Subvention, ponts et chaussées et autres impositions 1800 l.
             2. Vingtièmes . . . . 1656 l. 5 s. 3 d.
             3. Prestation des corvées, en 1788 . . . . 264 l. 1 s. 3 d.

Assemblée du 8 mars par-devant les syndic et maire; publication au prône du 8 mars par M. Boulanger, curé.
100 *feux.* — 22 *comparants; 21 signatures*[1]).
Députés: Pierre Hartard, syndic, et Jean Bor, maire de justice.

---

[1]) Une seule de ces signatures se retrouve au cahier: les autres sont de Nic. Renauld, François Hartard, Nic. Petit, Michel Richon, François Jean, Hans Pelter

Cahier des plaintes, doléances et remontrances que font aux Etats généraux les habitants des communautés de Warize, Vaudoncour, Bannay et Loutremange, dépendant de la paroisse de Warize, qui ne présentent qu'un seul cahier, n'ayant que des intérêts communs.

L'an 1789, le 9ᵉ jour du mois de mars, par-devant nous, Jean Bor, maire de Warize, et Pierre Hartard, syndic; de Pierre Schop, maire et syndic de Vaudoncour; de Jean-Pierre Jeune, maire, et Jacques Schloup, syndic de Bannay; et de Jacques Bar, maire, et François Sallerin, syndic de Loutremange, comparurent en leurs personnes les habitants des dits lieux ... [Le cahier est identique à celui de Condé-Northen sauf les changements des noms dans l'introduction et un chiffre différent à l'art. 9 «la livre de viande que nous payons 6 sols et plus».]

Fait sous les seings de nous, maires, municipaux et greffiers [1]), les jour et an que dessus.

Jean Bor, maire et député; J. A. Bor, élu; Pierre Hartard, syndic et député; Peter Turscher, élu municipal; Nicolas Renaud (l'aîné), élu; — Jacque Bar, maire, député; P. Altmeyer, greffier; François Sallerin, syndic; — Jean-Pierre Jeune, maire, élu et député; Pierre Nicolas, député; Joseph Nicolas, greffier; Jacque Chloup, syndic; marque de Jacques Senger, élu; Pier Kremn, élu; — Pierre Chop, maire, syndic et député; Pierre Augustin, élu; marque de Hubert Sidot, élu; Jean Gasner, greffier et député; — Simon Helstroffer, élu; Pierre Labarre, élu; Jean Richon, élu.

VAUDONCOURT.

Impositions: 1. Subvention . . . . 193 l. 16 s.
            2. Ponts et chaussées et autres impositions . . . 177 l. 5 s. 3 d.
               Frais du receveur et autres . . . . 28 l. 18 s. 9 d.
            3. Vingtième. . . . . 62 l. 0 s. 3 d.
            4. Corvées et entretien des routes. . . . . . . 58 l. 4 s. 3 d,

Redinger, N. Darreyc, Barthél. Desloges, Nic. Landur, Nic. Borcher, Jean Dufumon, Jacob Wagner, Jacq. Arnould, J. Mick, Phil. Bar, J. Spickert, Louy Bir, Nic. Renauld, Pierre Marcus, François Parcot fils. Un comparant n'a pas signé, Ant. Beréhé.

[1]) On reconnaîtra facilement les signatures de chaque municipalité dans l'ordre suivant: Varize, Loutremange, Bannay, Vaudoncourt, et de nouveau Loutremange.

Assemblée du 8 mars par-devant le syndic; publication au prône le 8 mars par M. Boulanger, curé de Varize.
46 feux. — 7 comparants; 9 signatures[1]*).*
Députés: Pierre Chop, syndic (et maire), et Jean Gasner, greffier.
Signatures: Pierre Augustin, élu; F. Jacquinet; Jean Messe; Matis Gougon; Pierre Renauld; J. P. (Jean Ponsseler); P. E. (Pierre Ernest, élu); Pierre Chop, député; Jean Gasner, député.

[Le cahier de doléances est commun à Varize et ses annexes, Vaudoncourt, Bannay et Loutremange.]

VIGNEULLES-HAUTE.

Impositions [2]):
1. Subvention . . . . 388 l. 8 s.
2. Ponts et chaussées et autres impositions accessoires . . . . 391 l. 17 s. 3 d.
3. Abonnement et gages du parlement de Nancy . 487 l. 4 s. 3 d.
4. Corvées . . . . 139 l. 10 s.
5. Dépenses militaires payées à M. Bidault à Saint-Avold . . . . 165 l. 0 s. 9 d.

Assemblée du 8 mars par-devant le syndic Clément Spacher; publication au prône le 8 mars par J. Wagner, curé.
56 feux. — 33 comparants; 29 signatures et 10 marques[3]*).*
Députés: Jacques Schneider et Etienne Schneider.

Cahier de doléances et plaintes de la communauté de Haute-Vigneulle, contenant une feuille de papier pliée en deux, a été par nous

---

[1]) La déclaration des impositions a, de plus, la marque de Humbert Sidot, élu.

[2]) Ce sont les sommes payées en 1788. On mentionne comme comprise dans la somme de l'art. 2 « 8 l. 8 s. pour les gages des officiers du parlement de Nancy », malgré le titre de l'art. suivant.

[3]) La liste des comparants nomme un seul de ces 10 marqueurs, le dernier: François Pacquin, Christian Frisse, Nic. Schneider, Nic. Schneider tissier, Simon Schneider, Pierre Vautier, J. Petry, Pierre Schuller, Michel Nicola, Phil. Jeorge; elle ne nomme pas Jerg Fosse, qui a signé. Les autres signataires du procès-verbal, qu'on ne retrouve pas au cahier, sont Jos. Léonard, greffier municipal, Christian Hurt, Mathias Chmidt, Johannes Müller, Gerg Schneider, Johannes Zimmerman, Frantz Nicola, Jan-Pier Decker, Michell . . . (d'après la liste M. Rif), Petter Dassier, Johannes Hieronimus, Georg Till, Jean Becker. Enfin trois comparants n'ont ni signé ni marqué: Michel Schneider, Jacob Schneider tissier, Jacq. Rif.

Clément Spacher, syndic, coté et parafé par premier, second, le 8 mars 1789. *Signé* C. Spacher, syndic.

1º. Que le sel était trop cher. Un objet des plus importants en France, ce serait, à cause de la grande population, de donner tous les degrés de fructification aux terres, dont elles seraient susceptibles. En conséquence il faudrait les bien labourer, amender, et c'est ce qu'on ne saurait faire à cause du manque des bestiaux, principalement des chevaux et bêtes à cornes. Ce manque de bestiaux ne provient que de la cherté du sel. Si le sel était à bon marché, les gens en répandraient sur les fourrages. Cette économie ne donnerait pas seulement une qualité aux mauvais fourrages, mais mettrait encore les gens à même de se passer de la quantité du meilleur pour nourrir et entretenir leurs bestiaux. Cette assertion ne se vérifie que trop aux yeux de tout le monde en ce que la France est obligée d'acheter les chevaux et bêtes à cornes chez l'étranger, où le sol pour la nourriture des bestiaux est moins fertile qu'en France. Quelle en est la cause? L'étranger a le sel à bon marché; le sel de la Lorraine y est transporté quasi pour rien: voilà comme l'étranger s'enrichit aux dépens de la France. De plus les laboureurs de la province, n'y trouvant pas de quoi se former un attelage, recourent à l'étranger, y achètent des chevaux bien cher. Ces chevaux, accoutumés chez l'étranger aux fourrages salés et ne les trouvant pas en Lorraine, périssent, et les pauvres laboureurs par ces pertes sont (*sic*). Voilà la raison pour laquelle les charrues dans la province diminuent d'année à autre; les terres restent incultes ou ne sont pas labourées et amendées comme il faut, et ne produisent qu'à peine assez pour la subsistance des sujets de la province, au lieu [que], eu égard à leur étendue et à la fertilité du sol, elles devraient produire assez pour nourrir encore une autre province, devrait-elle être aussi peuplée que la Lorraine. En outre, si le sel est trop cher par rapport aux bestiaux, cette cherté devient plus sensible, si l'on veut considérer qu'un artisan, manœuvre, est obligé de travailler deux ou trois jours pour avoir de quoi payer un pot de sel. Pour remédier à cet abus, il faudrait empêcher l'exportation du sel à l'étranger et, si depuis longtemps on l'avait empêchée, les forêts ne seraient pas dégradées, et le bois ne serait pas si cher.

2º. Dans l'administration de la justice il y a trop de chicanes et trop de frais. Par des détours on enveloppe de ténèbres le droit le plus clair; par des délais on fatigue la partie lésée au point de la dégoûter à poursuivre son droit; pour un objet de la moindre valeur en contestation on multiplie les frais, quelquefois au point de ruiner les deux parties. La plupart des procès pourraient et, par conséquence, devraient se finir par les maire et gens de justice ou par la municipalité. Les gens de campagne, avec leur bon sens et la connaissance du local, sont à même de décider mieux une infinité de procès que des jurisconsultes, et cela avec peu de frais, sauf à Sa Majesté d'établir un tribunal dans la province pour les affaires absolument épineuses, dont la discussion demande des gens d'une érudition profonde.

3º. Que les inventaires, uniquement établis pour la sûreté et la conservation des pupilles, sont trop coûteux, et au lieu de les secourir par ce moyen, on absorbe la moitié et quelquefois les deux tiers de la succession. A quoi bon l'huissier priseur dans cette conjoncture? A quoi bon une compagnie des officiers des sièges royaux se transporte-t-elle à 6, 7 lieues de leur siège pour faire ces inventaires, et cela aux grands frais des pauvres pupilles? Les maires et gens de justice des lieux, assistés de leurs greffiers, pourraient faire avec justice et la même exactitude ces inventaires, créer tuteur et curateur, et il n'en coûterait pas le trentième quelquefois aux pauvres pupilles de ce qu'il leur en coûte par les officiers des sièges royaux. Dira-t-on que ces officiers ont financé et qu'il faut qu'ils vivent? On répondra que la province se charge de rembourser leurs finances, et que la nomination aux offices de justice, qui devraient être dans la suite bien petits en nombre, se fasse dans la suite en considération du mérite et des talents, soit par la voix du peuple immédiatement, soit par les Etats généraux de la province, lorsqu'ils auront lieu.

4º. Que la province se charge également de rembourser les finances des officiers de la maîtrise, auxquels les pauvres communautés, outre qu'elles sont chargées de payer les vingtièmes au souverain, sont quasi obligées de payer leur affouage en comptant leurs salaires.

5º. Qu'il plaise à Sa Majesté d'abolir la ferme générale, la régie des cuirs et autres impôts desquels il rentre si peu dans la caisse de Sa Majesté; qu'il plaise à Sa Majesté d'établir, dans la place des fermiers généraux, un trésorier dans chaque province pour percevoir immédiatement tous les deniers provenant des domaines et des impositions dont la province est chargée. Par ce moyen Sa Majesté aura en peu de l'argent assez pour faire honneur à sa couronne et pour faire face à tout l'univers.

6º. Qu'il plaise à Sa Majesté de reculer les barrières aux frontières du royaume et d'accorder que, dans l'intérieur du royaume, il y ait une circulation libre du tabac, sel, bois, fourrage, fer; et les employés, répartis dans différents villages de la province, ne faisant que gêner les uns et ruiner les autres sujets de Sa Majesté et ne pouvant être qu'à charge à l'Etat par leurs appointements coûteux, devraient être réformés pour les deux tiers, et le reste envoyé aux frontières.

7º. Que les sujets de la province de Lorraine souffrent de grandes pertes, parce qu'ils n'ont pas la liberté de faire châtrer leurs bestiaux. Les châtreurs, venant souvent à contretemps pour faire leurs opérations, occasionnent la fatalité aux bestiaux, outre qu'il en coûte beaucoup pour cette opération; il s'agit donc de laisser pleine liberté aux sujets pour cet article.

8º. Que l'ordonnance de Sa Majesté touchant les enclos ne porte [pas] le bénéfice aux propriétaires, auquel on s'attendait, à cause des frais des clôtures, qu'il faut réparer quasi tous les ans, et à cause des contestations qu'elles occasionnent; les propriétaires payant tous les droits à Sa Majesté, devraient être en droit de profiter sans clôtures du haut poil et du regain.

9º. Que les sujets de la province de Lorraine se trouvent grevés en ce qu'étant obligés de vendre les bois de leur quart en réserve [ou] les poiriers champêtres, pour se libérer des dettes qu'ils étaient obligés de faire soit pour la construction d'un presbytère soit pour la construction d'un clocher, les seigneurs hauts justiciers demandaient et prenaient le tiers denier du produit de la vente: ce qui [mettait] les communautés quasi dans un état d'impossibilité d'acquitter leurs dettes; les seigneurs hauts justiciers ne devraient tirer le tiers denier des ventes des communautés que lorsque la communauté n'est pas endettée.

10º. Que les habitants de Haute-Vigneulles, ainsi que d'autres à l'entour de Saint-Avold, avaient été vexés depuis plusieurs années pour fournir des lits aux troupes en quartier à Saint-Avold; que, l'année 1787, on les avait forcés de donner 163 livres et, l'année 1788, on les avait forcés de donner 111 livres, le tout argent au cours de France, pour les dépenses militaires de Saint-Avold; que cette imposition leur paraît non seulement déplacée, mais absolument injuste.

C. Spacher, syndic; Christian Clausse, maire; Nicolas Stekler, échevin; George Becker; Nicolas Wingerter; Johannes Ritz; Peter Waris; Michel Geronimus; Christian Losson; Christian Müller; Nicolas Zimmerman; Steffen Schneider; M. Spacher; Clemens Zimmerman; Jacob Schneider.

VOLMERANGE.

Impositions: 1. Subvention . . . . 611 l. 3 s.
              2. Ponts et chaussées. . . . . 572 l. 4 s. 9 d.
              3. Vingtièmes . . . . 911 l. 2 s. 9 d.
              4. Travaux des routes . . . . 186 l.

Assemblée du 8 mars en la maison du maire; publication au prône le 8 mars par le curé.
45 feux. — 30 comparants; 28 signatures[1]).
Députés: Charles Pion et Philippe Boulanger.

    Cahier de la communauté de Volmerange.

    L'an 1789, le 9e jour du mois de mars, par-devant nous, Jacques Andrée, maire de Volmerange, comparurent en leurs personnes les habitants du dit lieu, etc. . . . [Le cahier est identique à celui de Condé-Northen, à part les noms propres].

    [*Signé*] Jacque André, maire; Philipe Mick, lieutenant de maire; Simon Albert, (échevin); Jean Bom, greffier; Philippe Boulanger, député; Charle Pion, député; Pierre Thuillier, syndic; Jean Albert.

WARSBERG.

Impositions: 1. Subvention . . . . 489 l. 12 s.
              2. Ponts et chaussées . . . . 453 l. 5 s. 6 d.
              3. Abonnement . . . . 342 l. 1 s.
              4. Rente due au domaine, tous les ans 5 paires de quartes, moitié seigle et avoine, à 12 l. la paire   60 l.
              5. Dépense militaire du quartier de Saint-Avold. . 108 l. 13 s. 6 d.
              6. Entretien des chaussées. . . . . 149 l. 8 s. 9 d.

---

    [1]) N'ont pas signé au cahier: J. Laurent, Nic. Becker, Nic. Joffroy, Pierre Gardeton, Michel Pion, Jacq. Arnout, Louis Bouché, Philippe Thuillier, François André, J. Charon, Nic. Mick, Jacq. Willemont, J. Cuisinnier, Jacq. Lalance, J. Hallinger, Et. Hochar, Jacq. Albert, Jacq. Parcot, Pierre Bettingner, Pierre Becker, Pierre Dory, André Frey, Jacq. Comunaux. Ce dernier n'était pas mentionné parmi les comparants. Le procès-verbal n'est pas signé du syndic, du greffier, et de J. Albert.

Assemblée du 7 mars (sic); *publication au prône le 8 mars par M. Louis, curé.*
70 feux. — Pas de liste de comparants[1]*); 34 signatures.*
Députés: Nicolas Dorr et Jean-Pierre Kloster.

Cahier de doléances, plaintes et remontrances.

En conséquence de l'assignation donnée à notre syndic municipal de la communauté de Warsberg de la part de M. de Lambertye, bailli d'épée du grand bailliage royal de Boulay, pour dresser notre cahier de doléances, plaintes et remontrances pour être présenté au dit sieur de Lambertye, nous nous sommes assemblés en corps de communauté pour dresser les articles suivants, savoir:

1º. La cherté du sel qui nous occasionne des gênes et dommages très importants; car il se trouve grand nombre de pauvres parmi nous qui, après s'être donné bien de la peine pour trouver quelque chose pour faire une soupe, en sont néanmoins frustrés faute de pouvoir l'assaisonner. En outre, ayant un assez mauvais fourrage dans nos cantons, nous nous trouvons dans le cas ou d'avoir de mauvais bestiaux dont nous tirons très peu d'utilité ou de nous en passer tout à fait, au lieu [que], si nous avions le sel à un bon prix, nous pourrions assaisonner notre fourrage, ce qui rendrait nos bestiaux vigoureux pour le labourage, les bêtes à cornes pour le laitage, nos brebis pour la laine, et nous pourrions [en] élever un plus grand nombre qui aiderait à amender nos terres et qui les rendrait conséquemment plus fertiles.

2º. La cherté du tabac est encore un objet qui occasionne bien des dommages et ruine bien des familles; car il arrive tous les jours que des pauvres gens habitués au tabac et dont ils ne peuvent plus se passer, sont obligés de donner le peu d'argent qu'ils gagnent au débitant de tabac avec un grand préjudice de leur ménage. D'autres, poussés par la misère et cherté du dit tabac, s'adonnent à la contrebande; fort souvent ils sont pris et, pour se racheter, ils sont obligés de vendre leurs biens avec la ruine de leur famille ou de l'abandonner pour aller aux galères. En outre, si le tabac était libre, ce serait un petit commerce où le pauvre pourrait trouver quelque soulagement.

3º. Nous avons à nous plaindre des acquits, marques des fers et cuirs, qui, outre les grands frais, nous occasionnent de très grands em-

---

[1]) On nomme simplement les membres de l'assemblée municipale, le syndic J.-Pierre Kloster et ses «collègues» J.-Pierre Albrecht, J. Zimerman, et Jacq. Paulus. Le curé J. Louis souscrit, au 18 mars, la déclaration des impositions comme s'il était aussi de l'assemblée municipale.

barras. Nous ne pouvons presque pas sortir avec la moindre chose, soit denrée soit autre chose, sans être munis d'un acquit, qui très souvent fait faire de grands détours pour arriver à un bureau. En outre les marques des cuirs ont mis le cuir à un prix si exorbitant que le pauvre est très souvent obligé d'aller pieds nus pendant les grands froids, faute de pouvoir se procurer des souliers.

4º. Nous nous trouvons encore beaucoup grevés par les inventaires qui se font lorsqu'un maître ou maîtresse meurt dans un ménage, sans que le survivant pense à se remarier; les Messieurs de la justice font aussitôt un inventaire qui n'aboutit à rien et fait beaucoup de frais inutiles.

5º. Nous regardons l'établissement des huissiers priseurs comme la ruine des pupilles et mineurs; car, pour petite que soit une succession, ils en tirent toujours une bonne part et, au lieu que les mineurs devraient être protégés pour soutenir leurs familles, ils aident, par les frais et vacations, à les absorber.

6º. Nous trouvons encore comme une grande charge d'être obligés de plaider devant la haute justice en première instance, [ce] qui occasionne de très grands frais et le plus souvent inutiles, puisqu'il est toujours libre aux parties mécontentes d'appeler au bailliage.

7º. Nous nous trouvons encore extrêmement gênés par les ordres de Monseigneur l'intendant et, après, des subdélégués. Dans les cas qu'il y a quelque chose à faire ou réparer qui regarde la communauté, on nous fait recourir à M. l'intendant, de là à son subdélégué; on fait des visites, des adjudications, des réceptions, qui coûtent ordinairement plus de frais à la communauté que la chose elle-même, ou la réparation à faire, ne coûte: de là [vient] que souvent, par crainte de ces frais, on néglige des réparations qui se feraient avec peu de frais, jusqu'à quelquefois coûter le double ou le triple.

8º. Nous nous trouvons encore très fort gênés des enclos qui occasionnent de grands frais pour l'entretien, et cependant très gênants pour le commun. Si, au lieu [de cela], les propriétaires étaient autorisés à tirer le regain chacun dans ses héritages, il serait d'une plus grande utilité et avantage pour le bien public.

9º. L'ordonnance demande qu'on fasse entendre à Sa Majesté les moyens de pourvoir et subvenir aux besoins de l'Etat. Nous trouvons que, si les grands fiefs tombaient, cela ferait un grand avantage pour la prospérité du royaume et celle de tout chacun de ses sujets.

Fait et arrêté à l'assemblée de tous les habitants de la communauté de Warsberg, le 7 mars 1789, et ont tous signé.

Jean-Pierre Albrecht; Joanes Zimermann; Jacobus Paulus; Joannes Laur; Jacob Wagner; Jacque Thez; Wilm Krieger; Simon Biet; Andreas Bläss; Dominicus Dollibi; Mateis Fetick; Matis Keller; Petter Marti; Jean Girar; Jacob Dephi; Matis Feri; Johannes Keller; Gasbar Lauer; Johannes Becker; Hans Jerg Keller; Martin Thiell; Stefen Torscher; Nicola Veber; Johannes Friedrich; Henrich Grimmer; Petter Dorr; Petter Becker; Hans Henrich Keller; Nicolas Dorr; Jacob Butru; Hans Peter Kloster, syndic; Toma Köller; Frans Michel; J. P. Dorr, greffier.

WILHELMSBRONN.

Impositions: manquent.

Assemblée du 9 mars par-devant le syndic; publication au prône le 8 mars par M. Neuman, administrateur.
35 feux. — 34 comparants et 1 absent, «non compris les veuves et les morts» [1]).
Députés: Christophe Fey et Pierre Schlincker [2]).
Signatures: Michel Walterthum; Daniel; Johannes Bummersbach; Johannes Dechner; Pierre Cheltieng; Jacob Gira; Johannes Engler; Johannes Mursch; Hans Peter Schlinker; Johannes Merny; Peter Lefeber; Christoff Mayer; Johannes Werung; Peter Wagner; Johannes Pering; Christoffel Fey; P. Prim; Mattis Weissgerber.

[Le cahier, commun à Wilhelmsbronn et à Überherrn, manque.]

---

[1]) N'ont pas signé Ant. Clomoué, J. Schwartz, Adam Morel, André Anton, Claude Bonhomme, J. Peiffer, Michel Anton, Michel André, André Fey, Nic. Dusban, J. Bomersbach le jeune, Paul Schmit, Jacob Fousse, Pierre Sandré, Balthazar Festor, J. Hargarten. Simon Merny est absent.

[2]) Au lieu de ces noms, on avait écrit d'abord: Michel Daniel, syndic, et Pierre Lefevre.

ZIMMING.

Impositions: 1. Subvention . . . . 766 l. 14 s.
             2. Ponts et chaussées et autres impositions . . . 750 l. 5 s. 9 d.
             3. Abonnement . . . . 579 l. 9 s. 6 d.
             4. Gages du parlement . . . . 41 l. 7 s.

Assemblée du 8 mars par-devant le maire; publication au prône le 8 mars par M. Verschneider, curé.
70 feux. — 41 comparants; 29 signatures [1]).
Députés: Jean Hoff et Pierre Mangin.

Plaintes et doléances de la communauté et village de Zimming.
Cejourd'hui, le 8 du mois de mars 1789, en l'assemblée dans le lieu ordinaire en la manière accoutumée sont comparus tous les habitants de Zimming, ont déclaré qu'ils désireraient:

1. Qu'aucun impôt [ne] puisse être établi ni prorogé que du consentement de la nation;

2. Que la province soit chargée elle-même de l'administration cidevant confiée aux intendants et subdélégués; car ils ont à se plaindre de leur administration dans les comptes que les syndics de communauté ont été obligés de rendre par-devant eux, où bien des articles étaient rayés que le citoyen par bonne foi avait payés du sien.

3. Ils se plaignent que le prix du bois est aujourd'hui excessif à cause des salines qui travaillent pour l'étranger plus que pour le citoyen, qui n'a que le moindre sel; à cause des usines où on consomme une quantité de bois qui n'est pas à dire; que les forêts sont dévastées à cause que les officiers de la gruerie n'ont pas assez de soin de voir ce qui a besoin d'être coupé ou ce qui doit encore rester; que le droit des officiers de la maîtrise, en fixant l'affouage à la communauté, consume une bonne partie de bois que la communauté doit vendre pour les satisfaire.

---

[1]) A part un nom indéchiffrable, ce sont les mêmes qu'à la suite du cahier. Les autres comparants sont Henri Klein, Nic. Pol, Philippe Jérome, J. Lacroix, J. Philippe, J. Wingert le père, J. Wingert le fils, Michel Philippe, Hubert Ritz, Claude Nicolas, J. Mangin, Louis Schneider, Pierre Wingert. La feuille des impositions est signée par Pierre Mangin, greffier.

4. Que, dans l'administration de la justice, on force les maire et gens de justice à donner des certificats de pauvreté, et les pauvres en abusent en citant devant les juges des honnêtes gens pour des minuties, pour des riens, de sorte qu'un chacun doit se plier devant ces chicaneurs.

Ils se plaignent que les inventaires dans la forme actuelle ne sont pas pour le bien du pupille, mais des officiers. La création des jurés priseurs est tout à fait nuisible: il devient par là héritier et, après ses ouvrages faits, il n'est responsable de rien; tout le monde crie contre cette justice.

5. Que la traite foraine est extrêmement à charge: presque partout ils sont forcés à prendre des acquits, et cela pour des riens. Il y a environ six ans que la communauté avait fait refondre leurs cloches: en les ramenant de Metz, on a pris un acquit à caution à Bionville [*en marge*: 1 l. 10 s. caution]. L'acquit étant signé du maire et en règle, on l'a renvoyé, disant au buraliste que, s'il revenait quelque chose à la communauté, il le renvoie par l'exprès; il répond: „Si vous en voulez encore quelque chose, retournez avec votre acquit à caution: je ne l'ai pas besoin". Après quatre semaines, la brigade de Raville fut envoyée pour dresser procès-verbal contre le voiturier, répétant 200 livres. Pour être exempt de ces vexations, on s'est délivré en payant 18 livres de France avec le déjeuner de 4 livres.

6. Le prix du sel est si haut qu'un tiers des citoyens du village doit se passer de sa nourriture ordinaire faute de sel. Si le bon sel restait au pays et était à juste prix, on nourrirait des bestiaux à peu de frais, qui seraient en état de faire les ouvrages du laboureur et d'entretenir les citoyens et de produire des deniers pour payer les impôts[1]). Autrefois les employés avaient trouvé entre le vieux fer un canon d'un pistolet de poche sans batterie, sans bois: on a fait payer deux gros écus et une pièce de 24 sols de France; la quittance subsiste.

Le pauvre citoyen est hors d'état de se fournir du tabac de la ferme à cause du prix qui est excessif, et quelquefois le tabac est pourri; on est forcé d'en prendre de la contrebande.

7. Que les impôts sur les cuirs sont tels que le journalier n'est plus en état de fournir pour sa famille, qu'on voit ces pauvres pendant le gros de l'hiver sans souliers. Que les impôts ont gagné tant de noms qu'après les avoir payés, il ne reste rien au citoyen que des dettes.

---

[1]) On a rayé ce qui suit: « Il y a trois ans que les employés de la ferme ont payé des malintentionnés à cacher du sel et du tabac dans les pailles de la grange de deux habitants du lieu: ces employés s'y sont jetés, et après, si on n'avait pas prouvé que l'endroit n'était pas fermé, ... le pauvre malade . . . »

Que le village s'est appauvri notablement depuis quelques années. Le village a payé pour le couchage, logement des soldats à Saint-Avold, au moins 600 livres de France; et presque toujours des nouveautés qui ruinent les pauvres citoyens. Assez de preuves que la ferme ruine les citoyens.

Ils se plaignent qu'il y avait tant de charges et de pensions, comme déjà les receveurs généraux, des personnes de peu de mérite; si on les remerciait, les communautés se chargeraient de verser les impôts dans le trésor royal moyennant l'aide de la maréchaussée.

Ils se plaignent que la nation des Juifs ruine encore un bon nombre d'habitants par leurs billets et usures. On devrait leur faire passer tous leurs prêts par[-devant] notaire et, après chaque six années, les obliger à les renouveler.

Ils se plaignent que dans l'administration de la justice on ne cherche pas assez à déraciner le pillage qui se fait, dans les jardins, de toutes sortes de fruits. Le juge, officier du seigneur, impose une amende pécuniaire pour ces vols: ce qui engraisse les fermiers du seigneur, le particulier qui a perdu en souffre. On désirerait qu'à la place d'une amende pécuniaire, on punisse par le carcan ou d'autres peines, et que la justice du village [en] ait le droit, sans courir bien loin; l'ordonnance seule qui permettrait ce droit serait en état d'arrêter ces vols.

On désirerait aussi que chaque particulier ait le droit de châtrer ses bestiaux ou d'employer son voisin; car les citoyens souffrent en cela beaucoup, [parce] qu'il faut toujours attendre le moment de l'arrivée de l'entrepreneur de ce droit.

Que le retour périodique des Etats généraux doit avoir lieu tous les cinq ou six ans.

Et on demande le rétablissement des Etats de notre province.

Approuvé la rature ci-dessus de six lignes [de ce que nous avons mis en note].

Fait et arrêté l'an et jour avant dits, et ont signé.

Pierre Mangin; Jean Hoff; Jean Chery, maire; Glode Vingert; Johannes Hestorffer; Jean-Jacque Becker; Michel Wingert; Jean Koch; Thomas Guilliaume; Hans Petter Hestroffer; Nicolas Hestroffer; George Nimsgern; Michel Leidinger; Petter Hoff; Caspar Jacob; Jang Wird; André Pol; Nicolas Jacob; Matis Winger; Johannes Ditsch; Hanry Koch; Nicolas Clotz; Michel Klam; Johann Zimmerman; Pier Barthel; Jean Vingert; Michel Craüser; Nicolas Wingert; Petter Wingert.

Par suite d'erreurs dans le classement des pièces, nous n'avions point retrouvé au temps voulu les deux déclarations suivantes.

CARLING [Voir p. 20].

Impositions :	en 1788	—	en 1789
1. Subvention	174 l. 3 s. 11 d.		174 l. 19 s. 11 d.
2. Capitation	93 l.		83 l. 19 s. 9 d.
3. Vingtième	130 l. 0 s. 3 d.		130 l. 0 s. 3 d.
4. Pour les chaussées	44 l. 10 s. 2 d.		

Au baron de Richard annuellement, un laboureur 5 gulden Frohngeld; un manœuvre 2 g. 30 kreutzer. Pour l'entretien des bêtes mâles «unser Faselvieh zu halten», 60 l. annuellement.

Signé sans date: Nicolaus Burg, syndic[1]); Nicolas Miller, maire; Johann Friedrich Höth.

MONT [Voir p. 181].

Impositions :	en 1788	—	en 1789.
1. Subvention et ponts et chaussées	571 l. 8 s. 6 d.		545 l. 4 s. 3 d.
2. Corvée	92 l.		86 l.
3. Dixième[2])			43 l. 5 s. 3 d.

Signé sans date: Pierre Marsalle, syndic; Nicolas Le Franc, maire.

---

[1]) Et non Herrnschmidt, comme il est porté p. 20; J.-Fr. Höth, dernier signataire de la déclaration, ne se trouve pas dans la liste des habitants du village.

[2]) Ce mot signifie sans doute les deux vingtièmes imposés depuis 1757.

BAILLIAGE

DE

BOUZONVILLE.

AIDLING.

Le procès-verbal d'assemblée se confond avec le cahier.

Cahier de doléances, plaintes et remontrances [1]).

Cejourd'hui 9 mars 1789, en l'assemblée convoquée à la manière ordinaire et accoutumée, sont comparus par-devant nous Baltasar Richard, maire d'Edling, tous nés français, âgés de 25 ans . . . . [2])

Art. 1. Représentons à Sa Majesté la facilité de notre bailliage de Bouzonville d'entreprendre facilement des procès de peu (et même) de (nulle) valeur, qu'ils font traîner à la longue, quelquefois 2, 3, 4 ans, et toujours faisant des frais; et ruinent les parties plaidantes jusqu'au fond; et s'il s'y trouve une partie insolvable qui devait malgré cela perdre le procès, le solvable est toujours condamné à payer les frais et obtient son recours de la partie insolvable, (pour enfin que ces Messieurs ne soient pas dans le cas de perdre leurs salaires). Pourquoi recevoir et traîner un procès à la longue pour de pareils sujets inutilement? Et cela provient [de ce] que l'on reçoit (toujours) des personnes pour juges qui n'ont quelquefois point de savoir, point de pratique et point de style; souvent ils étaient à peine un ou deux ans au plus avocats, et ils achètent les places et financent bien cher en l'espérance de récupérer bien le double des revenus de leurs finances par l'injustice des (dits) procès à la longue; et, qui plus est, le menu peuple ne sait le prix de leurs vacations: en conséquence de quoi ils perçoivent des pauvres gens (innocents) autant qu'ils jugent à propos, et tout ceci est cause que la plupart des bons habitants, et même le voisinage de ce bailliage, sont

---

[1]) La même main a écrit les cahiers d'Aidling, d'Alzing et de Vaudreching; il n'y a pourtant un rapprochement à peu près littéral qu'entre les deux premiers, et celui d'Alzing est le mieux rédigé: il nous servira à compléter entre ( ) le texte de l'autre.

[2]) Nous omettons la suite de cette reproduction trop matérielle du formulaire imprimé envoyé aux communautés du bailliage pour servir de procès-verbal de leurs assemblées. Notons seulement la publication faite au prône « par M. le curé le 1er de ce mois et ce 8 même mois »; de plus, malgré le formulaire, le cahier n'est ni coté ni paraphé.

ruinés à fond, puisque l'on peut prouver que depuis (l'an) 1705 il y avait des familles dans nos villages qui avaient des cents jours de terres à eux propres, et aujourd'hui leurs héritiers n'ont pas seulement un quart de terre ni pré à eux appartenant. Même la plus forte injustice est depuis 8 à 9 ans dans notre bailliage, de sorte que tous ceux qui sont obligés de se pourvoir à la justice ordinaire sont assurément ruinés (à cause que ces Messieurs traînent les procès à la longue par des remises et autres chicanes injustes). Et, pour remédier à un inconvénient si pénible, il plairait à Sa Majesté de régler qu'il soit nommé par le juge, au moment de la première plainte de quelque cause de si peu de valeur et résultat, deux procureurs ou avocats, pour les deux parties plaignantes, et un troisième pour juge d'icelles, et serait par eux fixé un arbitrage d'une certaine somme, à charge que celui qui ne s'y tiendrait pas à la sentence rendue par les dits trois nommés par les parties, serait obligé de débourser la dite somme fixée sur-le-champ au profit de celui adverse dont la sentence est favorable; et, au cas qu'une partie insolvable ne voudrait pas s'y conformer, n'ayant pas le moyen de débourser l'arbitrage fixé, l'on pourrait le condamner à une corvée ou à une autre charge pénible, et par un pareil moyen beaucoup de procès seraient évités (et c'est ce qui ferait un grand bien au peuple), s'il plaisait (aussi) à Sa Majesté d'indiquer et fixer une somme pour laquelle on serait autorisé d'entreprendre un procès: et (ce) serait grâce et justice.

Art. 2. Représentons à Sa Majesté l'inutilité des maîtrises des eaux et forêts, cause encore davantage de la ruine du peuple que les procès, à cause que ces Messieurs des maîtrises prennent pour marquer nos bois d'affouage annuellement 3 livres 10 sols, cours de France, par arpent, et quelquefois les arpents marqués ne rapportent pas la valeur de ce prix en bois, puisque nos bois sont actuellement bien faibles en bois, étant déjà plusieurs fois coupés dans ce siècle, et même aussi parce qu'ils ont des forestiers qui échappent les délinquants insolvables, ceux qui ruinent les bois, et font leur rapport à [= contre] la communauté; et (quelquefois, et cela souvent), quand les forestiers trouvent un certain nombre de bestiaux en pâturage dans les bois aux endroits défendus, ils prennent une bête pour gage et font leur rapport à un seul particulier, pour que ce particulier soit obligé de faire assigner les autres consorts délinquants; et de là ils font aussi des procès à l'infini et ruinent tout le pays, à cause que[1] ces Messieurs achètent leurs charges plus haut

---

[1] Le cahier d'Alzing énonce ce motif plus explicitement: à cause que c'est le profit de ces Messieurs de la maîtrise, pour récupérer le haut prix de leurs charges, dont Sa Majesté n'est pas imbue.

que la finance royale, et plus que Sa Majesté reçoit; au lieu que les bois attenants au nôtre sont simplement marqués par la communauté à l'assistance du juge-garde de leur haute justice à beaucoup moins de frais, et sont leurs bois bien mieux en état que les nôtres. Si Sa Majesté nous laissait une pareille liberté, quelle épargne[1]) pour votre peuple! Et ce qui revient aux communautés des chablis, des (rapports et) amendes, etc., les dits deniers sont déposés dans les caisses des receveurs des domaines et bois, là où (la somme) décline annuellement; et pour les ravoir aux besoins des communautés, il nous en coûte des frais immenses pour les atteindre, pour des mandements, pour enfin bien des choses pareilles, et à la fin (étant parvenus par bien des peines à pouvoir les toucher), la moitié (et quelquefois les trois quarts) sont mangés en frais au profit de ces Messieurs de la maîtrise. Et pour remédier à un tel abus et occasionnement de pertes et frais, [que] Sa Majesté nous autorise de nommer un notable habitant dans notre communauté à qui l'on confiera les dits deniers pour être employés au profit de la communauté.

Art. 3. Avons l'honneur (aussi) de représenter à Sa Majesté les inconvénients de la cherté du sel et tabac. Le sel se fait dans notre province (de la Lorraine), elle fournit les bois aux salines, et l'on nous vend le mauvais sel, bien cher; et le bon et le meilleur, on le fait passer aux étrangers à bon prix, à 6 liards la livre, et le bon nous est interdit, et sommes forcés de prendre le mauvais sel bien cher. Quel grand tort l'on fait de ce côté-là à vos pauvres sujets surtout dans cette province! Les salines font enchérir les bois, et les employés, d'un nombre infini, ruinent les Etats. Si Sa Majesté réformait tant de gens inutiles, qui coûtent journellement des sommes immenses, [ce] serait un grand soulagement pour votre peuple et une grande épargne pour Sa Majesté, en ôtant la ferme.

Art. 4. Représentons à Sa Majesté que la régie des cuirs est fatale à tous les ordres de votre royaume, [aus]si bien à Votre Majesté (qu'à votre peuple), parce que les cuirs deviennent à cause de cela d'une cherté insupportable. Avant cette régie, l'on avait le cuir à très bon marché, mais à présent il coûte plus que le double. Si Sa Majesté voudrait bien remédier à un (injuste) impôt comme cette régie! — Et (aussi) les acquits dans le pays (qui coûtent beaucoup aux commerçants, marchands, cabaretiers, aubergistes, tandis que toutes ces marchandises ne se trouvent pas en commun dans notre pays, et sommes donc obligés de les aller

---

[1]) Alzing conclut un peu différemment: Si Sa Majesté nous laissait une pareille liberté de nos bois, nous nous offrons de les faire bien mieux garder par nous-mêmes qu'ils ne sont gardés par la maîtrise.

quérir de part et d'autre, quoique dans le royaume; et c'est même aussi un grand abus, et) font renchérir journellement les denrées nécessaires pour vivre à votre peuple, (à cause qu')il y a des buralistes qui ne se tiennent pas au règlement du tarif et exigent des passants à leur volonté. Le bon peuple, soumis à vos ordres, s'offre à soutenir vos Etats, pour que Sa Majesté trouve lieu et moyen de réformer tant d'abus qu'il y a, surtout dans notre province [1]).

Art. 5. Représentons à Sa Majesté l'inutilité des archers ou, pour ainsi dire, des maréchaussées. Sa Majesté pourrait faire une épargne bien considérable en les réformant, en mettant des cavaliers militaires (ou dragons) en place, (attendu que les archers ou cavaliers de la maréchaussée coûtent plus à Sa Majesté que les cavaliers militaires), lesquels feraient aussi bien le même service que les archers et garderaient aussi bien le royaume qu'eux.

Art. 6. Avons l'honneur de représenter à Sa Majesté que les communautés payent beaucoup de prestations pour l'entretien des routes et chaussées, et elles sont mal entretenues. Les Messieurs du district font lever les deniers et les mettent entre les mains des receveurs, et y tirent leurs appointements annuellement et ne font rien de bon au sujet du bien public. (Les receveurs tirent sans doute aussi leur part, et les routes restent toujours en mauvais état.) Et pour épargner une pareille inutile dépense et bien employer les dits deniers [aux buts] pour lesquels ils sont levés, ce serait de laisser gagner cet argent aux militaires, qui l'accepteront (à ce qu'on croit) volontiers et feront mieux l'ouvrage qu'il [n']est fait actuellement par l'intelligence du district, et on épargne les appointements qu'il [le district] tire, et cela ferait un grand bien aux militaires pour s'entretenir, et [ils] seraient moins fainéants [2]).

Art. 7. Un autre abus bien grand se trouve encore dans le royaume de Sa Majesté, et spécialement dans nos cantons, qui sont les abbés commendataires, lesquels relaissent leurs revenus à des admodiateurs chicaneurs et avares, qui enlèvent les grains de ces pays-ci et les transportent à l'étranger, [provenant] des dîmes, des autres biens et rentes (qu'ils perçoivent de leurs fermes), et lesquels fermiers se font payer des droits que l'on nomme droit capital, tiers deniers, des corvées, etc., même sans

---

[1]) A Alzing: réformer tous les abus si communs et inutiles ci-mentionnés et d'autre part.

[2]) On est plus complet et moins dur à Alzing: En leur donnant le sixième de la somme des impositions comme c'est réglé actuellement, votre peuple épargnerait tous les appointements que les messieurs du district perçoivent pour rien, et le militaire se soutiendrait et s'entretiendrait mieux, ayant ce bénéfice outre la paye.

titres et droits, (et même les particuliers habitants ont déjà souvent demandé à voir les titres de toutes ces prétentions injustes; mais non, l'on n'a pas encore pu y parvenir à les voir ni par notre demande, ni par la diligence du district: il est donc à présumer que leurs titres sont de nulle valeur). S'il plaisait à Sa Majesté de réformer tous ces abus à charge à votre peuple! Si Sa Majesté prenait les revenus des dits abbés à son profit et faisait rester les grains dans chaque village où on les cultive, pour enfin être vendus à vos sujets, cela ferait que les grains et denrées nécessaires pour vivre ne seraient pas si chères (comme elles sont, même trop chères); et les pailles resteraient (aussi) dans chacun des endroits pour pouvoir engraisser les terres en meilleur état: ce serait le bien du peuple et celui de Sa Majesté.

Art. 8. Représentons à Sa Majesté que les couvents religieux, surtout ceux de Bouzonville, s'approprient bien des droits injustes par des procès que le menu peuple n'est pas dans le cas de soutenir jusqu'à la fin pour pouvoir gagner de pareils procès, et par ce moyen ils prennent la petite dîme sur des terres communales que les pauvres habitants se sont donné mille peines à défricher ces terrains, semés d'une semence annuelle au profit de la communauté et qui ont toujours été francs cidevant; et des corvées qu'ils se font faire (par force) par les laboureurs et manœuvres à la moisson, à la fenaison et autres saisons: c'est une grande charge à votre peuple d'être accablé de tout côté par de pareils droits seigneuriaux injustes. S'il plaisait à Sa Majesté de réformer des droits pareils, ce serait un grand soulagement pour votre peuple, et grâce[1]).

Art. 9. Remontrons à Sa Majesté que nous sommes trop chargés des troupeaux des communautés voisines qui se font un droit, par coutume, de la vaine pâture tant des bêtes rouges que des bêtes blanches sur notre ban. Il serait une grande justice et bien, s'il était ordonné de Sa Majesté que chaque communauté resterait sur leur ban avec leurs troupeaux.

Et à cette même assemblée, après la rédaction du cahier des plaintes ... avons procédé à l'élection de nos deux députés suivant les formes prescrites par l'art. 31. Les voix se sont réunies en faveur des personnes

---

[1]) Cette dernière phrase devient à Alzing: Sa Majesté soulagerait beaucoup son peuple en réformant de [tels] abus et inutiles droits appartenant à ces religieux, qui par des moyens pareils s'enrichissent mal à propos et accablent le peuple. — L'art. 8 commençait là par: En dernier lieu avons à remontrer ...; l'art. 9 suit néanmoins.

des sieurs Baltazar Richard et Paul Baur, deux habitants de notre communauté d'Edling, qui ont accepté cette commission ...¹).

Baltasar Richard, maire; Baltasar Richard, député; Paul Baur, député; Nicolas Bauer, syndic; ....;. Petter Baur; Johannes Lüri; Mathis Leig; ......; P. Clos (?); P. M.; Petter Colbus.

ALZING.

Le procès-verbal d'assemblée se confond avec le cahier.

Cahier de doléances, plaintes et remontrances.

Cejourd'hui le 9 mars 1789, en l'assemblée convoquée à la manière ordinaire et accoutumée, sont comparus par-devant nous Antoine Lœchner, maire d'Alzing, ... [*La suite est identique au cahier d'Aidling p. 241, sauf les modifications suivantes.*]

Art. 2 [*au lieu de la dernière phrase:*] Il suffirait d'un seul forestier par communauté, qui soit honnête homme et bien payé; il aurait plus soin que tous les présents forestiers de la maîtrise. Et aussi chaque seigneur se tient un garde de chasse qui chagrine le monde encore plus que les autres. Ce considéré, Sire, de remédier à une si doléante charge de votre peuple.

Art. 3. [*Voir les quatre premières lignes à Aidling.*] Et cela est cause de bien des maladies, parce que les pauvres sont souvent obligés de manger leurs soupes déjà maigres sans sel, n'ayant pas le moyen d'acheter le sel si cher. N'ayant point de commerce dans notre pays, s'il était permis de cultiver du tabac, comme à des villages entre nous situés, qui en tirent un profit immense, et beaucoup de bons terrains se trouveraient dans nos cantons propices à cette culture qui rapporte beaucoup; et même de gros ménages, qui ont beaucoup de monde et une nombreuse famille, s'occuperaient volontiers à se produire ce profit si facile à avoir, si la province avait la permission et la liberté d'un pareil commerce. Et même à ces gros ménages [de] laboureurs manque bien souvent le moyen d'acheter le sel suffisant pour leur soutien. L'on n'a qu'à

---

¹) Le texte du formulaire reprend, un peu abrégé. Les signatures des députés sont seules écrites de la même encre que le cahier; Baltasar Richard signe une première fois comme maire, sans doute pour authentiquer la pièce, car c'est encore lui qui signe comme député: il en sera de même à Alzing.

examiner nos voisinages [de] Nassau, qui ont notre sel, pour ainsi dire, à bon marché: combien ils ont de meilleurs bestiaux et chevaux que nous, à cause qu'ils ont le sel à bon marché pour saler leur fourrage aigre et le rendent par ce moyen bien utile et vertueux par le sel. Aussi bien avons-nous de même beaucoup de prés aigres dans nos cantons, et si nous avions le sel aussi à un si bon prix, nous pourrions nous en servir à nos soulagements, comme nos dits voisins [de] Nassau font. Nous trouvons bien injuste que nous sommes obligés de payer le mauvais sel bien cher, et les étrangers ont le meilleur à bon prix; et les salines font renchérir les bois dans nos cantons, et le bon sel nous est interdit. Sa Majesté n'a qu'à combiner le grand prix que coûtent un si grand nombre d'employés, qui coûtent une somme immense journellement à Sa Majesté, et si la province avait la liberté par votre permission, Sa Majesté n'aurait pas besoin d'une si grande dépense journellement de tant d'employés inutiles et [qui] ruinent les Etats et bien des familles, tandis qu'il n'y a pas la moitié des laboureurs dans nos cantons comme il y en avait ci-devant, le tout à [cause] de cette cherté du sel et tabac, des amendes, de [la] contrebande et autres injustices que causent les employés de la ferme.

ART. 9. [*Ajouté à la fin:*] ainsi que le troupeau auxiliaire de moutons appartenant aux religieux chartreux de Rettel, qui le tiennent à Odenhoven, village voisin de notre ban.

[*Suit dans les termes du formulaire l'élection des députés:*] Jean-Pierre Wagner et Antoine Lechner, deux habitants de notre village d'Alzing ...

Anton Lechner als maire; Anton Belner, schefen; Peter Schneider; Loui Schmit; Gaspar Lafonten; Nicolas Massone; Nichlas Belner; Jacob Louis; Willem Weber; Martin Clement; A. Kiefeer; .....; André Bor; Henry Lallement; Frans Vilbois; Christian Prim; Hari Schmit; Petter Nasall (?); Petter ......; Nicola Reiser; J. P. Wagner, un ce deus omme [= un des deux députés nommés]; Anton Lechner, un ce deus omme; Jean Pierre Prime, greffier.

ANZELING.

Assemblée du 9 mars; publication au prône par M. le vicaire (le jour n'est pas indiqué).
48 feux. — Pas de liste de comparants; 14 signatures, les mêmes qu'au cahier.
Député: Pierre André.

Cahier de doléances et plaintes[1]).

Aujourd'hui 9 mars 1789, la communauté d'Anzeling étant assemblée en la maison du maire, pour satisfaire à l'édit . . . elle aurait procédé à la rédaction du présent cahier de doléances et plaintes, etc., contenant deux feuillets signés et paraphés par le maire royal par-devant lequel cette assemblée s'est formée. *Signé:* Jean Schmitt, maire.

Et après avoir mûrement conclu, avons arrêté ce qui suit:

Art. 1er. Qu'elle offre à Sa Majesté de contribuer suivant ses forces et facultés aux impositions et subsides qui seront reconnus être nécessaires, et ose faire ses plaintes.

2. Que les sels sont à un prix si haut que non seulement les hommes en pâtissent personnellement, mais encore par le manque de bons bestiaux, observant que l'étranger ne le paye qu'au quart, le tirant de la province et le transportant même bien loin et l'ayant beaucoup meilleur.

Le tabac, le cuir, le fer, etc., sont également parvenus à un prix exorbitant.

3. Que la manière d'administrer les bois est belle et avantageuse; mais les frais sont très grands, et la manière de faire répondre aux communautés des délits qui se commettent à une grande distance des coupes, paraît injuste; le vrai coupable n'étant point repris au fait, l'innocent est tenu de contribuer.

4. Que l'usage de clore les prés pour la récolte du second poil ou regain est très nuisible, vu que seulement les riches peuvent faire cet usage et tirent encore leur part de regain dans les parties non closes et profitent de la pâture et endommagent quelquefois les bois pour former les clôtures; et ainsi il paraît qu'il vaudrait mieux que chacun propriétaire tirât le regain dans ses héritages sans former des clôtures.

5. Que les blés sont à un prix [tel] que presque tout le monde en souffre, et ce parce que les marchands en état le ramassent, le conduisent à l'étranger ou le laissent à d'autres marchands ou négociants qui l'enferment jusqu'à ce qu'il soit monté à un prix très haut.

6. Que non seulement les juifs, mais encore d'autres sujets usuriers se font donner des intérêts au double et triple, etc., de sorte que quantité de sujets qui se trouvent dans la nécessité d'emprunter en sont ruinés.

7. Il paraît que la façon de faire l'entretien des grandes routes

---

[1]) Le cahier d'Edling est écrit de la même main et comprend les mêmes articles, à part deux; mais on s'est attaché à en varier les formules.

n'est pas des meilleures, et qu'au bout des baux les matériaux sont usés, et que les habitants, en étant rechargés, seront dans le cas d'en refournir à l'infini, et par ce moyen étant faits par les habitants continuellement, ils vaudraient mieux, ou jamais.

8. Que non seulement les curés, mais encore les seigneurs, abbayes et prieurés ont des volées de pigeons et colombiers sans nombre qui ruinent totalement les semences de la campagne.

9. Que lors d'un procès le particulier plaidant ne voit point de fin à son procès, et aussi les frais sont exorbitants.

10. Que les inventaires faits dans les maisons mortuaires sont très coûteux, et qu'il suffirait d'en faire un, lorsque le chef veuf se remarie.

11. Le droit capital tiré par les seigneurs lors du décès du chef de famille est un droit terrible, vu qu'une pauvre veuve n'ayant que deux bons meubles, on lui en enlève un.

12. La charge des jurés priseurs est également très onéreuse.

13. Il en est de même du tiers denier tiré par le seigneur lors de la vente d'immeubles.

14. Les frais d'exécution pour la rentrée des deniers d'impositions du roi sont énormes, de sorte qu'à peine les mandements étant arrivés, l'exécution se fait par l'huissier, qui fait de grands frais et les répète quatre fois par an pour chacune imposition.

15. Le maître des basses œuvres tire autant qu'il peut par bête qu'il dépouille et ne suit aucune taxe. Il contraint même le particulier d'emmener les bêtes mortes à ses frais et tourmente les habitants au moins quatre fois par an par des quêtes de jambons, œufs et autres légumes, etc., et même avec des menaces affreuses; et si la bête morte est petite, comme un petit porc, et que le propriétaire l'enterre sans l'en prévenir, il lui fait des frais, tandis qu'il ne s'en mêle nullement en étant averti.

Fait et achevé les dits an et jour, et ont signé.

Jean Schmitt; Petter André; Petter Weber; Johannes Kiercher; Nicolas Bur; Jacob Hackspil; Johannes Piti; Frantz Brettenaher; Jean Ebersveiller; Johannes Issler; Jean Pornet; Peter Blimer; Nicolas Siegler; Johanes Hoffmann.

BECKERHOLTZ.

Assemblée du 8 mars « convoquée au son de la cloche hier au soir et aujourd'hui matin » dans la chapelle du lieu par-devant le maire; publication le 8 mars par le curé P. Pigeot, au prône de la messe paroissiale et encore spécialement à 1 h. après midi dans la dite chapelle avec explication des ordonnances [1]).
46 feux. — Pas de liste de comparants; 20 signatures comme au cahier. Députés: Nicolas Bettendroffer, menuisier, et Pierre Jardinier, ancien laboureur.

Doléances, plaintes et remontrances de la communauté de Bölcherholtz, arrêtées dans l'assemblée tenue le 8 mars 1789, signées par tous ceux qui savent signer dans la communauté, contresignées par le maire et greffier d'icelle.

1. La communauté de Bölcherholtz demande que les Etats généraux se tiennent tous les [ans] en petit nombre de 1200 personnes.

2. Qu'ils se tiennent tous les cinq ans en grand nombre de 6000 personnes.

3. Que chaque province ait ses Etats particuliers dont les élus seront échangés tous les trois ans suivant la forme la plus légale.

[*Voir la suite au cahier de Filstroff à l'exception de ce qui suit:*]

47. Les Etats provinciaux nommeront des commissaires pour faire le cadastre de la province.

51. La communauté remarque que la dîme sur les versaines est une charge insupportable; elle désire, à la régénération des lois et coutumes, qu'on ne donne plus la dîme des vassés [= vesces] et topinambours plantés sur les versaines.

Pierre Devaux, maire; Johannes Rischar, syndic; Nicolas Richar; Jean Richard; Nicolas Hariung; Jacob Mohr; Johanes Vagner; Gorg Braun; Johannes Himber; Nicolas Donner; Jean Bar; Jean Sellen;

---

[1]) Le curé de Filstroff avait ses raisons pour aller au-devant du nouvel ordre de choses qui s'annonçait, et son zèle du début ne se démentit point par la suite. Il écrivit de sa propre main les procès-verbaux d'assemblée et les cahiers de sa paroisse et de son annexe: cela explique la ressemblance presque absolue de ces pièces. Le cahier de Beckerholtz omet un article (le 42e de Filstroff), mais il en ajoute deux que nous reproduisons ici.

Heinrich Ödiger; F. Braun; Jean Braun; Jan Rigar; Nicola Bar; Michel Lionar; Pierre Jardinier, député; Nicolas Bettendroffer, député.

BECKINGEN.

Point de procès-verbal d'assemblée.

Auf heute den 9ten Martii 1789 nach erhaltener Königlicher Verordnung und Missionsbrief von Ihro Königlichen Majestät hat die Gemeinde Becking ihre Klagen und Beschwernüssen ganz unterthänigst vorzubringen als wie folgt:

Art. 1. Der Ort Beckingen muss jährlich geben an Subventiongeld 490 l.

> An Ponts-Chausséesgeld dieses Jahr zahlt 85 l.
> An Vingtième dieses Jahr zahlt 171 l.
> An Salzgeld 870 l.
> An Tabacksgeld 158 l.
> Für die Ordonnanzen jährlich zu zahlen 5 l.
> Und für die Königsgelder jährlich zu heben, und für selbige hinweg zu tragen, an Unkosten 40 l.

Art. 2 dus. An Herrnrenten die Gemeinde jährlich von ihrem Bann an Früchten liefern müssen:

> An Weitzen   30 Malter.
> An Korn   2   „
> An Haber   6   „

Art. 3 tius. An Rauchhühner ein jeder Gemeinsmann jährlich der Herrschaft zahlen muss 22½ sols.

Art. 4 tus. Wann Ecker sich jährlich in den herrschafftlichen Waldungen befindet, alsdann für den Döhmen [domaine?] in die Commende Beckingen von jedem Stück Schwein mit dem Brennerlohn 3 sols.

Art. 5 tus. An Ackerland und Wiesen ohngefähr ad 35 hundert Morgen, mit dem Herrn Landcommandeur und dem Seminarium zu Trier ihren Ländereyen und Wiesen auf Beckingerbann mit einbegriffen, wovon der Bauernländereyen die Halbscheit unbrauchbar ist und nicht baugewonnen werden, welches meistentheils auf und an den Bergen liegen thut, wo nichts anders als Kräten und Stelzen sind, und wovon der vierte Theil von den ohngefähr 35 hundert Morgen Ackerland und Wiesen hinweggeht auf die umliegenden Örter, wovon 600 Morgen sie angeben, dass sie kaum ihre Mühewaltung bezahlt haben, und zwölf hundert Morgen, wo sie dann ihre Früchten jährlich für ihr Brod darauf gewinnen sollen, und nicht genugsam darauf wächset, und die Herrnrenten davon jährlich entrichten müssen. Ferner geben sie an, dass sie grossen Schaden an ihrer Wiese leiden durch die Saar.

Art. 6tus. An gemeinem Land mit Wiesen ohngefähr ad 44 Morgen, ausgehalten die Nachtweide.

Art. 7timus. An gemeinem Wald ad 88 Morgen.

Art. 8. Die zwey Köpfe, wo Rothheck gewesen, wo sie anjetzo Waldung daraus anpflanzten, ohngefähr ad 12 Morgen.

Art. 9. Den ganzen Zehenten auf Beckingerbann an Weizen dieses Jahr ertragen 32 Quarten.

   An Korn 80 Quarten.
   An Haber 40 „
   An Gersten 6 „

Und den Zehenten vom Heu müssen geben.

Art. 10. Dass die Ackersleute jährlich in die Commende Beckingen 4 Tag ein jeder das Land umackern müssen, und dann auch ein jeder Fuhrmann vier Fuder Holz in die Commende führen, und muss ein jeder Gemeinsmann ein Tag mähen, Heu machen und das Heu einführen, und daneben noch ein jeder Gemeinsmann zwey Tag im Weinberg hacken muss.

Art. 11. Dass die Gemeinde Beckingen jährlich zwey Fuder Wein von Trier, zehn Stunden von Beckingen entlegen, führen müssen, und Herr Landcommandeur den Kosten für Leute und Vieh schuldig herzugeben.

Art. 12. Dass die Gemeinsleute zu Beckingen den Botengang alle Woche auf Trier müssen thun.

Art. 13. Dass die Einspänniger der Gemeinde Beckingen die Handfrohnen zum Bauwesen zum Schloss müssen thun, so viel als die Herrschaft haben will, wovon sie den Kosten haben.

Art. 14. Dass sie mit der Gemeinde für die Herrschaft drey Cantonen müssen schneiden, wovon sie den Kosten haben.

Art. 15. Dass ein jeder Gemeinsmann zwey Pfund Werg für die Herrschaft muss spinnen lassen, wovon ein jeder Gemeinsmann zwey Pfund Brod bekommt.

Art. 16. Wann ein Gemeinsmann Güter an sich kauft, so muss er den dritten Pfennig Herrn Landcommandeur davon abtragen.

Art. 17. Wann sie mit der Gemeinde Land und Holz theilen, so ziehet der Herr Landcommandeur zwey gemeine Theile davon.

Art. 18. Wann die Wiesen Grummet ertragen, so ziehet Herr Landcommenthur den dritten Theil davon.

Art. 19. Die Gemeinsleute zu Beckingen geben an, dass dem Herrn Landcommenthür sein Beständer auf der Schäfferey, Condelerhoff genannt, ein Truppen Schaf hat, mit welchem er nur berechtigt [ist] den dritten Tag auf ihrem Bann den Weidstrich zu haben, hernach noch sein Beständer einen besondern Truppen Hämmel auf ihre Wiese, als nämlich auf die Schmalzweide, sobald die Hauptschaar, das Heu, davon hinweg ist, darauf treiben thut, wo er nicht berechtigt [ist] mit zwey Truppen ihren Bann zu übersetzen.

Benebst dem sie noch zum Belast dem Beständer Hofmann Nicolas Georgen von der Schäfferey all sein Vieh Pferde, Kühe und Schweine auf ihrem Bann auf dem Weidstrich haben.

Art. 20. Dass das Dorf Fickingen, eine Viertelstunde von Beckingen entlegen, auch den Weidstrich auf Beckingerbann hat, und das zwar für etweliche Frohnen, so sie dafür der Herrschaft zu Beckingen thun.

Da ein Unterthan stirbt, so müssen die Bauern an die Herrschaft das Hauptrecht zahlen.

Art. 21. Dass die Gemeinde Beckingen an Schuld hat hundert und drey und fünfzig Thaler, die welche theils herkommt vom erkauften Schulhaus, theils von Reparationen der Brücken und Steigen zu machen.

Johannes Würden; Gerg Jungmann, syndic; Filib Ustmahren; Philip Weutz; Michel Klein; Johannes Klein; Peter Bosch; Johannes Attonie; Philip Widden; Johanes Chou; Welhelmus Wirten; Jacob Coursen; Cristoffel Mihn; Wilhelm Ladwein; Johannes Steil; Jacob Jungmann; Johannes Kerner; Mades Widden; Nicolas Hirtz; Wilhelm Gratz; Johannes Casber; Johannes Scheubel; Nikulas Otto; Johannes Weitz; Peter Kratz; Peter Scheubel; Nicolas Kohn; Johannes Peesan (?).

BEDERSDORF.

Assemblée du 8 mars par-devant les maire et gens de justice; pas de mention de la publication au prône.
8 feux. — Pas de liste de comparants; pas de signatures au procès-verbal.
Députés: Jacques Bauer et Nicolas Dillinger.

Plaintes, doléances et remontrances[1]).

Cejourd'hui 8 mars 1789, la communauté de Bederstroff étant assemblée pour obéir à l'ordonnance de Sa Majesté donnée à Versailles le 7 février 1789, a dressé ses plaintes, doléances et remontrances, comme il suit:

1. Nous demandons qu'on nous donne le sel et tabac comme aux étrangers, puisque nous avons les salines dans le pays, et qui nous occasionnent la cherté du bois.

2. L'abolition de la marque du cuir et du fer.

3. L'abolition des banalités des moulins et fours banaux.

4. L'abolition des acquits d'un endroit Lorraine dans un endroit français.

5. L'abolition des inventaires, à moins que le veuf ou la veuve convole à de secondes noces.

6. Nous demandons qu'on ne traîne pas si longtemps les procès pour épargner des frais exorbitants qui ruinent les citoyens.

7. L'abolition des finances des charges de judicature.

8. L'abolition des charges des jurés priseurs.

9. Nous demandons que les maîtrises des eaux et forêts ne fassent pas tant de frais en marquant des bois et qu'ils [les officiers des maîtrises] ne soient pas eux-mêmes juges dans les rapports, puisqu'ils sont en même temps partie.

10. Nous demandons qu'il n'y ait pas tant de gardes-chasse, mais des gens de probité; car il y en a beaucoup qui vont boire et manger avec des gens pour qu'ils [ces derniers] osent envoyer leur bêtes dans les coupes ou couper des arbres; et après, quand ils se sont divertis, ils vont faire des rapports aux frais de la communauté, de façon que beaucoup d'innocents sont obligés de payer pour les coupables.

11. Nous demandons qu'on laisse aller les porcs dans les huit dernières coupes, afin que les glands et les faînes soient enterrés pour faire venir des arbres.

12. Nous demandons l'abolition des vingtièmes, du tiers denier et du droit de chef d'hôtel; car il est bien dur et paraît même cruel qu'après la mort du mari, qui était obligé de son vivant de nourrir sa pauvre famille à la sueur de son front, les seigneurs viennent enlever le second de leurs meubles de la maison, qui se trouve quelquefois [être] une vache qui devrait fournir la nourriture de la veuve et des pauvres orphelins.

---

[1]) Ce sera absolument le même texte, écrit de la même main, dans les cahiers de Düren et d'Ittersdorf, sauf un article qui manque ici.

13. Nous demandons qu'on défende strictement la chasse tant qu'il y a des grains dans les champs; car il y a beaucoup de monde qui ont droit de chasse qui n'observent ni temps ni saison, mais qui font des dommages considérables dans les grains.

14. Nous demandons qu'il soit défendu strictement aux seigneurs et à toutes personnes qui ont droit de colombier, de laisser sortir leurs pigeons les six mois marqués dans l'ordonnance concernant cet article.

Fait à Bederstroff les jour [et] an susdits.

Jacob Hiltt; Nicolas Schwartz; Adam Bauer; Peter Gandner; Simon Hein; Petter Steinmetz.

BELLEMACHER ET KITZING.

Point de procès-verbal d'assemblée: le cahier doit en tenir lieu[1].

Heute den 9. März 1789 bekennen wir unterschriebene Inwohner von Kitzingen und Belmacher, in unser Versammlung erwäblet und öffentlich gestimmt zu haben Heinrich Küffer und Jean Steffen[2], und allhier unsere Meinung und Noth schriftlich mitgeben, damit wir mögen erlangen von Ihro Königlichen Majestät gnädiglich, wie es sich befindet, erstlich:

1. Dass die catholische Religion möge beibehalten werden und mehrere Lebensordnung[3] verbessert werden.

2. Dass das Salz und Taback mögte frey sein.

3. Dass der Lederstempel solt abkommen.

4. Dass die Geistlichen und Adlichen Beschwernüssen ertragen müssen wie der gemeine Mann.

5. Dass die Griery [gruerie] soll abkommen wie auch die huissier priseur.

---

[1] Le même texte (à part quelques mots), écrit de la même main, constitue le cahier de Kirsch-lès Sierck, où l'on omet cependant les art. 13 et 16.

[2] Ces députés sont ceux de Kitzing; Bellemacher nomma Nic. Zimmermann.

[3] Ce mot n'est pas très clair: à Kirsch ce passage devient «und mehreres oder Lebensforderung verbessert werden», à lire sans doute «u. m. an der Lebensordnung v. w.»

6. Dass nur zwey Gerichtsstände sollen bleiben, ein erstes und ein letztes Gehör; (dass im ersten Gehör) alles schliesslich kann beurteilt werden (ohne) können zu appelliren für Sachen, so nicht hundert Livres ausmachen (oder betrifft).

7. Dass die Gerichtskosten sollen gemeidet werden, und die Prozesse in kurzem mögen ausgemacht werden.

8. Dass ein jeder Eigenthümer vom Bann wie auch die Zehentherren für Unterhaltung der Armen mitsteuern müssen.

9. Dass die Provinz soll in Landstände verändert werden.

10. Dass die Frucht wie auch das Holz niemals aus dem Land soll gehen.

11. Dass einem jeden soll erlaubt sein Kleewiesen zu machen, welche allezeit ohne Graben und Heck müssen verschlossen (*al.* verschont) bleiben.

12. Dass niemals erlaubt sey den Schafen in die Wiesen zu gehen.

13. Dass der Domaine in jedem Ort soll verlassen werden, damit keine Neuigkeiten eingeführt werden und die Prozesse gemieden werden.

14. Dass das Inventarium in jedem Ort durch das dörfliche Gericht gehalten werde.

15. Dass die Zehentherren die Kirche wie auch den Kirchthurm, das Pfarrhaus, Schulhaus, Kirchhofsmauer müssen bauen, wie auch alle Ornamenten, was zum Gottesdienst gehörig, sollen forniren.

16. Dass man im Reich nur einen Acquit braucht zu nehmen.

W. Puder; Hary Küffer; Niclas Zimmerman; Handzeichen: Jean Steffen, Nicolas Lubich.

BERUS.

Le procès-verbal d'assemblée manque.

Cahier des plaintes, doléances et remontrances que fournissent les habitants de la communauté de Berus, bailliage royal de Bouzonville, en exécution des lettres du roi en date du 7 février dernier et conformément aux règlements et en exécution de l'ordonnance de M. le bailli de Bouzonville.

Art. 1. Que les bêtes à laine seront privées en toutes saisons des prairies, et la vaine pâture sera supprimée concernant le parcours, de sorte que chaque troupeau restera sur son ban; et que les admodiateurs des domaines gardent des troupeaux si grands que les habitants sont contraints de diminuer les leurs à cause du pâturage.

Art. 2. Que le sel, de même que le tabac, sera libre et commun pour la subsistance du peuple. Comme le sel est excessivement cher, les habitants ne peuvent nourrir et bien entretenir les bêtes, et par cet abus le pays est totalement ruiné. Qu'on est [= soit] libre dans le royaume pour la gabelle, marque du cuir, châtrerie et autres semblables impôts pour la ferme. Du tout résulte un dommage d'un million annuellement.

Art. 3. L'entrée dans les villes est également pénible pour la gabelle; [elle] doit être supprimée. Le papier timbré de même.

Art. 4. Que toutes les banalités seront supprimées au sujet de tant de confusions, d'embarras parmi les habitants et du mauvais état des moulins.

Art. 5. Les maîtrises des eaux et forêts seront supprimées, parce que c'est une charge seulement aux frais des communautés pour le martelage, délivrance des coupes par tant de forestiers. Vouloir que les communautés choisiront leurs forestiers, qui seront tenus d'être responsables, comme les bangardes, pour les délits et dégradations.

Art. 6. Pour la délivrance des taillis, les frais d'un arpent [qu'] exigent ces officiers, [sont de] 3 livres 10 sols, outre le procès-verbal des rapports, pour raison d'être garants pour les délits et dégradations de 50 verges de distance à l'entour des coupes, même pour la coupe intérieure quand elle n'est pas bien exploitée, de façon que le bois de chauffage, tous frais déduits, ne reste plus guère à l'usage.

Art. 7. Que les enclos, conformément à l'édit du mois de mars 1767, seront supprimés au sujet des fossés, qui enlèvent le terrain, le rendent sec; et [il] résulte des frais et grands dommages pour fournir la clôture; et par ces fossés les bestiaux pâturant à l'entour, s'en approchant, y tombent quelquefois à la renverse, en sorte qu'ils [se] cassent les jambes et cou.

Art. 8. Que la dîme des agneaux, cochons de lait, pommes de terre, les deux sortes de filasse, choux, haricots, etc., et tout ce qui s'appelle menue dîme, doit être supprimé; et que quelquefois les habitants [qui] se trouvent dans le besoin de planter du lin, des vesces, des navoines [= navets?] dans le canton qui est en friche et qui doit reposer pour porter, l'année qui suit, des grains plus abondamment, sont obligés d'en donner la même dîme: [celle-ci] doit être supprimée.

Art. 9. La communauté est trop chargée des subventions et vingtièmes à cause de la pluralité des pauvres gens.

Art. 10. Qu'il ne sera fait aucun inventaire qu'après un second mariage, et cela par le maire de la communauté.

Art. 11. Que la charge des huissiers présents [= priseurs] sera supprimée au sujet des frais aux successions, ainsi que le contrôle, et que cette charge sera administrée comme ci-devant.

Art. 12. Autrefois la communauté a été privée de plusieurs terrains remarquables à l'entour de la côte par les admodiateurs du domaine, et cela leur cause un grand dommage.

Art. 13. Qu'il y a dans le commun des curés et admodiateurs des domaines qui gardent tant de pigeons dont les nombres n'ont pas de bornes et qui mangent quelquefois plus que la moitié des grains nouvellement semés; [cela] doit être supprimé, ou au moins ordonner qu'ils renferment les dits pigeons aux temps des semences.

Certifié véritable à Berus ce 9 mars 1789; en foi de quoi avons signé. Nicolas Pop; J. G. Nena; Caspar Schmitt, député; Nicolas Demmer, député; Görg Guldener, député; Jean Piere Schneider, syndic; Anthon Winter; Gorrig Schneider, maire; Joseph Guldner; Johannes Rhein; Simon Schmitt; Adam Gerbener; Nickell Schneider; A. Fuhrman; Frans Schneider; Frantz Mass; Simon Bar; Goerg Wirdt; Niklass Grusch; Görg Gametz; Wielem Haass; Christophe Schneidre; M. Lubé, greffier.

BERWEILLER.

Le procès-verbal d'assemblée manque.

Cahier des plaintes, doléances et remontrances que fournit la communauté de Berveiller [1]) conformément aux lettres du roi du 7 février dernier, en exécution des ordonnances de M. le bailli d'épée de Bouzonville.

1º. Les fermiers du roi sont une charge onéreuse pour les droits de gabelle, péage, marques du fer, du cuir dans le royaume, surtout du sel, du tabac, [de sorte] que les citoyens ne peuvent vivre par les différents impôts, par la ferme particulièrement. Pour la subsistance tant du

---

¹) Comme l'identité de l'écriture l'indique, on a dû s'inspirer ici du cahier de Châteaurouge, qu'il est utile de consulter pour comprendre certains articles.

peuple que des bestiaux, demandons que les sujets du roi aient librement le commerce du royaume.

2º. Quant aux bailliages, lesquels traînent les procès de cinq à six sentences pour une définitive, même pour une bagatelle: d'où résulte qu'un homme sera frustré mal à propos. Les procureurs du roi, les huissiers priseurs lors [de] la rédaction d'un inventaire et ventes des meubles, font également des frais considérables à une succession à l'instant d'une mort d'une personne. Il est expédient de dresser les inventaires en entrant dans un second mariage, dressés par les maire, gens de justice et greffier locaux, sans que les ventes des meubles soient faites autrement que par le greffier local.

3º. Quant à la maîtrise des eaux et forêts, [ses officiers] sont une charge onéreuse au commun pour des frais de 3 livres 10 sols, outre un procès-verbal à la charge des communautés, pour la marque et délivrance d'un arpent de bois d'affouage, pour différents rapports au sujet d'être responsable de 50 verges à l'entour des coupes en usance: d'où résultent des frais, [en sorte], tous frais déduits, que les propriétaires et usagers sont obligés d'employer des excès aux frais pour avoir leurs bois d'affouage. Les gardes des chasses des seigneurs, n'ayant qu'un petit gage, engagent les citoyens pour différentes rétributions; sinon ils font des rapports dans nos forêts: par là ils frustrent les habitants jusqu'à la dernière misère, de même les forestiers du roi. Il convient [qu'il y ait] un garde-marteau, des forestiers dans la communauté, comme il y [en] avait d'ancienneté. Et quant à la grasse pâture, les mêmes officiers empêchent les huit derniers taillis aux porcs: il est beaucoup mieux de les y fréquenter.

4º. Comme les frais pour les enclos sont considérables, parce que le bois est rare, parce que les fossés sont préjudiciables pour la perte des terrains et [sont] de vrais pièges aux bêtes pour casser les cous et jambes aux bestiaux, il sera beaucoup mieux que chaque propriétaire jouisse [de] la seconde comme [de] la première fauchée.

5º. Il est très nuisible (sic) dans le royaume que le droit de parcours sera subrogé, au sujet qu'il n'y a que procès et contestations à cet effet.

6º. Le droit de banalité des moulins n'est qu'un litige: demandons que ce droit soit commun aux moulins banaux (?).

7º. Quant aux travaux représentatifs [des corvées] aux chaussées, les nombreux voituriers et autres déchirent les chaussées, et nous, pauvres citoyens, sommes chargés des réparations et constructions: demandons qu'il sera fait un impôt de distance suivant les fardeaux.

Comme le trèfle est très profitable, emblavé sur les terres, demandons que le tout soit emblavé librement.

Certifié véritable à Berweiller ce 9 mars 1789, et avons signé, lecture reçue par interprétation.

Chrisstof Lorrain; Johannes Guss; Frantz Hersche; Nicolas Guss; Michel Altmaier; Johannes Engler; Nicolas Antonmeyer; Martinus Glaser; Petter Haass; Johannes Gersing; Johannes Capitaein; Henrich Paug; Johannes Lew; Wiellem Theobalt; Nicolas Gärsing, maire; Johans Gasi(?).

BETHINGEN.

Assemblée du 11 mars par-devant le maire; publication au prône le 8 mars. On n'indique ni le nombre des feux ni les comparants; 1 signature comme au cahier.
Député: Jean Ouder, maire.

Cahier de doléances, plaintes et remontrances pour la communauté de Bething, coté et paraphé par nous maire de Betting. *Signé*: Johans Uder.

Cejourd'hui 11 mars 1789, les maire et habitants de la communauté de Baithin[1] . . . .

1º. De la Gabelle. La cherté du sel est si grande que le pauvre ne peut s'en fournir à préparer sa nourriture et [qu'elle] cause beaucoup de maladies et [la] rareté du bétail; [en sorte] que, par la pauvreté notoire des habitants, [ils] se hasardent, vont à l'étranger chercher pour quelques liards de sel, sont repris et réduits à la mendicité par les employés.

Il en est de même pour l'usage du tabac . . . . [*Voir la suite au cahier de Büdingen, avec les modifications suivantes et en omettant l'art. 10.*]

7º. . . . nous avons payé . . . une somme de 44 florins, qui était notre subvention; aujourd'hui nous payons la même somme [et] sommes taxés à la subvention d'une somme de 28 l.: conséquemment . . .

8º. . . . nous avons payé annuellement 12 l.; mais présentement il faut payer les 12 l. et prendre les acquits comme les autres; pourquoi . . .

10º. Le sous-fermier . . . Conséquemment il nous est impossible de vivre, ayant nous-mêmes des bangardes qui sont responsables de tout

---

[1] Une même main a écrit une douzaine de cahiers de cette région: la rédaction cependant n'en est pas absolument uniforme; c'est le cahier de Büdingen, chef-lieu de paroisse, qui a le plus de rapports avec celui-ci et celui de Schwemmlingen.

dommage: pourquoi nous recourons à Sa Majesté, espérant que pareil abus sera rejeté.

Ce petit hameau est situé entre deux montagnes très rapides, maladieux (?), ne pouvant labourer aucun jour de terre, étant impossible d'y entrer avec une voiture: ce qui est gagné en grains est cultivé à la pioche; espérant que Sa Majesté y aura égard et nous déchargera de tous abus.

Fait à Betting ce 11 mars 1789, et avons, maire, signé, n'en ayant aucun autre [qui sût le faire].

Johans Uder.

BETTANGE.

Assemblée du 8 mars par-devant le maire; publication au prône le 8 mars par le curé.
Le nombre des feux n'est pas indiqué. — 14 comparants; 20 signatures[1]*).*
Députés: Pierre Nenig et Jean Gross, tous deux laboureurs.

Cahier de plaintes et remontrances de la communauté de Bettange.

La communauté de Bettange, étant assemblée le 8 mars à l'issue de la messe pour présenter leurs doléances, plaintes et remontrances au trône de notre roi juste et bienfaisant, ont formé les demandes suivantes:

1º. Tous les habitants de cette communauté se plaignent avec juste raison qu'ils sont surchargés dans la subvention et autres impôts royaux. Pour être diminués dans ces charges, ils désirent que les nobles, les ecclésiastiques et tous les décimateurs payent à raison de leurs biens comme le roturier.

2º. Ils se plaignent que le sel et tabac est d'une cherté excessive, que la marque du cuir est coûteuse, que les acquits de marchandises vexent le peuple; et pour subvenir à toutes ces charges, ils demandent la suppression des employés.

3º. Les procès pour les moindres objets ruinent la plupart du peuple par la multitude des frais inutiles qu'on fait dans le bailliage et parlement. Qu'on demande une justice plus prompte et moins coûteuse.

---

[1]) La signature de Jean Weis ne reparaît pas au cahier; n'ont pas signé les comparants Nic. Fissené, Christ. Wiltzer, J.-Nic. Nenig, Nic. Dicop.

4º. Un autre abus règne dans les communautés. Les gens riches, qui ont de grands prés et champs, en font des enclos et empêchent la liberté de la pâture, de manière que les bestiaux des pauvres gens périssent [par] défaut de pâture; et les mêmes qui ont ces enclos tirent leur part dans les prés communs des pauvres, qui n'ont pas le moyen de les clore. Ainsi on demande une défense pour faire des clos, et que la pâture soit libre pour tout le monde.

5º. Les inventaires ruinent aussi souvent les gens. Un père ou une mère de famille meurent et laissent une modique succession qui est absorbée par les frais des inventaires, tandis que les maire et gens de justice de la communauté en pourraient faire les mêmes fonctions que le procureur du roi et sans frais.

6º. On demande d'une voix unanime que la Lorraine soit érigée en Etats, et qu'il n'y ait plus de pigeons [1]).

En vertu de quoi nous signons ce présent cahier.

On demande encore que les corvées soient ôtées.

Johanes Gross; Pierre Nenig; Cristopff Bassompierre; Peter Wiltzer; Jacob Bettinger; Filib Schneider; Johannes Weiss; Görig Laglasse; Johannes Nicolass Weiss; Pierre Basonpierre; Hanss Nicolas Harter; Nicolas Gross; Pier Bassompierre; Jacques Issler; Frantz Gross; Niclas Schillis; Petter Bur; Johans Bettinger; Jean Schmit; Peter Gross; Peter Schumacher; Michel Gross.

BETTING ET GONGELFANG.

Assemblée du 9 mars; pas de mention de publication au prône, ni du nombre de feux. — Pas de liste de comparants; 4 signatures comme au cahier. Député: Nicolas Fisné, maire et membre de l'assemblée municipale.

Cahier des plaintes de la communauté de Betting et Gonlfant (*sic*) pour l'assemblée générale des Etats [2]); savoir:

1º. La communauté se plaint que la coutume de la province de Lorraine n'a jamais été assujettie de payer aucun vingtième: ce qu'ils

---

[1]) Ces derniers mots et, plus loin, la mention des corvées sont ajoutés d'une autre encre.

[2]) L'écriture et une rédaction en partie identique dénotent une origine commune pour ce cahier et ceux de Flatten, Launstroff et Ritzing.

trouvent être [une] charge sur leur modique [bien] qui n'est que d'un petit rapport.

2°. Elle se plaint encore que cette province avait le sel à 11 sols de Lorraine, et qu'aujourd'hui ils sont obligés de le payer à raison de 12 sols de France les deux livres.

Le tabac n'était qu'à raison de 36 sols la livre en bille, et celui à fumer à 18 sols de Lorraine; et aujourd'hui il le faut payer à raison de 3 livres 4 sols: ce qui fait que beaucoup de pauvres gens se mettent dans le cas de faire la fraude, ce qui a déjà tant perdu de ménages.

3°. De tout temps les sujets de la province n'étaient attenus de prendre des acquits que pour les sorties et rentrées de la province, et aujourd'hui la ferme fait prendre des acquits pour aller d'un village à l'autre: ce qui cause une [si] grande gêne et dépense au peuple qu'il n'est pas possible à y soutenir.

4°. La marque des cuirs est une nouvelle imposition en Lorraine, qui n'a jamais été et qui rend les dits cuirs si rares que le peuple ne peut plus y soutenir, étant d'une cherté que personne ne peut suffire aux besoins de leur famille, et que la plus grande partie sont obligés d'aller nu-pieds.

5°. La province a grand droit de se plaindre de la création de la maîtrise des eaux et forêts pour les différents rapports qui ont été faits injustement dans des taillis qui devraient être ouverts, [en sorte] que tant de ménages ont été obligés de quitter le pays, étant ruinés. La communauté désire que leur bois leur soit remis à leur charge et garde, auquel ils s'offrent à y établir des gardes qui seront responsables des délits.

6°. Le seigneur tire un droit, dans cette communauté, du troisième denier pour les ventes qui se font des immeubles, auquel [= au vendeur] ça enlève une partie du produit des ventes, [de sorte] que après tous les frais payés de contrôle et scel et frais de l'huissier crieur, il ne reste presque plus rien au vendeur.

7°. Le seigneur tire encore un droit sur les chefs de ménage qui meurent; il tire la seconde pièce de ménage, de quelque nature que ce soit. C'est un grand abus qui est contre l'humanité, [vu] que de pauvres enfants qui perdent leurs père et mère sont assez battus sans leur ravir un mauvais meuble qui leur reste.

8°. Cette communauté se plaint que voilà quelques années que l'on a établi un huissier priseur qui tire de toutes les ventes qui se font dans l'arrondissement du bailliage 6 livres par jour, non compris le témoin qu'il conduit avec lui, qui est payé à part, si bien qu'après avoir payé l'huissier, les contrôle et scel, les pauvres gens qui sont obligés de vendre, il ne leur reste que le tiers.

9º. Cette pauvre communauté se plaint qu'ils sont obligés de payer au domaine tous les trois ans 7 quartes et demie d'avoine et 21 poules: lesquelles rentes proviennent de deux petits bois qui sont enclavés dans leurs terres, dans lesquels ils ont droit de vaine pâture et de bois mort. Mais voilà quantité d'années que la maîtrise de Bouzonville les a privés de leur droit: cause pourquoi ils demandent qu'ils soient rétablis dans leur droit, ou bien leur ôter les rentes.

10º. La communauté se plaint que voilà plus de trente années qu'ils n'ont reçu aucun denier du bureau de la maîtrise de Bouzonville de la troisième part des rapports qui ont été faits dans nos bois. De plus il nous revient une somme de 60 livres que nous avons remises au bureau de la maîtrise de Bouzonville, lesquelles nous reviennent, et ne pouvant les ravoir, ils supplient Sa Majesté ordonner de nous faire compter.

11º. Cette petite communauté, qui fait corps de la paroisse de Waltevisse et Biring, se plaint que le collateur laisse aller l'église paroissiale, laquelle est dans le cas de faire un malheur sur toute la paroisse, étant sans couverture ni vitres, dans laquelle il pleut [tellement] que l'on n'est pas en état d'y rester par les mauvais temps.

Fait et arrêté le présent cahier, que nous certifions véritable, par nous syndic de l'assemblée municipale, et fait expédier le présent par notre greffier ordinaire le 9 mars 1789, et avons signé et remis le double au greffe de notre dite communauté, après lecture [et] interprétation.

Nicola Fisné; Nicolas Wender; Monpert, greffier ordinaire; J. Masion, syndic.

BIBICHE-LA-GRANDE.

Il n'y eut point, ce semble, de procès-verbal d'assemblée: une rédaction du cahier, restée informe, en aurait tenu lieu. Nous reproduirons le début et la fin de cette rédaction; le reste se retrouve à peu près dans la pièce, sous forme de requête au roi, qui a été signée et remplace le cahier proprement dit[1]).

[1]) Nous y ajouterons entre ( ) les développements de la rédaction restée informe, mais que nous croyons tout aussi sûre.

Cejourd'hui le 8 mars 1789, à onze heures du matin à l'issue de la messe paroissiale, étant assemblés en la maison curiale et en présence de M. le curé, président de la municipalité de la communauté de Bibiche, disons que . . . .

La municipalité de Bibiche, après les plaintes faites à Sa Majesté, s'est rendue à l'élection d'un député pour l'assemblée royale: qui est la personne de Georges Perin, habitant de Bibiche, lequel a été choisi à la pluralité des voix. A Bibiche le 8 mars 1789, et avons signé. (*Aucune signature.*)

A Monseigneur Monseigneur Sa Majesté Louis XVI, roi de France et de Navarre.

Supplient très humblement les habitants de la communauté de Bibiche-la-Grande en Lorraine allemande, disant:

[1º.] Que la communauté de Bibiche-la-Grande a des droits à payer à l'abbaye de Villers-Betnach qu'on nomme droit de capital; [il est] bien mal à propos de payer un droit pareil: une pauvre femme perd son mari avec beaucoup de dettes; il faut encore qu'elle (perde le meilleur de ses meubles:) droit bien injuste.

2º. Cette paroisse est chargée du tiers denier sur le vieux ban, lequel droit le s^r abbé de Villers a aussi, mais bien mal à propos; car si un pauvre homme ou femme est obligé de vendre une pièce de terre, (il ne peut pas la vendre qu'à vil prix, car) on compte sur ce droit: elle ne sera pas payée suivant sa valeur.

(Le même abbé tire droit de terrage où est posé le clocher de l'église paroissiale de Bibiche. L'abbaye de Freistroff possède sur le vieux ban de Bibiche six jours de terre par saison, outre les prés et jardins, qu'elle possède par donation; et par [les privilèges de] l'ordre de Citeaux, ils [les religieux] ont frustré le curé de la dîme.)

3º. La communauté est condamnée par défaut à être assujettie à la banalité du moulin de Filstroff, qui est bien éloigné environ de deux lieues et un quart, et dans le péril de passer l'eau par rapport à l'incommodité des ponts[1]); et même beaucoup de malheurs sont déjà arrivés: des hommes y ont été noyés avec leurs chevaux. (Un pauvre homme, [qui] achèterait une demi-quarte de grains à deux lieues de loin, est obligé de passer au long de deux ou trois moulins pour aller se rendre

---

[1]) L'autre rédaction est plus claire, ajoutant à la distance «en outre une raison bien griève: que le moulin est situé au delà de la rivière et où il n'y a aucun pont pour y pouvoir passer avec un cheval; qu'il est arrivé que la nécessité a fait passer du monde [par l'eau] pour avoir de la farine, et qu'ils ont péri avec leurs chevaux dans la Nied».

en son moulin banal, où il a de la farine au bon plaisir du meunier.) C'est encore un droit bien injuste; car toutes les banalités sont des nourritures de voleurs.

4°. Cette pauvre communauté paye tous les ans (à l'abbé commendataire et seigneur haut justicier) 10 francs pour droit appelé droit de vache, ce droit qu'on ne sait pourquoi on le paye: on (l'abbé) ne met point de taureau à la herde, (ce qui fait un tort considérable à la dite communauté, et) c'est bien inutile qu'on paye une chose pour rien.

5°. La dite paroisse avait auparavant la moitié du bois contre le roi[1]), et la dite paroisse paye partout le septième du revenu de ses terres pour avoir son droit de chauffage et elle ne tire actuellement pas encore le tiers du bois, et la dite paroisse est encore ruinée par des rapports, [de sorte] qu'on paye le bois au triple avec les frais, [de façon] qu'il vaudrait bien mieux n'en point avoir.

6°. Que toute la Lorraine demande le sel et le tabac à un prix modique pour subvenir à la nourriture des habitants et des bestiaux[2]). Qu'il vaudrait mieux que chacun paye suivant sa capacité ou qu'il payât de plus à Sa Majesté 3 livres de France par ménage.

7°. Que la gruerie soit supprimée: c'est une ruine pour toute la Lorraine.

8°. Que la régie et marque des cuirs soit supprimée, ainsi que les acquits soient aussi abolis; car c'est pour ruiner toute la Lorraine.

Sur cette demande nous prions en grâce Sa Majesté de vouloir nous en accorder cette grâce. Nous prions le Seigneur pour la conservation de son règne[3]).

8° (sic). Réflexion faite à l'assemblée de toute la communauté, [elle] prétend à faire des prés artificiels pour l'avantage de foin artificiel. En outre trouve toute la communauté assemblée ci-dessus [et] prétend ne point devoir aucune dîme sur la versaine, soit chanvre, lin, topinambours quelconques.

---

[1]) L'autre rédaction est assez différente: «Anciennement la communauté percevait une coupe de bois égale à celle de l'abbé de Villers, mais aujourd'hui la communauté est réduite à une petite coupe qui ne leur fournit pas le tiers de leur nécessaire».

[2]) On était plus radical et plus vif dans l'autre rédaction, qui s'arrêtait après cet article, demandant «la liberté pour l'usage du sel: beaucoup de pauvres sujets sont obligés de manger leur soupe sans sel, ... un chacun pourrait faire des nourris de bêtes pour vendre pour avoir de l'argent pour payer le tribut dû à Sa Majesté, qui a mis son peuple dans l'esclavage depuis la régie de la ferme».

[3]) Originairement le cahier se terminait ici; sur le désir de l'assemblée une autre main a ajouté la suite.

9°. Nous trouvons encore, à propos d'une surcharge des bâtiment et entretien de la maison curiale et maison du marguillier, luminaire, réparations de l'église, cimetière, ornements et autres [choses] utiles ou besoins de l'église, [que cela] doit être prélevé des grosses dîmes, de même que de bâtir la maison curiale toute neuve, s'il est nécessaire.

10°. La cherté du bois provient de la grande quantité de forges et fourneaux de fer, soit glacier, acier et autre; [qu'ils] soient abolis à moitié pour le bien du menu peuple.

Nous soussignés certifions que la présente est sincère et véritable. George Perin; Jean Maret; Claude Maret; Louy Pirquin.

BIRINGEN.

Assemblée du 8 mars en la maison de Pierre Gehannes [1]), l'aîné, manœuvre, comme la plus vaste et la plus propre à cet effet; publication au prône le 8 mars par le vicaire résident de Waldwisse.
7 feux. — Pas de liste de comparants; 6 signatures.
Députés: Pierre Johannes et Jean Johannes, deux des plus notables manœuvres.

Plaintes, doléances et remontrances.

Le présent cahier, contenant deux feuilles, a été par nous maire royal de la communauté de Buring, annexe de la paroisse de Waltvies [2]), coté et paraphé pour contenir les plaintes, doléances, remontrances, avis, conformément à la lettre de Sa Majesté en date du 7 février passé, et ordonnance de M. le bailli d'épée et de M. le lieutenant général du bailliage royal de Bouzonville, le 8 mars 1789, à Buring, assemblée de communauté tenante. (*Signé*) Nicolas Johannes, meier.

La communauté de Buring, persuadée que d'autres zélés compatriotes et sujets se sont donné des peines pour mettre sous les yeux de Sa Majesté dans l'assemblée générale les doléances communes à toute

---

[1]) Le rédacteur écrit toujours Gehannes, mais les signatures portent Johannes ou P. Annes.

[2]) Une même main a écrit les cahiers de Waldwisse, de Silwingen, de Weiler, de Wellingen et celui-ci: la rédaction aussi se ressemble beaucoup dans la plus grande partie de ces cahiers.

la France, se croit dispensée de les déduire ici. La communauté de Reimling lui ayant communiqué son travail et son cahier, auquel elle adhère, s'unit, et à l'instar [de] tant d'autres, désirerait qu'on y eût égard et portât toute l'attention nécessaire. Quant aux charges particulières de cette communauté, qui sont exorbitantes et tellement onéreuses qu'ayant satisfait, il reste à peine le nécessaire pour la sustentation de tous et d'un chacun en particulier, les habitants de cette communauté se flattent que, lorsque le travail des notables personnages que Sa Majesté appelle près d'elle, sera achevé, ils pourraient s'en ressentir. Ses vœux néanmoins seraient que Sa Majesté délivrât son peuple d'un très pesant fardeau sous le joug duquel gémit toute la France.

Ce fardeau est premièrement la *ferme générale*, qui en elle-même fait plus de mal que de bien, puisqu'elle prive tout un royaume d'une denrée que le ciel leur accorde, qui est le sel; ou bien force les sujets français à ne s'en servir que sous un prix excessif: ce qui fait qu'elle attire par cette voie l'or de tout un royaume et devient, comme elle se glorifie, la seconde ressource des finances de Sa Majesté; ce qui n'aurait pas lieu, si on ne connaissait [pas] de ferme générale, dont le seul nom est révoltant au plus insensible des hommes. Qu'il plaise à Sa Majesté de l'abolir, de laisser le sel et tabac commerçable et libre comme dans les provinces de l'Allemagne. Quels fruits n'en résulterait-il pas? Premièrement l'agriculture prendrait un nouvel essor; le laboureur, ayant cette denrée à un prix modique, par exemple comme l'étranger qui use le sel français à raison de 10 deniers la livre, tandis que le sujet du roi est obligé de payer seulement l'écume à raison de 6 sols 3 deniers la livre, pourrait bonifier et savourer [= rendre savoureuse], en parsemant du sel sur les foins et pailles, la nourriture de ses bestiaux, qui deviendraient plus forts, plus robustes et plus propres aux labeurs et travaux de la campagne. Il s'ensuivrait un avantage pour l'homme même, qui, par la cherté de cette denrée, se voit obligé de [ne] se nourrir que de fruits; car un père de famille chargé de six, huit et dix enfants, qui ne gagne que 5 et 6 sols par jour, se passe pour lui et ses enfants de soupe, et ce [par] rapport à ce sel qu'il ne peut se procurer. Les campagnes mêmes s'en ressentiraient; devenant mieux cultivées, [elles] produiraient le double: ce qui ferait un avantage pour le laboureur, qui, devenant plus riche, se verrait à même de pouvoir verser à pleines mains le fruit de ses travaux dans les coffres du meilleur des rois et suppléerait dans des temps calamiteux et de guerre cette ferme. Il s'ensuivrait encore qu'un royaume entier se sentirait des bienfaits de son souverain, tandis que, laissant la ferme sur pied, il n'y a qu'un tiers qui s'engraisse, contente ses passions. Pourquoi? parce qu'il a de l'or. On ne verrait plus ces prisons affreuses regorger de vénérables pères de famille, que ces demeures souterraines enferment dans leurs entrailles pour avoir été forcés de prendre quelques onces de sel et tabac chez l'étranger à un prix modique pour sa sustentation, et qui, n'ayant des 10 et 20 écus pour leur rançon, sont séparés de leurs familles, pourrissent dans des cachots et laissent à la charge de l'Etat et femmes et enfants. Un plus grand mal cesserait tout à coup: on ne verrait plus dans l'intérieur d'un royaume près de 80 000 hommes désœuvrés, qui impunément tuent et assassinent de pauvres malheureux pour quelques onces de sel, comme le fait le confirme il y a peu de jours. Qu'il plaise à Sa Majesté de l'abolir, cette ferme; que le sel, cette denrée si nécessaire à la vie de l'homme, soit commerçable! Il en résulterait un double avantage: la consommation en deviendrait plus forte, puisqu'on l'emploierait pour la nourriture des bestiaux et qu'ayant près de 80 000 employés dans le royaume qui, compensant le moins avec le plus, jouissent de 4 livres d'appointements par jour, leur donnant une modique pension viagère, Sa Majesté trouverait journellement 220 000 livres à mettre dans ses coffres.

La maîtrise des eaux et forêts ne cause pas moins de maux; maîtresse absolue des bois des communautés, [elle] n'en délivre que quand il lui plaît. Pour en faire la preuve, les habitants de la communauté de Buring qui possèdent quelques bois, s'en voient frustrés dans ce rigoureux hiver, parce que, prenant à cœur leurs intérêts communs, ils s'opposent à ce qu'on leur enlève une partie d'affouage pour en faire un quart de réserve qu'elle n'est pas à même de donner. Les habitants, ne pouvant vivre sans bois, sont forcés d'en chercher furtivement, ne s'en trouvant à acheter: de là résulte que les gardes des bois vexent le peuple, le forcent à faire un accommodement, ou les menacent de leur faire des rapports, et la plupart, pour une poignée de bois mort, sont obligés de donner des 3, 6, 9 et jusqu'à 12 livres. Il résulte que les forestiers, qui [sont] animés contre une communauté, vont eux-mêmes faire des dégâts dans les bois et en chargent les communautés.

Elle défend [= ne permet] en outre l'entrée des porcs dans les coupes nouvelles qu'après la révolution de huit ans, suivant l'arrêt du conseil du 6 mai 1757. Par là elle ôte aux habitants non seulement une nourriture pour leurs porcs, mais encore par cette défense est cause que les bois se dépeuplent. Car qu'on envisage d'un œil impartial le tort que pareille défense fait aux communautés! Les glands et faînes, tombant des arbres, restent sur des feuilles, pourrissent et ne peuvent prendre semence et racine: [ce] qui aurait lieu, si on leur permettait l'entrée. Semblables à une charrue et herse, en museillant, [ils] enfonceraient ces dits glands en terre, qui fructifieraient, repeupleraient les bois et ne laisseraient pas la triste perspective aux habitants de se voir dans peu sans bois et sans ressources. Elle défend même l'entrée aux bêtes à cornes, et ce la veille qu'on doit couper les bois: on leur ôte encore une fois la nourriture de leurs bestiaux. On peut dire qu'ils font du dégât: eh! quel dégât, puisque dans l'année on jette tout à bas? Ainsi grand abus digne d'être supprimé avec cette maîtrise, qui s'engraisse au détriment du pauvre peuple.

La dite communauté se trouve chargée injustement de tenir deux plaids annaux: ce qui est absurde, puisqu'elle est domaniale. Ce sont des religieux étrangers qui, sous de faux titres, les y forcent, et ce pour tirer une somme d'argent pour frais de nourriture, qu'ils ne doivent pas. Sa Majesté ferait bien d'interdire ces sortes de plaids annaux qui ne tirent qu'à la destruction générale des habitants de cette communauté.

Un autre abus, qui n'a été introduit que par une espèce de tyrannie, sont les banalités, qui sont les moulins banaux, les fours banaux et autres charges de cette nature, qui ne sont que l'esclavage le plus pur! Sa Majesté ne voulant [pas] d'esclavage, elle ferait bien de les détruire et les abolir: ce qu'elle peut faire dans toute équité et justice.

Il y a bien d'autres abus qu'on pourrait déduire ici; mais la communauté de Buring est persuadée qu'on a déjà traité ces abus. Elle se croit cependant indispensée d'ajouter que, lorsque cette maîtrise se présente pour donner du bois aux communautés, les frais la plupart du temps excèdent le montant du bois.

Ce fait et arrêté en assemblée de communauté à Buring, ce 8 mars 1789, 6 heures de relevée.

Nicolas Johannes, meier; Seibl Hoffman; Peter Annes; Petter Altmeier; Niclas Bretnacher; J. P. Johannes, greffier.

BISTEN.

Assemblée du 8 mars en l'auditoire du lieu par-devant le syndic en l'absence du maire; publication au prône le 8 mars par le curé.
37 feux. — Pas de liste de comparants; 15 signatures[1]*).*

[1]) On ne trouve plus au cahier celles de Johannes Contzler, Jean Gerard, Nelis.

Députés: Jean Gerard, négociant, et Jean-Mathieu Nelis, notaire au bailliage de Bouzonville et contrôleur des actes, tous deux de ce lieu.

Cahier de doléances à présenter par les députés de la communauté de Bisten[1]) à l'assemblée générale du bailliage de Bouzonville en conformité des lettres de S. M. données à Versailles le 7 février dernier relativement à la convocation des prochains Etats généraux au 27 avril prochain.

Art. 1. La province rétablie en pays d'Etats.

Art. 2. Suppression des abbés commendataires, et les revenus de leurs commendes tourner au profit de la province [*correction: il y avait d'abord* du souverain].

Art. 3. Un taux être fixé à tous les évêques et (à tous) les curés et le surplus de leurs revenus séquestré au profit du roi; payant néanmoins les charges de l'Etat au prorata de leurs revenus, comme le tiers état; sans qu'ils puissent percevoir aucuns payements pour l'administration des sacrements ni pour les enterrements, auxquels les curés soient tenus de chanter une messe et d'exécuter au surplus les règlements des diocèses à cet égard.

Art. 4. Les nobles répartis dans toutes les impositions, eu égard à leurs revenus et facultés, comme le tiers, sans que dans aucun cas cela puisse nuire à leurs qualités.

Art. 5. Les militaires également rendus cotisables dans toutes les charges à raison de leurs possessions.

Art. 6. Les membres de la judicature chargés de même de toutes les impositions, comme le tiers ordre, sans pouvoir se prévaloir d'aucun privilège.

Art. 7. Suppression de la maîtrise des eaux et forêts; qu'elle soit administrée par la justice ordinaire; les délits commis être réglés sur le pied des mésus champêtres sans frais, et les délinquants, en certains cas, punis de prison; les forestiers pensionnés et responsables de tous délits dans les forêts royales.

Art. 8. Suppression des offices des jurés priseurs; les ventes de meubles librement faites, déchargées du droit des 4 deniers pour livre, ainsi que les ventes forcées; que celles-ci soient assujetties comme cidevant au ministère d'huissier, et les autres en déchargées.

Art. 9. Le reculement des barrières aux frontières en déchargeant néanmoins, en faveur des habitants des dites frontières, des droits

---

[1]) Une douzaine d'articles se retrouve, parfois littéralement, dans le cahier de Felsberg.

d'entrée les objets de nécessité première, notamment le bois nécessaire à leur consommation; le commerce ainsi libre dans les Etats.

Art. 10. Suppression entière de la gabelle, la régie des cuirs, la marque des fers; et prohibition de la sortie du sel à l'étranger.

Art. 11. Suppression de toutes les hautes justices, à moins que les officiers résident sur les lieux.

Art. 12. Erection de présidiaux avec attribution de juger en dernier ressort toutes les affaires simples et jusqu'à la concurrence de 800 livres de France.

Art. 13. Simplification de la forme judiciaire, afin que les avocats et procureurs puissent être tenus de mettre les affaires simples, en reconnaissance de promesses, en réparation d'injures et autres semblables, en état d'être jugées, et les juges de les décider à la première, et les plus compliquées à la troisième audience.

Art. 14. Prohibition de la sortie des bois à l'étranger, et suppression de la trop grande quantité d'usines consommant bois, ou être tenues de le tirer de l'étranger.

Art. 15. Suppression de tous droits de tiers denier, marque d'or et autres semblables relativement aux mutations des possessions de biens domaniaux, qui en souffrent une diminution de valeur; de tous les autres tiers deniers dus par les particuliers et les communautés au roi, à ses domaines, aux abbayes, etc.

Art. 16. Abolition de toutes les dîmes insolites et non généralement perçues dans l'étendue de la province.

Art. 17. Abolition de la loi qui permet les enclos, quant aux prairies seulement.

Art. 18. Les décimateurs chargés des bêtes mâles où ils ne l'auraient pas été jusqu'à présent.

Art. 19. Défense de faire vainpâturer les bêtes blanches dans les prés.

Fait et arrêté en l'assemblée de la dite communauté de Bisten tenue chez son syndic cejourd'hui 10 (*sic*) mars 1789; et ont les habitants sachant signer souscrit les présentes, chacun de son seing ordinaire.

Peter Freitag; N. Colchen, syndic; Wielhelem Biesse; Johanes Bellner; Hans Adam Feith; Johanes Cremer; Peter Miller; Christiahn Bisse; Luy Ewerhard; J. Martin; Johannes Hamm; Sebastian Paulé; Michel Paul; N. Rimmel, greffier; marques de Louis Fischer, Joseph Bernvald et Nicolas Weiten.

L'aliénation des domaines. Demander la faculté que chaque vassal puisse se racheter de toutes les rentes, cens, etc., dus au domaine et aux seigneurs, et ce au denier 60, ou comme il plaira au roi.

BIZING.

Le procès-verbal d'assemblée manque.

Cahier de doléances, plaintes et remontrances pour la communauté de Bizing, 1789, coté et paraphé par nous, maire de la communauté de Bizing [1]).

Cejourd'hui, 10 mars 1789, les maire, syndic et habitants de la communauté de Bizing, étant assemblés en la manière ordinaire et accoutumée pour délibérer de leurs affaires, et notamment en vertu des lettres patentes de Sa Majesté à nous envoyées, et en conséquence de l'assignation à nous signifiée le . . . [2]) pour fournir les doléances, plaintes et remontrances, dont le détail s'ensuit, savoir:

Plaintes, doléances et remontrances.

1º. De la gabelle, d'où vient la cherté du sel qui accable le peuple et cause beaucoup de maladies, dont le pauvre n'a pas le sol pour acheter une livre de sel et préparer sa nourriture; qui cause en outre la rareté du bétail, dans la nourriture duquel le sel devrait entrer; [en sorte] que, attendu la pauvreté notoire des habitants du pays, [ils] sont obligés [de] se hasarder, vont chercher à l'étranger pour quelques liards de sel, sont repris et réduits par les employés à la mendicité.

Il en est à peu près de même pour l'usage du tabac, [de sorte] que différents habitants s'exposent à être pris et conduits dans les prisons et de suite aux galères; la famille est réduite à la pauvreté; les enfants restent sans éducation, font des mauvais sujets au roi (*al.* au souverain *ou* au royaume).

---

[1]) Et le maire n'a pas signé!

[2]) Nous avons déjà mentionné (p. 260) qu'une douzaine de cahiers de cette région est sortie de la même officine: grâce à plusieurs mentions laissées en blanc ou qui ne sont pas inscrites de première main, on voit que ces cahiers n'ont pas été rédigés au lieu et au jour de l'assemblée de chaque communauté, mais préparés d'avance par un politicien avisé ou un scribe à gages. Il y a pourtant des variantes, dont la présence ou l'absence permettent d'établir des divisions dans le groupe; nous avons déjà signalé le rapprochement plus étroit des cahiers de Büdingen-Schwemmlingen-Bethingen, dont six articles se retrouvent, pour l'ensemble, dans celui-ci; mais les cahiers de Flastroff, Mechern, Neunkirchen, Oberesch, Remeldorff, Zeurange, ont un plus grand nombre de ressemblances avec celui-ci; d'autres, comme celui de Mondorf, en ont moins ou de moins explicites.

2°. Les douanes sont aussi une charge insupportable aux communautés, dont, pour transférer une voiture de denrée (soit ce que ce soit) d'un endroit lorrain à un autre, qu'il fallût traverser un village français ou seulement en approcher le terrain, qui ne dépend que d'un même souverain, [ils] sont obligés à payer de forts droits; s'ils ne le font pas, [ils] sont repris et mis à des amendes excessives. Il en est de même des menues denrées qui se portent (à dos) dans les villes les plus prochaines; par exemple, une douzaine d'œufs portée au marché paye des droits[1]).

3°. L'établissement de la marque des cuirs, qui est une sujétion pitoyable, qui les rend d'une cherté [telle] que le pauvre n'est pas en état de s'en fournir: conséquemment aller à pieds nus et avoir de grandes maladies[2]).

4°. La marque des fers, qui est nuisible au pays, [vu] que pour un quintal de fer qui se conduit d'un endroit francais en Lorraine, [on] paye 20 sols, tandis que les fabricants et marchands de fer ont déjà payé la dite marque.

5°. Quantité de communautés de cet arrondissement, du même domaine, sont astreintes et banales dans un seul moulin, tandis qu'il y en a trois dans la même seigneurie, (en étant à la distance d'une lieue; qu'au temps des ouvrages, il faut y aller trois et quatre fois [par] un très mauvais chemin; il [*sans doute* le meunier] ne se conforme à aucune ordonnance)[3]): ce qui est détestable et bien nuisible à ces endroits.

6°. L'on a introduit des droits de four banal, exigeant annuellement 5 francs barrois par chaque laboureur, et 3 francs par manœuvre et les veuves pareillement[4]).

---

[1]) A Bethingen, Mechern, Remeldorff, on spécifie: «portée au marché de Sarrelouis paye 6 liards»; à Flastroff, Neunkirchen, Zeurange, Schwemmlingen, on mentionne le marché de Sarrelouis, mais point le chiffre des droits.

[2]) Ces derniers mots ne se trouvent qu'aux cahiers de Bizing et de Flastroff.

[3]) Cette parenthèse ( ) est propre au cahier de Bizing; à Flastroff et Remeldorff elle est supprimée; à Mechern on parle d'un seul moulin «qui n'est qu'un moulin seigneurial, ne se conforme aucunement aux ordonnances, est détestable et nuisible à notre communauté»; la rédaction est encore plus confuse à Oberesch: «quantité de communautés ... et notamment la nôtre, qui est de la distance d'une lieue et demie de notre communauté, nous sommes astreints et banaux dans ce seul moulin, tandis qu'il y en a 3 dans la seigneurie: ce qui est détestable et bien nuisible à ses pauvres habitants, qu'en temps d'hiver il est impossible d'y aller». Les autres cahiers du groupe n'ont point cet article.

[4]) Remeldorff ne parle pas des veuves et conclut: «qui est un abus extorqué». Oberesch mentionne les femmes veuves et ajoute: «ce qui est un abus très nuisible, n'y ayant jamais eu de four banal». Flastroff et Neunkirchen précisent: «auparavant les femmes veuves n'ont payé que la moitié, et depuis deux ans en entier».

7º. La gruerie est une perte des communautés: pour droit de martelage, les officiers nous font payer 3 livres 10 sols par arpent, non compris le procès-verbal de délivrance. La communauté a un ou plusieurs rapports par année sur les tocquées aux alentours des coupes en usance, dont on les rend responsables de 50 verges (aux alentours), et dont les rapports en fait proviennent souvent des anciennes tocquées, qui ont déjà été payées; ce sont en partie les employés des fermes[1]) et habitants des villages voisins qui commettent ces délits. Les forestiers et gardes des chasses, qui sont des mauvais sujets, au lieu de faire leur devoir, quand ils reprennent les délinquants, vont boire et manger avec eux, tirent de l'argent, et de suite font des rapports sur les communautés. Ils en font de même pour des riens, pour un cheval qui s'évade [des mains] des enfants; il faut les payer[2]). Les officiers de la maîtrise sont juges dans leur propre cause: ce qui est un abus.

8º. Nous avons sur notre ban environ 112 arpents de bois, dont d'iceux la gruerie nous a pris pour quart de réserve 48 jours ou arpents: ce qui nous est une grande perte que nous cause la gruerie; recourons au souverain et aux Etats généraux [afin] que cet abus soit rejeté.

9º. Sa Majesté a bien voulu nous faire grâce, il y a 18 ans, de nous remettre en nos anciens droits dans la forêt de Kalenhoven, où, par arrêt intervenu de Sa Majesté, elle nous a accordé à chaque habitant un quart de terrain de bois pour notre affouage. Cela a duré quelques années; mais présentement la gruerie nous en a frustrés. Ils [les officiers de la gruerie] ne nous donnent point notre mesure; au lieu de nous laisser à la haute futaie, ils nous ont jetés dans un canton de souille où il n'y a rien: pourquoi nous nous jetons au pied du trône, espérant que pareil abus sera rejeté et [que nous serons] remis au grand bois. [De] plus, étant sans foin, fourrage ni prairies, il nous est impossible d'obtenir en gruerie la moindre ouverture des taillis, quand même ils seraient défensables: il faut voir périr nos bêtes de faim.

10º. Pour ce qui regarde la justice ordinaire, les communautés en souffrent beaucoup, parce qu'elle est trop coûteuse et trop lente par rapport aux incidents, pour ne pas dire chicanes, interjetés pour retarder

---

[1]) Détail propre au cahier de Bizing.

[2]) Détail propre à ce cahier. Beaucoup d'autres font ici un autre reproche à la gruerie, qui retient les deux tiers des amendes appartenant aux communautés. A Remeldorff, la rédaction de tout l'article est abrégée ainsi: « ... les officiers de la maîtrise nous font payer ..., de plus commettent quantité de gardes de chasse qui, au lieu de garder les chasses et les pêches sur lesquelles ils sont commis, roulent nos bois à épier, vont boire et manger aux dépens des pauvres, tirent de l'argent, de suite font des rapports sur les communautés. Les officiers de la gruerie sont juges ... ».

les procès et ruiner les procédants. Pour une petite dette d'un particulier, v[erbi] g[ratia] une somme de 6 livres, l'on fait souvent des frais du quadruple: ce qui est bien déplorable.

11º. Etant d'usage dans la plus grande partie de ce pays que les décimateurs fournissent des bêtes mâles pour la multiplication du bétail, en ce lieu nous n'en avons pas; ils ont bien soin de tirer les dites dîmes de grains, de foin, des agneaux, des cochons de lait, des choux dans les jardins, des topinambours, du lin, chanvre sur les versaines: [ce] qui est payer deux fois dans une année. Et ayant présenté différents placets à l'intendant, l'on nous a renvoyés par devers la justice ordinaire: pourquoi nous prenons notre recours au souverain et aux Etats généraux, et ce [à] cause de la pauvreté des communautés qui ne peuvent attaquer.

Par exemple: la dîme des prés, qui avient au sieur curé, est intervenue par bonté de nos prédécesseurs. Il y avait un vicaire où il est curé, et [il] n'avait pas à vivre en suffisance. Les habitants de notre communauté lui donnèrent chacun quelque chose [= un peu] de foin, et aussi des choux, [un] peu de chanvre et lin, comme aussi quelques cochons de lait et agneaux. Cela est venu de fil en aiguille jusqu'au point que ce vicariat a été fait paroisse et [les curés] se sont appropriés comme bon droit de dîmes, n'en ayant aucun titre; par conséquent c'est le curé qui prend cette menue dîme.

12º. Enfin nous sommes attenus de payer à la recette de Hemestroff annuellement chaque laboureur 24 sols de France, pour lesquels on nous donnait du bois tant pour charrues qu'ustensiles. Nous avons payé et payons encore; mais depuis longues années l'on ne nous a plus donné de bois: ce qui est payer sans aucun profit.

13º. Nous sommes encore surchargés d'un troupeau de bêtes à laine qui ne devrait venir sur notre ban que chaque sept jours, et qui ne devrait être que de 150 pièces; mais il y est très souvent à ronger la pâture, les prés, tellement qu'il nous est impossible d'avoir du bétail: pourquoi nous demandons [à] en être déchargés.

14º. L'on fait payer pour les enfants natifs de notre communauté un droit d'entrée au seigneur de 5 francs barrois; mais ces enfants n'ont jamais sortis du lieu: pourquoi payer droit d'entrée? C'est un nouveau droit que les admodiateurs s'approprient, et c'est un abus.

15º. Pour ce qui regarde la tutelle, les droits qui se perçoivent sont forts, jusqu'au point qu'un pauvre homme qui meurt, [les officiers] viennent faire l'inventaire et mangent ce qui peut y rester.

16º. Il y a en ces lieux un droit de châtrerie qui est nuisible aux communautés. Dans plusieurs cantons l'on ne donne rien: il n'y a que la Lorraine qui est surchargée de ce droit. D'où provient-il? de la ferme ou de quelque seigneur. C'est un abus qui doit être rejeté.

17°. Il serait à souhaiter qu'il soit fait défenses que les bois ne passent plus à l'étranger; il [de]vient d'une [telle] rareté par sa sortie que bientôt il n'y en aura plus.

Il serait aussi à souhaiter qu'il soit fait taxe sur les grains, parce qu'ils sont tellement hors de prix que le pauvre souffre la faim.

Fait et arrêté à Bizing en assemblée de communauté, ce 9 mars 1789, et avons signé ceux qui savent signer.

[De] plus, s'est trouvé que toutes les maisons nobles et couvents, extrêmement riches en biens, ne payent aucune rétribution à Sa Majesté: par conséquent, en les faisant payer de leurs biens, cela ferait une augmentation pour Sa Majesté!

Derechef achevé le dit jour.

Niclas Dalstein; Hans Petter Lutzelburger, syndic; Friderig Nilluss; Petter Jacob; Laurent Nillus; Anton Jacob [1]).

BOCKANGE.

Assemblée de 9 mars en la maison d'école par-devant Mathias Ritz, maire; publication au prône le 8 mars par le curé.
30 habitants. — Pas de liste de comparants; 9 signatures [2]).
Députés: Pierre Oberlinder et Philippe Marchal.

Le présent **cahier de plaintes, doléances** de la communauté de Bockange, sous le ressort du bailliage de Bouzonville, contenant quatre feuillets, a été par nous maire royal du dit lieu de Bockange coté et paraphé ce 8 (*sic*) mars 1789. (*Signé*) Mathias Ritz, maire.

La communauté de Bockange ... témoigne hautement la reconnaissance qu'elle a pour les bontés vraiment paternelles de son auguste souverain, qui sont dignes du cœur du plus grand des rois, qui ne veut connaître le besoin de son peuple que pour y subvenir avec toute la bonté et l'autorité royales.

---

[1]) Les députés à l'assemblée du bailliage furent Nic. Dalstein et Ant. Jacob.
[2]) Le greffier qui a tout écrit, ne signe pas le cahier: Jean-B[te] Jacquet dit Missore, greffier.

La dite communauté, d'une volonté unanime, offre à Sa Majesté de contribuer suivant toutes ses forces et facultés aux impositions et subsides nécessaires à la gloire de l'Etat aussi bien qu'à ses autres besoins.

Mais elle ose demander que l'on trouvât moyen de simplifier la manière de se les faire parvenir sans tant de frais pour les contribuables. Nous aimons que, quand le même contribuable paye un louis d'or, l'Etat recoive, s'il est possible, aussi un louis d'or, puisque la richesse de notre grand roi ne consiste que dans les nôtres, ses chers sujets.

La ferme générale, à la bien définir, ne va qu'au détriment et à la ruine des sujets du roi. En comparaison des sommes qu'elle verse dans les coffres de l'Etat, que ne coûte-t-elle pas à ses chers sujets et à l'Etat même ! Que de sujets inutiles à l'Etat et à la société n'entretient point la ferme ! Que de fausses contraventions ! Enfin les sujets du roi, militaires, bourgeois et campagnards, n'ont[-ils] pas à souhaiter qu'il y a, sans doute dans l'autorité du roi aussi bien qu'en sa sagesse ordinaire, des moyens suffisants pour remplacer le peu qu'il reçoit, et les grandes richesses que perçoivent les fermiers ?

Les maîtrises particulières seraient bien instituées ; mais les gardes dont elles se servent connivent avec les parties et les communautés et n'en font pas moins leurs rapports, de sorte qu'il en résulte double coûtance et que les forêts n'en sont pas moins dévastées. Il serait donc à désirer qu'il se trouvât des moyens peu dispendieux qui imprimassent et la crainte des lois et le rétablissement du bon ordre pour la conservation des forêts.

Les inventaires pourraient être faits moins dispendieux ; la justice des lieux pourrait bien en faire les fonctions.

Pour le droit capital ou droit de chef d'hôtel, il est tout à fait onéreux. Une veuve laboureuse est souvent dételée [= privée de son attelage] ; l'on ôte par ce même prétendu droit ce que les orphelins et la veuve ont de plus précieux ; et ce qu'il y a de plus contrastant, c'est que des religieux, qui, par les constitutions de leurs ordres, font profession de la pratique de la vertu de la charité chrétienne, ne l'observent point du tout en cette barbare perception.

Tout le monde en général, pour peu qu'il y ait de réflexion, vont se plaindre des enclos. Ils ne sont que pour les riches ; ceux-ci n'enferment ordinairement leurs prés qu'en faisant dévaster les bois et taillis par de pauvres manœuvres à ce proposés et qui le font de nuit ; et comme les riches ont leurs bestiaux, qui profitent de la vaine pâture conjointement avec les pauvres, ils profitent du bien des pauvres sans compromettre leurs propres biens.

Bénie soit à jamais Sa Majesté d'heureuse mémoire Charles VI, et Leurs Majestés qui extirpèrent l'usure des juifs, aujourd'hui portée à son comble, qui cause la ruine de millions de sujets du plus juste des rois.

Les maîtres des basses œuvres dans ces cantons perçoivent, pour écorcher une bête morte, ce qu'ils veulent. Il faudra faire taxer ce que chaque particulier leur doit à raison de chaque espèce de bête morte.

Pour subvenir aux besoins de l'Etat, nous avons, nous sujets du plus grand des rois, notre cœur, notre bien et nos vies. Mais les grandes richesses dont jouissent les couvents des ordres des saints Bernard et Benoît, laissent à Sa Majesté bien des ressources en leurs richesses, dont l'immensité est une cause principale de l'infraction de la constitution de leurs ordres et occasionne la ruine d'un grand nombre de pauvres sujets de Sa Majesté. Se reposant sur la force de leurs richesses, ils suscitent mille procès aux dits sujets pour se faire de nouveaux droits sur iceux. Les pauvres, ne pouvant les suivre dans toutes leurs poursuites et ruses, sont forcés de céder aux forts et de se laisser dépouiller.

Une des causes de la misère du public est encore le droit qui se perçoit pour la marque des fers et celle des cuirs, de même que le grand nombre d'acquits dans l'intérieur même du royaume: ce qui cause une rareté des denrées nécessaires ou les met à un prix exorbitant.

Il serait à souhaiter que dans l'administration de la justice les procès de faits de peu de conséquence puissent être vidés dans les assemblées municipales, et que, dans les sièges royaux, il se tienne non une audience par semaine, mais au moins trois, afin de ne pas manger, en frais de courses et séjours, les plaideurs.

Pier Sibert; Paul Delong; Jean Chilles; Jean Ritz; Bernad Sigler; Nicolas Jardinier; P. Léger Cob; Fridric Mérot.

BOUZONVILLE.

Assemblée du 6 mars par-devant les maire, lieutenant de maire, conseillers-échevins, trésorier et autres officiers municipaux et de police[1]*; publication au prône à la paroisse et à l'église abbatiale, sans date.*

---

[1] On ne cite pas leurs noms et quatre seulement d'entre eux signeront le cahier, les derniers de tous.

Le nombre de feux n'est pas indiqué. — *192 comparants*[1]*; 153 signatures.*
Députés: Jean-Etienne Albert, notaire et procureur; Jean-Simon Wirbel, avocat et procureur; André Altmayer, conseiller au bailliage; Charles-Gaspard Terrier, avocat et procureur.

Cahier de doléances, plaintes et remontrances de la ville de Bouzonville.

L'état actuel des finances du royaume ne permettant plus de se dissimuler qu'elles ont besoin de se régénérer dans un ordre plus parfait pour les mettre au pair avec les dépenses, et le désir de Sa Majesté, comme le vœu de tous ses bons et fidèles sujets, étant d'y contribuer de tout leur pouvoir, le premier pas à faire avant d'arriver aux moyens de réparer ou de construire est d'obtenir une base sur laquelle on puisse asseoir l'édifice, et de se procurer la connaissance de l'Etat au vrai: c'est pourquoi Sa Majesté sera très humblement suppliée:

Art. 1. De faire déterminer par un calcul juste et précis la masse des dettes de l'Etat, d'en faire remettre le résultat sous les yeux de ses Etats généraux avec le tableau des revenus et des dépenses de l'Etat, ainsi que celui des charges et frais nécessaires à la manutention.

Art. 2. Une administration arbitraire, étant exposée à tous les dangers des fausses spéculations et sujette à toutes les révolutions ruineuses des nouveautés, et la succession rapide des différents ministres à qui on en confie la direction multipliant les dangers et les abus, Sa

---

[1] On remarque que «les corps et communautés des arts et métiers de cette ville se sont joints aux bourgeois à cause du petit nombre d'individus dont ils sont composés». En tête des comparants, on place d'abord «Messieurs» du bailliage et de la maîtrise avec le médecin, puis les «maîtres» avocats, procureurs et notaires, ensuite «les sieurs» bourgeois. Une seule des signatures du procès-verbal ne paraît pas au cahier: Tock (lequel de ce nom?). Mais les signataires du cahier ne sont pas tous parmi les comparants et un grand nombre de comparants ne signent ni procès-verbal ni cahier: *Messieurs* Nic.-Protais Tock, procureur du roi au bailliage; Charles Tock, avocat du roi; *maîtres* Jacq. Altmayer avocat, Georges Adam procureur, Ant. Daniel avocat, Pierre Beltramin avocat, Pierre Weber avocat, François Tock procureur, Pierre Scholtus ancien receveur des domaines et bois; les *sieurs* J. Tritz, J. Heitz, Ferd. Weber, Nic. Altmayer, S. Schirmer, Cl. Masson, L. Lerond, Christian Chasseur, L. Henning, Jacq. Wack, Michel Louis, Ch. Becquer, Pierre Becquer, Jean-Pierre Hassard, Pierre Welter, J. Maffert fils, J. Reuter, Cl. Dodeler, J. Perle, Nic. Albert, Hubert Weiller, J. Englinger, Pierre Auguste, Nic. Bayer, Nic. Englinger, Et. Golin, Mathis Chevallier, Jacq. Hubens, André Roben, Nic. Masson, Et. Bach, Paul Bouillié, Pierre Hanser fils, Nic. Muller, Jean-Nic. Solver, Christ. Konne, J. Englinger, Nic. Kieffer, Franç. Pleignier, Georges Dalstein, Pierre-Remy Pierron, J. Lanis, Nic. Fingerling, L. Rousselot, J. Muller cordonnier, Nic. Pope, Nic. Welsch, .. Christophe, Pierre Bettendorf fils, Nic. Kine, Nic. Muller, Georges Auguste.

Majesté sera très humblement suppliée d'établir dans les administrations de tous les départements une forme permanente et invariable dont aucun des ministres ne pourra s'écarter sans en être garant et comptable envers l'Etat et la nation; et si cette nouvelle constitution était susceptible de perfection, ou s'il s'y introduisait des abus, les changements que les connaissances acquises par l'expérience rendraient nécessaires, ne pourront se faire qu'en l'assemblée des Etats généraux.

Art. 3. Les charges et dépenses de l'Etat une fois connues, qu'il soit fixé la masse générale des subsides nécessaires pour y subvenir, lesquels ne pourront néanmoins jamais excéder le dixième des revenus de la propriété.

Art. 4. Que cette masse soit répartie entre toutes les provinces en proportion de leurs richesses intérieures, de leurs commerces, de leurs ressources, pour en faire chacune dans leur territoire la répartition et la levée, et ensuite en faire verser sans frais les fonds au trésor royal: ce qui débarrassera l'administration ministérielle du soin et des frais de surveillance et lui assurera à des termes fixés des fonds dont elle fera l'usage que le bien de l'Etat exigera.

Art. 5. Le tiers état gémissant depuis longtemps sous le poids énorme des contributions de toutes espèces, dont il est grevé par l'abus des privilèges et des exemptions, qui fait refluer sur lui la contribution qu'auraient dû supporter les privilégiés, le clergé et la noblesse, Sa Majesté sera très humblement suppliée de supprimer toutes distinctions, quant aux subsides et impositions, entre les différents ordres de ses sujets, et ordonner qu'à l'avenir, sans différence d'état, de qualité, de rang ni de dignité, les trois ordres de son royaume seront contribuables aux subsides de l'Etat et aux impositions locales, sans qu'à la suite il puisse être accordé aucun privilège ni exemption pour quelque cause [que] ce puisse être.

Art. 6. Pour établir une administration stable et imposante sur toutes les parties, Sa Majesté sera suppliée de céder au vœu général de la province en la réintégrant dans ses Etats provinciaux, et de leur attribuer la direction générale de ses finances et domaines, avec pouvoir de se donner l'organisation la plus analogue à ses mœurs, sa situation et ses ressources.

Art. 7. Les compagnies financières n'ayant d'autre mérite que de fournir au gouvernement des avances à gros intérêt et de vexer souvent le peuple pour en multiplier et grossir les profits immenses que la nature de leurs entreprises leur assure, Sa Majesté sera très humblement suppliée de les supprimer toutes et de confier à chaque province l'administration de ses finances sous la direction immédiate ou du contrôleur des finances, ou d'un de ses commis, dont sera composé son comité, et assurer le remboursement des avances qu'elle pourrait avoir faites sur des fonds à ce destinés et qui résulteront de l'accroissement de ceux que produira la contribution des deux premiers ordres et des privilégiés: ce qui donnera une administration plus sage, plus économique et plus conforme au vœu général de la nation.

Art. 8. La cuisson des sels [ne] se pouvant faire avec de la houille, celle qui se fait en Lorraine y augmente considérablement le prix des bois par le privilège accordé aux salines de s'approprier ceux qui sont à leur proximité et convenance: ce qui grève infiniment les propriétaires des forêts et fait languir dans le besoin les habitants de ces cantons sans aucun grand avantage pour Sa Majesté, puisqu'elle pourrait procurer par la voie de la Hollande à ces provinces des sels également bons à moins de 2 sous la livre rendue aux frontières par la Moselle et la Sarre. Sa Majesté sera très humblement suppliée de supprimer les salines de cette province et les gabelles, en tout cas d'en diminuer le prix: ce qui sera un moyen sûr de fermer la porte à la contrebande, d'encourager et enrichir l'agriculture et de conserver à la terre et à l'industrie des bras que les lois fiscales arrachent à leurs familles et à l'Etat par les peines afflictives auxquelles leur rigueur les condamne.

Art. 9. La province de Lorraine, et en particulier ce canton, étant traversée et coupée tantôt par le Pays-Messin et les Trois-Evêchés, tantôt par le Luxembourg francais, tantôt par les parties de la Lorraine cédées à Louis XIV par le traité de Vincennes du dernier février 1661, et chacune de ces parties différentes étant hérissée de bureaux de foraine qui entravent le commerce et multiplient les frais, Sa Majesté sera très humblement suppliée d'abolir tous droits de péage entre ces différentes provinces et celle-ci, et des cantons entre eux, de même que ceux des villes qui ne sont ni moins gênants ni moins onéreux.

Art. 10. Le commerce principal de la Lorraine consistant en entrepôts de marchandises étrangères, et sa position dirigeant son industrie au commerce avec l'étranger, tout changement ruinerait infailliblement son commerce et jetterait la province dans une inertie affligeante. Sa Majesté sera donc très humblement suppliée de la traiter favorablement et de la confirmer dans son état et [ses] privilèges actuels, et au cas qu'il ne lui plairait de lui accorder cette faveur et que, par des vues générales auxquelles doit céder le particulier, Sa Majesté se déterminerait à porter les barrières [aux frontières], ce qui boucherait la province, sa bonté ordinaire la portera à prendre en considération cette surcharge et à lui accorder une sorte de dédommagement en diminuant sa masse de contribution aux subsides et en lui accordant la libre entrée des marchandises reconnues de nécessité, telles que les épiceries, et de toutes les matières premières nécessaires à l'entretien de manufactures.

Art. 11. La libre circulation des grains, qui sont la production dominante de la province, et particulièrement de ce canton, et l'exportation pouvant dans un moment alarmer et affamer le canton, il serait digne de la sagesse et de la bienfaisance de Sa Majesté de ne donner cours libre à la circulation qu'après que dans chaque chef-lieu il serait mis en réserve des grains en suffisance pour la subsistance du quart au moins des habitants, pour, dans les instants de disette, être distribués aux plus nécessiteux au prix courant ou à charge de les remplacer à la récolte suivante, à l'effet de quoi il y serait établi des magasins sous l'administration des provinces.

Art. 12. Le produit des forêts en Lorraine diminue journellement parce qu'elles sont presque toutes en troisième révolution, tandis que la consommation des bois augmente tant par le luxe que par le trop grand nombre d'usines à feu dans cette contrée ainsi que dans tout le royaume; et la rigueur des hivers de 1784 et 1788 nous ayant fourni des preuves funestes de l'insuffisance des bois, pour parer à de semblables inconvénients à l'avenir et rassurer le peuple, Sa Majesté est très humblement suppliée de supprimer les forges superflues et de renouveler les défenses concernant l'exportation des bois et charbons, faites par arrêt du conseil du 3 janvier 1782, qu'une politique mal entendue a révoquées.

Art. 13. L'administration des eaux et forêts dans sa forme et ses attributions actuelles pèse sensiblement sur toutes les classes des citoyens, mais principalement sur la partie indigente et la plus précieuse de ses sujets, et si le danger des abus qui résulteraient de l'administration livrée aux caprices et aux besoins des propriétaires et usufruitiers, [ne] nécessitait dans cette partie une administration publique uniforme et stable, on en solliciterait l'affranchissement; mais au moins, comme le nombre des officiers attachés à chacun de ces sièges n'est pas essentiellement nécessaire, et que deux pourraient faire ce que font quatre, on pourrait les réduire à ce nombre en remboursant à ceux des dits officiers qui seraient jugés inutiles la finance de leurs offices et maintenant ceux qui seraient conservés dans les droits à eux attribués par leur création.

Art. 14. Les forêts des communautés se dégradent faute d'être exactement et suffisamment surveillées. Pour arrêter le progrès du mal, il serait essentiel d'obliger ces communautés de préposer à la garde de leurs forêts des forestiers solvables, pris dans leurs membres, en nombre proportionné à leur étendue, les rendre garants et responsables des délits qui s'y commettraient, et pour les rendre plus actifs de même que [pour] les dédommager, leur attribuer, outre la moitié de l'amende, moitié dans les dommages-intérêts qui seraient prononcés au profit des communautés.

Art. 15. Les forêts de Sa Majesté souffrent également de la négligence des gardes qui y sont préposés. Les gages modiques de 50 francs barrois, qui leur sont attribués, sont la source de leur négligence et de leur découragement. Il faut n'en établir que de solvables, les rendre garants des délits et pour cela leur attribuer à chacun 300 livres de gages, et aux gardes à cheval chargés de la surveillance générale 400 livres.

Pour former les fonds nécessaires à ces gages, Sa Majesté pourrait aliéner à vie les chasses aux concessionnaires moyennant une rétribution annuelle qui y serait employée, et chacun de ses gardes, dans son contour, veillerait également à la conservation des chasses du concessionnaire, qui serait dispensé d'établir des gardes de chasse, à moins qu'il ne préférât de le faire à ses frais. Au surplus la chasse ne devrait être ouverte qu'au 1er septembre de chaque année.

Art. 16. Les frais de poursuite contre les délinquants sous la forme actuelle sont trop multipliés; on peut rendre cette partie plus simple et beaucoup moins dispendieuse : c'est de régler ces rapports comme les mésus champêtres sommairement, et pour cela fixer au second lundi non férié de chaque mois, et en cas férié, au premier jour suivant non férié, le jour où se ferait la taxe, d'obliger le garde rapporteur de dénoncer son rapport au greffe local du domicile des délinquants ou de l'un d'eux, si c'est dans l'arrondissement du siège, d'enjoindre à ce greffier de remettre la liste tous les samedis qui précéderont le dernier dimanche du mois au curé de la paroisse ou vicaire résident, qui sera tenu d'en donner lecture à son prône pour instruire les délinquants et les citer au jour fixé pour la taxe, et pour tous droits de taxe attribuer 2 francs barrois par rapport tant pour les juges, procureur du roi et greffier, de même que pour les soumissions ; et pour faciliter le payement des amendes et diminuer les frais de poursuite, en attribuer la recette au greffier sous telle rétribution qui sera fixée.

Art. 17. La construction et l'entretien des routes et des ouvrages d'art aux ponts et chaussées étant une partie essentielle pour la sûreté et l'activité du commerce, Sa Majesté sera très humblement suppliée d'en confier l'administration aux Etats provinciaux, et la direction et inspection au génie militaire : ce corps généreux, délicat et estimable, ne dédaignera pas un service utile à la patrie et économique à l'Etat, lorsqu'il saura qu'il y est appelé par la confiance qu'il inspire au peuple.

Art. 18. Le bien public exigeant que l'administration des communautés soit guidée et surveillée, puisqu'une grande partie a des fonds dans la caisse des bois, qui y sont oisifs pour elles et pour le public, tandis qu'ils pourraient fructifier aux communautés et être utiles au public, Sa Majesté, qui veut leur bien, ne leur refusera pas la grâce qu'elles sollicitent de les mettre sous la protection et direction des Etats provinciaux et d'autoriser les dits Etats à se faire rendre compte des fonds qui peuvent leur rester dus à la caisse des bois et de les en tirer pour former une caisse particulière et les faire fructifier à leur profit jusqu'à ce que leurs besoins exigeront de les en retirer.

Art. 19. L'expérience ayant convaincu que dans les petites villes qui n'ont pas de commerce, telles que celle-ci, l'établissement en jurandes des arts et métiers nuit à l'abondance en excluant les marchands forains, et augmente les prix en éloignant la concurrence, Sa Majesté sera très humblement suppliée de les supprimer dans toutes les villes qui ne seraient pas composées de 800 feux au moins, en remboursant les brevets levés.

Art. 20. Considérant la pâture comme la nourrice du cultivateur et de l'agriculture par les ressources infinies et précieuses que produit le bétail de toute espèce, qui en tire sa subsistance, et par les sels et engrais qu'il fournit, on ne peut trop la favoriser ni l'étendre.

Resserrée par l'arrêt du conseil de 1757 qui l'interdit aux porcs dans les taillis qui n'ont pas huit ans, comme nuisible au repeuplement, tandis que le vermillage des porcs le provoque et le facilite en enfonçant et couvrant dans la terre les glands et la faîne qui pourrissent sur la surface sans succès, et encore par l'édit des clôtures de 1767, qui ôte au cultivateur et à l'habitant la seule ressource que la nature lui offre en la remettant entre les mains du propriétaire, qui souvent l'achète par la dépense à laquelle l'engagent la clôture et son entretien: il serait intéressant de faire cesser la gêne et de rétablir l'usage de la grasse pâture pour les porcs dans les taillis sans distinction, et de la vaine sur le ban comme avant 1757 et 1767 et, pour favoriser le propriétaire, ne permettre la vaine pâture dans les prés qu'après la levée qu'il aura faite du premier et du second poil, sans qu'il soit assujetti à aucune clôture, et en même temps, pour venir efficacement au secours du cultivateur, permettre de faire annuellement dans une partie des versaines exemptes de dîme des prés artificiels pour leur bétail, à la conservation desquels les gardes du ban seraient tenus de veiller comme à celle des semailles des autres saisons.

Art. 21. L'usage de la pâture nocturne favorisant le fourragement des grains et des campagnes, Sa Majesté sera très humblement suppliée de la défendre en tous temps, au moins jusqu'après les récoltes faites.

Art. 22. Les bêtes à laine ruinant les prés par leur pâture, parce qu'elles en arrachent l'herbe qu'elles pincent trop près de la racine, il serait intéressant que la pâture leur en fût interdite en tout temps.

Art. 23. Le malaise des habitants de cette contrée tient à une multitude de chaînes dont ils désireraient d'être débarrassés ou au moins soulagés; grevés par des corvées de charrues, de voitures de bois, des droits de chef d'hôtel ou droit capital, de banalités de moulins, fours et pressoirs, restes odieux d'une servitude féodale: Sa Majesté sera très humblement suppliée de les en affranchir par sa puissance suprême, en tout cas de les convertir en une modique rétribution annuelle, mais surtout la banalité qui tient les habitants dans une dépendance servile pour les choses de première nécessité et de propriété, et encore pour le droit de chef d'hôtel qui s'étend à ravir à une veuve, à des enfants plongés dans le deuil de la perte d'un mari, d'un père, le second meuble de la maison de celui qui vient de payer le dernier tribut à la nature; en tout cas, pour adoucir l'odieux de ce droit, dont Sa Majesté semblait avoir affranchi ses sujets par son édit du mois d'août 1779, Sa Majesté sera très humblement suppliée de le fixer à une somme modique, proportionnée aux facultés présumées de ceux qui y seront sujets d'après le rang dans lequel ils seront placés dans le rôle des impositions, savoir 18 livres pour ceux de la première classe, 9 pour ceux de la seconde, et 3 pour ceux de la troisième.

Art. 24. A ces entraves qui obstruent l'industrie des habitants de ce canton vient se réunir l'usure des juifs, qui n'y sont tolérés que pour sa ruine: ce qui est de la plus dangereuse influence par la corruption qu'ils versent dans les cœurs des citoyens et les dangers auxquels est exposée la religion par la liaison intime et l'habitation souvent commune des maisons entre eux et les catholiques. Sa Majesté sera très humblement suppliée d'ordonner, suivant le vœu des ordonnances de Lorraine, qu'ils se restreindront au nombre par elles déterminé, qu'ils se retireront, dans chacun des lieux où leur établissement est toléré, dans des quartiers séparés, et enfin qu'en conformité de l'édit du 30 décembre 1728, on ne pourra contracter avec eux que par-devant notaires et que les deniers n'aient [été] délivrés en leur présence.

Art. 25. Les fonctions des jurés priseurs n'étant d'aucune utilité au public, et les droits qui leur sont attribués étant très onéreux, Sa Majesté sera très humblement suppliée de leur rembourser leurs finances et frais de provisions et de les supprimer.

Art. 26. Les tribunaux de la justice, établis pour la protéger et la faire observer, chargés spécialement de prévenir et réformer les abus, n'en sont pas exempts. Il serait à désirer que l'on pût abolir la vénalité dans les charges pour ne les donner qu'au mérite et pour le récompenser : c'est le vœu général, on ne peut se refuser de l'exprimer ici ; et si les circonstances ne donnent pas lieu à espérer que ce système puisse se réaliser, au moins on fait des vœux pour une réforme dans les abus. La procédure est trop longue, trop compliquée ; il faudrait y substituer une forme plus brève, plus simple, plus impérieuse, et qui, en tranchant court sur tous les incidents auxquels expose la forme actuelle, en diminuerait les frais et laisserait moins de jeu à les multiplier et à les autoriser. Ce point est essentiel au bonheur du peuple ; il ne faut pas lui faire jouer sa fortune pour en défendre souvent la plus petite partie.

Art. 27. Les inventaires qui se font par les procureurs du roi au décès de l'un des conjoints laissant des enfants mineurs, dans le ressort de la coutume de Lorraine qui attribue les meubles au survivant, ne présentent aucune utilité reconnue pour les mineurs. Sa Majesté sera très humblement suppliée de révoquer la déclaration du 29 juin 1743, qui autorise ces inventaires, à moins que, pour la sûreté des enfants en cas de secondes noces du survivant, il ne lui plaise, en ajoutant à cette déclaration, ordonner qu'en cas de secondes noces, le survivant deviendra comptable envers les enfants du premier lit de la moitié du dit inventaire, en indemnisant le titulaire de la diminution de ses fonctions.

Art. 28. Les procureurs du roi ayant mérité la confiance du législateur, qui les a établis juges tutélaires seuls et sans le concours d'officiers, on ne regarde pas seulement pour inutile, mais onéreux, que, dans certains cantons et dans certaines circonstances, il [le procureur] est obligé de se faire accompagner d'un commissaire du bailliage pour faire des inventaires : ce qui fait doubler les frais, sans qu'on en retire ni sûreté ni utilité. On supplie Sa Majesté de supprimer cet usage et d'ordonner qu'en toute circonstance le procureur du roi fera seul les inventaires où il y aura des mineurs ou absents.

Art. 29. Le ministère d'un avocat et d'un procureur pour le soutien d'une cause n'y donne aucun relief ; un seul peut suffire à cette tâche dans les sièges inférieurs, et il y aurait moins de frais. Sa Majesté sera suppliée de réunir ces deux fonctions sur un même individu et de n'y admettre que les avocats dans les sièges inférieurs qui sont hors des villes de parlement.

Art. 30. Les fonctions de notaire exigeant des talents distingués et une connaissance parfaite des lois, ordonnances et coutumes, il serait du bien public de n'en admettre aucun qui ne soit gradué, et de ne les recevoir qu'après un examen public et juridique. La facilité avec laquelle on en reçoit donne lieu à une fourmilière de procès qui prennent leur source dans leur défaut de connaissances.

Art. 31. Les dîmes étant consacrées à l'église, tout ce qui a rapport au culte divin et aux ministres des autels devrait en faire une charge, comme les portions congrues, les constructions et entretiens des églises, ornements, vases sacrés, luminaires, clochers, cloches, ossuaires, cimetières, presbytères et gages des marguilliers : c'est ainsi qu'il en est usé dans les Etats voisins. Sa Majesté voudra bien prendre en considération qu'il pèse infiniment à des paroissiens de payer la dîme de leurs biens et supporter encore les charges pour lesquelles ils la payent. Et, attendu que la matière des dîmes est une source intarissable de procédures ruineuses pour les sujets, et que les fruits qui y sont sujets et la quotité à laquelle elle se paye, sont autant variés qu'il y a de bans dans le royaume, Sa Majesté sera très humblement suppliée de rendre une loi sur cette matière dans laquelle elle détaillera les espèces qu'elle y soumettra et la quotité à laquelle elles la payeront.

Art. 32. Ce n'est pas sans gémir que l'on remarque une disposition si disparate dans les bénéfices qui sont le patrimoine commun des ministres de la religion : les uns remplissent dans la poussière des églises des fonctions dont les autres recueillent les perles ; les uns sont écrasés sous le nombre et la richesse des bénéfices qu'ils consacrent au luxe et à la vanité, tandis que les autres qui sont dévoués aux fonctions les plus utiles et les plus pénibles languissent et sont réduits à payer leur subsistance du prix de leurs messes journalières.

Depuis que la politique a éloigné le tiers état de toutes les faveurs, des grâces, des dignités et des distinctions, il s'était persuadé qu'au moins les bénéfices médiocres du dernier ordre du clergé lui demeureraient assurés, et que les régnicoles donneraient dans leur patrie l'exclusion aux étrangers. Cependant il s'est trompé, et tous les jours on surprend des grâces de Sa Majesté des lettres de naturalité pour des étrangers qui viennent envahir les bénéfices de ce canton, tandis qu'on refuse aux sujets de Sa Majesté la réciprocité dans les Etats voisins. Sa Majesté sera très humblement suppliée de ne plus accorder à l'avenir de pareilles faveurs, qui découragent ses sujets.

Art. 33. Les communautés religieuses n'étant fondées que pour le bien et l'avantage des Etats, Sa Majesté est très humblement suppliée d'ordonner que dans les lieux de leurs fondations, indépendamment de leurs contributions aux charges et impositions publiques, elles se rendront utiles par l'enseignement des vérités de la religion catholique et des humanités jusqu'en philosophie.

Art. 34. Les officiers municipaux dans les villes qui, comme celle-ci, ont des revenus inférieurs à leurs charges, par la surcharge des gages dont le payement leur est fait par les villes [1]: Sa Majesté sera très humblement suppliée de décharger celles-ci des gages de ses officiers en finance et d'exécuter sa promesse faite par arrêt de son conseil du 5 février 1777; et comme la plupart de ces villes sont aussi grevées du logement des cavaliers de la maréchaussée, elle voudra bien ordonner aussi que les frais de ces logements seront répartis sur tous les ressorts des bailliages où ils sont logés, puisqu'ils profitent également des sûretés qu'ils donnent et du bon ordre qu'ils établissent.

Art. 35. La recette des finances étant le rendez-vous de tous les contribuables aux impositions envers Sa Majesté, il serait juste qu'elle fût placée à portée de toutes les communautés qui y répondent, et [là] où elles sont appelées pour le payement de ce qu'elles doivent à la recette des domaines et bois. C'est pourquoi Sa Majesté est suppliée de vouloir bien ordonner que le bureau de la recette des finances sera transféré en cette ville comme étant le centre de toutes les communautés contribuables et le siège du bureau de la recette des domaines et bois.

Art. 36. Les productions de ce pays, étant reconnues de bonne qualité, pourraient fournir en grains et en pâturages des approvisionnements à la ville de Metz, ce qui lui serait d'un grand secours, s'il y avait une route de communication. Ce travail est peu important: ce ne serait pas une construction de trois lieues. Sa Majesté sera suppliée de vouloir bien ordonner la construction de cette route de communication.

Art. 37. Les fruits champêtres, qui sont très abondants dans la Lorraine allemande, formant une ressource aux habitants, Sa Majesté sera très humblement suppliée de leur accorder la liberté d'en faire de l'eau-de-vie, ainsi que des marcs de leurs raisins, sans brevet.

Art. 38. Comme les pigeons sont très nuisibles à l'abondance des récoltes en enlevant les grains lors des semailles, Sa Majesté sera très humblement suppliée de vouloir bien ordonner que pendant les semailles d'automne et de mars, ils demeureront renfermés pendant six semaines chaque fois; et les seigneurs vassaux, aussi bien que les curés qui ont droit de colombier, seront bornés à 60 nids pour chaque colombier.

Art. 39. Les abbayes en commende étant instituées pour récompenser les services rendus à l'État, et la plupart étant entre les mains des évêques, qui n'ont pas besoin de ce secours, ou de sujets qui ne se

---

[1] Ne faudrait-il pas: sont une surcharge par les gages ... ?

sont pas rendus dignes de ces bénéfices, Sa Majesté est suppliée d'ordonner que ces bénéfices demeureront, à leurs vacances, sous la direction des Etats provinciaux pour les revenus en être appliqués aux besoins de la province où ils sont situés.

Art. 40. L'Etat étant surchargé d'un grand nombre de pensionnaires qui n'ont d'autre titre que l'importunité et la faveur, par le moyen desquelles ils ont obtenu ces grâces, Sa Majesté est suppliée de vouloir bien faire examiner la vérité des titres sous lesquels ces pensions ont été accordées, et de supprimer celles qui n'auraient pas pour base un mérite reconnu et réel, et de restreindre celles qui seraient jugées excessives.

Art. 41. Les honneurs et les dignités étant l'aiguillon le plus puissant pour exciter à la vertu et produire les grands hommes, Sa Majesté est suppliée de vouloir bien ouvrir au tiers état la route aux dignités tant dans la robe que dans le militaire et l'Eglise, en conséquence ordonner que les distinctions ne seront à l'avenir que la récompense du vrai mérite, en quelque ordre des citoyens [qu'] il puisse se rencontrer.

Art. 42. Le droit de tiers denier étant très à charge au public et nuisible au commerce, Sa Majesté est suppliée de vouloir bien ordonner aux seigneurs vassaux de borner le dit droit au douzième du prix de la vente des immeubles qui se fera dans l'étendue des seigneuries où il est établi, à l'exemple de ce que Sa Majesté a réglé à l'égard du dit droit dans l'étendue de ses domaines; ce faisant, ne faire entrer en évaluation que les fonds, les bâtiments distraits.

Art. 43. Les droits de marques sur les cuirs, sur l'amidon, sur la poudre et les cartes, sont aussi onéreux que gênants; les frais de leur régie absorbent une saine partie de leur produit. Le bien-être des sujets exige la suppression de ces droits, notamment sur les cuirs, qui forment un objet de première nécessité. Il n'en est pas de même de la marque des fers, dont le droit peut être perçu sans régie sur le produit évalué des forges en déduisant aux fabricants des fers les frais de la dite régie.

Art. 44. Les sujets de l'Etat ayant intérêt d'éviter la multiplicité des degrés de juridictions et d'obtenir une justice prompte des juges royaux, il serait intéressant de réunir les hautes justices des seigneurs vassaux aux bailliages, en indemnisant néanmoins les dits seigneurs vassaux des torts que ces réunions pourraient leur occasionner.

Telles sont les doléances, plaintes et remontrances que les officiers municipaux, ceux des autres sièges, les habitants et bourgeois de la ville de Bouzonville ont cru devoir mettre sous les yeux de Sa Majesté et de la nation, en observant que la dite ville est accablée d'impôts en tout genre sans avoir les ressources dont jouissent plusieurs autres villes et communautés de la province: elle n'a point de bois, point ou peu de biens communaux, point de commerce, point de passage d'étrangers; et que, pour peu de charges extraordinaires qu'elle a à supporter, elle ne peut y faire face sans recourir à la voie onéreuse des impositions; et que, pour la mettre à même d'acquitter les charges courantes et ordinaires, il ne suffirait pas de payer les gages des officiers qui sont en finance à l'hôtel de ville sur le trésor royal, mais, pour en décharger aussi Sa Majesté et la caisse de l'Etat, il serait à propos de leur rembourser leurs avances et sommes principales sur la même caisse, qui en a reçu le montant, et supprimer leurs offices pour en confier les fonctions aux personnes qui seraient choisies tous les trois ans dans la bourgeoisie et prêteraient gratuitement leur ministère.

Fait et achevé en la salle de l'hôtel commun de la ville de Bouzonville après lecture donnée aux uns et interprétation faite aux autres, ce 6 mars 1789.

J.-B. Tock, (lieutenant particulier au bailliage); (Jean-Benoît) Bourguignon, (assesseur); (André) Altmayer, (conseiller); (Remy) Bador, doct. médecin (stipendié); Welter, le jeune; Jean-Et. Albert, (notaire et procureur); (Jean-Georges-François) Blaudin, (notaire); (Jean-Baptiste) Bordé, (procureur); (Jean-Baptiste) Pontry, (procureur); J. Daniel, (notaire); (Etienne-Henry) Daniel, (notaire); J.-B. Boisteaux, (notaire); A. Daniel; Petter Bor, vétéran; J.-G. Mexal; André Klein; N. Graff; J. Bousse; N. Peter; A. Joly; Cl. Chalont; P. Englinger; Michel Marchal; N. Turman; L. Hanne; Malraisont; Hans Görg Knobloch(?); N. Guerber; Samson Hochgirtel; N. Henning; Jean Salmon; Laurent Pepin; N. Gonnhaut; Jean Chasseur; Jean Miller; Adam Michel; N. Pitoux; Jean Nicolas Doyen; François Jacque; Dominique Schreder; Pierre Louis; N. Tourman; Petter Vener; Jean Sauvage; N. Boisteaux; Pierre Masson; Jean Koune; Martin Avrill; Jean Lerond; Antoine Grünewald; Kobel; Ludwig Peter; Jean Krumbein; Jean Nicolas Houillon; Jean François Trinquart; P. Tuorman; Jean Schlichter; P. Hegay; Martin Avril; Charles Renac; J. Becker; Jean Maffert; Michel Jacoby; André Steber; Johannes Rischar; C. Barthelemy; Janront; C. Muel; Pierre Frentz; Niclou; Jean-Piere Florentin; Luc Vieille; Jean Bergmans; George Grünevald; Pierre Frentz; Pierre Bettendroff; N. Lejeune; J. Pavier; André Nobel; Bastian Michel; Ferdinant Brech; Pierre Maffert; Nicolas Volffinger; Dominik Clauss; Pierre Joly; C. Hartenstein(?); André Pleignier; Simon Miller; Georg Sauvage; H. Gaspar; G. Lagrange; Peter Fossé; André Avril; Nicolas Lefebre; Henry Paulett; N. Marchal; Claud Issler; Hanss Petter Bliemer;

Simon Marcus; Jean Berviller; Michel Hubentz; Antoine Brettnacher; Schuster; J. Monard; S. Henrion; Prince; B. Daras; Chéry; P. Riviere; A. Graff; Dominique Picare; Michel Qunche; Guiame Sauvage; Jean Gadolle; Berseville; François Mayer; Jean-Pierre Albert; Jean Christiné; Nicolas Gadolle; George Meiller; Nicolas Frentz; J. Miller; J. Henri; Philippe Laurant; Georges Grunevald; Johans Goldfuss; B. Adam; Honoré Menager; Pierre Albert; Jean Baur; Pierre Menager; Ni. Teiter; Rodelberger; N. Schlichter; P. Peter; Antoine Sauvage; Charles Jacques; Ni. Gobin; Jacques Lerond; Pieron; D. Denis; Pierre Laniot; P. A. (Pierre Augustin); François Marcus; Pierre Hauser; Leonardus Heido; Jean Gobin; Gonnhaut; (Joseph) Husson, (avocat et receveur des domaines); J.-S. Wirbel; J. Welter, procureur du roi; Terrier; Daniel, maire royal.

Les officiers soussignés formant le siège de la maîtrise des eaux et forêts de Bouzonville, considérant qu'il est nécessaire que le ministère et les Etats généraux du royaume soient particulièrement instruits de la constitution de leur état, de l'utilité de leurs fonctions et de tout ce qui y a rapport, pour être à même d'en disposer de la manière la plus convenable aux intérêts du roi, du public et du particulier, ont cru ne devoir point accéder aux articles qui les concernent dans les délibérations prises par MM. de l'assemblée du tiers état, ni aux vues qui y sont proposées relativement à eux, se réservant de faire leurs représentations à cet égard, de produire et faire valoir les motifs qui militent en faveur de leur état, et de proposer les vues qui peuvent tendre au plus grand bien de ce service et d'une administration aussi importante, et sans que leurs présentes signatures puissent être considérées comme assentiment et acceptation de leur part, mais comme n'étant données que par forme de protestation.

Tailleur (Jean-Nicolas, procureur du roi de la maîtrise); Marchal (Charles, maître particulier); L. Pelgrin, (garde-marteau); Tock; (Dominique) Noël, greffier.

La présente contenant douze feuillets a été cotée et paraphée par nous maire royal *ne varietur* en conformité des ordonnances du roi, à Bouzonville le 10 mars 1789. Daniel, maire royal.

BRETTNACH.

Assemblée du 9 mars en l'auditoire du lieu par-devant les maire, gens de justice, syndic et autres officiers municipaux; publication au prône le 8 mars par le curé.
70 feux. — Pas de liste de comparants; 7 signatures.
Députés: Georges Berviller et Jacob Zimmer.

Cahier des plaintes, doléances et remontrances de la communauté de Brettnach.

Cejourd'hui, 9ᵉ jour du mois de mars en l'année 1789, la communauté étant assemblée pour se conformer à la lettre de Sa Majesté du 7 février dernier, et de l'ordonnance de M. le bailli d'épée du bailliage de Bouzonville, ..., et ont délibéré comme s'ensuit:

I. Plaintes. 1. Comme le prix du sel est exorbitant dans notre province, et cela nous paraît injuste, tandis que l'auteur de la nature a doté la Lorraine des sources de sel; et de même les salines causent une cherté du bois dans la province; voilà deux objets qui rendent la Lorraine d'une pire condition que les étrangers; car nous les voyons venir acheter le bon sel, et presque pour rien, tandis que nous le payons si cher, et qui est d'une moindre valeur que celui qui est vendu aux étrangers.

2. Il nous paraît dur et injuste de nous faire payer des droits de douane de nos marchandises de la Lorraine en France et de la France en Lorraine, tandis que nous avons le même souverain, et [cela] cause une grande perte à la province.

3. Les droits de la maîtrise nous paraissent injustes de même; car anciennement nous ne leur payions pour affouage d'un arpent de bois que 46 sols 6 deniers de France, et maintenant elle nous fait payer 3 livres 10 sols, sans l'alignement qu'elle nous a fait à chacune de nos coupes, qu'elle nous a fait payer à part. Et encore nous paraît-elle injuste en ce qui regarde les rapports et délits dans nos bois, puisqu'elle est le juge et la partie intéressée: ce qui est contraire à toute règle et saine raison.

4. Il [en] est de même du timbre et marque des cuirs et autres impôts, qui nous sont fort nuisibles; car les cuirs sont d'un très grand prix, et la seule raison est le timbre et autres impôts qui empêchent d'en faire

parvenir de l'étranger, tandis que l'élevage des bestiaux dans la province ne peut suffire à la fourniture des cuirs, et c'est là une raison à faire aller une grande partie à pieds nus une grande partie de l'année.

5. Les inventaires sont ordonnés en faveur des mineurs et orphelins; mais puisqu'ils sont si coûteux, les orphelins [en] sont quelquefois, pour deux ou trois heures de travail, à la due de 15 à 20 livres, et cela pour une lieue de marche que l'on fait à cet objet; et sur cette raison ils auraient presque [aus]si facile de donner une partie de leur succession. Ainsi de même des huissiers priseurs à l'égard des ventes de meubles, qui prennent des salaires et des droits [tels] que l'on ne sait combien; car ils tirent trois fois plus que dans les anciens temps. Nous ne savons si c'est juste ou non.

II. Remontrances. 1. Nous supplions humblement qu'il nous soit accordé pour le bien public le sel commun et libre dans le royaume, qui sera utile pour l'élève des bestiaux et fera épargner un quart de fourrage, tandis qu'ils ne sont en abondance; et même aussi pour la nourriture humaine, qui est de la plus grande partie très mal construite faute des sels, qui sont d'un si grand prix que les pauvres sujets sont souvent obligés de vendre la graisse pour avoir du sel à leur potage.

2. De même aussi le commerce de toutes sortes de marchandises libre de la France en Lorraine et de la Lorraine en France, tandis que nous dépendons de la même souveraineté; car les impôts sur les marchandises sont si grands et importuns que tous marchands qui pourraient nous fournir à un prix convenable sont obligés de vendre leurs marchandises à un tiers au-dessus [de] la valeur, et la plus grande partie se détournent et se jettent dans une autre province à cause des impôts et nous privent des meilleures fournitures.

3. De même nos bois communaux, dont nous sommes propriétaires, sont sous la protection de la maîtrise: [les officiers] périssent [= font périr] nos forêts et nous privent du chauffage, si bien que la plus grande partie des sujets qui ne sont pas en état d'acheter dans les taillis seigneuriaux ou royaux, souffrent le plus grand froid; qu'au contraire, si elles étaient à la charge de chacune des communautés, elles seraient plantées et munies de jeunes arbres de toutes espèces suivant les produits des terrains et qui pourraient nous produire au moins le tiers de bois au-dessus du présent; car elle [= la maîtrise] nous empêcha de laisser de jeunes arbres hors la marque du marteau: ce que nous pouvons produire par preuves.

4. De même aussi du timbre des cuirs et autres impositions, qui font une cherté dans le ressort de la province, [telle] que la plus grande

partie des sujets sont obligés d'aller pieds nus pendant au moins les deux [bonnes] saisons de l'année; qu'au lieu, si les impôts n'étaient point, nous pourrions tirer des cuirs tannés et non tannés à un moindre prix de l'étranger, et les commerçants de la province pourraient les débiter à un prix convenable sans timbre.

De même aussi des huissiers priseurs pour les ventes de meubles, qui pourraient être laissées à faire par un greffier du lieu ou autres pour le soulagement des pauvres orphelins, qui sont le plus souvent obligés de payer presque la moitié de leur vente suivant la distance.

Comme aussi les inventaires, qui pourraient de même être faits par les maire et gens de justice du lieu, — car les frais des officiers qui ont le droit d'inventaire sont si insupportables qu'ils prétendent souvent une grande partie de la valeur des meubles dont ils feraient inventaire, et cela aux dépens des orphelins, — à moins que les effets ne soient d'une trop grande importance.

Nous exhortons et prions nos députés de délivrer fidèlement le présent cahier à MM. les députés secondaires pour être remis aux Etats généraux pour le porter au pied du trône, afin que Sa Majesté daigne y donner une favorable attention.

Fait et arrêté à Brettnach l'an et jour susdits, et signé des maire et gens de justice, syndic et autres officiers municipaux et tous autres qui savent signer.

La communauté désire qu'il soit ordonné que chaque particulier fasse des plantations de prés artificiels pour avoir des fourrages et les dits prés soient gardés et soignés sans clôtures.

Paraphé par nous députés. G. Berviller; Jacob Zimmer.

Anthoine Berweillere; Anthon Berweiller der jung; Joseph Schneider; Anton Lux; Michel Venner; Gerig Berwiller; Glad Berviller; Gladt Girlinger; Johanes Schneider; Michel Kin; C. Chasseur; Nicolas Zimmer, syndic; Johanes Kin; Jacob Bettinger; Jacob Schneider, maire; Johannes Leonar, lieutenant de maire; Nicolas Berviller; Jacob Zimmer, député; G. Berviller, député; D. Laurent, greffier de la communauté.

BÜDINGEN.

Le procès-verbal d'assemblée manque.

Cahier de doléances, plaintes et remontrances pour la communauté de Biding[1]), coté et paraphé par nous maire de la communauté de Biding. (*Signé*) Nicolas Berrentz, meyer.

Aujourd'hui, 10 mars 1789, les maire, syndic et habitants de la communauté de Biding, Saargau, ... assignation à nous donnée le 7 du courant de nous conformer au procès-verbal ci-joint et en tous ses articles, pour fournir les doléances, plaintes et remontrances, dont le détail s'ensuit, savoir:

Doléances, plaintes et remontrances.

1. — Des gabelles, d'où vient la cherté du sel qui accable le peuple et cause beaucoup de maladies, dont le pauvre n'a pas le sol pour acheter une livre de sel à préparer sa nourriture; qui cause en outre la rareté du bétail, dont le sel devrait entrer en leur nourriture; [en sorte] que, attendu la pauvreté notoire des habitants du pays, [ils] sont obligés [de] se hasarder, vont chercher à l'étranger pour quelques liards de sel, sont repris et réduits par les employés à la mendicité: parce que, avant l'échange fait de leur pays, ils avaient le sel pour 2 sols la livre, aujourd'hui 6 sols 3 deniers; ce qu'ils trouvent très étrange; la partie adverse profite de notre perte.

Il en est de même à peu près ... [*Voir la suite au cahier de Bizing art. 1—4, 7 et 10, avec ces modifications:*]

5 ... Les forestiers et gardes de chasse, qui sont coquins, au lieu de faire leur devoir, roulent nos bois, prennent ceux qui commettent les délits, avec lesquels ils vont boire et manger, [leur] tirent de l'argent et de suite en font les rapports sur les communautés. Avenant en outre aux communautés les deux tiers des dommages-intérêts résultant des rapports, en fait aucun de nos habitants n'ont connaissance d'avoir touché un denier[2]). Les officiers de la gruerie sont juges en leur propre cause: ce qui est un abus.

---

[1]) Voir p. 260 ce que nous avons dit du groupe auquel se rattache ce cahier: imité de plus près par ceux de Schwemmlingen et de Bethingen, il a en commun avec beaucoup d'autres les six premiers articles, que nous avons reproduits sous le nom de Bizing.

[2]) Cette phrase manque dans le cahier de Bethingen.

6 ... Les habitants du Saargau, qui avant la séparation ne payaient que 10 sols tant pour voyage qu'assignation, [payent] aujourd'hui 5 livres[1]).

7. Avant la séparation du Saargau, nous avons payé au domaine de Sa Majesté et à l'Electeur une somme de 138 florins, et quelquefois de plus: ce qui était notre subvention du passé; mais aujourd'hui, malgré les 138 florins, [il] nous faut encore payer tant pour la subvention que ponts et chaussées une somme de 102 livres; conséquemment il faut nous voir fouetter à deux verges. L'on nous avait promis, en nous séparant, [d']être déchargés des anciens droits par le commissaire de Sa Majesté; mais aujourd'hui l'on nous a chargés des nouveaux droits avec les anciens: ce qui est très déplorable.

8. Avant la séparation, nous avons eu abonnement pour le droit d'acquit, par lequel nous avons fait la conduite de nos denrées et dont nous avons payé annuellement une somme de 39 livres; laquelle somme devait être rejetée, mais présentement il faut payer la dite somme et prendre des acquits d'un village à autre; par conséquent il faut payer double: pourquoi nous recourons au souverain et aux Etats généraux pour en être déchargés.

9. Nous avons un détachement de troupes de Sa Majesté dans ce Saargau sur (les passages de) la Sarre, dont nous, suppliants, [il nous] faut payer le corps de garde, feu et chandelle: [ce] qui est une surcharge pour nous, dépendant d'un même bailliage et Lorrains comme les autres. Faut-il donc avoir tout sur le dos?

10. L'Electeur de Trèves prend un droit en ces lieux, qui s'appelle droit capital, qui se tire du doyen de la cathédrale de Trèves par le comte de la Leyen et l'abbatiale de Metloch (sic). Un homme mourant aujourd'hui, [ils] viennent le lendemain prendre la seconde pièce de meubles, après que la veuve a tiré la meilleure, soit un cheval, bœuf ou vache, (ou autrement): [ce] qui est un grand abus.

11. Le sous-fermier du domaine, qui ne cherche que notre ruine de toutes les façons tant en procès que toutes sortes de nouveaux droits qui n'ont jamais été, commet quantité de gardes surveillants qui ne sont que des vagabonds, qui, au lieu de faire leurs rapports, rongent les pauvres gens à boire et manger, font le dommage eux-mêmes et font des rapports contre les innocents. Enfin il nous est impossible de vivre, si cela n'est rejeté, tandis que nous avons des bangardes qui sont responsables des dommages.

Fait à Biding en la maison du maire en assemblée de communauté le 9 (sic) mars 1789. Frantz Diny[2]); Nicolas Berrentz, meyer; Matties Gras.

---

[1]) Cette phrase manque dans le cahier de Bethingen.

[2]) Une liste des députés à l'assemblée nomme ceux de Büdingen: François Denis et Nic. Berend.

[*Mis à la marge d'une autre main:*] Attendu le mauvais temps, la pauvreté et grand chemin, il a été impossible, faute de langage français, [d']avoir plus de signatures.

BÜREN.

Le procès-verbal d'assemblée manque.

Cahier des plaintes de la communauté de Bueren, paroisse d'Itzbach, en Lorraine allemande, près de Sarrelouis[1]).

1. Si [le] sel reste au même prix, ni les hommes ni les bestiaux ne pourront plus subsister.

2. Nous en disons autant de la marque des cuirs et de la marque des fers.

3. L'entrepreneur nous force à payer 20 sols pour châtrer une bête.

4. Nous sommes obligés de prendre des acquits à caution d'un village à l'autre, quoiqu'en Lorraine et de la même paroisse.

5. Le procureur du roi prend pour ses honoraires le dixième de la succession d'un père de famille décédé.

6. La maîtrise, pour marquer le canton de bois de chauffage, prend 68 livres 10 sols.

7. Il y a à côté de notre village une montagne nommée Siersberg; nous sommes obligés de faire quatre jours de charrue, deux voitures de foin, une voiture de blé, et de vendanger un jour pour ceux qui tiennent cette montagne de Sa Majesté et qui ne nous donnent que quelques livres de mauvais pain. On nous force encore de couper leur blé et de faire les voitures pour les réparations des bâtiments de la dite montagne.

8. Nous voudrions être délivrés de la dîme des pommes de terre et de [la] navette, puisqu'il y a des communautés qui ne payent pas ces dîmes.

9. Les huissiers prennent des droits exorbitants; les juifs exercent des usures inouïes et prennent 40 et 50 pour cent.

10. Nous offrons de payer au roi tout ce que Sa Majesté désirera, pourvu qu'il n'y ait plus de ferme, plus de [marque de] cuir et papier timbré, etc.

[*Point de signatures.*]

---

[1]) Ce cahier n'est qu'un résumé de celui d'Itzbach: écrits d'une même main, ils ne sont signés ni l'un ni l'autre. D'après la lettre de convocation, le maire de Büren était Henri Metzinger; les députés à l'assemblée du bailliage sont appelés Henri et Jean les Metzinger.

BÜSCHDORF.

Le procès-verbal d'assemblée manque: le cahier commence par mentionner l'élection du député.

Doléances de la communauté de Bestroff.

Aujourd'hui, 9 mars 1789, l'assemblée de la [communauté] du village de Bestroff, Saargau, dépendant de la communauté de Schwemling [1]), notre village étant au nombre de cinq habitants, avons élu et choisi le nommé Michel Bour [Bohr], notable de ce lieu, pour se rendre à Bouzonville le 11 du présent pour porter les doléances les plus affligeantes [2]) de cette communauté.

1º. Les plaintes les plus fortes sont que nous sommes attachés à la dite communauté de Schwemling pour toutes charges royales. Nous désirerions d'être séparés de cette mauvaise communauté pour le payement des subventions et recevoir notre rôle à part, attendu que les habitants de cette communauté sont [de] mauvaise foi. De plus nous [n']étions ci-devant assujettis qu'à 12 Kopfstucks par habitant, et présentement nous payons [la] subvention, et M. Steinmetzer de Teterchen nous fait payer par chaque habitant la même somme: ce qui est contraire à ce qui nous a été promis au changement de pays. Et comme nous sommes toujours attachés à cette mauvaise communauté de Schwemling, qui sont des mutins, qui nous avaient ordonné de ne nous pas rendre aux droits de gabelle, auxquels nous étions à dessein de nous rendre sans les conseils de ces mutins, desquels nous sommes écartés de plus de deux lieues, c'est pourquoi nous demandons d'être séparés d'eux.

2º. Nous sommes obligés de payer le sel que nous consommons à deux tiers plus cher qu'il ne se vend à l'étranger.

De plus les gardes des bois des maîtrises qui nous ruinent et écrasent, qui ne sont que des buveurs.

---

[1]) Le mot de communauté doit être entendu ici dans le sens de mairie, Schwemmlingen étant le chef-lieu de la basse-mairie du Saargau lorrain.

[2]) Ce qualificatif caractérise plusieurs cahiers de cette région: de plus tous leurs caractères extérieurs (papier, écriture) indiquent une source commune, ce qui est assez naturel pour les dépendances d'une même paroisse (Tünsdorf, Büschdorf, Nohn, Orscholz, Wehingen) ou des villages immédiatement voisins (Dreisbach, Oberleucken, Weiten). Pourtant ce n'est pas généralement la reproduction littérale d'un même texte.

De plus la châtrerie nous fait grand dommage.

Les décimateurs des dîmes qui sont très fortes dans une si grande paroisse de sept villages, et que [= cependant] nous sommes obligés de payer tous frais de paroisse, ainsi que les vicaire et marguillier, attendu que [= bien que] les dîmes sont encore plus que suffisantes pour nous soulager en tels frais.

Cette communauté avec celle d'Eft et Hellendorf, qui étions anciennement usagers de prendre le mort et blanc bois, la vaine et grasse pâture: de tout quoi ils ont été privés par les officiers de la maîtrise de Bouzonville après un long temps de procédure. Nous avons obtenu des grâces de Sa Majesté dans les forêts de Schvatzbroug et Mertzholz 500 arpents de bois, moitié du dit Sa Majesté et moitié du seigneur de Mensberg: lesquels bois nous sont divisés en 25 coupes, que les officiers de la maîtrise de Bouzonville et ceux de la gruerie de Mensberg nous désignent annuellement; et quand nous coupons ce qui est plus fort que la souille, on fait des rapports: ce qui est contraire à l'arrêt de Sa Majesté, qui nous accorde le tout pour en propre; et les officiers vendent les gros bois à leur profit; et que [= cependant] la dite souille ne nous rapporte pas le martelage qu'il nous en coûte.

La marque des cuirs nous fait grand tort, qui est une raison nouvelle.

Voilà les plus fortes condoléances que nous avons à représenter à l'assemblée des trois états qui sera tenue l'onze mars à Bouzonville.

Fait à Bestroff ce 9 mars 1789.

Nicklas Lindners, maire; Michel Bohr, député; Antton Leuck, député; Johannes Leuck, député; Jacob Reblenger, greffier.

CASTEL, KOSTENBACH, BUWEILER ET RATHEN.

Assemblée du 8 mars en l'auditoire du lieu; publication au prône le 8 mars par le curé.
30 feux. — Pas de liste de comparants; 21 signatures.
Députés: Pierre Thomé et Jean Loch.

Cahier de doléances, plaintes et remontrances de la part des habitants de la paroisse de Castel, composée du village du même nom et des hameaux de Costenbach, Bouweiller et Rathen[1]), tous fidèles sujets de Sa Majesté.

Doléances. — Que par la convocation des Etats généraux les doléants prévoient que l'Etat a besoin de grands secours, qui surpasseront ou absorberont toutes leurs facultés par de nouvelles impositions sans supprimer les anciennes, quoique si souvent promis, qui tomberont seul sur le tiers état, qui est composé pour la plus grande partie d'agriculteurs, desquels on pourra dire: *Sic vos, non vobis fertis aratra boves.* Ce tiers état, le plus utile à l'Etat, procure non seulement les aliments de première nécessité, mais leurs [= ses] enfants sont encore plus nécessaires à l'Etat que le premier et second ordre pour la défense du royaume, puisqu'il y en a peu qui ne deviennent fantassin ou cavalier. Que le cultivateur, malgré ses travaux de jour et [de] nuit, a de la peine à subsister avec sa famille et lui fournir les vêtements, etc., réduit à [la] nourriture grossière qui consiste à manger du pain d'avoine ou de sarrasin le matin, à midi, à souper de pommes de terre avec un peu de lait caillé. Que le sel, de première nécessité, se vend par les magasiniers et regrattiers à 7 sols 6 deniers la livre, mais tellement humide ou trempé que, devenu sec, il ne pèse plus que moitié, que conséquemment la livre revient à 13 sols. Que les employés, ces satellites trop soutenus, vexent et foulent les sujets de Votre Majesté dans leurs visites journalières, en renversant et culbutant tout ce qui est dans la maison, sans remettre les choses dans l'état qu'ils les ont trouvées.

Qu'ils sont malheureux et se croient l'être plus. Leurs forces et leurs facultés et ce qu'ils prévoient ne leur permettront jamais de secourir les besoins de l'Etat comme ils le voudraient en bons patriotes. Leurs bans, petits, sont d'un sol froid, qui ne produit qu'à force d'amendement, qui leur manque par le défaut de fourrage; [ils] ne récoltent année commune que peu et n'ont pas de grains en suffisance jusqu'à la prochaine récolte. Que [= pourquoi] les deux premiers ordres, pas si utiles à l'Etat, surtout celui du clergé, que le tiers état, seraient-ils exempts des impositions? vu qu'ils possèdent beaucoup plus de biens sujets aux impositions que le dernier.

Plaintes. — Que par l'édit donné à Versailles au mois de décembre 1788, Sa Majesté a réuni cette paroisse avec les quatre villages restés,

---

[1]) A en croire les lettres de convocation spéciales à chaque localité, il y aurait eu pour maire à Kostenbach, Mathis Burte; syndic à Castel, Michel Veiter; maire à Buweiler, Mathias Hatz; syndic à Rathen, Mathias Latz.

après l'échange du bailliage de Schambourg avec le Sérénissime Duc de Deux-Ponts, sous la domination du roi, au bailliage de Bouzonville, où est leur maîtrise: distance de dix lieues de leurs habitations. Quels frais en cas de procès, en cas de tutelles, curatelles, inventaires, pour la veuve et l'orphelin? Outre les frais funéraires et obsèques et le droit de chef d'hôtel, qui est le second meuble, lorsque le chef de famille meurt, 25 sols par lieue à un huissier.

Que les forestiers de la maîtrise pour le moindre délit, lorsqu'ils ne trouvent pas l'auteur sur le fait, font rapport contre le corps de la communauté, poursuivie dans la huitaine à grands frais; ce qui est contraire aux ordonnances et règlements des eaux et forêts qui veulent que, pour faire rapport contre une communauté, à moins que ce ne soit un délit qui n'ait pu être fait à l'insu de la communauté [sic].

Que les maîtrises ruinent la plupart des communautés qui possèdent bois par la multitude des rapports que leurs forestiers, auxquels on donne des commissions, font pour des minuties, qui coûtent autant de frais que coûterait un délit notable.

Que la châtrerie affermée leur occasionne beaucoup de procès et frais; que ceux qui l'ont prise à bail ne viennent pas sur les lieux dans les temps qui leur sont prescrits; qu'il n'y a pas un paysan qui ne ferait cette besogne à ses bestiaux [et] en payerait volontiers les droits.

Que l'abbaye de Tholey, seigneur moyen justicier à Castel, foncier à Costenbach et Ratheu, a droit de corvées réelles et personnelles sur tous les sujets de ces trois endroits, qui consistent pour ceux de Castel à faucher, faner et conduire des fumiers pour l'abbaye, [pour] ceux des autres villages à faner, essarter, et à lier les avoines. Cette abbaye les oblige à se rendre à Tholey à 7 heures du matin et travailler jusqu'à 7 heures du soir: il faut trois heures pour y aller et autant pour revenir; ils y travaillent donc douze heures; pour aller et revenir, six: cela fait dix-huit heures. Comme cette abbaye est actuellement sous la domination du duc de Deux-Ponts par échange, ils croient que, suivant les lois du royaume, les sujets du roi ne sont pas obligés de faire des corvées hors de notre royaume.

Remontrances. — Si le clergé et la noblesse et tous autres, par leurs offices, prétendent être exempts de toutes charges et impositions, [et] que le tiers état, le plus nécessaire, le plus utile à Sa Majesté et à l'Etat, doit supporter seul toutes celles qui sont déjà imposées et qu'on imposera peut-être dans la suite, il sera anéanti, mis hors d'activité; l'agriculture cessera, les aliments de première nécessité aussi; la plupart déserteront le royaume, l'Etat [sera] sans défense, le royaume réduit à la dernière extrémité: alors le clergé et la noblesse cultiveront-ils les terres? tiendront-ils la charrue par la queue, [feront-ils les] corvées, etc.?

Les remontrants espèrent de la bonté et justice de Sa Majesté, de la religion du clergé, de la grandeur d'âme et générosité de la noblesse, qu'ils ne se refuseront pas à la volonté du roi et qu'ils supporteront avec le tiers état toutes les impositions qu'il plaira à Sa Majesté [d']imposer sur son peuple, duquel ils sont nombre, sujets comme lui, et ce suivant leurs forces et facultés, pour subvenir aux besoins de l'Etat, et ce à l'instar du clergé et de la noblesse de l'Empire, qui ne sont pas exempts, surtout dans les trois électorats ecclésiastiques, où ces deux états possèdent près des deux tiers des biens et font le plus grand revenu des Electeurs.

D'enjoindre aux employés de ne plus vexer les sujets dans leurs visites, mais de se conformer à leur devoir, et ne plus vivre en campagne aux dépens des communautés.

De prescrire au tiers état les moyens par lesquels il pourra contribuer au bien de l'Etat.

De modérer les frais de justice, tant des bailliages que de la maîtrise de Bouzonville, vu l'éloignement.

De diminuer le prix du sel, attendu que les étrangers qui le prennent à nos salines, la livre ne leur coûte pas 6 liards.

De faire des défenses aux forestiers de faire rapport contre le corps de communauté pour délit léger, lorsqu'ils ne trouveront pas de délinquants.

De laisser la châtrerie aux communautés sous une certaine rétribution.

De les exempter des corvées de l'abbaye de Tholey, actuellement Deux-Ponts, n'étant obligés d'en faire hors du royaume.

Ou d'abonner la province, pour les impôts qui seront mis à sa charge être portés suivant les forces et facultés de chacun des trois états qui la composent.

Fait et arrêté ce 9 mars 1789.

Claudius Classen; Johannes Becker; Johannes Latz; Johannes Dorscheitt; Fonken Thome; Johannes Loch; Matheis Barth; Michael Joost; J. Kirsch; Peter Mehrstorff; Johannes Ornau; Mattes Weiler; Peter Johan; Jacob Weiller; Paulinus Strug; Nikulas Thome; Mathias Latz; Petter Becker; Petter Klein; Johannes Stein; Mathias Schneider; Petter Spon; Peter Thome.

CHÂTEAUROUGE.

Le procès-verbal d'assemblée manque.

Cahier des plaintes, doléances et remontrances que fournissent les habitants de la communauté de Châteaurouge suivant la lettre de Sa Majesté du 7 février dernier, en exécution de [l'ordonnance de] M. Couturier, lieutenant général au grand bailliage royal de Bouzonville, par l'exploit de l'huissier Denis du 6 mars aussi dernier.

1º. La ferme du roi aurait totalement frustré les sujets du roi par les infinités d'impôts, de gabelle, de marque des fers, marque des cuirs, péages dans le royaume, particulièrement pour le sel [1]), d'où résulte la misère des mauvaises bêtes, très nuisible à l'agriculture, au sujet que la livre est réglée à 6 sous 3 deniers de France, au lieu que les étrangers l'ont pour une bagatelle; à cet effet demandons le commerce libre dans le royaume en offrant à Sa Majesté le moyen d'une meilleure administration.

2º. Les receveurs des finances étant également une charge à ses sujets, offrons [de] payer les deniers du roi au trésorier.

3º. Les enclos en conformité de l'édit du mois de mars 1769 sont très nuisibles, au sujet que le bois pour cette clôture est très cher, les fossés enlèvent du terrain et donnent lieu que les bestiaux [se] cassent les jambes et cols. Il est expédient qu'on jouisse du regain comme du foin.

4º. Quant à la maîtrise des eaux et forêts, les usagers n'ont plus de profit dans leurs forêts, parce que l'arpent de bois pour le balivage, martelage et délivrance, est réglé à 3 livres 10 sous pour les vacations de ces officiers; et par les différents rapports (dont les communautés sont garantes) de 50 verges à l'entour des coupes pour les délits et dégradations, et par l'exploitation même dans l'intérieur de la coupe, [il] ne reste plus guère de profit à l'usager, tous frais déduits. Pour prévenir cet abus, il est beaucoup mieux d'observer les anciens règlements.

5º. Quant aux gardes de chasse, il est beaucoup mieux d'observer [= établir] des forestiers dans la communauté, responsables pour les dégradations (moyennant un salaire convenable payé par les communautés). Un seigneur ayant droit de chasse observe [= établit] son garde de chasse à ses frais.

6º. La charge de l'huissier priseur doit être supprimée pour raison qu'elle est extrêmement nuisible aux successions.

---
[1]) Le cahier de Wœlfling, qui reproduit le même texte, ajoute ici: et le tabac. — Nous empruntons à ce cahier quelques variantes ( ) qui paraissent utiles.

7º. Le procureur du roi qui fait les inventaires à l'instant d'une mort d'un chef de famille, n'en ferait point d'inventaire, à moins qu'une personne ne se remarie.

8º. Quant aux officiers excerçant la justice, les pauvres citoyens, commençant un procès, ne viendront à bout sans essuyer de quatre à cinq sentences, et à [la] décision chaque partie est frustrée. Il convient [de fixer] un certain délai pour la durée de ces procès.

9º. Le droit de banalité n'étant qu'une confusion aux communautés, il est utile de rendre communes ces banalités en certaine quantité de moulins.

10º. Les réparations et la construction des grands chemins et chaussées sont à la charge des plus bas sujets du roi. On observe que les seigneurs et les grands rouliers et autres les déchirent sans aucune assistance. Il est utile de charger les voituriers d'un impôt pour certaine distance de leurs voitures pour l'assistance à ces travaux.

11º. Que le droit de parcours sera supprimé au sujet des maladies épizootiques par[mi] les bestiaux des troupeaux.

12º. Les habitants de la communauté, [se] méfiant du clergé et de la noblesse, demandent que ceux-là payeront comme les roturiers, parce qu'ils possèdent le tiers du globe du monde.

Certifié véritable à Châteaurouge ce 9 mars 1789 : en foi de quoi avons signé.

Jacob Job; P. Weber; Filipe Stosch (?); Jost Han; Nicolas Gros; Adam Schideler; Johannes Jacquemin; F. Chendellier; Michel Issler; Johannes Wagner; P. Sch.; Phillipi Schidler; Bartholme Fines (?); Jacob Jacmin; Anton Schidler; Adam Biehl; Matias Heitz[1]); Adam Weber; Jacob Weber; Adam Lalance.

CHEMERY (LES DEUX).

Le procès-verbal d'assemblée manque.

Plaintes, doléances et remontrances que forment les maire et gens de justice et habitants de la communauté des deux Chémery[2]) en exécution des lettres patentes du roi données à Versailles le 7 février 1789, pour la convocation des Etats généraux, présentées par [les députés] Mathis Hamene et Martin Greffin.

---

[1]) La liste des députés à l'assemblée du bailliage nomme pour Châteaurouge Matis Heitz et Pierre Fleischmann.

[2]) Le même texte se trouve littéralement dans le cahier de Hobling, à part les mots «présentées par . . .» et une surcharge à l'art. 3.

1. La dite communauté sollicite des grâces de son souverain la suppression de la gabelle et demande que les sel et tabac soient marchands : à ce moyen ils pourraient faire des nourris en quantité et ne seraient plus chagrinés par les employés des fermes, qui cherchent à nuire aux gens de campagne, leur dressent des embûches et pièges, et à surprendre les particuliers.

2. Elle sollicite le reculement des barrières, la suppression de la foraine dans l'intérieur du royaume, de la régie générale.

3. Que les propriétaires des prés soient maîtres de faucher le second poil de leurs prés en payant les impositions, s'ils ne peuvent l'avoir sur l'ancienne coutume [1]), et comme l'édit des clôtures leur vient à charge attendu la pénurie des bois, ils en demandent aussi la suppression.

4. Les officiers de [la] maîtrise touchent 3 livres 10 sols par arpent [pour] le martelage des coupes : ils en arpentent cent et plus par jour. Ils doivent être réduits à 10 livres de France par chacun jour d'arpentage ; et comme, [pour] le règlement des mésus de forêt, les frais en résultants sont toujours quadruples à l'amende et au dommage, ils désirent qu'ils soient échaqués [sic] comme les amendes champêtres sans autres frais.

5. Elle sollicite la suppression de la marque du fer, de même que [celle de] son exportation hors du royaume, à cause de sa cherté et [qu'il est] de première nécessité pour les cultivateurs.

6. Les jurés priseurs vendeurs de meubles sont à charge aux sujets, ruineux pour la veuve et l'orphelin : la dite communauté en demande également la suppression.

7. Les habitants demandent que tous les biens nobles et ecclésiastiques soient soumis aux impositions royales, et qu'eux-mêmes fussent cotisés comme nous à raison des propriétés.

8. Les habitants de la dite communauté demandent également la suppression de la banalité des moulins, ce droit étant pernicieux ; le particulier souvent ne reçoit que la moitié de la farine de son grain, et mal conditionnée.

9. Le droit de chef d'hôtel, que l'on nomme communément le droit capital, est un droit odieux ; il révolte la nature. Un père de famille venant à mourir, laissant une veuve, plusieurs enfants, pour tous meubles un plumon et une génisse, la veuve prend la génisse par choix, le seigneur le plumon : par ce moyen cette famille se trouve réduite à l'injure du temps sans couverture.

---

[1]) Cette incidente peu claire est ajoutée entre les lignes. Le cahier de Hobling a, en surcharge aussi, à la fin de l'art. comme une rétractation : «Le présent article est nul, du consentement et désir des pauvres».

10. Le tiers denier est dans la même classe: un pauvre venant à vendre son bien, le riche l'achète à vil prix à cause de ce droit. Il en est de même du droit de contrôle, parchemin, sceau et papier.

11. Les dits habitants demandent également la suppression des châtreurs. Ils arrivent souvent en cette communauté en été pour travailler: la gangrène se met dans leurs opérations, et le sujet se voit privé de ses nourris.

12. La dite communauté désire également que les bêtes blanches soient privées de la pâture des prés, parce qu'elles déracinent l'herbe.

13. La ruine des sujets du roi provient souvent des usures que d'autres sujets un peu aisés exercent sur eux, et notamment les juifs. Ils demandent que défense leur fût faite avec amende de s'immiscer à l'avenir, [sauf] en le prouvant par deux témoins irréprochables.

Ce faisant, ils ne cesseront d'adresser leurs vœux au ciel pour la conservation de Sa Majesté.

Fait à Chémery ce 10 mars 1789.

J. Isler, greffier; Nicolas Laher; Nicola Isler; Jean Dalstene; Nicola Tomassing; Jacob Frey; Michel Schmit; Pierre Isler; Mathis Feler; Pierre Masson; Adam Steinmetz; Nicolas Thommassing; Pierre Richard; Jean Hamene; Mathias Hamene, maire; Jean Boullie (?); Jacque Hombourger; M. Greffin; Kien (?) Tomasing; Nicolas Boullier; Mathias Wellenstein; Jean Baré; Michel Schadt; Jean Thomassine; Steffen Calill; Nicolas Hombourgher; Martin Schmit.

Le présent cahier contenant trois pages cotées par première et dernière et paraphées *ne varietur* au bas d'icelles par le maire pour le roi pour la communauté des villages des deux Chemery.

Mathias Hamene, maire pour le roi; M. Greffin, greffier pour le roy.

COLMEN.

Assemblée du 8 mars en l'auditoire du lieu; publication au prône le 8 mars par M. Eglof, curé de Neunkirch.
30 feux. — Pas de liste de comparants; 3 signatures.
Député: P. Clessienne, syndic[1]).

[1]) Le procès-verbal laisse en blanc les noms des députés, mais P. Clessienne signe en se disant «député pour Colmen»; toutefois il n'était pas seul, car ailleurs on indique Pierre et Jean les Clesgen.

Doléances et plaintes et remontrances de la communauté de Colmen, arrêtées en assemblée tenue le 8 mars 1789, signées par tous ceux qui savent signer en la dite communauté, contresignées par les maire et greffier d'icelle.

1. La communauté de Colmen demande la suppression de la ferme et de toutes les compagnies fiscales; par conséquent les denrées, marchandises, sel et tabac libres, la marque des cuirs abolie, et le reste qui dépend de toutes les branches de la ferme.

2. La suppression de la douane dans l'intérieur du royaume.

3. Suppression des banalités du four et du moulin, qui font un dommage très considérable à la dite communauté, attendu que le laboureur est contraint de payer annuellement 5 francs et le manœuvre 3, et cependant obligé de cuire son pain soi-même à ses frais chacun en droit soi.

4. La suppression de la perception des dîmes tant des grains que des pourceaux et brebis que perçoivent les seigneurs hauts et bas justiciers, attendu qu'ils ne fournissent aucune bête mâle.

5. Que depuis vingt ans la communauté paye un nouveau droit chaque année pour l'élection et affirmation du maire, qui n'a autre chose à faire que de percevoir les rentes des seigneurs.

6. La suppression de la maîtrise, laquelle est trop onéreuse, attendu qu'au lieu de 5 ou 6 livres que la communauté payait anciennement pour le martelage, elle paye actuellement environ 42 livres, quoiqu'elle ne consiste qu'en 34 habitants, y compris 3 forestiers, [et] que par la quantité de rapports qu'elle est obligée de payer pour les délits commis par les pauvres, elle paye son bois, et tout cela par la mauvaise foi des mêmes gardes.

7. Qu'ils sont obligés de supporter partie des charges, consistant en vingtièmes et subvention, provenant des fausses déclarations des communautés voisines.

8. Que les nobles, les curés, ainsi que les abbayes, ne payent pas la dix-huitième part de leurs revenus à Sa Majesté très chrétienne, tandis qu'ils possèdent le tiers des biens et perçoivent les dîmes, au lieu que le tiers ordre est surchargé de dettes et possède très peu de biens, se trouvant la moitié du temps sans pain.

9. La dite communauté de Colmen supplie Sa Majesté très chrétienne d'entrer en jouissance de la vaine pâture, glandée, chauffage et marronnage de la forêt dite Colmerwald, comme elle l'avait ci-devant, suivant qu'il est constaté par procès de la chambre des comptes en 1668 entre la dite communauté contre Monsieur de Bouseck et la chartreuse

de Rettel, et aujourd'hui possédée par M. [le] marquis de Dampont et la même chartreuse. La forêt dont il s'agit contient environ 1500 arpents.

Que par arrêt de la dite chambre les défendeurs ont été condamnés à délivrer par an à chaque laboureur 15 voitures de bois et 12 à chaque manœuvre.

Que du depuis, sur le refus des mêmes défendeurs, ils ont été contraints par édit du grand-maître à délivrer à chacun laboureur 12 voitures même bois et 8 à un manœuvre.

Et, sur un second refus, chaque laboureur n'a eu que 4 cordes, et le manœuvre 2, et depuis sept ans les habitants de Colmen n'en perçoivent plus du tout.

Qu'il y a environ vingt-deux ans que les adversaires ont obtenu arrêt, par surprise, qui n'accorde que le quart de la forêt aux habitants; leurs pièces étant égarées, ils n'ont plus de titres pour se défendre, de sorte qu'ils sont privés de la vaine pâture et glandée, et par là hors d'état de nourrir des bestiaux: en conséquence demandent à ce que les dits marquis de Dampont et chartreuse montrent leurs titres en originaux ou des extraits en bonne et due forme.

10. Que M. le marquis de Dampont communique ses titres concernant les rentes qu'il perçoit de la communauté de Colmen; car la dite communauté est trop surchargée suivant leurs [= ses] titres, bien [de] bichets de froment, mesure de Sierck.

11. Qu'il serait nécessaire que chaque communauté fournisse une déclaration exacte des dîmes provenant des biens de leur ban, tandis qu'il se trouve souvent des petits bans qui produisent une dîme plus forte qu'un grand, suivant son terrain et sa situation.

12. Que les impôts à faire, c'est-à-dire à payer, des mêmes biens soient à l'avenir imposés sur les dits biens par les habitants de la dite communauté, [vu] qu'il ne se trouverait pour lors point de fraude.

13. Que chaque communauté fournisse une déclaration exacte de la faculté d'un chacun habitant pour lui être imposé ce qu'il doit payer annuellement par qui il sera ordonné.

Matthias Schomburger; Michel Hess; Henry Jung; Pierre Terver; Geog......; Arnuldus Ullrich; Mathias Oliger; M. Clessien; Johannes Clesgen; Johannes Brem; Jean Laurent; Johanes Schutz; Paulus Schmit; Frantz Brem; Johanes Hess; Matis Mor; Michel Hes; Jacob Schommburger; Matias Lorant; Johanes Hofman; Piere Spietz; P. Clessienne, syndic de la municipalité; Mathias Schömbörger, maire; Frantz Hann, greffier.

DALSTEIN.

Assemblée du 8 mars chez le syndic; publication au prône le 8 mars par le curé de Menskirchen.
48 feux. — 20 comparants; 21 signatures.
Députés: François Schwartz et Jean-Baptiste Elie.

Cahier de doléances, plaintes et remontrances de la communauté de Dalstein [1]).

Réduits à la dernière des misères par le pesant fardeau des impôts ainsi que de nombre d'autres charges non moins accablantes, il ne nous reste plus, pour ainsi dire, qu'une vie languissante, dont nous offrons volontiers la dernière goutte de sang au roi bienfaisant qui nous gouverne; et puisqu'il daigne nous permettre de lui exposer nos maux, lui en indiquer les remèdes et les moyens de pourvoir aux besoins de l'Etat, nous allons le faire avec cette confiance filiale que nous inspirent ses vues charitables et paternelles.

Les impôts, quoique poussés, pour ainsi dire, à l'extrémité, seraient encore supportables, peut-être même susceptibles d'augmentation; il s'agit seulement de s'entendre et s'entr'aider. Que Sa Majesté daigne faire quelques sacrifices de son côté, que les peuples en fassent de même, et bientôt on verrait renaître l'abondance et la prospérité. Quels sont donc ces sacrifices?

1º. Que Sa Majesté nous accorde le libre commerce du sel, et au prix de l'étranger: par là notre bétail augmenterait dans peu; il serait sain et robuste, capable d'amender et cultiver, comme il faut, des terres qui depuis longtemps ne sont qu'écorchées et qui devraient rendre au moins le double de leur produit actuel.

2º. Qu'elle supprime les marques des fers et des cuirs, qui sont d'une première nécessité pour les gens de campagne et dont les droits exorbitants ne laissent pas de les énerver.

3º. Qu'elle réforme l'administration actuelle des eaux et forêts; qu'elle en établisse une meilleure et à un prix beaucoup plus modéré.

4º. Qu'elle interdise pour toujours la sortie des bois à l'étranger.

---

[1]) Même écriture, reproduisant littéralement le même texte qu'au cahier de Menskirch (bailliage de Thionville); le texte, sans l'écriture, est aussi le même au cahier de Férange.

5º. Qu'elle recharge les gros décimateurs de la reconstruction et de l'entretien des nefs des églises paroissiales, puisque dans l'origine le tiers de la dîme était affecté *ad hoc*.

6º. Que le roi supprime les privilèges des deux premiers ordres du royaume; qu'il les fasse payer à proportion de leurs forces et facultés.

7º. Puisqu'anciennement dans les temps de crise et de nécessité on vendait même les vases sacrés des églises pour subvenir aux besoins de l'Etat et des pauvres, que le roi fasse entrer dans ses trésors les revenus de tant de riches commendes qui viennent à vaquer journellement.

8º. Qu'il érige la province en pays d'Etats; qu'il supprime toute finance, même celle de la magistrature; qu'il accorde un cours libre au mérite et à l'émulation.

9º. Qu'il supprime l'édit concernant les clôtures des regains.

10º. Qu'il interdise la sortie des blés dès que le quintal passe les 8 livres.

En signe de reconnaissance, [1º] les ménages les plus pauvres de la communauté s'offrent à payer annuellement à Sa Majesté un écu de plus, les médiocres 6 francs, les laboureurs et les plus aisés 9 à 12 livres (*al.* francs).

2º. Pour aider Sa Majesté au remboursement des finances à supprimer, la communauté offre les deux tiers du produit de son quart de réserve.

F. Schvartz, syndic; Jean-Baptiste Elie; Frants Homburier; Antoine Weilser; Frantz Harttenstein; Jacob Maelliar; Jean Nanus; Simon Chilles; Michel Nanus; Nicolas Koch; Jean Everart; Anton Lin; Jean Mertz; Jean Chille; A. Moutty; C. Poirier; François Nanus, maire; F. Vilzer; Balthasar Richar; Antoine Schvartz; Pierre Grosse, greffier.

DILLINGEN.

Assemblée du 9 mars en l'auditoire du duché; publication au prône le 8 mars par le curé.
38 feux. — Pas de liste de comparants; 15 signatures.
Députés: Philippe Hector, maréchal-ferrant, et Conrad Bernard, journalier.

Cahier des plaintes, doléances et remontrances dressées par la communauté de Dilling en conformité des lettres de Sa Majesté, contenant quatre feuilles pour servir de cahier pour y enregistrer les plaintes et remontrances de la communauté de Dilling. (*Signé*) Johanes Gross, maier.

Nous soussignés, maire, gens de justice et habitants de la communauté du duché de Dilling[1]), avons l'honneur de représenter à l'assemblée de notre bailliage de Bouzonville:

1º. Que la ferme du roi nous fait payer le sel à un si haut prix qu'il ne nous est presque pas possible de nous fournir cette nourriture si nécessaire tant pour la vie de l'homme que pour celle des bestiaux, de sorte que les pauvres se voient quelquefois des semaines entières sans se pouvoir faire une soupe; par conséquent le pauvre se trouve quelquefois forcé d'aller chez l'étranger chercher un quarteron de sel pour son plus grand besoin, n'ayant pas le moyen de payer 6 sols et demi de la livre de sel au bureau de la ferme. Un pauvre père de famille est quelquefois arrêté par les employés en s'exposant pour son plus grand besoin, et se trouve tout d'un coup ruiné avec sa famille: vexation qui crie vengeance devant Dieu, puisque l'étranger ne paye la livre de bon sel qu'à 5 liards, au lieu que le sujet du roi paye le mauvais à 6 sols et demi. Et il y a à peu près les mêmes observations à faire [pour] ce qui concerne le tabac.

2º. Les Français et Lorrains sont sujets d'un seul roi, et [nous] sommes néanmoins forcés de prendre des acquits d'un endroit à l'autre, c'est-à-dire de la Lorraine en France, ou de la France en Lorraine, pour transporter nos denrées, meubles et autres effets, que nous voulons transporter chez nous sans sortir du royaume.

3º. Les cuirs augmentent de jour en jour à cause des impôts de la marque des cuirs, de sorte que le paysan sera obligé dans peu de porter des sabots; et par l'impôt de la marque des fers, le prix en augmente de [telle] sorte que le laboureur ne se peut presque plus fournir les ustensiles et harnais nécessaires à l'agriculture.

4º. Concernant les inventaires que la justice vient faire après la mort d'un père ou mère de famille qui laissent des enfants mineurs, où l'on ordonne une vente publique des meubles par l'huissier priseur, qui enlève pour ses vacations un sol par livre: ce qui fait le vingtième de toute la succession des pauvres mineurs.

---

[1]) Vraiment on ne perdait pas de temps pour se parer du nouveau titre donné à la baronnie de Dillingen, à peine achetée par le prince de Nassau-Sarrebrück, qui régularisait alors sa situation matrimoniale, et aussitôt élevée au rang de duché par Louis XVI.

5º. Une rivière nommée Brème [= Prims] traversant notre ban, laquelle, par sa rapidité, nous enlève, pour ainsi dire, une bonne portion de nos terres les plus fertiles, en ne nous laissant que des cailloux et graviers, qui ne peuvent servir ni à y semer aucun blé ni même pour pâture.

Le chemin de la ville de Sarrelouis à Trèves passant la dite rivière, qui s'enfle tellement pendant les temps de pluie ou orage que tous ceux qui sont obligés d'y passer risquent le plus grand danger de leur vie: trois personnes, une femme, [une] fille et un enfant, y sont noyées depuis peu sans citer d'autres malheurs qui y sont arrivés dans les temps passés. Pour éviter de pareils malheurs, il serait très nécessaire [d']y construire un pont, et ordonner que des digues y fussent faites pour empêcher la dite rivière, qui commence à diriger sa course vers notre village et [l']usine de la papeterie, qui risquent le plus grand danger, si l'on n'y fait point de résistance: à quoi notre petite communauté n'est pas en état, s'il ne lui sera ordonné du secours. Ce nous prions très humblement pour éviter de plus grands dommages et malheurs.

6º. Notre communauté est extrêment chargée de corvées seigneuriales, qui sont: 1º labourer 150 arpents de terres, desquelles les unes sont labourées une, les autres deux jusqu'à trois fois suivant les saisons: y conduire les fumiers, les semer, herser, en couper les chardons, scier les blés ou faucher les avoines, lier et conduire dans les granges du seigneur de ce lieu; 2º faucher 50 fauchées de pré, les faner et conduire jusqu'en la grange du même seigneur; 3º chaque habitant ou membre de la communauté est obligé de travailler deux jours à préparer les chanvre et lin, de bêcher un jour dans les jardins du dit seigneur; 4º conduire tous les matériaux nécessaires pour la construction et réparation du château et moulin de ce lieu; 5º conduire ses équipages à la première poste de son voyage; 6º chacun laboureur est obligé de conduire treize cordes de bois tous les ans au dit château, à prendre dans les forêts seigneuriales de ce lieu; 7º de lui payer annuellement 20 sols par chacun manœuvre pour façon du dit bois; 8º lui payer 50 quartes de seigle, mesure de Sarrelouis, pour rentes; 9º par chaque habitant une oie, une poule et deux jeunes coqs; 10º le vingtième pot de vin des cabaretiers qui le vendent; 11º le tiers denier de toute vente et acquisition de biens et immeubles; 12º l'entrée et sortie des particuliers à 5 francs barrois; 13º chaque héritier après la mort de ses père et mère 21 sols de Lorraine.

7º. L'on est obligé, ou pour mieux dire, les décimateurs nous font payer la dîme des pommes de terre, des pois, choux, navettes, carottes, navets et fèves, semés ou plantés dans les champs, et même la dîme des chanvre et lin dans les jardins.

8º. Les pigeons du seigneur de [ce] lieu et autres nous font un tort considérable dans les temps de la semaille, tant de celle du printemps qu'en automne, ainsi qu'en été quand les blés sont en maturité, de sorte que le laboureur est obligé de semer toujours quelque chose de plus dans ses terres [pour] prévenir le dommage qu'occasionnent ces dits pigeons.

9º. C'est encore une grande charge pour les laboureurs ce qui concerne la châtrerie, où nous sommes forcés de payer 3 livres au cours de Lorraine pour faire couper un cheval, et autant la coupe d'une jument, d'un taureau 30 sols, d'un porc mâle 40 sols, d'une truie 20 sols, le tout argent de Lorraine, et à proportion des autres bêtes; que cependant, si nous étions libres avec de telles affaires, il se trouverait du monde assez qui seraient en état de faire les mêmes opérations à beaucoup moins de dépense.

10º. Le seigneur de ce lieu est possesseur d'une forêt très considérable, contenant environ 1700 arpents, sans qu'il nous soit permis [d'] y pâturer nos bestiaux dans les saisons où le fourrage est au plus rare, quand même il est permis de faire pâturer dans les forêts de Sa Majesté même.

11º. Le seigneur de ce lieu est en droit de faire troupeau à part, dont il nous surcharge quelquefois le ban, qui est d'une petite quantité, [de sorte] que nos bestiaux souffrent quelquefois la plus grande misère par la quantité de brebis qu'il nous met sur le ban.

12º. Nous sommes chargés de payer annuellement pour passage de la rivière dite Brême 50 livres, cours de France.

13º. Payer au sieur curé pour l'enterrement, service et trentième, la somme de 12 livres, cours de France; pour les mêmes vacations au marguillier 3 livres 15 sols de France.

14º. D'un mariage, y compris la publication des bans et messe, 6 livres de France au sieur curé, et 24 sols au marguillier.

15º. Nous sommes chargés de fournir la lumière pour le service divin: ce qui nous vient annuellement à 72 livres, cours de France.

Ce fait et arrêté en l'assemblée de la communauté du dit Dilling, et avons les deux députés signé avec les maire, gens de justice et habitants de ce lieu, après lecture et interprétation faites en langue germanique, au dit Dilling, le 9 mars 1789.

Johanes Gross, maire; Philip Hecktor; Conrat Bernard; Jacob Schmit; Peter Hecktor; Johannes Futscher; Johannes Klin; Peter Kaufman; Petrus Steffe; Johanes Arweiller; Petter Fallck; Nikolla Kestenbach; Jacob Becker; Johanes Emmer (?); G. Becker, greffier.

DREISBACH.

Le cahier tient lieu de procès-verbal d'assemblée.

Plaintes et doléances de la communauté de Trisbach.

Aujourd'hui, 9 mars 1789, les habitants de la communauté de Trisbach[1]), étant assemblés pour délibérer, étant au nombre de trois habitants, pour satisfaire à l'ordonnance de Mgr le grand bailli du bailliage royal de Bouzonville, rendue sur les lettres du roi données à Versailles le 7 février dernier, à nous signifiée par l'huissier Jacques le 8 mars, pour nous rendre à Bouzonville le 11 du présent à 8 heures du matin: à cet effet nous avons nommé Pierre Gaspert, un de nous, député pour porter nos plaintes et condoléances.

1º. La première plainte et condoléance est que nous désirerions avoir le sel au prix comme les sujets étrangers, qui le revendent à deux tiers de moins que nous le payons.

2º. Les gardes des bois de la maîtrise nous ruinent.

3º. Les adjudicataires des domaines mettent [sur notre ban] des troupeaux de bêtes blanches qui nous ruinent et rongent notre pâture.

4º. La relaisse de la châtrerie nous ruine aussi, comme aussi la marque des cuirs et l'abonnement du vingtième, qui sont tous des droits que nous sommes hors du possible de supporter.

En outre tous les profits des dîmes s'emmènent par les curés et décimateurs.

En foi de quoi avons signé et marqué le dit jour ci-devant dit.

Johannes Hoffman, maire; Michel Hoffman; P. C., marque de Pierre Gaspert.

DÜREN.

Le procès-verbal d'assemblée manque.

Plaintes, doléances et remontrances.

Cejourd'hui, 8 mars 1789, la communauté de Duren ... [*Voir la suite au cahier de Bedersdorf p. 254, à part l'art. suiv. intercalé*].

---

[1]) Voir p. 299 n. 2 les cahiers qu'une origine commune rapproche de celui-ci.

13. Toutes les communautés se plaignent amèrement des grands troupeaux que les seigneurs hauts justiciers entretiennent sur les bans, de façon que beaucoup de pauvres gens ne peuvent pas nourrir des bestiaux faute de pâture.

Fait dans notre communauté les jour [et] an susdits.
Petter Reser; N. Winter; Peter Bettinger; Peter Winter, maire[1]); J. Hauss; Merten Winter.

EBERSWILLER.

Le procès-verbal d'assemblée manque; le début du cahier semble indiquer que ce dernier devait en tenir lieu.

Plaintes de la communauté d'Eberswiller.

Cejourd'hui, le 9 mars 1789, sont comparus en l'assemblée, convoquée au son de la cloche en la manière accoutumée, tous les habitants de la communauté. Ils ont élu à pleine voix Jacques Hain, greffier de notre communauté, compris dedans les rôles des impositions de la dite communauté. Comme nous sommes en dessous de cent feux, suivant les ordonnances à nous adressées, nous avons publiquement à haute voix en pleine communauté élu le dit Jacques Hain pour porter les plaintes de notre dite communauté; savoir:

1. Nous sommes en plainte à cause du sel et tabac.
2. En notre communauté, [comme] nous avons des bois seigneuriaux auxquels ils ont le droit de vaine pâture et grasse pâture, nous sommes obligés de convenir avec eux pour profiter [de] la nôtre, parce que nos bois sont enclavés entre ceux de nos seigneurs, [ainsi] nous ne pouvons pas profiter des nôtres, craignant les rapports.
3. Nos pauvres habitants de notre communauté cultivent en la versaine pour semer et amender en fumure et culture pour semer des chanvres et lins; puis après ils s'en viennent prendre la dîme: [ce] qui est une injustice pour le pauvre peuple.
4. Nous sommes obligés et forcés, chaque particulier, de payer annuellement à nos seigneurs fonciers 2 bichets d'avoine par année: ce qui a été négligé par nos ancêtres de notre dite communauté par procédure.

---
[1]) P. Bettinger et P. Winter furent députés à l'assemblée du bailliage.

5. Notre pauvre village est situé dessus des montagnes et vallées et des terres incultivables.

6. Notre pauvre communauté ne peut subsister pour payer les droits de Sa Majesté, parce que nous ne pouvons pas nourrir des bestiaux pour payer les droits et impositions qui se trouvent à payer chaque année dedans la communauté, à cause que la vaine pâture est trop courte suivant l'étendue du village, et que [sur] les autres bans voisins, dont nous avons quelques petits biens dessus leurs bans, dont leurs bans sont bien plus étendus que le nôtre, nous sommes privés de la vaine pâture[1]).

7. Nous sommes surchargés dedans l'étendue de la Lorraine allemande pour les droits d'octroi de cuir et marque de fer, que Sa Majesté nous a taxés, dont cela c'est une charge pour le pauvre peuple, [qui] se trouve trop imposé des droits [aussi] ruineux que les dits droits de marque de fer et de la régie.

8. Sommes obligés dedans notre communauté de payer au seigneur foncier le tiers denier de chaque contrat de vente qui se fait.

9. Le procureur du roi vient aussitôt qu'un père ou une mère vient à mourir où il reste des mineurs; il s'en vient dresser un inventaire: ce qui fait un grand dépens pour les personnes qui restent; et la justice de chaque village pourrait faire les mêmes fonctions à petits frais.

10. Nous prions bien Sa Majesté de nous accorder à un chacun le plein pouvoir de pouvoir faucher les regains dedans ses prairies.

11. Nous avons nos décimateurs qui viennent tous les ans enlever la dîme des topinambours dedans les maisons; que les pauvres habitants sont obligés de mener et conduire chacun leurs topinambours dans leurs maisons à leurs propres frais, et pour lors ils s'en viennent prendre la dîme; et il serait juste qu'ils la prennent dedans les champs, tout comme les autres dîmes, s'ils sont en droit.

12. Nous avons nos laboureurs qui se plaignent à cause de la vaine pâture et manque de fourrage et qu'aussitôt que le printemps vient, ils sont obligés de conduire leurs bestiaux à la vaine pâture; et quelquefois ils échappent dedans les taillis défendus: les gardes de bois et surveillants viennent, font leurs rapports vrais ou non. Et les pauvres habitants de notre communauté se trouvent quelquefois qu'ils ne peuvent point avoir leurs terres labourées par les laboureurs à cause que la vaine pâture est si courte et que l'étendue de notre ban est si petite. Nous avons des bois d'héritiers dessus notre ban, et il y a déjà eu beaucoup

---

[1]) Le texte porte: et que les autres bans voisins, dont . . ., dont nous sommes privés de la vaine pâture. Ils regrettent donc de n'avoir point le droit de parcours sur les bans voisins, malgré les biens qu'ils y possèdent.

de rapports, et les pauvres héritiers n'ont encore jamais eu de comptes rendus des deniers des dits rapports.

Ce que nous maire et gens de justice et de l'assemblée municipale certifions sincère et véritable : en foi de quoi nous avons tous signé. Fait au dit Eberswiller les an et jour avant dits.

Necolas Transberier; François Hodan, syndic; Mathis Grand; Jean Richard; Fr. Reinert; Michel Dalstein, maire; Nicolas Steff; François Paul; Pierre Tonnet; Michel Dalstein; Peter Reitter; Johanes Haustein; Mattis Fillip; Michel Paul; Nicola Bour; Christianne Kieffer; Nicolas Reinert; Jean Pierre (?); Pierre Vagner; Pierre Dalstein; Jean Sibille; Jacque Hein.

EDLING.

Assemblée du 9 mars en la maison du maire et par-devant lui; la publication au prône n'est pas mentionnée.
18 feux. — Pas de liste des comparants; 5 signatures.
Député: Jean Caudy, laboureur.

Cahier des plaintes et doléances de la communauté d'Edeling près Freistroff.

Aujourd'hui, 9 mars 1789, les habitants de la communauté d'Edeling[1]), bailliage de Bouzonville, étant assemblés par-devant nous, maire royal, après publication faite, pour satisfaire à l'ordre de Sa Majesté et à l'ordonnance de M. le lieutenant général du dit bailliage, afin de former le cahier de plaintes et doléances, et après avoir conféré ensemble, ils auraient observé ce qui suit, après l'avoir signé et paraphé. (*Signé*) Hans Jacob Schneider.

Art. 1. Ils déclarent que leur plus grand désir serait que l'administration en général soit pour la prospérité de leur invincible monarque, s'offrant d'y contribuer selon leurs forces et facultés pour ce et pour le bien de l'Etat.

Art. 2. Ils se plaignent que le sel est d'un très grand prix, le payant 6 sols 3 deniers la livre, tandis que l'étranger a le même sel et beaucoup mieux cuit à 6 liards la livre, où il est transporté : [ce] qui fait un tort considérable à tous les habitants de la campagne, non seulement

---
[1]) On avait d'abord écrit: Anzeling, ce qui ajoute une preuve nouvelle au rapprochement indiquée p. 248 n. 1.

personnellement aux pauvres, qui le ménagent au dernier point, mais encore aux bestiaux, et empêche d'élever quantité de bétail qu'ils sont tenus d'aller acheter à l'étranger. Il en est presque de même des tabacs, cuirs, fers, etc., quant au prix.

Art. 3. Que le droit capital tiré par les seigneurs lors du décès d'un chef de famille est un droit terrible et très dur à une pauvre veuve.

Art. 4. Que le droit de tirer le tiers denier par le seigneur lors de la vente d'un immeuble est également un droit très onéreux.

Art. 5. Que non seulement les curés, mais encore les seigneurs, les abbayes et les prieurés possèdent des colombiers avec des volées de pigeons innombrables, et qu'ils ne les enferment en aucun temps de l'année: [ce] qui fait des dommages à l'infini à la campagne.

Art. 6. Que la manière d'administrer les bois est bonne, mais très coûteuse, et qu'il est dur à une communauté de payer les amendes, etc., des délits qui se commettent à une certaine distance de leurs coupes par d'autres qui ne sont point repris.

Art. 7. Qu'il est mal à propos de faire les inventaires dans la maison mortuaire avant que le veuf se remarie, et c'est très coûteux; enfin les frais différents excèdent souvent la succession chez le pauvre.

Art. 8. Il en est de même des charges ou droits des jurés priseurs des ventes de meubles, qui se pourraient faire à un prix beaucoup moindre.

Art. 9. Que MM. les abbés commendataires et beaucoup d'autres abbés possèdent des revenus et biens-fonds sans limites, etc., et que le public est tourmenté sans fin par la quête, au moins quatre fois par an, de plusieurs religieux mendiants, qui pourraient vivre du superflu des susdits.

Art. 10. Que le blé est d'une cherté exorbitante, occasionnée par les marchands qui le transportent à l'étranger ou [l']enferment chez eux; et beaucoup de sujets sont réduits à la mendicité par l'usure des juifs et autres non juifs qui prennent des intérêts au quadruple, etc.

Art. 11. Que l'usage de clore les héritages en pré pour tirer les regains est seul aux riches et très mal, vu qu'ils profitent encore dans les parties non closes, comme les autres, [de] leurs portions de regain et du parcours des bestiaux: d'où il paraît qu'il serait plus avantageux qu'un chacun tirât les regains dans son héritage propre sans clos.

Art. 12. Que le maître des basses œuvres ne suit aucune taxe et prend ce qu'il peut avoir par bête qu'il dépouille, et tourmente en outre le public par des quêtes au moins quatre fois par an en lard, œufs et autres légumes, etc., même avec des menaces affreuses.

Art. 13. Enfin, toutes les choses réformées, il paraît qu'il serait avantageux de régler un fixe par tête d'un chacun, et le surplus un autre fixe sur chaque journal de terre ou pré, pour toute imposition à chacun sujet sans aucune exception ni distinction.

Arrêté le dit jour, et ont signé.

Jean Caudy; Hans Jacob Schneider; Hans Heinrich Leidinger, greffier; Jean Adam Lauth; Albert Leidinger.

EFT ET HELLENDORF.

Le procès-verbal d'assemblée manque.

Cahier des plaintes, doléances et remontrances que la communauté de Hellendorff et Efft[1]) a l'honneur de présenter à Sa Majesté. [*Voir le texte plus loin au cahier de Heckling*[2]).]

Fait et arrêté à Efft le 8 mars 1789, et Michel Leuck a paraphé le présent *ne varietur*. (*Signé*) Michel Leick.

[*Ajouté d'une autre main:*] Michel Leick et Matis Zimmer, tous deux députés nommés des villages d'Eft et Hellendorff comme ne formant qu'une seule et même communauté, pour agir en conséquence du pouvoir ci-dessus.

(*Signé*) Michel Leick; Matteis Zimmer[3]).

EIMERSDORF.

Pas de procès-verbal d'assemblée.

Plaintes de la communauté d'Emestroffe[4]).

Suivant l'assignation qui nous a été donnée par Sa Majesté le 6e jour

---

[1]) On avait d'abord inscrit un autre nom, et c'est pour faciliter cette correction qu'on renversa l'ordre ordinaire qui assignait à Eft le pas sur Hellendorf: les deux noms sont ainsi récrits à la marge.

[2]) Le cahier de Heckling nous paraît l'original, écrit par l'un de ses signataires, qui a ajouté ici la note finale.

[3]) L'huissier qui transmit les communications pour cette élection nomme Mathis Simmer maire d'Eft, et Lambert Nilus maire de Hellendorf.

[4]) L'écriture et certains détails de la rédaction rapprochent ce cahier de ceux de Fürweiler et de Guerlfangen.

du mois de mars et délivrée par le sieur François Veber, sergent ou huissier royal du bailliage de Bouzonville, savoir:

Nous élus de la communauté d'Emestroffe sommes envoyés sur notre assignation pour répondre à MM. nos supérieurs pour toute notre communauté suivant leur demande.

Comme nous sommes et [avons] toujours été Lorraine et jamais été chargés comme aujourd'hui, c'est pourquoi nous sommes obligés de faire savoir à Notre Majesté que depuis peu de temps nous sommes chargés si fort que nous ne pouvons pas résister: cause, le sel qu'il faut payer le double plus cher que nos ancêtres l'ont payé; c'est pourquoi il y a la moitié de notre communauté [qui] n'a pas le moyen de manger une soupe [à] cause du sel dans huit jours de temps, et même personne ne peut élever aucuns bestiaux [à] cause du sel; car le fourrage est bien médiocre dans notre dépendance. C'est pourquoi nous prions Sa Majesté de nous faire miséricorde.

En outre nous sommes chargés d'une rente annuelle à Saint-Martin, à livrer 14 quartes d'avoine, mesure de Sarrelouis, et cette rente a été au nombre de 4 quartes il y a environ deux cents ans: c'est-à-dire chaque ménage une quarte par année, et nous ne savons pas [d']où ça devient. Nous demandons miséricorde, et nous [n']avons jamais eu autre seigneur et pas d'autre reconnu que Sa Majesté.

Comme notre ban est chargé, chaque jour de terre, d'un bichet de blé, et chaque jour de terre d'un bichet d'avoine par année, sans les vingtièmes et autres rentes, [cela] fait ensemble 33 quartes de blé et autant d'avoine par année; et comme tout notre ban est en massur (?) et côtes, [il] est la plus grande partie en friche.

Notre communauté est encore chargée du mortuel [droit de chef d'hôtel ?]. Sa Majesté nous donne miséricorde!

Notre communauté est chargée du tiers denier: nous demandons miséricorde.

Même comme toute la Lorraine est dans les mêmes cas, mais les tuteur et curateur qu'on fait après la mort du père et [de la] mère, font beaucoup de trouble et bien des frais pour les orphelins.

Nous [ne] sommes qu'un petit hameau, comme il est à voir sur nos déclarations qui ont déjà été données plusieurs fois. De sa (?) notre dîme se partage en trois parts, dont notre curé tire le tiers, et le grand doyen de Trèves tire les deux autres parts; et nous avons une chapelle et nous [n']avons aucune messe ni service dans toute l'année, à moins qu'il soit payé à part, et comme nous avons une lieue jusqu'à l'église paroissiale, c'est bien fatigant pour nous: nous demandons à Sa Majesté miséricorde.

Notre communauté est encore chargée d'une corvée à Bérus de 24 sols, argent de France, et avons pris notre droit: nous demandons miséricorde.

Nous prions Sa Majesté de nous donner le sel libre comme à l'étranger et de se faire payer par tête, suivant [que] Sa Majesté ordonnera.

Fait à Emestroffe, le 9 mars 1789, et avons signé après avoir choisi nos deux députés.

Allexsander Deisch, député[1]); Johannes Klein, député; Petter Hes; Nicolas Schilz; Jacob Mouter; Loter Mouter, als Schœffen; Jacob Schneibel; Johannes Zenner, Maier; Peter Schneibel; F. L.; Michel Hellenbach; marque de Anton Kieffer, als Schœffen.

EVENDORFF.

Assemblée du 9 mars par-devant Jean-Claude de Heyssen, chevalier du Saint-Empire romain et de l'ordre royal et militaire de Saint-Louis, ancien major d'infanterie, président de l'assemblée municipale, en sa maison de campagne; publication au prône le 8 mars.
Le nombre des feux n'est pas indiqué, non plus que celui des comparants; 17 signatures et 6 marques.
Députés: Jean Mertz et Jean Kremer, laboureurs, notables de la municipalité.

Cahier des doléances, plaintes et remontrances de la communauté d'Ewendorf, bailliage de Bouzonville, en Lorraine allemande, dressé par les habitants du dit lieu soussignés et sousmarqués, en exécution des lettres de convocation du roi pour l'assemblée des Etats généraux en date du 7 février 1789, et des ordres, règlements et ordonnances de M. le grand bailli du bailliage ou de M. le lieutenant général du dit bailliage rendus en conséquence le 28 février dernier, à eux signifiés par l'huissier royal Charles-Gaspard Jacques du dit bailliage le 7 du mois de mars dernier à la réquisition de M. le procureur du roi du dit bailliage.

Les suppliants, en rendant les grâces les plus humbles au meilleur des monarques, et pénétrés de ses bontés uniques si manifestes pour ses fidèles sujets, ne cesseront de bénir son nom chéri et si précieux à leur cœur et de faire les vœux les plus ardents pour que Dieu le leur

---

[1]) La liste des députés l'appelle A. Teutsch.

conserve pendant de longues années; conjurent instamment Sa Majesté d'accorder à ses peuples:

1º. L'établissement des Etats provinciaux.

2º. La suppression des gabelles, des marques de cuir, des droits d'aides etc., pour avoir tout libre, et notamment le sel, dont la plupart des fidèles sujets de Sa Majesté sont forcés de se passer dans leur nourriture ordinaire à cause de sa trop grande cherté à proportion de leurs facultés, et n'en peuvent jamais donner à leurs bestiaux, qui sont visiblement dégénérés par cette raison, et dont la population n'est pas telle qu'elle serait s'ils avaient du sel à manger. Leurs voisins, les Luxembourgeois et Trévirois, qui n'ont ni un meilleur sol ni des pâtures plus abondantes qu'eux, vivent dans l'abondance des beurres, des graisses, laitages, etc., qui forment et doivent foncièrement former la nourriture des gens de la campagne, font un grand commerce de bestiaux, en faveur du sel qu'ils viennent chercher dans les salines du royaume à 1 sol ou 6 liards la livre, le tout au préjudice des fidèles sujets de Sa Majesté, qui vivent dans une disette presque perpétuelle, ne pouvant pas seulement manger tous les jours de la soupe faute de pouvoir acheter du sel si cher. Sa Majesté pourrait plutôt mettre un impôt fixe et perpétuel sur chaque chef de maison indistinctement, à cause du rachat des gabelles, au prorata de leurs facultés.

3º. La suppression de la maîtrise, un autre fléau, ou un arrangement différent dans cette administration, qui ne tende pas si visiblement à la ruine des sujets de Sa Majesté.

4º. Chasser les juifs hors du royaume, ou leur accorder un état civil en les incorporant dans les communautés pour faire tomber la peste de l'usure dont ils sont les auteurs, et ont de nos jours infecté les chrétiens mêmes, et toutes les coquineries de ces gens auxquels plusieurs notaires donnent les mains.

5º. Permettre à toutes les provinces de prêter de l'argent à intérêt pour un temps limité, afin de délier les bourses de plusieurs particuliers des Trois-Evêchés notamment.

6º. La suppression de toutes les abbayes et couvents, gens inutiles et à la charge du public; en appliquer les biens et revenus aux besoins de l'Etat, d'où ils viennent originairement, et dont par conséquent l'Etat peut disposer selon ses besoins; et d'en établir des curés et vicaires dans les villages où il en manque, des écoles dans tous les villages, des médecins et chirurgiens stipendiés dans des districts, pour faire leurs visites aux malades gratis, attendu qu'une infinité de gens de campagne meurent pour n'être pas en état de payer les visites des officiers de santé; faire de leurs maisons des hôpitaux confiés à des sœurs de charité pour les malades et infirmes de ces districts; des aumônes aux plus pauvres familles, en diminuant par là la quantité des mendiants; excepter les couvents des mendiants, dévoués par état à servir le public, en accordant à chaque individu de ces couvents 300 livres sur les biens monacaux, qui, rapportés en masse, suffiraient pour les nourrir et les entretenir convenablement, à condition de continuer à servir le public, de faire même biner plusieurs de leurs prêtres pour pouvoir dire la messe les dimanches et fêtes dans les villages à portée de leurs couvents qui manquent de prêtres, et en leur défendant absolument de mendier ou de mettre davantage le malheureux peuple à contribution.

7º. D'attribuer la police des lieux à leurs municipalités respectives, jusqu'à même le pouvoir de punir, non avec de l'argent, mais avec le carcan ou d'autres punitions exemplaires de cette nature, les voleurs des jardins et des campagnes, qui, sûrs de l'impunité, se multiplient journellement, parce que les personnes volées n'osent les attaquer en justice à cause des frais qu'il leur en coûterait pour les faire punir: d'où naît le plus grand désordre; d'accorder aussi aux municipalités les descentes de vues et de lieux, d'autant plus que présentement bien des gens préfèrent de perdre leurs terres à s'exposer aux frais immenses et aux longues inquiétudes de pareils procès, qui coûtent ordinairement six fois plus que l'objet en question vaut et réduisent très souvent un des plaideurs à la mendicité.

8º. L'abolition générale du droit de parcours et des portions communales sur les propriétés, en laissant un chacun maître de cultiver et exploiter ses terres à sa fantaisie pour en tirer meilleure part possible, attendu que les enclos, dans des pays où les possessions sont morcelées et entremêlées comme en Lorraine, coûtent plus qu'elles ne rapportent de profit, et que les fossés y diminuent trop considérablement la masse des terres qui doivent rapporter.

9º. La suppression de la vénalité des offices de judicature et des offices municipaux.

10º. Supprimer les hautes justices et n'établir que deux degrés de juridiction, bornés à la simple connaissance des affaires privées; supprimer les tribunaux d'attribution et exception; laisser aux officiers municipaux toutes les affaires de police outre leurs fonctions ordinaires, et aux Etats provinciaux l'administration des affaires publiques.

11º. Supprimer le tiers denier des ventes des biens, que les villages de Kirsch et Ewendorf payent seuls dans les environs et qui diminuent singulièrement le prix ou la valeur des terres de ce village.

12º. Ordonner que tous les sujets du roi indistinctement contribueront aux impositions au prorata de leurs facultés, en faisant attention aux diverses natures et rapports des terres et aux cens immenses dont certains villages sont grevés, comme notamment le village d'Ewendorf, sans distinction d'état ni privilèges.

13º. Donner un code nouveau et unique pour tout le royaume de jurisprudence, à la rédaction duquel des magistrats des différentes provinces, joints de jurisconsultes de mérite, tous nommés par le roi, seront appelés, et aviser à la réduction des frais de justice, et notamment des tutelles, qui emportent ordinairement le plus clair des successions des pauvres orphelins.

14º. D'assigner un salaire fixe et honnête aux curés, en ne leur laissant que leurs maisons et jardins, pour tarir toute source de procès entre les curés et les paroissiens, très souvent scandaleux, et abolir tout salaire des sacrements et enterrements; d'assigner aussi un fixe aux vicaires, espèce de prêtres trop avilie jusqu'ici à la honte de la religion, que les gens de la campagne louent, payent et renvoient comme leur hardier [= berger].

15º. Supprimer la vénalité de la noblesse et ordonner que cette décoration ne sera dorénavant accordée qu'à des services distingués ou qu'à de grandes vertus.

16º. Interdire absolument l'exportation des bois de chauffage à l'étranger, sous quel[que] prétexte que ce puisse être, attendu qu'il devient d'une rareté inconcevable dans les provinces, et défendre l'exportation de nos grains à l'étranger, lorsque le maldre de froment passera le prix de 20 livres, et celui d'avoine de 12 à 13 livres dans le royaume, pour empêcher le monopole.

17º. Supprimer les annates qui se payent à la cour de Rome et les dispenses de Rome, parce que les papes sont assez riches à la suite des libéralités immenses des rois de France, et que les sujets français sont exclus de la papauté.

18º. Rétablir la liberté de la presse, dont les entraves font un tort irréparable au commerce et à l'humanité.

Le tout suivant qu'il sera arrêté, modifié et détaillé plus amplement par les Etats généraux du royaume; à l'effet de quoi la dite communauté d'Ewendorf a donné tout pouvoir aux nommés Jean Mertz et Jean Kremer, notables, membres de la municipalité du village, ses députés à l'assemblée du tiers état du bailliage de Bouzonville, d'agir, aviser, remontrer, délibérer et consentir en vertu des présentes à tout ce qui sera en outre trouvé bon et expédient lors de la rédaction des cahiers de la dite assemblée à Bouzonville, le tout au désir des lettres et règlements de Sa Majesté pour la convocation des Etats généraux ; à l'effet de quoi le présent cahier a été fait double, l'un inscrit au livre de la communauté pour demeurer au greffe de sa municipalité, l'autre pour être remis à ses députés ; et les dits habitants ont signé après lecture et suffisante interprétation en langue germanique pour ceux qui n'ont l'usage du français : ce que les uns et les autres ont déclaré par acclamation avoir pour agréable et contenir leurs véritables intentions et doléances, suppliant derechef humblement Sa Majesté d'y avoir égard.

A Ewendorf, le 9 du mois de mars de l'année 1784 (*sic*) à quatre heures après midi.

Peter Schmidt, maire ; Peter Schmit ; Anton Perreit ; Jacob Bortscher ; Jaunes Fus ; Johannes Delwo ; Adam Frens ; Johanes Weber ; Michel Porsar ; P. Rit ; F. B. ; C[hristophe] M[ertz] ; J. Mertz ; Johanes Schneider ; J. Kremer ; Peter Mertz, syndic ; De Heyssen ; Pierre Mertz, greffier ; marques de : Marie Mertz, femme de Pierre Souman ; de Christophe Ritte ; de Jean Bonning ; de Suzanne Thomé, femme de Christophe Hensgen ; de Jean Hensgen, le jeune ; d'Anne Kling, veuve Kremer.

FELSBERG.

Le procès-verbal de l'assemblée du 7 mars ne parle que de l'élection des députés, avec «plein pouvoir de porter toutes les plaintes qui sont à leur connaissance» ; 18 signatures et 1 marque[1]*).*
Députés : Antoine Gladelle et François Robert.

Cahier de doléances de la communauté de Felsberg[2]), arrêté dans son assemblée tenue en exécution des lettres du roi, données à Versailles le 7e février dernier pour la convocation des prochains Etats généraux, le 8e mars 1789.

Art. 1. La province rétablie en pays d'Etats.

---

[1]) Ne paraissent pas au cahier les signatures de Jean-Claude Tonnellier syndic, Jean Tonnelie, Derut, Matis Wurch, et la marque de Charles Troquelet.

[2]) Les douze premiers articles se trouvent, avec quelques nuances, dans le cahier de Bisten, p. 271.

Art. 2. Que tous les abbés commendataires fussent supprimés, et les revenus de leurs commenderies tourner au profit du souverain.

Art. 3. Une taxe être fixée aux évêques ainsi qu'à tous les curés, et le surplus de leurs revenus séquestré au profit du souverain, supportant néanmoins les charges de l'Etat à raison de leurs revenus et possessions comme le tiers.

Art. 4. Les nobles également répartis dans toutes les impositions à raison de leurs possessions et facultés, sans que dans aucun cas cela puisse nuire à leurs qualités.

Art. 5. Suppression de la maîtrise: qu'elle fût administrée par la justice ordinaire avec les vacations attribuées en d'autres cas; les délits être réglés sur le pied des mésus champêtres sans frais; les forestiers pensionnés et responsables de tous les délits dans les forêts royales.

Art. 6. Suppression des offices [d']huissiers jurés priseurs; [qu'ils soient] abolis.

Art. 7. Le reculement des barrières aux frontières, en affranchissant néanmoins des droits d'entrée tous les objets de première nécessité et indispensables, comme bois, etc., en faveur des habitants limitrophes; le commerce ainsi libre dans tout le royaume.

Art. 8. Suppression de la gabelle, la régie des cuirs, la marque des fers, et tabac et sel.

Art. 9. Prohibition de la sortie des bois à l'étranger, et suppression de la trop grande quantité d'usines consommant bois.

Art. 10. Abolition de la loi qui permet les enclos, quant aux prés et terres, comme étant désastreuse aux cultivateurs, aux communautés, à raison de la vaine pâture. Il est presque impossible d'entrer avec les charrues et voitures et herdes dans la campagne.

Art. 11. Défense de faire vainpâturer les bêtes blanches dans les prés, à cause que nos prés sont secs et de peu de rapport.

Art. 12. Abolition de toutes les dîmes insolites et non généralement perçues dans la province.

Art. 13. Les dîmes perçues par les curés pour la desserte à raison de la 21e gerbe sur les bans assujettis à la 7e pour terrage au profit du roi, abolies; et le tiers de cette 7e gerbe attribué au curé, afin de soulager le cultivateur, qui, ces deux dîmes prélevées, ne peut souvent pas retirer de ses terres les frais de culture, voyant [= vu] que [ce] sont des terres sableuses et ingrates; et cette dîme est insupportable: il faut que nous donnions de 11 gerbes 2 pour dîme.

Art. 14. Les topinambours et les vesces, qui sont semés et plantés dans les versaines: la dîme abolie.

Art. 15. Toutes les nouvelles routes abolies.

Art. 16. La nouvelle route qui a été faite dans notre dit lieu, a fait un tort considérable, passé au travers des terres, prés et jardins, et mis [= rendu] des maisons impraticables. Le sieur Robin, sous-ingénieur demeurant à Faulquemont, a fait le relevé du dommage et nous n'en avons pas été indemnisés d'un denier.

Art. 17. Le ban du dit lieu consiste aux environs de 1600 jours tant en terres que prés, situés dans des revers de côtes, et des terres très mauvaises.

Art. 18. [Dans] lequel dit ban il y a aux environs de 300 jours de terres et prés totalement ruinés par les eaux, qui ont formé des fossés comme des précipices, et nous en payons tous les ans le vingtième.

Art. 19. Le sieur curé de Bérus est obligé par les titres de la renouvelature du domaine de Bérus de fournir les bêtes mâles, et il n'en a pas fourni: [ce] qui fait une grosse perte à la dite communauté; et abolir [les honoraires pour] l'administration des morts et mariages: [qu'elle soit] gratis.

Art. 20. La Houve de Forviller, nous étions en droit d'en tirer notre chauffage: le souverain s'en est emparé, et nous en payons encore tous les ans 13 francs au domaine de Sa Majesté.

Fait et achevé à Felsberg, le 8e mars 1789.

Art. 21. Que les gardes surveillants soient choisis par voie de communauté comme les autres bangardes.

A. Gladelle, maire; Michel Christiany; François Robert; J.-A. Tonnellie; Matias Rolles; Jean Piercolas; Antoine Capitain; Mathis Mass; Jacques Magot; Antoine Magot; Hans Peter Tilmung; Joseph Steidt; Piere Tonnellier; Nicolas Dould, greffier; Fourmann, échevin.

FERANGE, ISING, LABRUCH.

Assemblée du 8 mars 1789 chez le syndic; publication au prône le 8 mars par le curé d'Eberswiller.
75 feux. — 23 comparants; 22 signatures[1]*).*
Députés: Dominique Altmayer, greffier, et Jean Bretbeil.

---

[1]) On ne trouve point au cahier les signatures de Nic. Provox et de J. Fonçain.

Cahier de doléances, plaintes et remontrances de la communauté de Férange[1]. [*Voir le texte au cahier de Dalstein p. 310.*]

F. Bartel; François Bilthauer; Jean Vilbois; Michel Richard, maire; Jean Bret Beil; Jean Grausenn; Jacque Steff; François Caudy; Pierre Géant; Nicolas Didrich; Nicolas Ottemer; Pierre Cridel; Nicolas Altmayer; Nicolas Vilbois; Jean Siglée; Simon Vilbois; Joseph Grünstein; Michel Marcus; Mathis Hombourger; N. Vilbois, syndic; Nicolas Hennequin; Dominique Altmayer, greffier.

FICKINGEN.

Assemblée du 9 mars en la maison du maire et par-devant lui; publication à la messe de paroisse, sans date.
16 feux. — 16 comparants, parmi lesquels une veuve; 7 signatures[2]).
Députés: Jean Fries et Jean-Adam Becker.

Auf heute den 11. Martii 1789, nach erhaltener Königlicher Verordnung und Missionsbrief von Ihro Königlichen Majestät, hat die Gemeinde Fickingen ihre Klagen und Beschwernüssen ganz unterthänigst vorzubringen als wie folgt:

Art. 1. Das Dorf Fickingen muss jährlich geben an Subventiongeld 166 l.; an Ponts-Chausségeld 27 l. 10 s.; an Vingtième 101 l.; an Salzgeld 277 l. 14 s. 6 d.; an Tabacksgeld 36 l.; den Fuhrlohn vom Salz 24 l.; den Salzaccord und Tabacksaccord an Unkosten 23 l.; dass die Gemeinde Fickingen alle Jahr dem Collecteur geben muss für die Königsgelder zu heben 24 l.

Art. 2. Dass ein jeder Gemeinsmann an Frohngeld muss geben auf Hilbringen 7 s. 6 d.

Art. 3. Dass die Ackersleute zu Fickingen ein Fuder Wein von Trier für Herrn Landcommendeur nach Beckingen führen müssen, und das alle Jahre.

---

[1]) A la marge: Ferange, Insing et Laubrick.

[2]) N'ont pas signé Mathieu Klasmann, J. Kontz, Pierre Thill, Nic. Kolmann, Nic. Keith, Nic. Becker le vieux, Jacob Schultz, J. Bosch, la veuve Marie Strauch. Remarquons que le procès-verbal, rédigé en assez bon français, appelle Schultz celui qui signe Nic. Scholtes. Jean-Adam Becker était maire, d'après la lettre de convocation.

Art. 4. Dass zu Fickingen ein jeder Ackersmann alle Jahre zwey Tage muss zu Pflug fahren dem Herren Landcommendeur.

Art. 5. Dass ein jeder Fuhrmann von Fickingen drei Fuder Heu von der Grosswiese in die Commende führen muss alle Jahre.

Art. 6. Dass ein jeder Gemeinsmann zwey Tage von Fickingen für Herren Landcommendeur mähen muss und die Grosswiese helfen auf Heuhaufen aufsetzen.

Art. 7. Dass alle Jahre ein jeder Gemeinsmann zu Fickingen ein Fass Büschhaber in die Commende Beckingen liefern muss.

Art. 8. Dass in dem Ort Fickingen ein jeder Einwohner jährlich ein Tag in dem Weinberg hacken und schneiden muss.

Art. 9. An Renten das Dorf Fickingen jährlich muss liefern an Weizen 40 Quarten, an Haber 20 Quarten an die Herrschaft von Dillingen und Herren von Warsberg.

Art. 10. Dass ein jeder Schornstein zu Fickingen jährlich ein Huhn an die Herrschaft zu Dillingen und an die Herrschaft von Warsberg liefern muss.

Art. 11. Dem Herren Pastoren zu Beckingen die Gemeinde Fickingen jährlich für die Wochenmesse liefern muss 8 Quarten Weizen.

Art. 12. Das Dorf Fickingen an Zehnten Weizen dieses Jahr durch den ganzen Bann hat geben 33 Quarten, an Haber auch 33.

Art. 13. Dass der Domaine zu Fickingen jährlich verlassen dem Peter Reininger zu Fickingen für 30 livres de France.

Art. 14. Dass die Erbschaft zu Fickingen 460 Morgen Ackerland hat, wovon 115 Morgen niemals können gebraucht werden, indem es in lauter Felsen besteht, und 5 Morgen gehören dem Seminarium von Trier zu, und 7 Morgen der Herrschaft von Dillingen zu; wovon die Früchte von 100 Morgen ausgehen in die umliegenden Örter.

Art. 15. Wann ein Gemeinsmann Güter an sich kauft, so muss er den dritten Pfennig der Herrschaft davon zahlen.

Art. 16. So oft aufm Siersberg gebaut wird, müssen sie mit der Gemeinde die Frohnden dazu thun sowohl mit der Hand als mit den Fuhren.

Art. 17. An gemeinem Land zu Fickingen 67 Morgen, davon die Halbscheit unbrauchbar ist; an gemeinem Wiesenplatz ad 36 Fuder; noch ein Gemeinenwiesenstück, anderseits der Saar gelegen, inhaltend ohngefähr ad 16 Fuder, wovon die Saar ihnen alles hinweggenommen bis auf ein Fuder Wiesenplatz; eine Nachtweide zu Fickingen, inhaltend ohngefähr ad 24 Morgen.

Art. 18. Dass die Gemeinde Fickingen an Schuld hat 20 Thaler.

ART. 19. Dass Franz-Louisbrucken[?] man ihnen Fickingern einen Canal durch die Wiese gemacht ad 70 Ruthen lang.

Die Gemeinde hat einen Wald, welcher enthält 145 Morgen, von welchem sie aber wenig Nutzen haben und viele Unkosten.

ART. 20. Dass die Gemeinde Fickingen grosse Beschwernus hat wegen den acquit à caution wegen Früchten und Heu von anderen Orten herbeizuführen. Manches Mal ist die Waare nicht so viel wert als der acquit kostet.

ART. 21. Dass die Gemeinde Fickingen einen grossen Mangel hat an Weidstrichen, weil die Gemeinde Fickingen dem Herrn Landcommendeur viel Frohnden müssen thun von wegen den Weidstrichen.

Johan Fries; Peter Reininger; Nicolas Becker; Hans Adem Becker; Joans Gärtner; Nicolas Scholtes; Jacob Conrad.

FILSTROFF.

Assemblée du 7 mars dans l'église paroissiale par-devant le maire; publication au prône le 7 mars « pendant la grande messe que Me P. Pigeot, notre curé, a célébrée à cette fin avec solennité».
92 feux. — Pas de liste de comparants; 29 signatures.
Députés: Jean Pigeot, tanneur, et Jean Brem, laboureur.

Doléances, plaintes et remontrances de la communauté de Filstroff[1]), arrêtées dans l'assemblée tenue le 7 mars 1789, signées par tous ceux qui savaient signer et contresignées par les maire et greffier d'icelle.

1. La communauté de Filstroff demande que les Etats généraux fussent tenus tous les ans au nombre de 1200 personnes.

2. La communauté veut que tous les cinq ans on tienne des Etats généraux plus nombreux, au moins de 6000 personnes.

3. Que chaque province du royaume ait ses Etats particuliers.

4. Elle demande la suppression de la ferme et de toutes les compagnies fiscales, par conséquent le sel et tabac libres, la marque de cuir abolie, et le reste qui dépend de toutes les branches de la ferme (et régie actuelle).

---
[1]) Beckerholtz (p. 250) présentait le même texte, écrit de la même main, à part quelques variantes que nous achevons d'indiquer ici entre ( ).

5. Suppression des acquits, ou de la douane, dans l'intérieur du royaume.

6. Suppression du droit de chasse et de toutes les servitudes qui en dépendent.

7. Suppression du corps des ponts et chaussées.

8. Suppression des pensions non méritées soit des nobles ou des roturiers.

9. Suppression des francs-fiefs; par conséquent:

10. Suppression des corvées seigneuriales;

11. Suppression des banalités du four, du moulin et autres;

12. Suppression des tiers denier, droit capital, des chapons et poules;

13. Suppression des droits de sauvegarde, comme les seigneurs ne sauvent plus; suppression également du droit affreux par lequel les seigneurs tirent un certain droit pour permettre aux particuliers d'avoir une cheminée: le tout exprimé par les termes *Rauchhaber* et *Schirmhaber*.

14. Suppression de la vénalité des charges, surtout de celles de la magistrature, qui doivent être remboursées et données selon le mérite personnel.

15. Suppression de la maîtrise des eaux et forêts: les charges doivent être remboursées. L'administration des bois confiée aux maires et gens de justice choisis librement par la communauté, qui en useront comme bons pères de famille; les seigneurs et autres propriétaires choisiront leur gruerie particulière: tous sous des gardes bien pensionnés et rendus, après cautionnement donné, responsables des délits. Les rapports, faits au greffe du village, seront réglés comme ceux champêtres aux plaids annaux sans huissier et sans frais.

16. Suppression de l'ancien code criminel et civil; substitution d'un nouveau qui soit plus juste (et plus équitable et analogue à la nation existante aujourd'hui).

17. Suppression de toutes les coutumes anciennes et modernes; de bonnes lois générales pour toute la France à leur place.

18. Aucun nouvel impôt sans le consentement des Etats généraux.

19. Les subsides accordés d'une année à l'autre, afin d'entretenir la révolution continuelle des Etats généraux, mais jamais au delà d'un an.

20. Le soldat fait citoyen aura voix aux Etats; il sera mieux payé, mais fera les chaussées et autres ouvrages publics, comme le soldat romain.

21. Réforme générale dans l'administration de la justice.

22. Les juges seront pris à partie, s'ils jugent mal ou contre les lois.

23. La police aux maires des lieux où il n'y a point d'autre siège de justice établi, pour juger en première instance des cas de fait.

24. Diminution et réduction de la trop grande quantité de bailliages en Lorraine.

25. [Une] somme fixe pour la maison du roi; une autre somme fixe pour les dépenses du gouvernement, et une autre somme (annuelle) pour commencer à payer les dettes du roi et de l'Etat, réforme préalablement faite de toutes les places et êtres inutiles.

26. La liberté de la presse, à condition que l'auteur signe chez (le libraire ou) l'imprimeur pour y avoir recours le cas échéant.

27. Liberté personnelle et assurance de propriété sous la sauvegarde des lois et de la nation entière.

28. Les parlements ou cours supérieures dépositaires des lois arrêtées par la nation assemblée et administrateurs de la justice seulement, et rien au delà.

29. La suprême et souveraine puissance exécutive maintenue, selon les lois fondamentales de la monarchie française, dans la maison régnante en la personne sacrée de Sa Majesté le roi Louis XVI, notre bon prince et gracieux seigneur. Qu'il vive pour le bonheur de son peuple (fidèle) et la gloire de sa couronne longues années!

30. La caisse militaire et celle de la nation entre les mains de la nation, administrées par une commission annuelle, qui rendra compte, l'année écoulée, à la nation assemblée.

31. Suppression des grands gouvernements, des subalternes de toutes les places militaires; les états-majors anéantis.

32. Les domaines rappelés à la couronne pour être vendus à l'effet de produire une grande somme pour payer les dettes de l'Etat.

33. Examen des marchés d'échange.

34. Suppression des justices seigneuriales.

35. Pénétration dans toutes les parties du déficit, mise sous les yeux de tous les citoyens par la voie de l'impression.

36. Suppression des intendants et de leurs subalternes.

37. Le gouvernement mis dans l'heureuse impuissance de ne pouvoir faire la guerre offensivement ni pour aucune conquête sans le consentement formel de la nation.

38. Abolition du tirage de la milice.

39. Les sujets et individus du tiers état admis aux grandes places de l'armée, de la magistrature et de l'église, le tout selon le mérite personnel.

40. Point de notaires que les greffiers des villages, qui seront porteurs du rôle de tous les biens cadastrés et estimés.

41. Ainsi toute la France sera cadastrée; tous les biens, nobles, roturiers et ecclésiastiques, estimés et inscrits au greffe de chaque lieu. On sera imposé selon cette estimation et autres facultés.

42. Les Etats des provinces nommeront des commissaires à ce nécessaires.

43. Il n'y aura qu'un seul impôt.

44. Pour prévenir toute fraude en fait d'hypothèque et emprunt, il sera défendu sous peine de nullité de passer ailleurs un contrat que chez le greffier du lieu.

45. Comme il n'y aura qu'un seul impôt, le commerce sera libre, et toutes les entraves abolies.

46. Comme la nation fera les grandes routes à frais communs, les chemins de communication et traverses d'un village à l'autre seront faits et entretenus aux mêmes frais communs.

47. Dans les lieux où il n'y a point de garnison, on aura une garde de nuit.

48. Les députés qui seront convaincus d'avoir fraudé ou changé les cahiers d'aucune communauté ou assemblée générale, seront regardés comme infâmes et indignes de paraître à l'avenir dans les assemblées nationales, provinciales, d'arrondissement ou de bailliage.

49. Suppression des droits de carrière (de pierres pour bâtir) et (du droit de) bouchon (contre les cabaretiers et aubergistes, étant faits pour le public).

50. Rentrée des communautés dans leurs anciens titres concernant les bois[1]).

Jean Mathis; Nicolas Pigeot; Peter Brem; Christian Jacmin; Mattis Frey; Peter Frey; Johanes Jung; Simon Lilié; Gaspar Hiertz; George Euch; Adam Antrig; Nicolas Han; Antonati; Michel Frei; Jean André; Louis Humbert; Martin Weber; Hans Matz Becker; Wilhelmus Kiffer; François Theis; Goerg Weber; Matthis Wetter; Johannes Winckel; Johannes Pluntz; Johannes Brem, député; Nicola Behc(?); Jean Pigeot, tanneur, député; Nicola Wienckell, maire; Jean Pigeot, greffier.

Cejourd'hui, 9 mars 1789, la communauté de Filstroff, assemblée en la même manière que le 7 du courant, a résolu d'ajouter par supplément aux plaintes, doléances et remontrances arrêtées le dit jour

---

[1]) Plus explicitement à Beckerholtz: Liberté et faculté aux communautés des villes, bourgs et villages, de rentrer dans leurs anciens biens et possessions dont ils tiennent les titres contre les usurpateurs qui *obreptice* ou *subreptice* ont obtenu des arrêts du conseil.

7 mars les objets d'intérêt qui n'ont pas été insérés dans le dit cahier, et le présent demeurera annexé à icelui comme en faisant partie, et seront les présentes remises aux députés par nous choisis.

1. L'usage de faire des inventaires au décès de l'un des conjoints est abusif, quoique autorisé par une loi; il cause au public des frais inutiles et ruineux. Cet usage n'est nécessaire et utile que dans le cas où le survivant convolerait à de secondes noces; alors, pour l'intérêt des enfants du premier lit, il convient seulement de faire inventaire.

2. La multiplication excessive des pigeons dans la campagne nuit à l'agriculture; il est donc nécessaire de faire une loi qui fixe et détermine le nombre de pigeons que peut tenir chacun de ceux qui ont droit de tenir colombier, de renouveler les anciennes ordonnances qui défendent de les laisser sortir dans les temps de semailles et de faire également défense de les laisser sortir dans le temps des semailles du lin et du chanvre, et accorder aux maires et gens de justice l'inspection de cet article de police.

3. L'intérêt public exige aussi, ainsi que la justice, que les pommes de terre, le chanvre et le lin soient exempts de dîmes tant à cause de la quantité d'engrais et de semence qu'exigent ces sortes de productions, qu'à cause de la culture pénible et des travaux extraordinaires qu'elles demandent.

4. Comme les curés ont des revenus en suffisance pour leur subsistance, il est juste qu'ils administrent les sacrements sans frais, tels que le baptême et le mariage, et que les publications de bans soient également gratuites, ainsi que les relevailles des femmes en couches.

5. La rareté et la cherté du fer sollicite le gouvernement d'en défendre l'exportation.

6. Les abus et les inconvénients qui résultent du droit de parcours, en demandent la suppression.

Fait et arrêté à Filstroff en la manière ci-dessus les an et jour avant dits.

Jean Mathis; Peter Brem; Franz (?) Antrig; F. W.; Johannes Winckel; Mattis Frey; Simon Lilié; Michel Frei; Peter Frey; Frans Kremer; Johannes Pluntz; Nicola Wienckel, maire; George Euch; Johannes Brem; Johanes Jung; Nicola Behc (?).

FLASTROFF.

Assemblée du 8 mars dans l'auditoire du lieu par-devant Laurent Hentinger, maire; publication au prône le 8 mars par le curé.
10 feux. — Pas de liste des comparants ni de signatures distinctes, le procès-verbal et le cahier ne formant qu'une pièce.
Députés: Antoine Tritz et Jean-Nicolas Mellinger, notables.

Plaintes et doléances. [*Voir le cahier de Bizing art. 1—6 et 10.*]

Art. 7. La gruerie est une perte des communautés. Pour droit de martelage, MM. les officiers nous font payer 3 livres 10 sols, je dis 3 livres 10 sols, par arpent de France, non compris le procès-verbal de délivrance.

Les communautés ont annuellement un ou plusieurs rapports sur les tocquées à l'entour des coupes en usance, dont on les rend responsables de 50 verges, et dont les rapports en fait proviennent souvent des anciennes tocquées qui n'ont été que renouvelées et ont déja été payées. Ce sont souvent des habitants des villages voisins qui commettent les délits; les forestiers, négligeant de les prendre, font les rapports sur les communautés, tandis qu'ils ont repris des particuliers délinquants avec lesquels ils ont bu et mangé et tiré de l'argent.

Avenant en outre à notre communauté les deux tiers des dommages-intérêts résultant des rapports, en fait aucun de nos habitants n'ont connaisance d'avoir touché un denier. Les officiers de la gruerie sont juges en leur propre cause: [ce] qui est un grand abus.

Art. 9. Etant d'usage dans partie de ce pays que les décimateurs fournissent les bêtes mâles pour la multiplication du bétail, en ce lieu nous n'en avons pas et, ayant présenté différents placets à l'intendant à ce sujet, l'on nous a toujours renvoyés à la justice ordinaire: pourquoi nous avons recours au souverain et aux Etats généraux à cause de la pauvreté des communautés.

Art. 10. Les décimateurs prennent aussi les dîmes des topinambours, lins et chanvres, sur les versaines: ce qui est donner deux fois la dîme dans une année (sur une terre), qui est un abus sans titres.

Art. 11. Le seigneur de ce lieu tient troupeau de bêtes blanches, qui devraient n'être qu'au nombre de 150, et avoir et profiter [de] la pâture sur sept bans. Mais, au lieu de n'avoir que tant, [il] en tient jusqu'à 500 et ne parcourt pas les bans suivant leur ordre, reste sur notre ban huit jours entiers, a l'entrée et la sortie par notre ban, ronge la pâture tellement qu'il nous est impossible d'élever du bétail, et abîme jusqu'à la racine du gazon de nos prairies. Nos prés étant de peu de valeur, rongés par les brebis, [cela est] cause que nous n'avons que très peu de fourrage et [en] insuffisance pour nos bestiaux : si, en cas, il fallait faire quelque délivrance de fourrage à Sa Majesté, il nous serait impossible.

Art. 12. Les officiers de la gruerie nous ont forcés à donner un quart de réserve de nos bois, nous ayant laissés l'espace de trois années sans affouage, par conséquent il l'a fallu subir. Ce quart de réserve est situé à l'extrémité de notre ban et à portée des villages voisins, lequel est dégradé par des villages voisins : ce qui nous fait un dommage terrible, nous voyant sans bois et sur le pied de couper la jeunesse.

Fait et arrêté en la maison du maire, la communauté y étant assemblée, ce 8 mars 1789, et ont signé tous ceux qui savent signer.

Laurentz Hentenger, maire; Nicola Mellinger, syndic; Antoine Trietz; Peter Miller; Jean Hanne; L. J....; Jacob Makar; Jacob Kiren; Johannes Juin; Mathias Mattis; Jacob Cren.

FLATTEN.

Assemblée du 10 mars après midi : le procès-verbal ne mentionne que l'élection du député.
Pas de liste de comparants; 3 signatures.
Député : Pierre Moot, syndic de la municipalité.

Cahier des plaintes[1]) fournies à l'assemblée provinciale suivant la lettre patente du roi en date du 7 février 1789, savoir :

Art. 1. Cette communauté se plaint avec droit que la province de Lorraine n'a jamais été dans le cas de payer de vingtième, d'autant plus qu'elle n'avait pas la coutume : auxquels ce vingtième a surchargé les biens qui ne sont que d'un petit rapport.

---

[1]) A la marge : Communauté de Flatten. — Ce cahier est écrit de la même main que celui de Betting et Gongelfang, et les quatre premiers articles se ressemblent beaucoup de part et d'autre. Ailleurs le député est appelé P. Mohr.

Art. 2. La coutume de la province de Lorraine avait le droit d'avoir le sel à raison de 4 sols 3 deniers les 2 livres, [ce] qui ne faisait que 8 sols 3 deniers les 2 livres[1]); le tabac à 36 sols la livre en bille, et le tabac à fumer à 18 sols: aujourd'hui il faut payer le sel à 12 sols et le tabac à 3 livres 4 sols la livre.

Art. 3. La communauté se plaint encore que les duchés de Lorraine n'ont jamais été dans le cas de prendre des acquits que pour la sortie et la rentrée des Etats, et aujourd'hui la ferme nous oblige de prendre des acquits pour aller d'un village à l'autre sans sortir de la province: ce qui cause un grand abus.

Art. 4. Les cuirs sont aujourd'hui d'une cherté [telle] que personne ne peut plus y soutenir: ce qu'a occasionné la marque des cuirs que la ferme a imposée depuis quelques années, [par suite de] laquelle la plus grande partie des pauvres gens sont obligés d'aller nu-pieds.

Art. 5. Depuis quelques années il se trouve un huissier priseur et crieur qui tire 6 livres par jour, non compris le contrôle, ce qui enlève le tiers des ventes: grand abus.

Art. 6. La communauté se plaint que l'huissier qui est chargé du recouvrement des deniers royaux de la recette de Boulay tire des sommes de frais des communautés qu'il n'est pas à expliquer: ce qui ruine les communautés en frais.

Art. 7. La maîtrise des eaux et forêts est en retard de bien des choses, puisqu'elle ne rend point de compte des bois qu'elle a fait vendre pour payer la quote-part de la dite communauté pour la tour de l'église paroissiale, à laquelle la moitié de la somme n'a pas été employée pour ce sujet: la communauté demande compte.

La communauté se plaint que le seigneur a une bergerie de moutons qui ruine ce lieu en pâture: et qu'il serait un grand bien [d']abolir cet abus.

Fait et arrêté les présentes plaintes, que nous certifions véritables, que nous avons remises à notre député pour servir à ce que de raison, et remis le double au greffe de la communauté; et avons signé avec notre greffier les an et jour avant dits, après lecture [et] interprétation faites.

Adam Tritz; Petter Bins; Monpert, greffier.

---

[1]) *Sic*: ordinairement on oppose le prix ancien du pot ou deux livres en argent de Lorraine avec indication de la valeur correspondante au cours de France.

FORWEILER (ALT-).

Le procès-verbal d'assemblée manque.

Cahier des plaintes, doléances, remontrances que fournissent les habitants de la communauté de Vieux-Forweiller sous Berus, en conformité des lettres du roi en date du 7 février dernier.

Les charges des citoyens sont insupportables:

1°. Quant aux bailliages, [ils] frustrent totalement nos habitants, comme quoi pour une bagatelle ils traînent des procès jusqu'à quatre ou cinq sentences jusqu'à définitive: [d'où] résulte beaucoup de misère dans le royaume.

Le procureur du roi, l'huissier priseur font des frais considérables pour la rédaction des inventaires à l'instant de la mort d'un chef de famille, de même un droit pénible au dit huissier pour vendre les meubles. Il est expédient que cet abus sera réglé, qu'on ne fera aucun inventaire sinon au second mariage, et les ventes des meubles pourront être faites par le greffier du lieu sans contrôle.

2°. Quant à la maîtrise, un abus très nuisiblement chargé pour leurs rétributions: premièrement pour un arpent de bois 3 livres 10 sols de France, outre le procès-verbal pour la marque et délivrance des bois de chauffage; en outre, la communauté sera responsable de 50 verges pour les délits et dégradations à l'entour des coupes: résultat, des rapports, de cinq à six rapports; par là on observe que ce bois ne produit plus de profit à l'usager.

Notre communauté avait une partie de forêt, dite Forweillerhoube, dont cette maîtrise s'est rendue maître et a enlevé cette partie, et les habitants n'avaient les secours à se défendre.

Comme le sieur Kœnens, de Bérus, a fait un acensement sur mille jours de terres et le sieur Launet de Thionville [sur] 300 jours pour 1 franc du jour, que cette communauté, à l'encontre de [*lisez:* en union avec] celles de Bisten et Bourg-Dauphin[1]), possédait pour la septième gerbe, du domaine de Sa Majesté, cette pauvre [communauté] a été frustrée, par des poursuites, d'une somme de 300 livres de France, pour

---

[1]) Le cahier de Bourg-Dauphin ou Nouveau-Forviller (art. 6) est plus intelligible sur cette affaire.

acquitter les frais des poursuites, empruntées des demoiselles les Mathis. Par cet effet le dit Kœnens a fraudé Sa Majesté, parce que la gerbe valait le double à l'encontre de ce franc; de même nos habitants [ont été] privés de leur nourriture et du vainpâturage des bestiaux: par là se sont rendus fugitifs de huit à neuf de nos habitants qui ont quitté la communauté, et différents autres menacent [de] se rendre fugitifs du royaume.

[3º]. La ferme est très nuisible pour les gabelles, péages, marque de fer, marque de cuir dans le royaume. Le sel est pour la subsistance tant des peuples [que] des bestiaux: les sujets du roi ne peuvent plus exister pour la subsistance de leur ménage, pour celle de leurs bestiaux, pour raison qu'il est si cher. Demandons qu'un tel règlement soit seulement sur les frontières, et que le tout soit libre dans le royaume, avec offre de redoubler ce qui revient pour acquitter au roi quand les receveurs seront supprimés.

[4º]. Quant aux enclos, [ils] sont également très nuisibles aux sujets du roi au sujet des fossés et clorages, [d'où] résulte que les chevaux et bestiaux [se] cassent cols et jambes, [et qui] rendent cher le bois. Il sera meilleur qu'on jouisse [du] regain sans ces clôtures pour prévenir aux frais, [dans] les prés où ils puissent être situés.

[5º]. Quant aux banalités des moulins, il n'y a que contestations, procès, embarras et confusions: il est nécessaire que cette banalité soit commuée, au sujet que les meuniers se rendent maîtres et n'observent leur conscience.

[6º]. Enfin les bêtes à laine des admodiateurs du domaine de Sa Majesté, sans nombre fixé, viennent vainpâturer dans nos prairies, dans le regain réservé pour la semaille: [ce] qui est très nuisible tant aux habitants ayant droit pour jouir [de] ce regain qu'aux prairies mêmes, parce que ces bêtes arrachent la racine des herbes.

Certifié véritable à Forweiller, ce 9 mars 1789; en foi de quoi avons signé.

Casbahr Rolless, maire; Nicklas Kas, échevin; J. Krönner; Joseph Haass, syndic; Nicklas Zemer; Nikellas Caspar; Nicklas Lintzler; Mathias Schmitt; François Altmeyer; Joseph Dalstein [1]).

---

[1]) Député à l'assemblée du bailliage.

FORWEILER (NEU-).

Assemblée du 10 mars dans la maison du maire et par-devant lui; publication au prône le 8 mars par le vicaire.
Le nombre de feux n'est pas indiqué. — 28 comparants; 18 signatures[1]).
Députés: Nicolas Brion, maire, et Nicolas Jourdain.

A la fin du procès-verbal, « nota que Antoine Maisan, syndic de la communauté, s'est retiré et n'a pas voulu signer le cahier, parce qu'il est un de ceux des notables qui ont accepté des terres de Kenens ».

Cahier du Nouveau-Forviller, bailliage de Bouzonville.

Cejourd'hui 10 mars 1789, la communauté du Nouveau-Forviller étant assemblée en la manière accoutumée .... avons délibéré que, puisqu'il nous est permis d'épancher dans le sein du roi, notre père, (dont nous voulons mériter et tâcher d'acquérir de plus en plus le titre d'enfants), les malheurs qui nous sont arrivés depuis 26 ans, espérant que Sa Majesté ne nous privera pas des bontés qu'elle veut bien accorder à ses fidèles sujets, la suppliant de croire que nous vouons une entière obéissance à ses volontés, et que nous n'avons rien tant à cœur que de contribuer au bien et aux charges de l'Etat tant que nos moyens pourront nous fournir de quoi lui prouver notre zèle et notre obéissance,

1°. Nous observerons que le village, contenant à présent 61 ménages, dont 10 laboureurs, 34 pauvres manœuvres, 13 veuves, 3 officiers, dont 2 de Sa Majesté très-chrétienne et 1 de Sa Majesté impériale, 2 invalides, a été créé en 1704, par ordonnance de Son Altesse royale le duc Léopold, au nombre de 10 laboureurs et 10 manœuvres.

2°. Que, lors de son établissement, il leur a été distribué des terres dans le défrichement de la Houve de Forviller, pour les essarter et cultiver; ils ne devaient payer pour dîme et terrage que la septième gerbe au domaine de Berus et 13 francs barrois pour le droit d'affouage, maronnage, grasse et vaine pâture dans la forêt de la Houve de Forviller, droit qu'ils payent encore aujourd'hui sans en jouir.

---

[1]) Les comparants qui n'ont pas signé le cahier sont François Becker, Nic. Zimmer, Pierre Bodvin, Christophe Bauch, Charles Thomas, J. Valmerod, Gaspard Habel, J. Humbert, André Stayer, J. Ranconet, Charles Fing, Ant. Luya, André Krompholtz.

3º. Qu'en 1710 il a été distribué par ordre de S. A. R. dans le défrichement de la Houve 133 jours de terres au canton dit Happenpoul, dont on voulait faire un second établissement; mais M. Kikler, commissaire ordonnateur, réformateur des eaux et forêts au bailliage d'Allemagne, ayant reconnu que cet établissement pourrait gêner les autres, a retiré les habitants et les a fait joindre le Nouveau-Forviller; sans leur distribuer d'autres terres sur le ban du Nouveau-Forviller que des emplacements pour des maisons et jardins, que l'on a repris sur les habitants qui étaient déjà au Nouveau-Forviller: en conséquence, les gens ont continué à cultiver dans le canton de Happenpoul les terres qu'ils avaient essartées comme à eux appartenantes et en ont payé le vingtième a Sa Majesté.

4º. Qu'en 1719 M. Kikler a distribué aux habitants du Nouveau-Forviller pour la communauté 152 jours de terres, dégradés dans la forêt, pour les défricher, essarter, dont contrat d'acensement par la chambre des comptes de Lorraine à la communauté.

5º. Que les habitants du Nouveau-Forviller ont joui du droit d'affouage, maronnage, grasse et vaine pâture dans la forêt de Forviller jusqu'en 1730 que la maîtrise s'en est emparée; cependant la communauté paye toujours au domaine à Boulay les 13 francs barrois qui lui ont été imposés pour cet objet.

6º. Que cette communauté, ainsi que celle de Bisten, Vieux-Forviller, jouirent paisiblement des fruits de leurs travaux pendant 58 ans sans être tracassées de qui que ce fût, payant au domaine la septième gerbe pour dîme et terrage, jusqu'à ce que Guillaume Kenens, sousfermier du domaine de Berus, dont la cupidité est insatiable, parvint par son esprit tracassier à leur intenter un procès, qui a duré 26 ans, pour leur enlever d'abord les terres de Happenpoul et celles qui leur avaient été distribuées en 1719, et un autre pour leur faire payer la vingt-et-unième gerbe au sieur curé, tandis qu'il n'avait jamais tiré que le tiers de la septième pour sa desserte.

7º. Que la communauté a d'abord perdu le procès de la vingt-et-unième, qui lui a coûté plus de 2000 livres pour les frais que Kenens a faits en premier lieu au sieur curé, et dédommager le domaine de la dîme.

8º. Que le terrain du Nouveau-Forviller est ingrat et sableux; que la paille y est rare à cause de la grande quantité de gerbes que le domaine enlève, puisque de 22 il en emporte 4; ce qui fait que le laboureur ne retire pas, une année portant l'autre, plus d'un sac de roi de seigle (n'y pouvant semer de blé), dîme payée, et qu'il est obligé d'aller acheter les engrais à Sarrelouis, que la voiture lui coûte 5 livres et qu'il en faut 5 voitures par jour. On peut voir par là combien cette pauvre communauté est écrasée, ne pouvant se retirer que par la grande quantité de terres qu'ils peuvent cultiver, leurs ancêtres s'étant ruinés dans le temps que les terres étaient encore en état et qu'il ne leur fallait point d'engrais.

9º. Que le 7 juin 1785, le dit Kenens a surpris à la religion du roi et de son conseil un arrêt qui condamne les communautés à lui abandonner le fruit des travaux de leurs ancêtres et à payer tous les frais: ce qui monte à plus de 3000 livres pour le village seulement; en outre que nous sommes privés de pâture et obligés de louer sur les terres de France une prairie aux héritiers de M. de Salverne pour envoyer nos bestiaux qui restent à l'écurie jusqu'après la fenaison: ce qui cause qu'il nous est impossible de faire des nourris, que la plupart des bons habitants de l'endroit sont allés s'établir en France, et qu'il n'est venu s'établir ici que de pauvres journaliers, qui gagnent en partie leur pain dans les forêts à faire du bois et ont peine à subvenir à payer les deniers de Sa Majesté, qui ne se payent jamais sans frais.

10º. Que Kenens, pour surprendre cet arrêt et mettre les communautés dans l'embarras, a eu le secret de faire acenser à M. de Launay, demeurant à Thionville, les terres qu'il devait prendre, pour pouvoir dire qu'il n'avait pas son compte.

11º. Que Kenens a produit au conseil du roi le désistement de la communauté de Bisten et celui de quatre notables du Nouveau-Forviller et un certificat de Pierre Roger; mais il n'a pas dit à ses juges que c'est par arrangement que la communauté de Bisten s'est déportée du procès et qu'il a dédommagé les quatre notables ainsi que Pierre Roger. Pour prouver qu'il en avait de trop, il a recédé aux quatre notables par contrat d'acensement 88 jours de terres au cens annuel qu'il en paye.

12º. Que Kenens s'est plaint au conseil qu'il n'avait pas assez de terres; cependant il est prouvé qu'il laisse plus de versaines que trois communautés ensemble, qu'il reloue aux communautés et aux particuliers plus de 200 jours de terres que ses deux fermiers ne peuvent cultiver: voilà donc qui prouve l'insatiabilité de Kenens, puisque le village qui, suivant lui, a trop de terres, est obligé d'en relouer auprès de lui à un prix exorbitant.

13º. Que les habitants, n'ayant pas assez de terres pour faire croître leur nourriture seulement [par] rapport à l'ingratitude du terrain, sont obligés de planter des pommes de terre dans les versaines et y semer des vesces pour fourrager leurs bestiaux, et que contre tout droit les fermiers du domaine leur en perçoivent la dîme.

14º. Que Kenens, qui a écrasé les communautés par ses procès [et] les a, pour ainsi dire, mises hors d'état de pouvoir subsister et payer les charges de l'Etat, ne paye rien, ni lui ni ses fermiers, qu'un très modique vingtième, tandis que, malgré les malheurs qui nous écrasent, le village se trouve toujours augmenté en impositions: ce qui forcera les habitants, malgré tout le désir qu'ils ont de satisfaire à toutes les volontés de Sa Majesté, d'abandonner le reste de leurs biens, étant surchargés de dettes, puisque presque tous ceux qui ont du bien dans cette communauté en redoivent plus des trois quarts du prix aux bourgeois de Saarlouis et aux juifs, auxquels ils ont été obligés d'avoir recours pour les frais des deux procès.

15º. Que sur la quantité d'habitants qu'ils sont ici, il y en a 15 à 16 qui possèdent quelque petite chose, et qu'il est dû par les particuliers aux gens de Saarlouis qui possèdent le reste plus des trois quarts de la valeur du peu qu'ils ont, vu que les terres sont ici au plus bas prix.

16º. Qu'il existe encore entre la communauté et plusieurs habitants un procès à la suite de ceux de Kenens pour des prétentions de non-jouissance, qui peut-être achèvera la ruine de tout.

Enfin, puisqu'il nous est permis de représenter les moyens de faire rentrer tant de malheureux dans un état dans lequel ils puissent au moins subsister et être à même d'aider aux besoins de l'Etat, nous allons les observer:

1º. Que Sa Majesté daigne faire rentrer le village dans son premier établissement, c'est-à-dire lui faire rendre les terres usurpées par Kenens tant dans la Houve qu'au canton de Happenpoul.

2º. Qu'il fût rendu à la communauté le droit d'affouage, maronnage, grasse et vaine pâture dans la forêt de la Houve, puisqu'elle en paye les droits tous les ans. Le village n'ayant ni prés ni pâture, cet article lui est de la plus grande utilité.

3º. Que pour dîme et terrage, eu égard à la mauvaise nature du terrain, il soit accordé à la communauté [de payer], en place de la septième gerbe, un cens en argent pour la dédommager, et que la dîme ne se paye plus qu'à la quinzième.

4º. Que, vu que M. de Launay n'a pas satisfait aux conditions de son acensement et qu'il reloue aux communautés à un prix qui les écrase, cette partie leur fût abandonnée en doublant le cens que ce Monsieur paye à Sa Majesté.

5º. Que les communautés de Bisten, Vieux- et Nouveau-Forviller fussent admises à payer à Kenens ses bâtiments au prix de l'estimation qui en sera faite par des experts, et qu'elles puissent se partager entre elles trois les 1000 jours de terre qu'il possède du domaine, en doublant le cens qu'il paye pour les terres arables et triplant celui qu'il paye pour les prés. Cela mettrait près de 300 familles à même de vivre et de pouvoir être utiles à la patrie, tandis que Kenens, qui en profite seul, en tire à peine de quoi vivre mal à son aise, vu qu'il emploie le reste à plaider les autres et achever de les ruiner. Il est prouvé qu'il n'a pas ramassé depuis trente ans un sol et qu'il achèvera, s'il continue, de ruiner et faire déserter tout le monde et qu'il ne paye rien au roi, ni chaussées ni subvention.

6°. Donner aux communautés la liberté du sel, afin que l'on puisse nourrir des bêtes. Il serait plus à propos de mettre un impôt par ménage ou par tête pour remplacer ce que Sa Majesté croirait perdre sur le sel : ce qui ne ferait aucun tort; au contraire, si le sel nous était livré au prix de l'étranger, le débit en serait plus fort, chacun s'occuperait à faire des nourris, et l'argent que l'on exporte chez l'étranger, qui y est fondu les trois quarts, resterait dans le pays et y circulerait. C'est une erreur à MM. les fermiers de prétendre qu'ils retirent cet argent au moyen du sel qu'ils y font passer: il faut bien des livres de sel à 6 liards pour payer une paire de bœufs de 15 louis, et il y en entre plus de 2000 paires par an. D'ailleurs Sa Majesté, en remettant dans ses coffres l'argent qu'elle emploie au payement des gens employés dans les fermes, et l'impôt qu'elle mettrait pour se dédommager du sel, cela ferait une somme considérable en donnant seulement 2 sols par tête par an, sans compter l'argent qui resterait dans le pays tant par le nourri des bestiaux que par les engrais, et les bras que l'on rendrait à la terre: 60 000 hommes de plus, gens de métier ou cultivateurs, qui deviennent inutiles à la terre, lui rendraient plus de services que de rester dans les grains cachés ou derrière les haies à attendre les gens pour les effrayer.

7°. Trouver le moyen d'empêcher l'agiotage des juifs, qui ruinent le peuple par la facilité qu'ils ont d'acheter avec leur argent soit grains, bois et autres denrées, qu'ils donnent à crédit au triple de leur valeur, enfin par l'argent qu'ils prêtent à 25 pour 100 aux malheureux qui sont quelquefois pressés par la faim ou par la crainte d'être exécutés pour quelques dettes. L'exemple en est cruel dans les pauvres communautés, vu que plusieurs se trouvent dans le cas d'abandonner leurs biens, faute de pouvoir payer les rentes exorbitantes, auxquelles ils ne songent pas lorsqu'ils s'engagent avec cette espèce d'hommes.

8°. Décharger le village des corvées qu'il est assujetti de faire au château de Berus, que le fermier du domaine fait payer en argent, ou chaque particulier est obligé d'abandonner ses ouvrages propres pour aller faire celui du fermier.

9º. Décharger la communauté de la dîme d'agneaux qu'elle paye au sieur curé, qui laisse à charge à la communauté les bêtes mâles, tandis que partout ailleurs celui qui tire cette dîme fournit les bêtes mâles.

10º. Faire tomber les acquits qu'il nous en coûte, lorsque nous allons en France acheter du grain, foin et paille, enfin toutes choses nécessaires à la nourriture.

Voilà les vœux que tant de malheureux font à Sa Majesté, la suppliant d'être persuadée que jamais elle ne pourra trouver des cœurs qui lui soient plus soumis et dévoués et qui désirent plus qu'eux de pouvoir être à même de contribuer au bien et aux charges de l'Etat.

Fait au Nouveau-Forviller les jour et an que ci-devant.

Pour copie conforme à l'original qui sera déposé au greffe de la communauté.

N. Brion, maire et député; J. Bayot; Nicolas Jourdain, député; Jean Schneider, lieutenant de maire; Bernard Veiryg; Pierre Schaid; Claud Evrard; André Donnaté; Caspar Harthan; Pier Donaté; Pierre Fontaine; Olivié Daniel; J. Per. Selig; Joseph Selig; Renaud; Jean Martin; V. Burger; Ferdinant Schinsz.

FREISTROFF, DIDING ET GUICHING.

Assemblée du 9 mars dans la maison du syndic par-devant le maire; publication au prône le 8 mars par le curé.
144 feux. — Pas de liste des comparants; 54 signatures.
Députés: Jacques Berveiller et Michel Ferque, de Freistroff; Jacques Dalstein, de Diding; et Nicolas Masson, de Guiching.

Cahier des doléances, plaintes très respectueuses faites par le tiers état composant la communauté de Freistroff, Diding et Guiching [1]).

1º. Que les trois ordres payeront les impositions et toutes charges pécuniaires, de quelque nature [qu']elles puissent être, chacun suivant sa force et capacité.

2º. Que toute franchise et exemption quelconque soit supprimée

---

[1]) Malgré cela, on trouve une convocation spéciale pour Guiching, adressée à Pierre Ringel maire, et une pour Diding, adressée à Paul Frey élu.

et anéantie, notamment celle des officiers du bailliage et de la noblesse, qui font tous les jours des acquisitions tant des biens de roture qu'autres sans en payer des impositions; par ce moyen les charges restent aux habitants des communautés.

3º. Abolir les hautes justices, parce que la plupart se servent des officiers du bailliage, auxquels il faut payer leurs voyages: ce qui cause des frais mal à propos, au lieu [que], s'ils résident sur le lieu, les parties sont exemptes de payer les frais du voyage.

4º. Il serait à propos que toutes les affaires se jugent dans les juridictions royales, et que chacun passe par deux juridictions: s'il se plaint de la première instance, qu'il ait la voie d'appel; mais lorsqu'elle aura été confirmée, et que deux sentences seront conformes, il n'y ait plus d'appel.

5º. Qu'il soit fait un règlement pour l'instruction des procédures et réduire les frais; que les avocats, procureurs et tous autres ne pourront répéter leurs avances et honoraires qu'autant de temps que les parties auront pour répéter les titres et papiers qu'ils leur auront confiés.

6º. Abolir les colombiers: les pigeons détruisent la semaille, ramassent les grains répandus sur les terres, les fouillent et grattent, frustent le cultivateur de ses espérances, et lorsqu'ils sont en maturité sur pied et en javelle, les mangent et, ce qui est de plus, les dégrainent en battant des ailes, ce qui cause un dommage exorbitant.

N. B. Surtout en ce lieu, où il y a un couvent qui a un colombier, un château haut justicier qui en a deux, et qui n'ont jamais observé l'ordonnance de Sa Majesté, par conséquent jamais renfermé leurs pigeons, de manière qu'ils ramassent les grains aussi vite que le laboureur les sème, sans compter les dommages occasionnés par ceux des villages voisins.

7º. Défendre de chasser dans aucun temps sur les grains: on voit souvent, la veille des moissons et des récoltes, des chasseurs avec des meutes de chiens écraser et fouler les grains de toutes espèces, et le pauvre paysan, s'il se plaint, reçoit souventes fois des injures et mauvais traitements.

8º. Abolir la marque des cuirs, qui est un droit très onéreux au peuple de la campagne et très préjudicieux à Sa Majesté.

9º. Abolir les employés des fermes du roi et faire garder les frontières par les vétérans: ce qui épargnerait une somme exorbitante à Sa Majesté. D'ailleurs les employés ne cherchent qu'à frustrer le peuple, surtout lorsqu'ils font la recherche dans les maisons des particuliers: ce n'est que par haine et pour vexer le peuple. — Abolir les acquits dans l'intérieur du royaume.

10º. Rendre le sel marchand. La Lorraine qui produit d'excellent sel et en abondance, le meilleur passe à vil prix dans les pays étrangers, et le peuple est obligé de payer le plus mauvais, et à un prix exorbitant, qui n'est souvent qu'à demi cuit.

11º. Abolir les commendes, rétablir des abbés réguliers : il en résulterait le plus grand bien. Les denrées de toutes espèces et l'argent resteraient dans le pays, la plus grande régularité [serait] maintenue dans les maisons religieuses : la preuve en est convaincante. Les abbés maintiendraient l'ordre, les revenus resteraient dans le pays, et le public en profiterait, au lieu qu'un abbé commendataire qui est à deux cents lieues de son bénéfice, ne pense que d'en tirer les revenus en relaissant ses biens à un admodiateur souvent dur et inexorable, sans faire du bien aux pauvres ni à personne.

12º. Faire des règlements pour les délits commis dans les bois et mésus champêtres, parce que dans la plupart des communautés il se trouve des particuliers qui ne vivent que sur le commun et qui envoient paître leurs bestiaux sur les semences, aux prés, bois, etc., en temps défendu.

13º. Que la police soit exercée en tous lieux par les officiers royaux.

14º. Abolir le droit du tiers denier des ventes, que les seigneurs des campagnes perçoivent par une loi abusive. Un particulier qui achète un bien est assez chargé d'en payer les rentes au seigneur et les impositions du roi.

15º. Abolir le droit de vouerie : ce droit a pris son origine dans le temps reculé où les grands seigneurs avaient des châteaux-forts et prenaient la défense et protection de leurs sujets contre les vexations de leurs voisins ; mais aujourd'hui que la Lorraine est sous la protection royale, les causes ne subsistant plus, il est juste que ce droit onéreux tombe.

16º. Abolir les droits capitaux qui consistent au second meilleur meuble au profit du seigneur : ce droit est odieux. Lorsqu'un meurt, le jour du service les gens de justice viennent de la part du seigneur, se présentent à une femme accablée de douleur, chargée souventes fois d'une nombreuse famille, pour lui prendre son second meilleur meuble.

17º. Abolir les droits de banalité de four et moulin.

18º. Abolir la dîme des pommes de terre, lins et chanvres et autres denrées dans la versaine, qui n'est pas d'un usage qui excède la connaissance de la plus grande partie des habitants. Il y a des villages qui ont plaidé, notamment le village de Chémery, qui n'en donne plus ; et l'usage de tirer la dîme s'est introduit ici de crainte de procès.

19º. Abolir les clôtures dans les prés.

20°. Défendre l'exportation des bois d'Hollande.

21°. Défendre l'exportation des grains.

22°. Abolir les maîtrises, et faire faire les délivrances des affouages par un officier royal, assisté des maire, syndic et gens de justice du lieu.

23°. Abolir le droit de châtrerie, donner la liberté à un chacun de faire châtrer ses bestiaux, de quel[que] espèce qu'ils puissent être, par les personnes qu'ils trouveront à propos.

24°. Abolir toutes les charges et employés superflus, et rendre la perception des deniers royaux plus simple et à moindres frais. Faire une réduction dans toutes les pensions qui se perçoivent et se tirent sur le trésor royal.

25°. Nous demandons la vaine pâture dans les bois des seigneurs et [la] glandée: ils jouissent des nôtres, ce qui serait injuste de ne pas profiter des leurs.

26°. Nous avons payé déjà deux fois pour l'entretien des chaussées, qui sont très mal entretenues et en plus mauvais état que lorsqu'on les faisait par corvées, malgré que les entrepreneurs se sont servis des pierres que nous y avions conduites.

27°. Les seigneurs et toute la noblesse, qui sont exempts, font le plus de mal et dégradations sur les routes sans y contribuer, ainsi que les juifs, qui ne payent rien.

28°. Suppression des corvées aux seigneurs des villages, étant très onéreuses au public qui est obligé de quitter l'ouvrage de la campagne pour faire celui des seigneurs.

29°. Que MM. les curés soient obligés de faire les enterrements et relèvements de couches gratis.

30°. Faire défenses de conduire vainpâturer dans aucun temps les brebis et les oies dans les prairies, et leur en interdire absolument le parcours. La fiente des oies et la bave des brebis et moutons font sécher et brûlent le gazon, et [ces animaux] l'arrachent en le broutant et paissant.

N. Salmon; Luy Klob; Michel Dalstein; Jean Kiercher; Baltasar Kiffer; Nicolas Ferque; Baltasar Gille; Niconlas Bontan; Pier Schertzler; Nicolas Melchior; Frantz Muller; Christian Tenten; Johannes Frey; François Dalstein: Johannes Heitz; Philipp Goujon; François Detzem; Johannes Heitz; J.-P. Berveiller; Nicola Masson; Nicola Dodeller; Jacob Schwertzler; Petter Ringel; A. Schideler; Nicolas Jacque; Paull Weber; Jacque Guibval(?); Jacob Ludre; Antonius Fierstein; Pierre Dodeler; Jean Masson; Jacque Kiffer; Nicolas Masson; Jean Guerman; Paules Frey; Jacques Antoine; Jacob Klam; Jean Henning; Jacob Fry; Matis Dalstein; Filipe Phop; Jeohans Frei; Jean Baur; Jean Ouvrier; André

Sigler; J.-J. Berviller; Philipe Gerardin; Jacques Hissette; J. Berveiller; Berviller, syndic(?); François Berveiller; Jacob Dalsteine; Michel Ferque.

Le présent cahier contenant cinq pages cotées par première et dernière et paraphée chacune *ne varietur* au bas d'icelles par le maire pour le roi de la communauté de Freistroff, Diding et Guisching, cejourd'hui 10 mars 1789. Raulin, maire pour le roi; N. Marchal, greffier pour le roi.

FURWEILER.

Pas de procès-verbal d'assemblée.

Plaintes de la communauté de Firviller[1]), dépendance de Bouzonville.

1. Suivant l'assignation qui nous a été donnée par François Vóber, huissier au dit bailliage royal de Bouzonville, laquelle nous demande pour paraître mercredi, le 11 du courant, et pour porter nos plaintes ordonnées par Sa Majesté,

2. Nous soussignés et habitants aurons la liberté de demander d'être soulagés d'un fardeau terrible: que nous sommes chargés de payer le sel si cher, et même la ferme nous donne encore le moindre sel, et les étrangers ont toujours le meilleur.

3. Nonobstant et malgré qu'un pauvre homme a encore un bichet de blé, il faut encore [le] porter [à] une lieue pour avoir de la farine; car nous sommes tenus si fort au moulin banal et bien mal servis, pendant qu'on a des moulins plus proches, et encore en danger [à] cause des eaux et mauvais ruisseaux qu'il faut passer pour aller au moulin banal.

4. Notre communauté est chargée de payer annuellement, chaque habitant: les laboureurs 5 francs barrois et les manœuvres 3 francs barrois à cause du four banal, et nous n'avons point de four; car il faut que nous cuisions notre pain nous-mêmes, et [nous n']avons rien pour notre argent.

---

¹) Ce nom est une correction faite par l'employé du bailliage chargé du recolement des cahiers: le rédacteur avait écrit Guerelfange; et de fait le cahier de ce village, ainsi que celui d'Eimersdorf et celui-ci, sont écrits de la même main. Le texte pourtant ne se ressent pas trop de cette communauté d'origine.

5. [Il] nous faut payer [en] argent, chaque laboureur 3 livres et un manœuvre 2 francs barrois annuellement, et cet argent se nomme argent de corvée: c'est pourquoi nous demandons la miséricorde à Sa Majesté.

6. Si un homme vient à mourir, il faut donner un de ses meilleurs meubles, et [nous n']avons aucun de bon [= aucun profit?] pour ça, c'est-à-dire la mortuelle.

7. Nous sommes encore chargés du tiers denier; malgré si un perd tout et est obligé de vendre son bien, il est obligé de payer le tiers denier: nous demandons miséricorde à Sa Majesté.

8. Nous sommes chargés de bois seigneuriaux sur notre ban, et nous avons eu la vaine pâture dans ces dits bois; mais les seigneurs nous défendent la vaine pâture et [ne] laissent non plus nos bestiaux ni nous entrer dans ces dits bois; et [nous] avons eu le droit d'arracher l'herbe, et toute; mais ils nous chassent. C'est pourquoi nous demandons miséricorde à Sa Majesté.

[Dans] ces dits bois sur notre ban, il y a le grand chemin qui conduit de Sierck à Sarrelouis, et ils font faire des fossés des deux côtés, affreux et risquables pour nos bestiaux. Il y a encore un autre chemin qui conduit dans nos terres; ils nous défendent aussi le dit chemin: nous demandons à Sa Majesté la miséricorde.

9. Notre communauté est encore chargée d'entretenir un petit pont de pierre et voûté et encore un autre pont de bois, qui nous coûte toutes les années: car le bois est bien cher.

10. Nous demandons la grâce et miséricorde à Sa Majesté de nous donner assistance, [de sorte] que le troupeau de moutons ne doive plus aller dans nos prés: si bien il y va qu'il est cause [que] les prés sont très médiocres.

11. Il est dans notre communauté que les collateur et curé tirent les dîmes, si bien les dîmes des bestiaux, et ils [ne] nous veulent point mettre de taureau ni billard [= verrat] ni autres bestiaux pour faire et planter des nourris. Ils tirent les dîmes des pommes de terre et [de] toutes sortes de denrées sur la versaine: c'est pourquoi nous demandons à Sa Majesté la miséricorde.

12. Nous sommes bien fort chargés de toutes sortes d'impôts: comme [= car] notre ban est bien médiocre et maigre, aussi les prés sont très médiocres et maigres.

13. Comme nous sommes voisins des terres françaises, il nous faut rien faire que de prendre des acquits, et nous sommes très fort chagrinés [à] cause des acquits, et pas moins c'est la même patrie.

14. Nous sommes une pauvre communauté, et malgré bien chargés,

sur tout jour et journellement nous sommes chagrinés par les gardes du sel et tabac, lesquels nous renversent tous les jours les maisons en faisant la visite: nous demandons [que] les visites domiciliaires soient défendues.

15. Comme les gardes des bois sont les maîtres et ruinent les pauvres gens; car si on ne leur donne pas jour et journellement, ils vous font des rapports pour rien et détruisent les pauvres laboureurs aussi bien.

16. Nous avons encore quelque peu de bois; mais nous [n']avons guère de profit [à] cause de la maîtrise; elle nous fait autant de frais pour marquer que les bois valent: c'est pourquoi nous demandons miséricorde à Sa Majesté.

17. Il y a l'impôt sur le cuir, lequel nous fait payer le cuir si cher que le pauvre homme ne peut plus résister.

18. Il faut que nous payions le fer double plus cher que du temps passé [à] cause [de] la marque du fer, et ça fait beaucoup de tort à nous, pauvres laboureurs.

19. Nous sommes composés de 24 ou 25 habitants à notre communauté, dont entre les 25 il n'y a que 6 hommes qui ont leur pain, les autres sont tous des mendiants: et comme Sa Majesté sait, il faut toujours payer les subventions et ponts et chaussées.

Fait à Furveiller le 10 mars 1789, et, après, signé, après avoir choisi les députés par la pluralité des voix.

Frantz Schütz, député; Adam Mackar, député; Johans Adem Berg; Johanes Mackar; Nicolas Aker (?); Anton Wagner; Michelle Scherr (?); A. L.; Clad Iseler; marque de Johanes Pettry.

GOMELANGE.

Assemblée du 8 mars en la maison du marguillier par-devant le syndic; publication au prône le 8 mars par Pierre Turck, curé.
90 feux. — La liste des comparants n'est qu'ébauchée, comprend 6 noms; 52 signatures et 11 marques.
Députés: Nicolas Jager et Jean Gérard, tous deux cordonniers.

Cahier de plaintes, doléances et remontrances que produisent les syndic, maire, habitants et communauté de Gommelange à l'assemblée du tiers état qui se tiendra le 11 présent mois de mars en la ville de Bouzonville, et ce en exécution de l'ordonnance de M. le lieutenant général au bailliage du dit Bouzonville du 28 février dernier.

Les produisants trouvent inutile de proposer à l'auguste assemblée les charges et suppressions qu'ils sont obligés d'essuyer et qui surpassent de beaucoup leurs facultés, d'autant qu'elles sont connues en général même de Sa Majesté. Cependant, pour espérer quelque soulagement, ils ont l'honneur d'observer en leur particulier:

1. Qu'il est constant que l'état des nobles et celui des ecclésiastiques, outre les dîmes qu'ils possèdent presque universellement sur tous les bans, il leur appartient encore la plus forte partie des héritages de tout genre, sans être proportionnés aux charges communes. Il serait donc d'un principe incontestable qu'ils assistent à contribuer suivant leurs forces et facultés.

2. Outre les dîmes de la terre, ces deux états perçoivent encore celles du charnage sans en fournir les bêtes mâles. Les produisants se trouvent dans ce cas, d'autant que les décimateurs de ce lieu, fondés sur une prétendue prescription, perçoivent les dîmes de charnage sans contribuer aux bêtes mâles qui consistent en un taureau et [un] verrat. Les produisants osent espérer qu'il plaira à Sa Majesté ordonner que les décimateurs pourvoiront à cette fourniture.

3. Il est d'usage dans ces cantons que les deux tiers des bans soient ensemencés de gros grains et marsages, et que l'autre tiers doit rester en versaines et inculte pour, l'année suivante, être propre d'être ensemencé en gros grains. Cependant, pour subvenir à l'entretien et nourriture des pauvres habitants, ce tiers est en partie emplanté de légumes, surtout en topinambours, et ensemencé de lin et chanvre; les seigneurs en perçoivent également la dîme. Les produisants, ainsi que leurs compatriotes, seraient de beaucoup soulagés, si la perception de dîmes sur cette partie était réprimée.

4. Les droits du tiers denier en cas de vente d'immeubles, reprise, chef d'hôtel, four banal et ban-vin, étant des rétributions pour les nobles et ecclésiastiques, ainsi que le vol public des pigeons, d'une étrange nature, qu'il conviendrait abolir.

5. Il en est de même des corvées, qui cependant pourraient être réduites à une modique redevance annuelle.

6. La plus grande cherté des grains dans ces environs consiste en ce que les décimateurs vendent leurs dîmes aux étrangers et à des personnes très opulentes qui font des amas considérables en grains; ceux-ci, dépositaires seuls de cette précieuse denrée, la vendent au plus haut et

à tel prix qu'ils jugent à propos, tandis que ces dîmes devraient naturellement être consommées dans les lieux où elles sont perçues, et les pailles employées à l'engrais des terres.

7. Les bois de chauffage, maronnage et charronnage sont d'un prix exorbitant: ce qui est causé par le transport des bois de Hollande; il serait d'une utilité universelle que ce transport fût défendu.

8. Les produisants trouveraient un bien public, si l'administration des eaux et forêts était conférée aux officiers du bailliage, et les droits modérés. Les habitants de ce lieu ont annuellement 30 à 36 arpents pour leur affouage, qui sont marqués en présence d'un officier de la maîtrise souvent dans une vacation; ils perçoivent 3 livres 10 sols par arpent, qui font passé 120 livres, outre les autres frais. Il se trouve quelquefois que ce bois n'équivaut pas les frais.

9. L'exaction des forestiers royaux n'est que trop publique dans cette maîtrise. Les produisants trouveraient fort à propos qu'il fût défendu à ces forestiers de faire aucun rapport dans les bois communaux, à charge par les communautés de constituer des forestiers solvables entre elles, qui seront garants et responsables des délits qui se commettraient dans leurs bois, et que les rapports fussent faits dans un greffe royal, et le roi percevoir le tiers des dommages-intérêts.

10. Les frais d'inventaires des mineurs, la prisée et vente des meubles sont des contributions extraordinaires et dénaturées qui tendent plutôt à la ruine qu'au bien public. Il est très estimable que ces inventaires fussent faits par les maires et gens de justice des lieux à un prix très modique, et les procès-verbaux déposés aux greffes des lieux; que l'office des huissiers priseurs soit supprimé, et procédé comme d'ancienneté.

11. Que la libre circulation dans l'intérieur du royaume soit permise sans acquits.

12. Que la vaine pâture soit rendue commune et les clôtures supprimées, attendu que la permission de ces clôtures n'est faite qu'en faveur des gens nobles, ecclésiastiques et opulents, qui possèdent des héritages contigus et d'une grande étendue et qui ont la faculté de faire de pareilles clôtures, tandis qu'un pauvre manœuvre ou artisan, n'ayant que par-ci par-là une petite pièce, est frustré de cet avantage et ainsi privé de ce profit communal, qui le mettrait à même de pouvoir nourrir une vache pour subvenir à sa nourriture et celle de sa famille.

13. Les produisants se trouvent sur la rive d'une rivière appelée la Nied; la plus forte partie de leurs héritages consiste en prés, lesquels aux moindres pluies sont inondés et même dans le temps d'une

fenaison. Ces inondations sont causées par les moulins situés sur la dite rivière, faute de pente nécessaire. Il serait du plus grand avantage des produisants, ainsi qu'aux habitants qui affinent des rivières, à ce qu'il fût ordonné que ces moulins fussent reconnus par experts, pour les propriétaires d'iceux être tenus de donner la pente suffisante aux eaux, pour que le public n'en puisse souffrir aucun dommage.

14. En vain les produisants peuvent espérer la suppression de la ferme, d'autant plus qu'ils sont insuffisants de proposer des moyens équivalents. Ils espèrent cependant que l'auguste assemblée des Etats généraux convaincront Sa Majesté de la nécessité indispensable de cette suppression, qui leur procurera l'usage du sel, tabac, cuir et autres objets, et par ce moyen et ceux déduits au présent cahier ramènera à ses sujets un siècle d'or, et dans lequel ils ne cesseront de continuer d'adresser leurs vœux au ciel pour la conservation et maintien de Sa Majesté, famille royale et auguste assemblée des Etats généraux.

Nicolas Jager; Jean Gerrad.

[*Ont signé le procès-verbal d'assemblée:*]

Peter Dicop, maire; Petter Klein, syndic; Petter Kop, lieutenant de maire; Petter Nenig; Petter Nenig; Pierre Kiffer; Nicolas Jager; Marcus Jager; Christian Cade; Johannes Roda; Mathis Roda; Simon Lang; Nicolas Albert; Nicolas Villhelm; Simon Mey; Nicolaus Lennert; Barthel Lennert; Simon Martin; Nicolas Bichel; Johannes Bichell; C. Rmif(?); Etien Didere; Jacob Thommas; Philippe Vibrat; George Guirlinger; Petter Dicop; J.-Etienne Koppe; Claude Boucher; Anton Hollinger; Jullius Dicop; Jacob Schumacher; Peter Lenert; Joannes Harter; Jacob Dorr; C. Jager; Frantz Berger; Peter Dicop; Nicolas Deipenweiler; Philip Gross; Hantz Nicolas Schoumacher; Johannes Dicop; Jean Gerrad; Jacob Bettinger; Petter Schumacher; Andreas Zacharias; Peter Hubei; Nicolas Kontzelman; Petter Dicop; Andreas Bolchener; Pierre Dicop; Petter Lenert; Michel Engelinger; I. K. (Jean Kuntzeler); H. K. (Jean-Henry Kingen); S. I. (Simon Jantzel); marques de Pierre Vaillant, André Vaillant, Mathis Kinjen, Jean Bettinger, Pierre Kop, Jean Lenert, Hans Nicol Schluh, Peter Lang.

GRIESBORN.

Assemblée du 8 mars par-devant les maire et gens de justice; publication au prône le 4 mars par le curé.
18 feux. — Pas de liste des comparants; 8 signatures et 1 marque.
Député: Jean Spies.

Réclamations de la communauté de Grisborn, subdélégation et bailliage de Bouzonville.

En conséquence de l'ordonnance à nous envoyée par M. le bailli d'épée du bailliage de Bouzonville le 7 présent mois de mars, la communauté du dit lieu, [assemblée] en la manière ordinaire pour faire l'élection d'un député pour comparaître par-devant M. le lieutenant général au bailliage de Bouzonville avec le cahier de réclamations du dit lieu, à cet effet avons élu la personne de Jean Spies et lui avons remis la présente, comme s'ensuit:

La communauté du dit lieu est enclavée entre le Nassau et la France de toutes parts. M. l'abbé de Vadgasse et les dames de Fraulautre sont seigneurs fonciers et hauts justiciers, ne sachant par quels titres. L'ordonnance demande la production des titres d'érection de [ce] lieu, et nous n'en avons point: en conséquence de quoi [nous] ne pouvons dire [pour quelle] cause ces magistrats ont possession du titre de seigneurs, tandis que nous sommes sujets du roi.

Les dits seigneurs possèdent en notre dit lieu le droit de *Haubt-Recht*, qui veut dire en français droit de chef, qui est: lorsqu'un chef de famille meurt, ils prennent le meilleur meuble du dernier vivant, en quoi il puisse consister, soit cheval, bœuf, etc. Voyant que [le titre de] notre érection se trouve perdu, nous croyons qu'ils doivent l'avoir reçu par leur maire qu'ils commettent à gages pour percevoir leurs droits; et il tient troupeau de bêtes blanches sans nombre, lequel ravage notre pâture: ce qui cause que nous ne pouvons pas faire de nourris.

Il se trouve en outre environ 150 jours de terres et 12 fauchées de prés sur notre territoire, lesquels sont possédés par des citoyens [du] Nassau, qui ne payent aucun tribut au roi: en conséquence de quoi demanderions les avoir par préférence, sauf d'en payer un cens d'un demi-franc barrois par jour de terre.

Comme notre dit lieu est enclavé, comme dit est, nous sommes obligés de nous soumettre à la paroisse de Chvalbach et à toutes leurs lois, de manière que nous n'avons aucune éducation française, parce qu'ils prennent un maître d'école allemand : ce qui cause que [nous] sommes obligés d'aller jusqu'à deux lieues pour rédiger nos affaires.

Comme le dit lieu est enclavé et qu'il est d'un très mauvais sol, terre de bois, sable sec et aride, il ne produit qu'à force d'engrais, lesquels sont empêchés par les droits de foraine.

Il est omis de déclarer que, malgré le droit de nature de *Haubt-Recht* que perçoit le seigneur ci-devant dit, il perçoit en outre, savoir : 5 quartes de seigle et 10 quartes d'avoine, mesure de Sarrelouis, et 7 chapons de cens annuel pour tout le ban, outre la dîme ordinaire; en outre 3 poules par cheminée; et [il] perçoit le tiers denier des choses vendues en biens-fonds : ce qui fait par ces objets et cause la ruine publique; et d'ailleurs la gabelle cause la ruine totale, parce qu'au moyen d'icelle les nourris sont empêchés.

La demande publique est pour le bien de l'Etat et du public :

ART. 1. La possession des 150 jours de terres occupés par les citoyens [du] Nassau sous les offres d'en payer un demi-franc par jour de cens annuel, et les fruits qu'ils produisent resteront dans l'Etat.

ART. 2. Que ce droit onéreux de *Haubt-Recht* reste sans effet, tandis qu'il est assez douloureux à des enfants de perdre leurs père et mère, sans quelquefois être en état de gagner leur vie, et chargés de dettes; de même que ce droit de troupeau à part, qui cause la ruine du lieu pour ne pouvoir faire de nourris, [aus]si bien que la gabelle, sous les offres que font les citoyens de payer à Sa Majesté le cens ci-devant dit, et le sel comme l'étranger le paye.

Fait et achevé au dit Grisborn, le 10 mars 1789; en foi de quoi avons signé.

Johanes Spies; Jacob Wolfen; Hans Gorg Leistenschneyder; Peter Gerttner; Johannes Riel, syndic; Jean Brisson; Heinrich André, maire; Jacob Antré; marque de Johannes Ordner.

GRINDORFF.

Assemblée du 9 mars par-devant le maire; publication au prône le 8 mars par le curé.
Le nombre de feux n'est pas indiqué, non plus que celui des comparants; les députés seuls signent.
Députés: Conrad Tritz et Louis Hennequin, maire, tous deux notables.

Doléances et plaintes.

Cejourd'hui 8 mars 1789, les élus, maire et syndic et habitants de la communauté de Grindorff, s'étant assemblés à la manière ordinaire et accoutumée pour délibérer de leurs affaires, et notamment en vertu des lettres patentes de Sa Majesté à nous envoyées et en conséquence de l'assignation à nous signifiée le 7 du courant pour fournir les doléances et plaintes que nous avons à faire, dont le détail s'ensuit, savoir:

1. Le moulin banal qui nous oblige d'aller à une lieue et demie de loin, au lieu que nous avons d'autres moulins bien près de chez nous, dont nous serions bien mieux servis, parce que les meuniers des moulins banaux nous font de la farine improfitable et causent aux pauvres peuples qu'ils sont obligés de garder un cheval expressément pour mener et aller chercher aux moulins. Quelquefois l'on est obligé d'aller cinq à six fois pour un sac, et s'il n'y avait plus de [moulins] banaux, les meuniers prendraient les sacs avec plaisir et nous feraient bonne farine pour gagner les pratiques.

2. La cherté du sel qui cause que le peuple est obligé de manger leurs soupes et *grinbirs* [= pommes de terre] sans sel: [ce] qui cause bien des maladies et empêche de nourrir des bestiaux. Comme les fourrages sont bien rares dans ce pays, si nous avions le sel à bon prix, cela nous aiderait beaucoup à nourrir des bestiaux.

3. Le cuir et marque du fer est d'une cherté [telle] que les laboureurs, ne pouvant plus vivre, sont obligés de faire aller à pieds nus leurs enfants.

4. Les acquits dans le pays nous causent une gêne et ruine du pays, parce que nous ne sommes qu'à deux lieues des frontières. Comme nous avons souvent des changements d'ordonnances, les employés ne cherchent que de surprendre le pauvre peuple avant que le peuple ait

connaissance des nouvelles ordonnances, et quelquefois les ordonnances ne viennent pas dans les villages.

5. Les employés du roi dressent bien et beaucoup de faux procès-verbaux aux pauvres peuples pour accrocher leurs sous, qu'ils gagnent à la sueur de leurs fronts à 5 sous par jour, et nous pillent nos bois et fruits publiquement, sans que personne leur ose dire la moindre des choses, [de] crainte qu'ils viendraient tous les jours dans les maisons culbuter tous les meubles, comme de fait l'on apprend tous les jours qu'ils font mettre de la contrebande dans d'autres maisons et qu'eux-mêmes en mettent par des fenêtres pour avoir occasion de ruiner le peuple.

6. La châtrerie nous cause beaucoup de frais, tandis que le peuple ferait bien cet ouvrage sans frais.

7. Que les biens des nobles et curés sont francs [et] ne payent rien, tandis qu'ils ont les meilleurs biens et qu'ils seraient beaucoup plus en état de payer que le pauvre peuple.

8. Que les curés font les commerçants plus que le peuple et cultivent avec la charrue et sont [pour] la plus grande partie gros décimateurs, et ceux qui ne [le] sont point, entreprennent les grosses dîmes, au lieu que les laboureurs devraient bien les avoir pour amender les terres, tandis que les curés ont bien trop pour vivre ou suffisamment sans entreprise; et le peu de terres qui reste au peuple, ne peut produire à sa valeur, à cause que les semences sont toujours mangées par les pigeons des curés et des nobles. Un curé a jusqu'à 8 à 9 cents de pigeons, disant que c'est pour les malades; mais de notre connaissance il n'y [en] n'a pas eu un de donné; et les pigeons ne sont jamais enfermés en quel[que] saison que [ce] puisse être, et l'on n'y peut faire de rapports faute de connaissance.

9. Notre ban est surchargé d'un troupeau de moutons de M. de Coalin, haut et bas justicier, [de sorte] que nous ne pouvons presque pas nourrir de bestiaux, et le peu de prés que nous avons ne produisent plus de foin, parce que les moutons mangent la racine des prés.

10. Que nous ne profitons plus des herbes des bois avec nos bestiaux; cependant si les bestiaux mangent les herbes des bois, ils détruisent en même temps la mousse avec les pieds: cela ferait bien mieux grandir le bois. Depuis que les bestiaux ne profitent plus des bois, les bois déclinent beaucoup, et [cela] fait beaucoup de dommage au peuple pour l'entretien des bestiaux, surtout pour les bœufs et vaches.

11. C'est bien dur pour le pauvre peuple de donner la dîme des gronbires [pommes de terre]; la plus grande partie l'on met des gros grains, et l'on donne la dîme des gros grains, après que les gronbires

sont sorties, et le peuple n'a presque que les gronbires pour sa nourriture, dont les curés se passeraient bien, ayant autre chose suffisamment.

12. Les clôtures font bien du tort au peuple: le peu de prés qu'il y a dans ce pays, l'on fait ou on le met en clôture; cela cause bien des procès et fait tort aux bestiaux et même à celui [à] qui ils appartiennent; et [ils] détruisent les bois pour pouvoir faire les clôtures.

Fait et achevé en pleine communauté à Grindorff, le 10 mars 1789, après lecture faite et interprétation, et certifions pour sincère et véritable.

L. Hennequin; Laurent Walch; Konrat Tritz; M. Hilt; Nicolas Tritz; Frantz Bickell; Frantz Simminger.

GROSSHEMMERSDORF.

Assemblée du 8 mars dans la maison d'école par-devant Mathias Hes, maire; publication au prône le 8 mars par le curé.
72 feux. — 40 comparants, dont 5 par un représentant; 23 signatures[1]).
Députés: Mathis Hes et Renobert Paintandre Dumontois.

Cahier de doléances.

Cejourd'hui 8 mars 1789, en conformité des lettres de Sa Majesté du 7 février 1789 et règlements y annexés, ainsi que de l'ordonnance de M. le lieutenant général du bailliage de Bouzonville, les habitants de Groshemestroff ont formé leur cahier de doléances et remontrances comme il s'ensuit:

1º. La dîme, que l'on doit regarder comme le tiers du revenu, est un don fait par les fidèles pour subvenir à tout ce qui est nécessaire à leur instruction. Les décimateurs doivent donc être chargés des église, sacristie, clocher, cloches, luminaire, ornements, ainsi que des maisons

---

[1]) On ne voit plus au cahier les signatures de J.-Claude Letixerant, Mathias Guertner, Nic. Fangkeiser (comparaissant pour lui et pour son père Jean F.), ni celles des deux députés: le premier est-il distinct du maire? il y a, du moins, au procès-verbal une signature Maties Hes, distincte de celle du même nom au cahier; le second député signe simplement Dumontois. Les comparants qui ne signent ni procès-verbal ni cahier sont Marie Teiter, Nic. Jung, Jean-Guill. Ledur, François Hans, Pierre Hœne, Guill. Nigon, Guill. Kischen, Phil. Philipy, J. Teiter, J. Veistroff, Pierre Theis pour Nicolas Th. son frère. Barbe Melinger était représentée par Mathis Hesse, et Catherine Hans par Jacob Hans.

de cure, d'école et murs des cimetières. Ils ne fournissent cependant que l'église et le maître-autel; presque tout le reste est à la charge des paroissiens, qui eux-mêmes ne sont pas en état de payer convenablement un maître d'école instruit et éduqué, et qui fût capable de transmettre ses talents à la jeunesse des paroisses, ce dont ils ont cependant bien besoin.

2°. Les habitants des campagnes sont persécutés par le grand nombre des religieux mendiants; personne n'ose les refuser, ils enlèvent ce qui serait mieux employé pour secourir les nécessiteux de [la] campagne. Leurs quêtes sont si fréquentes: c'est à la moisson des gerbes de grain, à la vendange du vin, en automne des pois et de l'orge, en hiver des légumes, du beurre, du lard, du chanvre, du lin, etc. Les habitants de [la] campagne sont assez chargés par la dîme, le clergé doit remédier à ces abus.

3°. Le défaut de la liberté du commerce du sel, de première nécessité plus pour les campagnes que pour les habitants des villes; ces derniers n'en ont besoin que pour leur consommation, tandis que les autres, qui souffrent souvent par la disette des fourrages, en ont besoin pour leurs bestiaux. Le manque de sel est non seulement très préjudiciable à l'agriculture, mais encore met dans l'impossibilité de faire des nourris: ce qui prive les habitants de [la] campagne d'une branche de commerce qui leur serait très avantageuse, et dont profite l'étranger.

4°. La répartition de tous les impôts qui doit être égale sans privilège pour personne.

5°. Les habitants de [la] campagne contribuent plus que personne aux ponts et chaussées et corvées; la plus grande partie des villages, qui sont éloignés des routes, ne peuvent en profiter faute de chemins de communication; si on les oblige d'en faire, c'est à leur charge; ils contribuent donc doublement. Les frais des chemins et ponts de communication doivent être à la charge publique, ou au moins les villages qui ne peuvent profiter des routes doivent être indemnisés sur leur contribution de la dépense des chemins et ponts de communication nécessaires.

6°. Les dîmes, rentes en grains, poules, chapons, etc., qui sont affectées sur les biens-fonds, dont on ne peut se rédimer; les banalités, droit de parcours, tiers denier, chasse, colombiers, et généralement tous les droits seigneuriaux ne sont, pour la plus grande partie, supportés que par les habitants de [la] campagne.

7°. Les bureaux si multipliés, et les droits qu'on y perçoit si sujets à varier.

8°. La multitude des employés des fermes dont les habitants de [la] campagne sont si maltraités et souvent vexés.

9°. Les entraves si fréquentes pour le débit de leurs denrées: beaucoup de villes ont établi des droits d'octroi, les habitants de [la] campagne y contribuent; œufs, poules, fruits, légumes, etc., tout paye à l'entrée de ces villes. Ne serait-il pas juste que les habitants des villes exemptassent de ces droits ceux des campagnes, ne fût-ce qu'en indemnité d'un temps bien précieux pour eux qu'ils perdent en leur apportant les choses les plus nécessaires? Les deniers de ces droits d'octroi sont souvent employés à des choses plus agréables qu'utiles. Lorsque les habitants de [la] campagne sont obligés de bâtir une maison d'école ou de pâtre, un pont, etc., toutes choses utiles et indispensables, les habitants des villes n'y contribuent pas.

10°. Les maîtrises, dont les fonctions ne frappent que les habitants de [la] campagne, occasionnent des frais immenses aux communautés. Dans la moitié des villages il y a des gardes forestiers, presque tous sans fortune; beaucoup commettent des vexations cruelles: les officiers des maîtrises en reçoivent tous les jours plainte sur plainte, mais ils disent qu'il faut absolument des gardes, et que ceux qui en sont vexés sont en droit de leur faire faire leur procès. Cette consolation est bien faite pour engendrer le désespoir; car quel est l'habitant de [la] campagne qui, sans espoir de récupérer, voudra exposer sa fortune pour faire faire le procès à un garde?

11°. Les habitants de [la] campagne sont écrasés par les effets de la justice. Personne ne peut s'en garer. Les lois sont si multipliées, si confuses, si sujettes à être interprétées et si variables qu'elles ne peuvent être connues même par les juges. Tous les jours il paraît de nouveaux arrêts des cours supérieures, souvent contradictoires aux coutumes et aux ordonnances, sans doute dans la vue d'opérer le bien, ce qui arrive effectivement, mais seulement pour les membres de la justice. La plus grande partie de ces arrêts concerne les campagnes, et il s'y trouve presque toujours quelques phrases qui peuvent être interprétées différemment.

Les descentes et vues des lieux occasionnent des frais immenses dans les campagnes.

Les voyages des huissiers pour les poursuites dirigées contre les débiteurs ruinent les habitants des campagnes; les saisies et ventes des meubles donnés souvent à la moitié de leur valeur, les saisies des fruits pendants par racines et les ventes de ces fruits sont si fréquentes et si coûteuses que très souvent le débiteur est réduit à la mendicité, et le créancier n'est pas payé. La saine raison ne dit-elle pas qu'une dette avouée serait payée sans frais, s'il était permis au créancier de s'adresser au maire du lieu où réside le débiteur? Ce maire, à la dernière rigueur, ferait saisir par le sergent du village les meubles du débiteur, et il n'y aurait de frais à payer que la démarche du sergent, qui serait tout au plus la journée d'un manœuvre: le débiteur ne serait pas écrasé, et le créancier serait payé.

Il est peu de villages où il n'y ait tous les ans un ménage ruiné et réduit à la mendicité par les frais de justice; il y en a souvent deux et trois dans beaucoup de villages: donc dans l'arrondissement d'un siège composé de 150 villages, il y a tous les ans au moins 150 ménages ruinés, ce qui, au moins à trois personnes par ménage, forme 450 malheureux dans la désolation, qui demeurent tous à la charge des habitants de [la] campagne; les villes ne secourent ni ne souffrent les habitants des campagnes.

Les orphelins et les mineurs sont écrasés par les frais des inventaires.

Tous ces abus s'exercent cependant conformément aux lois et sans s'en écarter: donc les lois forcent au mal et ôtent les moyens de faire le bien.

Fait double, et ont les habitants qui savent signer, signé avec le maire et les députés.

Johannes Monter; Peter Kiefer; Johannes Ulrig; Louis Ligné; Johanes Cawelius; Nicolas Gang; Peter Ulrig; Johannes Hammes; Jacob Hanes; Johanes Sienger; Nicolas Schwartz; Jacob Schmit; Heinrych Forse; Johans Becher; Peter Theis; Maties Hes; Johannes Bressant (?); Johannes Forse; Nicolas Hes; Johannes Hönn; Johannes Petri; Peter Hes.

GUERLFANGEN.

Pas de procès-verbal d'assemblée.

Plaintes de la communauté de Guerelfange, dépendance de Bouzonville [1]).

L'assignation qui nous a été donnée par l'huissier nommé François

---

[1]) Nous avons dit p. 350 la communauté d'écriture qui rapproche ce cahier de ceux d'Eimersdorf et Fürweiler.

Veber par ordre de Sa Majesté de paraître mercredi, le 11 du mois de mars de l'année 1789, à Bouzonville à 8 h. du matin pour porter nos plaintes que nous avons à faire, savoir:

1º. Notre communauté n'a rien plus fort à se plaindre et à présenter à Sa Majesté que nous sommes si fort tenus par la ferme générale pour le sel que la moitié de nos habitants ne peuvent pas manger la soupe ni autre potage dans 7 ou 8 jours de temps [à] cause [de] la cherté du sel.

2º. Notre communauté est le plus fort tenue qu'on peut écrire [à] cause [de] la banalité des moulins. Quand même un pauvre homme a encore un bichet de grain pour faire du pain, il faut encore aller une bonne lieue pour avoir de la farine, et même notre moulin banal n'est pas en état de nous fournir de la farine par les temps secs, et [nous avons] beaucoup perdu de bestiaux [à] cause du moulin, et [ce] n'est pas un moulin de Sa Majesté.

3º. Notre communauté est encore tenue de payer le tiers denier de tout [ce] que un pauvre habitant achète.

4º. Quand un homme vient à mourir, le grand doyen de Trèves tire les droits mortuels.

Notre communauté est chargée de corvées, savoir: Chaque laboureur est obligé de labourer trois jours avec son harnais à M. le grand doyen de Trèves, et autant à M. Galheau de Fremestroff, et chaque manœuvre trois jours à bras, et nous [ne] savons pas pourquoi. Et en outre, autant de fass[1]) de blé que nous livrons de rentes de nos terres, autant faut-il faire de jours à bras pendant la moisson, et le tout pour le grand doyen à Trèves. C'est pourquoi, s'il les faut faire, les dites corvées, nous demandons [de] les faire plutôt à Sa Majesté qu'à des seigneurs étrangers.

Nous avons la plus grande plainte à faire, si Sa Majesté nous veut écouter. Le grand doyen de Trèves a eu des bois sur notre ban, et notre communauté a eu les droits de la grasse et vaine pâture et encore les bois morts; mais il y a environ 27 ou 2[8] ans que le grand chapitre a eu la permission de faire [couper] une trentaine de jours à blanc estoc et ont délaissé les terres pour et en ferme. Comme notre communauté est trop pauvre pour plaider contre eux, nous sommes toujours obligés de payer comme s'ils étaient encore sur pied.

Nous sommes encore chargés: si père et mère viennent à mourir, la justice vient faire des tuteurs et curateurs et font plus de frais qu'il y a de bien à la maison, et il ne reste plus rien pour les pauvres orphelins.

---

[1]) Nom d'une mesure, division du muid ou malter.

Et comme [il] se trouve quelquefois de petites querelles ou d'autres petites affaires, nous prions Sa Majesté de nous donner le pouvoir de finir entre la justice comme maire et échevins, de les finir sans faire d'autres frais.

Nous prions Sa Majesté de nous assister et nous donner sa grande miséricorde [à] cause de la gruerie; car nous sommes tourmentés par les forestiers seigneuriaux, et plus fort que par les gardes des bois de Sa Majesté! C'est pourquoi nous demandons en grâce, si Sa Majesté nous veut accorder, nous demandons que nous ayons la liberté de les faire, nos gardes des bois, nous-mêmes, et que les gardes des bois répondent pour nos bois, et nous les payerons entre nous.

Comme nous sommes toujours chargés [à] cause [de] la ferme générale, comme Sa Majesté est bien instruite, le sel nous ruine; car notre sel du magasin n'est pas du bon sel, mais les étrangers mangent le bon sel, et la ferme nous [mène] tous et la Lorraine à la perdition. Nous demandons la miséricorde à Sa Majesté.

Fait à Guerelfange, le 9 mars 1789, et avons signé après avoir choisi les députés.

Mathias Sutter, député[1]); Jacob Divo, député; Johannes Schutz; Peter Schwartz; Johannes Kerber; Peter Schellenbach; Jacob Kerber; Ni. D.; Johannes Driesch; Johannes Schellenbach; Peter Dittinger; Chenevais.

GUERSTLING ET NIEDWELLING.

Assemblée du 8 mars en la maison curiale par-devant le maire; publication au prône le 8 mars par le curé.
60 feux. — Pas de liste des comparants; 24 signatures.
Députés: François Ley, laboureur, et Michel Wilbois, tisserand.

Cahier qui contient les doléances, plaintes et remontrances de la communauté de Guerstling[2]), à présenter par les députés à l'assemblée des trois ordres à Bouzonville le 11 mars de l'an 1789.

---

[1]) Il était maire, d'après la lettre de convocation.
[2]) On s'est beaucoup inspiré du cahier de Filstroff ou de quelque formulaire plus général.

La communauté de Guerstling et Niedwelling, s'étant assemblée à la manière accoutumée et ordinaire en vertu des lettres de convocation pour les Etats généraux et règlements y annexés, par lesquels il est ordonné aux communautés de rédiger un cahier de doléances, plaintes et remontrances pour la réforme des abus, l'établissement du bon ordre dans l'administration générale du royaume et pour le bien de tous et de chacun sujet du roi, a arrêté et demande ce qui suit, savoir:

1º. L'abolition de la ferme générale et de toutes les compagnies fiscales.

2º. La suppression de la douane dans l'intérieur du royaume, la liberté du commerce dans toutes les parties.

3º. Le corps des ingénieurs et inspecteurs des ponts et chaussées étant fort inutile, on en demande la suppression.

4º. Les pensions non méritées seront supprimées.

5º. Suppression des francs fiefs.

6º. Suppression des corvées seigneuriales.

7º. Suppression de la banalité des moulins, fours et pressoirs.

8º. Suppression du tiers denier et droit capital.

9º. Suppression de la vénalité des charges.

10º. Suppression de la maîtrise des eaux et forêts.

11º. Suppression des anciennes coutumes.

12º. On ne lèvera aucun impôt, à moins que la nation ait donné son consentement.

13º. Le soldat doit être mieux payé et entretiendra les routes du royaume; les soldats provinciaux supprimés.

14º. Erection d'un tribunal dans chaque communauté, où les officiers municipaux jugeront en première instance les délits et cas ordinaires, sauf appel au bailliage. Les officiers municipaux de chaque communauté apposeront les scellés, feront les inventaires dans les cas requis par les lois.

15º. Dans les bailliages les juges et conseillers doivent être pris à partie et être responsables de toutes les suites d'une procédure faite contre les lois.

16º. La suppression des lettres de cachet; la liberté de chaque citoyen, la propriété de ses biens doivent être sous la sauve-garde de la nation et des lois.

17º. On demande la liberté de la presse.

18º. Tous individus citoyens supporteront les charges publiques selon leurs facultés, eu égard à leur état.

19º. Suppression des hautes justices, étant très nuisibles au bon ordre et préjudiciables à la nation.

20º. Suppression des grands gouvernements de toutes les places militaires, et états-majors.

21º. Suppression des intendances.

22º. Réforme dans la justice, c'est-à-dire dans la manière de rendre la justice.

23º. Il ne sortira plus aucun bois hors du pays, surtout de la province.

24º. Les ventes publiques seront faites à l'avenir dans toutes les communautés par les officiers municipaux, qui pour salaire recevront une modique rétribution, taxée par le procureur du roi.

25º. Suppression des droits de chasse, ou du moins faire observer les lois concernant les chasses.

Fait et arrêté en pleine assemblée de la communauté de Guerstling et Niedwelling, tous les membres présents, qui ont signé avec nous.

Jean-Pierre Schneider, maire; Frantz Ley, député; Michel Wilbo, député; Christian Jager; Petter Hilt; D. Wagner; Jacob Wilbois; Nicolas Adam; Frantz Lemal; Niklas Hilt; Baltasar Graff; Jacob Hilt; Franss Hilt; P. Jager; Niklas Brettnacher; Michel Hön; Hanss Nickel Hielt; Hanss Petter Ledir; P. Lemal; Michel Hilt; Niclas Knobloch; Jacob Graff; Derrich Hilt; Simon Ledure; J. Hilt.

GUISING.

Assemblée du 9 mars en la maison de Jacob-Michel Bacher, maire; publication au prône le 8 mars par M. Albe, curé de Bedestroff.
17 feux. — Pas de liste des comparants; 9 signatures.
Députés: Jean-Georges Schwartz et Pierre Schutz.

Dieser **Cahier**, welcher bestimmt ist, um die Klagen der Gemeinde Guissingen über die Landsbeschwernüssen zu fassen, einhaltend in 4 Blätter, ist durch mich Jacob Michel Bacher, Meyer des gesagten Orts Guissingen, cottiert und parafirt worden durch erstes unt letztes Blatt. Geschen zu Guissingen den 9. Mertz 1789. (*Signé*) Iacob Michel Bache.

Die Klagen, so die unterschriebenen Gemeiner des Orts Guissingen vorzutragen haben, sind diese:

1. Dass nebst den anderen Beschwernüssen, so sie vonwegen der Mätris [maîtrise] der Wälder und Wässer von Busendroff mit den anderen Unterthanen ertragen müssen wegen der vielfältigen ungerechtigen Reporten, so die Waldboten machen, sie noch die besondere haben, dass, obschon die Gemeinde 6 Louidor gezahlt hat an die gesagten Mättrisherren, um ihre jährliche Schnau auszumessen, dermassen dass die Herren nicht mehr brauchen abzumessen, und das nämliche Geld geben müssen wie zuvor, 3 Lieber und 10 sol vom Morgen, und dass die Herren dieser Gemeinde eine so grosse Unbilde machen, dass sie ihnen nur alle zwei Jahre Schnau ausmessen oder anschlagen; und die Gemeinde sich noch beklagt wegen der Marklöcher, so sie um ihre Schnau haben, alle Jahre ein Raporten davon bekommt. Zum übrigen beklagte sich die Gemeinde, dass sie Geld in der Kreffmetris [= greffe de la maîtrise] hat und Schulden hat, doch das Geld die Herrn ihnen nicht herausgeben wollen.

2. Dass die Gemeiner des gesagten Orts in die Wackmühl bei Kerprich Hemesdroff, zu welcher sie sonderlich im Winter und in anderen bösen Jahrszeiten nicht hinkommen können, ohne ihre Personen und Vieh in eine grosse Lebensgefahr zu setzen, wegen der gefährlichen und bösen Wege und der grossen Entfernung des Orts Guissingen vom gesagten Hemesdroff, in welche gesagte Mühl sie gebannt sind und deswegen sehr übel bedienet werden, indem sie besser bedienet würden und keine Gefahr brauchten auszustehn, wenn sie in die umliegenden Mühlen, welche alle näher sind, mahlen dürften gehn. Desswegen hoffen sie diese verlangte Freiheit zu erhalten mit Bedingung einer mässigen Entschuldigung an Geld.

3. Beklagten sich die beklagten Gemeiner, dass die Unterthanen in Lothringen nicht nur das Salz dermassen theuer zahlen müssen, dass sie keinem Vieh keines mehr geben können, welches merklich dadurch geschwächet wird, sondern auch [für] sich selbst gar wenig oder dermassen wenig können kaufen, dass sie ihre Suppe und Gemüss meistentheils ohne Salz essen müssen.

4. Dass sie eine grosse Klage gegen den Lederstempel haben, dass das Leder dermassen vertheuert, dass die meisten Landesleute halb müssen barfüssig gehn in den härtesten Zeiten des Jahrs. Desswegen begehren sie, dass der Lederstempel soll abgestellt werden, sowohl als der Zoll im Land wegen der Hindernisse im Handel zwischen den Unterthanen verursacht und anderer Ungerechtigkeiten, so die Garten [= gardes] beständig üben.

5. Dass sie einen beschwerlichen Weg haben zu der Pfarrkirche mehr als eine Stunde weit, dermassen beschwerlich, dass sie in Winter-

zeiten gar nicht hineinkommen können wegen des Bachs, der zwischen Guissingen und Bederstroff läuft und beim grossen Regen so gross wird, dass sie nicht darüber kommen können. Sie begehren einen residirenden Caplan wegen des Zehntes des Banns, so die Mönche von St. Mateis von Trier allein darziehen, und dass sie dem H. Pastor an Geld zahlen thun, und die Gemeinde kein Faselvieh hat, weder Farren noch Bähr noch Widder, doch den Zehnten von Lämmern und Ferkeln wegnehmen thun, und alle ihre Früchte jährlich aus dem Land führen, und dass [der] Zehnt auf dem Bann völlig von zwei dritten Teil genug wäre für einen Caplan zu erhalten, und sie eine Capelle in Guissingen haben, in welcher man den Gottesdienst billigermassen halten kann, und der Ort auch im Stande und bereit ist, das Nötige dazu zu steuern, wenn der Zehnt nicht genug wäre allem zu kommen.

6. Dass sie sehr beschweret sind durch die grossen Frohnden, so sie thun müssen auf dem Schloss Sirsberg, allwo ein jeder Bauer jährlich muss 4 Tage mit dem Vieh und Pflug arbeiten, müssen die Früchte einführen, obschon der Weg zwei Stunden entlegen ist, und der Berg so hoch und dermassen beschwerlich ist, dass der gemeine Mann mit seinem Vieh nicht hinaufkommen kann ohne eine grosse Gefahr auszustehn, für welche Arbeit der Bauer nichts mehr bekommt an Lohn als drei Pfund Brod für zwei Mann, und noch alle Reprasionen [= réparations], so notwendig sind an dem Schloss, müssen [sie] helfen machen, sogar ihnen das Wasser auf das Schloss führen müssen, und dass die Taglöhner die Früchte schneiden und in dem Seil liefern müssen, und noch drei Tage in dem Weinberg hacken, die Trauben lesen und in das Schloss in die Bütten liefern müssen.

7. Dass die grossen Herren, die reichen Klöster und sonst starck begüterte Leute, die allein vermögend sind ihre Wiesen zuzumachen, diese zuplanken, um allein den Genuss daraus zu ziehen, wodurch sie das Holz vertheuren, indem dass ihr Vieh noch die übrigen Wiesen, die Weide der unvermögenden armen Leute geniessen, unterdessen dass sie den Grumet aus ihren zugepferchten mähen, welches alles eine grosse Unbilligkeit ist.

8. Dass, sobald ein Hausvater oder Mutter stirbt, die Herren von Busendorff kommen und einen Inventarium machen, durch welchen sie den Leuten unmässige grosse Kosten verursachen und mehrentheils einen grossen Theil der Erbschaften mit den Kosten, so sie unnützlicher Weise machen, hinwegziehen, indem man den Schätzexperten so viel geben muss, um die Abschätzung der Mobilien zu machen, welches zwei Mann sonst für einen kleinen Lohn gethan haben, nur wo es nötig war Inventarium zu machen.

9. Dass die Kosten, so die Versteigerungen, welche die Huissigen [= huissiers] machen, so gross sind, dass mehrenteils sie den Preis des Hausgeräths, so sie versteigern, wo nicht übertreffen, doch öfters ganz hinwegnehmen, indem dass man sie könnte mit geringen Kosten machen verkaufen an den Höchstbietenden durch geschworne Leute in den Dörfern.

10. Dass die Baliagen, anstatt die Proceszsachen geschwind und mit geringen Kosten zu urtheilen, man sucht sie zu verlängern und dermassen zu verwicklen, dass man die Kosten allemal um ein Merkliches vermehret, als sie natürlicherweise kommen sollen.

11. Dass die Juden durch den Wucher, so sie beständig mit den Landsleuten treiben, die mehrsten Ackerleute in das Verderben bringen.

12. Dass die Eisenschmelzen und Salzsoden und Glashütten das Holz vertheuren, dass man es nicht mehr kaufen kann.

13. Beklagten sich die armen Leute, dass ein jeder jährlich ein Quart Saloergergart [*sans doute* quarte de Sarrelouis] Haber geben muss an den Graf von Dachsstuhl, und dass die mehrsten keinen pflanzen, doch geben müssen.

14. Beklagten sie sich diese Gemeiner, dass sie eine grosse Unbilt haben mit dem Haubtrecht, dass nämlich, wann ein Mann stirbt, der Hochherr das zweite Stück vom Besten was sich in einem Haus befindet hinwegziehet.

Die Leute beklagten sich wegen der Ordonnancen, dass sie alle französisch sind und [es] den Leuten so grosse Unkosten kostet, weil sie keinen Franzosen im Dorf haben, für sie zu lesen und auslegen.

Was noch verschiedene andere Beschwernüssen betrifft, über welche wir Klagen zu machen hätten, wann uns die Zeit es zulassen thäte, berufen wir uns auf die Klagen, welche aufgesetzt sind durch die erwählten Deputirten von Busendorff[1]), wegen [= weil] alle die Klagen, so diese aufgeschrieben haben, auch die unserigen sind, und wir hoffen, dass sie als weisere Leute als wir die besten Mittel werden angegeben haben, um die Misbräuche abzuschaffen und die Gleichheit in den Schatzungen und anderen Königlichen Auflagen zwischen den Unterthanen zu werkstellen, desswegen wir alle ihre Klagen, welche nicht hierin gemeldet sind, und durch sie angegebenen Mittel alles zu verbessern, für gut heissen und beistehn.

Urkund dessen haben wir Gemeiner alle, welche schreiben können, dieses unterschrieben, zu Guissingen den 9. Mertz 1789, nach Vorlesung in Versammlung aller Gemeiner.

---

[1]) Au lieu de cela, le rédacteur du cahier de Limberg prétend rallier à son œuvre les gens de Guising. — D'autre part, nous ne savons en quel temps on a inscrit le procès-verbal de Guising sous les mots: Canton de Bérus.

Hans Georg Schvartz; Peter Hart; Jean Schitz; Matteis Ahr; Johannes Muller; Johan P. Parq (?); Mateis Dellinger; Steffen Mos; Peter Schütz; Michel Schütz; Michel Müller.

Noch zuletzt beklagten sich der Matheis Ahr und Nikolaus Weber und Frantz Müller, alle drey von vorgesagtem Ort Guissingen, dass sie eine grosse Unbilligkeit haben von dem Herren de Keller von Ramelfangen, dass sie ihm etliche 40 Morgen Ackerland verkauft haben aus Noth der Nahrung, der Herr aber das Land im Genuss hat, die Leute aber die Beschwernus, Renten davon geben müssen, und der Herr noch dabei die Renten selbst ziehen und einnehmen thut. Die Leute haben das Land verkaufen müssen aus Noth der Armuth um ein geringes Geld, dass viele Leute gestorben sind und gleich hernach das Land um eine grosse Schätzung Gelds mehr werth wäre.

Urkund dieses haben sich die Beklagten darauf unterschrieben, und ist dieses geschehn wie vorn gemeldet, Guissingen den 9. Mertz 1789.

Matteis Ahr; Frantz Mihller; Nicolas Weber.

HALSTROFF.

Point de procès-verbal d'assemblée.

Cahier des plaintes de la communauté de Halstroff.

Les habitants de la communauté de Halstroff, convoqués d'abord par leur syndic au son de la cloche, la publication faite par M. le curé au prône de la messe paroissiale, interprétation donnée en langue germanique des lettres du roi pour la convocation des Etats généraux en date du 27 avril (*sic*) 1789, ensemble l'ordonnance de M. le bailli d'épée du bailliage de Bouzonville du 28 février 1789, et affiche faite à la principale porte de l'église paroissiale de Halstroff du règlement fait par le roi pour l'exécution des lettres de convocation du 24 janvier 1789, se sont assemblés dans la maison de Mathis Fuss, un des députés choisis par la communauté de Halstroff[1]), ont dressé de concert ce présent cahier des plaintes, doléances et remontrances. Toutes les voix des dits habitants se sont réunies à demander pour le point premier, principal et essentiel, que:

---

[1]) L'autre député est Nic. Nilles.

1. L'usage libre du sel leur soit accordé, chose de la première nécessité, tant pour purifier et fortifier le corps humain que pour la nourrie des bestiaux. Il n'y a point de sacrifice qu'ils ne soient prêts à faire pour être délivrés de l'impôt terrible jeté sur le sel, qui affaiblit indistinctement tous les habitants et qui en ruine tous les ans une partie par les prises, vexations et terreurs exercées par les employés de la ferme, dont il n'est pas permis de donner le détail. On ajoute une seule expression de l'assemblée : « Si l'on n'accorde pas ce point, nous resterons toujours pauvres et continuerons à manger notre soupe et pommes de terre ou sans sel ou en tremblant comme de pauvres esclaves, et nous resterons toujours dans une plus mauvaise condition que les étrangers ».

2. L'abolition des droits et impôts destructeurs du commerce, tels que gabelle, marque des cuirs, marque du fer, transit, etc.

3. La défense de l'exportation des bois hors du royaume, laquelle exportation est si fréquente que dans peu de temps le bois enchérira tant que bientôt on ne pourra plus en acheter qu'à un prix exorbitant. L'empereur, pour conserver les forêts de la province de Luxembourg, a mis un impôt de 24 sols par corde de bois qui serait prise dans les forêts de la province, et permet l'entrée libre de tous les bois venant de l'étranger qui seraient consommés dans les fours à chaux et autres usines : ce qui engage les chaufourniers et forgerons à n'en consommer que venant de l'étranger, ce qui cause la cherté des bois chez nous.

4. L'abolition du joug de la banalité des moulins où nous sommes obligés d'aller moudre, même quand le meunier serait un voleur ou ferait mauvaise mouture. Personne ne voudrait sacrifier sa fortune pour faire le procès à un meunier voleur, qui par ce moyen vole impunément. Si la banalité était levée, alors en bien faisant il s'attirerait toujours les pratiques ; le meunier trouverait son compte sans friponnerie, et les sujets trouveraient un avantage considérable. Cette communauté est éloignée d'une bonne lieue de ce moulin ; les manœuvres sont toujours obligés de porter leurs grains sur le dos au moulin, et les laboureurs de désatteler un cheval de leur charrue.

5. Une répartition plus juste et proportionnée des tailles et impositions ; une diminution à l'égard de la classe des indigents, dans laquelle presque tous les gens de la campagne doivent être comptés ; une augmentation jetée sur la classe des nobles et gros bénéficiers à raison de leurs revenus, comparés à ceux de tous autres propriétaires.

6. Que toutes les terres, tant des religieux et ecclésiastiques quelconques que des nobles, soient soumises indistinctement aux mêmes impositions et charges d'Etat de toute espèce.

7. Nous sommes obligés [de payer] par chacun habitant, les laboureurs 5 francs, et le manœuvre 3 francs, et 2 poules par ménage pour droit de four banal; et comme il n'existe plus de four banal, nous demandons à être exemptés de ce dit payement.

8. Nous payons par chacun laboureur de la dite communauté 24 sols par an pour un droit que nos ancêtres ont toujours exercé, de tirer tous les bois nécessaires pour faire leurs chariots, charrues et autres outils nécessaires à l'agriculture, dans la forêt royale de Kalenhoven, dans laquelle nous sommes usagers pour notre affouage et bois des bâtiments. Comme aujourd'hui on ne nous permet plus de prendre ces dits bois, nous demandons à être exemptés de ce dit payement ou être réintégrés dans nos droits.

9. L'abolition du droit de châtrerie ou une mitigation dans ces droits qui sont trop forts.

10. Qu'on ait égard dans les impositions sur la stérilité de nos terres, lesquelles fort souvent à peine rapportent la semence qu'on a jetée, ainsi que sur la quantité des bestiaux qu'il faut pour les labourer.

11. Comme nous sommes obligés d'avoir beaucoup de bestiaux pour l'agriculture, et que les fourrages nécessaires sont très rares dans nos cantons, nous demandons que les taillis de la forêt de Kalenhoven nous soient ouverts, au moins un canton proportionné à nos bestiaux.

12. Les bénédictins de l'abbaye de Bouzonville sont les seuls gros décimateurs de la paroisse de Halstroff à l'exclusion de tous autres. A Grundorff seul ils ne sont que pour un tiers. Il y a cinquante ans qu'ils ont bâti l'église paroissiale avec de la boue, comme ils ne bâtiraient pas une écurie chez eux. Cette église depuis plusieurs années menace ruine tant par le pignon, toiture et le plancher de la nef, que par le chœur, qui est crevassé de tout côté jusque dans les fondations. Ils ont été priés en amiable par différentes reprises de voir par eux-mêmes, lorsqu'ils étaient sur le lieu, la nécessité de la rétablir ou de la bâtir [de façon] qu'on soit assuré de la vie dans l'église: ce qu'ils ont fait semblant de ne pas entendre.

13. Il y a beaucoup de pauvres mendiants dans la dite paroisse, auxquels ces dits MM. les décimateurs, de mémoire d'homme, n'ont pas encore donné une obole pour charité, tandis qu'ils ont été priés différentes fois qu'ils devaient se souvenir qu'ils tiraient la totalité de la dîme grosse, dans laquelle était comprise la portion des pauvres: ils ont eu la même surdité que pour le bâtiment de l'église.

14. Le partage de la dîme ayant été fait en trois portions égales, dont l'une pour le ministre de l'autel, l'autre pour les pauvres, et la

troisième pour l'entretien de l'église, il devrait être réglé que tous les pasteurs effectifs aient au moins le tiers de la dîme. Mais les curés primitifs disposent tout différemment: ils ne donnent qu'une portion modique, une espèce d'aumône aux pasteurs; ils s'emparent entièrement de la portion des pauvres, et ne font rien à l'église que quand ils sont forcés par la voie de justice.

15. L'augmentation de la portion congrue des curés, qui par la modicité les met hors d'état de se faire respecter et de faire tous les biens que leur position de père des pauvres et protecteur de la veuve et de l'orphelin exige d'eux.

16. S'il plaisait à Sa Majesté de supprimer quelques maisons religieuses, qui sont trop multipliées dans le royaume et qui possèdent des revenus immenses, que leurs maisons soient employées, partie pour un hôpital provincial, partie pour des écoles publiques et établissement de fabriques qui fourniraient occasion aux pauvres à s'occuper et se nourrir honnêtement, et que les revenus de ces maisons soient employés à établir une pharmacie, à solder quelques médecins et chirurgiens qui auraient soin de l'hôpital et, sur l'invitation des curés, seraient obligés d'aller dans les paroisses traiter les malades, dont la plupart dans nos cantons périssent faute de pouvoir recourir à un médecin ou chirurgien, lesquels sont éloignés de quatre à cinq lieues et plus, et le pauvre, qui n'a pas le moyen de payer le médecin pour un voyage aussi long, se voit mourir sans aucun secours.

17. Il y a un troupeau de brebis appartenant aux entrepreneurs des domaines, lequel est si nombreux que, quand il ne viendrait que toutes les semaines qu'un jour pâturer sur notre ban, il ravagerait le tout, de façon que notre troupeau ne trouverait plus rien: de quoi nous prions à être exemptés.

18. Il y a deux cantons de bois, réunis aujourd'hui à la grande forêt de Kalenhoven, qui appartenaient anciennement en propriété à la communauté de Halstroff. Lorsqu'on a fait le premier abornement de cette dite forêt, ils ont déclaré que ces cantons leur appartenaient, mais que les titres s'étaient égarés. On a passé outre; on les a compris dans la grande forêt. Comme il y a des vieillards qui connaissent et savent quelques bornes encore existantes dans la dite forêt, qui faisaient séparation de la forêt royale de celle des communautés; et toutes les terres de Bising et Reimling aboutissant sur ces dits cantons sont toutes spécifiées dans leur pied terrier «aboutissant sur le bois de Halstroff»: qui font quelques preuves que ces cantons appartenaient à la dite communauté; car comment se trouverait une borne dans la forêt même, si elle n'avait

pas servi de séparation, qui probablement était la séparation de la forêt royale de celle de la dite communauté? Pourquoi ils prient de donner aux officiers de la maîtrise des eaux et forêts la commission d'examiner ces dites bornes ainsi que les titres de nos voisins, qui environnent ces cantons et disent tous *aboutissant au bois de Halstroff*, pour qu'ils puissent rentrer dans leurs anciennes possessions.

Lesquelles plaintes et doléances nous supplions Sa Majesté de nous accorder et exaucer; par ces moyens [elle] nous tirera de l'esclavage. Nous adresserons tous nos vœux au ciel pour la conservation de ses jours et la prospérité de son règne.

Peter Tritz, maire; Frantz Wax; Mattis Fuss; Nicolas Bickel; Johannes Hoffman; Adam Fuss; Johannes Gehl; W. Bar; Nicklas Weiller; Nicolas Nilus; Augustus Schindele; Johannes Sellen.

HAUSTADT.

Assemblée du 7 mars (sic) *dans la maison du maire par devant Nicolas Boulay, avocat en parlement, bailli du bailliage de l'Ordre teutonique, demeurant à Becking; publication ci-devant faite au prône par le curé le 8 mars.*

14 feux. — 14 comparants, dont 3 veuves; 11 signatures[1]*), y compris celle du président.*

Députés: Pierre Latwein et Nicolas Kieffer.

Heute, den 9. März 1789, hat sich laut der Königlichen Ordonnance vom 7. Februar 1789 die Gemeinde zu Haustatt versammelt, um ihre Lasten und Beschwerden aufzusetzen, und selbige durch einen Deputirten auf der Assemblée zu Bousendorf überreichen zu lassen. Sie geben demnächst an, wie folgt:

An Souvention hat die Gemeinde zu Haustatt jährlich zu zahlen 396 l. 5 s.; an Vingtième 219 l.; zur Pont et Chaussée 66 l. 10 d.

1. An den Fermier der Königl. Domaine: an Korn zu liefern 3 Malter, jedes Malter estimirt 18 l., thut 54 l.; an Schafft- und Stecken-

---

[1]) N'ont pas signé J. Ottelé, Anne-Marie Veyrich veuve, Mathieu Scholtus, Margeretha Dillschneider veuve.

geld 5 Reichsthaler, 27 Albus trierischer Währung, thun en argent de France 18 l.; item an Schafftgeld 10 Franken, thun 3 l. 6 s. 3 d.; item an Schafftgeld 12 s.; an Kapaunen 2 Stück, estimirt ad 1 l. 10 s.; an Frohngeld aus einem jeden Hausstatt 20 Albus trierscher Währung, thut dahier 17 l. 6 s.

Jeder Ackersmann hat dem Fermier der Domaine zu liefern auf den Siersberg 2 Fuder; diese, zu Geld angeschlagen, ertragen dahier 28 l.

2. An die Commanderie zu Beckingen werden geliefert 8 Malter 5 Fass Korn, das Malter p. 18 l. estimirt, thut 155 l.; an Capaunen 26 Stück, estimirt ad 21 l. 10 s.; an Rauchhühner 20 Stück, p. 8 s. estimirt, thut 8 l.; an Schafftgeld 6 l. 9 s. 6 d. Ferner hat die Commanderie zwei grosse Höfe auf unserem Bann, wovon geliefert werden 64 Quart Korn, die Quart estimirt ad 8 l., thut 512 l.

3. An die Benedictinerabtei zu Bousendorf: an Korn 1 Malter, estimirt ad 18 l.; item 2 Franken, thun 13 s. 6 d.

4. An das gräfliche Haus zu Dagstuhl: an Haber 3 Malter 4 Fass Saarbrücker Mass, estimirt ad 59 l. 10 s.

5. An die Königliche Ferme. Die Gemeinde ist verbunden vermöge Abonnements alle Jahr mit schweren Kosten 20 Stunden Wegs zu Dieuze 18½ Centner Salz zu hohlen und von jedem Centner zu zahlen 24 l. 3 s., thut 446 l. 15 s. 6 d.; an Tabak 34 Pfund, p. 3 l. 12 s., thut 122 l. 8 s.

6. An die Maitrise. Unserer Gemeinde werden jährlich von der Maitrise für Brandholz in unseren Waldungen angeschlagen 15 Morgen; von jedem Morgen anzuschlagen werden gezahlt 3 l. 10 s., thut 52 l. 10 s.

7. An Interessen. Zur Erbauung des Pfarrhaus und zwei Brücken auf unserem Bann war unsere Gemeinde genöthigt ein Capital ad 3600 livres zu entlehnen, wovon wir jährlich die Interessen zu zahlen haben mit 180 l.

Nebst allen diesen Abgaben stellt ferner unsere Gemeinde vor, dass:

1. Unser Bann besteht aus purem Sabelland, welches mehrerentheils bergicht und kaum so viel erträgt als wir zu unserem und unseres Viehes Unterhalt vonnöthen haben.

2. Sind wir wegen des allzutheuren Salzes in unserer Viehzucht sehr gehemmet, und könnten aus derselben, wenn wir das Salz um den nämlichen Preis bekämen wie die Ausländer, einen weit grösseren Nutzen schöpfen, da wir unser Heu, welches alles sauer ist, alsdann nützlicher und vortheilhafter auf unseres Vieh verfüttern könnten, indem solches doch nicht zum Verkauf in dem Magazin angenommen wird.

3. Finden wir uns sehr gedrückt wegen des Lederstempels, wodurch das Leder so teuer ist, dass man solches fast nicht mehr kaufen kann.

4. Wird uns jährlich durch die Maitrise ein merklicher Schaden in den Waldungen verursachet, da dieselben so schlecht angeschlagen werden, dass unsere Nachkommen wenig Holz mehr finden werden. Zu dem verursachen uns viel Schaden die untergeordneten Waldboten, welche uns durch ihre ungerechten Rapporten jährlich in viele und grosse Geldstrafen bringen.

5. Endlich, weil die Zeit zu kurz, haben alle Beschwernüssen nicht können aufgezeichnet werden, durch [welche] der Landmann gedrücket wird, und woraus doch der König den geringsten Nutzen nicht ziehet.

Le cahier n'est pas signé. Voici les signatures du procès-verbal d'assemblée:

Michel Schommer; Peter Latwein; Nicolas Kieffer; Nicolaus Ladtwein; Mateis Reinstadler; Maria Ladtwein; Johannes Baltasar; Matheis Creutz; J. Jacob Beckinger; Johannes Peters; Boulay.

HECKLING ET BENTING.

Le procès-verbal d'assemblée manque.

Cahier des plaintes, doléances et remontrances que la communauté de Heckling[1]) a l'honneur de présenter à Sa Majesté.

1. La cherté du sel, le tort irréparable qu'elle cause à l'agriculture et au commerce, les maux qui en résultent, l'obstacle invincible qu'elle met à la richesse nationale, tout sollicite Sa Majesté d'accorder la franchise du sel.

2. La marque des cuirs a fait porter le prix de cette marchandise à un prix beaucoup trop haut pour les habitants de la campagne; Sa Majesté est suppliée de délivrer son peuple de cet impôt.

3. La marque du fer est dans le même cas; car le fer est de nécessité première. Cet impôt est à charge principalement aux laboureurs. Sa Majesté sera donc suppliée d'ôter cet impôt et même de défendre l'exportation du fer à cause de sa cherté et de sa rareté.

---

[1]) Le nom de Benting a été ajouté à celui de Heckling en tête du cahier, sans doute par l'employé du bailliage chargé du recolement des cahiers.

4. Le contrôle des actes produits en justice est un impôt qui pèse particulièrement sur les malheureux chargés de dettes; il augmente considérablement les frais des procès. Sa Majesté sera suppliée d'abolir un impôt ruineux et qui rend la justice presque inaccessible.

5. L'usage de faire inventaire au décès d'un des conjoints est abusif; il occasionne des frais inutiles qui ruinent les familles. Sa Majesté sera suppliée de n'admettre les inventaires que dans le cas où le survivant convolerait à d'autres noces.

6. La maîtrise des eaux et forêts présente un vaste champ d'abus à réformer: les droits excessifs que ces officiers perçoivent pour leur travail, la manière ruineuse de régler les amendes et de pourvoir au recouvrement tant des amendes que des frais, sollicitent la bonté du roi de pourvoir au soulagement de son peuple dans cette partie.

7. L'édit des clôtures n'est profitable qu'aux maisons puissantes et riches; le pauvre et le particulier peu aisé n'en retirent aucun avantage. Sa Majesté sera donc suppliée d'abolir la loi des clôtures pour le soulagement du laboureur.

8. La vénalité des offices de judicature entraîne mille abus que Sa Majesté est suppliée d'arrêter, dès que l'état des finances le permettra.

9. La dîme des fruits semés dans les versaines est abusive: elle fait perdre au cultivateur un produit qui lui coûte des peines et des travaux extraordinaires, et cause le découragement. Les pommes de terre, le chanvre et le lin sont des productions qui demandent un travail pénible et assidu, une culture extraordinaire. Sa Majesté sera suppliée d'affranchir de la dîme les fruits semés dans les terres en versaines.

10. Les restes de la servitude qu'a entraînée la féodalité ne contribuent pas peu au malaise des habitants de ces contrées; ils sont grevés de corvées, de droits de banalités, moulins, fours et pressoirs, de droits de chef d'hôtel, de tiers deniers, de corvées de charrues. Sa Majesté sera suppliée d'abolir ces restes de l'ancienne servitude, d'en délivrer son peuple[1]).

11. Les exemptions, les privilèges dont jouissent le clergé et la noblesse, ainsi que les personnes privilégiées, causent au tiers état une surcharge accablante. Sa Majesté sera suppliée d'ordonner que tous ses sujets, sans distinction d'état, de qualité, de rang et d'emploi, contribueront concurremment et conjointement sur un seul et même rôle de répartition à toutes les charges de l'Etat.

---

[1]) On a copié ce cahier pour la communauté d'Eft et Hellendorf (p. 320), aussi reconnaît-on facilement un ajoutage postérieur dans les mots qui terminent là-bas cet article: «ou au moins de fixer ces droits à des sommes modiques».

12. La cherté et la rareté du bois sollicite la sagesse du roi d'en défendre l'exportation et d'ordonner la suppression de la forge de Reimeldorff.

13. La multiplication excessive des pigeons dans les campagnes nuit à l'agriculture. Sa Majesté est donc suppliée de réprimer cet abus par de sages règlements.

14. Sa Majesté est suppliée de supprimer les receveurs particuliers des finances qui ruinent les communautés par l'usage abusif et désastreux qu'ils font des contraintes et des avertissements.

15. Sa Majesté est suppliée d'abolir tous les impôts soit maintenant en ferme ou en régie, et de les réunir en un seul qui sera réparti sur tous les sujets suivant leurs forces et facultés et qui sera payable de mois en mois ou par quartier pour en faciliter l'acquittement.

Fait et arrêté à Heckling, le 8 mars 1789.

J. Henrion; Bartel Bour[1]); Hengerig Kolbas; Frantz Heitz; marque de Jacques About; Louis Heitz, greffier.

HEINING.

Assemblée du 8 mars par-devant le maire; publication au prône le 8 mars par le vicaire.
17 feux. — Pas de liste des comparants; 10 signatures.
Députés: Simon Hein et Jacob Hein, tous deux laboureurs.

Cahier des plaintes que fournit la communauté de Heining, bailliage de Bouzonville, suivant l'ordonnance et lettre du roi du 7 février dernier et en conformité des ordonnances de M. le bailli d'épée du bailliage royal du dit Bouzonville.

1. Que les bailliages traînent les instances et procès d'un délai [tel] que les habitants ne viennent presque jamais à bout: en conséquence résultent des frais excessifs, de façon [que] pour un écu un particulier sera frustré.

2. Pour la rédaction des inventaires, les procureurs, huissiers priseurs soufflent une grande partie de la succession, et pour la vente des

---

[1]) Ces deux premières signatures sont celles des deux députés. D'après la lettre de convocation, le maire était Adam Breme.

meubles les frais sont encore terribles pour les mêmes huissiers et au contrôle; le présent se peut faire par les maire et officiers locaux.

3. Comme les curés sont très riches, [ils] doivent enterrer, baptiser et bénir gratis, de même contracter les mariages.

4. Quant à la maîtrise, [elle] est une charge onéreuse aux communautés, comme quoi de payer 3 livres 10 sous pour la marque, balivage, martelage et délivrance [d']un seul arpent de bois, d'être garants [pour] 50 toises de distance alentour des coupes en usance, [d'où] résultent des rapports terribles : de façon [que], comme les bois sont très clairs, les frais excèdent le profit des usagers. Ils dérèglent les coupes, de façon [que], comme les bois de haute futaie n'y [ont] point de délivrance à nos habitants pour leur commodité, les jeunes taillis ont été exploités, et ayant laissé les anciens taillis pour l'avenir, qui pour lors seront rapinés par les délinquants. La grasse pâture reste en dépérissement par les défenses dans la plus saine partie de nos taillis. Quant au quart de réserve, [c']est également une injustice, puisque le bois est si rare.

5. Quant aux gardes de chasses, les seigneurs ayant droit de chasse donneront un gage raisonnable pour leurs gardes de chasses; [ce] sera une injustice qu'ils dressent des rapports dans nos forêts. Il est utile que les communautés commettent [elles-]mêmes leurs forestiers comme responsables des délits et dégradations.

Les rapports [aux] gruyers pour la soumission sont très pénibles à nos habitants qui sont assignés d'une distance de cinq à six lieues : résultat, des frais terribles pour une bagatelle, de sorte qu'un habitant est frustré. Il est expédient de ne faire aucune soumission : fixer un jour quand ces rapports seront réglés.

Les sous-fermiers du domaine de Sa Majesté perçoivent un double lot dans nos forêts, quoique le fermier premier ayant fait un traité à un habitant de ce lieu, comme cette communauté a payé au vrai fermier un droit pour ce double lot, 6 écus de France, au domaine, cette communauté étant en contestation à ce sujet.

Quant à la ferme, les employés du roi sont une charge onéreuse. Comme on trouve journellement de la contrebande dans les maisons jetée par des fenêtres par différents libertins, pour lors les dits employés sont avertis et reprennent nos habitants. [De] la gabelle dans le royaume, [de] la marque des fers et marque des cuirs résulte que nos habitants sont réduits à la dernière misère pour raison qu'ils ne peuvent tenir des bêtes convenables : d'où résulte de la misère parmi les gens, [de sorte] qu'il est impossible à exister dans le royaume. A cet effet, où il y avait ci-devant de cinq à six laboureurs, il n'y [en] a qu'un à deux.

Quant aux travaux des chaussées, les ecclésiastiques, nobles et grands rouliers déchirent les chaussées; étant extrêmement riches, [ils] sont francs de cette charge, et les pauvres citoyens sont seulement à cette charge.

Les étrangers des villages contigus perçoivent les fruits (?) apprivoisés sur notre ban: ce qui est préjudiciable à nos habitants.

Certifié véritable à Heining, ce 9 mars 1789; en foi de quoi avons signé:

Johannes Müller, maire; Simon Hein, syndic; Jacob Hein; Michael Hein; Johannes Hein; Wilhem Hilt(?); Kentzinger; Frantz Gorsin; Niclas Miller; Nicollaus Hein, greffier;

HESTROFF.

Le procès-verbal d'assemblée ne fait qu'un avec le cahier de doléances.

Le présent **cahier de plaintes et doléances** de la communauté de Hestroff, sous le ressort du bailliage de Bouzonville, contenant quatre feuillets, a été coté et paraphé par premier et dernier par nous maire royal du dit lieu. Hestroff, le 8 mars 1789. (*Signé*) J.-Pierre Hombourger, maire.

La communauté de Hestroff, en conséquence des ordres très gracieux à elle adressés de la part de Sa Majesté très chrétienne, son auguste et très cher souverain, publiés aujourd'hui au prône de la messe paroissiale par M. le curé, réitérés après la dite messe par le maire, s'est assemblée comme de coutume tant pour dresser le présent cahier des plaintes et doléances, que pour élire leurs députés à qui elle confierait le présent cahier avec pouvoir de se rendre à l'assemblée générale du bailliage de Bouzonville le 11 du courant, y délibérer et faire ce qui peut procurer le bien de la dite communauté, dont les intérêts leur seront confiés. Le choix est tombé sur les sieurs Nicolas Cordonnier, réarpenteur, et Jean Seydel, véteran, ancien sergent du régiment Lamarck, tous deux habitants de la dite communauté, à qui la communauté, eu égard à leur probité et intégrité connues, donne par les présentes tout pouvoir nécessaire à leur mission.

La dite communauté confesse hautement qu'elle ne saurait assez témoigner la reconnaissance que mérite le cœur plus que paternel de son auguste souverain. Elle reconnaît en Sa Majesté un désir ardent et sincère de procurer le bien général et particulier de tout son royaume. Ce ne peut être que le cœur d'un roi bienfaisant qui demande de connaître toutes les plaintes de chaque communauté de son royaume. C'est donc avec la plus grande confiance que la communauté de Hestroff ose porter très respectueusement aux pieds du trône les plaintes et remontrances suivantes.

1º. Elle ne doute pas qu'elle ne soit parfaitement d'accord avec tout le royaume et tout sujet particulier du royaume en offrant à Sa Majesté de contribuer suivant ses forces et facultés aux impositions et subsides qui seront reconnus être nécessaires; mais elle ose demander:

2º. Que l'on simplifie, autant qu'il est possible, la manière de percevoir les impositions, qui jusqu'ici a occasionné des frais fort inutiles et souvent la ruine des familles. Ne serait-il pas possible de trouver une seule manière pour verser l'argent nécessaire au royaume dans les coffres du roi?

3º. La ferme générale verse, à la vérité, beaucoup d'argent dans les coffres du roi; mais en cela l'on ne trouve ni le bien du roi ni celui de ses sujets. Car la ferme, pour se soutenir, a besoin d'entretenir et de solder à un haut prix bien des milliers d'hommes qui pourraient être utilement employés ailleurs: voilà donc bien de l'argent perdu. En outre la ferme veut gagner, et gagne beaucoup, et cela aux dépens des sujets du royaume. La Lorraine a ses salines: elle voit ses bois détruits pour fournir le sel presque pour rien à l'étranger, qui s'enrichit; il engraisse son bétail, et le sujet lorrain va chez l'étranger acheter du bétail engraissé par le sel lorrain. En outre le Lorrain paye le dit sel à un prix si haut que des milliers de pauvres languissent faute de pouvoir en acheter. Le tabac, les acquits dans l'intérieur de la province, les marques des fer et cuir, les châtreurs rapportent peu à proportion dans les coffres du roi, tandis que le sujet souffre et se voit encore ruiné par les amendes encourues à raison des contraventions auxquelles la nécessité l'a induit.

4º. La communauté désire ardemment la conservation de ses bois; mais l'administration actuelle est bien coûteuse pour le sujet. En outre les communautés sont responsables de tous les délits qui se commettent à 50 perches de distance autour de leurs coupes annuelles: ce qui fait que l'innocent paye pour le coupable.

5º. Les inventaires pourraient être faits seulement quand le survivant convole à de secondes noces, et à moindres frais. Les droits des jurés priseurs sont bien onéreux, et le droit de chef d'hôtel que perçoivent plusieurs seigneurs est bien dur et affligeant pour des familles déjà désolées par la perte de celui qui gagnait le pain. En outre le droit du tiers denier est cause qu'un bien trois fois vendu est entièrement échu au seigneur.

6º. Le droit de banalité rend souvent les meuniers brusques, et l'on croit que la liberté des moulins rendrait les meuniers plus vigilants, plus actifs et plus fidèles.

7º. Il y a des gens qui, possédant de grands biens, font des enclos de leurs prairies pour tirer le regain; par là ils privent les autres habitants de ce parcours, tandis que le troupeau de ces riches, toujours plus nombreux que celui des pauvres, jouit du droit de parcours sur les prés des pauvres, qui ne sont pas en état de faire des clôtures. En outre la construction de ces clôtures dégrade ordinairement les bois communaux.

8º. La ruine de bien des familles vient aussi des usures que les juifs et autres exercent; des marchands de blé, qui achètent partout les denrées pour les faire vendre ensuite par leurs associés au monopole, à quel prix ils veulent, dans le royaume, ou les font sortir du pays.

9º. L'on trouve singulier que le maître des basses œuvres s'avise de se taxer lui-même suivant sa fantaisie pour son ouvrage, tandis qu'il force les particuliers à conduire les bêtes mortes hors du village à leurs propres frais.

Voilà ce que la communauté de Hestroff ose représenter, persuadée que ses plaintes sont justes.

Fait et arrêté le 8 mars 1789 en la maison communale, et ont signé; mais avant de le faire, l'on a observé:

10º. Que la communauté a un grand quart de réserve qui n'est guère profitable; mais il le serait, si le bétail osait y entrer et si l'on y faisait de temps en temps des coupes à partager entre les particuliers: ce qui ferait encore que les autres coupes déjà réglées deviendraient plus fortes.

11º. L'ordonnance concernant les pigeons n'est pas observée; il serait nécessaire de la faire exécuter; car les pigeons font un grand tort.

12º. La communauté se plaint d'avoir perdu sa vaine pâture sur un petit ban, dit d'Oesting, ce qui est une perte considérable. Il est cependant de l'intérêt de chaque communauté que ses droits soient gardés inviolablement.

Voilà tout ce que la dite communauté croit pouvoir représenter pour le présent temps, et elle charge ses députés du présent cahier avec les pouvoirs dont elle les a revêtus; et ont signé.

J.-Pierre Hombourger, maire; Johanes Bodron; Antoine Pichon; Peter Nade; Jean Gehminger; N. Kieffer; Petter Botter; Jean Alexandre, lieutenant de maire; Michel Guillaume; Jacque Bouvié; Pierre Otten; Jean Ritz; Matis Bour; François Cerff; Nicolas Wandernott; Nicola Herman; Mathies Kien; Matis Cabe; Jacob Hacspill; Phillippe Richard; Claude Tiercelin; Pierre George; Louis Bouvié; Jean Sabé; Nicolas Dalstein; Cordonnier; Nicola Herman; Samson Dicop; Jean Seydel; J.-L. Kieffer; Nicolas Sabé; Jean Hackspill; George Tritz; François Pleignieur; Loui Herman; Noel Nadé; F. Rauber, greffier.

HILBRINGEN, FITTEN, BALLERN, RECH, RIPPLINGEN.

Assemblée du 10 mars à Hilbring par-devant Jean-Georges Richard, maire; publication au prône par le curé le dimanche précédent.
142 feux. — Pas de liste des comparants; 51 signatures[1])*.*
Députés: Jean Fritz, commerçant à Hilbring, et Nicolas Sellen, laboureur à Rech.

Observation der Klagen und Beschwerden der grossen Gemeinde Sargau[2]), Hilbringen, Fitten, Balleren, Rech und Riplingen.

1. Erstlich ist das Salz eine von unseren höchsten Nothdürften, indem unser armes Ländchen mit vielen Wäldern und fetten Weiden überzogen, so dass wir weder Vieh noch Pferd aufziehen und unterhalten können, welche Handlung all unser Reichthum ist; dieweil aber leider unsere Mittel bei weitem nicht hinreichend sind, für all das nöthige Salz zu kaufen, dieweil der Aufwand des Salzes gar zu theuer, so machet dieses das ärmste unglücklichste Volk.

---

[1]) Le député Niclas Sellen ne signe pas le cahier. Une lettre de convocation spéciale pour Fitten et les autres annexes est remise à Nic. Zellen, syndic.

[2]) Hilbringen était le chef-lieu de la Haute-Mairie du Saargau, Schwemmlingen de la Basse-Mairie. Il existe une sorte de projet d'un cahier commun à tout ce petit pays, qui n'a pas été utilisé, puisqu'il n'est point signé et ne paraît pas terminé: nous en donnerons le texte, qui confirme en assez bon français les points principaux du cahier d'Hilbringen.

2. Beschweren wir uns wegen des Lederstempels, dieweil wir angrenzen an fremde Länder, alwo wir unsere kleinen Handlungen mithaben; dieweil dann der Lederstempel in fremden Ländern nicht bräuchlich ist, so dann nach Erkaufung dessen der Auflag des Stempels uns jederzeit zum Besten haltet.

3. Sind wir 1779 von dem Churfürsten von Trier abgetheilt und unter die Krone Frankreichs und unter den Schutz Ihrer aller christlichen Majestät gefallen. Hier beschweren wir uns abermal, wie dass wir die ganze alte Auflage behalten und bis dato entrichten müssen ohne einige Linderung; welche Auflage bestehet von jeder Feuerstätte ad 4 Gulden des Jahrs, benebst dem Impost, welcher bestehet in 52 deutsche Thaler, wo aber Mondorff und Silwingen mit einbegriffen ist, so wir jährlich gezahlt haben und bis dato zahlen müssen wegen freier Handlung in unserem Ländchen, da wir doch, seit dass wir Lotharinger sind, von allem ohne Ausnahm sowohl in als aus dem Land Zoll zahlen müssen. Dies alles ungeachtet, müssen wir wie andere alte Lotharinger Livers-, Chossé- und Pont-de-Chossé-Geld zahlen: so finden wir uns doppelt beschwert zu sein. So begehren wir inständig von den alten oder neuen Auflagen enthoben zu sein.

4. Wissen wir dass im ganzen Land dem König ringtième gezahlt wird, und in diesen Ortschaften vermeinen starck [auf]gelegt zu sein, weil wir jährlich über 600 livres zahlen müssen.

5. Zahlen wir auch Frohngelder auf das Königliche Haus Siersberg und noch dem Churfürsten von Trier, jedem ohngefähr 100 livres.

6. Zahlen die zwei Ortschaften Fitten und Balleren Rauchgeld dem König und dem Churfürsten zusammen alljährlich von jedem Haus 1 livre, dann 2 sols; benebst dessen noch ein anderes Recht, welches man Hauptrecht nennet und zwar der Churfürst alleinig ziehet.

7. Haben wir dahier ein Detachement von 5 Mann, für welches diese Ortschaften mit Zuziehung Mondorffs und Silvingens jährlich zahlen müssen 180 livres, worüber sich auch die Unterthanen beschweren.

8. Beschweren wir uns, indem wir viele gemeinen Waldungen besitzen und unseres Holz in besagten Waldungen fast täglich von den angrenzenden auswärtigen Ortschaften theils bei Tag theils bei der Nacht hinweggeraubet wird, so alsdann oder nach diesem die Königswaldboten hie und da Stücke von besagtem geraubtem Holz antreffen, sie alsogleich ihren Raport auf die Gemeinde machen, und wir alsdann noch müssen alle Jahre schwere gemeine Waldstrafen abzahlen sammt dem Verlust unseres Holzes.

9. Beschweren wir uns, indem wir alljährlich wegen des Holz-

anschlages zahlen müssen ohngefähr, mit Zuziehung Schwemlingens, ohngefähr 200, dann etliche und 60 livres, indem wir, zur Zeit dass wir unzertheilt waren, nur bis 20 livres gezahlt haben.

10. Beschweren wir uns wegen Vielheit und täglichen Zuwachses der Juden, indem die Juden durch ihre betrüglichen und heimlichen Schleichhändel viele Unterthanen ruinieren und gänzlich zu Grunde richten.

11. Beschweren wir uns wegen der Inventarien, da wir vor der Abtheilung das Recht gehabt, dass, wenn ein Ehegatte vor dem anderen abgestorben, kein Inventarium gemacht wurde, es sei, dass der überlebende Ehegatte in die zweite Ehe getreten, so alsdann billig ein Inventaire aufgerichtet wurde, wo wir aber vor der Abtheilung nicht den dritten Theil Kosten gezahlt haben als wie anjetzo. Nichtsdestoweniger kommen unsere Ehrenrichter des Bailliage Boussendorff gleich nach Absterben eines Ehegatten, um dem überlebenden Ehegatten und dessen Kindern ein Inventarium auf[zu]richten.

Benebst diesen unseren aufgesetzten Beschwerden stimmen wir völlig mit den Ehrenvorgesetzten der Stadt Boussendorff überein, indem sie, besagte Ehren, unsere Beschwerden ganz genau und selbstens wissen.

Also haben sich die Unterthanen, welche schreibenserfahren, in Gegenwart gesagten Mayers unterschrieben.

J. Richard, maire; J. Fritz, député; Matheis Maxem; Johannes Fritz; Jacob Baller; Johannes Maxem; Matheis Fritz; Peter Biewen; Petter Sellen; Josep Hirschauer; Jacob Kerber; Matteis Riplinger; Lorentzius Streith; Petter Kerber; Jacob Boden; Johanes Kerber; Michel Altes; Johannes Leik; Jacob Zimmer; Nicolas Maxem; Adam Rieblinger; Petter Johanes; Matheis Entinger; Michel Leinen; Johannes Leick; Nicolas Lambert; Johannes Rieplinger; Johannes Johannes; Matheis Leick; Johannes Maxem; Petter Pettery; Petter Kerber; Fridrig Stoltz; Petter Kerber; Johanes Dritz; J. Gross; Petter Zener; Jacob Mischler; Andreas Schmidt; Petter Hoffman; Petter Austagen; Niclas Arnolt; Niclas Fritz; Johannes Gross junior; Anthonius Fritz; Cristoffel Niles; Petter Patten; Mateis Johanes; Michel Houbert; Hans Willem Streid; Petter Streit.

Le dit cahier, contenant 6 feuilles, par nous, maire pour le roi à Hilbring, chef-lieu du Sargeaux, par nous coté et paraphé par première et dernière, pour être sur icelui statué ce qu'au cas appartiendra; fait et achevé en l'assemblée publique le dit jour, 10 mars 1789. (*Signé*) Richard.

Le Sargau, qui a eu communication du cahier de doléances de la ville de Bouzonville, y adhère et se plaint en outre qu'avant la division du Mertzig et Sargau, il ne payait aucune subvention ni ponts et chaussées, et qu'en indemnité de ce, chaque cheminée payait aux deux souverains 4 florins annuellement; que dans le dit Sargau ils étaient déchargés des droits de foraine pour le commerce qu'ils y faisaient, qu'ils avaient la liberté du sel et du tabac et qu'ils étaient exempts du droit de la marque des cuirs: pour quoi ils payaient annuellement aux deux souverains 110 écus de Trèves.

Que, depuis la division du Sargau, ils sont obligés de payer non seulement les anciens droits, mais encore la subvention et les ponts et chaussées; qu'ils sont attenus aux droits de foraine, à la marque des cuirs, et frustrés de la liberté d'user du gros sel et du tabac étranger: d'où il suit qu'ils payent une liberté dont ils sont privés. C'est pourquoi ils demandent d'être déchargés du droit de cheminée et du payement annuel des 110 écus de Trèves, aux offres qu'ils font de payer comme tous les autres sujets, eu égard à leurs facultés, les vingtièmes, subvention, ponts et chaussées et autres impositions royales, comme les autres sujets de cette province de Lorraine.

Qu'avant la division du Mertzig et Sargau, on n'y procédait aux inventaires que lorsque le survivant convolait en secondes noces; que depuis la réunion du Sargau au bailliage royal de Bouzonville, MM. les officiers du bailliage royal de Bouzonville y ont procédé aux dits inventaires, sans que le survivant ait convolé en secondes noces: ce qui est contraire à leur ancien usage; que même tous ces inventaires s'y sont faits à grands frais, étant faits par un commissaire à la participation de M. le juge tutélaire, qui pourrait les faire seul, de même que les autorisations nécessaires pour les mineurs: ce qui diminuerait de beaucoup les frais. Si donc les inventaires ne sont point supprimés, comme la ville de Bouzonville le demande par son cahier de doléances, en ce cas le Sargau espère qu'il plaira au roi d'ordonner que dans les cas où ils devront être faits, ils le seront par M. le juge tutélaire seul, sans assistance de commissaire, comme cela se pratique dans tout le district du dit bailliage de Bouzonville, ne devant pas être traités plus durement que les autres sujets du dit bailliage.

HOBLING.

Le procès-verbal d'assemblée manque [1]).

Plaintes, doléances et remontrances que forment les maire, gens de justice, habitants et communauté de Hobling en exécution des lettres patentes du roi données à Versailles le 7 février 1789 pour la convocation des Etats généraux.

[*Voir le texte au cahier de Chémery p. 305 avec la note sur l'art. 3.*]
Ce fait à Hobling ce 10 mars 1789.

Nicolas Caudy; Johannes Bauer; Jean Richard; Pierre Anssel (?); Nicolas Wandernott; Joahins Fonsins; Joachim Fonseny; Simon Hombourger; Michel Richard; Jean Richar; Jean Richard; Anton Wilbois; Jacque Fonsieun; Jean Dirich; Nicolas Bredbeil.

HOLLING.

Assemblée du 8 mars en la maison de Pierre Nennig, maire royal; publication au prône le 8 mars par Jean-Baptiste Prunot, vicaire résident. 69 feux [2]). — *Pas de liste des comparants; 37 signatures et 2 marques. Députés: Jean Weis, laboureur, élu par 33 voix, et Nicolas Bettinger, élu par 28 voix.*

Cahier de plaintes, doléances et remontrances que les syndic, maire, habitants et communauté de Holling ont l'honneur de produire à l'auguste assemblée des Etats généraux en conformité de l'ordonnance

---

[1]) La liste des députés à l'assemblée du bailliage nomme pour Hobling Jacq. Foncin et Jean Diederich.

[2]) Outre une rédaction spéciale du procès-verbal, que nous analysons de préférence, on a utilisé aussi le formulaire imprimé *ad hoc*, et on y a inscrit 85 feux (84 dans le cahier); mais l'assemblée est dite se tenir le 11 février (!) et pardevant J.-Pierre Couturier, le lieutenant général du bailliage!

de M. le lieutenant général au bailliage royal de Bouzonville en date du 28 février dernier.

Que la capacité des produisants est insuffisante d'insinuer à l'auguste assemblée les moyens qui pourraient mouvoir Sa Majesté à modérer le fardeau de ses sujets; cependant à leur particulier ils ont l'honneur d'observer:

1º. Qu'il n'y a rien de plus cher et de plus précieux à un citoyen père de famille que de jouir en paix et tranquillité des fruits de ses travaux journaliers, qui cependant est troublée par différents objets et principalement par des procès qui durent à l'infini.

Les produisants, au nombre de 84, y compris les femmes veuves, garçons et filles faisant ménage, ont obtenu de Mgr l'évêque de Metz un vicaire résident sur *l'incommodo* de l'église paroissiale de Valmunster, desservie par un religieux de l'abbaye de Metloch, et sur les différends qui se sont mus entre les produisants et le curé du dit Valmunster; l'affaire a été portée au conseil de Sa Majesté, où elle reste indécise déjà pendant quatre années, après qu'elle a été au préalable discutée en différents tribunaux pendant l'espace de six années. Les produisants, après s'être énervés, ont été obligés de faire un emprunt de 600 écus neufs à terme moyennant les intérêts ordinaires: ils redoivent le capital et les intérêts; c'est un avocat avide, exigeant toujours plus, qui retarde un arrêt définitif. Ils ont un état monastique opulent pour adversaire, qui éternise cet arrêt et, par conséquent, rend les produisants hors d'état de poursuivre leurs droits fondés sur des principes certains: ce qui leur donne sujet de supplier Nosseigneurs de l'assemblée des Etats généraux de faire observer à Sa Majesté qu'il lui plût fixer des délais pour faire terminer les procès suivant l'exigence des cas et circonstances.

2º. Le ban de Holling contient environ 900 jours de terres et 300 chars de prés, desquels l'état noble et ecclésiastique possèdent 475 jours de terres et chars de prés, [ce] qui surpasse le tiers de leur ban, outre les dîmes tant grosses que menues, qui sont possédées par ces deux états. Il paraît que ceux qui jouissent du bénéfice doivent également contribuer aux charges: ce que Nosseigneurs sont suppliés de faire observer.

3º. Le tiers denier en cas de vente d'immeubles et le [droit de] chef d'hôtel étant une charge très onéreuse, les produisants supplient que ces droits fussent abolis.

4º. Que les inventaires des mineurs fussent faits par les maires et gens de justice des lieux, et les procès-verbaux déposés dans leurs greffes.

5°. Que l'office des huissiers priseurs et vendeurs de meubles fût révoqué, et procédé comme anciennement, attendu qu'au lieu qu'il résulterait un bien aux mineurs, l'expérience démontre que les frais d'inventaire et prisée surpassent souvent le produit du mobilier inventorié et prisé.

6°. Que l'administration des eaux et forêts fût conférée aux officiers des bailliages, et les droits modérés, attendu que les produisants n'ont que 7 arpents de bois par an, en conséquence 14 arpents pour deux ans, qui sont marqués par les officiers de la maîtrise dans une demi-vacation et souvent par un seul officier: ils en perçoivent 3 l. 10 s. par arpent, outre les autres frais, ce qui fait pour cette demi-vacation passé 50 livres, ce qui surpasse souvent le produit du bois qu'ils y perçoivent.

7°. Qu'il soit défendu à tous marchands hollandais d'exporter des bois hors des Etats.

8°. Qu'il soit pareillement défendu aux forestiers royaux de faire des rapports dans les bois communaux à charge par les communautés de constituer des forestiers, habitants de la même communauté, solvables, et qui soient garants et responsables des délits qui pourraient s'y commettre; cependant les rapports rédigés dans un greffe royal pour par Sa Majesté percevoir le tiers des dommages-intérêts.

9°. Que la vaine pâture fût rendue commune, et la clôture des prés abolie, attendu qu'il n'y a ordinairement que les nobles et ecclésiastiques, ainsi que les riches, même des forains, possédant des biens considérables et contigus, qui profitent de ce privilège à l'exclusion d'un pauvre concitoyen qui se trouve hors d'état de nourrir un bétail pour le soutien de sa famille.

10°. Les produisants, ainsi que tout le peuple lorrain, se croiraient au comble de leurs désirs et supporteraient toutes charges qu'il plairait à Sa Majesté leur imposer, s'il y avait lieu d'espérer que la ferme fût abolie, et par là les employés y attachés; que le sel leur serait débité comme aux étrangers; que le commerce dans l'intérieur du royaume serait libre sans être assujetti aux acquits, et que les impôts sur les cuirs soient abolis. C'est ce que Nosseigneurs de l'assemblée des Etats généraux sont suppliés de représenter à Sa Majesté, qui rendra ses sujets heureux, et qui ne cesseront d'adresser leurs vœux au Ciel pour le maintien et la prospérité de son auguste personne, famille royale, et de Nosseigneurs composant l'assemblée des Etats généraux.

Johannes Weis; Niclas Bettinger.

Le procès-verbal d'assemblée était signé, en outre, de:

Pierre Nennig, maire; Adam Schmit, échevin; François Wenner; Mathis Leidinger; Daniel Christian; Mathis Saulny; Christian Hoffman;

Hans Goerg Knobloch; Johanes Altins (?); Ludwig Bare; J. Thirion; Hans Jacob Schneider; Matis Prill; Jacob . . . .; Nicolas Louis; Michel Stefen; Hans Goerg Leidinger; Jacob Weis; Hans Gerg Giss; Frantz Barre; Simon Eberschweiller; Nicolas Klob; Frantz Bettinger; Nicolas Teitien; Peter Welinger; Petter Stablon; Lidwin Winger (?); Matis Linden; Simon Salmon; Ulrich Teudtgen; Jacob Brauu; Johannes Weis; Niclas Brettendorf; Hantz Petter Sallmon; M. W. (Mathis Wolmeringer); marques de Pierre Steil, Jean-Adam Muller.

HONZRATH.

Assemblée du 8 mars en la maison du maire par-devant Nicolas Boulay, avocat en parlement, bailli du bailliage de l'Ordre teutonique et dépendances, résidant à Becking; publication au prône par le curé le 8 mars. 14 feux. — 14 comparants, parmi lesquels une femme; 12 signatures[1]). *Députés: Vincent Lecler et Jean Collet.*

Heute, den 9. März 1789, hat sich die Gemeinde zu Hontzerat[2]) laut Königlicher Ordonnance vom 7. Februar 1789 versammelt, um ihre Lasten und Beschwerden aufzusetzen und selbige durch einen Deputirten auf der Assemblée zu Bousendorf überreichen zu lassen. Sie geben demnächst an, wie folgt:

1. An Souvention hat die Gemeinde zu zahlen 289 l. 4 s. 6 d.; an Vingtième 188 l.; zur Pont et Chaussée 48 l. 4. s. 4 d.

2. An den Königl. Fermier: an Korn 18 Malter 4 Fass, estimirt ein Jahr ums andere ad 333 l.; an Geld 6 Franken, thun 2 l. 6 d.; an Capaunen 2 Stück, estimirt ad 1 l. 10 s.; weiters hat jeder Fuhrmann zu lieferen 1 Fuder Salz, estimirt ad 24 l; so dann giebt jeder Unterthan 22 Albus tririsch, thut 13 l. 7 s.

3. An die Commanderie zu Beckingen werden geliefert 5 Malter 5 Fass Korn, estimirt ad 100 l.; an Korn 7 Fass estimirt ad 12 l.; an

---

[1]) Ont comparu, sans signer, Jean-Adam Graffe, Charles Kehl, Catherine Veyl. Vinc. Lecler était maire, d'après la lettre de convocation.

[2]) Mêmes écritures, mêmes idées et presque mêmes formules qu'à Haustadt: l'orthographe est meilleure ici.

Capaunen 10 Stück, estimirt ad 7 l. 10 s.; an Hühner 16 Stück, estimirt ad 7 l. 4 s.

4. [An] die Augustiner zu Saarlouis: denselben werden geliefert 4 Fass Korn, estimirt ad 9 l.; 3 Stück Capaunen, estimirt ad 2 l. 5 s.

5. An die Königliche Ferme: unsere Gemeinde ist verbunden vermöge Abonnements alle Jahre mit schweren Kosten auf 20 Stunden Wegs 12 Centner Salz zu hohlen und von jedem Centner zu zahlen 24 l. 3 s., thut 291 l.; an Tabak 24 Pfund Tabak, p. 3 l. 12 s., thut 86 l. 8 s.

6. An die Maitrise. Von der Maitrise werden die Inwohner zu Hontzerat jährlich zu ihrem Brennholz angeschlagen 7½ Morgen und haben von jedem Morgen zu zahlen 3 l. 10 s., thut 26 l. 5 s.

Nebst diesen jährlichen Abgaben stellet unsere Gemeinde vor, dass:

1. Unser Bann durchgehens Sabelboden und bergig sei, und mit vieler Müh kaum soviel erträgt als wir zu unserem und unseres Viehes Unterhalt sowohl als zur Bestreitung obiger Abgaben nöthig haben.

2. Sind wir wegen allzutheuren Salz in unserer Viehzucht äusserst gehemmet, und könnten aus derselben, wenn wir das Salz um den nämlichen Preis bekämen wie die Auswärtigen, einen weit grösseren Nutzen ziehen, da wir unser Heu, welches all sauer ist, als dann mit grösserem Nutzen auf unseres Vieh verfüttern könnten, indem wir solches doch nicht in dem Magazin zum Verkauf anbringen können.

3. Sehen wir uns sehr gedrückt durch den Lederstempel, wodurch das Leder so theuer ist, dass man solches schier nicht mehr kaufen kann.

4. Verursachet die Maitrise in unseren Waldungen einen sehr grossen Schaden, da dieselbe so schlecht angeschlagen werden, dass unsere Nachkommen wenig Holz mehr finden werden; sollte man dahier das ungerechte Verfahren der untergeordneten Waldboten anbringen, wie sie nämlich durch ihr eigennütziges Verfahren uns jährlich in viele und grosse Geldstrafen bringen, so würde des Klagens kein End werden.

Endlich, da die Zeit zu kurz, hat man alle Beschwerden nicht aufzeichnen können, durch welche der gemeine Mann gedrückt wird und der König doch keinen Nutzen ziehet.

Le cahier n'est pas signé. Voici les signatures qui se trouvent au bas du procès-verbal:

Vincentz Leckler; Peter Hes; Johannes Kiffer; Johan Gross; I. H. (Jean Holtz); Johannes Kollet; Nicolas Schütz; Johann Schumacher; Nicolas Becker; Johanes Scholtus; Johannes Kniesbeck; Boulay.

HÜLZWEILER.

Le procès-verbal d'assemblée manque.

Cahier des doléances de la communauté de Hultzweiller.

La communauté de Höltzweiller paye annuellement pour la subvention 243 l. 19 s.; pour les ponts et chaussées et autres impositions accessoires 223 l. 2 s. 9 d.; vingtième 251 l. 12 s. 6 d.; pour la prestation en argent de la corvée des routes 78 l. 18 s. 6 d.; pour l'abonnement du sel 627 l. 18 s.; pour 36 livres de tabac des deux espèces 124 l.; [total] 1549 l. 11 s. 9 d.

[En outre], le luminaire de l'église, le vin des messes, et autres frais indispensables dans une communauté, qui ne laissent pas que de faire encore un objet, la fabrique étant pauvre, et la communauté sans revenus communaux.

Tous ces objets de dépenses réunis sont une contribution trop forte pour un petit village qui ne possède en tous biens-fonds que 451 jours de terres, 44 fauchées et demie de prés et 24 jours en jardins et chènevières, et nulle autre terre communale: aussi sans autre revenu.

Joint au peu de terres que possède la communauté, il s'en trouve un tiers sur leur ban d'une qualité si médiocre que, sans forcer la nature par des engrais recherchés, le cultivateur ne pourrait point espérer d'être dédommagé par une bonne récolte de ses frais et de ses peines; il faut encore que le tiers du ban reste toujours en friche et qu'il repose trois années pour pouvoir en tirer parti.

Les prairies ne sont à beaucoup point suffisantes à la subsistance de tous les bestiaux du village. Il faut que les laboureurs qui n'ont point de prairies sur d'autres bans, se procurent du foin dans les villages situés sur le long de la Sarre ou quelquefois plus loin encore.

Le sel est sans doute un objet de première nécessité, il en faut à tout le monde; il est encore aussi utile aux bestiaux. Mais quelle terrible surcharge dans le prix de cet aliment indispensable, étant obligés de payer 627 l. 18 s. pour 26 quintaux de sel, tandis que nos plus proches voisins d'ici en ont 70 quintaux pour le même argent! Quels avantages n'ont-ils pas, nos voisins, de pouvoir donner à leurs bestiaux du sel autant qu'il en faut pour les entretenir dans leur vigueur? Il est inutile de s'étendre davantage sur cet objet qui est le cri public et la plainte générale de tous les villages, ainsi que [sur] celui du tabac; que le pauvre qui n'a point de pain à donner à ses enfants, est cependant obligé de prendre du tabac pour sa part, parce qu'il fait membre de la communauté et pour se garantir de ces insupportables visites domiciliaires.

Outre les charges ci-dessus, la communauté de Höltzweiller acquitte encore à Madame l'abbesse de Fraulautren en qualité de leur seigneur: 18 quartes 1 bichet et demi de seigle; 7 pots de vin, évalués à 50 s.; 15 chapons et 11 poules; 50 livres en argent, pour être dispensée de voiturer un foudre de vin de la Basse-Moselle; 4 journées de corvée par chaque membre de la communauté, employées à faucher et faire son foin, à scier ses grains, etc.; chaque laboureur 2 journées avec leurs charrues, pour labourer ses terres.

Mad. l'abbesse fait tenir les plaids-annaux, tire les amendes, a droit de chef d'hôtel, et tire le tiers denier. Le droit de chef d'hôtel, le tiers denier, ainsi que les corvées dues aux seigneurs, sont sans doute des suites anciennes de la féodalité qui font gémir la nature. Le roi ne les exige point, tandis que quelques seigneurs les exercent avec tant de rigueur qu'elles affligent de nouveau la pauvre veuve qui vient de perdre son époux.

Il se commet un abus bien préjudiciable au village de Höltzweiller par la communauté de Loutre, distante d'une demie-lieue d'ici sur terre de France; lesquels [habitants] envoient leurs troupeaux en pâture sur notre finage au mépris des ordonnances et sans savoir quels titres ils en ont, tandis que nous manquons essentiellement de pâture par la petitesse de notre ban, et que celui de Loutre est bien plus étendu: cet objet mérite toute attention.

La maîtrise des eaux et forêts est sans doute une bien belle et bonne chose, bien utile pour la conservation des bois; mais aussi est-elle bien à charge et ruineuse aux communautés par le haut prix que ces MM. attachent à leurs opérations. En 1783, les bois de la communauté de Höltzweiller ont été abornés et divisés en 25 coupes, non compris le quart en réserve consistant en 248 arpents. La communauté se plaint avec raison de ce que l'on ait choisi le meilleur canton et le mieux peuplé, le plus riche en bois, pour le quart de réserve, tandis qu'ils ont eu pour leur usage des coupes qui produisent si peu de bois qu'ils n'en ont pas la moitié assez pour leur usage. Le vœu de la communauté serait que l'on changeât le quart de réserve contre des coupes qui ont déjà été exploitées: cet objet soulagerait en beaucoup les particuliers; d'un autre côté les coupes nouvellement mises en réserve auraient le temps de se repeupler.

Il coûte annuellement à la communauté, pour la délivrance d'une coupe et le droit de martelage, 3 livres 10 sols par arpent: les coupes sont composées de 36 à 40 arpents; joint à cela le vingtième du dit bois, qui est de 70 livres. La coupe qui a été exploitée cette année n'a pas valu en nature la dépense; il en a coûté en outre à la communauté passé 1000 livres pour l'abornement de leurs bois et la division des coupes.

La communauté est encore, outre cela, constamment exposée à d'autres inconvénients. Leurs bois se trouvent limitrophes à d'autres villages qui n'ont point de bois; malgré la vigilance de deux gardes de bois que la communauté a nommés pour veiller aux dégâts de leurs forêts, nos voisins y tombent quelquefois par bandes dans les bois, y commettent bien du désordre en coupant tout ce qui tombe sous leur hache, au plus grand détriment des citoyens de ce village. Les suites en sont encore bien plus sensibles en ce que les gardes surveillants ou forestiers de la gruerie de Bouzonville ou d'ailleurs viennent faire leurs visites dans les bois, trouvent les dommages et les dégâts faits dans les bois, dressent ensuite leurs rapports à la charge de la communauté qui, à son tour, se voit condamner à des amendes et aux dommages, qu'ils sont obligés de payer, tandis qu'ils n'ont point commis le mal et qu'ils ont perdu leur bois, et le tout, sans qu'ils aient pu le prévenir ou l'empêcher.

La châtrerie est encore une servitude que nos voisins n'ont point. Les taxes trop fortes pour ces opérations excitent les plaintes des peuples qui ont tant de mal à subvenir à tous les besoins généraux et particuliers.

Observation. Dans ce moment toutes les classes de laboureurs sont à plaindre, hors celui qui ne manque de rien, ayant supporté un hiver des plus longs et des plus rigoureux et qui ne finit pas encore. Les fourrages, en plus grande partie, sont consommés; les bestiaux de toutes les espèces sont en mauvais état, à pouvoir avec peine faire les travaux de la campagne, qui vont s'accumuler aux premiers beaux temps; la majeure partie sont sans grains, qu'ils sont obligés d'acheter bien cher par la mauvaise récolte qu'ils ont faite l'année dernière; joint à tout ce mal: une grande partie des pommes de terre, qui sont la meilleure et la plus salutaire ressource pour les pauvres gens, se trouvent perdues par la forte gelée; et pour dernière surcharge, trois payements à faire, qui sont: 1° l'abonnement du sel au 1er avril prochain; 2° la subvention; 3° le vingtième. Dieu sait comment ils pourront s'en acquitter cette année avec tant de besoins et si peu de ressources.

La communauté de Höltzweiller, sans exception et d'une voix unanime, adresse ses vœux au Ciel, prie le Seigneur bien dévotement qu'il veuille l'exaucer et maintenir son auguste Majesté notre roi dans les sentiments de bienfaisance au soulagement de son peuple qui gémit, et accorder les lumières, l'union et la concorde aux membres qui doivent composer les Etats généraux, afin que, par la même concordance, ils puissent parvenir avec lumière et sagesse au soulagement du peuple, réformer les abus et concourir à la prospérité du royaume.

Fait au greffe de Höltzweiller le 10ᵉ du mois de mars 1789, et ont signé la communauté.

Hans Peter Blass; Johannes Jungman; Jacob Schmitt¹); Nicolas Wolff; Hubertus Löw; Johannes Linn; Jacob Klein; Dompell (?) Schmidt; Petter Jacob; Johannes Woll; Willem Jungman; Nicolaus Teobalt; Nicolas Jacob; Peter Sauder; Petter Leidinger; Johannes Jacob; Petter Strasz; Frantz Linn; Heinrich Freydag; Matteus Jungman; marque de Peter Kutscher.

ITTERSDORF.

Assemblée du 8 mars par-devant les maire et gens de justice; publication au prône le 8 mars par le curé.
42 feux. — Pas de liste des comparants ni de signatures.
Députés: Jean Thill et Jacques Schun.

Plaintes, doléances et remontrances.

Cejourd'hui, 8 mars 1789, la communauté d'Iterstroff.... [*Voir le texte au cahier de Bedersdorf p. 254, complété comme à Düren p. 315.*]

[En] foi de quoi nous avons signé, les jour [et] an susdits.

Jean Thill; Jacob Schun; Johannes Schmitt, maire; Petter Kircher; Johannes Girlinger, échevin; Johannes Gersing; Johannes Schmitt; Petter Mager; Johannes Arll; Johannes Altmeier; Jost Schwartz, syndic.

---

¹) Député à l'assemblée du bailliage.

ITZBACH.

Le procès-verbal d'assemblée manque.

Cahier des plaintes, doléances et remontrances de la communauté d'Itzbach, en Lorraine allemande, près Saarlouis [1]).

1. Le sel, article le plus nécessaire, est d'un prix si exorbitant qu'une infinité de monde, exténué par les travaux, est obligé de manger sans sel; moins encore est-il possible d'en donner aux bestiaux, qui cependant ne sauraient prospérer sans sel.

2. La marque des cuirs est extrêmement onéreuse au pauvre peuple, et le roi ne tire de la régie que tout au plus 2 sols par livre; il en est de même de la marque des fers.

3. L'admodiation de la châtrerie des porcs fait payer 20 s. par bête, chose exorbitante.

4. La ferme prend les droits de péage d'un village à l'autre, situés tous deux en Lorraine et dans la même paroisse, quand même les voitures rentreraient dans le royaume, et non vers les frontières.

5. Au décès d'un pauvre paysan dont toute la substance n'est pas de 100 écus, le procureur du roi, protecteur des orphelins, prend au moins le dixième de la succession pour ses honoraires.

6. La gruerie prend, pour marquer pendant une demi-heure le canton du bois de chauffage, 68 livres 8 sols. Pour un dommage fait par un étranger dans la forêt, la communauté propriétaire est obligée de payer l'amende; et cette communauté doit tirer la moitié des rapports faits contre ses particuliers, mais la gruerie ne nous en rend jamais compte. Notre quart en réserve est en déclin, et plutôt que de nous le donner, on nous assigne un canton tout jeune qui ne nous donne que des fagots: ce qui dégrade notre forêt. C'est sans doute pour nous forcer à vendre le quart de réserve, afin que la gruerie puisse en tirer le tiers.

7. Il y a dans notre paroisse une montagne, nommée Siersberg, et on nous oblige à 4 jours de corvée avec la charrue, à 2 voitures de blé et à 1 voiture de foin, et nous n'avons pour cela que quelques livres de mauvais pain de ceux qui tiennent ce domaine du roi. Nous

---

[1]) Nous avons dit p. 298 la relation de ce cahier avec celui de Büren. D'après la lettre de convocation, le maire d'Itzbach s'appelait Jean Zenner; la liste des députés à l'assemblée du bailliage nomme pour Itzbach Michel Seybert et Adam Ehré.

sommes en outre forcés de couper les blés et faire les voitures nécessaires aux réparations des bâtiments du dit Siersberg.

8. Les moulins banaux occasionnent des frais au pauvre peuple, et étant forcés d'y aller, on [ne] leur rend pas la quantité de farine que les grains devraient produire.

9. Les seigneurs ont 300 et 400 pigeons : ce qui fait un tort incroyable, étant prouvé qu'une de ces bêtes mange un bichet par an.

10. Notre communauté paye la dîme de pommes de terre et de navette au sieur curé, et nous croyons n'y être pas obligés, puisqu'il y a des communautés qui ne payent pas la dîme de ces objets.

11. Notre ban n'est que sable, de peu de rapport; nous n'y avons que 151 jours, tout y compris : le reste est possédé par la dame du lieu et par les étrangers. Nous avons 335 livres de dépenses annuelles pour affaires de communauté; nous payons au roi la somme de 770 livres.

Note. Les huissiers de nos bailliages, ayant 20 ou 30 significations à faire, se font payer le voyage par un chacun au lieu de le reporter sur tous. Et les juifs exercent des usures inouïes, parce que les corps ecclésiastiques n'osent pas prêter.

[*Le cahier n'est pas signé.*]

KERPRICH-HEMMERSDORF.

Assemblée du 8 mars en l'auditoire du lieu par-devant les maire et officiers municipaux; publication au prône faite par le curé le 8 mars.
80 feux. — Pas de liste des comparants; 24 signatures.
Députés: Pierre Monter, maire, et Pierre Monter, le jeune.

Plaintes, doléances et remontrances de la communauté de Kerprich-Hemmestroff.

Aujourd'hui, 8 mars 1789, en l'assemblée convoquée au son de la cloche en la manière accoutumée, ... nous déclarons toutes les plaintes, doléances et remontrances de la dite communauté article par article, comme s'ensuit, savoir :

ART. 1. Nous prions Sa Majesté [de nous accorder] le retour en nos anciens états, le tout comme nos prédécesseurs étaient dans la Lorraine.

Art. 2. Nous prions Sa Majesté de prendre pour bas [= mettre à bas] la maîtrise, parce que c'est elle qui est la perte du pays et des bois, parce que tous les seigneurs ont jusqu'à 6, 7, à 8 gardes de chasse qui vont toujours courir dans les bois et, s'ils y trouvent quelqu'un qui coupe la moindre chose, ils font des rapports comme s'il avait fait beaucoup de dommage; et s'ils en trouvent quelques-uns qui font grand dommage, ils font accord avec ces gens et ils prennent dans leurs bourses un écu de trois livres, et quelquefois de six livres; et s'ils en trouvent quelques-uns qui coupent à l'entour des coupes des dernières années, ils font accord avec ces gens et ils prennent quelques livres dans leurs bourses: et ils font le rapport sur la communauté, de manière que notre communauté est obligée de payer pour cette année 1788 pour des rapports ainsi faits sur la communauté la somme de 160 livres de France; et comme il y a des habitants dans notre communauté qui ne prennent pas la moindre chose dans le bois toute l'année et sont obligés de payer leur part de la dite somme de 160 livres, c'est un grand tort à ces gens. Et la maîtrise nous a pris presque le tiers de notre bois pour quart en réserve dans le meilleur canton de notre bois.

Art. 3. Nous prions Sa Majesté de faire un autre arrangement dans les bailliages, parce qu'ils sont la perte du pays, parce qu'ils commencent des procès pour 30 et 40 sols et, s'il y a quelqu'un qui vient pour les consulter sur une chose, ils lui disent tout de suite : « Il le faut faire assigner ; tu as la justice toute claire dans tes mains », quand même ils voient bien que le pauvre homme va perdre son procès. Il y a tant d'huissiers qui courent dans tous les villages pour faire des frais, pour si peu de chose quelquefois 100 écus de frais. On [se] trouverait mieux, si la première audience pour si peu de chose était devant la justice des communautés, afin que les affaires de si peu de valeur fussent finies avec peu de frais, parce que les huissiers, on trouve qu'ils prennent ce qui leur plaît, parce que les pauvres gens ne savent pas leurs taxes.

Art. 4. Nous prions Sa Majesté de nous accorder la liberté d'acheter le sel où nous voulons, et du gros sel, parce que nous sommes dans le pays où on fait le sel, et nous avons le plus mauvais sel; et les étrangers, ils ont le bon sel à bon marché, et nous payons le mauvais si cher que le pauvre ne [peut] plus vivre. Et à cause que le sel dans nos pays est trop cher, il y a quelques pauvres qui sont obligés de [se] hasarder pour aller chercher du gros sel, et comme il y a presque dans chaque village 6 ou 7 des employés des fermes du roi, ces pauvres gens seront attrapés et tout à fait ruinés. Et c'est la cause que la viande est si chère, parce que, si on avait du sel pour donner aux bêtes, on pourrait mieux nourrir les bêtes avec la moitié du fourrage.

Art. 5. Nous prions Sa Majesté de prendre pour bas la marque de cuir, parce que c'est la cause que le cuir est si cher que tous les pauvres gens sont obligés d'aller à pieds nus, parce qu'ils ne sont pas en état d'acheter du cuir; les riches, ils le peuvent payer, quand même il est cher.

Art. 6. Nous prions Sa Majesté de prendre pour bas la marque de fer, parce que, si on a besoin [de] quelque petite chose, on [ne] peut pas l'avoir, à cause que la marque de fer coûte trop.

Art. 7. Nous prions Sa Majesté que les sommes pour la reconstruction et l'entretien des routes seront payées des ecclésiastiques et des nobles aussi bien que des pauvres gens du tiers état, parce que c'est les ecclésiastiques et les nobles qui en profitent le plus.

Art. 8. Nous prions Sa Majesté de prendre pour bas la banalité, parce que, si le meunier moud bien et comme il faut, il aura toujours assez à moudre sans la banalité. Il y a quelques meuniers qui moulent si mal que les pauvres ne peuvent pas le souffrir, qui n'ont pas soin à leurs moulins et qui [ne] les tiennent pas en état, comme ils devraient être; et malgré cela on est obligé de moudre dans les dits moulins, quand même on aurait son compte.

Art. 9. Nous prions Sa Majesté de prendre pour bas les droits que les seigneurs ont pour faucher, scier et faire vendange avant les autres gens, parce que c'est la cause que les habitants des communautés ont bien souvent gâté leurs foin, blé et vin, à cause du mauvais temps qu'ils n'étaient pas leurs maîtres de prendre leurs choses quand elles étaient bonnes. Et on a des pressoirs banaux; ce qui est cause que le vin sera bien souvent gâté, parce qu'il faut attendre si longtemps pour avoir de la place, jusqu'à ce que le seigneur a fait le sien.

Art. 10. Nous prions Sa Majesté d'accorder une ordonnance, [pour] qu'on ne soit pas obligé de donner de dîme dans les terres en friche, [quand] on y planterait ce qu'on voudrait, parce qu'on donne la dîme quand la dite saison sera semée avec du blé ou de l'avoine; et les décimateurs, ils ont des terres à eux-mêmes pour planter des légumes.

Art. 11. Nous prions Sa Majesté de nous faire rendre nos droits de pêche que la maîtrise nous a pris; et tous les ans elle le vend, et il était toujours à la communauté.

Art. 12. Nous prions Sa Majesté d'ordonner que toutes les sommes dues à Sa Majesté seront à l'avenir portées au trésor sans dépenses, parce que cet argent passe tant de fois par des mains qu'on s'imagine qu'il ne vient jamais tout à Sa Majesté.

Art. 13. Nous prions Sa Majesté de nous accorder une ordonnance pour faire des regains, parce que les pauvres gens n'ont point de prés pour faire du foin, afin [qu'ils] puissent nourrir une bête; et ordonner que le dit regain soit partagé tous les ans, également aux pauvres comme aux riches, et aux seigneurs (comme il était toujours [d']usage) deux parts, c'est-à-dire deux fois autant qu'un autre habitant de la communauté: afin que les pauvres puissent nourrir une bête et vivre.

Art. 14. Nous avons une plainte à faire à Sa Majesté contre les seigneurs qui ont des pigeons: que, suivant les ordonnances de Sa Majesté, ils [ne] les tiennent pas aux colombiers dans le temps ordonné dans l'ordonnance; et ils font un grand dommage, de manière que, quand ils tombent sur une pièce qui est semée, ils mangent et ramassent tous les grains, enfin que, quand le laboureur croit avoir semé sa terre, il n'a rien.

Art. 15. Nous déclarons à Sa Majesté que les déforains possèdent environ le tiers des prés, terres et jardins dans notre ban, et que notre ban est presque tout des montagnes et de mauvaises terres, et que le seigneur a environ 300 journaux de terres et 25 fauchées de prés et 20 journaux de jardins et un ban exprès de 250 journaux de terres, dont la communauté n'a aucun droit, pas seulement pour pâturer leurs bêtes; et notre ban est rempli de fossés à cause des montagnes.

Art. 16. Nous avons une plainte à faire à Sa Majesté contre le procureur du roi: que, quand un pauvre homme perd sa femme, ou la femme son homme, ils sont déjà bien à plaindre, et malgré cela le procureur du roi vient pour faire les inventaires, et cela coûte beaucoup aux pauvres gens: ce qu'on pourrait faire avec peu de frais par la justice de la communauté avec le greffier, et déposer l'inventaire au greffe de la communauté.

Art. 17. Nous avons une plainte à faire à Sa Majesté contre les marchands qui ont acheté le blé avant l'ordonnance de Sa Majesté, et ils ont mené les blés dans les pays étrangers, de manière que les blés sont si chers que le pauvre ne peut plus vivre, et que les gens qui ont encore du blé à vendre, ne savent pas combien demander pour la quarte. Ainsi nous prions Sa Majesté de faire une taxe sur les blés qui sont encore dans le pays, afin que le pauvre puisse vivre.

Art. 18. Nous avons une plainte à faire à Sa Majesté contre les décimateurs qui ont de la dîme sur notre ban, et ils ne donnent rien dans l'église, et ils sont obligés de donner les couleurs [= ornements]. Et nous avions une dîme pour le chantre de l'église, c'est-à-dire le maître d'école, et ils ont pris la dite dîme pour l'église, quand même qu'elle porte le nom de dîme du chantre de l'église. Et l'abbaye de Metloch, elle a un bois sur notre ban, duquel bois nous avions les bois blancs, et nous payons encore une rente annuelle de 11 fouraux de pois du dit bois, et on nous a refusé nos droits, et nos titres sont perdus, à cause qu'on a fait un nouveau banrôle; et dans le dit bois, nous avions toujours le droit d'y prendre le bois qui tombe, et nous avions aussi le pâturage du dit bois.

Art. 19. Nous prions de prendre pour bas la châtrerie des porcs et autres bêtes, parce qu'on paie cher pour la châtrerie, et on pourrait gagner cet argent [soi-]même, et c'est la cause qu'on a quelquefois des bêtes qui seront gâtées, à cause que les châtreurs viennent trop tard.

Art. 20. Nous prions Sa Majesté de défendre [de semer] du trèfle dans les saisons, à moins qu'on ferme les dits terrains où l'on plante du trèfle, parce que notre seigneur a semé du trèfle au milieu de notre saison, et on a fait des rapports sur le dit trèfle, qui ont été payés bien cher, et il a l'envie d'en semer encore davantage sur la dite saison.

Art. 21. Nous avons à faire une plainte à Sa Majesté, considérant qu'il [y] avait un pont pour conduire de Kerprich-Hemmestroff à Groshemmestroff sur la Nied, lequel nous a servi pour tous les villages alentour; lequel pont a été fait par le duc de Lorraine; lequel pont a coûté plus de 60000 livres; lequel pont les deux villages ne sont pas en état de le reconstruire, lequel a été fait il y a au moins cinquante années et a été cassé par la glace; et quand il a été bâti neuf, tout le pays a aidé à le payer. Nous prions Sa Majesté qu'il soit reconstruit par le pays.

Fait et achevé à Kerprich-Hemmestroff, ce 8 mars 1789, avec une ferme confiance de trouver en Sa Majesté un père de ses enfants, lequel nous reconnaissons pour notre roi, et nous lui payerons avec bien du plaisir toutes les sommes que Sa Majesté nous impose, croyant que Sa Majesté ne demande pas plus de nous que nous pouvons donner.

Pierre Montter, maire; Peter Monter.

Le procès-verbal d'assemblée portait de son côté les signatures de:

Adam Cornet; Lorenst Jacob; Nicolas Baur; Nicolas Gomber; Peter Kiercher; Johannes Montter; Johanes Hön; Etiene Samdy; Nicolas Hilt; Anthon Gehl; Johannes Hart; Johannes Hoch; Johanes Göll; Johannes Baur; Jean Gaertener; Peter Montter; Peter Alber; Nicolas Hart; Johannes Hartt; Jacob Hön; Matis Schmit (?); Michel Schmid; Joannes Schmitten (?); ... Kischer.

KEUCHINGEN.

Pas de procès-verbal d'assemblée.

Sire,

Nous soussignés et sousmarqués, maire, syndic et députés du village de Keuching, situé en Lorraine, ci-devant indivis, nous [nous] prosternons avec un cœur abattu devant le trône auguste de Votre Majesté trés chrétienne et supplions très humblement qu'elle daigne regarder nos doléances et plaintes d'un œil favorable, qu'elle daigne efficacement secourir aux maux d'une communauté appauvrie et qu'elle daigne arrêter le cours ultérieur d'iceux.

C'est pourquoi, pleins de confiance et d'espoir, nous portons avec la plus grande soumission devant le pied de votre trône équitable les points criants, comme il s'ensuit:

1º. Le village de Keuching est composé de 24 feux, sans compter les receveur des domaines du roi, employés, et un invalide; d'iceux 24 feux il y a 8 habitants de la communauté du dit Keuching, tous les autres ne faisant pas partie de la communauté, et de chaque feu on paye annuellement la somme de 9 livres.

2º. La communauté est tenue de livrer annuellement à M. le comte de Metternich 5 maldres de seigle, et de chaque maldre 12 sols, faisant en total 3 livres, et de chaque feu une poule.

3º. La susdite communauté est obligée de payer au dit comte de Metternich pour les corvées 45 sols.

4º. Chaque maison doit payer à l'abbaye de Mettloch, pour raison de droit foncier, un demi-sol.

5º. Item à l'admodiateur Steinmetz, pour raison des impôts du domaine, 10 livres.

6º. Après l'échange de Mertzig et du Saargau, arrivé le 19 décembre 1778, on nous a fait assujettir à des nouveaux payements que jamais ci-devant nous [n']avons dû payer, savoir les argents de subvention, des ponts et chaussées, 119 livres.

7º. Item nouvellement 19 livres 16 sols 3 deniers pour réparation des chaussées.

8º. Pour droit de châtrer les bestiaux, 11 livres 11 sols.

9º. Chaque habitant doit payer le droit de péage au receveur en laissant moudre au moulin banni de l'abbaye de Mettloch.

10º. Chaque livre de sel nous coûte 6 sols 3 deniers.

11º. Item pour chaque livre de tabac, 3 livres 12 sols.

12º. La communauté de Keuching possède environ une charrue de mauvaise terre labourable.

13º. Un journal de terre à piocher, en commun.

14º. La dite communauté doit payer pour le vingtième 18 livres 13 sols 9 deniers.

15º. Et pour conclusion de ces points, nous avons contracté depuis l'échange 300 livres de dettes, que notre pauvre communauté a dû emprunter pour obvier à tous les frais du payement de nos points susmentionnés.

Loin donc, Auguste Monarque, que vous nous laissiez totalement réduire à l'affligeante misère, vu que nous sommes appauvris et que nous traînons une vie languissante pour le meilleur des rois, [nous] qui sommes prêts aussi de laisser couler la dernière goutte de notre sang pour son service. A ces causes nous supplions derechef très humblement, oui, nous nous jetons aux pieds de Votre Majesté, qu'elle daigne accorder à des pauvres misérables un prompt soulagement. Votre Majesté les obligera infiniment; [nous] serons les plus reconnaissants de vos sujets jusqu'à la mort et persisterons avec des grâces immortelles.

De Votre Majesté très chrétienne les plus fidèles, soumis et obéissants sujets et serviteurs,

Niclas Wandernot; Christian Reitter [1]); Matheis Schusten.

KIRCHNAUMEN ET OBERNAUMEN.

Assemblée du 9 mars en la maison du maire Nicolas Stadfelt; publication au prône le 9 mars par le curé.

80 feux. — 53 comparants; 29 signatures [2]) comme au cahier.

Députés: Michel Tock, rentier, et Jean Seitter, cordonnier.

---

[1]) Etait maire, d'après la lettre de convocation. Matis Schusten était le député de Keuchingen à l'assemblée du bailliage.

[2]) Le maire signe Paullus Statfelt, et non pas Nicolas. Les comparants qui n'ont pas signé sont J. Crayer, J. Wagner, Nic. Bilh (laboureurs); Nic. Kling, J. Ney.

Doléances, plaintes de Kerichnomen, etc.[1]).

La communauté de Kerichnomen et Obernomen est composée des deux villages qui en portent les noms et est composée de 80 feux, y compris de pauvres malheureuses veuves infirmes à la charge de la communauté, trois invalides, qui y jouissent des privilèges d'exemption, et plusieurs mendiants.

Le roi y est seul seigneur haut, moyen et bas; son domaine y tire les rentes, à l'exception de 5 maldres et 6 bichets de froment que les habitants ou les terres doivent livrer au couvent de la chartreuse de Rethel.

Les religieuses de Ristroff tirent aussi sur différents biens une rente foncière de 6 bichets de froment.

Le ban de Kerichnomen est séparé de celui d'Obernomen; ils sont tous les deux d'une très petite étendue et enclavés au milieu de deux grandes forêts qui appartiennent à Sa Majesté: ce sont le Kaltenhoven et le Schirmerther.

Les terres qui composent ces biens, outre qu'elles ne sont pas d'une bien bonne qualité, sont souvent exposées à de grands dommages par les débordements de plusieurs petits ruisseaux; les chemins communs y sont très souvent impraticables, malgré les soins et les peines que se donnent annuellement les habitants.

Le curé tire seul la dîme du ban de Kerichnomen, où il a un bouvrot; l'abbé de Bouzonville tire celle d'Obernomen. Indépendamment de cette dîme que tire seul le curé, et du bouvrot, il possède aussi le tiers des dîmes de Kaltveller et de Montenach, deux villages situés sur le territoire de la prévôté de Sierck; outre ce, il a les novales sur le même ban d'Obernomen et sur celui d'Evendorff, aussi de cette paroisse.

Outre les rentes que les habitants payent au domaine du roi, à la chartreuse de Rethel et aux religieuses de Ristroff, ils ont à leur charge la maison presbytérale, les gages du marguillier, le luminaire de l'église.

Les impositions royales y sont considérables, et les habitants, avec la meilleure volonté, ne peuvent jamais les payer, ou du moins très rarement, qu'après des frais qui leur sont faits.

J. Thezard, Nic. Ney, Laurent Weber (tisserands); Nic. Schmitt charon, Pierre Schmitt tailleur; Bern. Ernest, Pierre Metzeller, Nic. Wagner, J. Florange, Mathis Naudorff, Ambroise Naudorff (manœuvres); Pierre Hann, Nic. Scherer (maçons); J. Schmitt, Phil. Florange (aveugles); Nic. Deutsch sergent, J. Weber charpentier, Pierre Kiffer fileur de laine; J. Frantz le jeune, J. Grousse (sans profession indiquée).

[1]) Ce titre a été ajouté après coup. Le procès-verbal spécifie bien Kerichnomen, Obernomen et Tockfelt.

Ce qui rend leur communauté dans la misère, c'est qu'ils n'ont point de pâquis commun pour leurs bestiaux, qu'ils n'ont point de bois en propre; c'est la proximité des bois du roi, dont les gardes vexent les habitants. Et en effet, quel autre parti ont à prendre ces gardes? ils sont en grand nombre et n'ont pour tout gage qu'une modique somme de 13 ou 14 livres par an. De là vient qu'un honnête homme ne prendra pas cet emploi, et de là vient aussi que, par des rapports injustes et par des accords avec des délinquants, ils vivent aux dépens du peuple et le ruinent. Moins de gardes et mieux payés, les bois seraient mieux conservés.

Le défaut de nourris, pas d'engrais, est causé par le parcours des bestiaux. Si chacun était le maître de faire de ses prés, ainsi que de ses terres aux champs, ce que bon lui semblerait, alors l'on s'attacherait davantage à l'entretenir; mais un propriétaire qui paye les rentes d'un fonds, qui en paye les dîmes et qui est d'ailleurs imposé au prorata de ce même fonds, voit avec peine qu'aussitôt que le premier poil de son pré est enlevé, des particuliers qui ne payent presque rien ou rien du tout, chargent ce pré de bestiaux; si c'est une année où le regain réussisse, celui qui n'a rien vient y prendre sa part, comme le propriétaire.

L'édit des clos, qui a permis à chacun de se clore, était bien avantageux; mais, outre la dépense que coûte cette clôture, c'est qu'elle expose souvent à des chicanes avec son voisin, elle emporte du terrain et consomme beaucoup de bois, dont l'extrême cherté met les propriétaires dans l'impuissance de remplir cet objet.

Les habitants ont à peu près 2 cordes de bois chacun dans une forêt du roi; ils en avaient été privés pendant nombre d'années, mais par arrêt du conseil ils y ont été rétablis il y a vingt ans: ce modique objet ne permet pas de se clore.

Les bois du roi sont vendus annuellement en coupes réglées et sortent pour la plupart du royaume: les Luxembourgeois et les Trévirois font [auprès] des adjudicataires de ces coupes l'achat de la plus grande partie de ces bois, les Hollandais viennent y prendre les plus belles pièces d'arbres. De là vient la cherté du bois; de là vient que le pays de Luxembourg conserve le sien, et de là vient aussi que les forges ont augmenté considérablement le prix de leurs fers.

Une charge encore pour le pays, c'est ce grand nombre d'employés des fermes: il y en a dans presque tous les villages; et le plus innocent, comme le coupable, est dans le cas d'essuyer très souvent des affronts de leur part, des visites fréquentes dans les mêmes maisons avec bouleversement, plutôt par méchanceté ou par haine que dans la vue de faire leur devoir.

Le sel est trop cher: le pauvre habitant ne peut pas en consommer. Il se passe dans son petit ménage avec du laitage et des légumes sans sel.

Une gêne encore bien grande, ce sont ces acquits qui se distribuent sous différents noms sur le territoire du même souverain. La Lorraine et la France ne font qu'un; cependant voyez une comparaison: Kerichnomen est Lorraine, je vais à Thionville avec quelques douzaines d'œufs ou quelques livres de beurre, je prends un acquit à Kerichnomen, il m'en faut prendre un à Metrich sur ma route, il est appelé acquit de la prévôté de Sierck, et ensuite à Thionville payer l'entrée: voilà ce qui occasionne la cherté des denrées.

La marque du cuir est encore gênante et, outre le peu de produit qui en entre dans les coffres du roi, c'est qu'elle cause des entraves considérables dans le commerce et a, depuis son établissement, fait augmenter le prix des cuirs de plus d'un quart.

L'exportation des grains les rend toujours chers dans cette contrée, et l'avidité des négociants qui se mêlent de ce trafic, fait la misère du pauvre peuple en s'enrichissant eux-mêmes.

Voilà les plaintes, voilà les doléances des habitants de Kerichnomen et Obernomen. Il n'est pas dans leur pouvoir d'indiquer les moyens de remédier à ces maux: leurs connaissances sont trop bornées. Ils ne peuvent que se recommander à des lumières plus éclairées pour faire parvenir avec clarté et précision [à] la voie la plus avantageuse pour l'Etat.

Une observation à faire de la part des pauvres habitants et à laquelle ils supplient d'avoir égard: ils ont sur leur ban de Kerichnomen deux petits bois de peu de valeur et de peu d'étendue, l'un appelé Tranchen et l'autre Litzing; ils ne contiennent pas 30 arpents, sont au milieu des champs, gênent extrêmement l'agriculture. Le roi en retirerait plus qu'il n'en tire, si Sa Majesté les abandonnait aux habitants de Kerichnomen moyennant un cens annuel, qui serait payé à son domaine soit en grains soit en argent.

Un abus encore très nécessaire à réformer serait d'obliger les curés d'enterrer les morts gratis; car il est douloureux pour une pauvre veuve ou autre, qui sont dans la dernière indigence, de se voir vendre et exécuter pour droits d'enterrement. Pour les mariages, nous n'en dirons rien: ce sont des cas volontaires.

Gabriel Marx, cordonnier [1]); Nichlas Schmidt, laboureur; Johannes Seitter, cordonnier; Johannes Mertz, tisserand; Johannes Mallinger, tonne-

---

[1]) Nous donnons les professions d'après la liste des comparants. A Obernaumen, l'huissier remit sa convocation à Jean Frantz, maire.

lier; Paul Muller, manœuvre; Niclass Fuss, fileur de laine; Antoine Mertz, régent d'école; Peter Jacob, manœuvre; Peter Ehró, manœuvre; Johannes Marck, cordonnier; Michell Bosches, laboureur; Johannes Melchior; Gille Vagner, manœuvre; Johannes Frantz, laboureur; Nicolas Reichling, maréchal; Mattis Weistroff, tisserand; Pierre Max, cordonnier; Nicolas Bettenfeld, manœuvre; Stefanus Mertz, laboureur; Johannes Mertz, manœuvre; P. B. (Pierre Bettefelt), laboureur; Michel Tock, rentier; Paullus Statfelt, maire; (Jacques) De la Porte, receveur des fermes; Jacob Kieffier, tailleur; Paul Dax, manœuvre; N. Schmid, maçon; Peter Kremer, cordonnier.

KIRSCH-LÈS-SIERCK.

Le procès-verbal d'assemblée manque; voir le cahier.

Heute, den neunten März 1789, bekennen wir unterschriebene Inwohner des Orts Kirsche in unserer Versammlung Matis Laumersfelt und Jean Michel gestimmt und erwählt zu haben und auch unsere Meinung ihnen schriftlich mitgegeben, damit wir hierdurch von unserer Königlichen Majestät mögen erlangen gnädiglich was wir hier bitten, wie folgt:

[*Voir le texte au cahier de Bellemacher et Kitzing p. 255.*]

Peter Hensgen [1]); Michel Franck; Mahtias Müller; Michel Franck; Johannes Nicolas Divo; Johannes Mellinger; Heinrig Jacob; Philip Michel; Johannes Michel; Nicolas Carl; Johannes Petrus Walser; Nicolas Tailleur; Adam Christian; Peter Niderkorn; Mathias Laumersfelt; Adam Braunshaussen; Jacob Reimringer; A. Zimerman.

[Une main inconnue ajoute, sans nouvelle signature:] *Ne varietur*.

---

[1]) Ce doit être le maire, désigné comme Pierre Hensienne dans la lettre de convocation. Les députés élus le 9 mars sont nommés ailleurs Pierre Michel et Mathis Laumesfeld.

LAUNSTROFF.

Assemblée du 8 mars; pas de mention de la publication au prône.
Le nombre des feux n'est pas indiqué, ni celui des comparants; 2 signatures comme au cahier.
Députés: Jean Paisy, syndic, et Jean Schmitz(?), élu de l'assemblée municipale [ailleurs: J. Pesy, J. Schwartz].

Cahier de plaintes de la communauté de Launstroff[1]) pour être présenté à l'assemblée générale de Lorraine en conséquence des lettres patentes de Sa Majesté en date du 7 février 1789, savoir:

1º. La communauté se plaint que la Lorraine n'avait jamais donné de vingtième: ce qui fait une charge sur les biens modiques, tels qu'ils sont dans ce canton, d'un petit rapport.

2º. Les habitants se plaignent qu'ils avaient un privilège en Lorraine d'avoir le sel à raison de 11 sols de Lorraine les deux livres, et aujourd'hui ils sont obligés de les payer à raison de 12 sols 6 deniers.

Le tabac en bulle à 36 sols et celui à fumer à 18 sols, le tout de Lorraine, et aujourd'hui il se vend 3 livres 4 sols de France la livre.

3º. L'assemblée se plaint avec amertume, disant que, depuis que la maîtrise a été créée en Lorraine, le peuple n'est plus en état de soutenir tant au labeur qu'autrement, attendu que voilà vingt ans et même plus qu'il n'y a été ouvert de taillis dans nos bois, et que les quantités de rapports faits si injustement ont ruiné quantité de ménages, qui sont partis pour la Hongrie, qu'il n'est pas possible à [en] faire le nombre. Et pour rétablir [= redresser] cet abus, il serait très nécessaire à remettre les bois communaux à leurs communautés et à leur garde et à leurs frais, tel qu'elles l'ont demandé à l'assemblée provinciale.

4º. Le domaine de Sa Majesté qui est à la charge de la dite communauté, porte un grand dommage à icelle, attendu le droit de bergerie: ce qui empêche les habitants de faire aucun nourri de bêtes blanches;

---

[1]) Le même greffier a écrit les cahiers de Betting-Gonguelfang, de Flatten, et celui-ci: pourtant il ne se répète pas trop. D'après la liste de convocation, le maire était Fridrich Deysing.

et en détruisant les pâturages pour les bestiaux du dit lieu: ce qui oblige les habitants d'acheter toutes les laines pour leur entretien, [ce] qui est l'habillement du peuple des campagnes.

Au surplus ils sont encore chargés d'une rente annuelle: de chaque ménage, un bichet d'avoine et une poule pour le dit domaine, et au seigneur deux poules et deux bichets d'avoine.

5º. La communauté se plaint fort d'un abus qui est depuis quelques années, d'un huissier crieur et priseur qui a droit de toucher de toutes les ventes qui se font dans le ressort du bailliage de Bouzonville, 6 livres par jour, ainsi non compris le témoin qu'il mène avec lui qu'il faut payer à part; les contrôle et scel payés, [est] enlevée la plus forte partie des ventes: ce qui est une grande charge au peuple. Il désirerait que cet abus soit mis bas, que le peuple puisse faire vendre par leur main, comme la coutume du pays était ci-devant.

6º. La communauté se plaint avec raison que du temps passé nous étions banaux dans un moulin qui est enclavé dans le pays étranger, auquel on n'y pouvait conduire les grains, attendu les ordonnances de Sa Majesté, défendant la sortie des grains, [après les]quelles la dite banalité a été cassée et annulée; mais on nous a obligés de payer à ce meunier tous les ans 40 francs barrois pour le droit du domaine. C'est une grosse charge pour le pauvre homme; ils supplient Sa Majesté de leur ôter ce fardeau.

7º. Cette communauté se plaint que voilà depuis l'année   qu'il y a trois petits bois qui appartenaient à la susdite communauté, lesquels ont été vendus par les officiers de la maîtrise des eaux et forêts de Bouzonville, dont cet argent devait être employé pour la construction de la maison curiale de la dite paroisse; mais comme cet argent n'a pas été tout employé pour cet objet, la dite communauté désirerait qu'il soit ordonné que la maîtrise leur fasse compte.

8º. Cette communauté se plaint contre l'huissier qui est chargé du recouvrement des deniers royaux, lequel fait payer aux pauvres communautés des frais mal à propos, d'autant plus que [c'est] le collecteur qui porte leurs deniers à la recette de Boulay: aussitôt que le 1er de mars est passé, il se fait payer 30 sols par communauté, quand bien [même] il ne sort pas de chez lui. Cet objet mérite attention.

9º. Les habitants se plaignent que la marque des cuirs a occasionné une cherté sur les cuirs qu'il n'est pas possible à y résister, que le pauvre se trouve dans le cas d'aller nu-pieds, attendu que le cuir se vend aujourd'hui le double qu'il ne se vendait avant cette imposition.

En foi de quoi nous avons fait et arrêté les présentes plaintes, lesquelles certifions véritables pour servir et valoir où besoin sera. A Launstroff, ce 9 mars 1789, signé par nous, commissaire et greffier ordinaire.

Paullus Keissler; Monpert, greffier.

LEIDINGEN.

Assemblée du 8 mars par-devant le maire; publication au prône par le vicaire le 8 mars.
26 feux. — *Pas de liste des comparants; 13 signatures.*
Députés: Paul Schütz, laboureur, et Jacques Moulin[1]*), charpentier.*

Doléances, plaintes et remontrances de la communauté de Leyding.

Cejourd'hui, 8 de mars de l'année 1789, nous, maire, gens de justice et autres membres de la communauté de Leyding[2]), en conformité des lettres du roi et en exécution des règlements y annexés, nous sommes assemblés pour délibérer sur les sujets de doléances, plaintes et remontrances, et avons trouvé juste matière à nous plaindre des objets ci-détaillés, savoir:

1. Les salines dans notre province consomment notre bois, et cependant le sel qu'on nous donne est extrêmement cher et de peu de valeur et est bien inférieur à celui qui passe à l'étranger, qui l'a presque pour rien. C'est ce qui engage les pauvres sujets à la contrebande, qui occasionne tant de malheureux, devenant la proie des employés, qui agissent le plus souvent à leurs gré et caprices. Tout le royaume [ne] connaît que trop les misères journalières qui en résultent. Le sel est de première nécessité, et on en tire un avantage indicible, même pour le bétail; il serait donc d'un grand intérêt d'établir le libre commerce du

---

[1]) Il signe Mulleng, qui marque bien la difficulté de la prononciation à l'allemande de certains noms français.

[2]) Le cahier de Schreckling ressemble à celui-ci parfaitement, écriture et rédaction; celui de Lognon est d'une autre main, mais reproduit le même texte, à part les articles 6, 17 et 19 qu'il omet, et à part quelques variantes que nous indiquons en partie dès maintenant entre ( ).

sel. L'objet des vœux serait d'obtenir la même faveur quant au tabac, qui est de même très cher et attire les fâcheuses suites comme le sel.

2. Le cuir, d'un usage indispensable, devient d'une cherté excessive; l'impôt y affecté porte sa cherté au comble: il serait bien important de voir supprimer cet impôt; c'est sûrement le désir général du peuple. Il en est de même de la marque du fer.

3. On trouve étrange que, dans l'intérieur du royaume, les gabelles et impôts sont si multipliés que, presque d'un village à l'autre et de choses quelconques, on est obligé de solder quelques deniers: c'est ce qui donne l'occasion, (y contrevenant), d'être inquiété et maltraité par les employés, qui se font souvent des droits où ils n'en ont point. Quel avantage de jouir d'un libre commerce dans tout le royaume, qui est gouverné par un seul et le même souverain!

4. La banalité concernant les moulins est une servitude odieuse; c'est une gêne insupportable aux particuliers, qui croient à juste titre (comme sujets du roi) pouvoir réclamer la liberté à faire moudre leurs grains en moulins quelconques, (dont jouissent le clergé et la noblesse): cela porterait les meuniers à bien servir ceux qui s'adressent à eux, (pour par là ménager et multiplier l'achalandise).

5. Il y a fond de se plaindre des officiers de justice qui, quoique dépositaires des intérêts des parties litigantes, négligent souvent à terminer les affaires qu'on leur confie, et grossissent par là les frais inutilement pour des objets souvent de peu de conséquence.

6. Il serait à souhaiter que les offices de judicature soient accordés sans finances, gratis et par la voie du concours; cela nous procurerait des gens, par l'émulation, savants, instruits, et la justice serait à coup sûr infiniment mieux administrée.

7. La maîtrise des eaux et forêts mérite une attention particulière par les droits qui sont accordés aux officiers (de la dite maîtrise, bien) sûrement à raison de leurs finances énormes, dont le peuple est toutefois la victime; pour de courtes opérations [ils] perçoivent des sommes considérables, de sorte que les particuliers sont obligés de payer bien cher leur propre bois. En outre les trop grandes séparations des coupes nous entraînent à des pertes; il serait préférable de voir ce grand vide peuplé d'arbres, vu la rareté du bois [1]).

8. Les quarts de réserve, eu égard à la modicité de l'affouage annuel, sont susceptibles de suppression. D'ailleurs les communautés, y

---

[1]) Au lieu de cette dernière phrase, le cahier de Lognon conclut la plainte précédente par: « Il nous semble que ces officiers devraient se contenter à être payés, non par arpent, mais par vacation ».

ayant recours en cas de besoin, ne jouissent que d'une légère partie: une bonne partie est adjugée au roi, une autre, consommée par les frais de la maîtrise. En cas de nécessité, les communautés pourraient employer (pro rata de leurs besoins) une partie de leur affouage, à défaut d'autres ressources.

9. Les communautés trouvent surprenant que les forestiers de la maîtrise trouvent presque toujours assez d'objet à faire un rapport après le nettoiement des fossés de leurs bois, et encore plus de se voir responsables des délits qui se commettent quelquefois par des étrangers dans leurs forêts: ce qui fait annuellement un objet considérable. Par leurs soins d'établir des forestiers de la communauté, elles croient devoir être à l'abri des rapports qu'on fait contre elles à cet égard.

10. Il est étonnant de voir une si grosse multitude de gardes de chasse, qui tous sont autorisés à faire des rapports pour des délits qui se commettent dans les forêts: dont résultent les plus grands abus par les accords qu'ils font, et par leurs vexations qu'ils exercent souvent pour des minuties; (leur pouvoir devrait être borné aux chasses).

11. Si les chasses récréent et nourrissent les concessionnaires, elles désolent le peuple et lui préjudicient beaucoup. Les concessionnaires, du moins en bonne partie, ne respectent ni vignes ni campagnes, foulant souvent aux pieds les fruits de la terre, la substance des pauvres gens, qui leur coûtent tant de labeurs et sueurs. Si tant est qu'un garde champêtre, toujours craintif vis-à-vis des concessionnaires, pour l'ordinaire ou seigneurs ou gens en place, dont chacun redoute ou disgrâce ou accident, leur fasse un rapport, si ce rapport n'est pas anéanti, l'amende est si modique que ce ne peut être un frein assez puissant pour corriger ces chasseurs nuisibles. (Un expédient à ce désordre serait, à notre avis, sur des plaintes fondées et bien constatées, de conférer ces chasses à des gens qui, plus droits et consciencieux, en feraient meilleur usage.)

12. A la vérité les juifs payent beaucoup au roi; mais c'est le fruit de leurs détestables usures, fraudes et injustices criantes. Ce sont de vrais fléaux et sangsues du pauvre sujet: une vérité [qui n'est] que trop connue. Voulant les tolérer dans le royaume, on devrait prendre des mesures convenables à arrêter les injustices qu'ils commettent.

13. Le gouvernement, prenant de justes mesures pour empêcher l'exportation du grain à l'étranger à raison de sa cherté, devrait bien porter la même attention à l'exportation du bois, qui devient de plus en plus rare et cher et passe même le prix du grain. On souffre de voir les Hollandais tirer de notre province un bois qui nous serait bien nécessaire.

14. Le tirage annuel de la milice est une sujétion onéreuse: elle occasionne des mariages précipités et, par conséquent, le plus souvent mal assortis, (quelquefois l'émigration des jeunes gens pour s'y soustraire); elle cause de même de la dépense aux communautés à l'égard des subdélégués et des miliciens.

15. Dans les moindres villages le domaine a ses sous-fermiers qui tirent double portion en les biens communaux. Attendu la pauvreté (actuelle) du peuple, il serait à désirer de voir ce droit anéanti.

16. Si les inventaires faits par les procureurs du roi sont utiles, ils paraissent en bien des cas être inutiles et sont toujours fort dispendieux. Pour ménager les orphelins dignes de commisération (la succession étant mince), il paraît qu'un maire, assisté du greffier, pourrait faire cet ouvrage. De plus l'usage de faire un inventaire avant qu'un veuf convole aux secondes noces, nous paraît être déplacé. — La nouvelle création des jurés priseurs fait, avec juste raison, gémir le peuple par l'accroissement des frais, qu'on aurait pu ménager, et qui se font à pure perte: (cet office mérite suppression).

17. On trouve extraordinaire qu'il faut, pour faire sermenter un maire, payer annuellement 4 francs, tandis qu'il demeure en ses fonctions de maire trois ans consécutifs; il paraît qu'un serment une fois prêté suffit pour tout le temps qu'il reste maire.

18. Les gros décimateurs qui jouissent des biens de l'Eglise sont assez habiles à percevoir leurs dîmes, tirant des communautés quantité prodigieuse de grains; ils devraient donc au moins, à proportion de cette bonne recette, soulager les pauvres et concourir à la construction et entretien du presbytère, clocher et sacristie [1]).

19. La générosité et la libéralité avec laquelle la France récompense les gens bien méritants est très louable: il est bien juste que ceux qui ont passé leur vie en rendant des services utiles à l'Etat reçoivent une récompense; mais combien d'autres qui, après un service très court et souvent très mal, obtiennent de gracieuses pensions! Cette grande libéralité est très onéreuse et nuisible à l'Etat.

Ce sont les doléances, plaintes et remontrances que nous portons aux pieds de Sa Majesté notre roi, et avons toute confiance par les bons sentiments qu'il témoigne avoir pour nous, qu'il voudra bien les agréer, et le supplions d'être persuadé de notre parfaite soumission et empressement à concourir selon nos facultés aux besoins et à la gloire du trône et de l'Etat.

---

[1]) A Lognon on dit simplement: à l'entretien des églises.

Paulus Schuetz; Simonys . . . . . ; Jiullius Spitz; Jacob Mulleng; Johannes Willem; Bartel Vink; Goerg Grasmick; Frans Grasmick; Nicolaus Girart; Hans Adam Zigler; Hans Petter Louy; Petter Has, maire; Jean Stoulig, greffier.

LIMBERG (NIEDER-).

Assemblée du 8 mars en l'auditoire du lieu par-devant le maire; publication au prône par le vicaire le 8 mars.
12 feux. — Pas de liste des comparants; 13 signatures.
Députés: Jean-Nicolas Canné, maire, et Philippe Krach.

Plaintes et doléances de la communauté de Bas-Limberg.

Cejourd'hui, 9 mars[1]) 1789, nous, maire, syndic, habitants et communauté de Bas-Limberg, office de Bouzonville, assemblés à la manière ordinaire pour délibérer de nos affaires communales, et notamment sur les moyens de parvenir à faire remontrer au gouvernement pour la tenue des Etats généraux, fixée au 27 du mois d'avril prochain, les plaintes et doléances de notre communauté, sommes unanimement convenus:

1. De représenter que ce lieu tient son ban par accensement du domaine en vertu d'un arrêt du conseil d'Etat du 19 mars 1757, moyennant un cens annuel et perpétuel de 60 quartes de grains, mesure de Vaudrevange, moitié froment et moitié avoine, payables au domaine de Bérus; que depuis cette époque le ban de ce lieu, qui est situé au revers et penchant de l'une des plus hautes montagnes de la Lorraine allemande, a tellement été ravagé, raviné par les eaux des orages et fontes des neiges, qu'il ne reste plus aucun confin sans être dégradé, de façon qu'il est impossible que les censitaires puissent subsister davantage, s'ils ne sont diminués de cette rente exorbitante, qui est en partie cause de la ruine de la plus grande partie des habitants de ce lieu.

2. Joint au peu de produit des terres, il convient d'ajouter que la ruine de ce lieu, ainsi que celle de toute cette contrée, provient de

---
[1]) A la fin du cahier: *8 mars*. De même une note ajoutée à la fin semble indiquer que le cahier est commun à plusieurs communautés, d'après quoi l'on a inscrit en tête à la marge: Haut et Bas Limberg, Sainte-Barbe, Kerling. On ne mentionne pas Guising, et de fait cette communauté a fait un cahier spécial.

la multiplicité des impositions et des vexations qui se commettent tant par les employés des fermes que les forestiers des maîtrises des eaux et forêts.

3. Que, si l'administration qui doit s'occuper, suivant la volonté de Sa Majesté bienfaisante, de reconnaître les vrais moyens et la principale cause de l'état languissant et appesanti de l'agriculture en Lorraine, elle pourrait la découvrir aisément en examinant les objets principaux dont nous avons l'honneur de donner le détail.

Le premier est la multiplicité des impositions de la ferme et régie générale, par laquelle tous les sujets sont vexés : impôts comme gabelles, droits de foraine, contrôle, marque des cuirs, et autres créés par l'édit de 1771 ; impôts qui, par l'étendue de leur exploitation et frais de recouvrement, surchargent le peuple et qui pour cela ne rendent [pas] les finances du souverain bien avantageuses.

La gabelle seule suffit et peut être regardée comme une des principales causes de la ruine de l'agriculture, par la raison que le sel est la vie et le soutien de la nature animale, qu'aucun animal ne peut s'en passer. L'homme même ne peut vivre sans sel ; et si la population diminue en France et que les hommes et les animaux dégénèrent, l'on ne doit et peut attribuer la cause qu'aux gabelles et à la cherté du sel, que les pauvres sujets ne peuvent se procurer suivant leur nécessité. Imposition qui est cause de la ruine du peuple et qui a déjà coûté tant de sang et des hommes qui ont été sacrifiés à la rigueur de cette loi. Un objet aussi nécessaire à la vie et à l'entretien de la nature animale ne devrait être chargé d'aucun impôt ; au contraire, il serait à désirer que le gouvernement puisse trouver un moyen de procurer aux sujets cette denrée à un prix très modique, et le souhait de tous les sujets ne tend qu'à cet objet.

La preuve de l'exposé ci-dessus est évidemment prouvée : l'on n'a qu'à examiner le pays du ci-devant bailliage de Chambourg, qui est la partie la plus stérile de la Lorraine allemande. Ses terres ne produisent que très peu de seigle et un peu plus d'avoine, les fourrages de ses prés sont aigres et peu nourrissants ; cependant les sujets de cette contrée, rien que d'avoir toujours été abonnés pour le sel et qu'ils ont eu l'avantage d'avoir du sel étranger chez eux, ont eu la facilité d'élever des bestiaux et se procurer par là les moyens de satisfaire aux impositions plus aisément que les sujets des meilleures parties de la Lorraine.

Le seul avantage du cultivateur consiste en ce qu'il puisse élever toutes sortes d'animaux et par là se procurer des fumiers et amendements pour l'engrais de ses terres et, en temps de mauvaises récoltes et années de disette, pouvoir par la vente de quelques animaux parvenir à satisfaire aux impositions. Ce qu'il y a de certain, [c'est] que, si les sujets lorrains et autres avaient le sel à bon prix, les cultivateurs seraient à même de faire des nourris et des engrais et seraient en état de fournir la viande que la France est obligée de se procurer des pays étrangers, de manière [que] le numéraire incalculable qui sort par cette branche de commerce de la France, pourrait circuler dans le royaume et rendrait les sujets en état de supporter aisément les impositions, surtout lorsque ces impositions seraient supportées également par le clergé et la noblesse. Nous avons en Lorraine plusieurs cultivateurs qui font des engrais, mais qui leur coûtent cher; tandis que les étrangers engraissent leurs bœufs en cinq ou six mois de temps, il en faut dix à onze aux Lorrains, qui ont cependant meilleur fourrage; mais le sel leur manque.

Les sièges des maîtrises créés dans cette province en 1747 et les vexations des forestiers sont encore un autre principal objet qui doit être pris en considération aux fins d'abolir tous les abus et vexations.

La perception de la dîme peut être regardée comme un vrai abus et encore comme un des principaux objets de la ruine des sujets. Celle-ci, ayant été établie et fondée par Dioclétien second, empereur romain de la religion catholique, pour l'entretien de l'Eglise et ses ministres, est aujourd'hui devenue un bien propre à ceux qui en sont les possesseurs: les sujets sont aujourd'hui chargés de tous les entretiens et frais paroissiaux. Ces objets méritent encore de la part du gouvernement une attention particulière, aux fins de décharger le pauvre peuple des entretiens et réparations des églises, chœurs, sacristies, cimetières, cloches et bêtes mâles, et une infinité d'autres charges auxquelles les sujets sont attenus contre l'intention du fondateur de cette imposition: ces charges sont causes de la ruine de plusieurs communautés de la Lorraine.

Un autre objet principal qui cause un mal inestimable à l'agriculture, c'est la police champêtre, qui est aussi négligée en Lorraine et sur laquelle le gouvernement doit encore, en faveur du cultivateur, jeter ses regards et en charger les municipalités établies en cette province, qui assurément, suivant les circonstances de chaque lieu, établiraient le bon ordre.

Nous devons encore observer un autre objet qui mérite l'attention de l'administration: c'est le droit de colombier, qui fait un tort considérable à l'agriculture par la raison qu'aussitôt la semaille faite, ces animaux en enlèvent au moins la sixième partie; les grains étant à peine parvenus à leur maturité, que ces bêtes voltigent et grugent encore au moins une quinzième à vingtième partie des récoltes dans différents endroits.

Il serait encore à désirer que l'administration observât la conduite de la Judée. Cette nation a perdu au moins une sixième partie des cultivateurs de la Lorraine par leur commerce de bêtes tirantes et autres. Le laboureur, ayant besoin de quelque bête qu'il n'a pu s'élever lui-même, est obligé de l'acheter aux juifs, qui ordinairement lui vendent à crédit; le terme échu, et ne pouvant satisfaire à ses engagements, [il] est obligé de payer des intérêts exorbitants et, par ce moyen, se perd sans savoir comment.

L'on peut aisément découvrir leurs commerces par le moyen des connaissances que MM. les officiers des bailliages se sont acquises par les différentes plaintes qu'ils ont reçues à ce sujet.

Délibéré en assemblée de la communauté à Bas-Limberg, le 8 mars 1789.

Canué; Philippe Krach; Fortuny; Johannes Fritz; Joseph Guss; Jean Freistroffer; Petter Hannes; Nicollas Vallig; Petter Nicola; der Sun Peter Deitz; Petter Hannes; Johannes Stablo; J. S.

Tout ce qui est dit ci-devant et d'autre part est le vœu universel des communautés de Sainte-Barbe, Bas- et Haut-Limberg, Kerling et Guising.

LIMBERG (OBER-).

Assemblée du 8 mars; pas de mention de la publication au prône.
Le nombre des feux n'est pas indiqué, pas plus que celui des comparants.
Députés: Jean Heffinger[1]) *et Jean Thomas.*
Signatures: Johannes Heffinger; Johanes Algrifin(?); Adam Gandriner; Johannes Jacob; Georg Barra; Nikolas Ferand; marques de Paul Gross, Johannes Thomas, Martin Hargarter, Anton Duth.

[«Les dits députés se sont chargés de faire rédiger le cahier des plaintes et doléances de notre communauté ...» Pourtant nous n'avons point retrouvé semblable cahier, et il est possible que les députés se

---

[1]) Il était maire, d'après la liste de convocation.

soient contentés d'adopter le cahier de Bas-Limberg, en y ajoutant verbalement quelques réflexions, comme celle-ci qui se trouve inscrite à la marge du procès-verbal d'assemblée: «Ils sont surchargés du droit de parcours».]

LOGNON.

Pas de procès-verbal d'assemblée[1]).

Doléances et plaintes de la communauté de Lognon.

Cejourd'hui, 10 de mars de l'année 1789, nous, maire, gens de justice et autres membres de la communauté de Lognon, en conformité des lettres du roi et en exécution du règlement y annexé, nous sommes assemblés pour délibérer sur les sujets de doléances et plaintes et avons trouvé juste matière à nous plaindre des objets ci-détaillés, savoir:

[*Voir le texte au cahier de Leidingen, avec les modifications suivantes:*]

1. Le sel qu'on nous débite ici est extrêmement cher et de peu de valeur et est bien inférieur à celui qui passe à l'étranger, qui l'a à vil prix: c'est ce qui engage à la contrebande, qui forme tant de malheureux, devenant la proie des employés; c'est ce qui occasionne les fréquentes visites des susdits employés qui, en leurs recherches, bouleversent les maisons à leurs gré et caprices. Comme le sel est de première nécessité et qu'on en tire un avantage indicible, même pour le bétail, il serait d'un grand intérêt d'établir le libre commerce du sel. L'objet des vœux serait d'obtenir la même faveur quant au tabac.

8. Les communautés trouvent surprenant qu'elles sont responsables des délits qui se commettent dans leurs forêts: ce qui annuellement fait un objet. Par l'éloignement des forêts et le soin d'établir des forestiers, elles croient devoir être à l'abri des rapports qu'on fait contre elles à cet égard.

10. Comme le prix du bois augmente de jour en jour et alarme le pauvre peuple, les forges étant des gouffres qui en absorbent une quantité prodigieuse, on ferait bien de ne point souffrir celles qui ne sont point titrées.

---

[1]) La liste des députés à l'assemblée du bailliage nomme pour Lognon Matis Schwartz et François Reimring.

Fait à Lognon, ce 10 mars de l'année 1789.

Mathias Moll, maire; Johannes Heim, maire de justice; Nicolas Muller, greffier; Matz Schwartz, syndic; Johannes Reimringer; Peter Miller; Johannes Raemo; J. Wilhelm Schmitt; Mathteis Grassmick; Johans Müller; Jacob Schütz; N. Moll; Mattias Mattis; Petter Moll; Johanes Peiffer; Jost Jager; Johannes Hess; Nicolas Caumes; Peter Schütz; Johannes Mattis; Johannes Schütz.

MECHERN.

Le procès-verbal d'assemblée manque.

Cahier pour la communauté de [Mecheren] dépendant de la juridiction de Bouzonville, paraphé par nous maire de la communauté de Mecheren. (*Signé*) Vincentz Schneider.

Aujourd'hui, 9 mars 1789, la communauté de Mecheren s'étant assemblée en la manière ordinaire . . . et notamment au sujet des lettres patentes . . . en conséquence de l'assignation à nous donnée le 7 du courant, à telle fin de fournir les doléances et plaintes de notre communauté, dont le détail s'ensuit, savoir:

[*Voir le cahier de Bizing art. 1—5 et 10, le reste étant modifié ainsi:*]

6. La gruerie est une perte des communautés; pour droit de martelage, les officiers de la maîtrise nous font payer 3 livres 10 sols par arpent. Les gardes de chasses des seigneurs des environs, qui roulent nos bois nuit et jour, au lieu de garder les chasses et pêches, ne font que boire et manger aux dépens des pauvres gens pour des riens.

8. Le seigneur perçoit un droit qui s'appelle droit capital, qui est odieux. Un habitant qui meurt aujourd'hui, demain [on] vient prendre ce droit, qui est le second [meuble] après le meilleur qu'il peut avoir dans son ménage, soit cheval, vache ou autre denrée: [ce] qui est un abus.

9. Nous sommes forcés à la charrue par corvée pendant trois jours dans la meilleure saison de l'année: ce qui cause un grand dommage et devrait être réputé abus.

10. Ce village étant situé au bord de la Sarre, qui traverse leur ban, [elle] a totalement surchargé les prés de limon et de crasse, [de

sorte] que de longues années on ne recueillera [pas] d'herbe; [elle] a en même temps emmené et inondé partie de nos terres.

11. Nous avons sur notre ban un troupeau de bêtes à laine, appartenant au seigneur, qui est quelquefois de 5, 6 et 700 pièces, qui rongent notre ban tellement qu'il nous est impossible d'élever du bétail, et ne savons la quantité qu'il doit tenir: pourquoi nous recourons au souverain et aux Etats généraux.

12. Nous avons en surcharge le colombier du seigneur, qui est très considérable en pigeons; n'étant jamais renfermés en temps de semailles, [ils] ramassent les grains qui sont semés et nous causent un dommage excessif.

13. [*Voir le cahier de Flastroff art. 10.*]

14. Il est d'usage dans ces cantons que les décimateurs fournissent des bêtes mâles pour la multiplication du bétail; en ce lieu nous n'en avons pas, quoiqu'ils perçoivent la dîme des agneaux et cochons de lait, sans qu'ils fournissent aucune bête mâle: pourquoi nous recourons au souverain et aux Etats généraux.

Fait et arrêté en l'assemblée de communauté, ce 9 mars 1789, et ont signé.

Vincentz Schneider, maire; Vincent Hoffman; Peter Kerber; Johannes Lauer[1]).

MÉGANGE.

Procès-verbal d'assemblée et cahier ne font qu'un.

Cejourd'hui, 8 mars, à l'issue des vêpres paroissiales, l'an 1789, à l'assemblée de la communauté de Mégange, à la manière et coutume ordinaires réunie dans la maison de Nicolas Crauser, maire de la dite communauté, pour délibérer sur les plaintes mentionnées sur l'ordonnance du cahier à nous adressée en date du 28 février 1789 pour la convocation des Etats généraux, et pour donner des voix pour faire deux députés pour se rendre à Bouzonville à l'heure indiquée par l'huissier, le 11 mars

---

[1]) La liste des députés à l'assemblée du bailliage nomme pour Mechern J. Lauer et Pierre Terver.

à 8 heures du matin, et donc les voix ont été données aux nommés Maurice Tailleur, laboureur, et à Pierre Tailleur, manœuvre, de la dite communauté, tous deux notables, députés choisis à la pluralité des voix pour se rendre et obéir aux dits ordres au dit Bouzonville, pour porter le présent procès-verbal et le dit cahier, et le remettre à qui il appartiendra, comme il est mentionné sur la dite ordonnance; savoir, pour au sujet des plaintes, la communauté déclare par les articles suivants sincères et véritables, faits au dit Mégange les heure, jour, et an avant dits, savoir:

Art. 1. Les habitants déclarent que dans l'ancien temps on avait la corde de bois pour le prix de 3 livres de Lorraine, et actuellement on la paye 15 et 16 livres de France. La cause vient des verreries et des forges à fer et salines et des couvents et des grands seigneurs: et [c'est] ce qui fait que les pauvres gens souffrent de froidure à cause de la cherté du dit bois; et en outre, s'il y a un beau morceau de bois, il s'en va hors du pays.

Art. 2. Les habitants se plaignent en vertu du sel: il est d'une cherté épouvantable. Il n'est pas possible que les pauvres gens puissent manger de la soupe. Avec ce qu'il est cher, il ne vaut rien; le bon s'en va, et le mauvais reste au pays: ce qui fait que les pauvres gens ne peuvent pas travailler comme il convient, à cause qu'ils ne peuvent pas manger de soupe à cause de la dite cherté. On payait 9 sous de Lorraine le pot autrefois: actuellement on le paye 12 sous 6 deniers le pot, argent de France.

Art. 3. En outre les paysans se plaignent qu'ils ne peuvent pas être laboureurs pour gouverner les terres, et que les dites terres ne sont pas cultivées ni semées ensemble, et que les seigneurs et ecclésiastiques élèvent une quantité de pigeons qui mangent les premières et les dernières semées.

Art. 4. En outre les habitans se plaignent que Mégange est entouré de villages français, qu'on appréhende d'acheter quelque marchandise, de quelque façon que ce soit, [ou de] vendre, par rapport aux acquits qu'on risque tous les jours.

[Art. 5.] En outre les paysans se plaignent que le tabac est hors de prix, que les deux tiers des personnes qui en usent ne peuvent plus en acheter, à cause qu'il est trop cher.

Art. 7 (*sic*). En outre, pour à l'égard du cuir, il est aussi hors de prix à cause des marques du dit cuir.

Art. 8. Pour à l'égard des procès, les habitants se plaignent qu'ils n'osent plus plaider, à cause que les dits procès durent trop longtemps, qu'on ne voit pas de fin, et dont les paysans disent qu'ils aiment presque [mieux] perdre leurs biens que de plaider.

Art. 9. En outre les habitants se plaignent que la misère est si grande dans le pays qu'on ne peut pas faire assez de plaintes. En vertu des fermes générales pour le sel et le tabac, les pauvres gens se risquent tous les jours pour gagner quelques sous pour entretenir leurs familles, et sont toujours en risque d'aller aux galères ou d'être autrement punis. Le dit village de Mégange est entouré d'employés, [de sorte] qu'on est dans le risque tous les jours.

Art. 10. Les habitants se plaignent aussi que la viande est si chère que les pauvres gens ne peuvent pas faire de soupe par rapport à la cherté: [c']est ce qui fait que le pain est cher; la cause aussi que les cuirs sont hors de prix. C'est ce qui cause aussi que les pauvres gens ne peuvent pas nourrir de bêtes.

Art. 11. Les habitants se plaignent aussi pour la subvention: que le receveur tire trop pour les frais, savoir: 4 livres 10 sous en total pour les frais.

Art. 12. Les habitants se plaignent aussi en vertu de la maîtrise des eaux et forêts de Bouzonville: que les gardes font des rapports dans les coupes voisines, et qui ruinent la communauté.

Art. 13. Les habitants se plaignent aussi qu'ils n'ont qu'une messe à la paroisse le dimanche; que la paroisse est forte; le monde ne peut pas venir à temps pour entendre la messe; la paroisse est composée de quatre villages, et le sieur curé tire assez de revenus pour avoir un vicaire.

Art. 14. Les habitants se plaignent aussi pour en vertu de la menue dîme: pour ce qui regarde les pommes de terre et les carottes et les choux blancs, le sieur curé veut tirer la dîme.

Clos et arrêté à Mégange les an et jour et heure avant dits, certifié par la dite communauté sincère et véritable, et ont signé.

Nicolas Crauser, maire; Pierre Isler, syndic; M. Theilleur, député; Augustin Koch; Pierre Tailleur, député; Louis Becker; Jean Chatty; Pierre Mück; Pierre Isler; Bennoi Viscenti; Pierre Moine; Nicolas Ebert; Nicolas Loui; Nicolas Chilles; Steffen Ollinger; Mangin; Nicolas Bassompierre, élu de l'assemblée municipale; Nicolas Renaux; Nicollas Hollinger; Phillieppe Tailleir; François Jeunehomme; Jacque Bassompierre; Domniqi Charly; Jean-Jacque Bassompierre; J. Maurice, greffier.

MERCHINGEN.

Le procès-verbal d'assemblée manque.

Cahier de plaintes, doléances et remontrances faites par les habitants de la communauté de Merching, dépendant du bailliage de Bouzonville, en conformité de l'ordonnance de M. le bailli d'épée au bailliage royal de Bouzonville pour la convocation des Etats généraux, du 28 février 1789, et en vertu de l'assignation du 7 mars.

La communauté remontre très humblement que, suivant un contrat d'abonnement fait avec la ferme, elle est obligée de prendre 23 quintaux de sel, qui leur coûtent annuellement 558 livres de France, outre 40 livres de frais de voiture, outre 40 livres de tabac, trois quarts en poudre et un quart tabac à fumer, pour lesquelles ils sont obligés de payer chaque année une somme de 126 livres, faisant un total de 724 livres avec les frais de voiture. Lequel argent se lève sur le nombre de têtes de chaque ménage, et dont il se trouve la plus grande partie (après la distribution des sel et tabac faite) de payer le tabac sans en user et sans en avoir besoin, et cela en des sommes entières: ce qui cause que plusieurs habitants sont forcés de vendre ce qu'ils ont de plus besoin en leur ménage pour payer ces objets, ce qui les embarrasse davantage, les sujets, que toute autre imposition à payer annuellement. Les habitants s'obligent de payer par livre de sel tout ce qui peut ou pourra être réglé à l'assemblée, pourvu qu'ils puissent avoir le loisir de l'acheter suivant leur besoin.

2. Le vingtième qui se perçoit sur les biens-fonds. Le ban de Merching contient 1800 journaux de terres arables, 120 journaux de pâquis servant de pâture, 60 journaux de terres communales, 100 fauchées de prés, 500 arpents de bois, dont il y a le quart en réserve; dont il faut observer que le dit ban n'est que montagnes et coteaux, et dont il n'y a qu'un tiers de médiocres terres sur tout le ban, et que les autres tiers ne sont presque point à profiter. Dans la quantité des terres, les seigneurs fonciers du village de Merching possèdent la cinquième part, desquelles les dits seigneurs ne payent aucune imposition que dans celle des ponts et chaussées.

Des 100 fauchées de prés, il ne s'en trouve qu'environ 30 fauchées qui sont à profiter, le restant n'étant que ruisseaux et ravins venant des montagnes.

Les seigneurs du dit lieu ont au village un moulin banal, auquel il manque souvent de l'eau en suffisance pour fournir au besoin; et contre la banalité les sujets ont grand sujet de se plaindre, n'étant pas servis selon l'ordonnance ni dans le temps, en outre de ce que cette banalité n'est que depuis environ 80 ans: les gens de justice de ce temps, n'ayant su ni lire ni écrire, ont souscrit à cette banalité, tel qu'il est à voir sur le titre, puisque tous les gens de justice qui ont signé ce titre n'ont fait que de simples marques au lieu de signatures, et l'on présume qu'ils ont été gagnés ou surpris en accordant ce titre aux seigneurs. Les habitants se trouvent trop faibles pour contester, espérant que Sa Majesté voudra bien abolir un droit si onéreux, d'autant plus qu'il n'existe que suivant un simple titre formé entre les seigneurs et gens de justice ignorants et créé par les dits seigneurs.

Les seigneurs perçoivent également le droit de chef d'hôtel, consistant en la seconde pièce des meilleurs bestiaux ou meubles du ménage après la mort du chef: ce qui met quelquefois une pauvre veuve hors de train, en perdant le chef de la maison et le second cheval d'une charrue, ce qui est encore très onéreux aux sujets.

Les seigneurs ont également le droit de percevoir le tiers denier sur la vente des maisons et biens-fonds, qu'ils exigent exactement: ce qui fait que le vendeur n'a pour tout produit de sa vente que les deux tiers. Il est connu que, dans les endroits où Sa Majesté a le même droit, les sujets ne sont attenus qu'au dixième denier au lieu du tiers. Il serait à souhaiter que ce droit soit totalement aboli ou réglé à un prix plus raisonnable.

Comme les biens des seigneurs et autres étrangers qui possèdent des biens sur le ban et finage de ce lieu, ne payent aucune rétribution que celle du vingtième, il serait juste pour le soulagement des sujets du dit village d'obliger tous les susdits propriétaires à contribuer dans la subvention et impositions relatives, etc.

Il est en outre à observer qu'il y a une chapelle, annexe à la paroisse de Merzig, au dit village, qui menace ruine et a été pour cette raison interdite, de façon que la communauté a été obligée de louer une maison pour y tenir le service divin depuis trois années, les décimateurs du lieu se refusant de la bâtir, et la communauté n'étant point en état de faire cette construction. Les décimateurs, ne contribuant en aucune façon à la construction de l'église paroissiale de Merzig, pourraient bien construire celle de Merching, qui a tous les droits et prérogatives de celle de paroisse, d'autant plus qu'ils perçoivent en dîmes au dit lieu, année commune, 255 quartes de toutes sortes de grains, outre la menue dîme qui se porte à 120 livres annuellement.

Les seigneurs fonciers perçoivent annuellement en rentes foncières 200 quartes, affectées sur les terres; et comme il n'y a sur le ban qu'environ un tiers de terres cultivables, c'est de ces dites terres que la dîme et les rentes se délivrent, et après avoir donné la dîme et délivré les rentes ci-dessus, il ne reste que peu de grains chez un tiers des habitants; les deux autres tiers des habitants se trouvent sans ressources et sont néanmoins obligés de fournir à toutes charges et impositions mentionnées en la présente.

Par là il est clairvoyant combien peu de revenus peut produire le ban du dit Merching, et combien le sujet est chargé, sans avoir de recours autre que celui de la production annuelle, et, le tout livré, délivré et payé, il ne reste au tiers des sujets que leurs simples chaumières et la vie.

Ce fait et arrêté à l'assemblée des habitants composant la communauté de Merching, le lundi 9 mars 1789, après lecture faite et interprétée.

Mattias Dielschnieder[1]); Nicolas Beiniger; Petter Sellen; Johanes Wilboha; Petter Dielschnider; Nicolas Seiwart; Johanes Bastgen; N. L. (Nim Lutwig); H. B. (Herman Bies); la marque de Niculas Bagen.

MERSCHWEILLER.

Assemblée du 10 mars en la chambre d'assemblée ordinaire par-devant le syndic; pas de mention de la publication au prône.
9 feux. — 6 comparants; 5 signatures[2]).
Députés: Nicolas Schwick, laboureur et syndic municipal, et Pierre Fixemer, aussi laboureur.

Cahier des plaintes, doléances et remontrances des habitants et communauté composant le village de Merstweiller[3]), dressé cejourd'hui, 10 mars 1789, dans l'assemblée générale convoquée au dit lieu en la manière accoutumée, en la maison du syndic, en exécution des lettres

---

[1]) Etait maire, d'après la lettre de convocation. Il fut député à l'assemblée du bailliage avec Nic. Beiniger.

[2]) Michel Niedercorn ne signe pas. Pierre Fixemer doit être le maire, d'après la lettre de convocation.

[3]) A part la langue, ce cahier ressemble beaucoup à ceux de Belmacher et de Kirsch-lès-Sierck.

du roi du 24 janvier dernier et règlement y joint, et de l'ordonnance de M. le lieutenant général du bailliage de Bouzonville du 28 février aussi dernier; à la rédaction duquel cahier a été procédé et a été résolu de faire les demandes et doléances qui suivent:

Art. 1. Que la religion catholique, apostolique et romaine, soit maintenue et observée dans toute sa force et rigueur.

Art. 2. L'abolition entière de la gabelle, de la régie des cuirs et du pied fourchu.

Art. 3. L'abolition des privilèges et exemptions de l'ordre du clergé et de la noblesse.

Art. 4. L'abolition des exemptions des officiers de justice et autres.

Art. 5. La suppression des juridictions d'exception, comme bureaux des finances et maîtrises des eaux et forêts, et réunir leurs fonctions aux juridictions royales.

Art. 6. Que les frais de justice, qui sont excessifs, soient modérés, et que les offices ministériels dans chaque siège soient réduits aux vacations arrivantes et donnés au mérite.

Art. 7. Que l'administration de la justice soit établie d'une manière claire et succincte; qu'il n'y ait plus que deux degrés de juridiction, y compris les hautes justices, et que les premiers juges puissent juger en dernier ressort les choses n'excédant 100 livres et, pour cet effet, qu'ils soient au nombre de trois.

Art. 8. Que l'art. 22 de l'édit du mois d'avril 1695 soit rapporté, et qu'il soit ordonné que les églises paroissiales seront bâties et entretenues par les décimateurs, qui en étaient attenus avant le dit édit.

Art. 9. Que cette province demeure exempte de l'établissement des barrières, et que la liberté de commerce avec le pays étranger limitrophe soit maintenue en conformité des traités souverains.

Art. 10. Que les propriétaires de chaque paroisse, ainsi que les décimateurs, soient tenus à contribuer au soulagement des pauvres.

Art. 11. Que l'exportation de tous les bois généralement soit défendue, parce que cette exportation fait la plus grande cherté dans le pays, et que cette défense soit faite tant dans la prévôté de Sierck, qui est pays limitrophe, que dans la Lorraine.

Art. 12. Que la grande multiplicité des droits d'acquits d'entrée et de sortie dans la province soit abolie, aux fins que les pays limitrophes d'ici puissent acheter les denrées dans nos contrées.

Art. 13. Que les décimateurs soient attenus de faire bâtir et entretenir les églises paroissiales et annexes, ornements, cimetières, maisons curiales, maisons d'écoles, et de fournir aussi des maîtres d'école à leurs frais.

Fait et arrêté en la dite assemblée générale le dit jour 10 mars 1789, et ont signé tous ceux des dits habitants qui savent signer.

Petter Fixemer; Matias Leick; Petter Wagner; Peter Pauly; Nicolas Schwick, syndic.

MONDORF.

Le procès-verbal d'assemblée manque.

Cahier des doléances, plaintes et remontrances de la communauté de Mondroff, coté et paraphé par nous maire de la communauté. (*Signé*) Joseph Calmes, maire.

Aujourd'hui, 8 mars 1789, les élus, maire, syndic et habitants de la communauté de Mondroff[1]), s'étant assemblés en la manière ordinaire et accoutumée pour délibérer de leurs affaires, et notamment en vertu des lettres patentes du roi et en conséquence de l'assignation à nous signifiée le 7 du courant, pour fournir les doléances et plaintes de notre communauté comme s'ensuit, savoir :

Art. 1. Cette communauté dépendait ci-devant de deux souverains, tant de Sa Majesté que de son Altesse Electorale.

Art. 2. Cette communauté est d'abord chargée, de ce temps qu'elle dépendait des deux souverains, d'une somme de 210 livres de France, qui était leur subvention et qu'ils payent encore. Aujourd'hui nous sommes encore chargés, tant pour subvention que pour ponts et chaussées, d'une autre somme de 118 livres; plus pour droits d'acquits que [nous] avions par abonnement, la somme de 30 livres et payons néanmoins présentement les droits d'acquits comme les autres Lorrains.

Art. 3, 4 et 4bis. [*Voir le cahier de Bizing 1º, 2º, 3º.*]

Art. 5. L'on nous force aux corvées de charrue trois jours et [à] la conduite de six voitures de foin d'une lieue et demie de distance, et chaque habitant six jours à bras : ce qui nous est une sujétion pénible, qui nous vient de la part du couvent St-Mathias.

Art. 6. Sur ce ban nous n'avons aucun bois ni aucun pré.

---

[1]) Ce cahier n'a presque rien d'original, comme l'indiquent nos renvois au groupe de Bizing, Flastroff... Nous aurions pu renvoyer encore pour l'art. 2, à part ses chiffres, à la rédaction de Büdingen.

Art. 7. Nous sommes encore chargés d'un troupeau de moutons, qui ronge journellement notre ban, [de sorte] qu'il nous est impossible d'avoir du bétail.

Art. 8. [*Voir le cahier de Flastroff, art. 10.*]

Art. 9. Les habitants se plaignent que les droits sont bien immenses, puisque, pour un inventaire, [ils] se font payer jusqu'à 5 et 6 louis.

Fait et arrêté dans la maison du maire, les habitants y étant assemblés, ce 9 mars 1789, et ont signé.

Joseph Calmes, maire; Philip Kiber, député; Anthon Adam, député; Johannes Wagner, syndic; Mathias Schmit; Johanes Bredtnacher; Carl Bretnacher; Peter Girten; Johannes Nilles; Nicolaus Baller; Michel Becker.

NEUDORF.

Le procès-verbal d'assemblée manque: le cahier en tient lieu.

Plaintes et doléances de Neydorff.

Cejourd'hui, le 8 mars 1789, à 11 h. du matin, à l'issue de la messe paroissiale, étant assemblés en la maison curiale et en présence de M. le curé, président de [la] municipalité de la communauté de Neudorffe [1]):

1. Disons qu'ils sont surchargés de la septième gerbe pour dîme: ce qui affaiblit le pauvre petit village.

2. Que les pauvres sujets ne sont pas en mains de faire des nourris par rapport à la cherté du sel.

3. Que le village n'a aucun fourrage pour tenir et nourrir des bestiaux pour labourer la terre, et MM. de la maîtrise ne relâchent point les taillis, jusqu'à [ce] qu'on les recoupe.

4. Nous sommes en voisinage des bois et, [à] la moindre échappée, les forestiers, qui sont toujours à la poursuite, nous accablent de rapports et nous ruinent totalement.

5. Qu'il n'y a aucun habitant qui puisse vendre une quarte de blé, et que nous sommes tous réduits à la mendicité.

6. Qu'anciennement, quand un particulier faisait une vente volontaire, l'on prenait un écrivain où l'on voulait, à vil prix; mais aujourd'hui

---

[1]) Ceci s'explique par la comparaison avec les cahiers de Bibiche et de Rodlach, qui sont tous écrits d'une même main.

l'on est forcé de prendre un huissier, qui tire presque la moitié, de façon que le sujet en est toujours la dupe et à la ruine.

En outre, par la voie du scrutin, on a nommé un député au nom de la communauté, lequel doit comparaître mercredi prochain, 11 du courant; le nommé Marc Bouchy a [eu] la pluralité des voix.

En foi de quoi nous avons, la municipalité de Neudorffe, avons signé et marqué.

Pierre Vertot; A. Staff, greffier; marques de Pierre Barré, maire, et de Louis Thiria.

NEUNKIRCHEN.

Assemblée du 9 mars par-devant les maire, syndic et élus de la communauté; publication au prône du 8 mars par le curé.
16 feux. — Pas de liste des comparants; le procès-verbal n'est pas signé, vu qu'il ne forme qu'un avec le cahier de doléances.
Députés: Jacques Jacob et Mathias Salmon, notables.

Cahier de doléances, plaintes et remontrances aux Etats Généraux pour la communauté de Neunkirchen coté et paraphé par nous, maire de la communauté. (*Signé*) Nicolas Mathis, maire.

[*Voir le cahier de Bizing, art. 1--4, 6, 7, 10 et 11 avec les modifications suivantes:*]

6. La gruerie...; ce sont souvent les habitants des villages voisins qui commettent les délits; les forestiers, négligeant de les prendre, font les rapports sur les communautés. Avenant en outre aux communautés les deux tiers des dommages-intérêts résultant des rapports, en fait aucuns de nos habitants n'ont connaissance d'avoir touché un denier; plus, [l'argent] pour les chablis, cimes et houpis, arbres fruitiers vendus en cette gruerie, reste toujours au greffe.

7. Pour ce qui regarde la justice ordinaire... et pour ce qui regarde une petite somme, s'il y avait moyen que cela se puisse juger en municipalité, cela épargnerait grands frais aux pauvres gens.

8. Pour ce qui regarde nos droits dans la forêt appelée Neunkirchen- et Colmenvald, nous étions en droit d'affouage, vaine et grasse

pâture dans toute la totalité. Chaque laboureur percevait 15 cordes de bois et [les] manœuvres 12 voitures, par arrêt de 1718 et, en 1719, confirmé contre la chartreuse de Rettel et [le] baron de Haen de Schverdroff. En 1727, les parties adverses portèrent leurs plaintes que les villages se multipliaient, et que les bois ne seraient pas suffisants pour fournir à tous les habitants: les laboureurs ont été réglés à 12 voitures, et les manœuvres à 8. Cela a subsisté jusqu'en 1745. En la dite année, par arrêt les laboureurs ont été réduits à 4 cordes, les manœuvres à 2; par après les bois ont été partagés: les communautés n'ont eu que chacune un huitième, et cela par force. Après le partage fait, on ne nous a point donné suivant l'expertise et le procès-verbal. En fait tous ces procès ont tellement ruiné les communautés qu'elles sont hors d'état de se défendre. C'est pourquoi les communautés ont recours au souverain pour être remises dans leurs anciens droits de vaine et grasse pâture, et notamment des bois selon l'expertise en faite.

9. Etant d'usage dans ces pays que MM. les décimateurs fournissent des bêtes mâles pour la multiplication du bétail, en ce lieu nous n'en avons pas, et ayant présenté différents placets à l'intendant, on nous a toujours renvoyés à la justice ordinaire: pourquoi nous prenons notre recours au souverain et aux Etats généraux à cause de la pauvreté des communautés.

Fait et arrêté en la maison du maire, la communauté y étant assemblée, ce 9 mars 1789.

Goys; Niclas Divo; A. Schad; Johannes Saltzman; Michel Hietz; Diedrig Fonheiser (?); Jacob Hilt; Johannes Cettenfritt; Mathias Sallmon; Jacob Jacob, syndic; Jost Sentzig; Nicolas Mathis, maire; Petter Hes; Jean Jacob; Joseph Reitz.

NIDANGE.

Assemblée du 8 mars par-devant les maire et syndic; publication au prône le 8 mars par le curé de Charleville.
32 feux. — Pas de liste des comparants; 15 signatures.
Députés: Jean-Paul Jouaville, maire, et François Renaux, syndic.

Cahier des remontrances, plaintes et doléances du village et communauté de Nidange, paroisse de Charleville, distance de trois quarts de lieue[1]), pour être présenté à l'assemblée générale du bailliage de Bouzonville, ... savoir:

Art. 1. Le village de Nidange, dépendant de la subdélégation de Bouzonville, ce village étant entremêlé dans la multitude des villages français et impériaux: ce qui fait qu'ils ne peuvent presque aller d'un village à l'autre sans s'approvisionner d'acquits; la plus grande partie, des pauvres habitants n'ayant pas le sol: pour porter un peu de fil qu'il a pour faire un petit bout de toile pour son usage, à porter chez un tissier aux villages voisins, sans s'exposer à être repris par les employés en lui saisissant ses marchandises, et [ils] lui font plus de dépens que sa marchandise ne vaut. Ainsi et de même de tous autres effets des différentes professions.

Art. 2. Nous payons le sel 6 sols 3 deniers la livre, cours de France, au lieu que les étrangers ne le payent qu'à un vil prix: ce qui fait que le bois est d'une cherté terrible à cause des salines, qu'il est, pour ainsi [dire], hors de prix dans ces cantons-ci, de sorte que cela cause presque la ruine du menu peuple.

Art. 3. La ferme nous contraint de débiter du tabac, ce que nous faisons à tour de rôle: dont un pauvre débitant, n'ayant de l'argent que pour une livre, est obligé d'aller chercher et prendre sa livre de tabac à 4 lieues de distance, et on lui alloue 8 sols de profit seulement par livre, qu'on lui pèse à poids d'or, quoiqu'il est vrai qu'on lui donne 17 onces pour la livre; mais le tabac, en revenant chez lui, diminue sur le poids, [de sorte] qu'il ne lui reste plus que 14 ou 15 onces à cause de la sécheresse; ce qui fait encore une charge considérable pour la communauté et oblige les débitants de le vendre en détail par quart et demi-once, au lieu que, s'il était en commun, cela ferait un grand bien pour le public.

Art. 4. Les marques des cuirs sont tellement préjudicieuses que la plus grande partie du menu peuple sont contraints de marcher à pieds nus.

Art. 5. Ceux qui sont obligés de se pourvoir soit de la houille, fer ou autres marchandises, les impôts sont tellement coûteux et préjudiciables que les maréchaux et serruriers ne [peuvent] plus s'en fournir pour les besoins: ce qui cause la ruine d'iceux.

---

[1]) On ne sera donc pas étonné de la ressemblance de ce cahier avec celui de Charleville p. 21, au moins pour les art. 1—9 et 12; pourtant ce n'est pas proprement une copie.

Art. 6. En ce qui regarde les inventaires concernant les pauvres mineurs et orphelins, cela est tellement préjudiciable que les salaires que l'on exige du dit objet causent la ruine le plus souvent aux pauvres mineurs, au lieu que, si les assemblées [municipales] étaient fondées et autorisées de les faire à peu de frais, cela ferait un grand avantage aux pauvres mineurs, attendu que les dites assemblées, étant sur les lieux et ayant connaissance, les pourraient faire à peu de frais pour l'avantage des pauvres mineurs.

Art. 7. Et à l'égard des ventes, soit pour les mineurs ou volontaires, les droits et frais y résultant par les huissiers priseurs sont totalement insupportables; après l'exploitation faite, il retourne un tiers des sommes principales au profit des exploiteurs: ce qui ne doit jamais avoir lieu suivant la foi et [les] lois.

Art. 8. En ce qui regarde les recouvrements des deniers de Sa Majesté et autres impositions suivant les mandements de nosseigneurs, les receveurs ont été en usage ci-devant de procéder pour faire le recouvrement, de faire les poursuites simplement par des avertissements de 5 sols, au lieu qu'à présent l'exploiteur du dit objet contraint les pauvres communautés par 6 ou 8 voyages par année dans chaque village, en exigeant des 6 à 7 livres de chaque communauté; en faisant sa tournée, il fait sa tournée au moins dans 10 ou 12 villages: ce qui fait pour sa course une somme immense aux frais et dépens des pauvres habitants et sujets de Sa Majesté, ce qui forme un abus [tel] que jamais cela ne doit avoir lieu, attendu que cela figure une usure insupportable.

Art. 9. En ce qui concerne les enclos, il n'y a que les rentiers, seigneurs ou noblesse, qui ont occasionné cet abus au très grand préjudice des pauvres sujets de Sa Majesté, lesquels par cet objet sont privés tant de la vaine pâture que [d']autres fourrages, de sorte que les pauvres peuples ne savent plus aucuns moyens de faire des nourris, quoique cependant ils ne soient pas moins chargés d'acquitter les deniers de Sa Majesté, ainsi qu'ils font sans refus; mais à cet égard la grande assemblée ne doit aucunement souffrir un pareil abus à l'avenir, qui est très et trop insupportable: ce qui mérite de faire grande attention; sinon, l'on peut dire qu'il n'y [a] plus aucun droit ni justice pour la populace à espérer.

Art. 10. En ce qui regarde les forestiers du roi, ainsi que ceux des seigneurs et de différentes autres qualités, qui se servent de pareils forestiers commis, lesquels, sans regretter leur conscience, s'avisent de faire des reprises sans avoir trouvé les délinquants au délit légitime, mais voyant seulement revenir un quelqu'un du côté des bois avec une simple charge au dos, quoique ce soit du bois mort, sans savoir de quel bois le délinquant peut avoir fait le délit, ils ne font pas moins leurs rapports contre leur conscience, faute d'un accommodement en secret, attendu [et] voyant qu'ils sont soutenus de leurs supérieurs. Et cela arrive le plus souvent en ce lieu, nous voyant entourés de différents bois appartenant à différents ... (?), dont partie éloignée de la distance de quelques coups de fusil; et même suivant les dires de nos ancêtres, partie des dits bois doivent appartenir aux habitants de notre communauté, quoiqu'à présent mal acquis. A quoi tous forestiers doivent être tenus de se nantir de gages trouvés sur le [lieu du] délit, sinon se voir débouter de leurs reprises.

Art. 11. Les commerces et usures des juifs sont tellement en usage que les sujets de Sa Majesté, attendu leur pauvreté, ne réclament d'autre recours que de s'adresser aux juifs; en exigeant le troisième et quatrième au lieu du denier vingt, [c'est] ce qui réduit la plus forte partie du royaume à la dernière misère, ce qui doit être très notoirement défendu, sinon les condamner, en cas d'y contrevenir, [à] souffrir confiscation de leurs sommes principales prêtées à pareille usure; et aussi faire défense à tous juifs de rouler les fêtes commandées et saints jours du dimanche pour continuer leur négoce, soit pendant le service divin ou à [d']autres heures.

Art. 12. Malgré les très vives gelées subies pendant le courant de l'hiver, présente année, de sorte que la populace, petits et grands, avaient besoin et couraient au pain pour grande nécessité, l'on voit encore par continuation les marchands trafiquants, de différentes qualités, qui font des amas de blé en gros pour faire des transports en renchérissant toutes denrées: ce qui cause que le pauvre peuple ne trouve pas à se procurer son pain quotidien pour la subsistance de sa famille. A cet égard pareils négoces doivent être défendus sous peine, etc. ..., et nonobstant à l'avenir, d'année à autre, faire par les juges compétents porter tous les grains à la taxe, avec commandement de s'y conformer.

Art. 13. C'est une très grande injustice que les décimateurs des dîmes exigent dans les versaines aussi la dîme, tandis que cette saison n'est pas disposée à une récolte, mais uniquement pour la préparation d'un terrain vide, et par la culture et amendement nécessaires parvenir à une récolte pour l'année ensuivante. La pauvreté des habitants les oblige de semer quelques légumes, ainsi que chanvre, lin, vesces et autres sortes, aux fins de pouvoir mettre le dit terrain en état de produire du blé, de sorte qu'aucune terre en versaine ne doit être sujette aux dîmes.

Art. 14. Le ban et finage de Nidange est situé [dans] un très mauvais territoire; par des rochers, collines, haies, buissons, [il est rendu en] grande partie impraticable, de sorte qu'en tout temps un tiers passé reste vide et inculte sans produits ni revenus, quoique sujet à la dîme ainsi qu'à une levée annuelle et perpétuelle de 110 quartes, moitié blé et moitié avoine, revenant à M. le prince Camille[1]), ainsi que [de] 48 chapons et poules, et des corvées de bras considérables à faucher et façonner un pré de 6 fauchées de pré, sans rétribution; sans aucun puits ni fontaine au dit lieu sinon une seule fontaine hors du village, sans avoir les forces de l'entretenir, attendu qu'elle est trop coûteuse, étant éloignée de 300 toises du village; en outre trop surchargés dans les impositions, attendu qu'en 1718, alors les dits village et habitants étaient encore [en] partie solvables, mais à présent réduits à l'insolvabilité et présentement chargés d'une somme de 436 l. 13 s. 6 d., au lieu qu'en 1718 [ils n'étaient] imposés qu'à 150 l. de Lorraine: ce qui rend digne d'une modération; attendu [qu'ils sont] encore chargés de l'entretien des clocher et sacristie et murailles du cimetière ainsi que de la maison curiale, sans pouvoir prétendre aucuns émoluments en façon quelconque, et sans posséder aucuns biens communaux en nulle façon: ce qui fait l'objet que les habitants sont réduits à la dernière misère tant pour les raisons mentionnées qu'autres.

Observation très nécessaire. La populace prétend que les anciennes coutumes de Sa Majesté Léopold doivent être mises en usage en tout point sans aucune réserve pour l'avenir soit pour le sel, tabac, fruits champêtres, ainsi que les fruits entés et greffés, par portions égales, sans que les forains puissent prétendre aucun droit, attendu que les forains qui sont possesseurs de biens sur d'autres bans, et faisant leurs engrangements dans leurs domiciles, doivent être sujets aux impositions là et aux lieux où les biens sont situés.

Ainsi, en conformité des ordres à nous enjoints, avons procédé et consentons que le tout soit remis par nos dits députés à qui il appartiendra, à ce que personne n'en prétende cause d'ignorance.

A l'effet de quoi avons signé, à Nidange le dit jour 8 mars 1789, après lecture faite.

Antoine Nicolas; Jean Reneaux; Nicolas Ambroisse; Dominique Tresse; Jacque Dory; Louis Trobas; Louis Alary; Jacque Fristot; Françoi Trobas; Jacque Reneaux; Nicolas Germain, échevin; Jean-Pierre Vailliant, élu; François Renaux, syndic et élu; Jean-Paul Jouaville, maire, élu, qui a tenu la présidence; P. Kieffer, greffier commis par continuation.

---

[1]) Camille de Rohan, abbé de Villers-Betnach.

NIEDALTDORF.

Assemblée du 9 mars en l'auditoire du lieu par-devant les maire et syndic; publication au prône par le curé le 8 mars.
53 feux. — Pas de liste des comparants; 25 signatures.
Députés: Mathias Guittienne, syndic, et Michel Veitman, membre de la municipalité.

Cahier des doléances de la communauté de Niedaltroff coté et paraphé, de trois feuilles, par nous, maire et syndic de la communauté, pour contenir les plaintes, doléances et les demandes de la dite communauté. Fait au dit Niedaltroff, le 9 mars 1789. (*Signé*) Nieclas Pleingnier, maire; M. Guittienne, syndic.

Savoir:

Art. 1. Abolition des finances des charges de judicature et remboursement de leurs deniers; abréger le grand nombre des formalités superflues qui prolongent les procès et les rendent dispendieux; réduction du grand nombre des bailliages, et choix libre des juges.

Art. 2. Réformer nos lois, qui sont trop obscures et trop nombreuses, et abolir les coutumes de la Lorraine, et principalement l'article qui donne la jouissance des biens du mari après son décès aux femmes et refuse la jouissance des biens de la femme aux hommes après le décès de la femme.

Art. 3. Rendre [responsables] les jugeants contre la lettre de la loi.

Art. 4. Erection d'un petit tribunal de justice dans chaque communauté, qui jugera pour première instance les choses de peu de conséquence et qui aura le pouvoir d'exécuter ses sentences et amendes.

Art. 5. Exemption des inventaires faits par les officiers des bailliages, et le pouvoir donné aux officiers de la communauté pour éviter les frais aux pauvres gens.

Art. 6. Donner des règles plus sûres sur les choses décimables et réformer la grande diversité des coutumes.

Art. 7. Abolition de la maîtrise et remboursement de leurs charges, et les choses contentieuses portées au bailliage, et la garde des bois confiée aux gardes ordinaires du ban; leur donner un salaire et les rendre responsables. Les maîtrises sont un vrai fléau et une des principales causes de la ruine des gens de campagne: elles [n']emploient pour l'ordinaire que des gens sans aveu pour garder les bois, qui se laissent corrompre par les contrevenants: ainsi nos bois se dégradent de jour en jour plus; et ils font des rapports quand on ne veut pas composer avec eux, et aux honnêtes gens qui ne sont pas coupables. C'est ce qui occasionne les réclamations de la part des innocents, des contestations et des procès, dont les frais énormes achèvent de ruiner les pauvres habitants de campagne, et nos bois par ce moyen dégradés et endommagés. Il est essentiel de porter une attention de ce côté. Le bois devient d'une si grande rareté, dont on ne peut pourtant pas se passer dans nos climats, qu'il mérite toute l'attention du gouvernement, qui doit défendre ces porteurs hors du pays.

Entre autres abus de la maîtrise et leurs vexations, elle met en quart de réserve les endroits les plus pressants à être coupés, afin que les communautés se hâtent, en voyant le dépérissement entier, et pour ne pas perdre le tout, [elles] sont obligées de faire couper; afin qu'elle [= la maîtrise] tire le franc vin qui revient à peu près au sixième de la valeur de la coupe entière.

Au delà de ces inconvénients mentionnés, les seigneurs tirent encore le tiers denier, et les deniers qui reviennent à la communauté, sont déposés au greffe, où ils se consomment par eux-mêmes par les frais du dépôt.

Tandis que le quart de réserve aurait pu servir au chauffage de la communauté, au lieu qu'ils [les habitants] étaient obligés d'acquérir leur bois ailleurs bien chèrement.

Art. 8. Rendre le commerce du sel libre et à sa valeur intrinsèque, l'usage en étant indispensable pour l'homme et très profitable aux bestiaux.

Art. 9. Egalement abolir les impôts sur le cuir et sur le fer.

Art. 10. Point de douane dans l'intérieur du royaume. Mêmes poids et mesures pour tout le royaume.

Art. 11. Abolition de toutes banalités, corvées, tiers denier, droit capital (au moins le pouvoir de s'en rédimer), et des droits de reprise dus sur les biens d'acquêt et héritages des héritiers. Egalement pouvoir se rédimer de toutes ces petites redevances affectées sur les maisons et personnes.

Art. 12. Abolir les abbés commendataires et employer les biens dans les provinces à des usages pies ou au soulagement du public.

Art. 13. Répartition plus égale des impôts entre les habitants de campagne et les habitants des villes.

Art. 14. Moyens à donner pour une répartition plus égale entre les habitants du même village et de village en village.

Art. 15. Faire les chemins publics par les soldats et augmenter leur solde, et [ne] jamais engager quelqu'un contre sa volonté: ainsi abolir l'usage de tirer les milices.

Art. 16. Que les gros décimateurs soient tenus à toutes les charges relatives au service divin, comme, outre l'église, les obliger de bâtir la tour, murs du cimetière, [fournir le] luminaire, gages du marguillier, en un mot tout ce qui est requis pour [le] service divin.

Art. 17. Qu'on ne chasse jamais en aucun temps, permis ou non permis, aussi longtemps que les grains, de quelque nature qu'ils puissent être, ne sont hors des campagnes, ni dans les prés ni vignes avant la récolte.

Art. 18. Que le roi fasse rentrer les domaines aliénés, ou qu'ils soient vendus derechef à leur vraie valeur, pour liquider les dettes de l'Etat.

Art. 19. Lois uniformes pour le royaume entier, surtout pour ce qui regarde les dîmes, qui varient à l'infini et par là exposent à des contestations et procès sans nombre; par exemple, les pommes de terre donnent dîme différemment presque dans chaque village: ce qui fait murmurer de toute part. Il y a bien d'autres choses qui sont aussi variantes, qui mettent tant d'incertitude dans les esprits et tant de scrupules qu'il faudrait absolument donner, pour tranquilliser et obvier à toutes les contestations, des lois uniformes, générales et certaines, sur tous ces objets.

Art. 20. Abolition de la ferme, de toutes les régies et receveurs généraux.

Tous ces articles en ont été unanimement demandés par tous les habitants sans en excepter aucun, et pour assurance et conformément au règlement du roi, ont signé tous ceux qui savent signer.

Glad Ollinger; Jean Wedman; Johannes Jager; Frantz Heitz; Johannes Schneider; Peter Hilt; Johannes Nicolas Hilt; Johannes Muller; Hans Peter Schumacher; Joseph Gerardon; Mathias Guittien; Baltztesar Hilt; Johannes Mellinger; Hans Peter Hilt; Diedrich Bettenfelt; C. Weidman; Frantz Moll; Johannes Cavelius; Michel Veitman, élu et choisi de la dite communauté; Jean Moll; Hans Mattis Chehl; M. Guittienne, syndic, choisi de la communauté; P. Frentz; Nieclas Pleingnier, maire; G. Müller, greffier.

Coté et paraphé par les deux membres choisis de la communauté, le dit jour. (*Signé de nouveau*) Michel Veitman; M. Guittienne.

NOHN.

Le procès-verbal d'assemblée manque.

Les doléances les plus affligeantes des sujets de Sa Majesté, prises en délibération dans la communauté de Nohn[1]), du 10 mars 1789, dont nous en avons chargé notre député, élu cejourd'hui unanimement, pour les communiquer à l'assemblée des trois ordres qui sera tenue le 11 du présent mois à Bouzonville, sont les suivantes:

1º. La première et principale doléance est que le sujet de Sa Majesté est obligé à payer le sel deux tiers plus cher que les étrangers vendent le leur, qui sort du même pays de Lorraine: c'est un prix [tel] que plusieurs pauvres habitants et sujets se risquent à y perdre leurs biens. De plus les marques des cuirs, ainsi que la châtrerie, qui sont des objets nouveaux, comme aussi les vingtièmes.

2º. Les officiers des maîtrises commettent des forestiers qui [sont] une grande ruine des sujets de Sa Majesté. Il serait à souhaiter d'établir des notables des communautés pour veiller aux délits des bois communaux et être responsables des délits, tandis que ces forestiers, commis par les maîtrises, sont aujourd'hui ordinairement et généralement des gens sans ressources, à corrompre par les délinquants, [de sorte] que les amendes retombent souventefois sur les communautés.

3º. Les fermiers du domaine, qui sont si avares à rechercher tout ce qu'ils peuvent trouver à leur profit, nous mettent de si forts troupeaux de bêtes blanches qu'ils rongent totalement la pâture, de façon que nos propres bestiaux souffrent et ne trouvent pas leur nourriture: ce qui fait un grand tort et dommage, [en sorte] que nous ne pouvons pas faire l'agriculture du peu de biens que nous avons. De plus, observation à faire que notre ban est très montagneux, déchaussé par les eaux, de façon que tous nos chemins communaux sont impraticables, ainsi que nos terres infertiles. C'est pourquoi nous demandons très humblement des remèdes à ces maux.

Et ont signé le dit jour.

F. Hussinger, greffier; T. H. (Didier Han, député); M. P. (Michel Pesse, député); J. S. (Jacques Schmid, syndic).

---

[1]) Par l'écriture et par une partie au moins de sa rédaction, ce cahier appartient au groupe indiqué p. 299 n. 2. Le maire s'appelait Jean Paltz, d'après la lettre de convocation. Le député nommé en ce jour était Joseph Behr.

OBERESCH.

Le procès-verbal d'assemblée manque.

Cahier pour la communauté de Obreche[1]), dépendant de la juridiction de Bouzonville.

Cejourd'hui, 8 mars 1789, les élus, maire, syndic et habitants de la communauté de .... (*sic*), s'étant assemblés en la manière ordinaire et accoutumée pour délibérer de leurs affaires, et notamment [tant] en vertu des lettres patentes de Sa Majesté, qu'en conséquence de l'assignation à nous signifiée le 6 du courant, pour fournir les doléances et plaintes que nous avons à faire sur les dites lettres patentes, dont le détail s'ensuit, savoir:

1. En ces cantons, il y a différents bureaux de foraine, notamment celui de Vaudervange et Filzberg, qui sont à portée de la ville de Sarlouis, qui, pour une seule douzaine d'œufs que l'on porte sur le marché de la dite ville, leur font payer un droit d'acquit de 6 liards, et il en est de même des autres denrées.

Le froment que l'on y conduit tant pour la subsistance du peuple que de la garnison, pour 1 quarte et demie l'on fait payer 5 sols 6 deniers de France: [ce] qui ne doit être qu'un abus et grande sujétion pour les habitants de la campagne; il en est de même des autres bureaux.

2—9. [*Voir le cahier de Bizing art. 1, 3—7, 10 et 11, les derniers ainsi modifiés:*]

7. La gruerie est une perte des communautés: pour droit de martelage, les officiers de la gruerie nous font payer 3 livres 10 sols par arpent; [de] plus, nous rendent responsables de 50 verges aux alentours de la coupe en usance; qu'[ils nous ruinent] par la quantité de gardes de chasse, qui roulent nos bois, font des rapports sur les communautés, tandis qu'ils ont repris des habitants qui ont commis les délits, avec lesquels ils ont bu et mangé, et de suite fait les rapports sur les vieilles toquées.

Les officiers de la gruerie jugent en leur propre cause: [ce] qui est un grand abus.

---

[1]) Ce mot a été ajouté après coup, le cahier sortant de la même fabrique qu'une dizaine d'autres; aussi n'a-t-il rien de bien particulier dans sa rédaction.

9. Nous sommes surchargés d'un troupeau de bêtes à laine, qui appartient au régisseur, lequel ronge notre pâture, prairie, tellement qu'il nous est impossible de nourrir du bétail.

10. L'on nous astreint et tient, du temps passé, à payer la somme de 30 écus pour droit de repas, que les religieux du couvent de Metloch perçoivent; mais, du temps passé, l'on nous délivrait des arbres pour chariots et charrues: aujourd'hui il nous faut payer le même droit sans bois, et les plaids annaux se tiennent à Bouzonville.

11. Etant d'usage dans ces cantons que les décimateurs fournissent des bêtes mâles pour la multiplication du bétail, en ce lieu nous n'en avons pas; nous donnons grosse et menue dîmes, jusqu'à la dîme des agneaux et cochons de lait, sans [qu'ils] veuillent fournir les bêtes mâles: pour quoi nous recourons au souverain et aux Etats généraux.

12. Les décimateurs prennent aussi la dîme des topinambours, ainsi que du chanvre et lin sur les versaines: ce qui est donner deux fois les dîmes dans une année et doit être un abus.

Fait et achevé au dit Obreche, en assemblée de communauté, ce 9 mars 1789, et ont signé les habitants.

Johannes Lammesch, maire [1]); Jos. Siebenbaum; Nicolas Kieffer; Nicolas Hoen; Nicolas Altmeyer; Johan Hoffman; Hans Thiel Kieffer.

OBERLEUCKEN.

Le procès-verbal d'assemblée manque.

Les doléances les plus affligeantes des sujets de Sa Majesté, prises en délibération dans la communauté d'Oberleicken [2]), le 8 mars 1789, dont nous avons chargé notre député, élu cejourd'hui unanimement, pour les communiquer à l'assemblée des trois ordres qui se tiendra le 11 de ce mois à Bouzonville, sont [les] suivantes:

---

[1]) J. Lammesch et J.-Thill Kieffer sont députés à l'assemblée du bailliage.

[2]) Pour la partie lorraine seulement, comme le cahier le laisse entendre, si toutefois on peut appeler cahier ces deux phrases, dont la première est empruntée au groupe signalé p. 299 n. 2. Le député, dont le cahier tait le nom, est désigné ailleurs comme Matis Sieren.

Les plus fortes doléances sont que les prix des sels excèdent les deux tiers plus cher que ceux qui se vendent à l'étranger: ce qui cause plusieurs fois que des habitants se risquent à y perdre leurs biens; de plus les vingtièmes que nous sommes obligés de payer, outre les autres impositions; les marques des cuirs et la châtrerie, qui sont des objets nouveaux et qui font souventefois de grands dépens aux sujets.

Nous sommes de pauvres sujets de Sa Majesté qui ont leur peu de biens en pays de Trèves, et n'avons que les logements en Lorraine, et payons taille, subvention et ponts et chaussées en Lorraine, et n'avons jamais payé rien en Trévirois que depuis quatre années: les Trévirois nous font payer la taille suivant nos biens. [Nous] demandons très humblement des remèdes à ces maux.

Joannes Steffan, notable; Peter Johauess, notable; Nicolas Gerady, maire; marque de Jean-Mathias Sirren, notable.

ORSCHOLZ.

Le procès-verbal d'assemblée manque.

Les doléances les plus affligeantes[1]) des sujets de Sa Majesté, prises en délibération dans la communauté d'Orscholtz, du 8 mars 1789, [dont] nous en avons chargé Louis Heissel et Jacques Schreiner, nos députés, élus unanimement par la communauté, pour communiquer à l'assemblée des trois états qui sera tenue le 11 de ce mois à Bouzonville, sont les suivantes:

[1.] Que la gabelle par le prix excessif du sel et les reprises des particuliers, faites sur eux par les employés de la ferme, les écrasent, tandis que le peuple de Sa Majesté consommerait beaucoup plus de sel lorrain au même prix que les étrangers l'ont, et [que le] surplus, vendu par Sa Majesté à ses propres sujets, trouverait un débit facile chez l'étranger sur nos frontières où nous sommes situés: par ce moyen l'argent de l'étranger rentrerait en Lorraine.

---

¹) C'est la formule caractéristique qui, outre l'écriture, rattache ce cahier au même groupe que le précédent. — La lettre de convocation nomme le maire, Mathis Reinert.

2. Les vingtièmes et la marque des cuirs, ainsi que la châtrerie, qui sont des objets de la ruine du peuple.

3. Les seigneurs hauts justiciers sont si avares qu'ils relaissent dans tous les villages leur droit [de troupeau à part] à prix d'argent : chez nous il est relaissé à un propriétaire qui y met tant de bêtes blanches qui rongent tellement la pâture que les laboureurs ne peuvent plus trouver pour nourrir leurs bestiaux pour faire l'agriculture de leurs terres. Et d'ailleurs il y a deux prairies seigneuriales où, après la fenaison faite, tous les bestiaux de la communauté y allaient vainpâturer ; et depuis quatre ans cet adjudicataire les a fait boucher d'année à autre, sans y laisser entrer aucuns bestiaux, et il est soutenu des officiers de la haute justice, ce qui fait un grand préjudice aux sujets et ce qui n'a pas été [autrefois].

De plus nous dépendons de la paroisse de Tenstroff, qui est composée de 7 villages, où tous les mêmes décimateurs ont la dîme à percevoir, où il y aurait pour la part du curé assez pour trois prêtres, tandis que nous sommes obligés à payer un vicaire pour notre village à nos frais et tandis que nous sommes éloignés d'une lieue de la paroisse, où il faut que nous allions y baptiser et marier : ce qui est contraire à la coutume.

De plus nous avons un cimetière dans notre lieu à entretenir ; on nous fait cependant contribuer à tous [les] frais de la paroisse, quoique cependant nous devrions être soulagés et que le curé devrait payer notre vicaire, attendu que sa dîme est assez forte.

Observons très humblement à la justice assemblée que notre ban est composé d'un terrain fort montagneux, déchaussé par les eaux, la plus grande partie incapable de rapporter le double de la semence que l'on y sème, et que notre situation, par cette raison, ne pourrait jamais être comparée à des bans fertiles et abondants en productions, pour être imposé au même taux que ceux-là. Demandons très humblement des remèdes à ces maux.

Fait à Orscholtz, ce 8 mars 1789.

Ludwig Heissel, notable ; J. Didier, greffier ; J. J. N. (Jacques Neissius, syndic) ; marques de Nicolas Hentz, notable, et de Jacques Schreiner, notable.

PACHTEN.

Assemblée du 8 mars en l'auditoire du lieu par-devant Christophe Hauck, curé; publication au prône le 8 mars par le curé[1]).
80 habitants. — Pas de liste des comparants; 32 signatures.
Députés: Simon Hector et Adam Reiter.

Plaintes et doléances de la communauté de Pachten.

Cejourd'hui, 8 mars 1789, nous, syndic, maire, habitants de la communauté de Pachten, dépendant du bailliage royal de Bouzonville, assemblés à la manière ordinaire pour délibérer sur les moyens de faire parvenir nos plaintes et doléances à l'assemblée des Etats généraux, convoquée le 27 avril prochain, avons chargé les députés de notre communauté de faire les remontrances des charges exorbitantes dont elle est accablée, et de la triste situation dans laquelle elle se trouve.

1. Elle est entourée de deux rivières, savoir de la Brême et de la Sarre, qui lui rendent une grande partie de l'année un accès inaccessible pour la ville de Sarrelouis, d'où elle est obligée de tirer ses provisions nécessaires pour la vie, n'ayant aucune ressource dans le village à cause de l'indigence dans laquelle la plupart des habitants se trouvent et qui dérive des impositions royales et seigneuriales qui les écrasent. Ces dites rivières font en outre annuellement un tort très considérable dans la petite portion de terres qui leur reste sur le ban et qu'ils cultivent avec des charges et rentes exorbitantes annexées, comme le démontre l'article 7e ci-dessous énoncé, en enlevant tous les ans une grande partie de ces terres et comblant l'autre de pierrailles de la Brême, de sorte qu'on est forcé de laisser une grande partie de ces terres incultes, outre que les débordements de ces deux rivières, qui sont très fréquents et ordinaires, submergent toutes les semences et ôtent le fruit de leurs travaux.

2. Le bureau du sel est situé de l'autre côté de la Sarre, à une lieue de Pachten, qui, pendant une grande partie de l'hiver, ou est dé-

---

[1]) Le curé a écrit de sa main le procès-verbal et le cahier. Au procès-verbal, un premier groupe de signatures (Nic. Kieffer, J.-G. Kieffer, Mathias Gross, H.-P. Schütz, A. Rund, J. Haan) est suivi de ces mots: « tous maire, syndic et membres de la municipalité dudit lieu de Pachten ». Une signature du procès-verbal ne se retrouve pas au cahier, Michel . . . . .

bordée ou à moitié gelée, et par conséquent rend l'accès inaccessible, qui prive une grande partie des habitants, faute de pouvoir s'approvisionner, des semaines entières de sel, et [les force] d'avoir recours dans la plus grande nécessité au sel soi-disant étranger. Les employés de la ferme, sachant leur triste situation et, pour les forcer, [pour] ainsi dire, à transgresser dans l'extrême besoin les lois de la gabelle, (ayant cassé l'accord et l'abonnement que les dits habitants avaient avec la ferme et qui leur avait coûté beaucoup d'argent), viennent en conséquence journellement faire des visites d'une manière scandaleuse et toute contraire à la pudeur, bouleversent leurs maisons et tous leurs meubles, en lâchant toutes sortes de mauvais propos, et pour la moindre contravention, pour une pincée de sel étranger, les punissent à la dernière rigueur. Ces pauvres habitants, tout intimidés et menacés, payent tout ce qu'on leur demande, [par] crainte de frais ultérieurs dont on les menace. Nonobstant tous ces malheureux désastres, la pauvre communauté est obligée de payer annuellement des droits royaux et seigneuriaux et autres qui sont exorbitants et qui les abîment totalement.

3. Les impositions royales d'un pauvre endroit ruiné comme Pachten se montent à 660 livres.

4. Pour vingtièmes, 158 livres.

5. Au sieur commandeur pour le droit de parcours, 355 livres.

6. Aux passagers de la Sarre et de la Brême elle paye annuellement 114 livres.

7. Pour rentes foncières, 40 maldres, moitié seigle et moitié avoine, [ce qui], estimé suivant le prix commun, fait une somme de 640 livres.

8. Une rente en argent, revenant à la commanderie de Becking pour rentes foncières et pour volailles, ensemble 105 livres.

9. La dite communauté doit des intérêts et rentes annuels à plusieurs particuliers de 45 livres, [pour une somme] qu'elle a été obligée d'emprunter pour subvenir aux charges onéreuses dont elle est accablée, et qui se renouvellent et augmentent annuellement. — [Total:] 2077 livres.

Cette communauté est en outre chargée des droits de reprise à chaque mutation, du droit de chef d'hôtel, tiers denier des lods et ventes, d'une quantité de corvées seigneuriales, droits de banalité, et plusieurs autres droits onéreux, droits d'entrée et sortie, etc., etc., etc.

Les corvées consistant de conduire tous les matériaux pour l'entretien et réparation de la commanderie de Becking; de conduire deux foudres de vin de Trèves à Becking, qui est à 10 lieues de distance, et ce dans un temps presque impraticable; de voiturer, de cultiver et semer quatre journées, et engranger les grains de cette corvée; de faner, faucher et engranger les foins d'un pré nommé Hiltzpert, seulement ce qui regarde la dite communauté, et autres corvées, comme ports de lettres et autres objets qui vont à l'infini et au désir de M. le commandeur.

Les impositions de la ferme générale, comme gabelle et autres, qui sont la ruine totale du royaume, ainsi que les impositions établies par l'édit de 1771, la régie, les abus des maîtrises des eaux et forêts, les différents droits féodaux, qui sont innombrables, le droit de colombier, l'entretien des églises et presbytères, forment le plus grand obstacle à l'agriculture. Tous ces objets sont bien plus onéreux aux habitants de ce lieu que toutes les autres charges et impositions tirées hors de ligne d'autre part. La police champêtre négligée fait encore beaucoup de tort aux cultivateurs : à tout quoi il est désirable que le gouvernement porte ses attentions pour le bien du royaume, ainsi que d'ordonner la vérification des titres des droits féodaux.

En conséquence avons chargé les députés de notre communauté de faire parvenir notre présent mémoire de doléances, plaintes et remontrances, à l'assemblée des Etats généraux.

En foi de quoi avons signé à Pachten les dits jour et an.

Nicolas Kieffer; J.-G. Kieffer; Mathias Gross, maire; Hans Jacob Musseller; Niclas Hector; Jean-Adam Kieffer; Peter Hector; Petter Marx; Ancel Rund; Johannes Balthasar; Petter Gross; Jacob Reitter; Peter Gayer; Hans Jacob Klein; George Beourgeois; Johannes Leinen; Petter Reither; Willem Fell; Jerg Mittermiller; Peter Leinen; Michel Cesce; Nicolas Hoffman; Johannes Schmitt; Caspar Bourguis; Simon Hector; Nicolaus Walter; Hans Peter Schütz; Johannes Kiefer; Matties Vax; Simon Hector, député; Adam Reiter, député; Jean Haan, greffier; C. Hauck, curé de Pachten.

PIBLANGE ET DROGNY.

Assemblée du 9 mars à la maison d'école par-devant le syndic; publication au prône le 8 mars.
60 habitants. — Pas de liste de comparants; 24 signatures et 1 marque.
Députés: Nicolas Marchal et Pierre Perny.

Cahier des plaintes et doléances de la communauté de Piblange et de Drogny sous le ressort du bailliage de Bouzonville, contenant quatre feuillets cotés et paraphés par premier et dernier par nous soussigné, syndic chef de la dite communauté le 9 mars 1789.

1º. Les habitants ne sont pas assez versés dans les affaires de l'Etat pour trouver le moyen de subvenir aux besoins du dit Etat et soulagement de tous les sujets de Sa Majesté; se soumettent de contribuer aux impositions et subsides qui seront nécessaires.

2º. Les habitants pensent cependant que, pour trouver de quoi fournir aux besoins de l'Etat et les soulager en même temps des différentes impositions qui jusqu'ici ont ruiné grand nombre de familles, il serait convenable de réformer la ferme générale qui s'est enrichie jusqu'ici à la ruine des sujets de Sa Majesté sans verser autant dans les coffres de Sa Majesté qu'ils auraient pu et dû y verser: ces deniers auraient suffi au delà de toutes les nécessités dont l'Etat se trouve accablé. Que le sel et le tabac soient au moins accordés aux sujets de Sa Majesté comme aux étrangers; alors le peuple pourra faire des nourris dont ils ont si besoin; les maladies cesseront pour la plus grande partie; bien des honnêtes familles seront préservées de la ruine totale à laquelle le prix exorbitant du sel et du tabac les avait exposées.

3º. Les maîtrises des eaux et forêts sont encore un sujet de ruine tant des communautés que des individus: le prix pour leurs vacations excède souvent la valeur du bois exploité. Les deniers qui rentrent dans leurs coffres des amendes adjugées aux communautés et ceux des bois vendus ne sont jamais mis en compte. Les forestiers commettent mille friponneries, exigent des buvettes, grains et argent, de ceux qu'ils trouvent en délit: jamais d'exemples de punition pour de pareilles fautes si préjudiciables au bien-être des fidèles sujets de Sa Majesté. Il serait par conséquent bien si les communautés restaient seules chargées de veiller à la conservation de leurs bois, et défense faite à tout autre forestier de venir les vexer.

4º. La plus grande partie des habitants de la campagne étant pauvre, il conviendrait pour le bien-être des pupilles que les inventaires se puissent faire par les officiers de justice dans chaque communauté pour obvier aux frais exorbitants que les officiers royaux des bailliages se font payer pour la confection des dits inventaires; lesquels frais surmontent souvent la valeur de toute la succession des pauvres pupilles.

5º. Les enclos des prés, permis depuis quelques années, sont ruineux pour le plus grand nombre des campagnards. Les abbayes, les seigneurs et les richards sont propriétaires de la plus grande partie des prés; par les enclos ils perçoivent seuls le premier et le second poil; le passage des bestiaux et troupeaux des communautés reste fermé: plus de pâture pour les bestiaux des pauvres.

6°. L'usure, généralement exercée non seulement par les juifs, mais encore par des commerçants, a besoin d'être refrénée.

7°. La marque des cuirs et des fers est encore un fardeau ruineux et insupportable.

8°. Le commerce et circulation des denrées nécessaires pour l'entretien et la conservation de l'homme étant empêchés par le grand nombre des bureaux aux acquits dans l'intérieur même du royaume, les dites denrées doivent nécessairement ou monter à un prix exorbitant ou devenir extrêmement rares.

9°. Les abbayes, qui remplissent la Lorraine, se sont toutes érigées en seigneurs justiciers, probablement par usurpation, commettent des exactions envers leurs prétendus sujets des plus accablantes. Il serait nécessaire de faire examiner par des commissaires les titres des dites abbayes et de faire retourner sous la domination immédiate de Sa Majesté tout ce qui se trouvera usurpé.

10°. Il serait à souhaiter que l'administration de la justice se puisse faire plus promptement et à moins de frais, et pour cela il paraît aux habitants de la communauté que les petits objets concernant les procès des faits pourraient être vidés dans les assemblées municipales, et que dans les sièges royaux l'on pourrait, au lieu d'une audience par semaine, en tenir trois au moins.

11°. Que, [les] maîtres des basses œuvres vexant tous ceux qui ont le malheur de perdre des bestiaux en exigeant d'eux des sommes arbitraires, outre la peau, il serait nécessaire de leur prescrire une taxe fixe.

12°. Les abbayes, s'étant arrogé des droits seigneuriaux, ont poussé leur cupidité jusqu'au point d'exiger le quart denier et la pièce principale des meubles à la mort du père de famille: ce qui est une charge tellement ruineuse que souvent dans une année une maison ou pièce de terre leur revient en entier, et les pauvres mères de famille totalement dérangées dans leurs maisons. Ce droit prétendu paraît être une pure vexation et digne d'être absolument réformé.

13°. Qu'enfin il paraît aux habitants de cette communauté que les religieux dans les abbayes pourraient être réunis dans des maisons des villes pour y vivre en vie monacale avec une pension honnête pour leur subsistance, et que le restant des biens possédés par eux pourrait être employé aux besoins de l'Etat.

14º. Que les communautés étant pauvres et ne pouvant fournir honnêtement pour l'entretien de régents d'école et de sages-femmes, il serait nécessaire de pourvoir à leur subsistance honnête par des pensions, afin de pouvoir accomplir plus exactement les devoirs de leurs états dont dépendent la bonne éducation des enfants et la vie de tant de mères et de leurs fruits.

Fait et achevé les jour et an comme ci-dessus, et ont signé le syndic comme chef et le greffier.

G. Wilberet, greffier; Jacob Simar, syndic; Pier Perni; N. Marchal, maire.

[*Le procès-verbal d'assemblée était signé, en outre, de:*] Nicolas Wilhelm; Mathias Hesling; P. Phillipe; Nicolas Ritz; Matthias Dalstein; Jean Bernard; Simon Chillez; Jean Mayot; Jean-Léger Perny; P. Hesling; Jean-Pier Perny; Charles Bernardt; Jean Gusse; Philippe Guelminger; Nicolas Gelminger (?); Philippe Bassompierre; Jean Fieuvet; Nicolas Hesling; P.-Léger Kieffer; Pierre Hesling; marque de Mathias Ritz, lieutenant.

RAMMELFANGEN.

Le procès-verbal d'assemblée manque.

Plaintes de la municipalité de Ramelfang.

Nous, maire, syndic et députés, pour répondre à l'ordonnance à nous adressée de la part du roi du 6 mars 1789:

Art. 1. La communauté de ce lieu est assujettie à la banalité du moulin de Hemestroff de la distance d'une lieue sans y avoir aucun chemin praticable, puisque c'est tout traverse de côtes et de fossés et terre forte, ce qui se trouve très pénible pour les gens et bêtes, tandis que le moulin de Longnon n'est qu'à une distance d'une demi-lieue, et bon chemin, et le moulin très bien en état.

Art. 2. Que chaque particulier du lieu doit une quarte d'avoine par année, quand même il n'aurait rien ensemencé, à M. le comte de Dactoulle pour *Schirmenhaber*.

Art. 3. Et que les laboureurs de ce lieu doivent chacun 4 attelées de charrue par année au Zirchebérich [Siersberg], distance d'une lieue et demie, outre l'obligation de se transporter, au temps de la moisson, avec leurs chars et chevaux, pour rentrer les grains en montant une des plus hautes et rapides côtes du pays; et les manœuvres du dit lieu sont obligés de scier et lier les mêmes grains et fournir les liens: le tout à corvée.

Art. 4. Que les gardes de la maîtrise des eaux et forêts font souvent des rapports à la communauté lors de l'exploitation de leurs bois communaux, quand il se trouve quelque arbre tombé sur des baliveaux, sans qu'il y eût la taille, et que, faute d'attention lors du balivage, l'on marque souvent les plus gros arbres et ceux qui vont en dépérissant, tandis que l'on devrait marquer les plus jeunes anciens.

Art. 5. Et que les pauvres gens sont obligés de se nourrir de fruits et laitage à cause de la grande cherté du sel, et lorsque les fruits viennent à manquer, l'on se trouve dans de grandes misères. La cherté du tabac ne fait pas moins d'impression, tandis que, si un pauvre homme se trouve avoir une demi-once de tabac faux, pour gagner un sol, qu'il soit rencontré des employés, on lui renverse son tabac; s'il dit quelques mots, on lui retournera tous les meubles par vindication.

Art. 6. Tout le monde se trouve en grande gêne et dépens, tandis que, n'étant éloigné que de deux lieues de Sarrelouis, même province, et ne pouvant conduire aucune chose sur le marché de cette ville sans être obligé de prendre des acquits, tant pour blé froment que toutes sortes de marsage, ainsi que de toutes charges à dos de la pesanteur de cinq livres: ce qui est fort disgracieux, comme se voyant appartenir au même souverain.

Art. 7. Que les habitants de ce lieu n'ont aucune prairie naturelle ni artificielle: ce qui contribue à ne pouvoir faire aucun nourri de bestiaux; et qu'on est obligé, pour la grande nécessité de l'agriculture, [d']en faire les acquisitions, et par ce moyen les terres en deviennent d'un petit rapport par faute d'amendement.

Art. 8. La communauté se trouve si pauvre par toutes sortes d'impositions injustes que, preuve à cela, ils ont leur banrôle au greffe de Bouzonville depuis plusieurs années, sans qu'ils le puissent retirer ni même en prendre une copie, et qu'à cette cause leur ban en est tout dérangé.

Art. 9. Tout le pays en général se trouve encore accablé par la grande cherté des cuirs, [de façon] qu'une partie sont obligés de marcher à pieds nus, et que, selon le cri public, la principale cause de cette augmentation, c'est la marque des cuirs, qui a été imposée sans droit ni raison, etc.

Nous, maire, syndic et députés de la municipalité de Ramelfang, certifions le composé du présent cahier sincère et véritable, au dit Ramelfang, ce 9 mars 1789.

Nicolas Braun[1]); Niclas Hefeden(?); M. Reinert; marque de Nicolas Muller, maire.

REHLINGEN.

Assemblée du 8 mars en l'auditoire du lieu par-devant le maire; publication au prône le 8 mars par le vicaire résident.
105 feux. — Pas de liste de comparants; 47 signatures[2]).
Députés: Jean-Georges Schmitt et Jean Burger.

Cahier de la communauté de Reling des remontrances qu'elle fait en conséquence de l'ordonnance de Sa Majesté et de celle de MM. les officiers du bailliage royal de Bouzonville, savoir:

Art. 1. La communauté de Reling est composée de 105 feux, en outre une brigade d'employés de la ferme générale.

Art. 2. Ils payent pour la subvention 497 livres 18 sols, et pour les ponts et chaussées 446 l. 5 s. 9 d.; total: 944 l. 3 s. 9 d.

Art. 3. Nous trouvons que cette imposition est forte. Dans les répartitions, il faut croire que nosseigneurs de la chambre des comptes se sont réglés sur le nombre des habitants de la province: il est vrai que cette communauté est nombreuse, mais très pauvre.

Art. 4. Pour la conservation des bois, nous sentons qu'elle est essentielle, en conséquence demandons d'établir des forestiers pour la conservation d'iceux; et il serait indispensable que les rapports faits dans les bois communaux soient faits dans les greffes des municipalités, et que les amendes en provenant soient réglées au profit du roi et de la communauté pour en donner une partie convenable et suffisante pour l'entretien des forestiers. Par ce moyen les bois seraient mieux conservés qu'ils ne le sont, et il en reviendrait un bénéfice envers les officiers de la maîtrise, qui cherchent leur profit, et non les frais.

---

[1]) Député à l'assemblée du bailliage.
[2]) Celle de Fridrich Zenner ne reparaît pas au cahier.

Art. 5. Les coupes des bois seigneuriaux sont ordinairement adjugées aux étrangers, et la plus grande partie des bois sortent du royaume: ce qui le rend d'une cherté exorbitante [et fait] qu'on ne saurait en trouver à acheter pour de l'argent.

Art. 6. Les sels sont d'un prix extraordinaire dans le royaume; les étrangers l'ont presque pour rien. Les habitants s'exposent: il en résulte des contraventions et des malheurs. S'il était possible d'en diminuer le prix, il s'en consommerait davantage, et le public et les bestiaux s'en porteraient mieux.

Art. 7. Les cuirs sont aussi d'un prix exorbitant, le commerce s'en trouve gêné. Nous pensons que Sa Majesté pourrait en tirer, sans frais, des fabricants une somme qu'ils donneraient volontiers pour être libres.

Art. 8. Il se consomme dans le royaume beaucoup de grains que l'on convertit en poudre à poudrer, amidon, bière et eau-de-vie, qui serviraient pour la nourriture du peuple accablé de misère.

Art. 9. Par la multiplicité et misère du public, dont les terrains ne sauraient produire pour la nourriture, les communautés sont obligées de se servir de leur troisième saison, qui devrait rester inculte, pour y planter des pommes de terre: ce qui ôte beaucoup la méliorité du terrain. Ils sont obligés d'en donner la dîme, quoique beaucoup d'endroits n'en donnent point: il ne devrait cependant y avoir qu'une loi.

Art. 10. Nous sommes aussi obligés de donner la dîme du foin, quoique la plus grande partie des villages de la province n'en donnent point. Il faut aussi que nous donnions le tiers de nos regains, et d'en payer les deniers royaux.

Art. 11. Nous sommes obligés [à] des rentes seigneuriales: annuellement 70 fass de seigle et trois huitièmes, 80 fass sept huitièmes d'avoine, 38 chapons, 36 poules, 14 livres 9 sols 6 deniers en argent; en outre 6 sols par chaque habitant de *Vingersfrongeld*, sans savoir où était la dite vigne.

Art. 12. Nous sommes obligés de payer le tiers denier de tous les acquêts, ainsi que le contrôle et les deniers royaux, en outre le droit de chef d'hôtel, préférablement à toutes autres dettes.

Art. 13. Comme aussi les corvées seigneuriales: les laboureurs chacun 6 jours avec leurs chars et charrues, et sont obligés d'abandonner leurs ouvrages; sans les autres corvées de mains.

Art. 14. Le ban de Reling contient en total 1688 jours de terres, 469 fauchées de prés et 939 arpents de bois, y compris 209 arpents du quart de réserve. Ce ban a été beaucoup endommagé par les inondations fréquentes ; il y a quantité de ravins et de montagnes qui causent beaucoup de dommage; il est traversé de deux grandes routes. Ce ban est d'un très mauvais sol, d'un très petit produit, très coûtangeux et pénible, qui ne produit pas pour la moitié de la subsistance des pauvres habitants, qui sont obligés de l'acheter au [marché] de la ville de Sarrelouis.

Art. 15. Nous avons l'honneur d'observer que ce village est à la proximité de l'étranger, bordé par la Sarre, et limitrophe et enclavé des villages de France: pourquoi [nous] assujettir aux droits des acquits, très coûtangeux et gênants?

M. le commandeur de l'ordre de Saint-Jean de Tròves tire la neuvième partie des dîmes, et l'abbaye de Meteloch d'un certain canton, sans en avoir fait leur déclaration voulue par les ordonnances.

Conrad Horuff, maire; Anton Ganter; Anton Zender; Anton Biehl; Johannes Burger; Michel Becker; Adam Lillige; Nicolaus Nicola; Petter Brosset; Niculas Augustin; Johannes Goy; Hans Peter Burger; Anton Nicola; Johannes Nicola; Johannes Meiher; Nicolaus Eisenbart; Nicolaus Horuff; Johannes Burger; Johannes Krein; Peter Klen; Peter Wolff; Johannes Zenner; Jacob Hön; Johannes Stein; Peter Weiss; Johanes Eisenbart; Hans Peter Zender; Johannes Zenner; Antoni Wein; Johannes Bor; Hans Petter Augustin; Frantz Kieffer; J. Henri; Johanes Henrich; Andoni Walter; Hans Nickel Hirtz; Nicolaus Hirtz; Hugo Zener; Peter Seibert; Johanüs Goul; Nicolaus Kind; Peter Gärtner; Heinrich Waidner; Peter Monter; Hans Peter Gehl; Jean-George Schmitt; Meot, greffier.

REIMSBACH, ERBRINGEN ET HARGARTEN.

Assemblée du 9 mars dans la maison du maire de Reimsbach, à laquelle prennent part les habitants des trois villages « comme ne faisant qu'une mairie » [1]*; publication au prône le 7 mars* (sic) *par le curé de Reimsbach.*

---

[1] Néanmoins les lettres de convocation sont adressées, comme à autant de maires, à Pierre Simon (Reimsbach), Mathias Vergener (Hargarten), Phil. Rodt (Erbringen).

45 feux. — 51 comparants, y compris 3 veuves; 36 signatures et 11 marques[1]*).*
Députés[2]*): Bastien Schmit et Jean Breider; Jean Wagner et Mathis Miller; Joseph Naumann et Mathias Vergener.*

Auf heute, den 9. Martii 1789, nach erhaltener Königlicher Verordnung und Missionbrief von Ihro Königlichen Majestät hat die Meierei Reimsbach, Reimsbach, Erberingen, Hargartten, ihre Klagen und Beschwernüssen ganz unterthänigst vorzubringen, als wie folgt:

Articula. — 1. Reimsbach, Hargartten, Erberingen Meierei hat gezahlt dieses Jahr an Sewantionsgeld [subvention] 452 l. 1 s. 4 d.; noch Nebenkosten 50 l.

2. An Pontechossegeld [ponts et chaussées] zahlt die Meierei 77 l. 17 s. 6 d.

3. Reimsbach bezahlt an Wängem [vingtièmes] 187 l. 16 s. 5 d.

4. Reimsbach bezahlt alle Jahr an Salzgeld 628 l. 1 s.

5. Fuhrlohn für das Salz zu nehmen und das Geld zu lieferen 50 l.

6. Reimsbach zahlt alle Jahre Tabaksgeld 156 l.

7. Für die Ordonnanzen zu lösen 15 l.

8. Reimsbach für Ordonnanzen lösen zu lassen 12 l.

9. Reimsbach zahlt alle Jahre an Grombirenzehentgeld an die Abtei Metloch 60 l., und doch dem Herren Pastor seinen dritten Theil Grombiren.

10. Reimsbach muss alle Jahre an Korn liefern Zinskorn 12 Malter 4 Fass; davon zieht der König 4 Quarten;

---

[1] La liste des comparants est donnée deux fois; car, au lieu des signatures qui devraient authentiquer le cahier, on répète là en allemand les 46 premiers noms et le 51e que le procès-verbal énumérait en français. Ce qu'il y a de plus singulier, ces noms sont divisés là en 4 groupes intitulés: die erste Klasse (1—14), die zweite Klasse (15—31), die dritte Klasse (32—45 avec omission du no 44), die Wittiben (les 3 veuves que le procès-verbal inscrivait dans les treize premiers noms). Nous ne pensons pas que ce groupement ait un caractère local, mais plutôt financier; nous en tiendrons compte en reproduisant les signatures du procès-verbal à la suite du cahier. Quatre comparants de la première classe n'ont pas signé (Pierre Simon, Bastian Schmit, Jean Roth, J. Otto Hoff): peut-être se réservaient-ils pour la fin comme personnages officiels et la page s'est trouvée remplie sans leurs signatures. La liste appelle Nic. Schmitt et Mathias Henne deux comparants qui signent Nic. Gaeth et Mattes Gaett.

[2] Le procès-verbal ne portait d'abord qu'un seul nom et le répétait plusieurs fois: Me Nicolas Boulay, avocat en parlement (probablement le bailli de l'Ordre teutonique, p. 375 et 391); puis on a intercalé entre les lignes six autres noms, sans effacer le premier. Toutefois celui-ci est à supprimer, chacun des trois villages ayant ses deux représentants légaux. — Cette juxtaposition des trois communautés a compliqué aussi la rédaction du cahier qui, à part les premiers articles, comprend en réalité trois cahiers distincts.

11. Und die Abtei Metloch zieht an Zinskorn, von der oben gemeldten Summe 5 Malter;

12. Und die Herrschaft von Mänssburg zieht Zinskorn 9 Fass;

13. Und die Herrschaft Burgäsch zieht an Zinskorn 9 Fass;

14. Und die Herren Moritzen und Herren Boken ziehen Zinskorn 18 Fass;

15. Und die Herrschaft Sieschbörg 1 Malter.

16. Reimsbach muss an Zinshaber liefern 10 Quarten; davon zieht die Abtei Bussendorff 30 Fässer, und der König zieht 8 Fass.

17. Und Reimsbach muss in Geld liefern 12 l.

18. Reimsbacher müssen zahlen an Hirten, Friessen, Schulmeister alle Jahr 28 Malter Korn.

19. Reimsbacher Bann ist nicht morgenweise geteilt, sondern fassweise, und hat in sich 130 Fass, und die theilen sich durch und durch den ganzen Bann, vorbehalten die Widumen und Hofstücker, und dieser Bann ist schlecht, Sabelland, voller Gräten. Auf Reimsbacher Bann kann man auf ein Fass Land säen 2 Quart Korn, und kann zurückbringen ungefähr 5 Quarten.

20. Und an Haber kann man in ein Fass Land säen 2 Fass, und kann zurückbringen ungefähr 3 Quarten. Und es gibt Nichts anderes auf unserem Bann als Korn und Haber.

Klagen. — 1. Thun wir unserer Königlichen Majestät zu wissen wie dass das Ungewitter dieses Jahr unsere Früchte im Feld ganz greulich erschlagen, dass nicht wohl über 3 oder 4 Brod genug haben fürs Jahr, und haben schätzen lassen, sind aber nicht das geringste gelindert worden, sondern sind noch im Wängem [vingtième] 68 l. gehöhet worden.

2. Und die Gemeiner haben sich sehr hart zu beklagen wegen der Methtress [maîtrise], weil sie die alten Bäume stehen lassen und das junge Holz alles scharf hinweghauen lassen, und so gibt es ganz schwere Raporten, dass viele arme Leute verderben, ganz verhungert. Und wir haben in unserem Dorf zwei Waldförster; also begehren wir von unserer Königlichen Majestät, wenn es kann sein, dass wir ein Gräff [greffe] in unserem Dorf könnten haben, dass wir keine so grosse Kosten hätten von wegen so weiten Reisen, Simissiohn [soumission] zu machen. Viele Menschen können die Reise nicht machen, weil sie kein Geld, kein Brod haben. Also, wenn ein Gräff im Dorf wäre, so könnten sie bestehen, denn die Waldboten heben gar grosse Kosten. Also wollen wir doch alle Jahre nach Bussendorff mit dem Register bei dem Grametter [grand maître] erscheinen.

3. Und müssen jährlich von 15 Morgen Kub [coupe] zahlen 55 l.

4. Und wenn der Mann vor der Frau stirbt, so kommen die Herren; wenn die Frau 2 Stück Vieh hat, so nehmen sie eins davon für Hauptrecht.

5. Und wenn der Königsprocurator 5 oder 6 Stunden herkommt, für ein Inwentarium zu machen, so bringt er 2, 3 Schreiber mit, und wenn sie einen Tag oder einen halben zu schaffen haben, so ziehen sie 10 oder 12 oder 15 neue französische Thaler; also bleibt der armen Frau und Kindern auf das letzte gar nichts mehr. Und die Gerichte in dem Ort könnten das Inwentarium auch gar schön machen, als dann in den Gräff in das Balyasch [bailliage] tragen.

6. Und der Herr von Wagssberg zieht von seinen Ländereien allein auf unserem Bann 92 l. 10 s.

7. Und der Herr Moritz zieht von seinen Ländereien allein auf unserem Bann 30 l.

8. Noch hat unser Herr Pastor auf unserem Bann Widumen, dass ungefähr kann in das Land gesäet werden 2 Quarten Korn und noch 1 Quart Haber.

9. Noch hat der Herr Pastor eine Wiese auf unserem Bann, die ungefähr bringt 12 Milgen [milliers] Heu.

10. Noch ziehen die Kreuzherren auf unserem Bann eine Wiese, die ungefähr von 8 Milgen Heu.

11. Noch ein Stück Land auf unserem Bann haben die Kreuzherren, allwo kann eingesäet werden 3 Fass.

12. Noch haben die Kreuzherren Zehente auf einer gewissen Canttung [canton] zu ziehen auf unserem Bann, ungefähr 3 Quarten alle Jahre gesagte Abtei Bussendorff.

13. Noch hat die Abtei Metloch eine Mahlmühle in Reimsbach; davon ziehen sie alle Jahre 4 Malter Korn.

14. Noch ziehet die Abtei Metloch an Zehent alle Jahre zwei Dritttheile und der Herr Pastor ein Dritttheil.

15. Noch haben die Herren Bussendorffer Abtei auf unserem Bann zu Reimsbach gelegen zwei Canttung Wald, einen genannt Storkenwalt, ungefähr 36 Morgen, den anderen genannt Cordenwalt, gelegen an [den] Grenzen des Hargartter Banns, ungefähr 30 Morgen.

Hargartten.

1. An Wängem [vingtièmes] müssen sie zahlen 83 l.
2. An Salzgeld müssen sie zahlen 268 l.
3. Tabaksgeld müssen sie zahlen 65 l.
4. Noch müssen sie zahlen an die Abtei Bussendorff 14 l. 10 s.

5. Noch müssen sie zahlen an den Domingsherrn [fermier du domaine] von wegen des Langhalms 60 l.

6. Noch müssen sie liefern an Korn [der] Herrschaft 36 Quarten Korn.

7. Noch müssen sie zahlen an Hirten, Friss, Schulmeister 31 Quarten Korn.

8. Die Herren Himbähren haben zu ziehen an Korn 7 Malter 4 Fass.

9. Die Abtei Metloch hat an Korn zu ziehen 2 Malter.

10. Die Herren Moritzen haben zu ziehen an Zinsen 12 Fass.

11. Die Herrschaft von Meinsburg bekommt an Zinsen 12 Fass.

12. Die Herren von Burgesch bekommen an Zinskorn 5 Fass.

13. Die Kellerei Sarburg bekommt an Zinskorn 4 Fass.

14. Noch muss Hargartten geben an Haber an die Abtei Bussendorff 15 Quarten.

15. Hargartten hat in Total auf ihrem Bann 100 Fass Land; darauf säen wir in Summa 50 Quarten Korn und Weizen.

16. So kann die Quart zurückbringen, wenn [es] einen guten Jahrgang gibt, 5 Quarten.

17. Und auf das Fass Land säen wir an Haber 1 Fass Haber, und kann zurückbringen 2 Quarten 1 halb.

18. Noch haben die Herren von Bussendorff einen Hof auf unserem Bann, welcher Hof frei im Zehent und in allen Beschwernüssen ist; und die Herren können auf ihr Hofland säen 8 Quarten Korn und Weizen.

19. Noch können sie auch an Haber säen auf ihr Hofland 6 Quarten Haber.

20. Noch müssen wir der Abtei Metloch zahlen an Grombierengeld 12 l.

21. Noch haben die Herren von Bussendorff an Waldungen auf unserem Bann ungefähr 120 Morgen.

22. Noch haben sie, zwei Dörfer Hargarten und Erberingen, sich hart zu beklagen, dass sie, zwei Dörfer, gebannt seien auf die Erberinger Mahlmühle und dass sie noch niemals gebannt gewesen und die Leute es nicht wohl können mehr ausstehen, indem dass mehrere Müller in unserer Nachbarschaft sind, die auch mahlen können, und die Bannmühle ist noch nicht länger als 6 Jahre.

23. Noch hat die gemeldte Mühle noch 6 Fass Land auf unserem Bann von Hargarten.

24. Noch hat die Abtei Metloch zwei Dritttheil Zehent zu ziehen, und der Herr Pastor ein Dritttheil: macht in Total 18 Malter.

Erberingen (Copia).

1. An Wängen [vingtièmes] müssen sie zahlen 33 s.
2. Erberingen muss zahlen für die Ordonnansen 1 l. 15 s.
3. Erberingen muss zahlen an Wengem [vingtièmes] für den Herrn Dominik Ullerich Marschal Defer 33 l. 6 s. 9 d.
4. Erberingen muss zahlen an Salzgeld 277 l. 16 s.
5. Noch müssen sie zahlen an Tabaksgeld 65 l. 12 s.
6. Müssen sie an den Herrn Domings [fermier du domaine] zahlen 1 Malter Korn.
7. Noch müssen sie zahlen an die Deutschordenskanonicus zu Trier 4 Malter.
8. Noch müssen sie zahlen an die Herren Moritzen 1 halb Malter Korn.
9. Noch müssen sie zahlen an die Herrschaft Sieberck 2 Malter Korn.
10. Noch müssen sie zahlen an die Siemisionsherren zu Trier 1 Malter 2 Fass Haber.
11. Noch ziehen die Siemisiohns an Geld 3 l. 15 s.
12. Noch müssen sie zahlen an Friessen, Hirten, Schulmeister 48 Quarten Korn.
13. Müssen sie zahlen an die Abtei Mötloch an Grumbireuzehentgeld 18 l.
14. Erberingen hat in Total auf ihrem Bann 76 [Fass] Herrschaftland; darauf säen wir in Summa 76 Quarten Korn.
15. So kann die Quart zurückbringen, wenn es einen guten Jahrgang gibt, 5 Quarten.
16. Und auf das Fass Land säen wir an Haber 1 Fass.
17. Und kann zurückbringen 2 Quarten 1 halb.
18. Noch hat Erberingen auf ihrem Bann gelegen ein Stück Land von der Abtei Bussendorf, und sie säen ohngefähr darein 2 Quarten Korn.
19. Noch hat Erberingen 16 Fass Herrschaft, auf ihrem Bann gelegen, die von den 76 abgehen, die dem Herrn Dominik Ullerich Marschal de Fehr von Nassich zustehen.
20. Noch haben sie Herrenstücker auf ihrem Bann gelegen; da zieht der Herr Rossenthal die Zinsen davon, und sie säen ohngefähr 1 Quart Korn.
21. Und kann zurückbringen 5 Quarten.
22. Noch hat die Abtei Metloch zwey Drittheil Zehent zu ziehen, und der Herr Pastor ein Drittheil; macht in Total 20 Malter.
23. Noch hat Erberingen eine Waldung, so die Metteres [maîtrise] ihnen entzogen hat, darauf haben sie sich sehr zu beklagen, und Quatter-

serf [quart en réserve] daraus gemacht haben, und ein alter Wald ist, und die anderen Wälder dadurch verdorben werden, und die Gemeinde Mangel im Holz hat.

24. Noch hat Erberingen sich zu beklagen, dass sie auf die Erberinger Mahlmühle gebannt sind, weil sie noch niemals gebannt waren als 6 Jahre, und vorher eine Bauernmühle gewesen, und durch einen schweren Prozess an den Herrn gekommen ist, Ullerich Marschal de Fer. Noch zieht er an Zins 325 l.

25. Noch hat Erberingen eine Ohligmühle und Sägmühle auf ihrem Bann gelegen, die dem Herrn Zohler von Dilingen zustehet; er zahlt nicht mehr davon 13 s. 6 d.

[*Le cahier n'est pas signé; voici les signatures du procès-verbal groupées selon la liste indiquée p. 454 n. 1:*]

Nicolaus Spuller; Thiel Maddis; Johannes Graff; Andreas Puhl; Matias Bast; Johanes Wagner; Johanes Nauman; marque de Matias Miller; Joseb Nauman; Stoffell Henrich. — Marques des veuves Catarina Miller, Susana Engsteler, Susana Puhll.

Jacob Schaeffer; Niclas Gaeth; Johanes Breider; marque de Johan Emel; Petter Schmidt; Petter Weber; (Jacob) Probst; marque de Johanes Henn; Nicolas Jacobs; Mattes Gaett; marque de Johanes Jager; W. (Mathias Werschener); L. B. (Lorentz Bach); Johanes Jungman; Johannes Peifer; marque de Peter Jacobs; Han Jacob Oehm.

Nicolaus Schäffer; B. W. (Bastian Weber); marque de Johan Weber; J. C. (Jacob Cruten); marque de Wendel Schäffer; I. S. (Joh. Schumacher); P. E. (Peter Emanuel); Peter Nickels; Niclas Hen; Nicolas Schmit; marque de Nicolas Miller; Johannes Schmitt; Philippus Roth; Johannes Henrig; Johannes Breitz; Matias Roth; Jacob Minas.

REINANGE.

Le procès-verbal d'assemblée manque, le cahier en tient lieu.

Plaintes de la communauté de Reinange en Lorraine, prévôté de Bouzonville.

Etant assemblés en la communauté pour satisfaire aux lettres de Sa Majesté notre roi du 7 février 1789, nous avons choisi en pleine communauté à la haute voix la personne de Jean Bonaventur pour porter notre cahier à l'assemblée générale de Bouzonville, suivant l'assignation qui nous a été donnée par Hartenstein, huissier au bailliage royal de Bouzonville, de se présenter à l'assemblée qui se tiendra le 11 mars prochain à Bouzonville, et de porter nos plaintes, et les députés de la communauté ont signé.

Premièrement nous trouvons pour la plus grande perte et la plus grande pérission de notre pays, [que] ce sont les fermes de la gabelle, savoir: sel, tabac, droits d'acquits d'entrée et sortie, droit du châtrage, parce que [nous] faisons vivre plusieurs mille personnes, que le pauvre peuple fait vivre, et que Sa Majesté pourra faire une levée toutes les années sur le peuple de son royaume de ce que les fermiers généraux payent à Sa Majesté, et le pauvre peuple aura ce que les autres des fermes dépensent inutilement.

Considéré pourquoi nous [n']avions pas de belles vaches, porcs, chevaux et brebis, comme les étrangers : c'est le sel que les étrangers payent 1 sol 6 deniers la livre, prenant en notre pays, et nous le payons 6 sols 3 deniers la livre, en allant [à] quatre lieues et demie le chercher. Ce n'est pas que nous le puissions donner en nourriture aux bêtes; car la plus grande partie n'en peuvent avoir pour leur usage.

Et pour les droits d'acquits d'entrée et sortie, même dans notre royaume, c'est inutile; car la France et [la] Lorraine appartiennent au même roi, et notre village est enclavé dans la France. Nous ne pouvons pas sortir ni entrer sans payer les droits, et notre village est éloigné de trois lieues de la Lorraine.

Et nous sommes obligés de payer le droit du châtrage, même quand nous ferions les ouvrages nous-mêmes.

Pour le droit et marque du cuir, les pauvres gens ne peuvent pas avoir de souliers, à cause que le cuir est trop cher.

Depuis que la marque du fer est, le fer est si cher que les voituriers et raturiers [*sans doute*: rouliers] ne peuvent plus vivre.

Nous avons deux colombiers en notre village sur un petit ban de 300 jours de terres, qui [les pigeons] ne sont jamais enfermés ni à la semaille ni à la récolte, et ils font au moins un tiers de dommage sur notre ban; et un colombier appartient au seigneur, l'autre au sieur curé, et les pigeons sont sans nombre.

Et notre ban est chargé du terrage à la dixième au seigneur, et de la dîme à la onzième au sieur curé et aux décimateurs du couvent de Metteloch, et est encore chargé d'autres rentes au seigneur et [du] tiers denier en cas de vente et amortissement.

La communauté paye annuellement une rente au seigneur pour le droit de vaine pâture dans les bois seigneuriaux, et la communauté ne peut pas [en] profiter, à cause que leur garde surveillant en fera des rapports, et même pour le bois mort que les pauvres gens vont prendre dans leurs bois.

Et nous avons environ 24 jours de terres communales dont le seigneur a le tiers; des deux autres tiers le seigneur a obtenu un arrêt à la cour souveraine qu'il a le droit de terrage à la dixième des dites terres dans les blés, topinambours, fèves et autres légumes, et ils veulent encore défendre que les pauvres gens en puissent prendre des légumes pour cuire hors de la récolte, et comme les pauvres gens n'ont point d'autres jardins que les petites portions, et comme les habitants n'ont plus la force de plaider contre le mauvais droit.

Et le dit seigneur fait gager les enfants qui cherchent des grenouilles dans un ruisseau qui n'a d'eau qu'aux temps pluvieux.

Et nous avons une petite place dans un petit bois de clairs chênes périssants pour nos bêtes qui [y] sont toujours allées, et le garde du seigneur nous le défend.

Et le seigneur tient un garde surveillant qui gage pour lui et pour le seigneur, et la communauté a deux bangardes qui sont payés de la communauté et qui sont répondants pour le dommage. Et les rapports du surveillant sont la ruine de la communauté, et dont tous les rapports ne [concernent] pas un fass de blé de dommage. Le dit surveillant gage même dans nos grands chemins, ne voulant laisser passer aucune herde sans être accouplée, et gage même les bêtes blanches dans nos prés, d'où nous faisons notre déclaration au greffe, et les dits prés [ne] donnent point dîme ni terrage.

Et quand un particulier fait sa déclaration et permission du seigneur pour défricher un arbre mort, le seigneur prétend avoir le tiers.

Et les particuliers sont obligés de payer annuellement la rente de 6000 livres que nous avons empruntées pour notre procès.

Fait et achevé en présence de plusieurs députés de la communauté, le 9 mars 1789, qui ont signé et donné plein pouvoir à Jean Bonaventur qui a été choisi à la haute voix en pleine assemblée de la communauté pour faire faire toutes requêtes nécessaires qui regardent les dites plaintes.

[De] plus, [sur] notre ban est un tiers du nombre des 300 [jours] ci-devant dénommés, défriché, qui a été en haies et buissons, qui a été franc du terrage, et présentement le seigneur le tire, parce que le pauvre peuple n'a pas la force de plaider.

Et le seigneur fait payer le tiers denier, [quand nous] laissons nos biens par bail de 3, 6 ou 9 années, ou d'une année. Et même quand nous vendons la pâture dans nos grands chemins pour payer les faux frais de communauté, le seigneur tire le tiers, et il ne veut pas entrer dans ces frais, et il prétend être exempt en tous frais.

Et nous avions laissé environ sept quarts de terre et environ des prés [donnant] trois milliers de foin, que nous avons été obligés de laisser à notre seigneur pour 212 livres, pour payer un restant de notre procès de Metz, et avions présenté les 212 livres par notre assemblée, et le seigneur les a refusées et prétend qu'un petit paquis où a toujours passé un grand chemin appartient au seigneur, et il nous a répondu qu'il veut plaider avec la communauté, et la communauté ne peut pas plaider à cause de la grande dureté des procès.

A. Weiller; J. P. Schmidt, maire; Jacob Romseff; P. Schmidt; Pier Recht; Matis Cremer; Pierre Paull; Jean Paul; Jean Colligon; J. Jammel, syndic.

RÉMELDORFF.

Le procès-verbal d'assemblée manque.

Cahier de doléances, plaintes et remontrances pour la communauté de Remeldroff, du 10 mars 1789, coté et paraphé par nous, maire... (*Signé*) Peter Cavelius[1]), als meier.

Cejourd'hui, 8 mars 1789, les maire, syndic, députés et habitants de la communauté de Remeldroff s'étant assemblés... en conséquence de l'assignation à nous donnée le 7 mars...

[*Voir le texte des premiers articles au cahier de Bizing p. 273, 1º—7º et 10º.*]

9. [De] plus il y a un droit en ce lieu que l'on appelle droit capital, qui est odieux. Un particulier qui meurt aujourd'hui, demain le fermier de l'abbaye de Bouzonville vient et prend une pièce de meuble qui est la seconde après la première, soit cheval, vache, ou autrement: abus détestable.

---

¹) Le député à l'assemblée du bailliage porte le même nom.

10. Nous étions en droit d'affouage, vaine et grasse pâture dans un bois appelé Eichels et Veineichels, dont nous en avons payé annuellement et ne payons plus la somme de 10 écus de Lorraine. Aujourd'hui nous en sommes privés depuis environ 48 ans. P[ar] e[xemple], nous l'avons eu à titre d'acensement du 16 janvier 1708 par Bocquelle, tabellion, en dépôt chez Me Welter, notaire à Bouzonville: pourquoi nous recourons au souverain et aux Etats généraux à telle fin de rentrer en nos droits, puisqu'il nous faut payer les 10 écus depuis 40 ans sans tirer aucun profit; bien entendu que les 10 écus ont été quittés, mais [ils] nous ont fait payer annuellement 1 bichet de froment et 1 bichet d'avoine, 1 poule et 1 chapon par chaque conduit, qui était affermé sur le dit bois.

11. Enfin nous sommes assujettis à deux paroisses, dont deux ans à Nidaltroff et un an à Neunkirchen: ce qui nous est très pénible de payer à deux endroits; pourquoi nous recourons à Sa Majesté et aux Etats généraux à telle fin de ne dépendre que de Nidaltroff.

12. Nous sommes astreints de payer le droit de tiers denier à l'abbaye de Bouzonville, qui nous est insupportable. Un pauvre homme qui vend une pièce de terre pour vivre, il faut en perdre le tiers de sa valeur: ce qui n'est pas dans beaucoup de cantons; demandons en être déchargés.

Fait et achevé à Remeldorff, ce 10 mars 1789, et ont signé ceux qui savent signer.

Peter Cavelius; Johannes Cavelius; Leonard Dellis.

La communauté est chargée de payer tous les ans 4 livres 7 sous 6 deniers de France pour faire leur maire; et ce droit, c'est seulement depuis une douzaine d'années qu'on le recherche; et nous prétendons que ce droit tombe tout à fait et pour toujours.

RÉMELFANG.

Assemblée du 10 mars en la maison du maire et syndic; publication au prône le 8 mars par le vicaire.
30 feux. — 27 comparants; 21 signatures et 2 marques.
Députés: Jean Virtz, couvreur en paille, et Pierre Kin, maçon.

Dieser Cahier, bestehend in vier Blättern, um zu dienen, Klagen und Begehren der Einwohner der Gemeinde Remelfangen zu fassen, ist durch mich unterschriebenen Anton Bisette, Mayer der Gemeinde des gesagten Orts, cottirt und parafirt worden durch erstere und letztere *ne varietur*, den 9. März 1789. (*Signé*) Antoine Beissette, Maier.

Die Klagen, so die gesagten Einwohner und Gemeiner anzutragen haben, sind:

1. Dass wir sehr beschwert sind wegen der Theuerheit, so der Lederstempel verursacht, auf dieser höchst nöthigen Waare verursacht, und wegen der anderen Unbequemlichkeiten, so die wiederholten Wisiten der Lederstempeler und der Garden bei den Landsleuten verursachen.

2. Dass das Salz so theuer ist, dass der gemeine Mann manche Tage im Jahr, ohne Suppen und andere Speisen zu geniessen, muss zubringen, wegen [= weil] er nicht vermögend ist, das Salz zu bezahlen, welches so theuer ist, dass sie keines mehr kaufen können, weder für ihre Personen weder für ihr Vieh, und dass dadurch das Brod auch desto theuerer und die Viehzucht desto geringer und desto schlechter.

3. Dass die Unterthanen eines nämlichen Königs, wenn sie von einer Provinz in die andere des nämlichen Reichs handeln, beständig in der grössten Gefahr sind wegen des Zolles, der so theuer und beschwerlich ist, und wegen welches die Unterthanen so viel Verfolgungen müssen ausstehen von seiten der gewinnsüchtigen und unbescheidenen Garden.

4. Dass durch die erschreckliche Unmenschlichkeit der Garden die Landesleute beständig geplagt sind über die Massen, also dass schon mancher Unterthan nicht nur ins äusserste Verderben gebracht worden ist, sondern auch viele durch sie barbarischerweise um das Leben gebracht worden sind; dass sie beständig den Landesleuten zur Last sind, und wenn sie einen wohlhäbigen Landesmann kennen, welcher ihnen nicht beständig wohl aufwartet und sein Brod und Trank anbietet, sie ihm viele Ungelegenheit machen durch die wiederholten Untersuchungen, so sie bei solchen Leuten anstellen unter dem Vorwand Contrebande bei ihm zu suchen.

5. Dass die Eisenschmelzen, Glashütten und Salzsoden, die sich in der Provinz befinden, uns das Holz dermassen vertheuern, dass es bald nicht mehr zu kaufen ist; und dass das Eisen und das beste Salz aus dem Lande viel wohlfeiler verkauft wird als das schlechteste in dem Land verkauft wird an die Königlichen Unterthanen, welche alle die Beschwernissen, die daraus entstehen, so mühsam ertragen müssen.

6. Dass das beste Bauholz beständig aus dem Land in Holland geführt wird, welches verursacht, dass, wenn der gemeine Mann will ein Haus bauen, er das Holz, so er dazu braucht, muss über die Massen theuer bezahlen.

7. Dass die Maitrise durch die Menge ungerechter Rapporten, so die Wald- und Jagdboten beständig machen, und durch die anderen schweren Kosten, so die Maitriseherrn ziehen, eine grosse Zahl Einwohner des Landes ganz ins Verderben bringet.

8. Dass die Empfänger der Königlichen Auflagen den Unterthanen grosse Kosten machen durch Contrainte, die sie ziehen, wenn sie schon keine haben brauchen auszuschicken, wegen [= weil] man die Hauptsummen in gebührlicher Zeit gezahlt hat.

9. Dass man keinen Magasin von Früchten im Land hat, um allda einen Vorrat Früchte zu haben, durch welchen man dem gemeinen Mann zur Hülfe kommen könnte in Mangeljahren und theuern Zeiten durch Lehnung der gesagten Früchte oder Bezahlung um einen geringeren Preis als die ohnbarmherzigen Fruchthändler sie beständig verkaufen.

10. Dass man die Wiesen zuplänkt, dermassen dass die reichen Klöster, die grossen Herrn und reichen Besitzer, die grosse Stücke haben, welche dadurch nicht nur allein alles geniessen, sondern auch das Holz vertheuern. Dieses verursacht, dass der gemeine Mann, so zu sagen, kein Vieh mehr halten kann, und der Bauersmann, seine Frau, Kinder, Hausgenossen und Ländereien sich in einem sehr schlechten Zustand finden wegen Mangel an Milch, Butter, Käse und Dung, um ihre Gärten und Felder zu düngen, welche wegen dieses Mangels wenig Gemüse und Früchte hervorbringen, und die Bauernpferde so schwach werden wegen Mangel [an] Futter und Haber, so der grossen Herrn und Mönche stolze Pferde allein übermässig fressen, um sie können schleuniger herumzuschleifen.

11. Dass die Kosten der Inventairen, die man mehrentheils so ohnnützlicherweise macht, so schwere Kosten verursachen, sonderlich seitdem die geschwornen Schätzer eingestellt sind, dass viele arme Waisen dadurch um einen grossen Theil der geringen Hinterlassenschaft ihrer armen Eltern gebracht werden.

12. Dass das sogenannte Hauptrecht, so die Abtei Metloch in unserm Ort zu ziehen hat, ein desto beschwerlicheres Recht ist für uns, dass [sie] bei dem Absterben eines Hausvaters einer armen Wittwe oder armen Kindern das zweitbeste Stück von seinem Vieh oder seinen Mobilien hinwegnimmt, welches man in eine mässige Summa Geld verwandeln könnte.

13. Dass die Frohnen, so wir jährlich müssen thun, absonderlich im Sommerschnitt, wenn ein jeder gemeiner Mann Arbeit hat, um sein Brod zu gewinnen oder für sich selbsten zu arbeiten, alsdann müssen für den Herrn Abt von Metloch fröhnen, ein Ackersmann drei Pflugfrohnen und ein Taglöhner fünf Handfrohnen.

14. Dass die Zehentherrn den Zehnten in den Brachfeldern ziehen, nämlich von den Grondbiren, Wicken und dergleichen; dass das eine desto härtere Sach ist, dass die Brachpflanzung den armen Leuten viel Mühe und Arbeit kostet, und die mehresten einen Theil ihrer Nahrung darin suchen.

15. Dass die Juden sehr viel Bauersleute in die Armut bringen durch den Wucher, so sie treiben mit den ohnerfahrnen Landesleuten, und durch ihre falschen Handschriften, welche sie selbsten schreiben und anders vorlesen als sie sie geschrieben haben, und also die grosse Menge geldbedürftiger Christen betrügen.

16. Dass die Richter der Baliagen die Processe, welche sich vor ihnen vertheidigen, dermassen such[en] zu längen, dass man schier kein End von den Processen sehen kann und die Parteien bald in Kosten ganz aufzehrt.

17. Dass die Schlösser, Klöster, Pfarrherrn und andere Herrn so viel Tauben halten und in keiner Jahreszeit sie eingesperrt halten, dermassen dass in der Saat der Hartfrüchte, der Lenzfrüchte, und in der Ernte die Tauben in solcher Menge auf die Ländereien der armen Leute kommen, den aufgeworfenen Samen aufheben, welcher sollte die Frucht hervorbringen, oder dieselbe verderben, welche schon erwachsen war. Es wäre sehr nöthig, um die Fruchtbarkeit zu befördern und die zeitig gewordenen Früchte zu schonen, man thäte erstens die Zahl der Tauben in den Schlägen einschränken, und dass man Befehl gäbe, die Tauben einzuhalten sowohl in den Saatzeiten als in den Erntezeiten, und das jedesmal sechs Wochen lang im Herbst, und auch so lang im Frühling, wie auch im Sommer.

18. Dass wir drei Stätt Juden in unserem Dorf haben, in welchem vor diesen keine ihren Aufenthalt hatten. Wir wünschen, dass man diesem Ungeziefer Befehl gäbe, sich in ihre vorigen Wohnörter zu ziehen und sich nicht mehr überall im Land auszubreiten in die Örter, wo sie keine Gerechtigkeit haben Wohnungen zu haben, und dass in den Dörfern, wo sie berechtigt sind Wohnungen zu haben, sie sich sollen zusammenziehen in einem entfernten Ort des Dorfes und ihre Wohnungen nicht nahe bei den Kirchen zwischen den Christen [haben]. Den Augenschein haben [wir] täglich, wenn sie die ganze Woche oder Monat müssig sind und am Ende derselben ein grosses Fest oder Sonntag ist, so werden sie ihre öffentliche Arbeit richten mit ihrem Handel oder Wucher, damit sie früh und spät die Christen in ihrer Andacht und Gottesdienst verhindern und beunruhigen.

[19.] Dass wir uns sehr beschwert finden in der Gemeinde wegen des Zaumobstes, das sich nicht gleich theilet, und etliche sechs-, öftermal mehr, ziehen als die andern.

Antoine Beissette, Maier.

[*Le procès-verbal d'assemblée est signé, en outre, de:*]
Jacob Schneider; Jean Virtz; Nicolas Masson; Nicolas Rischars; Johannes Schu; Heinrich Zachariass; Mathies Bisett; Matis Frey; Jacob Pluntz; Heinrich Masson; Nicolas Knobloch; Johannes Klein; Jacob Zacharias; Frantz Barr; Nicolas Harter; Pierre Kin; H. Klin; Anton Gilliom; Antoine Schlecht; Henry Pluntz; Antoine Beissette, maire; marques de Ludwig Knobloch et de Phillip Hirtz.

RÉMELING.

Assemblée du 8 mars en la demeure de Jacob Pignot, l'un des membres de la municipalité, par-devant Nicolas Fuss, maire haut justicier du village; publication au prône le 8 mars par le curé.
66 feux. — Pas de liste de comparants; 33 signatures[1]).
Députés: Jacob Bretnacher, manœuvre, et Jacob Hirtz, tailleur d'habits, deux des plus nobles habitants du village.

Cahier contenant les plaintes, doléances et remontrances, avec les moyens de pourvoir et subvenir aux besoins de l'Etat, ainsi qu'à tout ce qui peut intéresser la prospérité du royaume et celle de tous et de chacun les sujets de Sa Majesté, que la communauté de Reimling a chargé et charge Jacob Bretnacher, manœuvre, et Jacob Hirtz, tailleur d'habits, tous deux habitants du dit Reimling, ses députés, de présenter en l'assemblée des trois états qui sera tenue dans la ville de Bouzonville le 11 du présent mois de mars; le dit cahier rédigé en l'assemblée de la dite communauté tenue cejourd'hui, 8 même mois de mars, le tout en conformité des articles 24 et 25 du règlement de Sa Majesté du 24 janvier dernier, de l'art. 5 de l'ordonnance de M. le bailli d'épée du bailliage de Bouzonville, ainsi que de M. le lieutenant général au dit bailliage, et en suite de l'assignation donnée à la même communauté, le 6 du courant, par l'huissier Boisteaux; le présent cahier à cette fin par nous, Nicolas

---

[1]) Six ne paraissent pas au cahier: Gerig Steffen, Nicolas . . . . ., Peter Liter, Peter Als, Nicolas Relinger, Jacob Stein. — Ce cahier aux proportions inusitées est sans aucun doute l'œuvre du curé H. Albert, plus tard vicaire épiscopal du Haut-Rhin.

Fuss, maire royal de cette même communauté, parafé par première et dernière feuille, contenant en tout 12 [lisez 23] feuillets. Reimling, ce 8 mars 1789. (*Signé*) Nicolas Fuss, maire.

[I.] — Moyens généraux de pourvoir et subvenir aux besoins de l'Etat, ainsi qu'à tout ce qui peut intéresser la prospérité du royaume et celle de tous et chacun les sujets de Sa Majesté.

Les habitants de la communauté de Reimling, persuadés qu'une plus grande économie à introduire dans les différentes branches de l'administration est l'un des moyens les plus sûrs et les plus efficaces pour subvenir aux maux et besoins de l'Etat et en diminuer en même temps les charges, estiment que, pour parvenir à cette économie si désirable, il faut d'abord et avant tout chercher à simplifier la manière de percevoir les impôts; et à cet effet son vœu tend à ce que toutes les espèces d'impôts, qui pèsent sur le peuple sous des noms si variés, soient réunis en un seul, lequel, étant réparti avec le plus d'égalité possible sur les trois ordres de l'Etat, sur le clergé et la noblesse comme sur le tiers, et rendu dans les coffres du roi par la voie la plus simple, la plus directe et la plus brève, pourra facilement être pour le roi et pour l'Etat d'un produit aussi considérable, et plus considérable encore, que l'est celui actuel de la somme réunie de toutes les charges et impositions établies, outre l'avantage certain et le soulagement si juste, si nécessaire et si désiré, qu'y trouvera l'ordre du tiers, c'est-à-dire la partie souffrante de l'Etat, en ce que le clergé, le haut clergé surtout, ainsi que la noblesse, deux ordres qui, par un sentiment d'équité, de justice et ensemble de générosité, se sont soumis à partager les charges de l'Etat avec le tiers selon leurs biens et possessions, porteront sans contredit une forte partie du dit impôt général et unique.

Pour parvenir à une égalité dans la répartition de cet impôt unique, il faudrait, quant aux possessions en terres et prés, avoir égard à la bonté ou au mauvais produit de ces terres et prés, à l'éloignement ou à la proximité où l'on est des routes, des villes, des marchés, qui facilitent le débit des denrées. Et à cet égard, la communauté de Reimling observe que tout son ban est généralement d'un mauvais sol, maigre et extrêmement argileux, au point qu'un arpent de terre portant l'autre vaut à peine 50 livres et demande pourtant plus de frais de culture, plus d'engrais et plus de semence, qu'un arpent de la même grandeur dans un sol qui est bon. Ses prés participent à la même défectuosité du sol et ne produisent que peu de foin, et encore est-il généralement aigre et peu savoureux. D'ailleurs Reimling est de toutes parts fort éloigné de la route, des villes et marchés.

Le rétablissement des anciens Etats de Lorraine promettant une source intarissable de biens et entre autres cette égalité si désirable dans la répartition des charges publiques, la communauté de Reimling se joint à tous les bons Lorrains pour réclamer ce rétablissement des bontés du roi.

Une suite de l'unité de l'impôt et de la simplicité dans la perception serait de faciliter la suppression de la ferme, suppression si longtemps et si généralement désirée. Outre le profit énorme que font les fermiers généraux sur le roi et sur l'Etat, profit dont la fortune immense de ces fermiers est en même temps le fruit et la preuve, et dont le luxe si révoltant est une suite, il suffit de considérer ce que coûte annuellement l'entretien de 60 à 70 mille simples employés des fermes, dont chacun perçoit approchant 30 livres par mois, celui des officiers de la même ferme, depuis les sous-brigadiers jusqu'aux capitaines et contrôleurs généraux, pour concevoir que la ferme seule, dont il semble si aisé de se passer, absorbe une forte partie des revenus de l'Etat. Cette suppression couperait en même temps racine à des abus, des vexations, des tourments sans nombre et sans mesure, qui sont constamment exercés sur les sujets du roi par les suppôts si multipliés de la même ferme.

L'impôt unique une fois rendu suffisant pour faire face à tous les besoins de l'Etat, il s'ensuivrait: 1º la liberté générale de toutes espèces de commerces, au moins intérieurs ; — 2º la liberté du sel, de cette denrée si nécessaire à l'homme, si intéressante pour l'agriculture, en ce qu'au moyen du sel devenu marchand, on rendrait les mauvais fourrages bons, sains, savoureux ; on engraisserait les bêtes à cornes et à soies. C'est cette denrée de toute première nécessité dont la cherté et les entraves forment un article important dans les doléances générales de tous les sujets du roi et surtout de la classe la moins aisée, attendu que la consommation du sel n'est point proportionnée à l'état et à la fortune des hommes, mais à leur nombre ; — 3º la liberté du tabac, qui, quoiqu'infiniment moins nécessaire que le sel, est cependant devenu d'un usage général.

Un autre moyen d'économie que la communauté de Reimling croit devoir proposer au roi, est celui de retirer à lui tous ses domaines aliénés, surtout ceux aliénés à titre d'acensement. En effet la grande quantité de ces domaines ainsi aliénés ne l'a été que d'une manière purement gratuite, souvent par des surprises faites à la religion de Sa Majesté ou des rois ses prédécesseurs; et quant à ceux qui ont été autrefois acensés par manière de récompense pour des services vraiment rendus, il semble que les profits et avantages que les censitaires et leurs ancêtres en ont jusqu'ici retirés, doivent être considérés comme une récompense devenue suffisante. D'ailleurs les besoins de l'Etat doivent l'emporter sur toutes autres considérations. Il est au reste bien rare que les sujets des domaines aliénés ne soient beaucoup plus foulés que ceux des domaines libres. Que si l'administration de ces domaines et de tous autres paraît frayeuse, il serait peut-être avantageux de les relaisser à hausse publique et à bail à longs termes, ou même de les aliéner par petites parties aux plus offrants et à perpétuité. Il en est de même de toutes les chasses et pêches royales, qui produiraient une somme considérable, si elles étaient relaissées à prix d'argent avec des modifications propres à ménager, plus exactement qu'il n'arrive, les propriétés des pauvres cultivateurs: ménagement infiniment moins observé de la part de cette quantité de petits seigneurs peu aisés et de pauvres officiers retirés, auxquels ces chasses sont néanmoins en forte partie abandonnées, qu'il ne le serait de la part de gentilshommes riches ou autres citoyens aisés.

Un troisième moyen d'économie que les habitants de Reimling croient devoir réclamer des bontés et de la sagesse du roi, c'est le retranchement des pensions, encore bien trop considérables et trop multipliées, que l'on a trouvé moyen d'obtenir sous des prétextes aussi trompeurs que spécieux, et entre autres ces nombreuses pensions de retraite accordées à des militaires qui se sont enrichis au service et dont grand nombre, après avoir été inutiles au service effectif pendant leurs jeunes années, se retirent dans la vigueur de l'âge et au moment où leurs connaissances et l'expérience pourraient les rendre utiles.

Les habitants formant la communauté de Reimling sentent bien nombre d'autres moyens d'économie soit générale soit particulière; mais ils espèrent que d'autres compatriotes plus éclairés qu'eux sauront successivement les détailler dans leurs cahiers et les soumettre à la sagesse de Sa Majesté et de ses Etats généraux: c'est pourquoi ils passent aux [II.] — Remontrances, plaintes et doléances, tant générales que particulières sur l'administration des eaux et forêts en Lorraine.

1º. Les habitants de Reimling remarquent qu'en Lorraine une loi forestière défend de mettre des porcs à la glandée dans toutes les coupes qui n'auront pas l'âge de quatre années. Dans tout le reste de la France cette loi est inconnue et, dès la première année, c'est-à-dire dès qu'une coupe est vidée, il est permis d'y mettre les porcs à la glandée. Cette permission est aussi sage qu'utile, et la défense qui existe à cet égard en Lorraine est aussi odieuse que destructive. La seule vue dans laquelle on ait pu défendre en Lorraine de mettre les porcs à la glandée dans les coupes qui n'auraient point passé les quatre années, est afin de laisser aux mêmes coupes le temps et la facilité de se repeupler en jeunes chênes et hêtres : ce qui n'arriverait pas, a-t-on cru, si les porcs venaient dès les premières années enlever les glands et la faîne. Or, cette supposition est évidemment gratuite ; car trois ou quatre glands et autant ou le double de graines de faîne qui germeraient, les premières sur le terrain couvert par un chêne, et les autres sous un gros hêtre, fournirait sans doute une recrue désirable et suffisante ; et il est sensible que les porcs, allant à la glandée et labourant en quelque sorte la terre pour y chercher des vers ou des racines, enterrent et recouvrent par là même plus de glands et de faînes qu'il n'en faut pour une recrue abondante, tandis que, dans une coupe non parcourue par les porcs, les glands et faînes restent à découvert sur une terre ni labourée ni remuée, exposés à une gelée longue et continue, à l'intempérie de l'air et à une pourriture certaine. D'ailleurs rien n'est au-dessus de l'expérience, et celle-ci prouve que les coupes des autres provinces de la France ont généralement une plus belle recrue que celles également ménagées de la Lorraine, et cela par la seule raison que les premières sont dès les premières années parcourues par les porcs. Il est donc évident que la loi qui défend en Lorraine de mettre les porcs à la glandée dans toutes les coupes qui n'ont pas quatre années, manque d'un côté son but, et que de l'autre elle prive les sujets d'un avantage considérable en leur faisant perdre tous les ans la glandée de quatre coupes, et bien au delà encore, puisque, pour éviter les délits, les rapports et les amendes qui s'ensuivent, on est dans le cas de tenir les troupeaux de porcs qui vont à la glandée à une distance considérable des coupes qui sont au-dessous de quatre années. La communauté de Reimling se joint donc à tous les sujets de la Lorraine pour demander et réclamer le rapport de cette loi.

2º. Les communautés sont dans le cas de garantir pendant toute une année non seulement leurs coupes de l'année, ou celles royales dans les forêts où elles sont usagères, mais encore à 50 verges à l'entour. Cette garantie est une charge aussi ruineuse que moralement impossible ; car la loi dit que, pour la garde des dites coupes, l'on élira et fera sermenter tous les ans deux, trois ou quatre d'entre les habitants, qui surveilleront les mêmes coupes, et à chaque fois qu'un garde ou forestier royal trouvera dans l'une de ces coupes ou à 50 verges autour un délit sur lequel les gardes de la communauté n'auront pas fait de rapport, le forestier royal en fera son rapport contre la communauté même. De là la dégradation des forêts, et en même temps la ruine successive des communautés. Car dans les coupes et à l'entour des coupes communales, de même que dans celles royales où les communautés sont usagères, les délits sont commis, soit par les habitants des communautés mêmes, soit par les employés de la ferme du roi, soit par les habitants des communautés voisines, soit enfin et fort souvent par les forestiers royaux, qui, la plupart du temps, sont gueux de biens et de mœurs. Or, comment pourrait-on espérer que des gardes communaux, tous vivant de leur métier ou main-d'œuvre, et dont d'ailleurs les fonctions ne durent qu'une année, qui n'ont nul intérêt particulier aux rapports, nulle part aux amendes, et qui enfin savent que, dans le cas d'un rapport fait contre la communauté, il ne leur en coûtera que leur part comme habitants, comment pourrait-on espérer que des gardes de cette espèce négligeront leur métier, leur main-d'œuvre, de laquelle ils vivent, eux et leurs familles, pour surveiller une coupe, à la conservation de laquelle ils n'ont qu'un intérêt bien faible et purement général? Comment pourrait-on croire que ces gardes, suivant même leurs fonctions, seront bien scrupuleux à reprendre ceux de leurs cohabitants qu'ils trouveront en délit, au risque de déplaire à leurs parents, à leurs amis, à leurs voisins, et de faire naître des inimitiés, des haines, des dissensions éternelles entre eux et les délinquants? D'ailleurs leurs fonctions ne durant qu'une année, ne seront-ils pas intéressés à ménager des gens qui, l'année suivante, prendront leur place et les ménageront à leur tour?

Quant aux employés de la ferme du roi, qui, à la faveur de leurs armes et sous prétexte d'être appostés pour faire leur service, enlèvent souvent les glands et dégradent les forêts soit pour faire de grands feux aux coins des bois mêmes, comme on le voit tous les jours, soit pour l'usage de leurs maisons, qui pourrait se promettre que des gardes communaux oseront les suivre, les reprendre, leur faire rapport? La crainte de se mettre ces gens à dos et de s'en voir tous les jours bouleverser la maison sous prétexte de contrebande, leurs armes, leur ton menaçant, tout cela en impose à de pauvres campagnards, qui d'ailleurs n'ont qu'un si pauvre intérêt d'empêcher la dégradation.

Pour les délits qui se commettent si fréquemment par les forestiers royaux eux-mêmes, c'est encore bien autre chose. En effet, dans chaque village ou à peu près, il y a un forestier royal. Il n'est que trop connu que ces gens, en Lorraine surtout, sont ordinairement de la lie du peuple, qu'ils en sont même le rebut. Sans biens, presque sans gages, sans métier, ordinairement aussi friands que fainéants, ils ont pour tout revenu le tiers des amendes provenant des rapports qu'ils font. Pour augmenter ce revenu, il faut d'un côté multiplier les rapports et de l'autre devenir prévaricateurs. Un forestier s'arrange avec les habitants de la communauté où il demeure; il les laisse, quant à lui, impunément dégrader les forêts au moyen d'une rétribution en argent, grains, farine, graisse et autres comestibles: voilà la prévarication. Cependant les forestiers du voisinage, bien instruits de l'arrangement de leur confrère, profitent de la sécurité des habitants pour faire, même sans les prévenir et le plus souvent à deux ou à trois afin de multiplier les frais de voyage, des rapports sur les délits que leur dit confrère a ménagés à ce dessein, comme eux en ménagent et favorisent de leur côté envers les habitants des communautés où ils demeurent, aussi dans les vues de procurer aux forestiers voisins l'occasion de faire des reprises: et voilà la multiplication des rapports. Les registres des rapports feront foi de ce qui est avancé ici. De cette manière les forestiers ont double mouture toujours aux dépens des pauvres villageois, qui, après avoir graissé la patte aux uns, sont néanmoins dans le cas de payer l'amende des rapports faits par les autres et les grands frais d'iceux. Ce n'est pas tout. Les forestiers royaux ont besoin de bois comme les autres gens; leur portion communale leur suffit rarement, à eux, non plus qu'aux autres, pour leur usage; ils en font même souvent commerce, et il s'en faut bien qu'ils achètent tout ce qu'il leur faut pour cela. Non seulement ils commettent des délits impunément, mais ce qu'il y a de plus, il en est plus d'un qui, après avoir commis eux-mêmes des délits dans les coupes dont la garde est à la charge des communautés, ne rougissent pas d'en faire ensuite des rapports contre les mêmes communautés; et c'est ici une branche d'industrie qui doit même ne pas occasionner la moindre surprise à quiconque sait que de 100 forestiers royaux il n'y en a pas 10, peut-être pas 5 en Lorraine, qui auraient du pain à manger pendant le tiers de l'année, s'ils n'abusaient étrangement de leur état, et qu'il n'est aucun garde communal qui oserait leur faire rapport.

Tout le bien que l'on pourrait donc se promettre de la loi qui charge les communautés de la garde et de la garantie de leurs coupes pendant une année, serait de défendre ces coupes des délits et des dégradations que tenteraient d'y faire les habitants des communautés voisines. Mais outre que, comme il a déjà été observé, les gardes communaux n'ont pas assez d'intérêt pour surveiller ces coupes, parce que, dans les dégradations qui se commettent, ils ne perdent que leur faible part, et que tout le temps qu'ils emploieraient à parcourir et surveiller les forêts, serait perdu pour eux seuls, c'est que ces mêmes coupes sont souvent éloignées des villages auxquels elles appartiennent, et à portée d'autres dont les habitants trouveront toujours le moyen d'échapper à des gardes dont ils connaissent l'état et conséquemment les occupations journalières qui les retiennent tantôt d'un côté tantôt d'un autre.

D'après tout ceci il paraît évident qu'en obligeant les communautés de garder et garantir pendant une année leurs propres coupes ou celles des forêts royales où elles sont usagères, on leur a imposé un joug, une charge aussi ruineuse que moralement impossible à remplir. Oui; mais, dira-t-on, voilà le mal: où en est le remède? Il y en aurait plusieurs; mais voici celui auquel les habitants de Reimling croient devoir s'arrêter, sauf à d'autres à en imaginer de meilleurs.

Au lieu d'un forestier royal pour chaque village, il suffirait d'un pour 4, 5, 6 et encore plus de communautés à portée les unes des autres. Ce garde n'aurait droit de faire des rapports que dans les forêts des bans dépendant de sa surveillance. On lui attribuerait 1º le tiers des amendes, et 2º un fixe de 150 ou 200 livres à lever annuellement ou par quartier sur les habitants des communautés susdites, à charge par lui de garder et garantir les coupes de l'année et même toutes les forêts appartenant à ces communautés, ainsi que celles où elles sont usagères. Les communautés payeraient d'autant plus volontiers les gages du garde qu'au moyen de cela elles seraient à l'abri des rapports qu'on est en usage de faire contre elles pour les délits commis dans et autour de leur coupe de l'année, rapports qui annuellement leur coûtent davantage, et que d'ailleurs leurs forêts seraient infiniment mieux gardées. Ce garde inspecterait et garantirait également les coupes et forêts royales situées sur les bans de sa juridiction, à charge d'une rétribution qui lui serait payée soit par le roi soit par les adjudicataires des coupes royales.

La loi autoriserait les syndic, maire et gens de justice de chaque village, à visiter tous les mois ou tous les trois mois leurs forêts communales et celles où ils sont usagers, à dresser procès-verbal de tous les dégâts qu'ils auront reconnu avoir été faits depuis leur dernière visite, pour d'après ce procès-verbal vérifier sur le registre de leur greffe local si le garde royal préposé à leurs forêts a dressé exactement rapport de tous les mêmes dégâts (ici l'on suppose que le garde, avant de faire ou dès après avoir fait rapport d'un ou plusieurs délits au greffe des eaux et forêts, en aura fait un par forme de note au greffe local sur un registre à ce destiné); et en cas de négligence de la part du dit garde, en faire rapport contre lui-même: ce serait là un moyen sûr de rendre les forestiers exacts et vigilants. Si toutefois l'on trouvait qu'à ce moyen les forestiers seraient trop chargés, on pourrait se borner à les rendre responsables de la moitié des dégâts dont ils auraient négligé de faire leur rapport. D'ailleurs, pour encore diminuer la charge des gardes, eu égard à l'étendue des forêts qu'ils auraient à surveiller, la loi pourrait dire qu'à chaque reprise qu'ils feront, ils seront autorisés à charger le rapport qu'ils en feront dresser de tous les délits commis depuis le dernier rapport qu'ils auront fait, sous condition néanmoins que les dits délits auront été duement reconnus par eux et seront clairement énoncés dans le rapport qu'ils en chargeront. De plus, les forestiers doivent encore pouvoir faire rapport de tous bois fraîchement coupés qu'ils trouveront sur place dans l'un des villages de leur district, à moins toutefois que le particulier chez lequel on les trouve ne puisse dire où et par quels moyens légitimes il s'est procuré ces bois. Au moyen de cet arrangement, il est clair que ce ne serait qu'une négligence extrême de la part du forestier qui le mettrait dans le cas d'essuyer lui-même un rapport pour faits d'inexactitude dans ses fonctions.

Le délinquant dont le rapport serait chargé de tous les délits commis et non repris depuis le dernier rapport, n'aurait nul droit de se plaindre de cette sévérité, puisqu'en transgressant librement une loi publiée et connue, il s'est soumis à toute la peine qu'elle emporte. Au reste aucun forestier ne devrait faire de rapport, pour quelque délit que ce soit, sans en avoir prévenu le délinquant, et comme les rapports n'ont d'autre fin que celle d'empêcher les délits, il serait nécessaire que les juges ne fissent jamais grâce, que même les amendes fussent portées beaucoup plus haut qu'elles ne le sont. Pour obvier aux délits qui pourraient être commis pendant que le forestier serait occupé au martelage ou récolement de quelque coupe de son arrondissement, il faudrait enjoindre au maire de chaque communauté de sermenter tous les ans *gratis* deux gardes destinés à surveiller leurs coupes ou forêts aux jours que le forestier de l'arrondissement serait occupé aux martelages ou récolements susdits, à charge par le forestier de prévenir ces gardes, et sous la réserve que le tiers des amendes provenant des rapports faits par les mêmes gardes sera partagé par moitié entre eux et le dit forestier.

Il semble que de cette manière les forêts seraient mieux gardées que jusqu'ici, que les délits et les rapports, qui sont en même temps la ruine des forêts et celle des communautés, deviendraient bien plus rares, et qu'enfin le nom d'un forestier royal n'étant plus l'annonce de la mendicité et de la crapule, et leur état n'étant plus un état de misère et d'opprobre, on parviendrait aisément à remplir leurs postes de gens à sentiments et de probité. On en trouverait même pour cela qui, par l'état de leur fortune, pourraient répondre de leurs faits et de leur exactitude, et il ne serait plus vrai de dire, comme maintenant, que de 100 rapports dont on pourrait prouver le faux, il en est à peine un contre lequel on ose s'inscrire, parce que les frais d'une procédure en faux étant considérables, et les forestiers presque tous gueux, quiconque s'inscrit en faux contre eux est presque toujours sûr de perdre en gagnant; car enfin il faut que quelqu'un paye les frais, et ce quelqu'un, ce n'est pas le gueux.

III. Le vœu d'une infinité de bons patriotes, et spécialement de la communauté de Reimling, tend à la suppression de la maîtrise des eaux et forêts. On prétend assez généralement que la besogne que les officiers de la maîtrise font et qui est si chèrement payée, pourrait être infiniment mieux faite et à beaucoup meilleur compte.

1. — Cette besogne pourrait, dit-on, être mieux faite; car chaque siège de maîtrise est composé d'un maître particulier, lieutenant particulier, procureur du roi, garde-marteau, d'un arpenteur-géomètre et de deux huissiers, outre les gardes à cheval. Le vœu de l'ordonnance est que le martelage et récolement des coupes (c'est ici la besogne la plus importante) se fasse par le maître particulier ou son lieutenant à l'assistance du procureur du roi, garde-marteau, et du greffier ou de son commis. L'esprit de cette loi tend sans doute à ce qu'au moyen de toutes ces personnes, encore accompagnées d'un garde à cheval et d'autres, tant le martelage que la visite et récolement des coupes se fassent avec toute l'exactitude possible.

A voir les procès-verbaux de martelage et récolement, l'on dirait en effet qu'il en arrive ainsi; mais l'on n'en juge plus de même, quand l'on passe par les coupes vidées. On trouve bien que la réserve voulue par les ordonnances y est faite; mais le plus souvent c'est une chose révoltante de voir la distribution des pieds d'arbres réservés: ici ils sont entassés les uns sur les autres, et là se voient des vides ou ce qui s'appelle des *chambres* très considérables. D'un côté l'on a laissé subsister des arbres qui devraient être abattus comme étant sur le retour, de l'autre on en abat qui sont dans la vigueur de leur croissance, des chênes surtout, au point qu'au bout de quelque temps il n'y aura plus ni glandée ni bois de bâtiment nulle part. Les forêts, crie-t-on de toutes parts, sont dégradées par ceux mêmes qui sont faits pour les conserver. Et comment cela arrive-t-il? La chose, dit-on, est aisée à concevoir. Malgré que les procès-verbaux de martelage et de récolement soient signés par le maître particulier, procureur du roi, garde-marteau et le greffier, et qu'il semble qu'ils aient été dressés sur les lieux, comme l'ordonnance le prescrit, il est notoire 1º que le greffier n'assiste jamais ni aux martelages ni aux récolements. Il est 2º également notoire qu'il est d'usage de ne rédiger les procès-verbaux qu'après coup et lorsqu'on est de retour au siège. Il est 3º encore notoire et très facile à prouver que très souvent MM. les maître particulier, procureur du roi et garde-marteau s'arrangent de façon à marteler ou récoler deux, même trois coupes à la fois, l'un allant d'un côté, l'autre d'un autre, et chacun se faisant accompagner d'un ou de plusieurs gardes et de quelques habitants des communautés pour lesquelles ils travaillent. Un garde ou même un autre paysan porte le marteau et l'applique sur les blanchis faits par un de ses semblables, tandis que l'officier de maîtrise s'occupe à noter les pieds d'arbres réservés et leurs espèces, ainsi qu'on les lui annonce, c'est-à-dire qu'il fait les fonctions de greffier. Comme, à raison des 3 livres 10 sols par arpent, il importe moins de faire une bonne besogne que d'en faire beaucoup, on pousse, on va vite, et souvent il arrive qu'une fois dans la forêt le martelage de 18 à 20 arpents est à peine l'ouvrage d'une heure. Il est facile à concevoir que les gardes et les paysans dont l'officier est accompagné et qui font vraiment la besogne, n'aiment pas mieux que d'aller vite et qu'ils se font un plaisir de seconder en cela le vœu de M. l'officier. De là les chambres, les vides ou les clairières; de là le mauvais choix dans la réserve; de là la dégradation successive des forêts.

Par quel moyen cette besogne pourrait-elle être mieux faite? Le voici: MM. les officiers des maîtrises ont, dit-on, convenu eux-mêmes dans un mémoire présenté au nom d'eux tous à l'assemblée des notables que leurs sièges n'étaient pas assez multipliés. Ils avouent donc que leur juridiction est trop étendue, qu'ils n'y suffisent pas; et peut-être est-ce à la faveur de cet aveu qu'ils ont voulu excuser la précipitation et l'inexactitude avec laquelle ils opèrent. Prenons acte de cet aveu et disons que le moyen le plus simple de multiplier les sièges préposés à l'administration des forêts, et conséquemment de restreindre la trop grande étendue de leur juridiction, afin de faciliter des opérations plus mûres et plus réfléchies, c'est d'attribuer cette administration et la juridiction qu'elle emporte aux présidiaux, bailliages et prévôtés respectifs, chacun dans l'étendue de son ressort.

1º. Quant aux audiences, au lieu d'une par semaine, comme cela est d'usage dans les présidiaux, bailliages et prévôtés, il pourrait facilement y en avoir deux, dont la première pour affaires de justice ordinaire, et la seconde pour celles de maîtrise.

2º. Quant aux coupes des communautés, soit dans leurs forêts propres, soit dans celles royales où elles sont usagères, on pourrait charger les maire, syndic et gens de justice de chaque lieu, de procéder eux-mêmes au martelage à l'assistance du garde ou forestier royal de l'arrondissement. Il faudrait pour cela que pour chaque arrondissement il y eût un ou deux marteaux conservés dans un coffret à trois serrures, dont une clef se trouverait entre les mains du garde, la deuxième et la troisième, quadruples ou sextuples, entre les mains des maire et syndic de chacune des 4 ou 6 communautés de l'arrondissement. Ce coffret, que l'on transporterait selon le besoin d'une communauté à l'autre, serait, à chaque martelage, ouvert en présence des maire, syndic et gens de justice du lieu, à l'assistance du garde royal.

Le martelage n'est pas chose bien difficile; il n'y a pas de garde qui ne sache tout ce qu'il faut pour le faire avec exactitude, pour éviter la précipitation, qui au reste serait peu à craindre de la part de gens intéressés à bien faire, puisqu'ils travailleraient pour eux-mêmes. On pourrait défendre de marteler en un même jour plus d'une coupe dans l'étendue d'un même arrondissement. Le procès-verbal de martelage, qui serait dressé par le garde ou par l'un des gens de justice d'après un modèle imprimé, serait déposé au greffe de l'administration des forêts, au plus tard dans la huitaine, sauf à en conserver un double dans les coffres de la communauté. On pourrait allouer au garde 2 sols par arpent pour droit de martelage et aux maire, syndic et gens de justice, une portion et demie de bois au lieu d'une portion simple.

3º. Le récolement se ferait précisément par les mêmes sous la direction et les yeux de l'un des officiers du présidial, du bailliage ou de la prévôté, lequel se ferait encore accompagner de l'un des deux gardes à cheval. Cet officier du bailliage aurait pour honoraires 7 sous par arpent: ce qui paraît suffire, puisqu'il semble que l'on peut, sans précipiter les choses, faire par jour le récolement de 30 arpents et au delà. Le garde aurait encore cette fois 1 sol par arpent; les maire, syndic et gens de justice se trouveraient payés par la demi-portion de bois qu'ils recevraient en sus à l'encontre des autres habitants. Si, lors du récolement, l'officier qui y présiderait, trouvait qu'au martelage l'on n'eût point rempli les vœux de la loi, il priverait les maire, syndic et gens de justice, de leur portion ou demi-portion de bois pour l'année suivante ou même pour plusieurs années, suivant la gravité du délit, et condamnerait le garde à une amende de 3, 6 ou 12 livres, aussi suivant le cas. Le procès-verbal de récolement se ferait comme de coutume.

4º. Le martelage des coupes à vendre au profit du roi se ferait par l'un des officiers-juges, à l'assistance du procureur du roi, et suivi d'un garde à cheval et du forestier de l'arrondissement. Les deux premiers auraient chacun 6 sols 8 deniers par arpent, le garde à cheval 3 sols, et le forestier de l'arrondissement 1 sol. Défense à eux de marteler plus de 30 ou au plus 36 arpents par jour. Le récolement se ferait par les mêmes; mais comme cette dernière besogne va plus vite, il faudrait diminuer les vacations proportionnément et fixer pour le récolement un plus grand nombre d'arpents par jour. Les susdits frais de martelage et récolement seraient levés sur les quatre cinquièmes restant de bon dans les francs-vins accoutumés.

5º. Les abornements qui restent encore à faire seraient exécutés par l'un des officiers du bailliage, à l'assistance du procureur du roi près l'administration des eaux et forêts. Il en serait de même des descentes et vues de lieux, auxquelles néanmoins le greffier du département des eaux et forêts devrait aussi assister par lui ou par son greffier commis.

6°. La vente et adjudication des bois se ferait par-devant un ou plusieurs de MM. les officiers-juges des présidiaux, bailliages ou prévôtés respectifs, à l'assistance du procureur du roi près le département des forêts, du greffier et d'un ou deux huissiers. Au lieu des francs-vins jusqu'ici réservés en plein au profit des officiers de la maîtrise, les officiers-juges des présidiaux, etc., ensemble les procureur du roi et greffier des eaux et forêts, n'en tireraient plus qu'un cinquième (nous verrons l'emploi des autres cinquièmes): duquel cinquième les deux tiers reviendraient aux officiers-juges pour être partagés entre eux sur le même pied que les autres droits; de l'autre tiers le procureur du roi aurait trois cinquièmes, et le greffier les deux autres.

Il est vrai que les francs-vins ainsi attribués aux officiers-juges seraient encore de fortes journées, vu surtout qu'ils n'auraient pas été dans le cas de faire les frais d'une augmentation de finance à raison de la nouvelle juridiction qu'ils acquerraient. Mais il faut aussi remarquer que tous les avis jusqu'ici donnés gratis par les officiers de la maîtrise dans toutes les affaires qui passent à M. le grand maître, et de là au conseil, viendraient à leur charge pour être pareillement donnés gratis par eux, de façon qu'une partie des francs-vins susdits pourrait être regardée comme une indemnité pour cette nouvelle besogne.

7°. Au lieu que les ventes générales des bois ont été jusqu'ici présidées par M. le grand maître ou son secrétaire, elles le seraient à l'avenir par l'un de MM. les conseillers de la chambre des comptes, qui pour lors, à l'aide d'un secrétaire, examinerait et vérifierait les opérations des officiers relativement aux eaux et forêts et en même temps recevrait les requêtes en plaintes et placets présentés par les sujets du roi pour y statuer sur-le-champ ou, le cas échéant, en faire rapport à sa compagnie. Ce serait aussi à ce même tribunal de la chambre des comptes ou à une commission établie par icelle que l'on attribuerait toute la juridiction de M. le grand maître.

[2.] — D'après ce qui a été observé jusqu'ici, il paraît que le département des eaux et forêts pourrait non seulement être administré bien mieux qu'il ne l'est, mais encore à beaucoup meilleur compte. Mais alors il faudrait d'un côté supprimer des offices, et de l'autre trouver les moyens d'en rembourser la finance.

La juridiction des eaux et forêts étant attribuée aux présidiaux, bailliages et prévôtés, il s'ensuivrait la suppression des offices du maître particulier et de son lieutenant: cela est clair. Y ayant des marteaux dans chaque arrondissement sous la garde du forestier et des maires et syndics; y ayant aussi des marteaux au greffe des eaux et forêts pour les coupes royales, ces derniers sous la garde des officiers-juges conjointement avec le procureur du roi et le greffier des eaux et forêts, il s'ensuivrait encore la suppression de l'office de garde-marteau, office qui a d'ailleurs, et à tous égards, été si inutile.

Les deux huissiers de la maîtrise des eaux et forêts pourraient être réunis au corps des huissiers ordinaires du siège, et tous feraient indifféremment les commissions ordinaires et celles relatives aux eaux et forêts. Les deux gardes à cheval continueraient à subsister sur le même pied que ci-devant, toutefois sous les charges et conditions précédemment énoncées aux articles des martelages et récolements, et que d'ailleurs il leur serait libre de faire des rapports par droit de prévention sur tous autres forestiers dans tout le département des eaux et forêts. Les gardes à cheval, n'ayant point financé, seraient éligibles et révocables *ad nutum* et à la pluralité des voix des officiers-juges conjointement avec le procureur du roi des eaux et forêts. Lors de la réception d'un garde à cheval, il serait bon de l'astreindre à donner caution pour la valeur de 600 livres, et le même cautionnement devrait être exigé, au moins pour moitié, de chaque forestier d'arrondissement, afin qu'au cas d'une inscription et preuve de faux contre les rapports par eux faits, on trouvât dans ce cautionnement de quoi payer les frais de la procédure.

Les honoraires et revenants-bons du procureur du roi, comme ceux du greffier des eaux et forêts (ces deux offices paraissent devoir subsister) étant considérablement diminués, il serait juste de réduire ces offices à une finance proportionnée. De même, les deux huissiers de la maîtrise se trouvant incorporés à ceux de la justice ordinaire et leurs offices devenant moins lucratifs, il serait encore juste d'en réduire la finance.

La juridiction de M. le grand maître étant attribuée à la chambre des comptes, il s'ensuivrait encore la suppression de sa charge.

Voyons les moyens de subvenir aux remboursements qu'exigeraient ces suppressions.

1º. Jusqu'ici les officiers de la maîtrise perçoivent pour martelage et récolement 3 livres 10 sols par arpent: cela fait un total très considérable, et qu'il sera facile de connaître par un relevé à faire sur les registres. Dans notre plan, les frais de martelage et de récolement ne coûteraient plus que 10 sols par arpent: voilà donc déjà une économie de 3 livres par arpent.

2º. Les officiers des maîtrises perçoivent 2 sols pour livre par forme de francs-vins sur la vente des bois royaux: ce qui fait également une somme très considérable, dont le total est aisé à calculer à peu près sur les registres de ventes. Sur ce produit nous avons assigné les frais de martèlage et récolement des coupes à vendre au profit du roi, frais qui se monteront à tout au plus 18 ou 20 sols par arpent: l'on trouvera donc encore sur cet objet une économie très considérable.

3º. Le roi paye, dit-on, aux officiers de maîtrise par forme de gages deux et demi pour cent du prix de leur finance. Les offices du maître particulier, de son lieutenant et du garde-marteau étant supprimés et celui du procureur du roi réduit, par exemple, au quart de la finance, il y aura encore nouvelle économie sur cet objet.

4º. La juridiction des eaux et forêts étant attribuée aux autres sièges, on verrait bientôt lever les charges de judicature qui sont encore à remplir et restent aux parties casuelles: de là résultera une nouvelle somme et un nouveau bien, puisque, plus il y aura d'officiers, mieux et plus aisément ils pourront vaquer à la besogne.

5º. Le département des eaux et forêts étant donné aux sièges de justice ordinaire, qui sont beaucoup plus multipliés que ceux des maîtrises, il y aura un nombre d'offices de procureurs du roi et de greffiers pour les eaux et forêts à créer. La finance de ces offices produira encore une bonne ressource.

Que l'on continue donc à lever, pendant un nombre d'années à déterminer d'après un calcul exact ou du moins approximatif, 1º les 3 livres 10 sols par arpent pour martelage et récolement, 2º à percevoir les francs-vins comme d'usage; qu'on y joigne les gages que le roi paye; qu'on y ajoute le produit des charges de judicature qui sont encore à lever dans les différents sièges et de celles des nouveaux greffiers et procureurs du roi pour les eaux et forêts: après avoir prélevé sur la totalité de ces sommes les frais de martelage et récolement tant des coupes communales que des coupes royales sur le pied que nous avons fixé, il restera annuellement une grosse somme de bon; que sur cette somme l'on prenne de quoi payer aux officiers dont les charges auront été supprimées les intérêts du prix de leurs finances sur le pied de 5 pour 100, sans déduction des vingtièmes, et que le résidu (il y en aura sûrement un) soit payé aux mêmes officiers en déduction d'autant du prix capital de leurs finances: insensiblement les offices supprimés se trouveront remboursés, et alors l'économie sur les francs-vins tournera au profit du roi et à la décharge de l'Etat, et les 3 livres par arpent gagnées sur le martelage des coupes communales et dont on déchargera les communautés, feront un soulagement considérable pour le peuple. Les moyens de rembourser la finance de M. le grand maître seront, comme l'on voit, à peu près les mêmes.

Dans l'énumération des offices dépendant d'un siège de maîtrise, on n'a pas fait mention de celui d'arpenteur géomètre; mais l'on sent bien la nécessité de conserver celui-là.

Que l'on ne dise point que les officiers d'un bailliage, par exemple, seraient, à défaut de connaissances, peu propres à faire la besogne jusqu'ici confiée à ceux des maîtrises. Il faudrait être bien dépourvu de talents pour ne pas pouvoir acquérir dans bien peu de temps autant et plus de connaissances relatives au département des eaux et forêts que n'en ont communément les officiers des maîtrises actuelles. D'ailleurs les officiers des bailliages auront encore sur ceux des maîtrises l'avantage très remarquable d'être gens d'étude et de loi, tandis que ceux-ci ne sont le plus souvent que gens de routine.

IV. La charge énorme qui résulte pour l'Etat de l'établissement des experts priseurs (charge qui, outre qu'elle pèse plus particulièrement sur la partie la plus pauvre et la plus souffrante des sujets du roi, entraîne encore après elle des abus, dont il est aussi difficile de concevoir la somme que d'en fixer le terme), a fait vivement sentir la nécessité de faire rentrer cet odieux établissement dans les ténèbres du néant. Aussi la communauté de Reimling se fait-elle un devoir de réclamer hautement des bontés et de la justice du roi la suppression hâtive de cet établissement. Les moyens de cette suppression se trouveront aisément en continuant de percevoir pendant un laps de 6, 8 ou 10 années les mêmes droits que tirent les experts priseurs établis et en employant chaque année partie de ce produit au payement des intérêts de la finance et le restant en acquittement pour autant du capital. De cette manière le capital des finances se trouverait successivement remboursé avec les intérêts: le mal cesserait, ainsi que toutes plaintes.

V. Edit des clôtures. D'après un édit du mois de mars 1767, il est libre à chaque propriétaire de clore telle partie de ses terres ou prés qu'il jugera à propos pour en user et profiter comme il l'estimera mieux être. Le but de cette loi est sans doute de multiplier les moyens de fourrage. Il est certain que, les fourrages étant l'âme de l'agriculture, il est important à tout bon gouvernement de fixer les moyens les plus propres pour parvenir à la multiplication de ces fourrages. Mais faut-il pour cela des clôtures? Ne suffirait-il pas: 1º de défendre grièvement la vaine pâture pour toutes espèces de bêtes hors celles à laine et encore tout au plus celles à soies, à charge que le berger et son maître répondraient du dégât que pourraient faire les bêtes blanches, et le hardier de celui fait par son troupeau? De cette manière l'office des bangardes deviendrait facile, et les reprises fort rares; — 2º de déclarer que chaque propriétaire jouira, librement et de telle manière qu'il jugera le mieux, de ses terres et prés, ainsi et de même que s'ils étaient clos? Après un tel règlement, l'on verrait les prairies artificielles infiniment plus multipliées qu'elles ne le sont en suite de l'édit des clôtures, outre que l'industrie se montrerait encore en mille autres manières.

L'édit des clôtures n'est réellement favorable qu'aux gens riches, aux abbayes, aux seigneurs, aux gros fermiers, qui ont d'un côté de grandes pièces de terres ou de prés en un continu, et de l'autre possèdent seuls les moyens de faire la dépense des clôtures. D'ailleurs les clôtures faites au moyen d'un fossé entraînent la perte d'un terrain considérable; celles faites en palissades forment une nouvelle consommation de bois, de cette denrée de première nécessité qui est déjà si chère; en outre le tour de charrue qui emporte trois pieds autour de chaque enclos de fossés comme de palissades, est une autre perte de terrain très considérable. Remarquons enfin que quiconque met une pièce de terre ou de pré en enclos doit, d'après les termes de l'édit, faire visiter et reconnaître la suffisance de sa clôture et en faire dresser procès-verbal, en suite de quoi les bangardes du lieu lui deviennent responsables et de sa clôture et des dégâts qui pourraient avoir lieu dans l'enclos même. De là il résulte plus de querelles, de procès ruineux, plus de mal dans une année que les enclos ne procurent de bien et d'avantage dans dix: c'est de quoi tous les tribunaux rendront témoignage.

VI. Vaine pâture. La vaine pâture des bêtes à cornes et de celles de trait est un véritable abus qui demande d'être réformé, 1º. parce que c'est cette vaine pâture qui nécessite les clôtures, lesquelles, comme on vient de le voir, sont abusives par elles-mêmes; — 2º. parce que la vaine pâture donne lieu à mille dégâts, à mille rapports ruineux, soit pour garde faite en délits soit pour échappées. Mille mauvais sujets profitent du prétexte de la vaine pâture pour chasser leurs bêtes dans les champs couverts de blé, dans les prés et dans les coupes non encore défensables; d'autres remettent les leurs à la garde d'enfants ou de domestiques étourdis, négligents: de là une infinité de dégâts et autant de rapports; — 3º. parce qu'au printemps et en automne les prairies étant humides, les pieds des chevaux et des bêtes à cornes y enfoncent de trois à quatre pouces; l'eau séjourne dans les creux; la racine des herbes qui sont dans toute la circonférence intérieure de ces creux est mise à découvert; la moindre gelée qui survient en automne, comme aussi en printemps, ou bien la moindre sécheresse fait périr toutes les herbes dont les racines ont été mises ainsi à découvert. D'ailleurs l'eau qui séjourne dans les pas des bêtes fait communément périr tout le gazon enfoncé, qui ensuite, surtout dans les prairies naturellement humides, est remplacé par la mousse.

4°. Le peu de nourriture que les chevaux et les bêtes à cornes trouvent à la pâture pendant les chaleurs de l'été ou les froids de l'hiver, leur est par les circonstances plus nuisible que profitable. D'un côté l'ardeur du soleil les gêne, les dessèche et les fait aussi bien souffrir que les hommes. D'ailleurs les mouches, les insectes dont ces animaux sont rongés, ne leur laissent pas un instant de repos. D'un autre côté le froid glaçant, la neige, les pluies, la boue, qu'ils ont à essuyer alternativement, les chutes sur la glace qui les exposent si fréquemment à se casser une jambe: voilà des maux qui détruisent au double et au triple le faible avantage de cette pâture.

5°. Les bêtes de trait et celles à cornes étant plus de la moitié de l'année à la pâture, il s'ensuit une perte d'engrais très considérable. Aussi est-il constant que, qui pourrait rassembler les engrais ainsi perdus dans les chemins d'un ban, le long des haies, des bois, des ruisseaux, sur des pâtures arides, en aurait plus que la meilleure moitié de tous les laboureurs du village.

6°. La pâture dans les coupes, même défensables, est rarement bonne et nourrissante et toujours dangereuse, soit par les mauvaises herbes qui s'y trouvent et qui souvent causent des maladies, soit parce que, les bêtes étant la plupart du temps mal gardées, elles passent de jour, et encore plus souvent de nuit, des coupes défensables dans celles qui ne le sont pas ou quittent même les forêts pour aller ravager les blés prêts à être moissonnés: c'est là un mal très fréquent.

7°. C'est à la pâture que les maladies se communiquent, et voilà comme dans peu de jours tout un village est infecté.

8°. Après la récolte des foins, l'on destine un tiers, la moitié, même deux tiers des prés à la pâture, le reste demeurant réservé pour y faire des regains. Qui ne concevra que de toute l'herbe qui se trouve ou croît sur ces prés abandonnés à la pâture, à peine un tiers tourne à profit, le reste étant foulé sous les pieds des bêtes?

9°. Un autre abus très considérable de la vaine pâture, c'est qu'elle engendre de grands désordres parmi la jeunesse de campagne et contribue beaucoup à former de mauvais citoyens. A peine le fils d'un laboureur a-t-il 9 à 10 ans que le père le met à la garde de ses bêtes de trait: un premier mal qui suit de là, c'est que malgré tous les moyens qu'un curé veuille employer, il ne parvient guère à faire aller ces enfants à l'école au delà de 3 ou 4 mois par année, et comment est-il possible que de cette façon la jeunesse soit instruite dans les principes de la religion, dans ceux d'un bon sujet et citoyen, et enfin dans la lecture et l'écriture? Un autre mal, c'est que parmi ces enfants qui sont à la garde des bestiaux, il y en a toujours qui sont un exemple de libertinage aux autres: outre d'autres mauvaises leçons, les plus âgés apprennent aux plus jeunes à dépouiller les jardins, à arracher les clôtures ou à dégrader les forêts pour rôtir les topinambours qu'ils auront volés. De cette façon ils se forment dès l'âge le plus tendre à mépriser les droits de la propriété; et faut-il s'étonner si ensuite l'on voit tant de campagnards qui, dans un âge mur, prennent pour des rêves tout ce qu'un pasteur leur dit sur la rigoureuse probité et sur les devoirs de la restitution? D'ailleurs les curés de campagne n'ont que trop lieu de se convaincre que la garde des bestiaux confiée pour la vaine pâture aux enfants dès l'âge de 9 à 10 ans jusqu'à celui de 18 à 20, est la plus forte cause de ce caractère dur, sauvage et, pour ainsi dire, impliable que nous remarquons parmi nos campagnards. En effet, peuvent-ils ne point prendre une partie des habitudes et de la trempe des animaux avec lesquels ils passent ces années de leur vie où ils sont le plus susceptibles de bonnes ou mauvaises impressions?

Il paraît donc indubitable que la vaine pâture est extrêmement abusive et doit être défendue sous de fortes peines. Si l'on croyait qu'il fût nécessaire ou avantageux qu'après la fenaison les prés soient foulés pour raffermir le gazon, on pourrait y permettre la pâture à ce dessein pendant 15 jours seulement dès après la récolte des foins et encore pendant 15 autres jours après la sortie des regains, mais jamais de nuit, parce que les bêtes étant alors mal gardées, elles passent des prés dans les champs et forêts voisines. Au reste, les bêtes restant à l'écurie, l'agriculture retrouvera non seulement les engrais que l'urine et la fiente des bêtes déposeraient sur les prés, mais encore tous ceux qui se perdent sur les chemins et ailleurs. Le Palatinat doit et peut ici nous servir d'exemple. L'on pourrait également permettre la pâture dans les champs pendant 15 jours après la moisson des gros grains et celle des marsages, mais jamais de nuit.

La double et triple quantité de regains que l'on fera par la clôture naturelle de tous les prés, jointe aux prairies artificielles qui se multiplient de tous côtés, doubleront et tripleront l'abondance des fourrages: de quoi le pauvre particulier, comme les magasins du roi, se ressentiront bientôt. Le moindre campagnard, au lieu d'une vache mal nourrie, en aura plusieurs bonnes qui, en augmentant la quantité de ses engrais et par conséquent le produit de ses terres, lui fourniront avec cela par le lait, la crème et le beurre, une nourriture saine et abondante. Le laboureur, au lieu de dégrader les forêts en y faisant chercher une méchante nourriture par ses chevaux, et de se voir écraser par des rapports ou l'exaction des forestiers complices, aurait de quoi entretenir ses bêtes de trait en bon état dans son écurie et ne serait pas dans le cas, quand il aurait besoin de leurs services, de perdre, comme cela arrive souvent, toute une journée à les chercher dans des recoins de forêts où elles se sont égarées pendant la pâture de jour ou de nuit.

Si l'on disait que la clôture naturelle des terres et prés, avec liberté à chacun d'en user comme si cela était clos d'après le terme de l'édit de 1767, et la défense de la vaine pâture pèseraient uniquement sur les pauvres qui n'ont ni terres ni prés et les mettraient dans l'impossibilité de tenir une vache, on détruirait aisément cette objection. Car 1º n'est-il pas bien et très juste que celui-là seul jouisse d'un bien, qui le tient à titre d'héritage ou d'acquêt et qui d'ailleurs en paye seul les charges et redevances? 2º Le pauvre qui n'a pas de terres est bien dans le cas d'acheter de la paille pour servir de litière à sa vache et encore de nourriture; pourquoi n'achèterait-il pas de même le foin et le regain? ou plutôt, les propriétaires sont-ils plus dans le cas de lui fournir gratis l'un que l'autre? 3º Les fourrages devenant beaucoup plus abondants, les pailles et les foins seront à bien meilleur marché; le pauvre pourra donc se procurer dans la suite à peu près l'un et l'autre au même prix et pour la même somme que lui coûte maintenant la paille seule. 4º Les regains des prés appartenant aux fabriques de chaque lieu, de même que ceux des prés appartenant à des habitants des villages voisins, pourraient être attribués aux pauvres du village sur le ban duquel ces prés sont situés. 5º Enfin la pâture n'ayant plus lieu dans les forêts, les pauvres gens pourraient y recueillir de l'herbe en abondance, soit pour le fourrage en vert, soit pour en faire du foin, ainsi que cela se pratique dans des pays où la vaine pâture est si utilement défendue.

Dans la défense de la vaine pâture on ne comprend pas les bêtes blanches ni les porcs, parce que, pouvant et devant être bien gardés, il sera facile d'en prévenir les dégâts. D'ailleurs les bergers et hardiers doivent répondre de tout dommage. Il est pourtant très essentiel de défendre, pour les bêtes blanches, toute pâture dans les prairies, et cela pendant toute l'année: ces bêtes rongent les bonnes herbes jusque dans la racine; en automne surtout, l'herbe jeune et tendre qui est reproduite par la semence tombée pendant la fenaison et qui doit repeupler les prairies, ne tenant encore qu'à de faibles racines, est enlevée par la dent meurtrière des brebis et moutons.

VII. Vols et dégradations des jardins. Les vols et dégradations commis dans les jardins n'étant si communs et si fréquents que parce que cette espèce de délits est trop légèrement punie, les habitants de Reimling désirent d'autant plus vivement voir intervenir une loi qui inflige à cet égard des peines fortes, non seulement pécuniaires, mais encore corporelles, infamantes, et sans acception de personnes, [vu] qu'il est bien plus difficile de garder un jardin qu'une maison, et qu'il importe autant de conserver les arbres, les fruits et les légumes plantés et cultivés à grands frais, que des meubles, argent et denrées que l'on peut conserver dans une maison.

VIII. Tiers denier des profits communaux. Le roi, les seigneurs hauts justiciers et les censitaires des domaines de Sa Majesté ont le droit de percevoir le tiers denier de tous les émoluments communaux qui sont vendus ou relaissés à bail au profit des communautés. Ce droit met souvent aux communautés des entraves dont le poids se conçoit difficilement. Une pauvre communauté a des dettes, des frais de procès ou de rapports à payer, des bâtiments communaux à faire ou à réparer; la plus forte partie des habitants qui la composent sont par leur indigence dans l'impossibilité de fournir leur quote-part: de là des retards, des augmentations de frais et d'autres maux. Un moyen souvent très à propos, et même le seul, pour faire face aux besoins pressants d'une communauté, serait de vendre une partie des profits communaux de l'année ou de relaisser à bail pour 3, 6 ou 9 années, telle pièce de terre ou de pré de la communauté; mais le roi, le seigneur, le domaine, le censitaire en emporterait le tiers: et voilà ce qui fait que l'on ne peut se décider à prendre ce parti-là. Les habitants de Reimling désirent et espèrent que le roi se décidera dans sa bonté paternelle à renoncer pour lui et tous ses domaines, aliénés ou non, à ce droit de tiers denier sur la vente ou le relaissement des biens communaux, s'entend des émoluments d'iceux, et qu'il invitera tous seigneurs à imiter ce bel exemple, sauf toutefois la réserve de la vente du tiers des bois, qui au fond cependant devrait avoir le même sort.

IX. Mendicité. Les habitants de Reimling désirent que de tant d'excellents projets et mémoires qui ont été récemment publiés sur les moyens de supprimer la mendicité, on fasse choix des meilleurs pour les mettre enfin en œuvre et les approprier à chaque contrée particulière des provinces du royaume et surtout de la Lorraine qui les intéresse de plus près.

Une espèce de mendicité plus honteuse encore que celle des pauvres du siècle, infiniment plus abusive et plus à charge, c'est celle des moines appelés mendiants. Il serait aisé de prouver que tel couvent de moines mendiants, composé de 20 individus, dépense le double (et ce double pèse sur l'Etat) d'un couvent de moines rentés contenant également 20 individus. L'une des raisons de ce désordre, c'est que les moines mendiants ne ménagent jamais d'une année à l'autre, point d'économie prévoyante chez eux, parce qu'ils savent par expérience qu'à force de tourmenter le monde en se promenant, ils amassent tout ce qu'ils veulent. Aussi sait-on que jamais ils ne souffrent de la dureté des années et des différents événements fâcheux qui souvent forcent un honnête père de famille à se retrancher bien des choses, à lui et aux siens. Il n'est pas rare que ces mendiants d'état et de profession aient le plus beau blé à vendre dans les années de cherté. Toujours l'abondance et l'abus d'icelle règnent chez eux. Si le roi ne peut, malgré le désir de ses fidèles sujets, se décider à charger les abbayes et autres maisons riches et très surabondamment rentées de fournir annuellement aux moines jusqu'ici mendiants une sustentation et un entretien honnêtes, afin de les mettre ainsi à même de devenir utiles par des études suivies soit de théologie, de philosophie, d'histoire, ou autres, et par le service à rendre gratuitement dans les paroisses, quand ils en seront requis, on suppliera du moins Sa Majesté de fixer cette sustentation et entretien à une somme à lever annuellement, par exemple, dans tel arrondissement marqué pour tel couvent de moines mendiants.

X. Sur la nécessité de donner des surveillants aux tribunaux. Les habitants de Reimling conçoivent, aussi bien que leurs autres compatriotes, qu'il importe infiniment au maintien du bon ordre et à l'exécution des lois que tous les sujets du roi, indistinctement et sans exception, aient des surveillants pour observer et réprimer leurs écarts. Ils ont donc lieu d'être surpris que les juges, surtout ceux des tribunaux subalternes, soient en quelque sorte exceptés de cette règle si sage et si indispensablement nécessaire, tandis pourtant que les abus d'autorité, de pouvoirs, et les écarts auxquels leurs emplois les exposent, sont d'une conséquence d'autant plus dangereuse que les biens, l'honneur et la vie des citoyens sont entre leurs mains. C'est pourquoi les dits habitants joignent leur vœu le plus instant et le plus ardent à ceux de leurs compatriotes pour supplier Sa Majesté de prendre à cet égard, avec l'assemblée de ses Etats, des mesures aussi solides que sévères.

XI. Incapacité des juges. Un autre objet de doléances et remontrances de la part de la communauté de Reimling, comme de tant d'autres, c'est la facilité avec laquelle les gens même les plus incapables sont pourvus de lettres de licence et parviennent ensuite, au moyen de certificats donnés contre toute science et conscience, à surprendre la religion des cours souveraines et à être reçus aux fonctions si importantes et si sacrées de juges des biens, de l'honneur et de la vie de dix à vingt mille jurisdiciables. Il est bien affligeant de voir qu'aux universités on parvienne aux grades sans aucunes études, sans aucun fond de talents, et qu'ensuite il suffise d'avoir traîné la robe au barreau pendant un certain nombre d'années, sans même avoir donné la moindre preuve des grandes lumières, des amples connaissances, de l'application et de cette rigoureuse probité requises dans un juge, pour parvenir à occuper un emploi de judicature. Cependant les exemples n'en sont malheureusement pas rares, et c'est certainement un des abus sur lesquels il est le plus important de s'appesantir dans l'assemblée des Etats généraux, afin de guérir à cet égard le mal actuel et de prévenir ceux à venir.

XII. Coupe des bois. Une grande quantité des forêts de Lorraine, tant celles royales que communales, sont plus ou moins mêlées de bois blancs. La révolution des coupes est ordinairement fixée à 25 ou 30 ans. Ce terme est bien trop long pour les bois blancs, qui, avant cette révolution, sont péris pour au moins les deux tiers: de là une perte aussi considérable que générale dans une denrée des plus intéressantes. Le remède à ce mal serait une loi qui dise que, dans toutes les forêts mêlées de bois blanc, il se fera annuellement une coupe de ces bois blancs seulement, qui aura le double nombre d'arpents que la coupe ordinaire des gros bois des mêmes forêts, de façon que les bois blancs qui, à l'âge de 12 à 15 ans, sont régulièrement à leur plus haut terme de croissance, seraient coupés deux fois, pendant que les bois chênes, hêtres et charmes ne le seraient qu'une fois. Outre qu'au moyen de cette loi, les bois produiront, quant aux bois blancs, annuellement au moins le quadruple de ce qu'ils produisent dans le régime actuel, il en résulterait encore un bien grand avantage pour les gros bois qui, ainsi éclaircis, travailleraient beaucoup mieux.

XIII. Observation sur un inconvénient dans les votations et élections des assemblées préparatoires. L'article 46 du règlement du roi et celui 5e de l'ordonnance de M. le bailli d'épée et de M. son lieutenant général au bailliage de Bouzonville, veulent qu'il soit procédé à l'élection des députés pour les assemblées préparatoires à voix haute. Or, cette manière de voter à voix haute, bien loin de favoriser la liberté des votants et l'usage si nécessaire de la réflexion, n'est propre qu'à faire naître de la gêne et de la précipitation. Quantité de gens sont gênés, soit par les personnes qu'ils ont en face, soit par celles qui les environnent, soit enfin par des considérations de crainte ou de respect humain, de nommer à haute voix ceux qu'ils estimeraient les plus capables et les plus propres à la députation. Quantité d'autres suivent sans réflexion et, pour ainsi dire, en moutonnant, la trace qui leur est ouverte par le premier qui a voté. Il est donc à désirer que, quand dans l'assemblée générale des Etats l'on agitera les moyens de perfectionner la manière et la forme des convocation et constitution des Etats généraux futurs, l'on avise sérieusement à la réforme de cet article en y substituant le scrutin pour toutes espèces d'élections.

XIV. Ferme générale. Aux maux sans nombre qu'entraîne la ferme, et spécialement la non-liberté du sel et tabac, il est important d'ajouter la charge énorme qui résulte à l'Etat par la nourriture et la pension de cette immense quantité de contrebandiers qui sont constamment retenus et relevés les uns par les autres dans les prisons des provinces frontières du royaume, et surtout dans celles de Lorraine.

XV. Les pèlerinages. Les pèlerinages, il est vrai, tirent leur origine d'un usage très ancien et qui a été introduit dès les premiers siècles du christianisme. La piété des premiers chrétiens les engageait à visiter à certains jours marqués les tombeaux des martyrs, et comme le Tout-Puissant faisait près de ces tombeaux nombre de miracles dans la vue de confirmer de plus en plus notre sainte religion alors encore, pour ainsi dire, naissante, il est d'autant moins étonnant que les pasteurs du premier et du second ordre aient, dans ces temps-là, vu avec satisfaction que le peuple fidèle s'assemblât près de ces tombeaux miraculeux, qu'ils avaient lieu de se convaincre par une heureuse expérience que c'était là un moyen bien efficace, non seulement pour confirmer les nouveaux convertis dans la foi qu'ils avaient reçue, mais encore pour enflammer de plus en plus le zèle, la ferveur et l'amour de la religion chez tous. Ils savaient aussi que ces dévots pèlerins à leur retour racontaient, en route et partout où ils arrivaient, les miracles qu'ils avaient vus comme autant de nouvelles preuves de la sainteté de la doctrine de Jésus-Christ qu'ils professaient, et engageaient par là quantité de gentils à embrasser la vraie religion. D'ailleurs en ces temps-là il n'y avait encore que fort peu d'églises, et conséquemment elles étaient fort éloignées les unes des autres. Il n'est donc pas surprenant non plus si la piété encore si fervente des chrétiens les engageait à aller à 4, 6 et 8 lieues de loin pour assister à la célébration des Saints Mystères. Nous savons enfin que ces assemblées n'avaient d'autre but que d'honorer Dieu dans ses saints, de le louer et de le glorifier, et qu'elles étaient exemptes de tout désordre.

Mais à quel point cet usage, si saint et si louable dans son origine, n'est-il pas dégénéré dans la suite des siècles, et surtout dans les temps où nous vivons! Dans le général, ce n'est plus la ferveur, le zèle, la piété, qui poussent aux pèlerinages; ce sont des parties de plaisir, de libertinage, qui se forment; c'est là que les enfants, se soustrayant à la faveur de la foule aux yeux de leurs parents, les domestiques à ceux de leurs maîtres, s'abandonnent à toutes sortes de désordres: des connaissances dangereuses, la séduction de la jeunesse, l'ivrognerie, les querelles, les batailles, tels sont les fruits les plus ordinaires des pèlerinages d'aujourd'hui. Combien de procédures criminelles n'ont pas déjà été instruites pour des assassinats commis pendant ou à la suite des querelles élevées à l'occasion des pèlerinages? Au reste il n'y a pas de jour de pèlerinage qui n'engendre, l'un portant l'autre, quelques procès d'injures, qui sont les suites de l'ivresse, aujourd'hui si communes dans ces assemblées. Ces horreurs, qui tendent à la corruption des mœurs et au trouble de la société, ne sont pas les seuls abus qu'entraînent les pèlerinages si multipliés. Outre la perte de temps chez les personnes qui vont à 2, 4, 6, 8 et jusqu'à 20 lieues de loin, tantôt à une chapelle, tantôt à une autre, c'est qu'ordinairement elles emportent pour provisions de bouche le double de ce qu'il leur faudrait pour le même temps, si elles restaient chez elles et à la suite de leurs ouvrages. La dépense et les offrandes qui se font, même à des pèlerinages en pays étrangers, entraînent une exportation de numéraire qu'il importe d'empêcher. Enfin, aux pèlerinages, il y a des foires, il y a l'exemple du luxe dans les habits: tout cela séduit, on achète, on se donne bien des choses au-dessus de son état. Au retour chez soi, l'on étale ce superflu aux yeux d'une jeunesse irréfléchie qui, pour ne pas être moins bien mise que ses semblables, tourmente ses parents pour être pourvue et habillée de même; et voilà comme une dépense et une folie en engendrent d'autres.

D'après ce simple précis qui serait susceptible d'une infinité de détails encore, l'on doit se convaincre de l'importance qu'il y a pour l'avantage et le bon ordre de tout un royaume, d'aviser à une défense générale et rigoureuse de toutes espèces de pèlerinages. On peut s'assurer que cette défense, en faisant le bien public, remplira en même temps les vœux de tous les bons pasteurs tant du premier que du second ordre, qui depuis longtemps gémissent sur un mal qu'il n'est point en leur pouvoir de guérir efficacement.

XVI. Sur les communes. L'usage qui a assez généralement prévalu de partager les [terres] communes pour l'espace de 6 ou 9 années, en réservant chaque fois quelques portions pour les nouveaux entrants qui pourraient survenir, paraît extrêmement abusif, l'expérience ne prouvant que trop que des terres ainsi morcelées, pour un temps limité, par quarts et même demi-quarts d'arpent entre tous les habitants d'une communauté, sont ordinairement mal cultivées, mal engraissées et mal soignées, de façon que leur rapport va tout au plus à la moitié de ce qu'il pourrait être, et diminue même annuellement.

Le partage à vie entre tous les habitants actuels d'une communauté, en réservant toujours un nombre de portions proportionné à celui des habitants pour les nouveaux entrants, serait déjà plus avantageux en ce que la certitude de jouir, pendant un long temps, d'une même portion engagerait le particulier à plus de soins et à une meilleure culture. Encore semble-t-il que cette manière de partager les communes ne devrait être adoptée que pour celles des communautés qui auraient des communes assez considérables, pour que, par exemple, la portion de terre de chaque habitant se portât à au moins un demi-arpent, même un arpent par saison.

Un moyen qui paraîtrait beaucoup plus avantageux serait de relaisser les communes, tant en terres qu'en prés, par bail d'au moins 9 années au plus haut metteur et enchérisseur de la communauté, avec la clause expresse que, les 9 années révolues et les mêmes communes étant de nouveau remises en enchère, le preneur du bail précédent aurait chaque fois pour le nouveau bail la préférence sur tous autres, en offrant de payer le canon du plus haut metteur. De cette manière ces terres seraient mises en bon état de culture, et il n'est pas à douter que leur produit ne soit bientôt poussé au double et au quadruple. Le canon qui reviendrait du relaissement des communes serait annuellement employé à payer les charges de communauté, comme, par exemple, le droit de martelage des bois de la communauté, frais de rapports, etc. Si le produit de ce canon surpassait ces charges, il paraîtrait juste que le résidu fût également distribué entre les membres de la communauté.

Un obstacle qui paraît militer contre ce dernier moyen de tirer un parti plus avantageux des communes, c'est le tiers qui advient au seigneur du produit de tous les biens ou fruits communaux qui sont vendus ou affermés; mais l'on doit espérer de la bonté et justice du souverain une loi qui, en déclarant qu'à l'avenir le seigneur se contentera du vingtième, ou même d'une double portion du produit des communes, en terres et prés, affermées, ou des fruits d'autres communes vendus, en exceptant toutefois les bois en réserve, qui au fond devraient avoir le même sort et règlement, ôterait cette sorte d'entraves.

Lequel présent cahier a été ainsi fait, rédigé et arrêté en assemblée générale de la communauté de Reimling, le dit jour 8 mars 1789, et signé, comme s'ensuit, par tous ceux des habitants qui savent écrire, après avoir encore été observé, par forme d'addition à l'art. X, que l'une des mesures de surveillance à prendre à l'égard des tribunaux subalternes de justice serait d'ordonner que des commissaires, députés exactement tous les ans à époque fixe de la part des compagnies souveraines dans tous les chefs-lieux des bailliages et autres tribunaux secondaires, y recevront et examineront les placets, plaintes et remontrances de tous les sujets et juridiciables de ces tribunaux qui se croiraient vraiment lésés, pour y statuer sur-le-champ ou, pour des affaires graves et le cas échéant, rapport en être fait à leur compagnie, sauf à punir ou à amender tous ceux qui feraient des plaintes ou porteraient des accusations calomnieuses ou mal fondées: le présent ajouté ayant été, ainsi que tout le cahier, lu, relu, expliqué et interprété, et approuvé le renvoi des mots *46 du règlement du roi et celui* à l'art. XIII du présent cahier.

Nicolas Fuss; Pierre Gerardy; Peter Bretnacher; Jacob Rillgar; Pier Clindon; J.-J. Brettnacher; Jacob Hirtz; Jacob Pignot; Johanes Adam Linden; Petter Melchior; Nicolas Kalmes; André Mantion; Michel Fuss; Niclass Massgung; Johannes Heil; P. Drigo; S. Mansion; Johannes Hönn; Peter Kuhn; Peter Masiong; Nicolas Kremer; Paulus Philip; Jean Scellet; Joannes Gerardy; Nicolas Andre; Nicolaus Rilger; Jean Birck; Gerent Mansiung.

RÉMERING.

Le procès-verbal d'assemblée manque.

Doléances et vœux de la communauté de Reimering en l'assemblée 1789.

Les sources de sel dont la nature enrichit la Lorraine et dont la cuisson consume une partie assez considérable de ses bois, devraient offrir à la province une ressource dans le bas prix d'un sel qui passe à l'étranger. Il est néanmoins depuis plusieurs années successivement haussé pour ses habitants à un prix si exorbitant que le commun peuple se voit durement réduit à se priver, pour ainsi dire, de l'unique assaisonnement qui pourrait concourir à soutenir ou réparer ses forces et sa santé. Dans l'impuissance de pouvoir en partager à son bétail [et] pour en prévenir le trop prompt dépérissement, au préjudice du service qu'en attend le cultivateur: de là la mauvaise qualité d'un engrais, l'ingratitude du sol, un produit mince et défectueux, enfin une damnité universelle dans son travail; de là leur chair insucculente ne nourrit qu'imparfaitement, de là une espèce de langueur épidémique dans la population provinciale, qui autrefois se distinguait par des hommes forts et robustes qui parvenaient à une heureuse vieillesse. Il en résulte, comme de nécessité, un désordre encore plus déplorable: la contrebande, qui occasionne des recherches âpres, vexatives et injurieuses, des reprises simulées et frauduleuses, des batailles sanglantes, des massacres; les moindres maux sont de ruineuses amendes ou les galères, qui enlèvent à une femme son époux, à des enfants leur père; leur éducation négligée ne laisse à l'Etat que de mauvais sujets, qui auraient dû faire une partie de sa force. Le roi n'en est indemnisé d'aucune façon. La plaie est plus saignante qu'on n'ose se la figurer. Le sel marchand dissiperait tous ces maux.

L'insobriété de la judicature ne ronge pas mal une partie de la substance humaine. Pour soutenir et conserver un droit, on risque, sinon d'épuiser, du moins de déranger sa fortune par les tours et détours dont s'enveloppe une chicane tortilleuse qui rend interminable l'affaire la plus simple, surtout lorsqu'elle concerne une communauté et des pupilles: une main étrangère, pour ainsi dire, qui n'y met rien du sien ne sait rien ménager. A quoi bon aussi un inventaire dispendieux à un veuf ou une veuve qui ne pense convoler en secondes noces? Régulièrement le mobilier lui appartient. Qui, par nature et inclination, sera plus attentif à conserver et améliorer le patrimoine des enfants que père et mère? A quoi bon un priseur juré qui diminue d'autant la masse des deniers du pupille, du débiteur, du créancier, du propriétaire? Rendons à la nature ce qui lui appartient: le cours des choses ira selon l'ordre et prospérera.

L'administration des maîtrises, créée pour l'aménagement des bois, est-elle bien délicate à respecter l'intérêt des communautés et du particulier? Une infinité de forestiers dont l'improbité et la malversation sont de publicité de fait, des gardes de chasse qui n'ont de gages de leurs commettants que la liberté licencieuse de s'indemniser aux dépens du public et du particulier par des reprises controuvées, surtout sur les communautés, de délits qui ne sont ordinairement ni de leur fait ni à leur charge, dès qu'elles se refusent d'entrer en composition: ce que trop souvent elles se permettent pour se libérer de poursuites encore plus accablantes. Une simple soumission lui arrache d'abord 4 livres 10 sols, bientôt elle est suivie d'une assignation. Les officiers ne font-ils pas les fonctions incompatibles de juges et parties? Quelle que soit leur intégrité, il est permis d'en suspecter les actes. Les forêts considérablement atténuées, les droits de martelage absorbent souvent la valeur du bénéfice. Il serait de l'utilité publique de voir être retouché aux règlements et d'en retrancher ce qui, autrefois bon, devient préjudicieux aujourd'hui. Ne pourrait-on pas fixer de 6 mois en 6 mois un jour pour régler les amendes, espèce de plaids annaux, auquel les contrevenants se trouveraient et soldoieraient sans aucuns frais de contrainte, si de leur part il n'y a négligence ou résistance à s'exécuter?

La banalité des moulins, estimée par les plus célèbres jurisconsultes anciens et modernes une espèce de servitude, d'autant plus pernicieuse que l'action en est incessante, à peine est-il concevable combien en résultent de calamités par les retards affectés ou nécessités par la mauvaise administration qui domine, par la multiplicité des courses dont la perte n'est estimée pour rien et influe néanmoins sur les journées du pauvre artisan, une famille affamée depuis plusieurs jours dans l'impatience d'un pain qu'elle dévore sortant du four, sans profit ni économie. Lever cette servitude, ce n'est point préjudicier au meunier: il sera toujours, à raison de sa proximité, couru de préférence, s'il sait sentir et remplir l'obligation de fournir en temps et lieu poids et mesure.

Les bureaux forains, marques de cuir et fer, l'infinité d'employés et commis, sont des entraves mises à la liberté et promptitude du commerce, enchérissent toutes denrées et marchandises, extorquent jusqu'au dernier denier du roulier, du voyageur, du portefaix par des inventions tous les jours renouvelées et variées. Est-il possible, s'il n'y est apporté un prompt remède, qu'il n'en résulte une confusion désastreuse?

L'usure des juifs, le monopole des chrétiens, les exactions de toutes espèces achèvent de sucer et dessécher la substance du pauvre peuple; l'artisan, le laboureur en sont le jouet et la victime alternatifs. Ils savent secrètement se ménager des protecteurs parmi ceux qui hautement devraient en être les vengeurs, et l'impunité en maintient la continuité qui désole la province. Quelques exemples statués en temps et lieu avec vigueur et sévérité en réprimeraient peut-être l'âpreté. Des sociétés secrètes s'enrichissent, le commun en est la proie.

L'édit des enclos, sans en avoir le dessein, favorise encore l'avidité du riche. En état de barrer ses héritages, il profite seul du sien et aide par le nombre de son bétail à pâturer le petit patrimoine du pauvre, qui ne peut fermer qu'à grands frais ou en détériorant et diminuant par des fossés qui rapetissent sa portion. Occupé tout entier à courir au plus pressant, il ne peut défendre et conserver son peu que comme précairement; il perd donc de tout côté, et c'est sur lui que s'appesantissent les charges de l'Etat. Peut-il ne point sentir son humiliation, en gémir et en réclamer le soulagement? Le luxe des capitales, de la noblesse, des corps et communautés inappliqués aux travaux, semblent se concerter à nous le refuser et à insulter à la misère qui nous subjugue. L'exemple du meilleur des rois n'aurait-il pas la force de faire impression? Qu'ils s'en prennent à eux-mêmes, si nous implorons une loi qui les réduise de force à être non nos égaux, du moins nos contribuables pour l'acquit des dettes de l'Etat.

La culture du trèfle, dont on sent l'avantage et qui commence à se propager dans la province, exigerait un encouragement et des règlements qui en assurent le ménagement, en certifient le progrès et la récolte et préviennent tout procès que pourrait occasionner le droit d'y percevoir la dîme, par une loi qui en décide ou affirmativement ou négativement, pour entretenir la paix et l'union que doit opérer l'assemblée des Etats.

Fait et donné en communauté, le 9 mars 1789, double, dont l'un remis ès mains de Nicolas Penrat et Martin Altmayer, nos députés à l'assemblée des trois états à Bouzonville le 11 du courant, l'autre déposé au greffe de ce lieu pour y avoir recours en cas de besoin. Au dit Reimering, le 9 mars 1789, et ont signé ceux qui savent écrire, comme suit:

Niclas Penra; Martten Altmayer; Peter Wagner, maire; Jean Beker, greffier; Gerg Linden; Petter Thiel; Christophe Schmitt; Adam Schmitt; Diedrich Steyer; Nicolas Has; Steffan Bur; Adam Schmitt; Nicolas Haas; Nicklas Wagner; Claude Labar; Adam Schmitt; Michel Mor; Nicolas Heiser; Petter Hass; Anton Wagner; Johanes Wagner; Christofel Bussendorffer.

RITZING.

Assemblée du 10 mars 1789 avant midi: on ne parle que de l'élection des députés[1]*).*
Ni nombre de feux ni liste de comparants; 3 signatures.
Députés: Nicolas Lelinguer [ailleurs Lenninger], maire, et Nicolas Petry, syndic de l'assemblée municipale.

---

[1]) La rédaction du cahier dut être simplifiée par un emprunt au chef-lieu de la paroisse ou autres cahiers, p. 262 n. 2.

Cahier de plaintes de la communauté de Ritzing, suivant les lettres patentes du roi en date du 7 février dernier 1789, savoir:

Art. 1. La communauté se plaint que jamais le duché de Lorraine [n']a été dans la coutume de payer aucun vingtième, et qu'aujourd'hui les terres sont si chargées qu'il n'est plus possible à y résister, d'autant [plus] que les biens sont d'un petit rapport et produit.

Art. 2. Elle se plaint encore que cette province n'a jamais été assujettie de payer le sel au prix qu'il se vend aujourd'hui; ils ont toujours eu l'avantage d'avoir les deux livres de sel à raison de 11 sols de Lorraine, au lieu qu'il le faut payer à présent à 12 sols 6 deniers.

Les tabacs ont toujours été à privilège en Lorraine au prix de 36 sols la livre en bille et le tabac à fumer à raison de 18 sols de Lorraine, au lieu qu'aujourd'hui il le faut payer à raison de 3 livres 4 sols: ce qui fait une grosse charge à l'Etat [et] qui engage plusieurs personnes à se mettre dans le cas de faire la fraude, ce qui a occasionné la ruine de plusieurs familles.

Art. 3. De tout temps le duché de Lorraine n'était obligé de prendre des acquits que pour la sortie du royaume et pour l'entrée, mais aujourd'hui le pauvre peuple est obligé de prendre des acquits pour aller de village en village, quoiqu'il ne sorte pas de la province: ce qui cause un grand abus et surcharge dans le pays, ce qui mérite attention.

Art. 4. Voilà depuis quelques années qu'il [se] trouve un huissier crieur et priseur dans le bailliage de Bouzonville, qui a droit de toucher par jour la somme de 6 livres au cours de France, sans y comprendre les témoins qu'il conduit avec lui, qu'il faut payer à part; item, que beaucoup de pauvres gens qui font faire quelque vente, après avoir payé l'huissier et le contrôle et scel, il ne leur reste que la moitié de leur vente.

Art. 5. La dite communauté se plaint avec amertume que, depuis que la ferme a établi la marque des cuirs dans la Lorraine, cela a fait augmenter les dits cuirs à un prix [tel] qu'il n'est plus possible que les familles puissent entretenir leurs familles en souliers, que la plus grande partie sont obligés d'aller nu-pieds: cet abus mérite attention.

Art. 6. Cette communauté se plaint que le droit de châtrerie leur est terrible, d'autant [plus] que le châtreur ne vient pas dans le temps qu'il serait le plus nécessaire; il ne vient pas, et toutes les bêtes qui doivent être châtrées dépérissent: c'est pourquoi ils demandent que cet abus et dommage soit supprimé.

Art. 7. Cette communauté se plaint avec raison que le seigneur de Bouzch tire un droit d'agneaux et de cochons de lait, et le curé de même; et comme il est porté dans les ordonnances que tout seigneur qui a le droit de tirer les dîmes des nourris, est obligé de fournir les bêtes mâles, [c'est] ce qu'ils ne font pas : ce qui fait un grand dommage au dit lieu.

Art. 8. Il y a une plainte contre la banalité : que nous sommes banaux d'un moulin qui appartient au seigneur; mais comme l'on est obligé de passer sur le pays étranger, [c'est] ce qui fait une grande gêne au peuple du dit lieu, attendu les ordonnances de Sa Majesté qui défendent le transport des grains. L'assemblée municipale demande que la dite banalité leur soit ôtée.

Art. 9. La communauté se plaint avec justice, disant qu'ils ont été obligés en 1760 de vendre 30 arpents de mauvais bois pour payer leur quote-part de la tour de l'église paroissiale qu'ils ont été obligés de bâtir, et comme le seigneur a tiré le troisième denier de la somme [au]quel il nous a dit avoir droit; mais comme, aujourd'hui que les terres sont emblavées par nos habitants, le seigneur prétend encore toucher une rente annuelle de 18 livres de France par an, cette communauté pense qu'ils ne sont pas dans le cas de payer aucune rente d'un bien communal, d'autant [plus] qu'il a touché ce qui lui revient.

Art. 10. La communauté se plaint qu'il n'est plus possible de résister aux frais que [cause] l'huissier qui est chargé du recouvrement des deniers royaux de la recette de Boulay, qui tire des sommes de 6 et 7 et 8 et 9 livres par communauté; et payer encore dans la recette quittances sur quittances. Quoique les communautés payent à la recette, il se fait payer 30 sols par communauté, quand bien [même] il ne sort pas de chez lui.

Fait et arrêté à notre assemblée ordinaire les jour, mois et an avant dits, et avons signé nous Nicolas Miller, député de l'assemblée municipale, avec notre greffier ordinaire, et remis le double au greffe de notre communauté, ce 10 mars 1789, le tout après lecture faite.

Nicolas Miller; Nicolas Friexyt; J. Leninger, greffier.

RODLACH.

Le procès-verbal d'assemblée manque; le cahier en tient lieu.

Plaintes et doléances de Rodelack.

Cejourd'hui, le 8 mars 1789, à 11 heures du matin, à l'issue de la messe paroissiale, étant assemblés en la maison curiale et en présence de M. le curé, présidant la municipalité de la communauté de Rodelack [1]),

1º. Disons que la petite communauté est banale au moulin du village de Weistroff, où il n'y a qu'un petit ruisseau qui ne peut produire d'eau en suffisance pour faire aller le moulin qu'en hiver ou par de grandes pluies, de façon que le village est la plus grande partie du temps sans pain.

2º. Il est à observer que M. l'abbé commendataire de Villers tire la septième gerbe pour dîme, et en outre la septième verge sur la versaine que les particuliers plantent en pommes de terre et d'autres denrées: qu'on y plante ce qui doit être le plus nécessaire, la nourriture et les légumes des pauvres sujets.

3º. En outre les habitants de la dite communauté de Rodelack sont obligés de payer à M. le curé de Bibiche le dixième monceau de foin, sans savoir la raison pourquoi. C'est pourquoi nous osons espérer de lui la fourniture d'un taureau et [d']un bélier, que nous n'avons pas: dont nous en souffrons du dommage.

4º. M. le curé tire en outre la dîme des petits cochons et ne fournit point de porc mâle.

5º. Que la communauté de Rodelack paye annuellement 2 bichets d'avoine, mesure de Sierck, une poule, un chapon et 4 sols et demi en argent pour leur chauffage, et [ils] n'ont pas seulement le tiers de leur chauffage; et en outre le bois ne vaut pas les rapports que nous sommes obligés de payer, et quand nous voulons aller chercher une charge de bois mort, nous avons des forestiers autour de nous qui nous ruinent, de façon que plusieurs ont été obligés de quitter le village nuitamment pour aller s'établir en Hongrie.

6º. Il est à observer que nous avons la vaine pâture dans les bois de Furstenvalt, et les MM. de la maîtrise ne les relâchent qu'à l'âge

---

[1]) Comparer les cahiers de Bibiche et de Neudorff.

de 18 à 20 ans, de façon que nos bêtes souffrent de la faim ; et, faute de fourrage, nous ne pouvons pas nourrir de bêtes ni [en tenir] pour labourer les terres, [en sorte] qu'il y a beaucoup de terres en friche faute de fourrage.

7º. Savoir que la plus grande partie de notre ban est en côtes et montagnes, où les grands orages y ont creusé de terribles fossés, et encore d'une terre sauvage, [de sorte] que la plupart des particuliers sont obligés de piocher leurs pièces pour les planter.

8º. Qu'anciennement nous avions le sel à bon prix, mais qu'aujourd'hui il est d'un prix exorbitant, [de manière] que les pauvres gens sont obligés la plus grande partie de manger leur soupe sans sel à cause de la grande misère ; et plusieurs pourraient faire quelques petits nourris, mais faute de sel l'on ne peut pas.

Et en outre, par la voie du scrutin, ont nommé un député au nom de la communauté, lequel doit comparaitre mercredi prochain, 11 du courant, le nommé Pierre Marchal, à la pluralité des voix.

En foi de quoi nous, de la municipalité de Rodelack, avons signé.
Pier Marchall ; Jean Lacroix, maire ; Pierre Perquin ; A. Staff, greffier.

SAINT-BERNARD.

Assemblée du 10 mars 1789 en l'auditoire du lieu par-devant François Eschevin, maire ; publication au prône le 8 mars par le curé.
28 feux. — Pas de liste de comparants ; 8 signatures [1].
Député : Jean George.

Cahier des remontrances que font les habitants de la communauté de Saint-Bernard [2], savoir qu'ils ont à représenter à notre très digne et bon roi, suivant ses ordres à nous donnés.

Ils auraient à représenter que leur intention serait, s'il plaisait à sa toute-puissance de nous accorder les demandes suivantes, savoir :

1º. Que les suppliants ont à représenter qu'il se commet bien des abus, suivant nos pauvres innocences : il serait à propos de supprimer

---

[1] Celle de Jean George (le député?) ne paraît pas au cahier ; il semble que le maire signe François Chevain.

[2] Il y a beaucoup de rapprochements à faire avec le cahier de Villers-Betnach.

les contrôle et papier timbré, gabelle et autres impôts, qui gênent tous les pauvres particuliers.

2º. Qu'il serait aussi à propos de supprimer les acquits qui font une gêne très considérable aux citoyens de la province; car dans nos environs il faut deux acquits pour pénétrer dans trois villages voisins. La plupart des villages voisins sont surpris, le plus souvent punis innocemment.

3º. Nous trouverions à propos [de représenter] encore que le sel nous coûte 6 sols 3 deniers dans le temps que l'étranger profite des grandes consommations de bois qui sont usés par rapport des cuissons des sels pour les étrangers, qui l'ont à vil prix; car ils le vendent en détail à 6 liards et à 2 sols la livre, la prime [lisez: la crême] des sels tirés dans nos salines et qui rendent les bois d'une cherté insupportable.

4º. Ils auraient aussi à vous représenter que la marque des cuirs coûte 3 sols pour livre: ce qui fait un si grand tort dans la pauvre populace que la plupart sont obligés d'aller à pieds nus.

5º. Il est aussi représenté que beaucoup de particuliers font des enclos qui font un dommage considérable, savoir: qu'un particulier qui a le moyen de fermer son pré, si le voisin ne peut pas, lui, fermer le sien, quand il a mangé celui de l'indigent, il pâture à son aise celui qu'il a fermé, et le pauvre indigent périt.

6º Il serait à représenter aussi que la plupart des judaïques font commerce de blé et fourrage dans la province: ce qui met hors de pouvoir vivre; car les blés se vendent jusqu'à la somme de 11 livres 18 sols, pendant que le pauvre manœuvre ne peut gagner que 10 à 12 sols, et se nourrir sur sa journée!

Nous tous habitants soussignés prions notre très digne et bon roi de nous accorder les demandes, si c'est son bon plaisir, qui vous sont remontrées par la présente. Nous ne cesserons jamais d'offrir des vœux au Seigneur pour la conservation de votre très digne personne et la prospérité de votre trône sacré.

François Stock; Jean-Pierre Pautment; Johannes Siechler; Jean-Baptis George; Nicolas Crepatt; Nicolas Patris; Jaque Sigler; François Chevain.

SAINTE-BARBE.

Assemblée du 8 mars par-devant Pierre Klob, maire; publication au prône par le vicaire le 8 mars.
12 feux. — Pas de liste des comparants; 3 signatures et 7 marques.
Députés: Pierre Klob et Louis Straup.
Signatures: Petter Klob; Johanes Knobloch; Petter Brusch; marques de Paul Straup, Jean Schemberger, Louis Straup, Jean Marix, Jean Cavelius, Mathis Elle, Jean Ellmer.

[Il n'y a point de cahier: voir celui de Bas-Limberg p. 418.]

SCHEUERWALD.

Assemblée du 10 mars 1789 avant midi: on ne parle que de l'élection du député[1]*).*
Ni le nombre des feux ni la liste des comparants; 2 signatures.
Député: Michel Becquer, maire et élu à l'assemblée municipale.

Cahier de plaintes de la communauté de Schirwald en vertu des lettres patentes du roi en date du 7 février, savoir:

Art. 1. Cette communauté se plaint que les vingtièmes sont exposés sur la pauvre communauté; lesquels vingtièmes sont [déjà] payés par le seigneur, d'autant que tout le peu de terres qui se trouvent sur le ban du dit lieu, ce n'est qu'acensement, auquel le seigneur paye les vingtièmes. Par ce moyen c'est un double emploi, qui doit être supprimé, et ôtée la cote que le dit lieu paye, puisque le seigneur la paye.

Art. 2. De plus il se plaint encore que les sels et tabacs sont à un prix au dessus de celui que la province a l'avantage *(sic)*, ainsi que les tabacs qui sont hors de prix.

---

[1]) Tout comme à Ritzing: c'est le même greffier qui tient ici la plume. La convocation avait été remise par l'huissier au syndic, Charles Dolvette.

Art. 3. La communauté se plaint aussi que la marque des cuirs, que la ferme a imposée dans la duché de Lorraine, a fait remonter les cuirs à un prix [tel] qu'il n'est plus possible au public d'avoir des souliers, [en sorte] que la plus grande partie des habitants sont obligés d'aller nu-pieds.

Art. 4. La coutume de Lorraine n'a jamais été qu'on soit obligé de prendre des acquits, [à moins] que pour sortir et rentrer dans la province, au lieu qu'aujourd'hui la ferme nous oblige de prendre des acquits pour aller d'un village à l'autre: ce qui fait un grand embarras et coûtange au peuple; cet abus mérite attention.

Art. 5. La communauté se plaint qu'ils n'étaient jamais assujettis au droit de châtrerie, et ils sont aujourd'hui forcés de garder leurs bestiaux jusqu'à la commodité des châtreurs, qui le plus souvent n'arrivent que dans les chaleurs, [en sorte] que la plus grande partie des bestiaux périssent: ce qui occasionne une grande perte pour le peuple.

Art. 6. Il y a quelques années que l'on a établi un huissier crieur et priseur qui exige 6 livres par jour au cours de France, sans y comprendre les témoins qu'il conduit avec lui, qu'il faut payer à part. Il faut vous observer qu'il en coûte [tant] pour les contrôle et scel qu'il ne reste plus que quelque [petite] chose au vendeur. Cet établissement mérite pour le bien du peuple d'être mis bas.

Art. 7. Cette pauvre communauté se plaint qu'ils n'ont aucun bien communal ni en terre ni en bois, qu'il faut tout acheter, et qu'ils sont beaucoup surchargés en deniers royaux.

Art. 8. Il y a une plainte générale dans tout le département, que le Sr Harmant, huissier, qui est chargé du recouvrement des deniers royaux, ce dernier se fait payer des frais abominables; qu'il sorte de chez lui ou non, il se fait payer 30 sols par communauté; et quand il porte quelque contrainte, il se fait payer par communauté 6, 7, 8 et jusqu'à 9 livres, suivant les forces des communautés; ce qui fait des charges à la province qu'il n'est pas à dire.

Si les forêts étaient recherchées [*lisez:* examinées], l'on trouverait un grand abus.

Fait et arrêté nos présentes plaintes, que nous certifions véritables, par nous chef des élus de l'assemblée municipale, et avons signé avec notre greffier, après lecture [et] interprétation faites les jour, mois et an avant dits [1]).

Anthon Streit; J. Leninger, greffier.

---

[1]) Sans doute la date du procès-verbal d'assemblée, 10 mars 1789 avant midi.

SCHRECKLING.

Assemblée du 8 mars par-devant Pierre Bellois, syndic; publication au prône le 8 mars par le vicaire.
10 feux. — Pas de liste des comparants; 9 signatures.
Députés: Jean Lorrain, maréchal ferrant, et Jean-Pierre Becker, laboureur.

Doléances, plaintes et remontrances de la communauté de Schröckling.
[*Voir le cahier de Leidingen, en y intercalant l'article suivant:*]
18º. Juste raison de nous plaindre que l'abbaye de Bouzonville perçoive des droits énormes, qui sont le droit capital en cas de mort d'un chef de maison, et en outre le tiers denier en cas de vente: ce qui cause que nous ne pouvons pas vendre nos biens à un prix que nous aurions sans cette sujétion.

Johannes Lorrain, maire; Peter Beluas, syndic; Gerig Schmitt; Jodocus Weis; Hans Petter Becker; Nicol...; Christian Lionart; P. L.; Jacob Peiffer, greffier.

SCHWEMMLINGEN.

Assemblée du 10 mars par-devant le maire; publication au prône le 8 mars.
Le nombre des feux n'est pas indiqué, non plus que celui des comparants;
4 signatures.
Députés: Jean-Michel Bromenschenckel et Jacob Weitten, notables.

Cahier de doléances, plaintes et remontrances pour la communauté de Schvemling [1], coté et paraphé par nous Jacob Veitten, maire à Schvemling, par première et dernière page. *(Signé)* Jacob Weitten, meier.

---

[1] C'est la reproduction la plus littérale du cahier de Büdingen, tellement que nous douterions volontiers de certain chiffre conservé à l'art. 7.

Aujourd'hui, 10 mars 1789, les maire, syndic et habitants de la communauté de Schvemling, Sargau,... en conséquence de l'assignation à nous signifiée le 6 du courant...

[*Voir la suite au cahier de Büdingen, p. 296, avec les modifications suivantes:*]

7°. Avant la séparation nous avons payé au domaine de Sa Majesté une somme de 114 florins... mais aujourd'hui, malgré les 114 florins...

10°. L'Electeur de Trèves prend un droit qui s'appelle droit capital, qui est odieux. Un homme mourant...

Fait et arrêté dans la maison du maire, la communauté y étant assemblée, le 10e jour de mars 1789, et ont signé ceux qui savent signer. Johannes Mahr; Peter Weitten, syndic; Peter Schwerdorf; Mathis Mahr; Johans Geringer; · Mathes Nickel; Peter Pesa; P. D. [Pierre Dillinger]; Peter Leinen; Johans.....; Mathies Graff; Petter Borhoffen; Michel Bromenschenckell; Jacob Weitten, maire.

SCHWERDORFF, COTTENDORFF, DIERSDORF, HELTEN, OLTZWEILLER ET BOURGUESCH.

Assemblée du 9 mars 2 h. de relevée en la maison et par-devant le maire de Schwerdorff; pas de mention de publication au prône.
On n'indique ni le nombre des feux ni celui des comparants; 11 signatures.
Députés: Michel Weitman, laboureur à Schwerdorff, et Jean Hess, laboureur et censier à la cense de Diersdorf.

Doléances dressées par les habitants de Schwerdroff, Distroff, Helten, Cottendroff, Otzveiller et Bourgeche [1], formant ensemble une seule communauté, en exécution des lettres du roi pour la convocation des Etats généraux à Versailles le 27 avril 1789, du règlement y annexé et de l'ordonnance de M. le lieutenant général du bailliage de Bouzonville.

---

[1] Le procès-verbal d'assemblée met en avant Schwerdorff et Cottendorff, ne qualifiant les autres localités que de censes; Cottendorff même, d'après la lettre spéciale d'invitation adressée à Pierre Devot, n'avait pas de maire.

Comme Sa Majesté, par les lettre et règlement du 7 février dernier, a eu la bonté d'exiger de ses peuples qu'ils lui proposent, remontrent, avisent et consentent tout ce qui peut concerner les besoins de l'Etat, la réforme des abus, l'établissement d'un ordre fixe et durable dans toutes les parties de l'administration, la prospérité générale de son royaume, et le bien de tous et de chacun de ses sujets, nous, habitants et communauté, nous confiant entièrement à la justice, bonté et clémence de notre roi, avons l'honneur de lui proposer nos plaintes et doléances suivantes, savoir:

1. Que les droits de banalité soient abolis, pour être trop ruineux au peuple. Ils supplient Sa Majesté de vouloir commuer ce droit en une somme pécuniaire modique.

2. Que le sel et le tabac, les gabelles et acquits, dans tout [le] royaume, soient supprimés, par la raison que le sujet est absolument ruiné et abîmé.

3. Que la châtrerie soit également libre, parce que le sujet en est grevé considérablement en ce que les châtreurs viennent trop tard et leurs opérations et... [?] réussissent très mal, tandis que les gens de campagne peuvent mieux faire cette opération.

4. Que la maîtrise des eaux et forêts soit supprimée et une autre administration faite, parce que depuis son établissement les sujets en ont été ruinés.

5. Que la marque des cuirs soit abolie, parce qu'elle est ruineuse au peuple au point qu'il ne lui est plus possible à cause de la cherté du cuir d'en fournir le ménage, et notamment à un père d'une nombreuse famille.

6. Que les décimateurs soient tenus de fournir les bêtes mâles, nonobstant toute possession contraire, parce que, tirant le bénéfice, ils doivent aussi être tenus des charges y attachées.

7. Que les droits capital ou [de] chef d'hôtel, de tiers denier et de corvée personnelle et réelle, soient supprimés comme étant contraires à la liberté, onéreux et odieux, et convertis en une somme pécuniaire modérée.

8. Qu'il plaise à Sa Majesté de rendre une loi générale pour la dîme de toutes espèces de grains et fruits, pour éviter les procès qui ruinent le sujet.

Fait à Schverdroff, le 9 mars 1789, en assemblée de communauté, dont les membres sachant écrire ont signé, après lecture et interprétation faites.

Nicolas Genser, maire; Johannes Schwerdorffer; Anderas Fankheiser; Ferdinand Jung; Johanes Genser; Jean Miller; Henrig Divo; Nicolas Genser; Frantz Wagner; Johannes Hess; M. Weitman.

SILWINGEN.

Le procès-verbal d'assemblée manque.

Doléances, plaintes et remontrances de la communauté de Silving.

Le présent cahier[1]), contenant deux feuillets, a été par nous Jean Stoffell, maire royal de la communauté de Sylving, paroisse de Mondorff, en ancien Sargau, coté et paraphé par premier et dernier, pour contenir les doléances, plaintes et remontrances concernant le dit village, en conformité de la lettre de Sa Majesté, de Versailles en date du 7 février passé, et en vertu de l'ordonnance de M. le bailli d'épée et de M. le lieutenant général du bailliage royal de Bouzonville, par exploit signé Veber, huissier royal, en date du 8 de mars de la présente année. (*Signé*) Johans Stofell, maire.

Les habitants de cette communauté, assemblés pour satisfaire aux désirs de Sa Majesté, ont délibéré que, lors de leur échange, on leur avait promis la liberté de quelques anciens droits, dont on les a dépouillés; qu'étant domaniaux, outre la subvention, ponts et chaussées, vingtièmes, on lève sur eux une somme de 9 livres par feu entier, et la moitié où il y a veuve: ce qui est directement contre le traité de l'échange; ce qui fait que par cet échange ils sont devenus d'une condition détérieure à celle de tout autre sujet français.

Le dit village est obligé de payer annuellement 80 livres pour entretien des ponts et chaussées.

Comme l'esclavage et la tyrannie a introduit un droit absolument détestable qui est [que], lorsque le chef d'une communauté vient à mourir, les seigneurs fonciers tirent la seconde pièce de la maison, droit qui est bien odieux, puisque la pauvre veuve, ayant perdu son soutien, se voit encore tyranniquement enlever ce qui pourrait servir à la sustentation des pauvres orphelins.

Si, dans le village, l'homme ou la femme meurt, la justice de Bouzonville vient et fait un inventaire du mobilier, dettes, etc.; la femme ensuite mourant, la même opération recommence: ce qui fait que, les frais payés des officiers du bailliage, qui sont excessifs, les enfants délaissés sont réduits à la mendicité, sont forcés de se voir enlever, sans oser s'opposer,

---

[1]) Appartient au groupe de Biringen, Waldwisse. La liste des députés à l'assemblée du bailliage nomme pour Silwingen Charles Guirten.

ce que père et mère leur ont épargné : ce qui n'était pas avant l'échange de cette communauté. La justice se présentait seulement lorsque l'homme ou la femme convolait aux secondes noces, et alors, pour toute opération, ne percevait que 4 écus d'Empire. Qu'il serait sage et judicieux de fixer le droit des officiers de justice, avec injonction de ne s'en écarter sous des peines même corporelles! Combien on verrait d'abus supprimés! Qu'il serait encore judicieux et sage qu'on ordonnât que dans toutes les communautés il soit remis au greffe de la dite communauté un tarif pour tous les droits que les officiers de justice ont à percevoir pour leurs opérations.

La communauté ne craint pas de s'avancer et dire que dans la répartition des dixièmes elle est lésée, parce qu'on a taxé leurs biens à un trop haut prix.

La communauté désirerait l'abolition des gabelles comme très nuisibles au peuple, étant obligée de payer la livre de sel à raison de 6 sols 3 deniers : d'où il s'ensuit qu'on ne peut élever des bestiaux, que l'agriculture ne peut avoir un essor, que les gardes et employés vexent le peuple, qu'ils ne se font aucun scrupule d'ôter la vie à un père de famille pour quelques onces de sel. Ces raisons seules doivent faire abhorrer cette ferme.

La communauté désirerait qu'étant allemande, on lui envoyât les ordonnances en la langue à eux connue.

Les habitants font des vœux au Ciel pour avoir la franchise des sel, tabac et marque de cuir; qu'ils supporteraient volontiers une autre imposition pas si gênante et si nuisible au bien de l'Etat.

Ce fait et arrêté en assemblée de communauté le 8 mars 1789.

Johans Stofell, maire ; Matheiss Peter ; Michel Biel ; Johannes Girtten, syndic ; Matheis Streit, greffier ; Johan Carell Reutter ; Houpert Stoffel ; Johan Peter Reuter.

TÉTERCHEN.

Assemblée du 8 mars en la maison du maire ; publication au prône le 8 mars par le curé.

105 feux. — Pas de liste des comparants ; 4 signatures.

Députés : Jean-Pierre Bassompierre, laboureur, et François Breit, tailleur d'habits.

Téterchen.

Aujourd'hui 8 mars 1789, à l'issue des vêpres, la communauté de Tetterchen réunie en la maison d'Antoine Théobalt, maire du dit lieu, pour délibérer sur les plaintes, remontrances et doléances qu'ils ont à remontrer à Sa Majesté suivant ses lettres du 27 (*sic*) février et suivant l'ordonnance de M. Couturier, lieutenant général du bailliage royal de Bouzonville, . . . ils ont procédé aux plaintes, etc., comme s'ensuit, savoir :

Art. 1. Nous payons dans notre communauté pour la subvention et ponts et chaussées 1997 livres, cours de France; en outre sommes chargés de plusieurs chaussées, qui sont actuellement impraticables, qui ont gâté beaucoup de terrain, dont il en faut cependant payer les deniers royaux et rentes seigneuriales; de 768 livres 8 sols 9 deniers pour les vingtièmes. Ils sont chargés de 169 quartes de blé et 74 quartes d'avoine de rentes seigneuriales.

Art. 2. L'abus de la recette des deniers royaux. Il ne devrait point y avoir de receveurs: ils tirent 2 sols par livre; ainsi dans notre communauté ils tirent environ 200 livres. C'est toujours le pauvre habitant qui porte le fardeau. Si chaque communauté recevait les deniers royaux par les mains du maire, ce dernier pourrait les porter lui-même au premier trésor. Il serait juste de lui payer son voyage; cependant cela ne coûterait pas 200 livres; et sur le moindre retardement, il faut payer des frais considérables.

Art. 3. La gruerie, la perte du pays: au lieu de planter les bois, elle ne fait que les détruire. Les rapports considérables qu'elle fait dans les communautés, ruinent les habitants. Il n'est pas permis de mettre les porcs dans les bois: comment veut-on qu'une terre produise, si elle n'est pas cultivée? Quand la gruerie marque les bois, un jeune arbre, qui se trouve à côté d'un vieux, est coupé, et le vieux, qui veut tomber tous les jours, reste; s'il vient à tomber, il est mis en adjudication, et le profit [est] pour la gruerie; la communauté n'en voit rien et n'en peut pas avoir de compte. Il est à souhaiter que les communautés soient maîtres de leurs bois.

Art. 4. De tous les biens des seigneurs, ecclésiastiques et abbayes, qui ne payent aucuns deniers royaux: s'ils étaient cotisés, les communautés en seraient soulagées. Ce sont ces nobles, ecclésiastiques et abbayes, qui possèdent la plus grande partie des biens. Qu'a-t-on besoin de ces abbayes et de ces abbés commendataires? Le roi peut en prendre les revenus.

Art. 5. La ferme, encore et même la plus grande misère qui est dans le pays. Il faut fournir le bois pour le sel: il faut le payer plus cher que dans l'étranger, qui a le meilleur sel; et la Lorraine ne reçoit que de la poussière en comparaison de celui que reçoit l'étranger. On voit aussi dans l'étranger les bestiaux gras et en état d'assister le pauvre habitant. Si on donnait le sel dans la Lorraine au même prix qu'à l'étranger, on pourrait aussi nourrir des bestiaux en état de travailler et de soutenir l'homme. Souvent par le mauvais fourrage qu'il y a dans certains endroits, qui n'a pas de force en lui-même, comment veut-on qu'il en donne aux bestiaux? Si au contraire on pouvait mêler un peu de sel dans ces mauvais fourrages, les bestiaux en prendraient des forces, et les habitants en pourraient tirer profit, au lieu que, par la cherté du sel, ils perdent leurs bestiaux et se ruinent eux-mêmes, et à cause de cette cherté il faut sortir du pays pour acheter des bestiaux.

Il ne serait pas nécessaire d'avoir des acquits dans l'intérieur du royaume: c'est un grand abus; car on ne peut pas, pour ainsi dire, sortir d'une communauté qu'il ne faille prendre des acquits, qui sont des frais mal à propos pour l'intérieur du royaume.

La marque des cuirs, qui cause une [si] grande cherté que le pauvre est, pour ainsi dire, obligé d'aller pieds nus.

Si on pouvait, dans l'intérieur du pays, planter le tabac, on en recevrait un grand secours, surtout pour les bêtes blanches.

On se plaint aussi envers les huissiers priseurs, qui font des frais considérablement tant par leurs inventaires que par leurs ventes.

ART. 6. Il serait aussi à souhaiter qu'en cas de procédure, on finisse une affaire dans le premier bailliage et, en cas d'appel, au parlement, et l'abolissement des hautes justices, qui sont la cause de la perte de plusieurs pauvres habitants.

ART. 7. Suivant l'ordonnance il est ordonné que tous ceux qui ont des colombiers retiennent leurs pigeons enfermés dans le temps des semailles: ce qui n'est point exécuté. On en demande l'abolissement; car ils font un dommage considérable dans le pays.

ART. 8. On se plaint fort du droit de châtrerie. Chaque particulier pourrait faire ces sortes d'ouvrages lui-même: ce qui cause encore un dommage considérable dans le pays; et même quand un particulier fait cette fonction envers ses propres bestiaux, il est cependant obligé de payer droit de châtrerie.

ART. 9. L'abolissement du droit de banalité, qui cause souvent un grand trouble dans des temps de sécheresse et qui est un grand abus. Car souvent dans ces moulins banaux le pauvre est mal servi et ne tire pas tant de farine que dans d'autres endroits.

ART. 10. Les juifs, perte de la Lorraine: ils portent un si grand dommage entre les particuliers, qui souvent pourraient faire un accord profitable; il s'y trouve un juif, il offre quelque chose de plus et l'emporte. Cependant ce n'est pas pour lui qu'il achète, c'est pour y trafiquer; et le particulier achète pour s'en servir. On demande leur renvoi dans leur patrie, ou qu'ils travaillent et agissent comme nous.

ART. 11. Il en est de même pour les anabaptistes qui se trouvent dans le pays; car ils augmentent considérablement les fermes et les moulins, [en sorte] que d'autres laboureurs ne peuvent plus gagner leur pain.

ART. 12. On ferme actuellement beaucoup de prairies qui étaient toujours ouvertes: ce qui ôte considérablement le pâturage des bestiaux. Non seulement ils ferment leurs prairies, mais ils causent beaucoup de dommage aux voisins qui supportent les chemins en entier. On demande que ces sortes d'affaires soient abolies et remises en leurs anciennes séances. [C'est] ce qui cause aussi des procès considérables.

Qui sont toutes les plaintes et remontrances que la communauté de Tetterchen a à représenter à Sa Majesté; lesquels habitants, réunis comme dit est, ont tous signé, [ceux] qui savent écrire, après lecture et interprétation faites.

Anton Theobalt, maire; Frantz Breit, échevin; F. Tholer, greffier; Georg ... (?); Matthias Theobalt; Johannes Schneider; Frantz Schneider; Nicolas Brach; Jean Jacob; Peter Linden; Petter Bichinger; Johannes Crauser; Johannes Faber; Nicklass Ving; Pierre Gusse; Claud Girlinger; Jean Kin; Johannes Staud; Jean Rink; Adam Barbry; Nicola Douy; Jacob Schneider; Simon Schneider; Simon Bettinger; Jean-Jacques Schneider; Peter Brach; Jacob Linden; Jean Marcus; Nicolas Lorran; Michel Bonnell; Hans Jacob Becker; Johannes Crauser; Franss Theobalt; Stefen Koch; Nicolas Schumacher; Johannes Ror; J.-P. Bassompierre; Jacob Conne; Claud Adamy; Georg Faber; Joanes Bonnell; Glad Bichiner; Jerg Daundorff; Jacob Craüser.

TROMBORN ET OBERDORFF.

Assemblée du 9 mars en la maison du maire de Tromborn[1]*; publication au prône le 8 mars par le curé.*
100 feux. — Pas de liste des comparants; 50 signatures.
Députés: Pierre Schneider, laboureur à Oberdorff, et Louis Poncelet, régent d'école de la même paroisse.

Plaintes et remontrances de la communauté de Tromborn et Oberdorff, pour répondre aux bonnes intentions de notre roi, manifestées par sa lettre pour la convocation des Etats généraux, donnée à Versailles le 29 janvier 1789.

Plaintes. 1. Nous avons du bois d'affouage dans la Houve-Merten, dont nous payons presque le prix en rapports faits contre la communauté, responsable des délits faits aux dites forêts, que la communauté ne peut empêcher, le bois étant distant de notre village d'une lieue et demie. Les forestiers de la communauté n'ont point de gages: ils ne peuvent pas résider au bois jour et nuit. L'intérêt de la communauté la porte d'en avoir soin selon leur possible, sans qu'il soit nécessaire de la rendre responsable. Les forestiers de la maîtrise ne veillent nullement que lorsqu'ils trouvent entre [autres] un tas de bois façonné qui est façonné à quatre pieds, tandis qu'il n'est guère possible de le façonner autrement; pour lors le rapport à celui [qui l'a façonné] ou à la communauté. [Nous] désirons d'être libres de façonner notre bois à trois pieds et demi ou à quatre pieds.

2. Le sel, nécessaire à la vie de l'homme, est d'une cherté excessive, non compté le port: ce qui oblige les pauvres de s'en passer; et le défaut de sel leur cause des maladies et infirmités différentes.

Remontrances. Nous pensons que c'est pour l'utilité de la province d'être érigée en province d'Etats.

3. Que les impôts ne soient augmentés qu'avec l'octroi des Etats.

---

[1] Il semble cependant qu'il y eut là deux communautés distinctes, car l'on dit: « sont comparus en la maison du s^r... maire de la communauté de Tromborn et celle d'Oberdorff réunis (*sic*) avec la nôtre, tous nés français... habitants de cette paroisse composée de 100 feux ». Il y a même trois lettres de convocation, dont une spéciale à Odenhofen.

4. Que les charges de judicature ne soient plus vénales, mais données selon les mérites.

5. Que la ferme, [qui] fournit des richesses pour quelques-uns aux dépens du public, soit abolie.

6. [Que] la multiplicité des acquits, occasion de plusieurs vexations, soit supprimée.

7. De même la marque des cuirs et fers, encore une occasion de vexer les sujets du roi sans presque aucun profit pour Sa Majesté, supprimée.

8. Le sel, dont la Lorraine fournit en abondance, sur lequel par conséquent les Lorrains ont un droit particulier, doit leur être vendu pour le moins au prix qu'on le laisse aux étrangers; rien alors [ne] serait plus avantageux aux sujets du roi que d'en pouvoir donner aux bestiaux: ils pourraient alors [en élever] un plus grand nombre et mieux portants.

9. Il est à désirer que la vente du sel, tabac et autres marchandises, soit libre en Lorraine; car, [par] manque du sel et tabac, les pauvres sujets se hasardent de porter de la contrebande, qui leur coûte non seulement leurs biens, mais bien des fois leur vie, en les conduisant à la galère.

10. Nous pensons qu'il convient que les provinces soient les abbés commendataires, pour [que] les revenus soient employés au soulagement des pauvres.

11. Plusieurs charges du royaume, [qui] sont très coûteuses et inutiles au bien public, devraient bien être supprimées; les honoraires de plusieurs autres exorbitants, modérés; les pensions accordées à plusieurs, diminuées.

12. Les enclos des prairies, qui ne sont qu'au profit des admodiateurs et riches, doivent, selon nous, être absolument défendus; car ils sont très nuisibles au menu peuple à cause de la vaine pâture.

13. On ne doit pas ajouter afflictions aux afflictions des parents désolés de la mort de leurs défunts, par les frais des inventaires qu'on doit suspendre au moins jusqu'[à ce que] le veuf ou la veuve se remarie.

14. Il paraît aussi nuisible au bien public qu'un seul richard entreprenne plusieurs grosses fermes à bail: ce qui le rend maître d'une grande quantité de grains [et] du prix d'icelle. Une loi qui prescrirait des bornes à pareils commerçants nous paraît très utile et juste. Nous portons le même jugement de ceux qui seuls entreprennent les coupes de bois d'un voisinage entier.

15. Il paraîtrait bien juste que les admodiateurs qui entreprennent des biens du domaine, il serait à désirer qu'ils engrangent leurs fruits

dans le même village où ils tirent les denrées, pour que la paille reste dans l'endroit pour fourrage aux bestiaux et amender les terres du dit ban.

16. A quoi [sont] bons et utiles les receveurs qui sont dans le royaume pour rentrer les deniers du roi, tandis que l'on pourrait porter l'argent au trésor le plus à portée? Et les gages des receveurs pourraient être utiles au soulagement des pauvres.

17. Nous pensons [qu'il est] très nécessaire de faire une défense à tous [et] un chacun qui ont colombiers de pigeons de campagne, d'ordonner de les renfermer dans les saisons des semailles, [vu] qu'ils font un tort considérable dans le pays.

18. Le peuple désire qu'on abolisse la menue dîme, tandis qu'on [ne] la paye pas dans un endroit comme dans l'autre: il suffirait de donner la dîme en grains, chanvre et lin.

19. Nous sommes très à plaindre avec les fermiers [des] seigneurs, qui surchargent les bans avec des troupeaux [de] bêtes à laine; [ils] nous occasionnent des torts considérables dans la campagne: ils nous mettent dans le cas de [ne] pas pouvoir nourrir de bestiaux.

20. Rien n'est plus nuisible dans la Lorraine que les maîtrises, qui ne sont que pour ruiner le pays: [qu'elles] soient supprimées! Et leurs forestiers sont très inutiles, malgré qu'ils tirent de forts gages; mais s'ils étaient payés par les communautés, les forestiers, il [leur] faudrait pour lors être responsables du dommage qui s'y occasionne dans leurs bois.

21. Nous désirons que les deniers du roi soient taxés dans une seule somme suivant l'abonnement du vingtième, ou la subvention, ou autrement.

22. Plainte [1]). L'an 1775, notre communauté et celles de Merten, Hargarten, Dallem, Falt, Creutzvalt, Hamme, Gertin, ont eu un arrêt du conseil du roi par lequel elles ont été maintenues dans la possession et jouissance de leur ancien droit de marnage, affouage et grasse et vaine pâtures dans la forêt royale de Huffe-Merten, pour empêcher MM. Soler et [de] Hayange, maîtres de la forge au Creutzvalt, qui avaient affermé la dite Huffe du roi, de faire des coupes dans la portion du dit bois adjugée aux communautés dessus nommées. Nonobstant la signification du dit arrêt, ils ont encore fait une coupe estimée à 1350 cordes, la corde à 6 livres, dans le bois appartenant à notre communauté et à celle de Dallem. Les dites communautés ont fait saisir le dit bois, et nonobstant cette saisie, ils ont fait emmener le bois. La cause a été portée au conseil du roi, sans qu'il ait été possible d'obtenir justice.

Plaise au ciel que ces plaintes et remontrances soient faites avec respect, etc.

---

[1]) Comparer le cahier de Dalem p. 50.

Fait à Tromborn dans la maison du sieur Christian Schneider, maire, en présence de toute l'assemblée des communautés, après lecture reçue et interprétation en langue germanique, les jour [et] an avant dits.

Christian Schneider, maire; L. Poucelet, greffier; Peter Schneider; Simon Jager; Joseph Noel; Joachim Ledure; Jacob Durch; François Striger; Gorg Dauendorffer; Jean Schellinger; Vincens Daundorff; ... Altmayer; Johanes Niclas; G. Klad; Nicolas Schneider; H. Wam; Jean-George Gungsenhover; Hans Wielm Küffer; Jacob Borgar; Johannes Weber; Jost Wirmst; Jean Borger; Henrig Jung; Petter Schellinger; Johans Jung; Jacob Welfert; Petter Chlitter; Jacob Jung; Johanes Gillger; Peter Contelli; Nicolas Fourman; Gerg Weber; Thomas Schmit; Petter Peysang; Jacob Noel; Jacob Schlitter; Christian Lotter; Nicolas Decker; Anton Gus; Niclas Peysang; Simon Han; Johanes Jung; Peter Brettnacher; Sebastian Willmont; Nicollas Weber; Johanes Kallen; Tridemi; Jacob Schellinger; Peter Noel; Johannes Kun; Nick. Jos. Wirtz.

TÜNSDORF.

Point de procès-verbal d'assemblée: le cahier en tient lieu.

Doléances de la communauté de Tinstroff.

Aujourd'hui, 9 mars 1789, l'assemblée des habitants de la communauté de Tinstroff, s'étant assemblés en la manière ordinaire au nombre de 10, pour élire deux habitants pour comparaître à Bouzonville le 11 mars pour y porter les doléances les plus affligeantes des sujets de Sa Majesté de la dite communauté, avons élu François Reblinger et François Hein [1]).

1°. Les plus fortes doléances sont que les gabelles nous font payer le sel deux tiers plus cher que les étrangers le vendent, qui provient de Lorraine: ce qui occasionne que les sujets de Sa Majesté se risquent à la contrebande, qui leur fait perdre leurs biens, à cause du bon marché qui se trouve aux frontières.

---

[1]) Il signe Haein. Fr. Reblinger devait être maire, d'après la lettre de convocation. Les signataires que l'on dit députés ne sont que les élus ou membres de la municipalité. Il en est de même dans les autres cahiers du groupe auquel celui-ci appartient: voir p. 299 n. 2.

2º. L'abonnement du vingtième et la châtrerie et les droits des marques des cuirs, qui sont des objets nouveaux, ainsi que les gardes des bois de la maîtrise, ainsi que ceux des grueries, nous ruinent: il serait plus à propos que des habitants des lieux aient cette garde des bois, attendu que les pauvres habitants sont obligés de payer de grands frais et des buvettes [*lisez* beuveries] à ces forestiers pour obtenir des diminutions dans leurs rapports, qui font des effets de ruine pour des pauvres sujets.

3º. Les huissiers, après les sentences des juges, s'en font régulièrement une espèce de récolte rapide sur les débiteurs condamnés au payement des billets. Les créditeurs restent non payés tant et si longtemps que les débiteurs s'y attardent. Les petites créances au-dessous du taux [?] se gonflent par les amplifications chicaneuses et par des appels jusqu'à l'entière ruine des familles.

4º. Notre paroisse est composée de sept villages, dans lesquels le curé avec les autres décimateurs tirent la dîme; et [encore que] la fabrique de notre église serait assez forte pour payer le luminaire et autres frais, cependant nous sommes obligés d'y contribuer et de payer les vicaire et maître d'école et marguillier, attendu que la part des dîmes serait assez forte pour nous soulager de telles charges.

5º. Les seigneurs hauts justiciers sont si fort attachés à leur profit qu'ils relaissent leur pâture à des étrangers qui y mettent des troupeaux si forts, qui rongent tellement la pâture que les habitants ont peine à faire l'agriculture ou le labourage de leurs terres; et [nous] demandons très humblement des remèdes à ces maux.

Fait à Tinstroff, ce 9 mars 1789.

Frantz Reblinger; Lorens Hütt, greffier; Frans Haein; marques de Jean Hein, député, et de Mathias Vagner, député.

TUNTING.

Assemblée du 7 mars en la maison du syndic par-devant le maire; publication faite par le curé le 7 mars dans la communauté, vu que « notre église paroissiale est hors du pays ».

12 feux. — 7 comparants; 5 signatures [1]).
Députés: Pierre Nigon, laboureur, et Pierre Pütz, manœuvre.

Cahier de doléances, plaintes et remontrances de ceux de la communauté de Tinting.

Les habitants de la communauté de Tinting croient abusifs et nuisibles à l'Etat les points suivants:

Le prix excessif de la contrebande, et par conséquent les employés; et même un particulier, nonobstant un accord avec la ferme, est tombé dans des amendes, n'ayant en rien manqué.

Le prix excessif pour avoir marqué le bois dans les bois communaux, qui surpasse quelquefois la valeur des bois; le grand nombre des rapports communaux, inévitables par les communautés, dont sont cause les étrangers; et généralement la conduite des forestiers est nuisible à l'Etat.

Les châtreurs, qui viennent seulement deux fois par an pour faire leur devoir et qui demandent pour un cochon de lait 5 sols, pour une truie 20 sols, et pour un cheval 3 livres, argent de Lorraine.

Les droits des finances sont aussi excessifs; et les meuniers de Tinting se plaignent en particulier qu'ils doivent tous les jours prendre des acquits.

Le vingtième est trop fort.

Les habitants de la dite communauté ont, depuis quinze ans, été incendiés une fois, grêlés deux fois, et ont eu une fois un dégât par des torrents dans leurs maisons, prés, champs et jardins, et ils en ont porté leurs plaintes, mais sans effet et en vain.

Remède. — Les dits habitants croient qu'il serait convenable pour la prospérité de l'Etat de rétablir la Lorraine dans ses anciens droits.

Fait à Tinting, le 7 mars 1789.

Nicolas Konter, maire; Pir Nijung; Peter Pütz; Jacob Masiong (manœuvre); Nicolas Morbé (meunier).

---

[1]) N'ont pas signé Jean Schaunen, laboureur, et Pierre Girard, meunier. Le syndic, qui n'est pas nommé, devait être Bernard Blatte, qui reçut le 6 mars la convocation de l'huissier Boisteaux.

VAUDRECHING.

Le procès-verbal d'assemblée ne fait qu'un avec le cahier.

Plaintes, doléances et remontrances de la communauté de Vaudrechin [1]).

Cejourd'hui, mars 1789 (sic), relativement à la volonté de Sa Majesté portée par ses lettres et ordonnances, ainsi que [par] celle de notre bailli du bailliage de Bouzonville, ayant eu connaissance par la lecture et explication faites au prône du dimanche, 1er de ce mois, de l'une et et de l'autre par M. notre curé,... avons à cette fin convoqué tous les habitants nés français de notre communauté de comparaître par-devant nous André Gobin, maire de ce lieu, pour procéder à la rédaction du cahier des plaintes, doléances et remontrances que notre communauté entend faire à Sa Majesté; étant assemblés, avons vaqué au dit cahier comme il suit:

Art. 1. Avons l'honneur de représenter la fatalité des maîtrises, qui, par leurs hauts prix pour marquer nos bois et coupes d'affouage, prennent 3 livres 10 sols par chaque arpent, tandis que souvent les dits arpents ne contiennent pas de bois pour cette valeur, puisque nos bois sont actuellement bien faibles, les ayant déjà plusieurs fois coupés dans ce siècle, tandis que les bois attenant aux nôtres et appartenant aux communautés voisines sont dans un meilleur état que les nôtres et ne sont pas marqués par la maîtrise, simplement par la communauté à l'assistance du juge garde de leur haute justice. Et ces maîtrises soutiennent des forestiers qui font des rapports souvent bien injustes et ruinent le peuple; et le produit des bois au profit des communautés, provenant des chablis, amendes, est déposé dans les caisses des receveurs des domaines et bois, et sont les communautés obligées d'en dépenser une grande partie pour les ravoir et retirer des mains des dits receveurs, par des placets, mandements et voyages, au lieu que, si Sa Majesté ordonnait que dans les communautés on nommerait un notable habitant à qui l'on remettrait le dit produit pour enfin au besoin pouvoir le ravoir, du moins sans frais, Sa Majesté pourrait aisément révoquer toutes les

---

[1]) Vaudreching étant chef-lieu de paroisse, les cahiers d'Aidling et d'Alzing ses annexes ont dû s'inspirer de celui-ci; ils sont du reste tous écrits de la même main.

maîtrises, inutiles et nuisibles au peuple, et ordonner que chaque communauté garderait son bois en règle.

Art. 2. Représentons à Sa Majesté que beaucoup d'inconvénient croît dans notre province par la cherté du sel et tabac. Le sel se fait dans notre province, et les sujets d'icelle sont forcés de prendre et payer le plus mauvais 6 sols 3 deniers la livre, tandis que les étrangers ne payent la livre de bon sel que 18 deniers la livre; que bien des pauvres gens qui ont de gros ménages, une nombreuse famille, ne sont pas dans le cas d'acheter ce mauvais sel si cher. Aussi sont-ils souventefois obligés de prendre leur soupe, déjà maigre, sans sel; c'est ce qui est cause de bien des maladies tant humaines que bestiales. Et considérez le grand tort que l'on fait à vos sujets de cette province : elle fournit les bois aux salines; les employés, malgré vos ordres, laissent passer les bois aux pays étrangers, ainsi que le bon sel; c'est donc les étrangers qui en profitent, et vos sujets en souffrent. Si Sa Majesté avait la bonté de révoquer la ferme et ce grand nombre d'employés qui ruinent les états et le peuple par des sommes immenses qu'ils dépensent journellement mal à propos.

Art. 3. Représentons à Sa Majesté la facilité de notre bailliage d'entreprendre des procès de peu de conséquence et quelquefois de nulle valeur, qu'ils font traîner par des remises et par d'autres moyens de chicane qui leur servent à prolonger les procès aussi longtemps qu'ils trouvent les parties plaidantes assez solvables pour payer les frais, et par ce moyen tous ceux qui sont obligés à se pourvoir à la justice ordinaire, sont assurément ruinés; et par ce moyen ils attirent tous les biens-fonds des villages proches voisins à leur avantage, puisque l'on peut prouver que dans nos voisinages il [y] avait de simples laboureurs qui, en 1705, possédaient jusqu'à 100 jours de terres à eux propres, et aujourd'hui leurs héritiers ne possèdent pas un quart de jour de terre ni pré en propre, tant la justice ruine le peuple. Nous prions donc Sa Majesté de remédier et d'ordonner et régler la durée des procès, et pour quelle valeur l'on serait autorisé d'entreprendre un procès.

Art. 4. Représentons à Sa Majesté les grands abus qui se trouvent dans votre royaume, et spécialement en nos cantons : ce sont les abbés commendataires qui relaissent leurs revenus à des admodiateurs, chicaneurs et avares, qui enlèvent tous les grains provenant des dîmes et rentes y attachées et les transportent aux étrangers, qui causent souvent la famine en nos cantons. Qui plus est, ils chagrinent les habitants de leur dépendance en exigeant des droits qu'ils veulent nommer droit capital, tiers denier, oies, poules, chapons, œufs, et corvées, sans titres.

Même l'on a déjà plusieurs fois demandé qu'ils aient à montrer leurs titres réels sur lesquels ils prétendent les dits droits y dénommés, mais l'on n'a pas encore pu parvenir à les voir: il est à présumer qu'ils n'en ont point. Si Sa Majesté prenait les revenus de ces abbés à son profit et faisait rester les grains dans chaque endroit où ils se cultivent pour enfin être vendus à vos sujets, c'est ce qui ferait un grand soulagement à votre peuple et beaucoup de profit à Sa Majesté.

Art. 5. Avons l'honneur de représenter à Sa Majesté l'inutilité des archers, en mettant des cavaliers militaires à leur place, qui feraient les mêmes fonctions. Et quelle épargne pour Sa Majesté en les réformant! La sûreté publique serait également soutenue, et encore mieux, par des cavaliers militaires que par la maréchaussée.

Art. 6. Notre communauté a l'honneur de représenter à Sa Majesté qu'elle est trop chargée des troupeaux des communautés voisines, tant de bêtes rouges que de bêtes blanches, qui se font un droit par coutume de la vaine pâture sur notre ban. Il serait une grande justice et bien s'il était ordonné par Sa Majesté que chaque communauté restât sur leur ban avec leurs troupeaux.

Art. 7. Avons l'honneur de représenter à Sa Majesté que l'édit des clôtures nous fait un grand tort, spécialement à notre communauté, à laquelle le second surpoil appartient depuis la création du monde jusqu'à présent; et la coutume est dans notre communauté, de partager ce dit second surpoil, égale[ment] à chaque habitant, de tous les prés; et tous les habitants étaient dans le cas de nourrir, jusqu'au moindre, une vache pour soutenir leurs pauvres familles, quelquefois bien nombreuses, quoique pauvres. Mais depuis cet édit la moitié n'est pas dans le cas de nourrir seulement une chèvre, tant les portions sont présentement petites, et cela à cause que les religieux bénédictins ont le tiers, et même les meilleurs de nos prés, et ils les ont fait tous clore, et encore d'autres bourgeois de la ville et d'autres lieux qui font clore seulement après la sortie des foins pour avoir le regain et nous en priver, si bien que la plupart de nos habitants ne sont plus en état de s'acquitter de leur cote d'imposition qui est sur ce dit profit imposée, en étant privés. Prions Sa Majesté de lever un édit si doléant au menu peuple, pour pouvoir jouir du second surpoil comme ci-devant.

Et, après la rédaction du présent cahier... ont lesdits comparants procédé à l'élection de leurs deux députés... Christophe Bildé et Mathias Eppinger, deux habitants de notre communauté,...

Et ont une partie des habitants, ceux qui savent signer, avec les dits deux députés, signé tant le présent cahier et procès-verbal que le duplicata, et nous avons présentement remis à nos députés le présent procès-verbal pour constater leurs pouvoirs, et [ils] ont promis de s'y conformer en tout ce qui est prescrit, les dits jour et an.

Andere Goben, maire; Christophe Bildé, syndic; Jacob Dalstin; J. Pitt Diderching (?); N. H.; marque de Paul Hening; Jean Jene; Nicolas Kin; F. Becker; Jobis (?); Jean Engelinger; Grimbert; Nicolas Schneider; Joseph Mangin; Frantz Ewelinger; Anton Eltz (?); Jacob Kiffer; Johanes Engliner; Johannes Wilbois; Pierre Kieffer; Gorg Graf; Jacque Godar; N. Heitz; Jean Pattis Ving; Jean Mason; Jorge Lingen; Didier Godard; Christophe Bildé, député [le même que le syndic]; Mathias Eppinger, député.

VILLERS-BETTNACH.

Assemblée du 10 mars par-devant le maire Antoine Gueblée en sa maison; publication au prône le 8 mars par le curé.
18 feux. — Pas de liste des comparants; 10 signatures.
Député: François Dufort.

Cahier des plaintes et doléances fournies par la communauté de Viller-Bettnach et dépendances[1]).

Nous tous habitants assemblés de la dite communauté, nous avons représenté ce qui suit au bon plaisir de notre très digne et bon roi, savoir:

1. Que le désir des habitants est de représenter que notre bon roi veuille bien supprimer les contrôle et timbre de papier, qui sont surnaturels.

2. Nous réunir [= remettre] et faire donner le sel au prix ancien et de prévoir que les salines causent beaucoup de cherté dans les bois, cela pour cuire du sel qui passe à l'étranger à vil prix; car il se vend dans le voisinage 6 liards et 2 sols la livre, dans les villages voisins qui sont étrangers et ont la prime [= la crême] du sel de nos salines.

3. Qu'il veuille bien supprimer les enclos, vu qu'ils n'occasionnent qu'un mal public et rendent la pauvre populace hors d'état de pouvoir

---

[1]) L'écriture identique et une même tournure générale rapprochent ce cahier de celui de Saint-Bernard, p. 500.

faire aucun nourri: ce qui rend les fourrages d'une cherté à ne pouvoir faire aucun nourri.

4. Supprimer les parcours de village à autre.

5. De vouloir bien supprimer le grand abus des acquits, voyant que nous sommes obligés, pour vaquer dans trois villages [à nos affaires], de prendre deux acquits. Le plus souvent le pauvre peuple est puni bien innocemment, souventefois sans savoir si c'est Lorraine ou France ou pays de la domination de la ville de Sierck.

6. De bien vouloir supprimer les marques des cuirs, qui nous coûtent 3 sols par livre: ce qui occasionne une cherté considérable et occasionne une grande partie du pauvre peuple à marcher les pieds nus.

7. De bien aussi vouloir supprimer les huissiers priseurs, qui empêchent tous les propriétaires de meubles d'en faire des ventes, [vu] qu'ils font des frais si considérables à ne pouvoir faire aucun profit de leurs meubles ni faire aucun payement.

8. De bien vouloir aussi jeter les yeux sur les répartitions, [vu] que la plupart des seigneurs cultivent leurs fermes: ce qui occasionne une surcharge considérable sur le pauvre peuple.

9. Qu'il ait aussi la bonté de défendre l'exportation des blés; que particulièrement les juifs font des enlèvements qui nous rendent le blé et autres denrées d'un prix à faire et occasionner des disettes dans notre province.

10. De bien vouloir ôter le droit d'inventaire au procureur d'office et de [le] permettre aux [gens de] justice des lieux pour occasionner les [frais] plus modiques, à charge néanmoins que les tuteurs et curateurs seront jurés [= assermentés] gratis par les juges des hautes justices ou par le procureur du roi dans les bailliages.

Les suppliants n'ont autre chose à représenter que de se conformer au désir de notre très digne et bon roi: ce que nous le supplions de faire et d'agir suivant sa grande et puissante bonté, ne cessant d'offrir des vœux au Seigneur pour la prospérité de son digne trône et personne sacrée.

A Viller, ce 10 mars 1789.

Jean Gilbert; Jacque Stocq; Jacque Pistre; Antoine Gueblée; François Dufort; Louuis Mea; François Mea; Johannes Meyer; Germain Charon; Johannes Henn.

VILLING ET GAWEISTROFF.

Assemblée du 8 mars en l'auditoire du lieu par-devant les maire et gens de justice; publication au prône le 8 mars par le curé.
43 feux. — 27 comparants de Villing et 7 de Gaweistroff; 19 signatures [1]*).*
Députés: Antoine Lumen et Alexandre Müller pour Villing; Théobald Gillot pour Gaweistroff.

Cahier de plaintes et doléances du tiers état des communautés de Villing et Gaweistroff, ordonnées par arrêt du conseil du 24 janvier 1789.

1º. Usage libre des sel et tabac: le premier, matière de première nécessité au genre humain et de nécessité secondaire pour élever, maintenir et engraisser le bétail; le second, pour obvier aux entraves immenses et innombrables que non seulement les lois imposent, mais que les employés exagèrent sans cesse par mille inventions et tracasseries, que le genre de personnes employées dans ces parties exerce si rapidement sur les fidèles sujets du meilleur des rois.

2º. De supprimer la marque des cuirs et celle du fer, afin de relever les peuples des malheurs que ces impositions entraînent dans leur principe et encore par les vexations que les employés exercent journellement sur le menu peuple.

3º. De faire supprimer les moulins de contrainte, qui causent des torts immenses tant aux individus qu'en général; supprimer les fours banaux pour les mêmes raisons.

4º. Convertir les corvées en prestation pécuniaire.

5º. D'abolir les acquits de haute conduite et permettre un libre commerce dans le royaume. D'abolir le tiers denier qui cause des pertes considérables aux vendeurs, ainsi que les droits de chef d'hôtel, qui ne sont qu'une pure vexation.

---

[1]) N'ont pas signé Mathias Reimringer, Nic. Kircher, Jean Noël, Nic. Göll, Mathias Schutz, Jean Hann, Jacq. Dellinger, Pierre Freistroffer, Pierre Pluntz, Pierre Reimringer, Paul Schutz, Jacq. Blimer, tous de Villing; et, de Gaweistroff, Nic. Simon, Jean Kircher, Jean Koch. D'après la liste, les trois premières et la dernière signatures du cahier (celle-ci attribuée à Théobald Gillot) représentent des habitants de Gaweistroff.

6º. Faire abolir le droit accordé, pour [l'accorder aux] gens de justice indistinctement, de poser les scellés et de faire des inventaires chez un homme ou femme veufs contrairement à la coutume de Lorraine, à moins de convoler en secondes noces ou d'en être requis par le survivant pour des raisons à lui connues, d'autant plus que, selon la même coutume, les meubles appartiennent au survivant sans part d'autrui, s'il n'y a traité de mariage faisant au contraire.

7º. De demander la suppression des experts priseurs et vendeurs de meubles, dont le bénéfice se tire ou sur des orphelins ou sur un malheureux débiteur.

8º. De demander un redressement dans les procédures et actes judiciaires, afin de diminuer les frais exorbitants que supportent les malheureux plaideurs.

9º. D'abolir la vénalité des offices de judicature et de faire exercer la justice par des personnes éclairées et d'une probité reconnue, et faire donner des bornes aux pauvres gens qui plaident *pro Deo*.

10º. Un redressement dans les procédures des maîtrises, dont les droits de martelage emportent souvent, si ce n'est la valeur entière de leur chauffage, au moins une partie essentielle.

11º. De révoquer la loi inconnue dans toute la France et en vigueur en Lorraine par un arrêt mal entendu, qui défend la paisson dans les huit derniers taillis, soit dans les forêts royales, seigneuriales ou communales, qui cause tant de rapports, outre que, ces parties de forêts n'étant pas vermillées, la semence conséquemment non enterrée, conséquemment aussi point de nouvelle production, si ce n'est au plus un bois crochu sans la moindre solidité ni avantage réel.

12º. Diminuer le nombre des gardes de bois, n'en établir que des gens de plus de probité possible; à cet effet leur accorder des appointements honnêtes aux dépens de l'Etat, leur assigner les cantons de leur garde et les rendre responsables de la non-suffisance à y veiller, pour éviter aux torts immenses que le peuple en souffre journellement.

13º. Obliger les seigneurs propriétaires ou concessionnaires des chasses, d'appointer les gardes de chasses d'une manière suffisante, et trouver des personnes plus honnêtes et de plus de probité qu'ils n'emploient journellement.

14º. Défendre à quiconque a droit de chasse de ne l'exercer qu'après toutes espèces de récoltes, pour empêcher que les grains et autres productions de la terre ne soient foulés aux pieds et des chasseurs, souventefois en trop grand nombre, et [de] la foule des chiens qui les accompagnent.

15°. Que chaque communauté ait seule le droit de parcours sur son ban à l'exclusion de toute autre.

16°. De favoriser la culture des trèfles, attendu que toutes les prairies sont avoisinées de terres arables qui, par la fonte des neiges et les grandes pluies, déchargent des limons, terres, graviers et pierrailles sur les prés contigus, les rendent par là successivement ce qu'on appelle hauts prés, qui ne produisent plus de foin ni de regain par cette élévation. De défendre ou, pour mieux dire, révoquer les lois permissives des clôtures, si coûteuses, soit en fossoyant le contour et par là rendant une portion de prairie hors de production, ou bien ces clôtures faites en bois et clayonnage occasionnent une destruction pour les forêts déjà si claires et si insuffisantes soit pour bois de bâtiment ou de chauffage. De défendre toute espèce d'exportation de bois de bâtiment ou de chauffage pour l'étranger.

17°. De faire entrer les biens domaniaux des petites communautés en partage entre les membres qui les composent, en acquittant l'acensement en argent, comme les possesseurs actuels, attendu qu'ils seront mieux cultivés et d'une meilleure production.

18°. De mettre des bornes à l'usure excessive que les juifs exercent sur tous les citoyens en général, particulièrement sur le malheureux peuple; à cet effet défendre de contracter des dettes sous seing privé, en rendant aux anciennes lois de Lorraine leur vigueur, et en les restreignant, s'il est possible encore de réduire le nombre de leurs familles à celui fixé par les lois émanées de nos souverains.

19°. Abolir les maîtrises des arts et métiers, accorder à chaque artisan la permission d'exercer son art et métier sans rétribution [*lisez* restriction] et sans empêchement quelconque.

Arrêté à Villing le 8 mars 1789, et ont signé.

Peter Hurtt; Nicolas Koch; Jacque Kamson; Ettien Tirion; Peter Kurtz; Anton Schütz; Nicolas Kuentzeler; Johannes Lumen; Paulus Schuetz; Christianus Neisses; Christoffel Altmeier; Nicolas Jager; Johannes Jung; Hans Petter Freistrofer; Martin Reimringer, maire; Allexander Miller; Antoin Lumen; Johannes Koch; Teil Geillo. — *Ne varietur*.

WALDWEISTROFF.

Pas de procès-verbal d'assemblée, mais une attestation des maire et gens de justice que les nommés Nicolas Printz et Jean Lerenbrick ont été élus pour fournir le cahier des plaintes, le 10 mars 1789. — 8 signatures.

Plaintes, doléances et remontrances que forment les habitants et gens de justice de la communauté de Valtveistroff en exécution des lettres patentes du roi données à Versailles le 7 février 1789 pour la convocation des Etats généraux.

1º. La dite communauté sollicite des grâces de son souverain en disant que les sels sont d'un prix exorbitant: ce qui occasionne beaucoup que les sujets ne peuvent faire des nourris comme dans les autres Etats. Il est de la souvenance de plusieurs habitants que le sel se vendait à un prix plus médiocre. Il est de plus à observer que la plus grande partie des pauvres habitants sont souvent plusieurs jours sans prendre les aliments nécessaires au corps humain, faute qu'ils ne peuvent avoir du sel [à] cause du très haut prix.

2º. Cette communauté se plaint en disant qu'ils sont ban joignant de la France et prévôté de Sierck, de sorte qu'ils ne peuvent entrer ni sortir aucune denrée sans être obligés de payer deux sortes de droits: ce qui gêne beaucoup les sujets et le commerce. La plus grande partie des matériaux se tire d'une partie à autre des deux Etats pour bâtir.

3º. Elle se plaint aussi que les cuirs sont d'un prix trop élevé. Les tanneurs et fabricants se plaignent que l'impôt est exorbitant. En conséquence les pauvres sujets sont partie du temps à pieds nus: ce qui produit fort souvent des maladies.

4º. Cette communauté se plaint aussi que MM. les officiers des eaux et forêts s'ingèrent de faire payer 3 livres 10 sols par arpent pour droit de martelage. Elle a payé une somme considérable pour la division de chaque coupe pour l'affouage de chaque année. Cette communauté a 48 à 50 arpents pour chaque année: ce qui ferait donc une somme exorbitante pour ces MM. Une partie des habitants sont obligés de vendre leur portion de bois pour payer ces droits, de suite sont obligés de rapiner et dégrader les bois, et par ce moyen il y a fort souvent des rapports contre la communauté.

5º. Elle se plaint aussi qu'elle est banale au moulin domanial de ce lieu: ce qui est bien injuste, vu que la grande partie du temps le meunier ne peut fournir de farine [à] cause du manque d'eau et les moindres gelées imbibent [*lisez* congèlent] l'eau du canal. C'est un droit qui mérite d'être aboli.

6º. L'on fait aussi payer un droit que l'on nomme droit de four banal: ce qui paraît aussi injuste, vu qu'il n'est d'aucune connaissance que jamais il y eût de four banal dans ces environs.

7º. Elle se plaint aussi que le fermier du domaine fait payer à chaque laboureur une somme de 30 sols de Lorraine: l'on ne peut s'imaginer pour quoi est ce droit.

8º. La communauté trouve aussi injuste que, lorsqu'il est question de faire un inventaire chez des veufs, l'on emploie des estimateurs à un prix exorbitant, au lieu qu'on pourrait se servir pour cette besogne de quelques voisins connaisseurs: ce qui mérite abolition.

9º. Elle trouve aussi injuste qu'après le décès de pères et mères de famille [qui] fort souvent ne laissent que très peu de mobilier, pour la vente d'icelui l'on est obligé de payer un droit très exorbitant, au lieu que l'on pourrait faire faire ces sortes de ventes par des personnes de plume, [en] s'obligeant de payer le droit de contrôle.

10º. Elle dit aussi qu'il a plu à Sa Majesté donner édit pour faire des enclos pour y recueillir du regain: ce qui paraît n'être utile et mérite abolition, vu que cela périt [*lisez* exige] beaucoup de bois et fait beaucoup d'indignation dans les communautés.

11º. Elle dit aussi qu'il serait nécessaire que toute personne paye subvention, vu que les seigneurs, le domaine, les officiers des bailliages, les curés et abbayes possèdent les meilleurs biens.

12º. La communauté dit aussi qu'il serait d'un grand bien que la subvention soit partagée à la chambre des comptes par un rôle d'année à autre, qui sera fourni, et ne plus se servir d'asseyeurs, comme du passé, pour obvier aux abus.

Pour plaintes, que nous certifions véritables, espérant d'obtenir par Sa Majesté droit sur les demandes d'autre part. A Valdveistroff, le 10 mars 1789.

J. Blondin, syndic; J. Mertz, maire; Nicollas Prentz; Nicolas Levenbrick; Joseph Wilhelm; Frans Mathis; Jean Levenbrick; Nicolas Hielt, greffier.

WALDWISSE.

Assemblée du 8 mars dans la maison d'école habitée par le sieur Henry, vicaire résident, à défaut de presbytère; publication au prône le 8 mars par le vicaire résident.
Par suite d'une surcharge le nombre des feux est illisible. — Pas de liste des comparants; 13 signatures.
Députés: Jacques Gérardy, censier des dames de Rustroff, et Frédéric Mansion, tous deux notables habitants.

Le présent cahier contenant deux feuilles a été par nous, maire haut justicier, résidant au village de Waltvies, coté et paraphé pour servir à contenir les doléances, plaintes, remontrances, conformément à la lettre de Sa Majesté et ordonnances de M. le bailli d'épée et lieutenant général du bailliage royal de Bouzonville, le 8 mars 1789. (*Signé*) Adam Biltzinger, maire.

Les habitants de la communauté de Waltvies [1]), persuadés que bien des dignes et éclairés compatriotes et sujets de Sa Majesté se sont occupés à mettre sous les yeux du roi et de l'assemblée générale les doléances et abus qui se sont successivement glissés dans bien des parties de l'administration du gouvernement, se croient en quelque façon dispensés de les déduire ici, surtout ayant eu communication du cahier de la communauté de Reimling, auquel ils adhèrent et désirent qu'on ait égard.

Ils voudraient bien déduire ici les charges immenses et onéreuses dont cette communauté se trouve chargée; mais envisageant combien le temps est précieux des honorables personnages qui occuperont cette auguste assemblée nationale, ils jugent nécessaire de s'en dispenser pour uniquement délibérer sur le commun et général besoin.

Ferme générale. Le vœu de tous les habitants de cette communauté serait que, connaissant la manière vraiment paternelle avec laquelle Sa Majesté, dans sa lettre, s'explique, qui est de ne vouloir que le bien public, Sa Majesté décharge son peuple d'un fardeau vraiment tyrannique, qui d'ailleurs n'a son origine et ne la doit qu'à Philippe IV

---

[1]) Le cahier de Biringen, p. 267 n. 2, est sorti de la même plume et ressemble beaucoup à celui-ci.

dit le Bel, l'an 1286, qui à la vérité n'était [pas] encore un fardeau insupportable pour le sujet français, parce qu'on n'exerçait [point] une tyrannie pareille à celle d'aujourd'hui. Les habitants craignent [de] s'expliquer; mais envisageant la liberté que le meilleur des rois leur accorde de s'expliquer, ils parlent de la ferme générale, qui fait et cause plus de maux aux fidèles sujets de Sa Majesté dans une année que ne causeraient plusieurs années de disette. Son vœu serait que Sa Majesté abolît cette compagnie qui, semblable à une sangsue, se glorifie, après avoir sucé le sang et l'or de tout un royaume par ses vexations injustes et tyranniques, qui sont cachées aux yeux de ce bon roi, d'être la seconde source des finances du roi. Faut-il s'en étonner, puisque, par les entraves qu'elle pose au bonheur du Français, elle le met dans le cas de ne pouvoir venir au secours de son prince? Que les pattes rapaces de cette bête âpre et intéressée soient amputées! Que les sel et tabac deviennent commerçables et libres! Qu'il soit permis au sujet français de l'user comme l'étranger, qui l'a à raison de 10 deniers la livre, tandis que le Français est obligé de payer seulement l'écume à raison de 6 sols 3 deniers, et ce en Lorraine, les autres provinces le payant 8 sols! On verrait bien vite combien l'agriculture prendrait un nouvel essor, [vu] que le laboureur pourrait nourrir des bestiaux propres à l'agriculture et au labeur, qu'il pourrait, par l'usage du sel, s'il était au prix comme l'étranger, savourer [lisez: rendre savoureuse] et bonifier une nourriture que le terrain et le sol lui refuse, que les campagnes seraient mieux travaillées, se trouvant plus de forces dans les bêtes de trait, la production doublée, et [que le peuple] se verrait à même de pouvoir verser à doubles mains le fruit de ses sueurs dans les mains d'un roi qu'il chérit, et que cette seconde source de finances se trouverait dans tous les sujets d'un royaume. On ne verrait plus regorger des souterrains affreux d'un grand nombre de pères de famille, de laboureurs, d'artisans, en un mot de Français qui, la plupart du temps, pour quelques onces de sel ou tabac qu'ils sont forcés de prendre chez l'étranger, et n'ayant des 10 et 12 écus à donner pour rançon, sont retranchés de leurs enfants, de leur compagne, et obligés de passer des années entières, sans pouvoir être utiles à l'Etat, dans des prisons et cachots affreux. La ferme se dit la seconde ressource des finances: eh! grand Dieu! disons avec justice qu'elle est la cause première de la destruction du plus beau royaume. Sont-ce près de 80.000 employés qu'elle paye gracieusement [et] qui ne font aucun bien à l'Etat, qui peuvent faire le bonheur? Que le souverain les réduise à un tiers! Mais non; les supprimer totalement: il entrerait journellement dans ses coffres passé 240.000 livres.

Eaux et forêts. Un autre abus très révoltant est la composition de la maîtrise des eaux et forêts qui, dans cette partie de la Lorraine, a fait des ordonnances aussi nuisibles que destructives. Elle force les habitants de se frustrer pour leurs bestiaux d'une nourriture que le ciel et la nature leur accordent à pleines mains : elle leur défend de mettre leurs porcs, la première année des coupes, dans les bois ; elle exige pour leur entrée l'écoulement de quatre années ; [*ajouté en marge:*] par l'arrêt du conseil du 6 mai 1757, c'est la huitième année. Qu'on envisage d'un œil impartial le tort qu'on cause aux communautés ! On s'apercevra facilement que les glands et faines tombant des arbres restent sur des feuilles où la pluie corrompt le germe ; ils pourrissent et ne peuvent prendre racine : ce qui ne serait pas, si on permettait l'entrée des dits porcs dans les bois, puisqu'en museillant [= remuant la terre avec le museau], ils deviendraient semblables à une charrue et une herse qui les enterreraient en terre où ils fructifieraient, repeupleraient les bois au centuple et ne laisseraient pas, tant que cette ordonnance durera, la triste perspective aux habitants de se voir, avec quelques bois, sans bois. C'est l'expérience qui parle. Autre abus sautant aux yeux : la dite maîtrise ne faisant point de différence entre les bois blanc, chêne et hêtre, exige un écoulement de 25 ans pour les coupes. Qu'on considère encore une fois la qualité du bois blanc d'avec le chêne et hêtre : on s'apercevra facilement qu'étant obligé d'attendre la révolution de 25 [ans] pour parvenir à la première coupe, pendant ce laps de temps le bois blanc, pour la crue duquel il ne faut que 10 ou 12 ans, se pourrit et ne profite point, tout au contraire est nuisible aux chênes et hêtres. Il serait donc à propos qu'on ordonnât, en voulant laisser subsister cette maîtrise, qui d'ailleurs, lorsque les communautés auraient le soin de leurs bois, serait inutile, une double coupe pour le bois blanc.

Mendicité. Le gouvernement a si souvent pris des mesures pour empêcher la mendicité sans jusqu'ici avoir pu parvenir à son but ; il serait très nécessaire d'y avoir égard, surtout pour les mendiants religieux, qu'on pourrait forcer de demeurer chez eux, les empêcher d'avilir un caractère si respectable, en prenant sur les riches abbayes et maisons rentées un revenu nécessaire pour les maisons de tel ou tel arrondissement. Qu'on prenne par exemple 6000 [livres] de telle abbaye qui en possède passé 80.000 : 12 ou 15 individus ne pourraient-ils pas encore vivre ensemble avec 74.000 livres ? Mettre cette réflexion en exécution, ce serait décharger le peuple d'un très grand fardeau, d'autant plus que bien des respectables pères de famille, forcés par cette sorte de gens, se voient obligés d'ôter la nourriture de leurs enfants pour la leur donner.

Dîme. La dîme devant, d'institution divine, se partager en trois parties: la 1ᵉ pour le pasteur, la 2ᵉ pour l'entretien des églises et presbytères, la 3ᵉ [pour] la nourriture des pauvres, il serait bien glorieux qu'on vît les gros décimateurs obligés d'entretenir les églises et presbytères, et décharger le pauvre peuple, qui pour cet effet donne sa dîme, de l'entretien des dites églises et presbytères, et ce à l'exemple du grand Joseph II. qui déchargea généralement son peuple de l'entretien des dites églises et presbytères. Il serait encore bien utile qu'on mît des pasteurs dans les villages composés au moins de 25 feux. Quels fruits pareille institution ne porterait-elle point? On verrait la vieillesse plus fervente à donner de bons exemples à la jeunesse; la jeunesse mieux instruite, plus retenue, devenir de dignes et vertueux sujets de l'Etat.

Les habitants de la communauté croient encore utile de mettre sous les yeux de Sa Majesté et de l'auguste assemblée, qu'il s'exerce une espèce de tyrannie par les seigneurs fonciers, qui est [que], lorsque le chef de famille vient à mourir, on perçoit et tire la seconde pièce de ménage; la femme venant à décéder ensuite, on perçoit le même droit: ce qui fait que, malgré cette perte du chef de famille, on ôte aux enfants orphelins une sustentation. Le gouvernement devrait bien délivrer les fidèles sujets de pareils esclavage et tyrannie.

Maintenant et avant de signer, les habitants ont cru qu'il leur était permis de s'occuper de leurs charges personnelles: le seigneur haut justicier, ne devant avoir qu'un troupeau de moutons dans toute l'étendue de sa seigneurie, au contraire en met dans tous les villages: ce qui est très nuisible à cette communauté, puisque par là il occupe tout le ban et ôte la pâture aux bêtes blanches des habitants.

Ce fait et arrêté en assemblée à Waltwies, le 8 mars 1789.

Adam Biltzinger, maire; Frantz Fuss; Jacob Gerardy; Fredrich Masiung; Nicolaus Fuss; Mathias Petz; Peter Massiung; Michael Brettennacher; Johannes Hüssinger; Lorens Schuh; Bourtin; Petter Liell; Hans Peter Hoffman.

WALMUNSTER ET VELVING.

Assemblée du 9 mars en l'auditoire du lieu par-devant les maire, syndic, gens de justice et autres officiers municipaux; publication au prône le 8 mars par le curé.

55 feux. — Pas de liste de comparants; pas de signatures, le procès-verbal d'assemblée ne formant qu'un tout avec le cahier.
Députés: Jacob Bettinger et Jacob Demange.

Cahier des plaintes, doléances et remontrances de la communauté de Velving et Valmunstre.

Art. 1. La communauté se plaint pour les droits appelés droits capitaux, comme [étant] un droit exorbitant et injuste: une pauvre femme a assez de perte de perdre son mari qui vient d'être décédé. L'on vient lui enlever la seconde pièce du ménage, dont elle a le choix de la première, soit meubles ou bestiaux. Si elle a deux chevaux ou deux bœufs pour lui servir à cultiver ses terres pour nourrir et élever le restant de sa famille, pour conserver ces objets qu'on veut lui enlever, ça ne serait qu'au moyen d'un accord de la valeur de l'objet. Soit, et consentons que ce droit soit légitimement dû: que ça soit au moyen d'une taxe de modération, que la pauvre veuve ne soit pas à moitié ruinée.

Art. 2. La communauté trouve une grande importance et préjudice [en ce] que les seigneurs ou fermiers font clôtures de leurs prés, qui ont ordinairement de grandes pièces ensemble, [et] que les particuliers ne peuvent pas faire de même. Donc il serait juste que chaque particulier profitât [de] ses prés sans être clos.

Art. 3. La communauté se trouve beaucoup gênée d'un moulin dont ils sont banaux, situé à une lieue de la communauté et un très mauvais chemin pendant la saison d'hiver; et pendant la saison d'été ou sécheresse, il n'a point d'eau pour fournir ou moudre pour la moitié de la communauté. Donc il serait juste et avantageux que les habitants soient libres en tout temps d'aller moudre où bon leur semblera; car, au défaut de leur moulin banal, [ils] sont quelquefois forcés de se rendre à d'autres moulins pour avoir de la farine, où ils se trouvent rançonnés par des meuniers à volonté, jusqu'à 20 sols par quarte outre la mouture. [Surtout] comme ça ne serait que par grande nécessité, et non de continuation.

Art. 4. La communauté se trouve dans une grande difficulté entre eux et les religieux du monastère de Metteloch au sujet d'un très grand nombre [de] jours de terres, desquels les dits religieux se sont rendus propriétaires; et la communauté prétend que les dites terres lui appartiennent. Donc il serait juste que les religieux produisent leurs titres de propriété, comme la communauté a déjà fait bien des démarches et beaucoup de frais sans avoir pu obtenir justice. Comme la communauté n'a point de pied terrier ou banrôle, donc, suivant les droit et règle, chaque haut justicier doit fournir un banrôle au greffe public de la communauté, pour que chacun puisse voir les circonstances du ban.

Art. 5. Comme le prix du sel est exorbitant dans notre province, cela nous paraît injuste, tandis que l'auteur de la nature a doté la Lorraine de sources de sel. Et de même les salines causent une cherté des bois dans la province. Voilà deux objets qui rendent la Lorraine d'une pire condition que les étrangers; car nous les voyons venir acheter le bon sel, et presque pour rien, tandis que nous le payons si cher, et qui est d'une moindre valeur que celui qui est vendu aux étrangers.

Art. 6. Nous supplions qu'il nous soit accordé pour le bien public le sel commun et libre dans le royaume, qui sera utile pour l'élevage des bestiaux et fera épargner un quart des fourrages, tandis qu'ils ne sont en abondance, et même aussi pour la nourriture humaine, qui est, de la plus grande partie, mal construite faute des sels qui sont d'un si grand prix que les pauvres gens sont souvent obligés de vendre la graisse pour avoir du sel dans leur potage.

Art. 7. Nous nous plaignons d'une grande gêne et importance qu'occasionnent le timbre ou marque des cuirs et [les] acquits. Si un pauvre malheureux marchand, voiturier ou paysan, transporte de Lorraine en France ou de la France en Lorraine quelques effets ou marchandises, il faut changer, quelquefois d'une ville à l'autre, plusieurs fois les acquits: ce qui expose très souvent les ignorants, ou faute d'instructions, à avoir manqué d'un acquit; le pauvre malheureux, [vu] les grands frais, est très souvent ruiné. Comme le timbre du cuir augmente les prix, la plus grande partie des campagnards [sont] hors d'état d'acheter du cuir pour se faire des souliers. Il serait très avantageux pour la province de les soulager pour ces objets susdits, et ça les mettra en état de payer les deniers dus à Sa Majesté plus facilement.

Art. 8. A l'égard de nos bois communaux, dont nous sommes propriétaires, dont nous [ne] payions [d'après] les anciennes coutumes que 46 sols 6 deniers par arpent [pour le martelage], aujourd'hui nous payons 3 livres 10 sols. De plus les gardes des bois et gardes des chasses font très souvent des rapports mal prévus, qui engagent souvent des particuliers aux procès et à des grands frais; et les bois sont mal conservés et peuplés. Il serait donc plus avantageux, pour bien conserver les bois et augmenter le produit, qu'ils soient à la charge de la communauté, [vu] qu'elle se propose de faire une plantation de jeunes rejetons aux cantons dépeuplés et de semer des fruits aux cantons [où c'est] nécessaire, [en sorte] qu'à la suite du temps les bois seront considérablement multipliés et soignés.

Art. 9. De même aussi des huissiers priseurs pour les ventes des meubles, qui pourraient être laissées à faire par un greffier du lieu ou autre pour le soulagement des pauvres orphelins, qui sont le plus souvent obligés de payer presque la moitié [du prix] de leur vente, suivant la distance. Comme aussi des inventaires, qui pourraient de même être faits par les maire et gens de justice du lieu; car les frais des officiers qui ont le droit d'inventaire, sont si insupportables qu'ils prétendent souvent une grande partie de la valeur des meubles dont ils font inventaire, et cela aux dépens des orphelins.

Art. 10. La communauté désire et croit être juste qu'en tout temps le canton ou saison des versaines soit franc et libre.

Art. 11. La communauté se plaint de la longue durée des procès, [en sorte] que souvent des particuliers se ruinent par la multitude des frais. Bien souvent ils sont obligés d'abandonner leurs biens et même leur réputation.

Art. 12. La communauté désire qu'il soit ordonné que chaque particulier fasse des plantations de prés artificiels pour avoir des fourrages et [que] les dits prés soient gardés et soignés sans clôtures[1]).

Fait et arrêté en pleine communauté l'an et jour susdits, et [les] maire et gens de justice et les plus notables habitants ont signé.

Glad Jacob; Hans Nicola Musler; Petter Stablo; Petter Gis; Jacob Demmesch; Matis Berwiller; Jacob Schillis; Andreas Jager; Jacob Marus; Nicolas Champlon; E. Knobloch; Hans Wielem Schneider; Jean-Nicolas Rosé; Jacob Bettinger, maire; Augustin Fissine; Jean Koch; Nicola Schneider; Johannes Schneider; Claud Berwiller; Jacob Hamen; Hanss Nicel Bettinger; Andreas Jacob; marque de Frans Champlon.

WEHINGEN.

Le procès-verbal d'assemblée manque.

Les doléances les plus affligeantes des sujets de Sa Majesté prises en délibération dans la communauté de Wegen, Sarekaux, dépendant de

---

[1]) Les mots suivants sont raturés: Et que chaque propriétaire doit jouir de ses biens comme il le jugera à propos; et il sera un grand bien de supprimer la vaine pâture nocturne.

la mairie de Schvemeling, du 8 mars 1789, dont nous avons chargé notre député, Charles Nicolas, pour les communiquer à l'assemblée des trois états qui sera tenue le 11 de ce mois à Bouzonville, sont [les] suivantes[1]):

1º. Qu'ils étaient ci-devant Sarekaux, où ils étaient francs et exempts de toutes tailles, sinon qu'ils payaient au domaine 12 cobstiques par feu; présentement depuis qu'ils ont été changés et divisés, on leur avait promis de rester en leurs droits; mais au moment [où] nous avons été chargés de payer subvention ainsi que ponts et chaussées, nous étions en espérance d'être déchargés des 12 cobstucks; mais M. Steimetzer de Titergen nous fait toujours payer les 12 cobstiques en frais. De plus nous demandons que nous soyons retirés de cette communauté de Schwemeling et que l'on nous donne notre subvention à part, pour être hors de tant de frais que ces mutins de Schwemeling leur occasionnent.

2º. De plus nous supplions très humblement la justice assemblée que notre ban de Wegen est composé d'un terrain fort montagneux, déchaussé par les eaux, la plus grande partie incapable de rapporter le double de la semence que l'on y sème et que [dans] notre situation, par cette raison, nous ne pouvons jamais être comparés [à] des bans fertiles et abondants en productions, pour être imposés au même taux que ceux-là.

[3º.] De plus la cherté du sel, qui se vend deux tiers plus cher dans la province que dans l'étranger, qui cependant sort de notre province: ce qui occasionne que beaucoup de personnes s'exposent à en aller chercher et sont reprises par les employés, qui les ruinent; de plus les vingtièmes, et la marque des cuirs, et la châtrerie, qui sont des objets [nouveaux], des ruines [pour] des pauvres sujets de Sa Majesté.

[4º.] Les huissiers, d'après les sentences des juges, s'en font une espèce de récolte répétée sur les débiteurs au payement des billets; les créditeurs, restant non payés, les appellent jusqu'à l'entière ruine des familles. Cet endroit avait le droit de justice, qui leur a été ôté depuis le partage de cette seigneurie.

C'est [pourquoi] ils demandent très humblement des remèdes à ces maux.

Fait à Wegen, ce 8 mars 1789.

Carl Nicola, député; N. Olier; Heinrich Hauperdt; Johannes Legier (?); J. W. (Jean Weistroffer, maire royal); Dil (Nicolas Deil, notable); marque de Mathias Neissieus, notable.

---

[1]) Ce cahier est du groupe de ceux de Büschdorf, ... Orscholz, Tünsdorf.

WEILER.

Assemblée du 8 mars en la maison de Jean Dillinger, maire; publication au prône le 8 mars par le curé de Büdingen.
5 feux. — Pas de liste de comparants; 4 signatures.
Un seul député « à cause du peu d'habitants »: Jean Dillinger, le plus notable des habitants.

Cahier contenant deux feuilles [1]), coté et paraphé par nous Jean Dillinger, maire royal du village de Villers, paroisse de Büding, ancien Sargau, pour contenir les plaintes, doléances et représentations, conformément à [la] lettre du roi, de Versailles en date du 7 février de la présente année, et en conformité de l'ordonnance de M. le bailli d'épée et M. le lieutenant général de Bouzonville. (*Signé*) J. Dillinger.

Les habitants de cette communauté, en assemblée réunis pour délibérer sur les moyens à prendre pour rendre l'Etat heureux, croient que le moyen le plus simple et [le] plus efficace serait l'abolition générale de la ferme générale, d'autant plus qu'elle pose des entraves non seulement à l'agriculture, au commerce, mais encore préjudicie à la vie de l'homme, mettant par la cherté excessive du sel le public hors d'état de se servir d'une denrée absolument nécessaire.

Elle croit aussi indispensable de mettre sous les yeux de l'assemblée que les eaux détériorent généralement tout le ban, qu'avec cela [elle] est singulièrement surchargée d'impositions, étant obligée de payer au delà de la subvention, dixième et vingtièmes et prestations de corvées, un subside de près de 9 francs que tire le receveur des domaines sur les habitants de cette communauté, contrairement au traité [conclu] lors de leur échange; que d'ailleurs persuadée que les autres communautés de cet ancien Sargau auront présenté et dévidé les doléances et remontrances communes à la France, elle désire en outre que l'on envoie aux communautés allemandes les ordonnances en langue allemande, ou qu'on force les bailliages et même la ferme, si, malgré la réclamation universelle, [elle est conservée], à en envoyer à toutes les communautés, pour que tout sujet puisse en avoir connaissance. Car il est étonnant qu'après que

---

[1]) Appartient au groupe de Biringen, Waldwisse.

des ordonnances sont émanées, on n'en donne [pas] connaissance aux communautés: d'où il résulte des reprises, contraventions injustes.

Et quant aux autres doléances, elle se repose sur le travail commun. Ce fait et arrêté en communauté à Villers, le 8 mars 1789.

Mattias Olger; Johan Michel Hurt; Schang Ortkor(?); J. Dillinger.

WEITEN.

Le procès-verbal d'assemblée manque: le cahier en tient lieu en partie.

Doléances de la communauté de Weitten [1]).

Cejourd'hui, 9 mars 1789, nous, communauté de Weitten, étant assemblés en la manière ordinaire au nombre de 13 pour élire et choisir deux notables pour aller à Bouzonville porter les doléances les plus affligeantes des sujets de Sa Majesté, avons choisi et élu Nicolas Hackenberger et Mathias Spanger, tous deux notables de ce lieu, pour se rendre à Bouzonville le 11 du présent [mois], par-devant l'assemblée des trois ordres.

[1º.] La plus forte doléance et [la plus] affligeante est que la ferme ou gabelle nous fait payer aux sujets de Sa Majesté le sel deux tiers plus cher que les Trévirois vendent le sel qui provient de [la] même gabelle. De plus l'abonnement ou vingtième, et la marque des cuirs, et la châtrerie, qui sont des objets nouveaux et des ruines [pour] les pauvres sujets.

2º. Les gardes de bois qui sont établis par la maîtrise sont une grande ruine des pauvres sujets, et souventefois il se trouve que les habitants sont assujettis à faire de grands frais et dépenses avec ces forestiers, qui contre tout droit les menacent des plus (*sic*). Voici trois années expirées que les officiers de la maîtrise ne nous ont pas marqué d'affouage, pour raison que nous n'avons pas consenti aux abornements de nos bois, qui sont des bois d'héritage provenant de la cense, qui ne sont que des languettes de marais et rochers.

[3º.] De plus nous avons à nous plaindre que nos titres nous enseignent que nous n'étions obligés à payer annuellement que 16 maldres

---

[1]) L'écriture et certaines tournures caractéristiques rattachent ce cahier au groupe de Büschdorf, p. 299 n. 2.

de rente ou canon, et autant d'avoine; et présentement on nous fait livrer 20 maldres de seigle et autant d'avoine, attendu que nous [n']étions qu'une cense ou ferme qui appartenait à Son Altesse royale; et suivant nos titres nous n'étions obligés à payer que 3 livres de subvention, sans être diminués ni augmentés. Et suivant ces mêmes titres, [les officiers de] la maîtrise nous ont pris différents cantons d'essart dont il nous appartenait de profiter moyennant la septième gerbe; lesquels cantons sont situés dans le bois appelé Gresser; lesquels cantons les officiers de la maîtrise nous ont pris et fait emborner dans le dit bois de Gresser. De plus nous étions en droit d'avoir justice en ce lieu suivant nos mêmes titres, qui se trouvent au trésor des chartes, et en foi de quoi nous en avons encore le protocole.

Observons très humblement à l'auguste assemblée que notre ban est terrain très sauvage et que, [s'il] n'est doublement amendé, il ne peut pas rapporter le double de la semence: ce qui occasionne que la plupart sont en retard de deux années du payement de leurs rentes, comme aussi d'une année du payement des deniers de Sa Majesté. C'est pourquoi nous demandons très humblement des remèdes à ces maux, et avons signé le dit jour.

Caspar Fonck, maire; Johannes Spanger, greffier; Mattias Spanger, député; Nicolas Hackenberger, syndic et député.

WELLINGEN.

Le procès-verbal d'assemblée manque.

Le présent cahier, contenant deux feuilles [1]), a été par nous, Nicolas Biltzinger, maire royal de la communauté de Velling, paroisse de Büding, en ancien Sargau, [coté et paraphé] pour contenir les doléances, remontrances, plaintes, etc., conformément à la lettre de Sa Majesté et ordonnance de M. le bailli d'épée et lieutenant général du bailliage royal de Bouzonville, le 9 mars 1789. (*Signé*) Nicolaus Bilzinger, maire.

---

[1]) Le scribe de tout ce groupe de cahiers Biringen, Waldwisse..., devait se fatiguer: il brusque cette fois son entrée en matière. Les deux députés qui signent sont bien les élus de l'assemblée du 9 mars.

La dite communauté, adhérant aux doléances des communautés voisines, qui ont mis sous les yeux de l'assemblée générale leurs doléances et remontrances, se croit indispensable de rapporter en le présent cahier ses plaintes particulières concernant le dit village.

Premièrement elle croit oser remontrer qu'ayant été anciennement gouvernée par les lois de l'ancien [Sargau], qu'ayant été aujourd'hui échangée et devenue lorraine, on leur avait promis de les maintenir dans de certains droits auxquels on n'a aujourd'hui nullement égard; qu'on lui fait supporter des charges non communes aux autres sujets de Sa Majesté; qu'outre les impositions ordinaires, comme vingtièmes, dixième, et prestation des ponts et chaussées, l'entrepreneur des domaines de Sa Majesté perçoit un droit sur eux qui est de près [de] 9 livres par ménage. On leur avait promis de les délivrer de ce droit: [ce] qui jusqu'ici n'a encore eu aucune suite.

Elle ne peut non plus passer sous silence le joug sous lequel elle est obligée de gémir, qui est celui que la ferme générale leur fait subir. Elle les force de se servir d'une denrée qui est le sel, à raison de 6 sols 3 deniers, tandis que l'étranger l'use à raison de près de 10 deniers: ce qui est [une] imposition affreuse, puisqu'elle prive le particulier d'une chose qui étant à un prix plus modique, comme [à] l'étranger, on perfectionnerait l'agriculture, on élèverait des bestiaux, les campagnes seraient mieux travaillées, fructifieraient au double et mettraient le particulier à même de venir au secours de Sa Majesté selon toutes ses ressources et moyens.

La communauté croit aussi indispensable de remontrer que, les eaux ayant dégradé tellement leur ban et finage, creusé des fossés qui occasionnent une dépense extraordinaire à cette communauté, qu'elle est obligée de faire annuellement, [elle] se flatte et espère que, dans des répartitions qu'on pourrait faire par la suite, on aura égard au local de ce village; qu'à cet effet elle a déjà fait plusieurs remontrances sans avoir pu recevoir une réponse.

Leur vœu également est que les habitants de cet ancien Sargau ne soient d'une condition détérieure à celle des autres sujets régnicoles.

Ce fait et arrêté en assemblée de communauté, à Velling ce 9 mars 1789.

Nicolaus Bilzinger, maire; Nicolas Streit, député; Johan Michel Kieffer, échevin; Johannes Streit, échevin; Pir Bur, député; Niclas Ruplinger, greffier; Haubert Phillibs.

WOELFLING.

Assemblée du 8 mars en la maison de Guillaume Théobald, maire, et par-devant lui; publication au prône le 8 mars par le curé.
21 feux. — Pas de liste des comparants; signatures des députés et marque du maire.
Députés: Mathias Marion et Michel Wiss [1]).

Cahier des plaintes, doléances et remontrances que fournissent les habitants de la communauté de Welfling, ... [*Voir le texte au cahier de Châteaurouge p. 304, moins la fin.*]
11. Le droit de capitation, [qui] est également pénible, doit être supprimé.

A ces circonstances fâcheuses, s'il n'y a de remède et une autre administration, il n'y a plus moyen à exister sans quitter le royaume: d'où vient qu'il y a tant de feux qui quittent cette province pour s'établir en Hongrie et ailleurs.

Certifié véritable à Velfling, ce 9 mars 1789; en foi de quoi avons signé.

Marque de Wilhelm Teobalt, maire; Michell Wiss; Niclas Grasmick; Johannes Marion; Hansgen Mariun; Johaues Hann; Mathis Marion; Cristian Helns; Johannes Strextz(?); Mathtis Hill; Mateis Schaunier; Jules Dorr(?); Jean Grasmick; Niclaus Wagner; Christian Pfeiffer; Johannes Grub; Niclas Marion.

ZEURANGE.

Assemblée du 8 mars par-devant le maire; publication au prône le 8 mars par le curé.
12 feux. — Pas de liste de comparants; pas d'autres signatures que celles du cahier, le procès-verbal ne faisant qu'un avec ce dernier.
Député: Michel Delwo, maire.

---

[1]) On avait d'abord inscrit les noms des deux députés de Châteaurouge. Michel Wiss ajoute à sa signature le titre de greffier.

Plaintes et doléances.

[*Voir au cahier de Bizing*[1]) *p. 273 les art. 1-4.*]

5. Le seigneur de Bourgesch a introduit un droit sur les alambics et a perçu de chacun 5 francs barrois annuellement. Les habitants ne distillent que leurs propres fruits, avec lesquels ils reçoivent quelque argent pour payer les deniers royaux.

6. Il perçoit un droit qui s'appelle droit capital qui est odieux. Un habitant qui meurt aujourd'hui, demain [le seigneur] tire la seconde pièce du meilleur qu'il peut avoir dans son ménage, soit cheval, vache, ou autres denrées: [ce] qui est abus. Si la femme meurt ensuite, [il] perçoit la même chose en second lieu.

7. Au cas que ce seigneur vienne à bâtir ou que son château brûle, il nous force à faire les ouvrages de corvées tant par voiture qu'à bras, sans savoir combien.

8. Le même seigneur nous fait aussi labourer ses terres par corvées, 3 jours en la meilleure saison, et encore chaque jour de quatre-temps de l'année il faut lui conduire une voiture de bois à la distance d'environ 5 lieues: [ce] qui est une sujétion pénible pour ces pauvres gens. Et lui ayant demandé ses titres [pour] de pareils droits, [il] ne les a jamais fait voir, au contraire il a ruiné ceux qui ont voulu s'y opposer.

9. Il a un troupeau de bêtes à laine qui ne devrait pâturer sur notre ban que chaque trois jours; mais il y vient presque journellement ronger la pâture, [en sorte] qu'il nous est impossible d'avoir du bétail, aussi bien dans les prés que dans les campagnes, même devant les bêtes tirantes.

10. Il a pareillement un colombier très considérable de pigeons, qui, en temps de semaille, ne sont jamais renfermés, mangent la semence de nos terres, nous causent un dommage considérable.

11. Il a aussi deux bois sur notre ban où, du passé, nous profitions de la vaine pâture; mais aujourd'hui [il] nous en a privés totalement et en profite seul avec ses bestiaux.

12. [*Voir le cahier de Bizing art. 7 avec cette terminaison:*]

Il revient en outre à la communauté les deux tiers des dommages-intérêts résultant des rapports: en fait nous n'avons reçu aucun denier depuis 20 ans; le tout reste dans les caisses des domaines et bois.

Les officiers de la gruerie sont juges en leurs propres causes: [ce] qui est un abus.

---

[1]) Nous avons indiqué là les différents cahiers qui appartiennent à une même rédaction primitive: on retrouvera en plusieurs le texte à peu près identique de quelques articles que nous reproduisons encore ici.

13. [*Voir le cahier de Bizing art. 10.*]

14. Etant d'usage dans partie de ce pays que MM. les décimateurs fournissent des bêtes mâles pour la multiplication du bétail, en ce lieu nous n'en avons pas.

L'on enlève annuellement la grosse et menue dîme de notre ban : ce qui [est] cause que le grain (?) s'en va tous les neuf ans, et cela par les décimateurs.

15. Le maire ancien de ce lieu, qui est fermier, s'est avisé de présenter requête pour obtenir de couper des arbres champêtres et les faire greffer. Il y est parvenu : ce sont ses arbres, qui sont sur ses terres. Et [il] nous a frustrés de nos bénéfices et [de] celui des pauvres : ce qui nous cause un grand dommage.

Fait et arrêté en la maison du maire, la communauté y étant assemblée, ce 9 mars 1789, et ont signé ceux qui savent signer.

Michel Delwo ; Thilmanus Marthing ; Michel Weber ; Filib Girten ; J. Lallié, greffier.

TABLE ALPHABÉTIQUE
DES NOMS DES COMMUNAUTÉS.

Nous marquons d'un * les noms des localités-annexes mentionnés dans les titres des cahiers. — Nous ajoutons les formes allemandes aujourd'hui en usage et, quand elles diffèrent beaucoup du nom français, nous renvoyons à celui-ci.

Adelange 1.
Aidling, Aidlingen 241.
Alzing, Alzingen 246.
Anzeling, Anzelingen 247.
Argenchen = Arriance.
Arriance 6.

*Ballern 384.
Bambiderstroff 9.
Bannay 16.
Baumbiedersdorf = Bambiderstroff.
Beckerholtz 250.
Beckingen 251.
Bedersdorf 253.
Bellemacher, Belmach 255.
*Benting, Bentingen 377.
Bérus 256.
Berweiller 258.
Bethingen 260.
Bettange, Bettingen 261.
Betting, Bettingen 262.
*Beuren XIV.
Bibiche, Bibisch 264.
*Bibling, Biblingen 178.
Biringen 267.
Bisingen = Bizing.
Bisten 270.

Bizing 273.
Bizingen = Bannay.
Bockange 277.
Bolchen = Boulay.
Boulay 16.
*Bourguesch 505.
Bouzonville 279.
Brechlingen = Brecklange.
Brecklange XI, 17.
Brettnach 293.
Brouck, Bruchen XI, 19.
Buchingen = Bockange.
Büdingen 296.
Büren 298.
Burg-Esch = Bourguesch.
Büschdorf 299.
Busendorf = Bouzonville.
*Buweiler 300.

Carling VIII, X, 20, 238.
Castel 300.
Charleville 20.
Châteaurouge 304.
Chémery XI, 23.
Chémery (Les Deux-) 305.
Colligny 26.
Colmen 307.
Condé-Northen, Contchen 27.

*Cottendorff 505.
Coume 32.
Creutzwald-la-Croix 40.
Creutzwald-la-Houve 45.

Dalem 47.
Dalstein 310.
*Diding, Didingen 346.
Diedersdorf = Thicourt.
*Diersdorf 505.
Diesen-Bas 51.
Differten 53.
Dillingen 311.
Dourd'hal 55.
Drechingen = Drogny.
Dreisbach 315.
*Drogny 446.
Durchtbal = Dourd'hal.
Düren 315.

*Ebersing 152.
Eberswiller, Ebersweiler 316.
Eblange, Eblingen 60.
Edelingen = Adelange.
Edling, Edlingen 318.
Eft 320.
Eimersdorf 320.
Elvange, Elwingen 63.
*Erbringen 453.
Evendorff, Ewendorf 322.

Falck, Falk 67.
Falkenberg = Faulquemont.
Faréberswiller 70.
Faulquemont 75.
Fehringen = Férange.
Felsberg 326.
Férange 328.
Fickingen 329.
Filsdorf = Filstroff.

Filstroff 331.
*Fitten 384.
Flasdorf = Flastroff.
Flastroff 336.
Flatten 337.
Flétrange, Fletringen 79.
Folschwiller, Folschweiler 83.
Forweiler (Alt-) 339.
Forweiler (Neu-) 341.
Fouligny 87.
Freibuss = Freybouse.
Freisdorf = Freistroff.
Freistroff 346.
Freybouse 91.
Friedrichweiler 100.
Füllingen = Fouligny.
Fürweiler 350.

*Gaweistroff, Gauweisdorf 523.
Gehnkircken = Guenkirchen.
*Geisweilerhof XV.
Gelmingen = Gomelange.
Genweiler = Guenviller.
Gerstlingen = Guerstling.
Gertingen = Guerting.
Girlingen = Guirlange.
Gischingen = Guiching.
Gomelange 352.
*Gongelfang, Gongelfangen 262.
Griesborn 356.
Grindorff 358.
Grosshemmersdorf 360.
Guenkirchen 102.
Guenviller 104.
Guerlfangen 363.
Guerstling 365.
Guerting 105.
*Guiching 346.
Guirlange 108.
Guising, Güsingen 367.

Hallering, Halleringen 109.
Halling, Hallingen XI, 112.
Halsdorf = Halstroff.
Halstroff 371.
Ham-sous-Varsberg 114.
Hargarten-aux-Mines 116.
*Hargarten 453.
Haustadt 375.
Heckling, Hecklingen 377.
Heining, Heiningen 379.
*Hellendorf 320.
Helsdorf = Helstroff.
Helstroff 118.
*Helten 505.
Hémilly 121.
*Héning, Henningen 167.
Hessdorf = Hestroff.
Hestroff 381.
Hilbringen 384.
Hobling, Hoblingen 388.
Holling, Hollingen 388.
Hombourg-Haut 123.
Honzrath 391.
Host-Haut et Bas 127.
*Hostenbach IX, 210.
Hülzweiler 393.

Ihn = Lognon.
*Ising, Isingen 328.
Itterstorf 396.
Itzbach 397.

Kammern = Lachambre.
Karlingen = Carling.
Kerlingen XIV.
Kerprich-Hemmersdorf 398.
Keuchingen 403.
Kirchnaumen 404.
Kirf XIV.
Kirsch-lès-Sierck 408.

Kitzing, Kitzingen 255.
*Kleind'hal, Kleinthal XI.
Klein-Ebersweiler = Petit-Eberswiller.
*Kostenbach 300.
Kreuzwald = Creutzwald.
Kuhmen = Coume.

*Labruch 328.
Lachambre 129.
Laubrücken = Labruch.
Laudrefang 132.
Launsdorf = Launstroff.
Launstroff 409.
Lauterfangen = Laudrefang.
Lautermingen = Loutremange.
Leidingen 411.
Les Etangs 138.
Leyweiler = Leywiller.
Leywiller 139.
L'Hôpital, partie lorraine, 149.
L'Hôpital, partie d'Uberherrn, VIII, 151.
Limberg (Nieder-) 415.
Limberg (Ober-) 418.
Lixing, Lixingen 152.
Lognon 419.
Longeville-lès-St-Avold 154.
Loutremange 155.
Lubeln = Longeville-lès-St-Avold.

Macher = Macker.
Macheren, Machern 156.
Macker 159.
Mainvillers, Maiweiler 161.
Many 164.
Marange-Zondrange 167.
Marienthal 170.
Maxstadt 172.
Mechern 420.

Mégange 421.
Memersbronn = Narbéfontaine.
Mengen = Mégange.
Merchingen 424.
Merlebach, Merlenbach 175.
Merschweiler = Merschwiller.
Merschwiller 426.
Merten 178.
*Métring, Metringen 83.
Moehringen = Marange.
Mondorf 428.
Mont 181, 238.
Morlange, Morlingen 182.

Narbéfontaine XI, 187.
Neudorf 429.
Neunkirchen 430.
Nidange 431.
Niedaltdorf 436.
Niedbrücken = Pontigny.
Niederum = Many.
*Niedwelling, Niedwellingen 365.
Nohn 439.

*Oberdorff 512.
Oberesch 440.
Ober-Fillen = Vigneulles (Haute-).
Oberhomburg = Hombourg-Haut.
Oberhost = Host-Haut.
Oberleucken 441.
*Obernaumen 404
*Oltzweiller 505.
Orscholz 442.
Otzweiler = Oltzweiller.

Pachten 444.
Pange 190.
Pfarrebersweiler = Farébersweiller.
*Petit-Eberswiller 156.
Piblange, Pieblingen 446.
Pontigny 195.

Rammelfangen 449.
*Rathen 300.
Raville 196.
*Rech 384.
Redlach 199.
Rehlingen 451.
Reimelingen = Rémeling.
Reimeringen = Rémering.
Reimsbach 453.
Reinange 459.
Rémeldorff 462.
Rémelfang, Remelfangen 463.
Rémeling 467.
Rémering 493.
Reningen = Reinange.
*Ripplingen 384.
Ritzing, Ritzingen 496.
Rodlach 499.
Rollingen = Raville.
Rosbrück, Rossbrücken X, XI, 201.
Rothendorf = Châteaurouge.
Roupeldange, Ruplingen 203.

Saint-Avold 206.
Saint-Bernard 500.
Sainte-Barbe, Sanct Barbara 502
Schaffhausen IX, 210.
Schemerich = Chémery.
Scheuerwald 502.
Schreckling, Schrecklingen 504.
Schwemmlingen 504.
Schwerdorff 505.
Silwingen 507.
Spittel = L'Hôpital.

Tennschen = Les Etangs.
Téterchen 508.
Théding, Thedingen X, XI, 211.
Thicourt 212.
Tritteling, Trittelingen 215.

Tromborn 512.
Tünsdorf 515.
Tunting, Tüntingen 516.

Uberherrn VIII, 220.

Vahlen = Wahl-lès-Faulquemont.
Valmont 223.
Valmünster = Walmunster.
Varize 225.
Varsberg = Warsberg.
Vaudoncourt 226.
Vaudreching 518.
*Velving 531.
Vigneulles (Haute-) 227.
Villers-Bettnach 521.
Villing 523.
Volmerange, Volmeringen 231.

*Wadgassen VIII.
Wahl-lès-Faulquemont XI, 221.
Waibelskirchen = Varize.

Waldweisdorf = Waldweistroff.
Waldweistroff 526.
Waldwiese = Waldwisse.
Waldwisse 528.
Wallerchen = Vaudreching.
Walmen = Valmont.
Walmunster 531.
Warsberg 231.
Wehingen 534.
Weiler 536.
Weiten 537.
Wellingen 538.
Welwingen = Velving.
*Werbeln 210.
Wieblingen = Vaudoncourt.
Wilhelmsbronn 234.
Willingen = Villing.
Woelfling, Woelflingen 540.

Zeurange, Zeringen 540.
Zimming, Zimmingen 235.
*Zondrange, Zondringen 167.

Druck von M. DuMont Schauberg, Straßburg.

www.ingramcontent.com/pod-product-compliance
Lightning Source LLC
Chambersburg PA
CBHW060759230426
43667CB00010B/1628